# DEDICATÓRIA

Dedico a presente obra para minha querida
**Ana Ligia Marconato de Melo**
pelo carinho, dedicação e cumplicidade,
sem os quais não poderia ter realizado este trabalho.

# AGRADECIMENTOS

Agradeço aos queridos amigos(as) advogados(as), abaixo relacionados (em ordem alfabética), todos professores universitários experientes, que prestaram uma ajuda inestimável na finalização do presente trabalho, comentando alguns artigos.

A contribuição deles, além de importante e fundamental, valoriza e engrandece a presente obra.

Meu muito obrigado à:

## DENISE HEUSELER

Advogada. Professora universitária. Pós-graduada em Direito Processual Civil (UniverCidade) e em Direito Civil (UCAM). Pesquisadora do Instituto Nacional de Pesquisas Jurídicas. Professora-tutora do FGV – Online e do IBMEC. É também professora orientadora do Núcleo de Prática Forense da Universidade Estácio de Sá (UNESA).

## ESTEFANIA VIVEIROS

Advogada formada pela Universidade de Brasília – UnB; Doutora em Direito Processual Civil pela PUC – SP; Mestra em Direito Processual Civil pela Universidade Mackenzie – SP; Professora de Direito Processual Civil no UniCEUB e em pós-graduação. Foi assessora jurídica da Procuradoria da União no Distrito Federal e Assessora de Ministro no Superior Tribunal de Justiça – STJ; Membro da Academia de Letras Jurídicas do Rio Grande do Norte – ALEJUR; Membro do Instituto Brasileiro de Direito Processual – IBEP; Membro do Instituto dos Advogados do Distrito Federal – IADF; Membro da Associação Brasileira das Mulheres de Carreira Jurídica – ABMCJ; Primeira mulher e a mais jovem Presidente da Ordem dos Advogados do Brasil – Seccional do Distrito Federal. Ex-Presidente da Comissão Especial de Estudo do Anteprojeto do Novo Código de Processo Civil do Conselho Federal da OAB (2013/2016); Presidente da Comissão Especial de Análise da Regulamentação do Novo Código de Processo Civil do Conselho Federal da OAB; Autora dos livros Os limites do juiz para correção do erro material e Honorários advocatícios no Código de Processo Civil e de diversos artigos jurídicos.

## GERMAN SEGRE

Advogado. Mestre e Doutorado em Direito Constitucional (UBA). Ex Professor de graduação e pós graduação de Direito Internacional, Empresarial e Tributário na

Universidade Paulista e Faculdade Oswaldo Cruz. Autor dos livros "Brasil: Coloque um pie, sin meter la pata!" – editado em Buenos Aires, Argentina e "Manual Prático de Comércio Exterior", pela Editora Atlas.

## GISELE LEITE

Professora Universitária há mais de três décadas. Mestre em Direito. Mestre em Filosofia. Doutora em Direito. Tendo 32 obras jurídicas publicadas. Articulista e colunista de sites como JURID, Lex-Magister, Letras Jurídicas, Revista JURES, Revista de Direito Civil e Processo Civil e Revista de Direito do Trabalho e Processo do Trabalho e Revista de Direito Previdenciário, da Paixão Editores. Presidente da Seccional da ABRADE-RJ (Associação Brasileira de Direito Educacional), Consultora do IPAE. Ganhadora da Medalha Paulo Freire pela Câmara Municipal de Duque de Caxias, Rio de Janeiro.74e

## MARCIA CARDOSO SIMÕES

Advogada militante na área de família. Professora de Direito Processual Civil. Graduada em Direito e Pedagogia (USP), Mestre em Direito (FADISP), Especialista em Direito Civil (FADISP) e Direito Processual Civil (EPD).

# SOBRE O AUTOR

**NEHEMIAS DOMINGOS DE MELO** é advogado militante em São Paulo, palestrante e conferencista. Professor de Direito Civil, Direito Processual Civil e Direitos Difusos (Ambiental, Consumidor e ECA) nos cursos de Graduação e Pós-Graduação. É Professor convidado da Universidade Paulista (UNIP), da Escola Superior da Advocacia (ESA/SP), das Faculdades Metropolitanas Unidas (FMU); da Escola Paulista de Direito (EPD) e de diversos cursos de Pós-Graduação em todo o Brasil. O autor cursou o doutorado em Direito Civil e mestrado em Direitos Difusos e Coletivos, além de ser Pós-Graduado em Direito Civil, Direitos do Consumidor e em Direito Processual Civil.

Tem atuação destacada na Ordem dos Advogados do Brasil, Seccional de São Paulo (OAB/SP), onde é Coordenador do Núcleo Temático em Teoria Geral do Direito da Escola Superior de Advocacia (ESA) e palestrante do Departamento de Cultura e Eventos e, tendo ainda ocupado os seguintes cargos: membro da Comissão de Defesa do Consumidor; membro da Comissão de Defesa dos Direitos da Criança e do Adolescente; Assessor da Comissão de Seleção e Inscrição; e, Examinador na Comissão de Exame da Ordem.

É membro do Conselho Editorial da Revista Síntese de Direito Civil e Processual Civil (Editora IOB – São Paulo) e também das Revistas: Trabalhista, Civil/Processual Civil e Previdenciária (Paixão Editores – RS). Foi também do Conselho Editorial da extinta Revista Magister de Direito Empresarial, Concorrencial e do Consumidor (Editora Magister – Porto Alegre).

O autor tem se notabilizado no cenário jurídico do país no que diz respeito à responsabilidade civil em geral, nas questões envolvendo reparação por danos morais e danos aos consumidores, suas especialidades, tendo suas obras citadas em milhares de sentenças e acórdãos dos diversos tribunais do país. Seu vasto conhecimento sobre a matéria deflui da atuação como advogado militante, e também da experiência adquirida como pesquisador, palestrante e conferencista, além da militância enquanto professor universitário nos cursos de graduação e pós-graduação em direito, e também em cursos preparatórios para as carreiras jurídicas.

Como palestrante e conferencista, foi homenageado nove vezes com a láurea de reconhecimento pela Ordem dos Advogados do Brasil – Seccional de São Paulo, pelos relevantes serviços prestados à entidade (2006, 2009, 2011, 2012, 2013, 2014, 2015, 2016 e 2022). Foi também homenageado pela Câmara Municipal de São Paulo em três oportunidades: primeiro em 2007, com "Voto de Júbilo e Congratulações", em 2010 com o título de "Cidadão Paulistano" e em 2015, com outro "Voto de Júbilo e Congratulações", pela sua contribuição intelectual para a cultura jurídica nacional. Tem sido reiteradamente homenageado pelos alunos tendo sido paraninfo ou professor homenageado em vários anos pelas turmas de formando da Unip (manhã e noite).

Além de artigos e capítulos de livros em obras coletivas, tem 18 livros publicados pelas editoras Foco, Mizuno, Juspodivm, Saraiva, Atlas, Rumo Legal e Juarez de Oliveira, cabendo destacar que a sua obra "Dano moral – problemática: do cabimento à fixação do quantum", logo que lançada a primeira edição, foi adotada pela The University of Texas School of Law (Austin, Texas/USA), como referência bibliográfica indicada para o estudo do "dano moral" no Brasil e encontra-se disponível na Tarlton Law Library (https://tallons.law.utexas.edu/cgi-bin/koha/opac-detail.pl?biblionumber=246959).

e-mail: melo.advocacia@terra.com.br

Redes sociais: Prof. Nehemias Melo

# PREFÁCIO

Honra-me o convite gentil do Professor e Advogado Nehemias Domingos de Melo para prefaciar mais uma edição de seus Comentários ao Código de Processo Civil. O Professor Nehemias tem lecionado em diversos cursos de graduação e pós-graduação, além de ser autor de importantes livros de referência, no Brasil e no exterior, na área do direito civil, especialmente sobre o tema da responsabilidade civil. Em seu exercício lídimo da nobre função da Advocacia, conheci-o quando judicava na primeira instância da Justiça paulista, na cidade de São Paulo, tendo desde logo observado seu cuidado e domínio da dogmática jurídica e da arte de postular.

No presente livro, oferece-nos uma exposição concisa e uma explicação clara do conteúdo da lei processual, pondo à disposição dos que estudam e praticam o direito um instrumento útil e de fácil consulta, abrindo-lhes a porta e indicando o caminho para que busquem o aprofundamento posterior, a partir do aprendizado dos conceitos e das fórmulas imprescindíveis para o bom percurso intelectual e técnico no direito.

É o tradicional trabalho de comentar um texto normativo, assim elucidando o que explicita como termo inicial do complexo e fascinante labor jurídico de integrar a norma à realidade que a completa.

Os clássicos denominavam essa tarefa de *glosa*, que tem sido definida como a anotação à margem de um texto, para o esclarecimento de seu significado. Segundo essa definição, tornou-se, desde o trabalho exatamente da Escola dos Glosadores, a partir do século XI, em Bolonha, o modo de empreender a tarefa da ciência jurídica, a par de inaugurar o curso da dogmática jurídica. Sua tarefa esteve, com efeito, em tomar os textos da codificação justinianeia e torna-los, a partir de seu comentário, interpretação e integração ao direito local ou estatutário, o objeto de um processo de universalização jurídica. O tipo de comentário que elaboraram serviu não apenas para dar nova dimensão à aplicação do direito, mas sobretudo a conceder texto para a formação acadêmica dos juristas. Tratava-se, portanto, da própria inauguração de novo método de descobrir e aplicar o direito, mas sobretudo de ensinar e estudar seu texto na forma de uma disciplina universitária. Deve-se a essa escola a identificação do direito como ciência autónoma em relação às Artes Liberais e à Teologia.

Mais tarde, esse gênero exegético do direito vai acabar por denominar a Escola que se incumbirá de defender a cultura da codificação, por meio da difusão do *Code Civil* Napoleônico, instrumento de transformação, uma vez mais, da cultura jurídica europeia. Trataria essa Escola oitocentista de fortalecer um movimento jurídico de apego ao texto legal, que culminará com o estabelecimento do positivismo jurídico, instrumento pós Era das Revoluções de fortalecimento de uma cultura liberal do direito privado, com reflexos importantes no âmbito do direito público.

Essa implicação entre o público e o privado é uma característica constante do movimento civilizacional do direito, desde a Antiguidade clássica. Para me ater apenas a esses dois momentos e movimentos históricos que referi, o trabalho dos jurisconsultos não serviu apenas para instrumentalizar a compreensão das relações e a solução dos conflitos no âmbito do que chamaríamos de direito privado. Não foi apenas instrumento da crescente intromissão da economia no espaço do direito. Pelo contrário, fez-se móvel eficaz de postulação de interesses políticos e da paulatina construção dos conceitos e institutos da vida pública das Eras Moderna e Contemporânea, tributários da unificação jurídico-política e da concessão da autonomia privada.

Bem assim, os comentários aos textos normativos acabaram por fundar nossa cultura do apego aos textos e de seu caráter quase exclusivo de fontes ou modelos da normatividade jurídica. Para o bem e para o mal, evidentemente. Essa ambiguidade, contudo, não nos pode fazer esquecer da importância do positivismo jurídico para constituir as garantias de segurança, certeza e estabilidade legal – e contratual –, fundamentais para a consecução da circulação de bens materiais e imateriais, tanto na área privada quanto na pública, e, mais à frente, para proteger a sociedade e seus componentes do arbítrio dos poderes político, social e econômico. Deve-se, pois, a esse método e modo de constituir e realizar o direito, não apenas quanto à existência e defesa das instâncias daqueles poderes, mas, em igual medida, quanto à capacidade de controla-las, pela estipulação de um sistema de garantias civis, penais, privadas e públicas.

Nisso reside um dos aspectos mais instigantes do direito, que é a sua função pluridimensional de estipular *loci* de subjetivação e de objetivação relacionais. O direito cria seus sujeitos e objetos e neles determina campos de incidência, assim duplicando a natureza de relações que, sem o direito, manteriam tão somente a motivação da necessidade, destituídas daquilo que caracteriza a própria humanidade em sua dimensão política.

Disso resulta o fato de a justiça constituir o tema principal da vida política, uma vez que a linguagem e a prática da política servem precipuamente para constituir relações justas para os seres que delas participam.

Comentar um texto de lei é tornar reiteradamente atuais essas características da vida em sociedade política.

No que diz respeito ao Direito Processual, esse trabalho de atualização do humano perfaz-se por meio da consideração de que nenhuma sociedade se compreende sem a presença do conflito. Se a atividade política tem por finalidade a construção de uma sociedade justa, torna-se evidente que essa finalidade somente se concretiza por meio da solução das controvérsias entre seres diversos por natureza. O movimento da vida comum é determinado pela presença desses embates, que resultam da existência inafastável de projetos de vida comum que se movimentam e se chocam continuamente. Desejos, interesses, paixões e razões sempre diferentes geram conflitos e a necessidade de construir mecanismos para sua solução, transformação e superação, assim permitindo a permanência do ser social. O processo é o instrumento dinâmico dessa constituição da justiça.

Sendo esse instrumento de formação do justo, a partir das inúmeras concepções do que seria justo – que se expressam na política, por meio de um conflito fundamental que

## PREFÁCIO

gera o seu sentido democrático – fica evidente que seu manejo não deve ser dado exclusiva nem precipuamente aos processualistas. Isso por duas razões. A primeira diz respeito ao fato necessário de o processo, que busca edificar a justiça, dever se concretizar de modo igualmente justo. Não se constrói justiça de modo injusto. O modo como se compreende a justiça é condicionado pelo modo como se a busca e determina. Não há, bem assim, um procedimento neutro nem meramente técnico de desenvolver a relação que leva ao descobrimento da justiça nas relações plurais humanas e naturais. A relação processual é chamada e qualificada de jurídica precisamente porque deve ser justa. Ela é, como o conflito que visa responder, igualmente política. Em segundo lugar, o processo tem de se amoldar à específica questão de justiça que visa a elucidar. Esse é o sentido forte da instrumentalidade processual. Não há processo dissociado da questão material que a relação jurídica põe em jogo. O processo é momento dessa relação e não algo que se separa dela. O processo não possui autonomia nem em seu procedimento. Ele está adstrito à relação material. Nele, essa relação se prolonga, de tal maneira que o curso do processo acaba por fazer parte de sua configuração. Em síntese, não há diferenciação entre relação material e processual. Elas são apenas momentos de uma mesma dinâmica. Não existe um direito material pronto e acabado, para o qual o direito processual serve apenas como instrumento estático de execução. A cognição processual é material, e vice-versa.

Essas observações mostram-se imprescindíveis numa época e em um lugar em que o direito processual e sua dogmática pretenderam um grau de abstração tal que os tornaria independentes do direito material e sua dogmática. Há razões históricas para tanto, claro. O direito processual brasileiro é fruto de uma migração conceitual que o levou a uma hipertrofia em relação aos demais ramos da árvore jurídica. Muito embora esse desenvolvimento exagerado também se deva ao fato de ter havido um elogiável empenho de formação dos processualistas, eficaz em sua excelência e excepcionalidade, o principal fator de sua sobredeterminação esteve em sua resposta, na Itália, à influência que o fascismo logrou plasmar no direito material. De fato, os juristas liberais italianos acabaram por encontrar abrigo na ciência processual, espaço de constituição de resistência às mudanças que o regime fascista logrou introduzir no direito civil daquele País. Esse contexto forte gerou a concepção abstrata do processo e da ação, postos em movimento sobretudo como obstáculo para a concretização de um direito material ideologizado e injusto. Essa concepção do processo como empecilho migrou para o Brasil, tendo em vista a influência que os processualistas italianos aqui tiveram. E isso ocorreu sem acompanhamento de reflexão crítica, talvez mesmo de modo pouco consciente. Ao fim e ao cabo, veio a ocorrer um paradoxo interessante: ao mesmo tempo em que a excelência dos processualistas e de sua Escola ajudou na difusão de sua ciência a ramos novos do direito – como o ambiental, o do consumidor, o da solução alternativa de conflitos, por exemplo –, ocorreu o impedimento de construções eficazes, pela índole da concepção dessa ciência aqui adotada e adaptada. Penso que isso justifique, em grande medida, os problemas de efetivação da justiça em nosso País, a par dos problemas que experimenta nosso Judiciário, tão carecente de eficiência e de conexão concreta com a justiça. A cada contribuição processual, por incrível que possa parecer, o problema se agrava. O que se prescreve e enxerga acriticamente como remédio transmuda-se em veneno.

São temas de que já tratei em outros textos, pelo que os trouxe à reflexão, no presente Prefácio apenas para chamar a atenção da leitora e do leitor para o fato de que considero bem-vindas as tentativas de trabalhar o processo levadas a efeito por não processualistas, como é o caso da presente obra, aliás.

Feitas tais considerações, é o momento de encerrar minha contribuição, desejando leitura e estudo proveitoso da mais recente codificação das leis processuais. Concebida em circunstâncias diversas daquelas do Código anterior, de 1973, muito embora fruto de semelhante impulso da processualística, traz uma tentativa válida, muito embora não exaustiva, de superar o aspecto que aqui analisei brevemente e critiquei.

Em 1973, o Brasil vivia sob regime ditatorial e não possuía uma Constituição, mas um ato institucional, dado em 1969, exatamente quando se iniciava o período mais repressor daquele regime. Em 2015, vivíamos quase trinta anos de construção democrática, sob a égide de uma Constituição que se pretendeu *Cidadã*. Pela implicação que vislumbro entre política e direito – tendo salientado alguns de seus aspectos no início do presente Prefácio – parece evidente que essas duas circunstâncias tenderiam a gerar tempos e espaços diferentes para a consecução dos objetivos pleiteados pelos legisladores.

Todavia, ainda remanescem entraves sérios ao enquadramento do direito e das leis processuais ao objetivo de expressão e realização da justiça que aqui defini.

Para poder compreender a natureza e avaliar a extensão de tais obstáculos, é preciso, antes de tudo, porém, entender como se configura nosso Código de 2015, e buscar dominar sua estrutura e os complexos instrumentos técnicos que prescreve. Não tenho dúvida de que a leitora e o leitor encontrarão no livro do Professor Nehemias as lições seguras para tal entendimento. Cumprimento o autor pelo êxito reconhecido de sua iniciativa e de seu esforço doutrinário, desejando e prevendo o sucesso de mais esse cometimento literário.

*Alfredo Attié*

Jurista, filósofo e escritor, Doutor em Filosofia da Universidade de São Paulo, onde estudou direito e história. É Presidente da Academia Paulista de Direito e Titular da Cadeira San Tiago Dantas, na qual sucede a Goffredo da Silva Telles Jr. Autor dos livros Brasil em Tempo Acelerado: Política e Direito (São Paulo: Tirant Brasil), 2021, e Towards International Law of Democracy (Valencia: Tirant Lo Blanch), 2022. Escreveu, ainda, A Reconstrução do Direito: Existência. Liberdade, Diversidade (Porto Alegre: Fabris, 2003), publicação de estudo pioneiro (Sobre a Alteridade: Para uma Crítica da Antropologia do Direito, São Paulo: USP, 1987), a respeito do tema da alteridade e de crítica à antropologia do direito permanência do colonialismo, e Montesquieu (Lisboa: Chiado, 2018), estudo também pioneiro (Tópica das Paixões e Estilo Moralista, São Paulo: USP, 2000) sobre a vinculação de estilo e projeto político, no século das Revoluções e do nascimento do constitucionalismo. Também é Mestre em Filosofia e Teoria do Direito pela FD.USP, e em Direito Comparado pela Cumberland School of Law, foi Procurador do Estado de São Paulo e Advogado, exerce a função de desembargador na Justiça paulista e é membro de instituições internacionais. Site: http://apd.org.br; e-mail: aattiejr@gmail.com; mais informações em http://lattes.cnpq.br/8117126316669740.

# OBRAS DO AUTOR

## I – LIVROS

1. Lições de processo civil – Teoria geral do processo e procedimento comum, 4ª. ed. Indaiatuba: Foco, 2025, v. 1.

2. Lições de processo civil – Processo de execução e procedimentos especiais, 4ª. ed. Indaiatuba: Foco, 2025, v. 2.

3. Lições de processo civil – Dos processos nos tribunais e dos recursos, 4ª. ed. Indaiatuba: Foco, 2025, v. 3.

4. Lições de direito civil – Teoria Geral: das pessoas, dos bens e dos negócios jurídicos, 6ª. ed. Indaiatuba: Foco, 2025, v. 1.

5. Lições de direito civil – Obrigações e responsabilidade civil, 6ª. ed. Indaiatuba: Foco, 2025, v. 2.

6. Lições de direito civil – Dos contratos e dos atos unilaterais, 6ª. ed. Indaiatuba: Foco, 2025, v. 3.

7. Lições de direito civil – Direito das Coisas, 6ª. ed. Indaiatuba: Foco, 2025, v. 4.

8. Lições de direito civil – Direito de família e das sucessões, 6ª. ed. Indaiatuba: Foco, 2025, v. 5.

9. Dano moral trabalhista – Teoria e Prática, 6ª. ed. Salvador: Juspodivm, 2024.

10. Da defesa do consumidor em juízo, 2ª. ed. Leme: Mizuno, 2024.

11. Responsabilidade civil por erro médico: doutrina e jurisprudência. 5ª. ed. Leme: Mizuno, 2024.

12. Dano moral nas relações de consumo. 3ª. ed. Salvador: Juspodivm, 2023.

13. Da culpa e do risco como fundamentos da responsabilidade civil, 3ª. ed. Leme: Mizuno, 2023.

14. Dano moral – problemática: do cabimento à fixação do quantum, 3ª. ed. Leme; Mizuno, 2023.

15. Manual de prática jurídica civil para graduação e exame da OAB. 5ª. ed. Indaiatuba: Foco, 2022.

16. Como advogar no cível com o Novo CPC – Manual de prática jurídica, 4ª. ed. Araçariguama: Rumo Legal, 2018 (esgotado).

17. Novo CPC Comparado – 2015 X 1973. Araçariguama: Rumo Legal, 2016 (esgotado).

## II – CAPÍTULOS DE LIVROS EM OBRAS COLETIVAS

1. Breves considerações a respeito das tutelas provisórias. In: DEL SORDO NETO, Stefano; DITÃO, Ygor Pierry Piemonte. Processo civil constitucionalizado. Curitiba: Instituto Memória

2. O direito de morrer com dignidade. In: GODINHO, Adriano Marteleto; LEITE, Salomão Jorge e DADATO, Luciana (coord.). Tratado brasileiro sobre o direito fundamental à morte digna. São Paulo: Almedina, 2017.

3. Dano moral pela inclusão indevida na Serasa (indústria do dano moral ou falha na prestação dos serviços?). In: STOCO, Rui (Org.). Dano moral nas relações de consumo. São Paulo: Revistas dos Tribunais, 2015.

4. Uma reflexão sobre a forma de indicação dos membros do Supremo Tribunal Federal brasileiro. In: ARAGÃO, Paulo; ROMANO, Letícia Danielle; TAYAH, José Marco (Coord.). Reflexiones sobre derecho latinoamericano. Buenos Aires: Editorial Latino Americano, 2015, v. 20.

5. O princípio da dignidade humana como fonte jurídico-positiva para os direitos fundamentais. In: BALESTERO, Gabriela Soares; BEGALLI, Ana Silvia Marcatto (Coord.). Estudos de direito latino americano. Brasília: Kiron, 2014, v. 2.

6. Fundamentos da reparação por dano moral trabalhista no Brasil e uma nova teoria para sua quantificação. In: ARAGÃO, Paulo; ROMANO, Letícia Danielle; TAYAH, José Marco (Coord.). Reflexiones sobre derecho latinoamericano. Buenos Aires: Editorial Latino Americano, 2014, v. 13.

7. Comentários aos artigos 103 e 104 do CDC e à Lei Estadual dos Combustíveis. In: MACHADO, Costa; FRONTINI, Paulo Salvador (Coord.). Código de Defesa do Consumidor interpretado. São Paulo: Manole, 2013.

8. La familia ensamblada: una analisis a la luz del derecho argentino y brasileño. In: BALESTERO, Gabriela Soares; BEGALLI, Ana Silvia Marcatto (Coord.). Estudos de direito latino americano. São Paulo: Lexia, 2013.

9. Da dificuldade de prova nas ações derivadas de erro médico. In: AZEVEDO, Álvaro Villaça; LIGIEIRA, Wilson Ricardo (Coord.). Direitos do paciente. São Paulo: Saraiva, 2012.

10. O princípio da dignidade humana como fonte jurídico-positiva para os direitos fundamentais. In: ARAGÃO, Paulo; ROMANO, Letícia Danielle; TAYAH, José Marco (Coord.). Reflexiones sobre derecho latinoamericano. Rio de Janeiro: Livre Expressão, 2012, v. 8.

11. Reflexões sobre a inversão do ônus da prova. In: MORATO, Antonio Carlos; NERI, Paulo de Tarso (Org.). 20 anos do Código de Defesa do Consumidor: estudos em homenagem ao professor José Geraldo Brito Filomeno. São Paulo: Atlas, 2010.

## III – ARTIGOS PUBLICADOS (ALGUNS TÍTULOS)

1. Da Gratuidade da Justiça no Novo CPC e o Papel do Judiciário. Revista Síntese de Direito Civil e Processual Civil. São Paulo: Síntese, nº 97, set./out. 2015. Publicado também na Revista Lex Magister, Edição nº 2.484, 19 Outubro 2015.

2. Análise crítica da forma de indicação dos membros do Supremo Tribunal Federal. Revista Jus Navigandi, Teresina, ano 20, n. 4341, 21 maio 2015. Disponível em: <http://jus.com.br/artigos/39290>

3. Fundamentos da reparação por dano moral trabalhista e uma nova teoria para sua quantificação. Revista Brasileira de Direitos Humanos. Lex-Magister, U. S. abr./jun. 2013.

4. A família ensamblada: uma análise à luz do direito argentino e brasileiro. Revista Síntese de Direito de Família, v. 78, jun./jul. 2013. Publicado também na Revista Jurídica Lex, v. 72, mar./abr. 2013.

5. Ulysses Guimarães: uma vida dedicada à construção da democracia brasileira. Publicado no site da Revista Lex-Magister em 19-12-2012. Disponível em: <http:// www.editoramagister.com/doutrina_24064820>.

6. Dano moral: por uma teoria renovada para quantificação do valor indenizatório (teoria da exemplaridade). Revista Magister de Direito Empresarial, Concorrencial e do Consumidor, v. 44, abr./mai. 2012. Publicado também na Revista Síntese de Direito Civil e Processual Civil. São Paulo: Síntese, nº 79, set./out. 2012.

7. Responsabilidade civil nas relações de consumo. Revista Magister de Direito Empresarial, Concorrencial e do Consumidor. Porto Alegre: Magister, nº 34, ago./set. 2010. Publicado também na Revista Síntese de Direito Civil e Processual Civil, nº 68, nov./dez. 2010 e na Revista Lex do Direito Brasileiro, nº 46, jul./ago. 2010.

8. Erro médico e dano moral: como o médico poderá se prevenir? Revista Magister de Direito Empresarial, Concorrencial e do Consumidor. Porto Alegre: Magister, nº 18, dez./jan. 2008.

9. Excludentes de responsabilidade em face do Código de Defesa do Consumidor. Revista Magister de Direito Empresarial, Concorrencial e do Consumidor. Porto Alegre: Magister, nº 23, out./nov. 2008.

10. O princípio da dignidade humana e a interpretação dos direitos humanos. São Paulo: Repertório de Jurisprudência IOB nº 07/2009.

11. Responsabilidade dos bancos pelos emitentes de cheques sem fundos. Juris Plenum, Caxias do Sul: Plenum, nº 88, maio 2006. CD-ROM.

12. Dano moral pela inclusão indevida na Serasa (indústria do dano moral ou falha na prestação dos serviços?). Revista de Direito Bancário e do Mercado de Capitais, nº 28. São Paulo: Revista dos Tribunais, abr./jun. 2005. Publicado também na Revista do Factoring, São Paulo: Klarear, nº 13, jul./ago./set. 2005 e na Revista Magister de Direito Empresarial, Concorrencial e do Consumidor. Porto Alegre: Magister, nº 12 dez./jan. 2007.

# CÓDIGO DE PROCESSO CIVIL COMENTADO • LEI 13.105, DE 16 DE MARÇO DE 2015

13. Da ilegalidade da cobrança da assinatura mensal dos telefones. Juris Plenum. Especial sobre tarifa básica de telefonia. Caxias do Sul: Plenum, nº 82. maio 2005. CD-ROM.

14. Abandono moral: fundamentos da responsabilidade civil. Revista Síntese de Direito Civil e Processual Civil, nº 34. São Paulo: Síntese/IOB, mar./abr. 2005. Incluído também no Repertório de Jurisprudência IOB nº 07/2005 e republicado na Revista IOB de Direito de Família, nº 46, fev./mar. 2008.

15. Por uma nova teoria da reparação por danos morais. Revista do Instituto dos Advogados de São Paulo, nº 15. São Paulo: Revista dos Tribunais, jan./jun. 2005. Publicado também na Revista Síntese de Direito Civil e Processual Civil, nº 33, jan./ fev. 2005.

16. Responsabilidade civil por abuso de direito. Juris Síntese, São Paulo: Síntese/IOB, nº 51, jan./fev. 2005. CD-ROM.

17. União estável: conceito, alimentos e dissolução. Revista IOB de Direito de família nº 51, dez./jan. 2009.

18. Dano moral coletivo nas relações de consumo. Juris Síntese, Porto Alegre: Síntese, nº 49, set./out. 2004. CD-ROM.

19. Do conceito ampliado de consumidor. Revista Síntese de Direito Civil e Processual Civil. São Paulo: Síntese/IOB, nº 30, jul./ago. 2004.

# ABREVIATURAS

**AC** – Apelação Cível
**ACP** – Ação Civil Pública
**ADCT** – Ato das Disposições Constitucionais Transitórias
**ADIn** – Ação Direta de Inconstitucionalidade
**Art.** – artigo
**BGB** – Burgerliches Gesetzbuch (Código Civil alemão)
**CBA** – Código Brasileiro de Aeronáutica
**CC** – Código Civil (Lei nº 10.406/02)
**CCom** – Código Comercial (Lei nº 556/1850)
**CDC** – Código de Defesa do Consumidor (Lei nº 8.078/90)
**CF** – Constituição Federal
**CLT** – Consolidação das Leis do Trabalho (Dec-Lei nº 5.452/43)
**CP** – Código Penal (Dec-Lei nº 2.848/40)
**CPC** – Código de Processo Civil (Lei nº 13.105/15)
**CPP** – Código de Processo Penal (Dec-Lei nº 3.689/41)
**CTB** – Código de Trânsito Brasileiro (Lei nº 9.503/97)
**CTN** – Código Tributário Nacional (Lei nº 5.172/66)
**D** – decreto
**Dec-Lei** – Decreto-Lei
**Des.** – Desembargador
**DJU** – Diário Oficial da Justiça da União
**DOE** – Diário Oficial do Estado (abreviatura + sigla do Estado)
**DOU** – Diário Oficial da União
**EC** – Emenda Constitucional
**ECA** – Estatuto da Criança e do Adolescente (Lei nº 8.069/90)
**EOAB** – Estatuto da Ordem dos Advogados do Brasil (Lei nº 8.906/94)
**IPTU** – Imposto sobre a propriedade predial e territorial urbana
**IPVA** – Imposto sobre a propriedade de veículos automotores
**IR** – Imposto sobre a renda e proventos de qualquer natureza
**IRPJ** – Imposto de renda de pessoa jurídica
**ISS** – Imposto sobre serviços
**ITBI** – Imposto sobre Transmissão de Bens Imóveis
**j.** – julgado em (seguido de data)
**JEC** – Juizado Especial Cível (Lei nº 9.099/95)
**JEF** – Juizado Especial Federal (Lei nº 10.259/01)
**LACP** – Lei da Ação Civil Pública (Lei nº 7.347/85)

**LA** – Lei de alimentos (Lei nº 5.478/68)

**LAF** – Lei das Alienações Fiduciárias (Dec-Lei nº 911/69)

**LAJ** – Lei de Assistência Judiciária (Lei nº 1.060/50)

**LAP** – Lei da Ação Popular (Lei nº 4.717/65)

**LArb** – Lei da Arbitragem (Lei nº 9.307/96)

**LC** – Lei Complementar

**LCh** – Lei do cheque (Lei nº 7.357/85)

**LD** – Lei de duplicatas (Lei nº 5.474/68)

**LDA** – Lei de Direitos Autorais (Lei nº 9.610/98)

**LDC** – Lei de Defesa da Concorrência (Lei nº 8.158/91)

**LDi** – Lei do Divórcio (Lei nº 6.515/77)

**LDP** – Lei da Defensoria Pública (LC nº 80/94)

**LEF** – Lei de Execução Fiscal (Lei nº 6.830/80)

**LEP** – Lei de Economia Popular (Lei nº 1.521/51)

**LI** – Lei do inquilinato (Lei nº 8.245/91)

**LICC** – Lei de Introdução ao Código Civil (Dec-Lei nº 4.657/42)

**LINDB** – Lei de Introdução às Normas do Direito Brasileiro

**LMI** – Lei do mandado de injunção (Lei nº 13.300/16).

**LMS** – Lei do mandado de segurança (Lei nº 1.533/51)

**LPI** – Lei de propriedade industrial (Lei nº 9.279/96)

**LRC** – Lei do representante comercial autônomo (Lei nº 4.886/65)

**LRF** – Lei de recuperação e falência (Lei nº 11.101/05)

**LRP** – Lei de registros públicos (Lei nº 6.015/73)

**LSA** – Lei da sociedade anônima (Lei nº 6.404/76)

**LU** – Lei Uniforme de Genebra (D nº 57.663/66)

**Min.** – Ministro

**MP** – Ministério Público

**MS** – Mandado de Segurança

**ONU** – Organização das Nações Unidas

**Rec.** – Recurso

**rel.** – Relator ou Relatora

**REsp** – Recurso Especial

**ss.** – seguintes

**STF** – Supremo Tribunal Federal

**STJ** – Superior Tribunal de Justiça

**Súm** – Súmula

**TJ** – Tribunal de Justiça

**TRF** – Tribunal Regional Federal

**TRT** – Tribunal Regional do Trabalho

**TST** – Tribunal Superior do Trabalho

**v.u.** – votação unânime

# ÍNDICE SISTEMÁTICO DO NOVO CPC

## PARTE GERAL

### LIVRO I
### DAS NORMAS PROCESSUAIS CIVIS

### TÍTULO ÚNICO
### DAS NORMAS FUNDAMENTAIS E DA APLICAÇÃO DAS NORMAS PROCESSUAIS

Capítulo I – Das normas fundamentais do processo civil (arts. 1º ao 12) ................. 1

Capítulo II – Da aplicação das normas processuais (arts. 13 ao 15) .......................... 10

### LIVRO II
### DA FUNÇÃO JURISDICIONAL
### TÍTULO I
### DA JURISDIÇÃO E DA AÇÃO

Da jurisdição e da ação (arts. 16 ao 20) ........................................................................ 11

### TÍTULO II
### DOS LIMITES DA JURISDIÇÃO NACIONAL E DA COOPERAÇÃO INTERNACIONAL

Capítulo I – Dos limites da jurisdição nacional (arts. 21 ao 25) ............................... 14

Capítulo II – Da cooperação internacional ................................................................... 17

Seção I – Disposições Gerais (arts. 26 e 27) ................................................................. 17

Seção II – Do Auxílio Direto (arts. 28 ao 34) ............................................................... 19

Seção III – Da Carta Rogatória (arts. 35 e 36) ............................................................. 22

Seção IV – Disposições Comuns às Seções Anteriores (arts. 37 ao 41) .................... 22

### TÍTULO III
### DA COMPETÊNCIA INTERNA

Capítulo I – Da Competência .......................................................................................... 25

Seção I – Das Disposições Gerais (arts. 42 ao 53) ....................................................... 25

Seção II – Da Modificação da Competência (arts. 54 ao 63) ...................................... 33

Seção III – Da Incompetência (arts. 64 ao 66) ............................................................. 38

Capítulo II – Da cooperação nacional (arts. 67 ao 69) ................................................ 40

XXI

# LIVRO III
## DOS SUJEITOS DO PROCESSO

### TÍTULO I
### DAS PARTES E DOS PROCURADORES

Capítulo I – Da capacidade processual (arts. 70 ao 76) .............................................. 42

Capítulo II – Dos deveres das partes e de seus procuradores ............................... 49

Seção I – Dos Deveres (arts. 77 e 78) ....................................................................... 49

Seção II – Da Responsabilidade das Partes por Dano Processual (arts. 79 ao 81) .. 52

Seção III – Das Despesas, dos Honorários Advocatícios e das Multas (arts. 82
ao 97) ........................................................................................................................... 54

Seção IV – Da Gratuidade da Justiça (arts. 98 ao 102) .......................................... 66

Capítulo III – Dos procuradores (arts. 103 ao 107) ................................................. 73

Capítulo IV – Da sucessão das partes e dos procuradores (arts. 108 ao 112) ........... 77

### TÍTULO II
### DO LITISCONSÓRCIO

Do litisconsórcio (arts.113 ao 118) ............................................................................ 80

### TÍTULO III
### DA INTERVENÇÃO DE TERCEIROS

Capítulo I – Da assistência ........................................................................................... 83

Seção I – Das Disposições Comuns (arts. 119 e 120) ............................................. 83

Seção II – Da Assistência Simples (arts. 121 ao 123) ............................................ 84

Seção III – Da Assistência Litisconsorcial (art. 124) .............................................. 85

Capítulo II – Da denunciação da lide (arts. 125 ao 129) ........................................ 86

Capítulo III – Do chamamento ao processo (arts. 130 ao 132) ........................... 89

Capítulo IV – Do incidente de desconsideração da personalidade jurídica
(arts. 133 ao 137) ........................................................................................................... 90

Capítulo V – Do *amicus curiae* (art. 138) .................................................................. 95

### TÍTULO IV
### DO JUIZ E DOS AUXILIARES DA JUSTIÇA

Capítulo I – Dos poderes, dos deveres e da responsabilidade do juiz (arts. 139
ao 143) ............................................................................................................................. 97

Capítulo II – Dos impedimentos e da suspeição (arts. 144 ao 148) ................... 101

# ÍNDICE SISTEMÁTICO DO NOVO CPC

Capítulo III – Dos auxiliares da justiça (art. 149)........................................................ 107

Seção I – Do Escrivão, do Chefe de Secretaria e do Oficial de Justiça (arts. 150 ao 155)............................................................................................................................. 107

Seção II – Do Perito (arts. 156 ao 158) ......................................................................... 110

Seção III – Do Depositário e do Administrador (arts. 159 ao 161)........................ 113

Seção IV – Do Intérprete e do Tradutor (arts. 162 ao 164)...................................... 114

Seção V – Dos Conciliadores e Mediadores Judiciais (arts. 165 ao 175) .............. 115

## TÍTULO V
## DO MINISTÉRIO PÚBLICO

Do Ministério Público (arts. 176 ao 181)..................................................................... 123

## TÍTULO VI
## DA ADVOCACIA PÚBLICA

Da Advocacia Pública (arts. 182 ao 184)...................................................................... 125

## TÍTULO VII
## DA DEFENSORIA PÚBLICA

Da Defensoria Pública (arts. 185 ao 187)..................................................................... 126

## LIVRO IV
## DOS ATOS PROCESSUAIS

## TÍTULO I
## DA FORMA, DO TEMPO E DO LUGAR DOS ATOS PROCESSUAIS

Capítulo I – Da forma dos atos processuais ................................................................. 128

Seção I – Dos Atos em Geral (arts. 188 ao 192).......................................................... 128

Seção II – Da Prática Eletrônica de Atos Processuais (arts. 193 ao 199) .............. 131

Seção III – Dos Atos das Partes (arts. 200 ao 202)..................................................... 134

Seção IV – Dos Pronunciamentos do Juiz (arts. 203 ao 205) .................................. 135

Seção V – Dos Atos do Escrivão ou do Chefe de Secretaria (arts. 206 ao 211) .... 136

Capítulo II – Do tempo e do lugar dos atos processuais............................................ 139

Seção I – Do Tempo (arts. 212 ao 216)......................................................................... 139

Seção II – Do Lugar (art. 217)........................................................................................ 141

Capítulo III – Dos prazos ................................................................................................ 142

Seção I – Disposições Gerais (arts. 218 ao 232) ......................................................... 142

Seção II – Da Verificação dos Prazos e das Penalidades (arts. 233 ao 235).......... 151

# TÍTULO II
## DA COMUNICAÇÃO DOS ATOS PROCESSUAIS

Capítulo I – Disposições gerais (arts. 236 e 237) ......................................................... 154

Capítulo II – Da citação (arts. 238 ao 259) ................................................................... 155

Capítulo III – Das cartas (art. 260 ao 268) ................................................................... 169

Capítulo IV – Das intimações (art. 269 ao 275) ........................................................... 173

# TÍTULO III
## DAS NULIDADES

Das nulidades (arts. 276 ao 283) .................................................................................... 177

# TÍTULO IV
## DA DISTRIBUIÇÃO E DO REGISTRO

Da distribuição e do registro (arts. 284 ao 290) .......................................................... 180

# TÍTULO V
## DO VALOR DA CAUSA

Do valor da causa (arts. 291 ao 293) ............................................................................. 183

# LIVRO V
## DA TUTELA PROVISÓRIA
# TÍTULO I
## DISPOSIÇÕES GERAIS

Disposições gerais (arts. 294 ao 299) ............................................................................ 185

# TÍTULO II
## DA TUTELA DE URGÊNCIA

Capítulo I – Disposições gerais (arts. 300 ao 302) ...................................................... 196

Capítulo II – Do procedimento da tutela antecipada requerida em caráter antecedente (arts. 303 e 304) ...................................................................................... 202

Capítulo III – Do procedimento da tutela cautelar requerida em caráter antecedente (arts. 305 ao 310) ................................................................................... 210

# TÍTULO III
## DA TUTELA DA EVIDÊNCIA

Da tutela de evidência (art. 311) .................................................................................... 213

## ÍNDICE SISTEMÁTICO DO NOVO CPC

### LIVRO VI
### DA FORMAÇÃO, SUSPENSÃO E EXTINÇÃO DO PROCESSO

### TÍTULO I
### DA FORMAÇÃO DO PROCESSO

Da formação do processo (art. 312)........................................................................... 214

### TÍTULO II
### DA SUSPENSÃO DO PROCESSO

Da suspensão do processo (arts. 313 ao 315)........................................................... 215

### TÍTULO III
### DA EXTINÇÃO DO PROCESSO

Da extinção do processo (arts. 316 e 317)................................................................ 218

### PARTE ESPECIAL

### LIVRO I
### DO PROCESSO DE CONHECIMENTO E DO CUMPRIMENTO DE SENTENÇA

### TÍTULO I
### DO PROCEDIMENTO COMUM

Capítulo I – Disposições gerais (art. 318) ................................................................ 219

Capítulo II – Da petição inicial................................................................................... 219

Seção I – Dos Requisitos da Petição Inicial (arts. 319 ao 321)........................... 219

Seção II – Do Pedido (arts. 322 ao 329) ............................................................... 221

Seção III – Do Indeferimento da Petição Inicial (arts. 330 e 331) ..................... 226

Capítulo III – Da improcedência liminar do pedido (art. 332).............................. 228

Capítulo IV – Da conversão da ação individual em ação coletiva (art. 333 – vetado) .... 229

Capítulo V – Da audiência de conciliação ou de mediação (art. 334).................. 230

Capítulo VI – Da contestação (arts. 335 ao 342) ..................................................... 231

Capítulo VII – Da reconvenção (art. 343) ................................................................ 237

Capítulo VIII – Da revelia (arts. 344 ao 346) .......................................................... 238

Capítulo IX – Das providências preliminares e do saneamento (art. 347).......... 240

Seção I – Da não Incidência dos Efeitos da Revelia (arts. 348 e 349).................. 240

Seção II – Do Fato Impeditivo, Modificativo ou Extintivo do Direito do Autor
(art. 350).................................................................................................................... 241

Seção III – Das Alegações do Réu (arts. 351 ao 353) .......................................... 241

Capítulo X – Do julgamento conforme o estado do processo................................ 242

XXV

# CÓDIGO DE PROCESSO CIVIL COMENTADO • LEI 13.105, DE 16 DE MARÇO DE 2015

Seção I – Da Extinção do Processo (art. 354)...................................................... 242

Seção II – Do Julgamento Antecipado do Mérito (art. 355)............................... 243

Seção III – Do Julgamento Antecipado Parcial do Mérito (art. 356) ................ 244

Seção IV – Do Saneamento e da Organização do Processo (art. 357) ................ 245

Capítulo XI – Da audiência de instrução e julgamento (arts. 358 ao 368)........... 247

Capítulo XII – Das provas ......................................................................................... 253

Seção I – Disposições Gerais (arts. 369 ao 380) ................................................ 253

Seção II – Da Produção Antecipada da Prova (arts. 381 ao 383)...................... 259

Seção III – Da Ata Notarial (art. 384) ................................................................. 262

Seção IV – Do Depoimento Pessoal (arts. 385 ao 388)...................................... 262

Seção V – Da Confissão (arts. 389 ao 395) ......................................................... 264

Seção VI – Da Exibição de Documento ou Coisa (arts. 396 ao 404).................. 267

Seção VII – Da Prova Documental ....................................................................... 272

Subseção I – Da Força Probante dos Documentos (arts. 405 ao 429)............. 272

Subseção II – Da Arguição de Falsidade (arts. 430 ao 433) .......................... 284

Subseção III – Da Produção da Prova Documental (arts. 434 ao 438) ........... 285

Seção VIII – Dos Documentos Eletrônicos (arts. 439 ao 441) ........................... 288

Seção IX – Da Prova Testemunhal ....................................................................... 289

Subseção I – Da Admissibilidade e do Valor da Prova Testemunhal
(arts. 442 ao 449) ........................................................................................... 289

Subseção II – Da Produção da Prova Testemunhal (arts. 450 ao 463) ........... 294

Seção X – Da Prova Pericial (arts. 464 ao 480) .................................................. 302

Seção XI – Da Inspeção Judicial (arts. 481 ao 484) ........................................... 315

Capítulo XIII – Da sentença e da coisa julgada ...................................................... 317

Seção I – Disposições Gerais (arts. 485 ao 488) ................................................ 317

Seção II – Dos Elementos e dos Efeitos da Sentença (arts. 489 ao 495)........... 321

Seção III – Da Remessa Necessária (art. 496) .................................................... 327

Seção IV – Do Julgamento das Ações Relativas às Prestações de Fazer, de
não Fazer e de Entregar Coisa (arts. 497 a 501) ............................................. 328

Seção V – Da Coisa Julgada (arts. 502 ao 508).................................................. 331

Capítulo XIV – Da liquidação de sentença (arts. 509 ao 512)............................... 334

## TÍTULO II
## DO CUMPRIMENTO DA SENTENÇA

Capítulo I – Das disposições gerais (arts. 513 ao 519)........................................... 337

Capítulo II – Do cumprimento provisório da sentença que reconheça a
exigibilidade de obrigação de pagar quantia certa (arts. 520 ao 522)................ 345

### ÍNDICE SISTEMÁTICO DO NOVO CPC

Capítulo III – Do cumprimento definitivo da sentença que reconheça a exigibilidade de obrigação de pagar quantia certa (arts. 523 ao 527)......................... 349

Capítulo IV – Do cumprimento da sentença que reconheça a exigibilidade de obrigação de prestar alimentos (arts. 528 ao 533) ...................................... 357

Capítulo V – Do cumprimento da sentença que reconheça a exigibilidade de obrigação de pagar quantia certa pela fazenda pública (arts. 534 e 535).................... 363

Capítulo VI – Do cumprimento da sentença que reconheça a exigibilidade de obrigação de fazer, de não fazer ou de entregar coisa................................. 368

Seção I – Do Cumprimento da Sentença que Reconheça a Exigibilidade de Obrigação de Fazer e de não Fazer (arts. 536 e 537) ........................... 368

Seção II – Do Cumprimento da Sentença que Reconheça a Exigibilidade de Obrigação de Entregar Coisa (art. 538)................................. 370

### TÍTULO III
### DOS PROCEDIMENTOS ESPECIAIS

Capítulo I – Da ação de consignação em pagamento (arts. 539 ao 549) ................... 371

Capítulo II – Da ação de exigir contas (arts. 550 ao 553)................................ 376

Capítulo III – Das ações possessórias................................................ 378

Seção I – Disposições Gerais (arts. 554 ao 559) ..................................... 378

Seção II – Da Manutenção e da Reintegração de Posse (arts. 560 ao 566)........... 381

Seção III – Do Interdito Proibitório (arts. 567 e 568) ............................... 385

Capítulo IV – Da ação de divisão e da demarcação de terras particulares................ 386

Seção I – Disposições Gerais (arts. 569 ao 573) ..................................... 386

Seção II – Da Demarcação (art. 574 ao art. 587) .................................... 389

Seção III – Da Divisão (arts. 588 ao 598) ........................................... 393

Capítulo V – Da ação de dissolução parcial de sociedade (arts. 599 ao 609)............ 399

Capítulo VI – Do inventário e da partilha........................................... 404

Seção I – Disposições Gerais (arts. 610 ao 614) ..................................... 404

Seção II – Da Legitimidade para Requerer o Inventário (arts. 615 e 616)............ 407

Seção III – Do Inventariante e das Primeiras Declarações (arts. 617 a 625) ........ 408

Seção IV – Das Citações e das Impugnações (arts. 626 ao 629)..................... 414

Seção V – Da Avaliação e do Cálculo do Imposto (arts. 630 ao 638)................. 417

Seção VI – Das Colações (arts. 639 ao 641)......................................... 420

Seção VII – Do Pagamento das Dívidas (arts. 642 ao 646) ......................... 422

Seção VIII – Da Partilha (arts. 647 ao 658) ......................................... 424

Seção IX – Do Arrolamento (arts. 659 ao 667) ...................................... 430

Seção X – Disposições Comuns a Todas as Seções (arts. 668 ao 673)................ 435

Capítulo VII – Dos embargos de terceiro (arts. 674 ao 681) .......................... 438

CÓDIGO DE PROCESSO CIVIL COMENTADO • LEI 13.105, DE 16 DE MARÇO DE 2015

Capítulo VIII – Da oposição (arts. 682 ao 686) ............................................................ 442

Capítulo IX – Da habilitação (arts. 687 ao 692) .......................................................... 443

Capítulo X – Das ações de família (arts. 693 ao 699) ............................................... 445

Capítulo XI – Da ação monitória (arts. 700 ao 702) ................................................. 450

Capítulo XII – Da homologação do penhor legal (arts. 703 ao 706) .................... 454

Capítulo XIII – Da regulação de avaria grossa (arts. 707 ao 711) ........................ 456

Capítulo XIV – Da restauração de autos (arts. 712 ao 718) .................................... 458

Capítulo XV – Dos procedimentos de jurisdição voluntária ................................... 461

    Seção I – Disposições Gerais (arts. 719 ao 725) ................................................... 461

    Seção II – Da Notificação e da Interpelação (arts. 726 ao 729) ...................... 464

    Seção III – Da Alienação Judicial (art. 730) ......................................................... 465

    Seção IV – Do Divórcio e da Separação Consensuais, da Extinção Consensual de União Estável e da Alteração do Regime de Bens do Matrimônio (arts. 731 ao 734) .................................................................................................................... 466

    Seção V – Dos Testamentos e Codicilos (arts. 735 ao 737) .............................. 469

    Seção VI – Da Herança Jacente (arts. 738 ao 743) ............................................. 471

    Seção VII – Dos Bens dos Ausentes (arts. 744 e 745) ....................................... 474

    Seção VIII – Das Coisas Vagas (art. 746) .............................................................. 475

    Seção IX – Da Interdição (arts. 747 ao 758) ........................................................ 476

    Seção X – Disposições Comuns à Tutela e à Curatela (arts. 759 ao 763) ...... 482

    Seção XI – Da Organização e da Fiscalização das Fundações (arts. 764 e 765) .... 484

    Seção XII – Da Ratificação dos Protestos Marítimos e dos Processos Testemunháveis Formados a Bordo (arts. 766 ao 770) ........................................ 485

## LIVRO II
## DO PROCESSO DE EXECUÇÃO

## TÍTULO I
## DA EXECUÇÃO EM GERAL

Capítulo I – Disposições gerais (arts. 771 ao 777) .................................................... 488

Capítulo II – Das partes (arts. 778 ao 780) ................................................................. 491

Capítulo III – Da competência (arts. 781 e 782) ....................................................... 493

Capítulo IV – Dos requisitos necessários para realizar qualquer execução ............. 495

    Seção I – Do Título Executivo (arts. 783 ao 785) ............................................... 495

    Seção II – Da Exigibilidade da Obrigação (arts. 786 ao 788) .......................... 500

Capítulo V – Da responsabilidade patrimonial (arts. 789 ao 796) ......................... 502

XXVIII

## ÍNDICE SISTEMÁTICO DO NOVO CPC

## TÍTULO II
## DAS DIVERSAS ESPÉCIES DE EXECUÇÃO

Capítulo I – Disposições gerais (arts. 797 ao 805)......................................................... 509

Capítulo II – Da execução para a entrega de coisa...................................................... 517

Seção I – Da Entrega de Coisa Certa (arts. 806 ao 810) .......................................... 517

Seção II – Da Entrega de Coisa Incerta (arts. 811 ao 813) ...................................... 520

Capítulo III – Da execução das obrigações de fazer e de não fazer........................... 521

Seção I – Disposições Comuns (art. 814).................................................................. 521

Seção II – Da Obrigação de Fazer (arts. 815 ao 821)................................................ 522

Seção III – Da Obrigação de Não Fazer (arts. 822 e 823)........................................ 525

Capítulo IV – Da execução por quantia certa............................................................... 526

Seção I – Disposições Gerais (arts. 824 ao 826) ...................................................... 526

Seção II – Da Citação do Devedor e do Arresto (arts. 827 ao 830) ....................... 528

Seção III – Da Penhora, do Depósito e da Avaliação............................................... 532

Subseção I – Do Objeto da Penhora (arts. 831 ao 836)........................................ 532

Subseção II – Da Documentação da Penhora, de seu Registro e do Depósito (arts. 837 ao 844) ................................................................................................... 538

Subseção III – Do Lugar de Realização da Penhora (arts. 845 e 846)................. 543

Subseção IV – Das Modificações da Penhora (arts. 847 ao 853) ........................ 545

Subseção V – Da Penhora de Dinheiro em Depósito ou em Aplicação Financeira (art. 854)............................................................................................... 548

Subseção VI – Da Penhora de Créditos (arts. 855 ao 860)................................... 550

Subseção VII – Da penhora das quotas ou ações de sociedades personificadas (art. 861)............................................................................................................... 553

Subseção VIII – Da Penhora de Empresa, de Outros Estabelecimentos e de Semoventes (art. 862 ao 865) ........................................................................ 555

Subseção IX – Da Penhora de Percentual de Faturamento de Empresa (art. 866) ............................................................................................................... 557

Subseção X – Da Penhora de Frutos e Rendimentos de Coisa Móvel ou Imóvel (art. 867 ao 869)....................................................................................... 558

Subseção XI – Da Avaliação (arts. 870 ao 875) ................................................... 559

Seção IV – Da Expropriação de Bens ....................................................................... 563

Subseção I – Da Adjudicação (arts. 876 ao 878) ................................................. 563

Subseção II – Da Alienação (arts. 879 ao 903) .................................................... 565

Seção V – Da Satisfação do Crédito (arts. 904 ao 909) ........................................... 580

Capítulo V – Da execução contra a fazenda pública (art. 910) .................................. 583

Capítulo VI – Da execução de alimentos (arts. 911 ao 913)........................................ 584

# CÓDIGO DE PROCESSO CIVIL COMENTADO • LEI 13.105, DE 16 DE MARÇO DE 2015

## TÍTULO III
### DOS EMBARGOS À EXECUÇÃO

Dos embargos à execução (arts. 914 ao 920) ............................................................ 586

## TÍTULO IV
### DA SUSPENSÃO E DA EXTINÇÃO DO PROCESSO DE EXECUÇÃO

Capítulo I – Da suspensão do processo de execução (arts. 921 ao 923) ..................... 592

Capítulo II – Da extinção do processo de execução (arts. 924 e 925) ........................ 595

## LIVRO III
### DOS PROCESSOS NOS TRIBUNAIS E DOS MEIOS
### DE IMPUGNAÇÃO DAS DECISÕES JUDICIAIS

## TÍTULO I
### DA ORDEM DOS PROCESSOS E DOS PROCESSOS DECOMPETÊNCIA
### ORIGINÁRIA DOS TRIBUNAIS

Capítulo I – Disposições gerais (arts. 926 ao 928) .................................................... 596

Capítulo II – Da ordem dos processos no tribunal (arts. 929 ao 946) ....................... 598

Capítulo III – Do incidente de assunção de competência (art. 947) .......................... 608

Capítulo IV – Do incidente de arguição de inconstitucionalidade (arts. 948 ao 950) .............................................................................................................. 609

Capítulo V – Do conflito de competência (arts. 951 ao 959) ..................................... 610

Capítulo VI – Da homologação de decisão estrangeira e da concessão do *exequatur* à carta (arts. 960 ao 965) ........................................................................ 614

Capítulo VII – Da ação rescisória (arts. 966 ao 975) ................................................ 617

Capítulo VIII – Do incidente de resolução de demandas repetitivas (arts. 976 ao 987) ................................................................................................................. 623

Capítulo IX – Da reclamação (arts. 988 ao 993) ...................................................... 631

## TÍTULO II
### DOS RECURSOS

Capítulo I – Disposições gerais (arts. 994 ao 1.008) ................................................. 634

Capítulo II – Da apelação (arts. 1.009 ao 1.014) ...................................................... 643

Capítulo III – Do agravo de instrumento (arts. 1.015 ao 1.020) ............................... 647

Capítulo IV – Do agravo interno (art. 1.021) ........................................................... 653

Capítulo V – Dos embargos de declaração (arts. 1.022 ao 1.026) ............................. 655

Capítulo VI – Dos recursos para o Supremo Tribunal Federal e para o Superior Tribunal de Justiça ................................................................................................... 661

Seção I – Do Recurso Ordinário (arts. 1.027 e 1.028)................................... 661

Seção II – Do Recurso Extraordinário e do Recurso Especial................................. 663

Subseção I – Disposições Gerais (arts. 1.029 ao 1.035)............................... 663

Subseção II – Do Julgamento dos Recursos Extraordinário e Especial
Repetitivos (arts. 1.036 ao 1.041)........................................................ 671

Seção III – Do Agravo em Recurso Especial e Extraordinário (art. 1.042)........... 677

Seção IV – Dos Embargos de Divergência (arts. 1.043 e 1.044)........................... 679

## LIVRO COMPLEMENTAR
## DAS DISPOSIÇÕES FINAIS E TRANSITÓRIAS

Disposições finais e transitórias (arts. 1.045 ao 1.072) ................................. 683

ÍNDICE ALFABÉTICO E REMISSIVO ...................................................... 697

BIBLIOGRAFIA.................................................................................... 715

# CÓDIGO DE PROCESSO CIVIL
# LEI 13.105, DE 16 DE MARÇO DE 2015

**PARTE GERAL**
**LIVRO I**
**DAS NORMAS PROCESSUAIS CIVIS**
**TÍTULO ÚNICO**
**DAS NORMAS FUNDAMENTAIS E DA APLICAÇÃO**
**DAS NORMAS PROCESSUAIS**
**CAPÍTULO I**
**DAS NORMAS FUNDAMENTAIS DO PROCESSO CIVIL**

**Art. 1º** O processo civil será ordenado, disciplinado e interpretado conforme os valores e as normas fundamentais estabelecidos na Constituição da República Federativa do Brasil, observando-se as disposições deste Código.

## COMENTÁRIOS

A norma contida no primeiro artigo do Código de Processo Civil apenas reafirma o óbvio, tendo em vista que nenhuma lei pode estar em dissonância com o insculpido na Constituição Federal.

Esta é a regra que os alunos aprendem nos primeiros semestres do curso de direito, qual seja, de que existe uma hierarquia das leis que coloca a Carta Magna no ápice do ordenamento jurídico, de sorte a afirmar que nenhuma outra norma poderá se contrapor ou mesmo contrariar seus elevados princípios.

Quer nos parecer que o legislador ordinário quis reafirmar, por assim dizer, que todas as regras do processo civil moderno deverão estar em consonância com os valores, os princípios e as normas fundamentais da Constituição Federal.

**Art. 2º** O processo começa por iniciativa da parte e se desenvolve por impulso oficial, salvo as exceções previstas em lei.

## COMENTÁRIOS

Esse é o princípio dispositivo, também chamado de princípio da inércia da jurisdição ou princípio da iniciativa da parte, pelo qual, em regra, é vedado ao juiz a instauração de qualquer processo.

Compete, pois, aos interessados provocar a jurisdição do Estado e, depois disso, o juiz assume o comando do processo até final solução. Quer dizer, ainda que os magistrados não tenham o poder de instaurar um processo por sua livre iniciativa, é importante frisar que depois de instaurado pelas partes, cabe a ele o poder de dirigir e de tomar iniciativas no processo já instaurado, visando a melhor solução do litígio.

Como toda regra de direito comporta exceção, existem algumas poucas situações em que é facultado ao magistrado atuar de ofício como, por exemplo, a decretação da arrecadação dos bens da herança jacente (ver CPC, art. 738) ou a arrecadação dos bens dos ausentes (ver CPC, art. 744).

> **Art. 3º** Não se excluirá da apreciação jurisdicional ameaça ou lesão a direito.
>
> § 1º É permitida a arbitragem, na forma da lei.
>
> § 2º O Estado promoverá, sempre que possível, a solução consensual dos conflitos.
>
> § 3º A conciliação, a mediação e outros métodos de solução consensual de conflitos deverão ser estimulados por juízes, advogados, defensores públicos e membros do Ministério Público, inclusive no curso do processo judicial.

## COMENTÁRIOS

O *caput* do artigo expressa o que a doutrina chama de "direito de petição". É o direito público subjetivo que têm todos os cidadãos de poder provocar o judiciário para ver resguardado um suposto direito que tenha sido violado. É um direito constitucionalmente assegurado (ver CF, 5º, XXXV), que consagra o princípio da inafastabilidade da jurisdição.

Costumo dizer aos meus alunos que, se a pessoa não tiver direito nenhum, ainda assim ela tem o direito de que isso seja declarado pelo Estado juiz. Quer dizer, o direito de ação é uma garantia que existe por si só, mesmo que o autor da ação não tenha nenhum direito material a ser protegido.

Como exceção e na linha de buscar soluções alternativas de conflitos, os parágrafos contemplam o direito das partes optarem pela arbitragem (Lei 9.307/96), assim como impõe ao Estado a tarefa de buscar a conciliação e a mediação como forma de soluções consensuais de conflitos, o que é extremamente salutar, tendo em vista a necessidade urgente de encurtar a solução dos conflitos e reduzir a assoberbada carga de processos nos mais diversos órgãos jurisdicionais. Muitas vezes ouço até de *experts* que a Lei de Arbitragem estaria em confronto com o princípio da inafastabilidade da jurisdição, porém isso não é verdade. Primeiro porque a arbitragem está dentro daquilo que as partes podem livremente pactuar em razão da autonomia da vontade, desde que os direitos em discussão não sejam indisponíveis. Segundo porque qualquer ilegalidade no procedimento de arbitragem autoriza o prejudicado a pedir socorro ao judiciário. Terceiro porque é uma opção das partes, não sendo obrigatória em nenhuma hipótese. Em resumo: assim como as partes podem livremente contratar, podem também ser livres

CÓDIGO DE PROCESSO CIVIL COMENTADO • LEI 13.105, DE 16 DE MARÇO DE 2015 **ART. 5º**

para contratar a forma extrajudicial de solução das eventuais pendências oriundas do pacto firmado (voltaremos ao tema quando tratarmos de outros artigos que se referem a arbitragem como, por exemplo, os arts. 42, 69, 189, 237, dentre outros).

Da mesma forma, trataremos em maior profundidade da conciliação e da mediação nas inúmeras passagens que o CPC dedica a estas duas figuras que saem, sem dúvida nenhuma fortalecidas no novo estatuto processual.

**Art. 4º** As partes têm o direito de obter em prazo razoável a solução integral do mérito, incluída a atividade satisfativa.

### COMENTÁRIOS

O novo CPC incorpora em suas regras, ainda que com outras palavras, aquilo que já constava na Constituição Federal (art. 5º, LXXVIII), como um dos direitos fundamentais da pessoa humana, a "duração razoável do processo". Vale rememorar que este inciso foi incluído na Constituição Federal por obra da EC 45 de 2004.

Esta norma é complementada pelo que consta nos arts. 6º e 139, II, desse mesmo estatuto processual, que impõe esse dever primacialmente aos magistrados, mas também estende a obrigação a todos aqueles que, de alguma forma, participem do processo.

Estender a responsabilidade pela celeridade processual a todos os atores do processo é salutar, pois reforça a necessidade de que todos atuem com a mais escorreita boa-fé (ver o art. 5º, em seguida), visando obter uma solução o mais rápido possível para as demandas submetidas ao judiciário.

Como disse Rui Barbosa na famosa Oração aos Moços (1921): "A justiça atrasada não é justiça; senão injustiça qualificada e manifesta".

**Art. 5º** Aquele que de qualquer forma participa do processo deve comportar-se de acordo com a boa-fé.

### COMENTÁRIOS

Esta disposição já constava no CPC/73, porém os tribunais lhes reservavam uma interpretação que tornava letra morta tal disposição, explico: a boa-fé que constava no Código de 1973 era entendida como a subjetiva, de sorte que quase nunca ninguém era condenado por litigância de má-fé porque os magistrados exigiam que a parte contrária provasse a má-fé, seguido aquela máxima que diz: "a boa-fé se presume e a má-fé deve ser sobejamente provada".

Sempre critiquei o judiciário pela sua complacência com aqueles litigantes que, abusando do seu direito de defesa, procrastinava o regular andamento do processo. Muitas vezes disse, em resposta a magistrados que se queixavam do excesso de processo e de sua longa duração que, se eles utilizassem melhor os instrumentos de punição aos litigantes de má-fé, talvez o judiciário tivesse menos recursos e incidentes para julgar.

Com relação ao atual CPC, quer me parecer que o legislador ordinário adotou a boa-fé objetiva, isto é, aquela que emerge dos próprios atos praticados pela parte, independente do que se passava no seu íntimo. Só posso entender assim porque a boa-fé contida no dispositivo em comento tem que ser interpretado em consonância com outros elevados princípios inseridos na nova legislação, tais como a celeridade processual e a duração razoável do processo.

Ademais, a boa-fé objetiva ganhou recentemente grande realce ao ser incorporada, primeiro no Código de Defesa do Consumidor (Lei 8.078/90, art. 4º, III) e, depois no atual Código Civil (Lei 10.406/02, art. 422), de sorte a afirmar que, na atualidade, todos têm o dever de agir com lealdade, ética, honestidade e seriedade, não se admitindo condutas que, ainda que praticadas sob o manto do chamado exercício do direito, não se coadunem com os elevados princípios que norteiam o processo civil moderno.

Essa boa-fé é assentada na proibição de condutas contraditórias. Baseada na máxima do *venire contra factum proprium*, significando a proibição de comportamento contraditório em face de um comportamento anteriormente assumido. É aquilo que pode caracterizar o abuso de direito (CC, art. 187).[1] Entendemos assim porque a boa-fé objetiva deve ser vista na atualidade como uma cláusula geral, intimamente ligada a questão da segurança jurídica, impondo-se a todos, inclusive ao Estado, um dever de agir que deve ser pautado pela mais completa lisura e lealdade.

**Art. 6º** Todos os sujeitos do processo devem cooperar entre si para que se obtenha, em tempo razoável, decisão de mérito justa e efetiva.

## COMENTÁRIOS

Este artigo além de vir em reforço aos princípios da celeridade e da razoável duração do processo (ver CPC, art. 4º), cria outra obrigação para as partes intervenientes no processo: a de cooperar, não só para uma duração razoável do processo, mas, especialmente, para que haja uma solução integral e satisfativa da demanda. É aquilo que a doutrina vem chamando de "princípio da cooperação",

Quer dizer, não basta dar andamento rápido aos processos. É necessário que esse trabalho seja feito com seriedade e com o melhor aproveitamento possível dos atos praticados de forma a evitar revisão de decisões proferidas. Fazer somente rápido pode ser sinônimo de fazer malfeito; e, fazer malfeito pode ser um fator de demora na solução final da lide.

---

1. CC, Art. 187. Também comete ato ilícito o titular de um direito que, ao exercê-lo, excede manifestamente os limites impostos pelo seu fim econômico ou social, pela boa-fé ou pelos bons costumes.

O Novo CPC exige uma atuação qualificada de todos os atores do processo (partes, advogados, juízes, serventuários etc.), buscando não somente uma mera solução de mérito, mas uma solução qualificada que contribua para a redução do uso de incidentes e recursos.

Essa é a matriz do modelo de processo cooperativo que vai encontrar ressonância em outros dispositivos espalhados pelo Novo CPC (ver especialmente os artigos 67, 68 e 69).

> **Art. 7º** É assegurada às partes paridade de tratamento em relação ao exercício de direitos e faculdades processuais, aos meios de defesa, aos ônus, aos deveres e à aplicação de sanções processuais, competindo ao juiz zelar pelo efetivo contraditório.

## COMENTÁRIOS

Este é o princípio constitucional da isonomia (ver CF, art. 5º, I) que se resume na exigência de que o juiz atue com imparcialidade. É dever de o Estado assegurar tratamento igualitário a seus cidadãos e garantir-lhe o contraditório como corolário deste dever.

A isonomia no processo civil visa assegurar o princípio da igualdade das partes, de sorte que o juiz deve dispensar tratamento igualitário a todos que participam do processo. Deve ainda o juiz se abster de adotar condutas discriminatórias sob pena de comprometer a sua neutralidade e imparcialidade. Dessa forma, o CPC inclui entre os deveres primários do juiz a obrigação de tratamento isonômico das partes e a obrigação de zelar pelo efetivo contraditório.

> **Art. 8º** Ao aplicar o ordenamento jurídico, o juiz atenderá aos fins sociais e às exigências do bem comum, resguardando e promovendo a dignidade da pessoa humana e observando a proporcionalidade, a razoabilidade, a legalidade, a publicidade e a eficiência.

## COMENTÁRIOS

O Novo CPC inova em relação ao Código anterior ao incorporar dentre as suas normas aquilo que já estava previsto na Lei de Introdução às Normas do Direito Brasileiro (LINDB), que em seu art. 5º textualmente diz: "Na aplicação da lei, o juiz atenderá aos fins sociais a que ela se dirige e às exigências do bem comum".

Na aplicação da lei ao caso concreto deve o magistrado temperar o rigor da lei amoldando-a à situação que lhe foi submetida a apreciação, de sorte a promover a tão sonhada justiça.

Além disso, o legislador ordinário reforça, por assim dizer, alguns princípios constitucionais, tais como a necessidade de o juiz resguardar e promover a dignidade da pessoa humana (ver CF, art. 1º, III), bem como a necessidade de que ele atue, no caso concreto, respeitando os princípios da legalidade (ver CF, art. 5º, II e XXXIX e art. 37, *caput*), da publicidade e da eficiência (ver CF, art. 37, *caput*).

O legislador infra constitucional também fez questão de mencionar os princípios da proporcionalidade e da razoabilidade cuja finalidade maior é, a nosso ver, assegurar que a justiça seja feita no caso concreto ou particular, que tenha sido submetido à apreciação judicial.

> **Art. 9º** Não se proferirá decisão contra uma das partes sem que ela seja previamente ouvida.
> **Parágrafo único.** O disposto no *caput* não se aplica:
> I – à tutela provisória de urgência;
> II – às hipóteses de tutela da evidência previstas no art. 311, incisos II e III;
> III – à decisão prevista no art. 701.

## COMENTÁRIOS

A regra é que, antes de proferir qualquer decisão, o juiz deverá previamente dar conhecimento à parte contrária do inteiro teor do que foi arguido pela parte adversa: é o chamado "contraditório cooperativo".

Tem lógica essa disposição porque a parte provocada poderá trazer aos autos elementos e informações indispensáveis para que o juiz possa ter perfeito conhecimento da lide instaurada. Mesmo quando as partes apenas defendem seus pontos de vistas, desde que isso seja feito com seriedade, poderão estar colaborando para uma decisão mais bem fundamentada e, por conseguinte, mais imune a recursos, colaborando assim para a duração razoável do processo.

O dispositivo em questão procurar impedir as decisões surpresas, mas traz algumas exceções, versadas no parágrafo único, que se aplicam às medidas liminares em tutela de urgência. Cumpre esclarecer que nesse caso não se elimina o contraditório, ele apenas é postergado e a sua realização se dará num segundo momento.

> **Art. 10.** O juiz não pode decidir, em grau algum de jurisdição, com base em fundamento a respeito do qual não se tenha dado às partes oportunidade de se manifestar, ainda que se trate de matéria sobre a qual deva decidir de ofício.

## COMENTÁRIOS

A regra contida neste artigo complementa o que foi versado no anterior, reforçando a ideia de que o contraditório deverá ser substancial, não apenas meramente formal, como tem sido nos últimos tempos.

O CPC consagra agora a proibição do fenômeno denominado "decisão de surpresa", significando dizer que nenhum juiz poderá proferir decisão sobre fato que as partes não tenham tido a oportunidade de conhecer e se manifestar. A norma em comento cria a possibilidade de declaração de nulidade da decisão judicial que seja fundada em questões de fato e de direito que não tenham sido previamente submetidas ao crivo do contraditório.

Essa norma vem em reforço ao princípio do contraditório, mas também se justifica em razão do chamado processo democrático e participativo no qual se espera um novo atuar, tanto das partes, quanto dos magistrados e outros intervenientes no processo.

Assim na sistemática processual atual, amparando-se especialmente no princípio constitucional do contraditório e da ampla defesa (CF, art. 5º, inciso LV), poderá ser declarada nula a decisão que surpreender as partes acerca de argumentos que não tenham sido previamente submetidos ao debate no curso do processo.

Essa regra de oportunizar as partes se manifestarem previamente sobre qualquer questão vale até mesmo para aquelas questões em que o juiz pode decidir de ofício.

**Art. 11.** Todos os julgamentos dos órgãos do Poder Judiciário serão públicos, e fundamentadas todas as decisões, sob pena de nulidade.

**Parágrafo único.** Nos casos de segredo de justiça, pode ser autorizada a presença somente das partes, de seus advogados, de defensores públicos ou do Ministério Público.

### COMENTÁRIOS

O estatuído no presente artigo reproduz aquilo que já está contido na Constituição Federal de 1988, em seu art. 93, IX, que textualmente diz: "todos os julgamentos dos órgãos do Poder Judiciário serão públicos, e fundamentadas todas as decisões, sob pena de nulidade, podendo a lei limitar a presença, em determinados atos, às próprias partes e a seus advogados, ou somente a estes, em casos nos quais a preservação do direito à intimidade do interessado no sigilo não prejudique o interesse público à informação".

Ocorre que a obrigação de fundamentar as decisões judiciais ganha reforço com o que consta insculpido no art. 489 do CPC, que trata dos elementos essenciais à validade das sentenças. Assim, a norma do artigo em comento tem mais significado do que a mera reprodução do texto constitucional.

Dessa forma o que se espera é o compromisso da magistratura com decisões não só legítimas, mas sobretudo decisões corretas, ponderadas e íntegras, isto é, que não sejam superficiais, como vimos ocorrer nos últimos anos.

Publicidade e fundamentação são como dois lados da mesma moeda, tendo em vista que estes dois princípios visam dar maior segurança às decisões judiciais. São pilares constitucionais do estado democrático de direito e sua positivação no CPC reforça a ideia de transparência e de legalidade das decisões judiciais, contribuindo assim, para inibir atos e decisões em afronta ao devido processo legal.

Por exceção, podem alguns processos tramitarem em segredo de justiça como, por exemplo, quando versarem sobre defesa da intimidade ou sobre questões de interesse público e social que sejam relevantes (CF, Art. 5º, LX) ou mesmo questões de família.

**Art. 12.** Os juízes e os tribunais atenderão, preferencialmente, à ordem cronológica de conclusão para proferir sentença ou acórdão. (redação do *caput* determinada pela Lei 13.256/16).

§ 1º A lista de processos aptos a julgamento deverá estar permanentemente à disposição para consulta pública em cartório e na rede mundial de computadores.

§ 2º Estão excluídos da regra do *caput*:

I – as sentenças proferidas em audiência, homologatórias de acordo ou de improcedência liminar do pedido;

II – o julgamento de processos em bloco para aplicação de tese jurídica firmada em julgamento de casos repetitivos;

III – o julgamento de recursos repetitivos ou de incidente de resolução de demandas repetitivas;

IV – as decisões proferidas com base nos arts. 485 e 932;

V – o julgamento de embargos de declaração;

VI – o julgamento de agravo interno;

VII – as preferências legais e as metas estabelecidas pelo Conselho Nacional de Justiça;

VIII – os processos criminais, nos órgãos jurisdicionais que tenham competência penal;

IX – a causa que exija urgência no julgamento, assim reconhecida por decisão fundamentada.

§ 3º Após elaboração de lista própria, respeitar-se-á a ordem cronológica das conclusões entre as preferências legais.

§ 4º Após a inclusão do processo na lista de que trata o § 1º, o requerimento formulado pela parte não altera a ordem cronológica para a decisão, exceto quando implicar a reabertura da instrução ou a conversão do julgamento em diligência.

§ 5º Decidido o requerimento previsto no § 4º, o processo retornará à mesma posição em que anteriormente se encontrava na lista.

§ 6º Ocupará o primeiro lugar na lista prevista no § 1º ou, conforme o caso, no § 3º, o processo que:

CÓDIGO DE PROCESSO CIVIL COMENTADO • LEI 13.105, DE 16 DE MARÇO DE 2015 — ART. 12

I – tiver sua sentença ou acórdão anulado, salvo quando houver necessidade de realização de diligência ou de complementação da instrução;

II – se enquadrar na hipótese do art. 1.040, inciso II.

## COMENTÁRIOS

O projeto do Novo CPC originalmente aprovado impunha aos juízes e tribunais a obrigatoriedade de julgar os processos na ordem cronológica de conclusão.

Como fruto do lobby da magistratura a redação original restou alterada para dizer que os magistrados "atenderão preferencialmente" a ordem cronológica. Quer dizer, na prática não haverá mais ordem cronológica e eles continuarão a julgar os processos livremente sem estar preso a nenhuma regra.

Como reflexo da alteração do *caput* deste artigo, também foi alterado o *caput* do art. 153 deste mesmo diploma legal que impunha à serventia do juízo os mesmos deveres.

Entendemos que o direito ao julgamento na ordem cronológica de processos aptos a receber uma sentença é uma garantia que decorre dos princípios constitucionais da isonomia (CF, art. 5º) e da impessoalidade da Administração Pública (CF, art. 37). Também concretizaria, ainda que por vias transversas, o princípio da duração razoável do processo (CF, art. 5º, LXXVIII), mas isto restou prejudicado em face da alteração legislativa promovida pela Lei 13.256/16.

Embora tenha sido alterado o *caput*, os parágrafos foram mantidos sendo que o primeiro parágrafo do artigo em comento estabelece que os Tribunais deverão criar e manter uma lista dos processos aptos para julgamento e de disponibilizá-las publicamente, não só em cartório como também através da rede mundial de computadores.

Os incisos constantes do parágrafo segundo estabelecem as exceções ao que foi estipulado no *caput* e todos eles têm uma lógica exemplar que dispensam comentários.

O parágrafo terceiro diz que mesmo entre as preferências legais também haverá uma ordem de prioridade no julgamento dos processos.

Já os parágrafos quarto e quinto vem com algum atraso pois esta disposição teria sentido no tempo dos autos físicos, explico: todos os advogados militantes nos mais diversos foros desse nosso país, sofriam quando precisava acessar os autos físicos para, por exemplo, tirar cópia de alguma peça ou peticionar incidentalmente requerendo alguma providência que não se confundia com mérito final da causa, pois se chegando ao cartório descobrisse que os autos estariam concluso isso era um grande problema. Qualquer advogado da velha guarda sabia de antemão que se pedisse o processo ou se peticionasse no mesmo, o processo sairia da ordem em que estava e depois iria para o fim da fila. Depois que entrou em vigor o Novo CPC, isto não mais poderia acontecer porque o que passou a prevalecer foi a ordem estabelecida quando da elaboração da lista. Ou seja, depois de elaborada a lista, ainda que o processo seja movimentado incidentalmente, ele não perderá seu lugar na fila.

Por fim o parágrafo sexto diz que também ocupará o primeiro lugar da lista o processo que tiver sua sentença ou acórdão anulado, salvo quando houver necessidade de realização de diligência ou de complementação da instrução; bem como a aplicação de paradigma quando decorrente de recurso extraordinário ou especial repetitivo (ver CPC, art. 1.040, II).

## CAPÍTULO II
### DA APLICAÇÃO DAS NORMAS PROCESSUAIS

**Art. 13.** A jurisdição civil será regida pelas normas processuais brasileiras, ressalvadas as disposições específicas previstas em tratados, convenções ou acordos internacionais de que o Brasil seja parte.

### COMENTÁRIOS

A primeira parte do artigo disciplina a eficácia da lei processual civil no espaço. Vale rememorara que as normas processuais brasileiras são aquelas que regulamentam o direito de ação, especialmente no que diz respeito à jurisdição e à competência.

Nesse sentido, é importante registrar que o Brasil é um país de jurisdição una, no sentido de que todos os conflitos de interesses são resolvidos pelo Poder Judiciário, seja a controvérsia oriunda de um ajuste entre os particulares ou entre estes e o Estado.

As normas processuais brasileiras regulam diversos aspectos da vida social de sorte que temos a jurisdição civil, penal, trabalhista, tributária, eleitoral etc.

Além disso, ressalva o CPC que poderão ser aplicadas ao processo civil, normas específicas previstas em tratados, convenções ou acordos internacionais de que o Brasil seja signatário e que tenham sido recepcionados pelo nosso direito interno (nesse sentido ver CF, art. 84, VIII c/c art. 49, I c/c art. 59, VI).

**Art. 14.** A norma processual não retroagirá e será aplicável imediatamente aos processos em curso, respeitados os atos processuais praticados e as situações jurídicas consolidadas sob a vigência da norma revogada.

### COMENTÁRIOS

A primeira parte do artigo reafirma o princípio da irretroatividade da lei no tempo, regra essa que está contida na Constituição Federal (art. 5º, inciso XXXVI), que expressamente prevê: "A lei não prejudicará o direito adquirido, o ato jurídico perfeito e a coisa julgada". Referida disposição consta também do art. 6º, da LINDB, que diz: "A lei em vigor terá efeito imediato e geral, respeitando o ato jurídico perfeito, o direito adquirido e a coisa julgada".

Assim, com relação à eficácia da lei no tempo o nosso ordenamento jurídico adotou a regra de que nenhuma norma poderá retroagir, a não ser a lei penal e, ainda assim, se for mais benéfica ao réu.

# CÓDIGO DE PROCESSO CIVIL COMENTADO • LEI 13.105, DE 16 DE MARÇO DE 2015

## ART. 16

A nova lei processual não será aplicada às situações que já estejam consolidadas no momento de sua entrada em vigor, isto é, os atos processuais realizados sob a égide da lei anterior, serão considerados válidos e não necessitarão serem revistos.

Já na segunda parte, o artigo deixa claro que, apesar da irretroatividade das leis, as regras da nova lei serão aplicadas aos processos que estejam em andamento no momento de sua entrada em vigor. Quer dizer, os processos que estejam em andamento se sujeitarão, daí para frente, às novas normas processuais, porém isso não significa retroagir já que os atos passados não serão atingidos.

**Art. 15.** Na ausência de normas que regulem processos eleitorais, trabalhistas ou administrativos, as disposições deste Código lhes serão aplicadas supletiva e subsidiariamente.

## COMENTÁRIOS

A norma insculpida no art. 15, apenas positiva o já famoso "Princípio da Subsidiariedade" das normas processuais civis aos demais procedimentos judiciais ou extrajudiciais.

Atualmente, já é assim que ocorre, por isso, podemos dizer que não se trata de nenhuma novidade estabelecer que as regras do processo civil se aplicarão subsidiariamente aos processos eleitorais, trabalhistas ou administrativos.

Em verdade, o legislador falou menos do que deveria, pois as normas do processo civil são aplicadas subsidiariamente também ao processual penal, tributários, de trânsito e até nos processos administrativos.

Com relação à aplicação do CPC no processo trabalhista devemos saudar a iniciativa do TST que através da Resolução 203/16, externou seu posicionamento no tocante às normas que seriam aplicáveis ou não, cujo inteiro teor sugerimos ao leitor acessar.

Cumpre ainda esclarecer que quando o Código fala em "aplicação subsidiária", isto significa o preenchimento de lacunas, enquanto que a "aplicação supletiva" tem a ver com a complementação normativa.

**LIVRO II**
**DA FUNÇÃO JURISDICIONAL**
**TÍTULO I**
**DA JURISDIÇÃO E DA AÇÃO**

**Art. 16.** A jurisdição civil é exercida pelos juízes e pelos tribunais em todo o território nacional, conforme as disposições deste Código. Na ausência de normas que regulem processos eleitorais, trabalhistas ou administrativos, as disposições deste Código lhes serão aplicadas supletiva e subsidiariamente.

## COMENTÁRIOS

A jurisdição, enquanto poder de aplicar a lei, é a manifestação da soberania nacional, significando que dentro do território brasileiro a força impositiva da lei se manifesta através do Estado.

Essa jurisdição somente pode ser exercida pelos juízes e tribunais nos termos como previsto na Constituição Federal (art. 93 e seus Incisos).

Vale anotar que no atual CPC há uma diferenciação em relação à jurisdição que será contenciosa ou voluntária conforme o caso. Como isso tem sido motivo de críticas pela doutrina, tendo em vista que a jurisdição é una, o legislador retirou do CPC estas expressões. Apesar disso, vamos encontrar em várias passagens do *novel codex* a diferenciação, porém expressada com nova denominação, qual seja: jurisdição contenciosa e jurisdição não contenciosa.

**Art. 17.** Para postular em juízo é necessário ter interesse e legitimidade.

## COMENTÁRIOS

O atual CPC corrigiu uma impropriedade de linguagem que constava no CPC/73, pois o interesse de agir e a legitimidade não são condições aplicáveis à contestação. Na ação, o réu mesmo que não tenha interesse ou legitimidade é obrigado a contestar, sob pena de sofrer os efeitos da revelia.

Agora, pela nova redação, para postular em juízo é necessário que o autor tenha interesse jurídico a ser protegido e tenha legitimidade postulatória para estar em juízo.

O interesse de agir é representado pelo binômio necessidade-adequação. Em tese, é representado pela necessidade de alguém socorrer-se ao Poder Judiciário para obter uma determinada ordem judicial que pode limitar-se, inclusive, à obtenção de uma mera declaração.

Já a legitimidade para estar em juízo tem a ver, em regra, com a titularidade do direito que o postulante visa proteger, tendo em vista que ninguém pode pleitear em nome próprio direito que não seja seu.

**Art. 18.** Ninguém poderá pleitear direito alheio em nome próprio, salvo quando autorizado pelo ordenamento jurídico.

**Parágrafo único.** Havendo substituição processual, o substituído poderá intervir como assistente litisconsorcial.

## COMENTÁRIOS

Este artigo trata da legitimidade ordinária, sendo certo que aquele que vai a juízo para reivindicar um direito, em nome próprio, deve também ser o seu titular, sob pena de ser declarado carecedor da ação.

# CÓDIGO DE PROCESSO CIVIL COMENTADO • LEI 13.105, DE 16 DE MARÇO DE 2015 — ART. 20

Há também a legitimidade extraordinária quando a lei autoriza que alguém compareça em juízo para defender direito alheio. Ocorre comumente com a figura da substituição processual. A doutrina cita como exemplo o direito de qualquer condômino de, em nome próprio, reivindicar sozinho a coisa que é sua e dos demais condôminos (CC, art. 1.314).[2] Veja que, nesse caso, o condômino é titular apenas de uma fração da coisa, mas a lei autoriza que ele faça a defesa da coisa comum que também pertence a outras pessoas.

É importante também consignar que a legitimidade pode ser exclusiva ou concorrente. Será exclusiva quando for atribuída a uma única pessoa e concorrente quando puder ser atribuída a mais de uma pessoa.

Importante ainda mencionar a legitimidade extraordinária outorgada pela Lei de Ação Civil Pública (Lei 7.347, de 24 de julho de 1985) a diversos entes, pois nesses casos o autor coletivo vai a juízo em nome próprio para defender direito de outrem, ou seja, defender os direitos da coletividade, de sorte a afirmar que estes entes vão atuar como verdadeiros substitutos processuais.

**Art. 19.** O interesse do autor pode limitar-se à declaração:

I – da existência, da inexistência ou do modo de ser de uma relação jurídica;

II – da autenticidade ou da falsidade de documento.

## COMENTÁRIOS

O legislador fez consignar que o interesse do autor pode se limitar em obter do Poder Judiciário uma declaração sobre um direito, logo, sem nenhum caráter condenatório, constitutivo, executivo ou mesmo mandamental.

Quer dizer, a lei assegura ao interessado a legitimidade para obter tão somente uma declaração do Estado-juiz sobre a existência ou inexistência de uma determinada relação jurídica ou sobre a autenticidade ou falsidade de um documento.

Por exemplo alguém pode querer o reconhecimento da união estável apenas para fins previdenciários. Ou como fez o STJ que consolidou através da Súmula 181 o entendimento segundo a qual: "É admissível ação declaratória, visando a obter certeza quanto à exata interpretação de cláusula contratual".

**Art. 20.** É admissível a ação meramente declaratória, ainda que tenha ocorrido a violação do direito.

---

2. CC, Art. 1.314. Cada condômino pode usar da coisa conforme sua destinação, sobre ela exercer todos os direitos compatíveis com a indivisão, reivindicá-la de terceiro, defender a sua posse e alhear a respectiva parte ideal, ou gravá-la.

Parágrafo único. Nenhum dos condôminos pode alterar a destinação da coisa comum, nem dar posse, uso ou gozo dela a estranhos, sem o consenso dos outros.

## COMENTÁRIOS

A norma autoriza o titular de um determinado direito a ingressar em juízo com uma ação declaratória mesmo naquelas hipóteses em que ele já poderia interpor a respectiva ação condenatória.

Segundo os ensinamentos de Leonardo Schenk a futura ação de conhecimento de natureza condenatória poderá não ser necessária, segundo entendimento existente na jurisprudência, se, da simples declaração anterior, por sentença com trânsito em julgado, decorrer perfeita individualização dos elementos da obrigação e a sua exigibilidade, na medida em que o sistema processual atribui à decisão, nesses casos, imediata eficácia executiva (art. 515, I).[3]

## TÍTULO II
## DOS LIMITES DA JURISDIÇÃO NACIONAL E DA COOPERAÇÃO INTERNACIONAL
## CAPÍTULO I
## DOS LIMITES DA JURISDIÇÃO NACIONAL

**Art. 21.** Compete à autoridade judiciária brasileira processar e julgar as ações em que:

I – o réu, qualquer que seja a sua nacionalidade, estiver domiciliado no Brasil;

II – no Brasil tiver de ser cumprida a obrigação;

III – o fundamento seja fato ocorrido ou ato praticado no Brasil.

**Parágrafo único.** Para o fim do disposto no inciso I, considera-se domiciliada no Brasil a pessoa jurídica estrangeira que nele tiver agência, filial ou sucursal.

## COMENTÁRIOS

O CPC estabelece que em alguns casos, sem prejuízo do princípio da soberania, pode ser competente tanto um juiz brasileiro quanto estrangeiro. Quer dizer, naqueles casos em que a pessoa envolvida seja estrangeira, mas resida no Brasil; ou nos casos em que a obrigação deva ser cumprida em território brasileiro; ou ainda, o ato lesionador de direito tenha sido praticado no Brasil, a competência poderá ser de um juiz brasileiro ou mesmo de autoridade judiciária estrangeira.

---

3. SHENK, Leonardo Faria. In.: WAMBIER, Teresa Arruda Alvim et al. Breves Comentários ao novo Código de Processo Civil. São Paulo: Editora Revista dos Tribunais, 2015, p. 104.

CÓDIGO DE PROCESSO CIVIL COMENTADO • LEI 13.105, DE 16 DE MARÇO DE 2015 **ART. 22**

Para efeitos da competência judiciária, há ainda a presunção de domiciliada no Brasil no caso da empresa estrangeira que tenha aqui alguma sucursal, agência ou filial, legitimando assim a competência do juiz brasileiro para aplicação da norma contida no inciso I.

É aquilo que a doutrina brasileira denomina de "competência concorrente da justiça brasileira" (ou relativa), ou seja, são hipóteses nas quais as situações elencadas podem ser julgadas validamente tanto pela autoridade judiciária brasileira quanto por qualquer outra alienígena.

**Art. 22.** Compete, ainda, à autoridade judiciária brasileira processar e julgar as ações:

I – de alimentos, quando:

*a)* o credor tiver domicílio ou residência no Brasil;

*b)* o réu mantiver vínculos no Brasil, tais como posse ou propriedade de bens, recebimento de renda ou obtenção de benefícios econômicos;

II – decorrentes de relações de consumo, quando o consumidor tiver domicílio ou residência no Brasil;

III – em que as partes, expressa ou tacitamente, se submeterem à jurisdição nacional.

### COMENTÁRIOS

Estabelece o CPC que a autoridade brasileira será competente para processar e julgar as ações que versem sobre alimentos, independente da nacionalidade do alimentante, quando o credor tiver domicílio ou residência no Brasil e, também nos casos em que o devedor tenha vínculos sólidos no Brasil, tais como posse ou propriedade de bens, recebimento de renda ou obtenção de benefícios econômicos, pois isso facilita a execução no caso de eventual inadimplemento.

É salutar incluir a possibilidade de processamento das ações de alimentos, perante a autoridade judiciária brasileira nos casos em que alimentando resida no Brasil ou o alimentante tenha aqui bens ou direitos, porque isso facilita o acesso à justiça dos necessitados de alimentos e reforça a garantia desse direito fundamental – os alimentos.

Também prever o CPC que se a ação versar sobre relações de consumo, e o consumidor tiver domicílio ou residência no Brasil, poderá ser interposta perante a autoridade judiciária brasileira. Também é bastante lógica essa inovação, porque o consumidor brasileiro pode comprar produtos ou serviços no mercado internacional, mas se tiver necessidade de resolver pendências, não poderá ser obrigado a dirigir-se às autoridades estrangeiras, pois o ordenamento jurídico brasileiro lhes faculta a opção mais favorável de demandar o fornecedor perante a justiça brasileira.

15

Finalmente o inciso III, na linha de prestigiar a autonomia da vontade autoriza que as partes possam, expressa ou tacitamente, optar por se submeterem à jurisdição nacional (eleição de jurisdição).

**Art. 23.** Compete à autoridade judiciária brasileira, com exclusão de qualquer outra:

I – conhecer de ações relativas a imóveis situados no Brasil;

II – em matéria de sucessão hereditária, proceder à confirmação de testamento particular e ao inventário e à partilha de bens situados no Brasil, ainda que o autor da herança seja de nacionalidade estrangeira ou tenha domicílio fora do território nacional;

III – em divórcio, separação judicial ou dissolução de união estável, proceder à partilha de bens situados no Brasil, ainda que o titular seja de nacionalidade estrangeira ou tenha domicílio fora do território nacional.

## COMENTÁRIOS

O Novo CPC reeditou norma já constante no CPC/73, apenas melhorando a redação no que diz respeito à questão do inventário, inovando com relação à questão do divórcio, separação ou dissolução de união estável, estendendo a competência da autoridade judiciária brasileira para os casos que envolvam partilha de bens situados no Brasil, independente da nacionalidade do titular ou mesmo que ele tenha domicílio fora do território nacional.

Veja-se que nesse caso a competência é absoluta e exclusiva de sorte que não se conhecerá de sentenças estrangeiras que versem sobre as matérias vinculadas nos incisos do artigo em comento. O legislador fez, por assim dizer, uma reserva legal de jurisdição, atribuindo à autoridade judiciária brasileira, e a nenhuma outra, a competência para conhecer das matérias elencadas.

Pelo que consta no inciso I, todas as ações versando sobre imóveis situados no Brasil devem ser propostas perante as autoridades judiciárias brasileiras. Isso significa dizer que, qualquer que seja a ação, se ela versar sobre direitos reais imobiliários devem ser propostas e resolvidas no Brasil.

Da mesma forma, o inventário ou a partilha de bens em face da separação do casal quando envolver bens situados no território nacional. Nesse caso as pessoas podem até fazer o inventário no exterior, mas com relação aos bens situados no Brasil terão que fazer o inventário aqui.

**Art. 24.** A ação proposta perante tribunal estrangeiro não induz litispendência e não obsta a que a autoridade judiciária brasileira conheça da mesma causa e das que lhe são conexas, ressalvadas as disposições em contrário de tratados internacionais e acordos bilaterais em vigor no Brasil.

**Parágrafo único.** A pendência de causa perante a jurisdição brasileira não impede a homologação de sentença judicial estrangeira quando exigida para produzir efeitos no Brasil.

## COMENTÁRIOS

Nas ações em que a competência possa ser considerada concorrente, o fato de haver ação proposta perante tribunal estrangeiro não impede que o interessado proponha a mesma ação perante a autoridade judiciária brasileira. Quer dizer, ainda que haja litispendência, isso não poderá ser alegado para excluir o juiz brasileiro da análise do caso.

A redação da parte final do *caput* tem uma razão muito lógica: a economia mundial está a cada dia mais internacionalizada e isso faz com que tratados e acordos bilaterais, especialmente sobre comércio, sejam assinados frequentemente. Esses tratados ou acordos podem prever solução diferenciada no que diz respeito à competência, para a solução de determinadas demandas.

**Art. 25.** Não compete à autoridade judiciária brasileira o processamento e o julgamento da ação quando houver cláusula de eleição de foro exclusivo estrangeiro em contrato internacional, arguida pelo réu na contestação.

§ 1º Não se aplica o disposto no *caput* às hipóteses de competência internacional exclusiva previstas neste Capítulo.

§ 2º Aplica-se à hipótese do *caput* o art. 63, §§ 1º a 4º.

## COMENTÁRIOS

A regra contida no referido artigo e seus parágrafos é, por assim dizer, desnecessária, pois ressalva o direito das partes elegerem um foro estrangeiro competente, com exclusividade, para conhecer de determinadas demandas, decorrente de contrato internacional.

Claro que isto só se aplica nos casos em que a competência possa ser considerada relativa, já que como afirmado nos comentários do art. 23, se a competência brasileira for absoluta, esta cláusula não terá nenhuma validade.

**CAPÍTULO II**
**DA COOPERAÇÃO INTERNACIONAL**[4]
**SEÇÃO I**
**DISPOSIÇÕES GERAIS**

**Art. 26.** A cooperação jurídica internacional será regida por tratado de que o Brasil faz parte e observará:

---

4. Os comentários aos arts. 26 a 41 são do prof. German Segre.

I – o respeito às garantias do devido processo legal no Estado requerente;

II – a igualdade de tratamento entre nacionais e estrangeiros, residentes ou não no Brasil, em relação ao acesso à justiça e à tramitação dos processos, assegurando-se assistência judiciária aos necessitados;

III – a publicidade processual, exceto nas hipóteses de sigilo previstas na legislação brasileira ou na do Estado requerente;

IV – a existência de autoridade central para recepção e transmissão dos pedidos de cooperação;

V – a espontaneidade na transmissão de informações a autoridades estrangeiras.

§ 1º Na ausência de tratado, a cooperação jurídica internacional poderá realizar-se com base em reciprocidade, manifestada por via diplomática.

§ 2º Não se exigirá a reciprocidade referida no § 1º para homologação de sentença estrangeira.

§ 3º Na cooperação jurídica internacional não será admitida a prática de atos que contrariem ou que produzam resultados incompatíveis com as normas fundamentais que regem o Estado brasileiro.

§ 4º O Ministério da Justiça exercerá as funções de autoridade central na ausência de designação específica.

## COMENTÁRIOS

A cooperação judiciária internacional se faz necessária para dar juridicidade aos atos que um Estado necessite realizar fora de seu território, como, para citar apenas alguns exemplos, notificações, citações, interrogatórios, oitivas, vistorias, avaliações, e no *exequatur* de cartas rogatórias. A prática de tais atos se dará através da assistência – mútua e voluntária – existente entre Estados soberanos.

O mundo civilizado trabalha conjuntamente para combater o crime organizado internacional como um todo e, mais especificamente, os crimes de corrupção, lavagem de dinheiro, crimes estes que se servem de complexa engenharia financeira e legal e que obriga a uma crescente e estreita cooperação judiciária internacional.

Na espera cível, principalmente em consequência da globalização, situações que outrora eram excepcionais são comuns e essa cooperação, cujo foco inicial fora na área penal, sofre a demanda de processos mais célere para resolver conflitos oriundos de relações jurídicas entre sujeitos subordinados a sistemas jurídicos distintos.

O art. 26 mantém determinações constante do código atual e também na LINDB (antiga LICC, Dec.-Lei 4.657/42), algumas até de forma redundante, como a do § 3º.

Assertivamente inova nos incisos IV e V ao determinar uma autoridade central (o Ministério de Justiça até que outra seja designada) e a espontaneidade na transmissão de informações a autoridades estrangeiras, um significativo avanço do novo Código.

# CÓDIGO DE PROCESSO CIVIL COMENTADO • LEI 13.105, DE 16 DE MARÇO DE 2015 — ART. 29

**Art. 27.** A cooperação jurídica internacional terá por objeto:

I – citação, intimação e notificação judicial e extrajudicial;

II – colheita de provas e obtenção de informações;

III – homologação e cumprimento de decisão;

IV – concessão de medida judicial de urgência;

V – assistência jurídica internacional;

VI – qualquer outra medida judicial ou extrajudicial não proibida pela lei brasileira.

## COMENTÁRIOS

Este artigo indica a amplitude do que pode ser objeto de cooperação internacional, de forma resumida, absolutamente qualquer medida, seja esta judicial ou extrajudicial, desde que não proibida pela legislação nacional. O dispositivo apresenta um rol exemplificativo nos primeiros cinco incisos para, no inciso VI explicitar que a única limitação é a não proibição da lei brasileira.

A importância da cooperação internacional resta demonstrada tendo em vista o CPC dedicar um capítulo exclusivo para tratar da matéria.

Este tema pode ser dividido em três áreas: auxilio direto; cartas rogatórias; e, homologação de sentenças estrangeiras.

## SEÇÃO II
### DO AUXÍLIO DIRETO

**Art. 28.** Cabe auxílio direto quando a medida não decorrer diretamente de decisão de autoridade jurisdicional estrangeira a ser submetida a juízo de delibação no Brasil.

## COMENTÁRIOS

Com relação ao auxilio direto, o primeiro dos três temas compreendidos pela cooperação jurídica internacional, o art. 28 limita-se a delimitar os casos em que cabe o auxílio direto e o faz de forma ampla, sem sequer determinar um rol exemplificativo.

Desde que não seja necessário juízo superficial sobre a legalidade do ato, sem, contudo, adentrar no exame de mérito – como seria, por exemplo, o caso de uma homologação de sentença estrangeira, caberá o auxílio direto

**Art. 29.** A solicitação de auxílio direto será encaminhada pelo órgão estrangeiro interessado à autoridade central, cabendo ao Estado requerente assegurar a autenticidade e a clareza do pedido.

## COMENTÁRIOS

Este artigo tem por objetivo criar o procedimento a ser seguido com os pedidos de auxílio direto: a autoridade estrangeira fará o pedido à autoridade central (inicialmente ao Ministério da Justiça), que verificará se o pedido é genuíno e claro.

**Art. 30.** Além dos casos previstos em tratados de que o Brasil faz parte, o auxílio direto terá os seguintes objetos:

I – obtenção e prestação de informações sobre o ordenamento jurídico e sobre processos administrativos ou jurisdicionais findos ou em curso;

II – colheita de provas, salvo se a medida for adotada em processo, em curso no estrangeiro, de competência exclusiva de autoridade judiciária brasileira;

III – qualquer outra medida judicial ou extrajudicial não proibida pela lei brasileira.

## COMENTÁRIOS

Seguindo idêntica lógica à aplicada na cooperação internacional como um todo no art. 27, o presente dispositivo, específico do auxílio direto, indica também um rol exemplificativo nos primeiros incisos para, no último, explicitar que a única limitação a pedidos de auxílio direto é a não proibição da lei brasileira.

Dessa forma, o auxilio direto deve se transformar em importante ferramenta para a função jurisdicional nas diferentes áreas do direito, não se limitando à esfera penal.

**Art. 31.** A autoridade central brasileira comunicar-se-á diretamente com suas congêneres e, se necessário, com outros órgãos estrangeiros responsáveis pela tramitação e pela execução de pedidos de cooperação enviados e recebidos pelo Estado brasileiro, respeitadas disposições específicas constantes de tratado.

## COMENTÁRIOS

Depois de exemplificar seus alcances, o legislador retoma neste art. o procedimento para a solicitação do auxílio direto (iniciado no art. 29), apenas para reiterar que é a autoridade central brasileira, executora deste tipo de cooperação, na forma ativa quanto na passiva. Fará referência explicita aos pedidos de cooperação judicial ativa no art. 37

**Art. 32.** No caso de auxílio direto para a prática de atos que, segundo a lei brasileira, não necessitem de prestação jurisdicional, a autoridade central adotará as providências necessárias para seu cumprimento.

## COMENTÁRIOS

Ao ampliar formidavelmente o rol de situações que permitem o pedido de auxilio direto, o presente artigo tem por objetivo explicar e facilitar o procedimento: cria-se

CÓDIGO DE PROCESSO CIVIL COMENTADO • LEI 13.105, DE 16 DE MARÇO DE 2015 **ART. 34**

clara divisão entre as hipóteses através das situações em que o poder judicial deva ou não intervir.

Para pedidos de auxílio direto em que não seja necessária a intervenção judicial, o Ministério da Justiça (enquanto autoridade central inicial e até a sua substituição por outra específica) deverá tomar de forma direta, as providências necessárias.

Note-se que neste caso, não se faz divisão à cooperação internacional ativa – necessidade de autoridade brasileira, da atuação de agentes públicos de outros Estados para a realização de atos que deverão ser praticados no exterior – ou passiva – interesse estrangeiro na realização de determinados atos no Brasil.

> **Art. 33.** Recebido o pedido de auxílio direto passivo, a autoridade central o encaminhará à Advocacia-Geral da União, que requererá em juízo a medida solicitada.
>
> **Parágrafo único.** O Ministério Público requererá em juízo a medida solicitada quando for autoridade central.

## COMENTÁRIOS

Continuando a divisão iniciada no artigo anterior, nos pedidos de auxílio direto em que seja necessária a intervenção judicial, como regra, as medidas serão solicitadas ao juiz pela Advocacia-Geral da União.

Excepcionalmente o pedido poderá ser feito pelo Ministério Público, quando for autoridade central.

Importante destacar que, por obvio, o dispositivo faz referência apenas ao auxílio direto passivo.

Dessa forma, vemos que quando é a autoridade brasileira quem necessita de auxilio direto, solicitar-se-á através da autoridade central; já quando o pedido de auxílio seja alienígena, a autoridade central verificará inicialmente se é necessária a prestação jurisdicional.

Não sendo o caso de intervenção judicial, tomará as providencias necessária diretamente e, sendo necessária a intervenção da justiça, se for a autoridade central o Ministério Público encaminhara o pedido à justiça de forma direta e, se não for, encaminhara o pedido à AGU, que será responsável por fazer o pedido à justiça

Importante destacar que na prática, o novo procedimento permitirá que juízes singulares colaborem com seus pares estrangeiros sem a necessidade de intervenção de tribunal superior, acelerando prazos e desburocratizando o processo.

> **Art. 34.** Compete ao juízo federal do lugar em que deva ser executada a medida apreciar pedido de auxílio direto passivo que demande prestação de atividade jurisdicional.

## COMENTÁRIOS

A regra contida neste artigo define e mantém a competência – material e territorial do juízo. Seja o Ministério Público, seja a Advocacia Geral da União devem requerer a medida, naqueles casos em que resulta obrigatória a intervenção judicial.

Pelas regras atuais, o *exequatur* de sentença estrangeira homologada já é feito pela justiça federal.

### SEÇÃO III
### DA CARTA ROGATÓRIA

**Art. 35.** (Vetado).

### SEM COMENTÁRIOS

**Art. 36.** O procedimento da carta rogatória perante o Superior Tribunal de Justiça é de jurisdição contenciosa e deve assegurar às partes as garantias do devido processo legal.

§ 1º. A defesa restringir-se-á à discussão quanto ao atendimento dos requisitos para que o pronunciamento judicial estrangeiro produza efeitos no Brasil.

§ 2º. Em qualquer hipótese, é vedada a revisão do mérito do pronunciamento judicial estrangeiro pela autoridade judiciária brasileira.

### COMENTÁRIOS

Na redação desse artigo o legislador aproveitou uma década de experiência do STJ com relação ao procedimento já adotado para homologação de sentenças estrangeiras. Se bem determina que se trata de procedimento de jurisdição contenciosa, limita eventual discussão aos requisitos, descartando quaisquer questionamentos ao mérito.

Desta forma, zela pelo respeito ao procedimento, sem permitir recursos meramente protelatórios.

### SEÇÃO IV
### DISPOSIÇÕES COMUNS ÀS SEÇÕES ANTERIORES

**Art. 37.** O pedido de cooperação jurídica internacional oriundo de autoridade brasileira competente será encaminhado à autoridade central para posterior envio ao Estado requerido para lhe dar andamento.

## COMENTÁRIOS

O art. 37 esclarece, de forma redundante (ver art. 31), que os pedidos de cooperação jurídica internacional ativa, devem ser encaminhados, de forma centralizada, através da autoridade central.

**Art. 38.** O pedido de cooperação oriundo de autoridade brasileira competente e os documentos anexos que o instruem serão encaminhados à autoridade central, acompanhados de tradução para a língua oficial do Estado requerido.

## COMENTÁRIOS

O dispositivo em comento poderia ser apenas um inciso de qualquer outro artigo, pois trata meramente de um detalhe procedimental, obrigatório e comum em casos de cooperação jurídica internacional: enviar o pedido no idioma do Estado requerido.

Lamentavelmente, não especifica se a tradução deve ser feita exclusivamente por tradutor oficial, devidamente registrado na Junta Comercial Estadual que corresponda, ou se aceitar-se-ão traduções comerciais ou livres. São detalhes que poderiam já ter sido pacificados pelo legislador e que ficarão para regulamentos internos ou sujeitos a interpretação.

**Art. 39.** O pedido passivo de cooperação jurídica internacional será recusado se configurar manifesta ofensa à ordem pública.

## COMENTÁRIOS

O art. 39 encontra ressonância em outras legislações esparsas que já prevê, em diferentes esferas, tal disposição.

A título de exemplo, vamos rememorar que a já citada LINDB (Dec. Lei 4.657/42), faz expressa menção a essa proibição em seu art. 17. Da mesma forma, a Lei da Arbitragem (Lei 9.307/96), que é muito utilizada na área do direito internacional privado, também contém esta mesma previsão em seu art. 39, II.

No direito internacional, seja para cooperação internacional, homologação de sentença estrangeira (arbitral ou judicial), mera alegação de direito adquirido, é notório que não serão aceitas no Brasil decisões que afrontem não apenas a ordem pública, quanto a soberania nacional e, ainda, os bons costumes.

A falta de definição para tais conceitos, tem gerado duvidas e interpretações das mais variadas, que a simples definição de cada conceito poderia evitar. Na mesma linha de raciocínio, não se define o que será considerada manifesta ofensa à ordem pública. Devemos ponderar, não obstante, que o direito não é ciência exata e permite certa margem de interpretação.

**Art. 40.** A cooperação jurídica internacional para execução de decisão estrangeira dar-se-á por meio de carta rogatória ou de ação de homologação de sentença estrangeira, de acordo com o art. 960.

## COMENTÁRIOS

A homologação de sentença estrangeira, competência originária do Superior Tribunal de Justiça – STJ – desde a EC 45/04, e até aqui regulamentada pela Resolução STJ 9/2005, foi positivada no Novo CPC.

Continua vigendo o sistema de "contenciosidade limitada", não sendo admitida análise do mérito, apenas sendo possível – como já mencionado – a impugnação ao *exequatur* de homologação que não verificou que as formalidades legais tenham sido atendidas – sentença arbitral ou judicial estrangeira, emitida por juiz competente, com a devida citação em respeito aos princípios da ampla defesa e do contraditório, e em vernáculo –, e obviamente desde que não se ofenda a soberania, a ordem pública e/ou os bons costumes.

**Art. 41.** Considera-se autêntico o documento que instruir pedido de cooperação jurídica internacional, inclusive tradução para a língua portuguesa, quando encaminhado ao Estado brasileiro por meio de autoridade central ou por via diplomática, dispensando-se a juramentação, autenticação ou qualquer procedimento de legalização.

**Parágrafo único.** O disposto no *caput* não impede, quando necessária, a aplicação pelo Estado brasileiro do princípio da reciprocidade de tratamento.

## COMENTÁRIOS

O artigo em comento exclui algo que era antes obrigatório que é a "consularização", ou seja, um procedimento de pseudolegalização, que obrigava o interessado a levar uma sentença estrangeira a ser homologada ao consulado mais próximo, pagar uma taxa e receber um selo ou carimbo que atestava que o documento tinha sido exposto a essa autoridade consular, mas que isso não significava que fosse autêntico. Trocando em miúdos, a tal autenticação não tinha qualquer utilidade, e gerava custos e demoras.

Verifica-se pela análise destes artigos que, na área internacional, o novo Código de Processo Civil é assertivo, simplificando o trabalho das partes que devem lidar com vários ordenamentos jurídicos, de forma mais célere, outorgando maior segurança jurídica e colocando o nosso direito processual de acordo com a tendência do direito processual internacional.

# TÍTULO III
## DA COMPETÊNCIA INTERNA
### CAPÍTULO I
#### DA COMPETÊNCIA
##### SEÇÃO I
###### DISPOSIÇÕES GERAIS

**Art. 42.** As causas cíveis serão processadas e decididas pelo juiz nos limites de sua competência, ressalvado às partes o direito de instituir juízo arbitral, na forma da lei.

## COMENTÁRIOS

Competência é a capacidade outorgada aos juízes para exercer o poder jurisdicional emanada da Constituição Federal e se define a partir de três critérios bem definidos: o objetivo, o funcional e o territorial.

Quando a lei instrumental fala em causas cíveis automaticamente exclui de sua abrangência as causas penais e as trabalhistas. Assim, cíveis serão as causas que versem sobre direitos privados em geral, comercial, consumidor, administrativo, tributário, previdenciário etc.

É aquilo que a doutrina chama de "princípio do monopólio da jurisdição", ressalvado de forma oportuna a possibilidade de as partes instituírem o juízo arbitral.

O legislador fez consignar que as partes podem também eleger uma forma de solução extrajudicial para eventuais conflitos, que é o juízo arbitral (Lei 9.307/96). Advirta-se, contudo, que as partes só podem fazer essa opção se a causa versar sobre direitos patrimoniais disponíveis (ver LAr, art. 1º). Quer dizer, as partes, de comum acordo, podem optar por submeterem seus conflitos de interesses à solução de uma terceira pessoa, denominada árbitro, sem necessidade de recorrerem ao Poder Judiciário.

Pela arbitragem as partes elegem um particular para resolução de seus conflitos e a decisão que venha a ser por ele tomada, tem força de sentença judicial (ver LAr, art. 31), não podendo ser reapreciada pelo Judiciário (ver LAr, art. 18), a não ser nos casos de nulidade (ver LAr, art. 32), formando título executivo judicial (ver CPC, art. 515, VII). Isto não fere a Constituição porque a lei faculta às partes elegerem essa forma de solução, logo não é uma imposição. Além do mais, no caso de quaisquer ilicitudes ou irregularidades no procedimento arbitral, a parte prejudicada poderá se socorrer do Judiciário (ver LAr, art. 33, *caput)*, tendo em vista o princípio da inafastabilidade do poder judiciário (CF, art. 5º, XXXV). Assim como as partes podem eleger um foro competente para conhecer da matéria sobre a qual contrataram, podem também eleger um juiz arbitral para dirimir o conflito, desde que os direitos sejam patrimoniais disponíveis.

**Art. 43.** Determina-se a competência no momento do registro ou da distribuição da petição inicial, sendo irrelevantes as modificações do estado de fato ou de direito ocorridas posteriormente, salvo quando suprimirem órgão judiciário ou alterarem a competência absoluta.

## COMENTÁRIOS

Pelas regras do CPC, a competência é determinada no momento do registro (onde existe uma vara única) ou na distribuição da petição inicial (quando existe mais de uma vara cível). Para garantia de estabilidade do processo o legislador fez consignar que a eventual mudança de estado das pessoas envolvidas ou mesmo as modificações de fato ou de direito não alteram a competência já previamente fixada.

A exceção fica por conta da incompetência superveniente que pode ocorrer em face de determinação legislativa que promova alterações ou supressões nos órgãos jurisdicionais e também em face do interesse jurisdicional de terceiro que desloque a competência. Obviamente que se houver supressão ou alteração de um determinado órgão judiciário é preciso verificar se o que veio a substituí-lo continua competente para os termos da ação anteriormente proposta. Da mesma forma, uma ação entre particulares distribuída à Justiça Comum Estadual e que venha a ter interesse da União, por exemplo, poderá fazer deslocar a competência do órgão judiciário estadual para o federal, caso em que a incompetência da justiça estadual será absoluta e deverá ser declarada de ofício pelo magistrado oficiante (ver CF, art. 109, I).

Advirta-se por fim que a incompetência pode ser absoluta ou relativa. A incompetência absoluta pode ser reconhecida pelo juiz de ofício e, se assim não for, poderá ser arguida pela parte em qualquer grau de jurisdição. Já a incompetência relativa deverá ser requerida pelo réu em preliminar da contestação sob pena de prorrogação. (ver CPC, art. 64).

**Art. 44.** Obedecidos os limites estabelecidos pela Constituição Federal, a competência é determinada pelas normas previstas neste Código ou em legislação especial, pelas normas de organização judiciária e, ainda, no que couber, pelas constituições dos Estados.

## COMENTÁRIOS

Verifica-se que a competência é fixada pelo CPC, como não poderia deixar de ser, nos limites estabelecidos na Constituição Federal. Podemos dizer que essa competência é residual, tendo em vista que além das normas previstas na Constituição Federal e na legislação esparsa, dever-se-á ter em conta também o que prescreve as constituições estaduais e as normas de organização judiciária de cada Estado membro.

**Art. 45.** Tramitando o processo perante outro juízo, os autos serão remetidos ao juízo federal competente se nele intervier a União, suas empresas públicas, entidades autárquicas e fundações, ou conselho de fiscalização de atividade profissional, na qualidade de parte ou de terceiro interveniente, exceto as ações:

I – de recuperação judicial, falência, insolvência civil e acidente de trabalho;

II – sujeitas à justiça eleitoral e à justiça do trabalho.

§ 1º Os autos não serão remetidos se houver pedido cuja apreciação seja de competência do juízo perante o qual foi proposta a ação.

§ 2º Na hipótese do § 1º, o juiz, ao não admitir a cumulação de pedidos em razão da incompetência para apreciar qualquer deles, não examinará o mérito daquele em que exista interesse da União, de suas entidades autárquicas ou de suas empresas públicas.

§ 3º O juízo federal restituirá os autos ao juízo estadual sem suscitar conflito se o ente federal cuja presença ensejou a remessa for excluído do processo.

## COMENTÁRIOS

Agora o CPC trata da forma procedimental quando no processo comum houver a intervenção da União, suas empresas públicas, entidades autárquicas e fundações, ou conselho de fiscalização de atividade profissional, na qualidade de parte ou de terceiro interveniente. Se estiver tramitando um processo na justiça comum estadual e houver interesse manifestado por um destes entes citados, os autos deverão ser remetidos à Justiça Federal da região. São hipóteses que já estão previstas na nossa Constituição Federal.

O legislador ordinário fez consignar as exceções que, de certa forma, já constava da própria Constituição Federal que são: as ações de recuperação judicial, falência, insolvência civil e acidente de trabalho; e, aquelas sujeitas à justiça eleitoral e à justiça do trabalho (ver CF, art. 109, I).

Os autos não serão remetidos à Justiça Federal se houver pedido cuja apreciação seja de competência do juízo perante o qual foi proposta a ação. De outro lado, o juiz, ao não admitir a cumulação de pedidos em razão da incompetência para apreciar qualquer deles, não examinará o mérito daquele em que exista interesse da União, de suas entidades autárquicas ou de suas empresas públicas.

O parágrafo terceiro trata da hipótese de a entidade pública federal ser excluída do processo, quando então os autos deverão ser restituídos ao juízo estadual, sem necessidade de que o juiz suscite conflito de competência, contemplando aquilo que já estava consolidado na jurisprudência do STJ (súmula 224).[5]

---

5. STJ – Súmula 224: Excluído do feito o ente federal, cuja presença levara o Juiz Estadual a declinar da competência, deve o Juiz Federal restituir os autos e não suscitar conflito.

**Art. 46.** A ação fundada em direito pessoal ou em direito real sobre bens móveis será proposta, em regra, no foro de domicílio do réu.

§ 1º Tendo mais de um domicílio, o réu será demandado no foro de qualquer deles.

§ 2º Sendo incerto ou desconhecido o domicílio do réu, ele poderá ser demandado onde for encontrado ou no foro de domicílio do autor.

§ 3º Quando o réu não tiver domicílio ou residência no Brasil, a ação será proposta no foro de domicílio do autor, e, se este também residir fora do Brasil, a ação será proposta em qualquer foro.

§ 4º Havendo 2 (dois) ou mais réus com diferentes domicílios, serão demandados no foro de qualquer deles, à escolha do autor.

§ 5º A execução fiscal será proposta no foro de domicílio do réu, no de sua residência ou no do lugar onde for encontrado.

## COMENTÁRIOS

Ao tratar da competência territorial, o CPC estabelece uma regra geral: é competente o foro do domicílio do réu para as ações fundadas em direito pessoal bem como as que versem sobre direito real sobre bens móveis.

Da mesma forma, quando o novo *codex* trata da pluralidade de domicílios do réu, permite ao autor propor a ação no foro de qualquer um deles.

Importante destacar o que consta no § 5º que prevê a hipótese de execução fiscal ser proposta no foro de domicílio do réu, no de sua residência ou no do lugar onde for encontrado.

O Supremos Tribunal Federal (STF) declarou inconstitucional o artigo 46, § 5º, do CPC – que trata do foro da ação de execução fiscal – para restringir sua aplicação aos limites do território de cada ente da federação ou ao local de ocorrência do fato gerador.

De acordo com a decisão, é inconstitucional a regra que permite que os estados e o DF sejam demandados perante qualquer comarca do país. Segundo o Ministro Luís Roberto Barroso, estender a possibilidade de mover ações contra a União de qualquer parte do país, prevista na Constituição, aos estados e ao DF desconsidera a prerrogativa constitucional de auto-organização dos entes subnacionais e a circunstância de que sua atuação se desenvolve dentro dos seus limites territoriais.[6]

Conclusão: "[é] inconstitucional a regra de competência que permita que os entes subnacionais sejam demandados perante qualquer comarca do país, devendo a fixação do foro restringir-se aos seus respectivos limites territoriais".

**Art. 47.** Para as ações fundadas em direito real sobre imóveis é competente o foro de situação da coisa.

---

6. (STF, Ações Diretas de Inconstitucionalidade (ADIs) 5492 e 5737, julgadas em 24 de abril de 2023).

# CÓDIGO DE PROCESSO CIVIL COMENTADO • LEI 13.105, DE 16 DE MARÇO DE 2015 — ART. 48

§ 1º O autor pode optar pelo foro de domicílio do réu ou pelo foro de eleição se o litígio não recair sobre direito de propriedade, vizinhança, servidão, divisão e demarcação de terras e de nunciação de obra nova.

§ 2º A ação possessória imobiliária será proposta no foro de situação da coisa, cujo juízo tem competência absoluta.

## COMENTÁRIOS

O foro da situação do imóvel é o competente para conhecer as demandas que versem sobre ações reais imobiliárias, permitindo-se ao autor optar pelo domicílio do réu ou pelo foro de eleição se o litígio não versar sobre o direito de propriedade, vizinhança, servidão, divisão e demarcação de terras e de nunciação de obra nova. É o caso, só para exemplificar, da ação de resolução do contrato de promessa de compra e venda

A novidade com relação à redação que constava no Código anterior é a inclusão do § 2º que, com base na jurisprudência, deixa bem definido de que as ações possessórias imobiliárias serão propostas no foro de situação da coisa, cujo juízo tem competência absoluta (ver arts. 554/568).

**Art. 48.** O foro de domicílio do autor da herança, no Brasil, é o competente para o inventário, a partilha, a arrecadação, o cumprimento de disposições de última vontade, a impugnação ou anulação de partilha extrajudicial e para todas as ações em que o espólio for réu, ainda que o óbito tenha ocorrido no estrangeiro.

**Parágrafo único.** Se o autor da herança não possuía domicílio certo, é competente:

I – o foro de situação dos bens imóveis;

II – havendo bens imóveis em foros diferentes, qualquer destes;

III – não havendo bens imóveis, o foro do local de qualquer dos bens do espólio.

## COMENTÁRIOS

Nas ações que versem sobre herança a competência será definida em razão do território a partir da identificação do domicílio do autor da herança, isto é, o local onde residia o de cujus.

Assim, a regra geral é que será competente o foro do domicílio do autor da herança para todas as ações que envolvam interesses do espólio: petição de herança, sonegados, validade de testamento etc.

As exceções estão estabelecidas no parágrafo único que contempla a hipótese de o falecido ter deixado bens, mas não possuía domicílio certo, quando então será competente o foro da situação dos bens; ou do lugar onde ocorreu o óbito, para a hipótese de existirem bens em lugares diferentes; e, finalmente, a hipótese de inexistência de bens imóveis quando então o foro competente será o do local de qualquer dos bens móveis.

> **Art. 49.** A ação em que o ausente for réu será proposta no foro de seu último domicílio, também competente para a arrecadação, o inventário, a partilha e o cumprimento de disposições testamentárias.

## COMENTÁRIOS

Essa regra é perfeitamente dispensável porque se aplicarmos a regra geral do foro do domicílio do réu, a competência seria a mesma. Ou seja, o legislador perdeu a oportunidade de eliminar um artigo perfeitamente dispensável.

Vale lembrar que ausente é aquele que desapareceu de seu domicílio sem deixar alguém que o representasse e que deve ser declarado por sentença (ver CC, arts. 22 a 39).

> **Art. 50.** A ação em que o incapaz for réu será proposta no foro de domicílio de seu representante ou assistente.

## COMENTÁRIOS

Como comentado no artigo anterior, este artigo também seria perfeitamente dispensável, explico: o domicílio do incapaz é o de seu representante legal, logo se adotarmos a regra geral do domicílio do réu a questão redundaria na mesma solução.

> **Art. 51.** É competente o foro de domicílio do réu para as causas em que seja autora a União.
> **Parágrafo único.** Se a União for a demandada, a ação poderá ser proposta no foro de domicílio do autor, no de ocorrência do ato ou fato que originou a demanda, no de situação da coisa ou no Distrito Federal.

## COMENTÁRIOS

Diríamos que o legislador aperfeiçoou a linguagem, mas mesmo assim não inovou, pois se limitou a repetir, ainda que com alguma diferença de linguagem, contava na Constituição Federal (ver art. 109, §§ 1º e 2º).

Assim, quando a União for autora, deverá propor a ação no foro do domicílio do réu. Quando ela for ré, caberá ao autor escolher se propõe a ação no foro do seu domicílio; no foro onde se deu o fato; ou ainda, no foro da situação da coisa.

> **Art. 52.** É competente o foro de domicílio do réu para as causas em que seja autor Estado ou o Distrito Federal.

**Parágrafo único.** Se Estado ou o Distrito Federal for o demandado, a ação poderá ser proposta no foro de domicílio do autor, no de ocorrência do ato ou fato que originou a demanda, no de situação da coisa ou na capital do respectivo ente federado.

## COMENTÁRIOS

Nesse caso o legislador quis deixar claro que se aplica também aos Estados e ao Distrito Federal as mesmas regras que vigoram para a União, contidas no artigo anterior, qual seja, se o Estado ou Distrito Federal for autor deverá propor a ação no foro do domicílio do réu; se, em contrapartida for réu, a ação poderá ser proposta no foro de domicílio do autor, ou no de ocorrência do ato ou fato que originou a demanda, ou ainda, no foro de situação da coisa ou na capital do respectivo ente federado.

Contudo, o Supremos Tribunal Federal (STF) no julgamento das Ações Diretas de Inconstitucionalidade (ADIs) 5492 e 5737, em 24 de março de 2023, de relatoria do Ministro Dias Toffoli, que tratava da constitucionalidade do art. 46, § 5º, do CPC, o ministro Luís Roberto Barroso foi seguido pela maioria, no seu voto divergente, para restringir a competência do foro de domicílio do autor às comarcas dos limites territoriais do ente federado demandado judicialmente.

De acordo com a decisão, é inconstitucional a regra que permite que os Estados e o Distrito Federal sejam demandados perante qualquer comarca do país. Segundo o Ministro Luís Roberto Barroso, estender a possibilidade de mover ações contra a União de qualquer parte do país, prevista na Constituição, aos Estados e ao Distrito Federal desconsidera a prerrogativa constitucional de auto-organização dos entes subnacionais e a circunstância de que sua atuação se desenvolve dentro dos seus limites territoriais.

**Art. 53.** É competente o foro:

I – para a ação de divórcio, separação, anulação de casamento e reconhecimento ou dissolução de união estável:

*a)* de domicílio do guardião de filho incapaz;

*b)* do último domicílio do casal, caso não haja filho incapaz;

*c)* de domicílio do réu, se nenhuma das partes residir no antigo domicílio do casal;

*d)* de domicílio da vítima de violência doméstica e familiar, nos termos da Lei 11.340, de 7 de agosto de 2006 (Lei Maria da Penha); (Incluída pela Lei 13.894, de 2019)

II – de domicílio ou residência do alimentando, para a ação em que se pedem alimentos;

III – do lugar:

*a)* onde está a sede, para a ação em que for ré pessoa jurídica;

*b)* onde se acha agência ou sucursal, quanto às obrigações que a pessoa jurídica contraiu;

*c)* onde exerce suas atividades, para a ação em que for ré sociedade ou associação sem personalidade jurídica;

*d)* onde a obrigação deve ser satisfeita, para a ação em que se lhe exigir o cumprimento;

*e)* de residência do idoso, para a causa que verse sobre direito previsto no respectivo estatuto;

*f)* da sede da serventia notarial ou de registro, para a ação de reparação de dano por ato praticado em razão do ofício;

IV – do lugar do ato ou fato para a ação:

*a)* de reparação de dano;

*b)* em que for réu administrador ou gestor de negócios alheios;

V – de domicílio do autor ou do local do fato, para a ação de reparação de dano sofrido em razão de delito ou acidente de veículos, inclusive aeronaves.

## COMENTÁRIOS

Diz o artigo em comento que é competente o foro do guardião de filho incapaz para as ações de divórcio, separação, anulação de casamento e reconhecimento ou dissolução de união estável. Na inexistência de incapaz, a ação poderá ser proposta no último domicílio do casal. Contudo, se nenhuma das partes residirem no antigo domicílio do casal, a ação deverá ser proposta no foro do domicílio do réu.

Recente inovação incluiu mais um foro especial, por assim dizer, nesse caso para as vítimas de violência doméstica e familiar, nos termos da Lei 11.340, de 7 de agosto de 2006 (Lei Maria da Penha), contudo essa regra deve ser interpretada com parcimônia tendo em vista que o artigo 15 da Lei Maria da Penha, estabelece que a competência territorial para os processos cíveis obedecerá a opção da ofendida, cumprindo a esta escolher entre o local do seu domicílio, o lugar do fato ou o domicílio do agressor.

No caso do inciso II, diz o CPC que é competente o foro do domicílio ou residência do alimentando, para a ação em que se pedem alimentos.

Nas ações em que for ré a pessoa jurídica, o inciso III fixa o local onde está a sua sede como sendo o foro competente, podendo também a ação ser proposta onde se ache a agência ou sucursal, quanto às obrigações que a pessoa jurídica contraiu. Onde exerce suas atividades, para a ação em que for ré sociedade ou associação sem personalidade jurídica; e, onde a obrigação deve ser satisfeita, para a ação em que se lhe exigir o cumprimento.

A novidade fica por conta das alíneas "e" e "f", do inciso III, com a inclusão do foro privilegiado para os idosos, quando a ação verse sobre direito previsto no respectivo estatuto e o estabelecimento do foro da sede da serventia notarial ou de registro, para a ação de reparação de dano por ato praticado em razão do ofício.

Fixa ainda o *novel codex*, no inciso IV, que é competente o lugar do ato ou fato para a ação de reparação de dano, assim como na hipótese de o réu ser administrador ou gestor de negócios alheios.

Por último, estabelece o inciso V que será competente o foro do domicílio do autor ou do local do fato, para a ação de reparação de dano sofrido em razão de delito ou acidente de veículos, incluindo os acidentes envolvendo aeronaves.

Cumpre também destacar que o Supremo Tribunal Federal, no julgamento das ADIs nº 7055 e nº 6792, por maioria, conheceu dessas duas ações diretas de inconstitucionalidade e julgou procedente o pedido formulado para conferir interpretação conforme à Constituição ao art. 53 do CPC, determinando-se que, havendo assédio judicial contra a liberdade de expressão, caracterizado pelo ajuizamento de ações a respeito dos mesmos fatos, em comarcas diversas, com o notório intuito de prejudicar o direito de defesa de jornalistas ou de órgãos de imprensa, as demandas devem ser reunidas para julgamento conjunto no foro de domicílio do réu.[7]

## SEÇÃO II
## DA MODIFICAÇÃO DA COMPETÊNCIA

**Art. 54.** A competência relativa poderá modificar-se pela conexão ou pela continência, observado o disposto nesta Seção.

### COMENTÁRIOS

Agora o legislador tratar da prorrogação da competência deixando claro que ela poderá ocorrer sempre que houver conexão ou continência entre duas ou mais ações.

Cumpre esclarecer que só pode ocorrer modificação de competência quando ela for relativa, tendo em vista que se tratando de competência absoluta, não há como ser modificada.

Dessa forma, a competência relativa pode ser modificada tanto pela vontade das partes (foro de eleição) quanto por vontade da lei (conexão e continência, por exemplo).

**Art. 55.** Reputam-se conexas 2 (duas) ou mais ações quando lhes for comum o pedido ou a causa de pedir.

§ 1º Os processos de ações conexas serão reunidos para decisão conjunta, salvo se um deles já houver sido sentenciado.

§ 2º Aplica-se o disposto no *caput*:

I – à execução de título extrajudicial e à ação de conhecimento relativa ao mesmo ato jurídico;

---

7. (STF, ADI nº 6792 e ADI nº 7055, Plenário, 22.5.2024).

II – às execuções fundadas no mesmo título executivo.

§ 3º Serão reunidos para julgamento conjunto os processos que possam gerar risco de prolação de decisões conflitantes ou contraditórias caso decididos separadamente, mesmo sem conexão entre eles.

### COMENTÁRIOS

Duas ou mais ações serão conexas quando lhes for comum o pedido (aquilo que se pretende ver tutelado pela decisão judicial) ou a causa de pedir (as razões pela qual o autor pede a proteção jurisdicional). Quer dizer, não há necessidade de identidade de partes, basta a identidade de pedidos ou da causa de pedir para tornar duas ações conexas.

Se o juiz reconhecer que há conexão entre duas ou mais ações deve ordenar a reunião dos processos para que sejam julgados conjuntamente, para evitar decisões dispares. No entanto, o CPC faz uma importante ressalva deixando consignado que a reunião dos processos não será cabível quando um desses processos já estiver sentenciado, positivando aquilo que a doutrina e a jurisprudência já tinham pacificado, inclusive sumulado pelo STJ.[8]

De outro lado, o parágrafo 2º visa pacificar um tema controvertido, pois estabelece referida norma que haverá conexão entre a execução de título executivo extrajudicial e ação de conhecimento que versa sobre o mesmo negócio jurídico, assim como as ações fundadas no mesmo título executivo.

**Art. 56.** Dá-se a continência entre 2 (duas) ou mais ações quando houver identidade quanto às partes e à causa de pedir, mas o pedido de uma, por ser mais amplo, abrange o das demais.

### COMENTÁRIOS

Fica claro pelo texto que a continência é uma conexão um pouco mais ampliada, exigindo além da identidade quanto à causa de pedir, identidade também de partes.

Na continência, os pedidos devem ser diferentes, mas o pedido de uma deverá ser mais amplo e abranger o das demais.

A finalidade do instituto, assim como da conexão, é possibilitar a reunião de processos diferentes para serem julgados em conjunto, evitando decisões contraditórias para situações semelhantes.

**Art. 57.** Quando houver continência e a ação continente tiver sido proposta anteriormente, no processo relativo à ação contida será proferida sentença sem resolução de mérito, caso contrário, as ações serão necessariamente reunidas.

---

8. Súmula STJ 235: "A conexão não determina a reunião dos processos, se um deles já foi julgado".

## COMENTÁRIOS

Agora o legislador trata das consequências com relação à ação continente e a ação contida, dependente de qual foi proposta primeiro.

Por esta nova regra, se a ação continente (aquela que tem objeto mais amplo) tiver sido proposta anteriormente, o processo relativo à ação contida (aquela cujo objeto é menos amplo) deverá ser extinto mediante sentença sem resolução de mérito (ver CPC, art. 485, X). Caso contrário, as ações serão necessariamente reunidas para julgamento conjunto.

**Art. 58.** A reunião das ações propostas em separado far-se-á no juízo prevento, onde serão decididas simultaneamente.

## COMENTÁRIOS

Prevê o art. 58 que a reunião das ações nas quais ocorra conexão ou continência, deve ocorrer perante o juízo prevento, onde serão decididas simultaneamente.

**Art. 59.** O registro ou a distribuição da petição inicial torna prevento o juízo.

## COMENTÁRIOS

A regra contida no art. 59 complementa o artigo anterior, definindo que o juízo prevento será aquele onde houve o registro ou a distribuição da primeira inicial. Vale lembrar que havendo vara única na localidade, a prevenção vai se dar a partir do registro; havendo mais de uma vara, o momento será o da distribuição.

Trata-se de regra de prevenção que serve para resolver conflitos de competência onde existem vários juízos, todos competentes para o julgamento de ações que se relacionarem pela conexão ou continência.

Assim a competência será fixada a partir do registro ou da distribuição, evitando insegurança jurídica tendo em vista que uma ação pode ser distribuída em data anterior, mas vir a ser despachada posteriormente por qualquer que seja a razão. Também podia ocorrer de duas ações serem distribuídas em datas diferentes e acabarem por ser despachadas no mesmo dia sem que se pudesse precisar qual delas foi despachado primeiro. Com as novas regras e com a distribuição informatizada, não haverá mais problemas, tendo em vista ser perfeitamente possível identificar o momento exato em que ocorreu a distribuição, evitando qualquer margem de dúvidas.

**Art. 60.** Se o imóvel se achar situado em mais de um Estado, comarca, seção ou subseção judiciária, a competência territorial do juízo prevento estender-se-á sobre a totalidade do imóvel.

## COMENTÁRIOS

O art. 60 versa sobre a competência de foro quando o imóvel estiver situado em mais de um Estado, Comarca, seção ou subseção. Nesse caso, a competência será do juízo prevento e se estenderá sobre a totalidade do imóvel.

Aqui não se trata de continência nem de conexão, mas de regra de ordem prática para estender a decisão à totalidade do imóvel, pois não se justificaria ter que propor duas ações distintas em face da propriedade se estender além dos limites de um Estado, comarca, seção ou subseção judiciária.

**Art. 61.** A ação acessória será proposta no juízo competente para a ação principal.

## COMENTÁRIOS

A acessoriedade foi tratada no CPC como um evento capaz de modificar a competência, sendo a bem da verdade uma forma especial de conexão.

Vale lembrar regra comezinha de direito que diz: "o acessório sempre segue o principal" (ver CC, art. 92).

Quer dizer, proposta a ação principal, a acessória deverá ser proposta perante o mesmo juízo. Exemplo: a ação de sonegados (acessória) deverá ser processada perante o juízo do inventário (principal).

**Art. 62.** A competência determinada em razão da matéria, da pessoa ou da função é inderrogável por convenção das partes.

## COMENTÁRIOS

Agora o CPC trata da competência absoluta, isto é, aquela que não pode ser derrogada pelas partes. Isto pode ocorrer em razão da matéria, em razão da pessoa ou mesmo em razão da função.

Assim, a competência absoluta é aquela determinada em razão da matéria, da pessoa ou da função e que não admite prorrogação. Quer dizer, existe um juiz natural competente, cuja determinação é feita pelas normas processuais insculpidas na Constituição Federal ou nas leis infraconstitucionais. É a competência que não pode ser modificada, nem mesmo por acordo entre as partes, tais como aquelas que são determinadas em razão das pessoas e em razão da matéria. A propositura da ação fora do juízo predeterminado não pode prosperar, sob pena de nulidade do feito.

Enquanto a competência relativa pode ser modificada por vários fatores, inclusive pela conexão ou pela continência, a competência absoluta não pode ser modificada nem mesmo por estes institutos

# CÓDIGO DE PROCESSO CIVIL COMENTADO • LEI 13.105, DE 16 DE MARÇO DE 2015

**ART. 63**

**Art. 63.** As partes podem modificar a competência em razão do valor e do território, elegendo foro onde será proposta ação oriunda de direitos e obrigações.

§ 1º A eleição de foro somente produz efeito quando constar de instrumento escrito, aludir expressamente a determinado negócio jurídico e guardar pertinência com o domicílio ou a residência de uma das partes ou com o local da obrigação, ressalvada a pactuação consumerista, quando favorável ao consumidor. (Redação dada pela Lei nº 14.879, de 4 de junho de 2024)

§ 2º O foro contratual obriga os herdeiros e sucessores das partes.

§ 3º Antes da citação, a cláusula de eleição de foro, se abusiva, pode ser reputada ineficaz de ofício pelo juiz, que determinará a remessa dos autos ao juízo do foro de domicílio do réu.

§ 4º Citado, incumbe ao réu alegar a abusividade da cláusula de eleição de foro na contestação, sob pena de preclusão.

§ 5º O ajuizamento de ação em juízo aleatório, entendido como aquele sem vinculação com o domicílio ou a residência das partes ou com o negócio jurídico discutido na demanda, constitui prática abusiva que justifica a declinação de competência de ofício. (Incluído pela Lei nº 14.879, de 4 de junho de 2024)

## COMENTÁRIOS

Agora o legislador trata da competência relativa para deixar às partes a conveniência de modificar a competência originária, em razão do valor da causa ou do território. É aquilo que chamamos de "foro de eleição", prática bastante usual no dia a dia forense.

Recentemente o legislador alterou a redação do parágrafo primeiro para nele fazer constar que a eleição de foro para produzir efeito deve constar de instrumento escrito, isto é, deve constar do contrato firmado pelas partes. Além disso, o local escolhido como foro de eleição deve guardar pertinência com o domicílio ou a residência de uma das partes ou com o local da obrigação assumida, ressalvada a pactuação consumerista, quando favorável ao consumidor.

O § 3º veio em prestigio à jurisprudência que já vinha entendendo que a cláusula de eleição de foro, quando se mostrar abusiva, autoriza que o juiz de ofício possa, mesmo antes da citação do réu, declará-la ineficaz, determinando a remessa dos autos ao juízo do foro de domicílio do réu.

O § 4º deixa bem claro que se o juiz oficiante não perceber que a cláusula de eleição de foro é abusiva e mandar citar o réu, ainda assim terá a parte prejudicada a oportunidade de arguir a abusividade em preliminares na contestação, requerendo a redistribuição para o foro de seu domicílio, sob pena de preclusão.

Não bastasse a nova redação do parágrafo primeiro, o legislador fez incluir o § 5º para nele repetir, por assim dizer, que a liberdade na escolha do foro de eleição não é

37

ilimitada. Significa dizer que as partes podem livremente escolherem o foro, porém esse foro deve ter um mínimo de vinculação com o domicílio ou residência de qualquer das partes ou com o negócio jurídico que foi entabulado. Ou seja, se for escolhido um juízo aleatório, isso será considerado uma prática abusiva e autoriza o magistrado a declinar da competência de ofício.

Podemos considerar positiva esta mudança, especialmente porque ela visa proteger a parte mais fraca na relação negocial impedindo que a parte mais forte imponha um foro de eleição que impossibilite a defesa da parte vulnerável.

## SEÇÃO III
## DA INCOMPETÊNCIA

**Art. 64.** A incompetência, absoluta ou relativa, será alegada como questão preliminar de contestação.

§ 1º A incompetência absoluta pode ser alegada em qualquer tempo e grau de jurisdição e deve ser declarada de ofício.

§ 2º Após manifestação da parte contrária, o juiz decidirá imediatamente a alegação de incompetência.

§ 3º Caso a alegação de incompetência seja acolhida, os autos serão remetidos ao juízo competente.

§ 4º Salvo decisão judicial em sentido contrário, conservar-se-ão os efeitos de decisão proferida pelo juízo incompetente até que outra seja proferida, se for o caso, pelo juízo competente.

## COMENTÁRIOS

Pelas regras atuais do CPC, tanto a incompetência relativa quanto a absoluta devem ser arguidas pelo réu em preliminares da própria contestação (ver CPC, art. 337, II).

Apresentada preliminar alegando incompetência deve o juiz, em respeito ao contraditório, ouvir a parte contrária e após sua manifestação, deverá decidir imediatamente. Reconhecida a incompetência, os autos deverão ser remetidos ao juízo competente e, as decisões proferidas pelo juízo incompetente conservarão sua eficácia, salvo se outra seja proferida, se for o caso, pelo juízo competente. A incompetência absoluta deve ser pronunciada de ofício pelo juiz e mesmo que não alegada pela parte no primeiro momento, não se sujeita aos efeitos da preclusão tendo em vista ser matéria de ordem pública. Quer dizer, a parte pode alegar a incompetência absoluta em qualquer tempo e grau de jurisdição.

Assim, se o juízo for absolutamente incompetente, a nulidade é absoluta ante a falta de pressuposto processual de validade, podendo ser arguida a qualquer tempo e grau de jurisdição pelas partes. De fato, inexiste preclusão *pro judicato* para o reconhecimento da incompetência absoluta.

# CÓDIGO DE PROCESSO CIVIL COMENTADO • LEI 13.105, DE 16 DE MARÇO DE 2015

**ART. 66**

**Art. 65.** Prorrogar-se-á a competência relativa se o réu não alegar a incompetência em preliminar de contestação.

**Parágrafo único.** A incompetência relativa pode ser alegada pelo Ministério Público nas causas em que atuar.

## COMENTÁRIOS

Se o réu não alegar a incompetência relativa em preliminares da contestação, a competência do juiz ao qual foi distribuída a ação estará automaticamente prorrogada.

Veja-se que através da prorrogação, um juízo que é relativamente incompetente vira competente, em face da inércia do interessado.

Embora o texto seja claro, vale reafirmar que as normas de modificação de competência somente se aplicam às hipóteses de competência relativa. Nos casos de incompetência absoluta, essa regra não vale.

Conforme já afirmamos, as regras atinentes à competência relativa podem ser alteradas pela vontade das partes ou pela determinação da lei.

Importante destacar o que consta no parágrafo único que textualmente diz: "A incompetência relativa pode ser alegada pelo Ministério Público nas causas em que atuar". Referido parágrafo apenas reconhece legitimidade ao Ministério Público para alegar a incompetência nas causas que lhe couber intervir.

**Art. 66.** Há conflito de competência quando:

I – 2 (dois) ou mais juízes se declaram competentes;

II – 2 (dois) ou mais juízes se consideram incompetentes, atribuindo um ao outro a competência;

III – entre 2 (dois) ou mais juízes surge controvérsia acerca da reunião ou separação de processos.

**Parágrafo único.** O juiz que não acolher a competência declinada deverá suscitar o conflito, salvo se a atribuir a outro juízo.

## COMENTÁRIOS

Quando um juiz entende que não é de sua área de atuação o processo que lhe foi distribuído, deverá arguir sua incompetência e remeter os autos para o juízo que entende apto a proferir julgamento.

Em verdade, o conflito vai surgir no momento em que um juiz se declara incompetente e o outro não aceita a remessa dos autos. Este conflito pode ser positivo (caso do inciso I), negativo (inciso II) ou negativo e positivo ao mesmo tempo (no caso do inciso III).

Quanto à forma de resolução deste tipo de conflito remetemos o leitor ao capítulo que trata dos processos nos tribunais (ver arts. 951 a 959).

Por fim, o parágrafo único estabelece que se o juiz não acolher a competência declinada deverá suscitar o conflito, salvo se a atribuir a outro juízo. Quer dizer, quem vai suscitar o conflito é quem recebe os autos remetidos por outro juízo que entendeu ser incompetente. Contudo, não suscitará o conflito se entender que um outro terceiro juiz seria o competente para conhecer da matéria, pois nesse caso basta remeter os autos a esse novo personagem. Com isso, acaba-se com o famoso "jogo de empurra", pois o juiz que não aceitar a competência terá duas opções: ou suscita o conflito ou remete para um terceiro, de sorte que assim se evita as declinações recíprocas.

## CAPÍTULO II
## DA COOPERAÇÃO NACIONAL

**Art. 67.** Aos órgãos do Poder Judiciário, estadual ou federal, especializado ou comum, em todas as instâncias e graus de jurisdição, inclusive aos tribunais superiores, incumbe o dever de recíproca cooperação, por meio de seus magistrados e servidores.

### COMENTÁRIOS

Assim como previu a cooperação internacional, agora o CPC faz a mesma previsão para os órgãos internos da administração da justiça, por meio de seus magistrados e servidores.

Vale lembrar que o legislador utiliza os mesmos conceitos que foram utilizados quando tratou da cooperação internacional, apenas restringindo a aplicação ao território brasileiro.

Devemos saudar a iniciativa de positivar o dever geral de cooperação recíproca entre todos os membros das instituições judiciais do país. O objetivo é tornar mais célere e efetiva a prestação jurisdicional.

Essa previsão reforça o princípio do processo cooperativo de que nos fala o art. 6º do *novel codex* e reforça os princípios da efetividade e da celeridade. A novidade se justifica, pois parte do princípio da unidade do Poder Judiciário, tendo em vista que apesar da existência de vários órgãos judiciários, este é um poder uno devendo manter permanente interação entre seus órgãos e integrantes.

**Art. 68.** Os juízos poderão formular entre si pedido de cooperação para prática de qualquer ato processual.

### COMENTÁRIOS

Agora o CPC faz prever que todos os juízos poderão formular entre si pedidos de cooperação para prática de qualquer ato processual.

Se hoje isso parece ilusório, acreditamos que tão logo o processo eletrônico esteja completamente instalado em todos os órgãos do Poder Judiciário brasileiro, esta previsão encontrará foros de realidade. Basta imaginar a necessidade atual de envio de ofício, carta precatória e outras medidas de cooperação. Tudo isso poderá ser melhor e mais eficazmente realizado no mundo virtual, sem os entraves burocráticos atuais.

**Art. 69.** O pedido de cooperação jurisdicional deve ser prontamente atendido, prescinde de forma específica e pode ser executado como:

I – auxílio direto;

II – reunião ou apensamento de processos;

III – prestação de informações;

IV – atos concertados entre os juízes cooperantes.

§ 1º As cartas de ordem, precatória e arbitral seguirão o regime previsto neste Código.

§ 2º Os atos concertados entre os juízes cooperantes poderão consistir, além de outros, no estabelecimento de procedimento para:

I – a prática de citação, intimação ou notificação de ato;

II – a obtenção e apresentação de provas e a coleta de depoimentos;

III – a efetivação de tutela provisória;

IV – a efetivação de medidas e providências para recuperação e preservação de empresas;

V – a facilitação de habilitação de créditos na falência e na recuperação judicial;

VI – a centralização de processos repetitivos;

VII – a execução de decisão jurisdicional.

§ 3º O pedido de cooperação judiciária pode ser realizado entre órgãos jurisdicionais de diferentes ramos do Poder Judiciário.

## COMENTÁRIOS

Estabelece o *caput* que o pedido de cooperação prescinde de formalidades e deve ser atendido prontamente podendo ser executado como: auxílio direto; reunião ou apensamento de processos; prestação de informações; e, atos concertados entre os juízes cooperantes.

O § 2º explicita quais são os atos concertados entre os juízes cooperantes que poderão consistir, além de outros, no estabelecimento de procedimento para: a prática de citação, intimação ou notificação de ato; a obtenção e apresentação de provas e a coleta de depoimentos; a efetivação de tutela provisória; a efetivação de medidas e providências para recuperação e preservação de empresas; a facilitação de habilitação de créditos na falência e na recuperação judicial; a centralização de processos repetitivos; e, a execução de decisão jurisdicional.

Veja-se que a lei fala "além de outros" significando dizer que o rol que é apresentado é tão somente explicativo, de sorte a afirmar que outros pedidos de cooperação podem ser realizados entre os órgãos judiciários, ainda que os pedidos sejam realizados entre órgãos jurisdicionais de diferentes ramos do Poder Judiciário.

Uma novidade importante é a previsão do § 1º que cria, por assim dizer, a figura da carta arbitral e a equipara à carta precatória ou de ordem. Essa novidade é importante porque atribui a carta arbitral um *status* similar à carta precatória, reforçando o papel da arbitragem, disciplinando de maneira clara que pode haver cooperação entre os órgãos do Poder Judiciário e os órgãos arbitral criando uma certa paridade entre o juízo arbitral e o juízo togado.

**LIVRO III**
**DOS SUJEITOS DO PROCESSO**
**TÍTULO I**
**DAS PARTES E DOS PROCURADORES**
**CAPÍTULO I**
**DA CAPACIDADE PROCESSUAL**

**Art. 70.** Toda pessoa que se encontre no exercício de seus direitos tem capacidade para estar em juízo.

**COMENTÁRIOS**

Agora o CPC trata da capacidade das pessoas para o exercício do direito de ação, isto é, a capacidade para estar em juízo exercendo por si só os direitos e obrigações decorrentes da vida civil.

Nesse sentido, é importante destacar que algumas pessoas terão capacidade plena, ao atingir dezoito anos de idade ou nas condições especificadas em lei (ver CC, art. 5º) e, outras terão capacidade de forma limitada, pois necessitarão serem representadas ou assistidas para o exercício de seus direitos, conforme seja o caso (ver CC, art. 3º e 4º).

**Art. 71.** O incapaz será representado ou assistido por seus pais, por tutor ou por curador, na forma da lei.

**COMENTÁRIOS**

Como já mencionamos, a capacidade para o exercício do direito de ação está umbilicalmente ligada à capacidade civil da pessoa. Desta forma alguns terão plena e absoluta capacidade, quer dizer, não necessitarão de ninguém para exercer seus direitos.

Já aqueles que são considerados incapazes pela lei material, em função da idade ou de alguma anomalia, não terão essa capacidade plena de defesa dos seus direitos e necessitarão serem assistidos (menor entre dezesseis e dezoitos anos; os ébrios, viciados e aqueles que tenham a capacidade mental reduzida por causas transitórias ou permanentes) ou representados (nesse caso os menores até 16 anos incompletos) e o nascituro pelo seu representante legal: pais, tutores ou curadores.

O Código Civil estabelece que cabe aos pais, enquanto detentores do poder familiar, representar os filhos até os 16 anos e assisti-los dos 16 aos 18 anos de idade, suprindo assim a incapacidade para estar em juízo (ver CC, art. 1.634, V). Da mesma forma com relação ao tutor (ver CC, art. 1.747, I) e os curadores (ver CC, art. 1.774).

Cabe observar a intervenção do Ministério Público no processo é obrigatória quando houver interesse de relativamente ou absolutamente incapaz, tanto no polo ativo quanto no passivo da relação processual, nos termos do art. 178, II do CPC, sob pena de nulidade (Ver CPC, art. 279). Contudo o STJ já firmou entendimento de que essa nulidade somente estará configurada se for comprovado que houve prejuízo ao incapaz.

**Art. 72.** O juiz nomeará curador especial ao:

I – incapaz, se não tiver representante legal ou se os interesses deste colidirem com os daquele, enquanto durar a incapacidade;

II – réu preso revel, bem como ao réu revel citado por edital ou com hora certa, enquanto não for constituído advogado.

**Parágrafo único.** A curatela especial será exercida pela Defensoria Pública, nos termos da lei.

## COMENTÁRIOS

Neste artigo o legislador fez prever as hipóteses em que o juiz deverá nomear curador especial, isto é, um curador específico para atuar naquele processo em que: o incapaz não tenha representante legal ou, mesmo tendo, os interesses do curador se chocarem com os seus, somente enquanto durar a incapacidade; o réu preso revel, bem como ao réu revel citado por edital ou com hora certa, enquanto não houver constituído advogado.

Esse curador especial é alguém que irá suprir a capacidade da pessoa apenas no que diz respeito àquele processo específico. É um curador da lide. A norma procura garantir que ninguém será julgado sem que lhe seja oportunizado o sagrado direito de defesa. Assim, se o incapaz não tem quem o represente, assim como o réu preso ou mesmo o réu revel, eles não serão julgados sem que lhes tenha sido oportunizado o direito a um representante processual. Tudo isso vem em nome do princípio do contraditório e da ampla defesa. Esta regra aplica-se também quando o menor, mesmo tendo representante legal, haja colidência entre os seus interesses e o do seu representante. A medida é necessária para garantir isenção de ânimo na defesa dos interesses do incapaz que poderia ser prejudicado em face do interesse predominante de seus pais, tutores ou curadores.

**Art. 73.** O cônjuge necessitará do consentimento do outro para propor ação que verse sobre direito real imobiliário, salvo quando casados sob o regime de separação absoluta de bens.

§ 1º Ambos os cônjuges serão necessariamente citados para a ação:

I – que verse sobre direito real imobiliário, salvo quando casados sob o regime de separação absoluta de bens;

II – resultante de fato que diga respeito a ambos os cônjuges ou de ato praticado por eles;

III – fundada em dívida contraída por um dos cônjuges a bem da família;

IV – que tenha por objeto o reconhecimento, a constituição ou a extinção de ônus sobre imóvel de um ou de ambos os cônjuges.

§ 2º Nas ações possessórias, a participação do cônjuge do autor ou do réu somente é indispensável nas hipóteses de composse ou de ato por ambos praticado.

§ 3º Aplica-se o disposto neste artigo à união estável comprovada nos autos.

## COMENTÁRIOS

O CPC exige, por assim dizer, que os cônjuges necessitam da anuência do outro para propor qualquer tipo de ação que verse sobre direitos reais imobiliários (legitimidade ativa). A exceção fica por conta dos que são casados pelo regime de separação total de bens, na linha do que já é preconizado pelo Código Civil (ver art. 1.647, *caput*).

A regra se justifica tendo em vista que os interesses comuns do casal exigem que ambos participem de qualquer ato que possa implicar em disposição de direitos reais imobiliários.

Obviamente, a regra somente se aplica a direitos reais imobiliários, pois se for no campo obrigacional (pessoal), mesmo recaindo sobre imóvel, cada cônjuge tem legitimidade plena para agir sozinho.

Já o § 1º trata da legitimidade passiva e estabelece que serão necessariamente citados, ambos os cônjuges, se a ação versar sobre direito real imobiliário, excetuando os casados sob o regime de separação absoluta de bens. Também será necessária a citação conjunta quando a ação resultar de fato que diga respeito a ambos os cônjuges ou de ato praticado por eles; da ação fundada em dívida contraída por um dos cônjuges a bem da família e, por fim, da ação que tenha por objeto o reconhecimento, a constituição ou a extinção de ônus sobre imóvel de um ou de ambos os cônjuges.

No que diz respeito às ações possessórias a legitimidade passiva ou ativa de ambos os cônjuges somente será exigida nas hipóteses de composse ou de ato por ambos praticados.

Interessante destacar que o § 3º estabelece que se aplica as mesmas regras para a união estável, desde que comprovada nos autos. Embora alguns falem em inconstitu-

# CÓDIGO DE PROCESSO CIVIL COMENTADO • LEI 13.105, DE 16 DE MARÇO DE 2015 — ART. 75

cionalidade da medida, entendemos que ela é válida e salutar porque a união estável equipara-se ao casamento nos termos como insculpidos na nossa Constituição Federal (ver CF, art. 226, § 3°).

Por fim, cumpre esclarecer que, embora os cônjuges ou conviventes sejam plenamente capazes a luz do direito material, ambos necessitam da outorga uxória, pois lhes falta legitimidade individual para a propositura ou defesa das ações relacionadas no artigo em comento. Não se deve confundir legitimação com capacidade. Muitas vezes a pessoa tem plena capacidade, mas não terá legitimidade para a prática de determinados atos.

Entendendo melhor: a capacidade é a aptidão genérica para a prática dos atos da vida civil, enquanto a legitimidade é a aptidão específica para a prática de determinado ato processual.

**Art. 74.** O consentimento previsto no art. 73 pode ser suprido judicialmente quando for negado por um dos cônjuges sem justo motivo, ou quando lhe seja impossível concedê-lo.

**Parágrafo único.** A falta de consentimento, quando necessário e não suprido pelo juiz, invalida o processo.

## COMENTÁRIOS

Agora o Código trata do suprimento do consentimento dos cônjuges ou conviventes estabelecendo que, se não houver justo motivo na recusa ou houver impossibilidade, o juiz poderá suprir esse consentimento.

Cumpre esclarecer que essa autorização judicial deverá ser obtida através de processo de jurisdição voluntária (ver CPC, arts. 719 e ss.).

No parágrafo único, o legislador fez questão de consignar que é nulo o processo se ele se desenvolveu sem a autorização ou outorga não suprida pelo juiz.

**Art. 75.** Serão representados em juízo, ativa e passivamente:

I – a União, pela Advocacia-Geral da União, diretamente ou mediante órgão vinculado;

II – o Estado e o Distrito Federal, por seus procuradores;

III – o Município, por seu prefeito, procurador ou Associação de Representação de Municípios, quando expressamente autorizada; (Redação dada pela Lei 14.341, de 2022)

IV – a autarquia e a fundação de direito público, por quem a lei do ente federado designar;

V – a massa falida, pelo administrador judicial;

VI – a herança jacente ou vacante, por seu curador;

VII – o espólio, pelo inventariante;

VIII – a pessoa jurídica, por quem os respectivos atos constitutivos designarem ou, não havendo essa designação, por seus diretores;

IX – a sociedade e a associação irregulares e outros entes organizados sem personalidade jurídica, pela pessoa a quem couber a administração de seus bens;

X – a pessoa jurídica estrangeira, pelo gerente, representante ou administrador de sua filial, agência ou sucursal aberta ou instalada no Brasil;

XI – o condomínio, pelo administrador ou síndico.

§ 1º Quando o inventariante for dativo, os sucessores do falecido serão intimados no processo no qual o espólio seja parte.

§ 2º A sociedade ou associação sem personalidade jurídica não poderá opor a irregularidade de sua constituição quando demandada.

§ 3º O gerente de filial ou agência presume-se autorizado pela pessoa jurídica estrangeira a receber citação para qualquer processo.

§ 4º Os Estados e o Distrito Federal poderão ajustar compromisso recíproco para prática de ato processual por seus procuradores em favor de outro ente federado, mediante convênio firmado pelas respectivas procuradorias.

§ 5º A representação judicial do Município pela Associação de Representação de Municípios somente poderá ocorrer em questões de interesse comum dos Municípios associados e dependerá de autorização do respectivo chefe do Poder Executivo municipal, com indicação específica do direito ou da obrigação a ser objeto das medidas judiciais. (Incluído pela Lei 14.341, de 2022)

## COMENTÁRIOS

Cumpre destacar que além das pessoas naturais, a lei atribui capacidade processual às pessoas jurídicas de direito público, assim como as pessoas jurídicas de direito privado. Além disso, alguns entes despersonalizados também têm capacidade para estar em juízo tais como a massa falida, o espólio, a herança jacente e vacante, o condomínio e as sociedades ou associações irregulares.

Ocorre que nessas situações a lei processual estabelece quem pode representar ditas figuras, já que suas existências dependem das pessoas físicas que as compõem.

Dessa forma, a União será representada judicialmente pelos procuradores da Advocacia Geral da União ou outro órgão a ela vinculado. Os Estados e o Distrito Federal também, só que pelos seus procuradores. O município poderá ser representado por seu prefeito ou procurador municipal ou por Associação de Representação de Municípios, quando expressamente autorizada. Já no tocante às autarquias e as fundações de direito público, por quem a lei do ente federado designar.

# CÓDIGO DE PROCESSO CIVIL COMENTADO • LEI 13.105, DE 16 DE MARÇO DE 2015 · ART. 75

A inovação com relação a representação dos Municípios é importante porque a norma permite que as entidades representem seus associados perante a Justiça e outros organismos em assuntos de interesse comum. Essas associações já existiam, como a Confederação Nacional de Municípios (CNM); mas, por falta de previsão legal, tinham dificuldades de representar seus confederados.

Com relação à massa falida, cumpre esclarecer que, decretada a falência da pessoa jurídica ela se extingue, portanto, perde sua personalidade. Contudo, sobrarão bens e direitos, assim como obrigações e tudo isso precisa ser gerido até que seja encerrada definitivamente a falência. Nesse caso, os interesses da massa falida serão representados pelo administrador judicial que a representará em juízo e fora dele.

A herança jacente ou vacante ocorre quando alguém falece e não tenha herdeiros conhecidos (legítimos ou testamentários). Nesse caso, a herança será declarada jacente e deverá ser nomeado um curador para arrecadar e administrar os bens. Depois de praticadas as diligências para localizar eventuais herdeiros e se ninguém se habilitar a herança será declarada vacante. Em ambas as fases, o curador será o representante judicial dos interesses da herança.

Da mesma forma, o espólio, enquanto o conjunto de direitos, bens e obrigações da pessoa falecida. Já sabemos que a morte põe fim à personalidade, porém, alguém que morre pode deixar bens e interesses que precisam ser administrados até que possa ser transferido para seus herdeiros, o que somente será feito com a finalização do inventário e a respectiva expedição do formal de partilha. Enquanto isso não acontece, quem irá administrar esses bens e interesses do espólio será o inventariante.

As pessoas jurídicas serão representadas, ativa e passivamente, por aqueles que seus atos constitutivos designarem e, se não houver designação serão representadas pelos seus diretores. Aqui se encaixam todas as pessoas jurídicas sejam elas associações (ver CC, arts. 53 a 61); as sociedades (ver CC, arts. 986 e ss.); as fundações (ver CC, arts. 62 a 69), bem como as organizações religiosas, os sindicatos e os partidos políticos.

As sociedades irregulares ou sociedades de fato (ou não personificadas), também terão capacidade para estar em juízo, nesse caso representada pelo seu administrador. O § 2º complementa a regra estabelecendo que nesse caso, a pessoa jurídica sem personalidade não poderá opor tal fato como matéria de defesa, lembrando aquela máxima que diz: "ninguém pode se beneficiar de sua própria torpeza".

A pessoa jurídica estrangeira, pelo gerente, representante ou administrador de sua filial, agência ou sucursal aberta ou instalada no Brasil. Nesse caso, presume-se que o gerente da agência ou filial está autorizado a receber citação (§ 3º).

Com relação ao condomínio, cumpre esclarecer por primeiro, que existem duas espécies de condomínio: o tradicional ou comum, quando duas ou mais pessoas são proprietárias de uma mesma coisa (ver CC, arts. 1.314 a 1.330) e o edilício que é aquele decorrente de edificações em que cada proprietário é dono de uma parte exclusiva (o apartamento, por exemplo) e uma fração da parte comum (garagem, piscinas, áreas de lazer etc.). Em ambos os casos, embora o condomínio funcione como uma sociedade, ele não tem personalidade jurídica e será representada em juízo pelo síndico ou administrador.

Uma novidade fica por conta do § 4º que permite aos Estados e ao Distrito Federal ajustarem compromisso de reciprocidade para a prática de atos processuais, mas a aplicação dessa norma fica na dependência de regulamentação posterior.

Outra importante novidade foi a inclusão do § 5º pela Lei 14.341, de 2022 que, dentre outras coisas estabeleceu que somente poderá ocorrer a intervenção de Associações em questões de interesse comum dos Municípios associados e dependerá sempre de autorização do respectivo chefe do Poder Executivo municipal, com indicação específica do direito ou da obrigação a ser objeto das medidas judiciais.

**Art. 76.** Verificada a incapacidade processual ou a irregularidade da representação da parte, o juiz suspenderá o processo e designará prazo razoável para que seja sanado o vício.

§ 1º Descumprida a determinação, caso o processo esteja na instância originária:

I – o processo será extinto, se a providência couber ao autor;

II – o réu será considerado revel, se a providência lhe couber;

III – o terceiro será considerado revel ou excluído do processo, dependendo do polo em que se encontre.

§ 2º Descumprida a determinação em fase recursal perante tribunal de justiça, tribunal regional federal ou tribunal superior, o relator:

I – não conhecerá do recurso, se a providência couber ao recorrente;

II – determinará o desentranhamento das contrarrazões, se a providência couber ao recorrido.

## COMENTÁRIOS

Caso seja verificado alguma irregularidade de parte, seja processual seja de representação, o juiz deverá suspender o processo e oportunizar a parte faltosa, um prazo razoável, para sua regularidade. O não atendimento da determinação sujeitará o desidioso as consequências previstas no próprio artigo como veremos.

Se o descumprimento da determinação ocorrer nas instâncias originárias (não se trata só de primeiro grau), o magistrado declarará extinto o processo sem julgamento do mérito, se a providência cabia ao autor ou se o descumprimento se der pelo réu, o mesmo será considerado revel, se a providência lhe cabia tomar e se o faltoso for um terceiro ele será considerado revel ou excluído do processo, dependendo do polo em que se encontre.

Se o descumprimento ocorrer na fase recursal perante tribunal de justiça, tribunal regional federal ou tribunal superior, o relator deverá adotar uma das seguintes providências: não conhecerá do recurso, se a providência cabia ao recorrente; ou, determinará o desentranhamento das contrarrazões, se a providência cabia ao recorrido.

## CAPÍTULO II
### DOS DEVERES DAS PARTES E DE SEUS PROCURADORES
#### SEÇÃO I
#### DOS DEVERES

**Art. 77.** Além de outros previstos neste Código, são deveres das partes, de seus procuradores e de todos aqueles que de qualquer forma participem do processo:

I – expor os fatos em juízo conforme a verdade;

II – não formular pretensão ou de apresentar defesa quando cientes de que são destituídas de fundamento;

III – não produzir provas e não praticar atos inúteis ou desnecessários à declaração ou à defesa do direito;

IV – cumprir com exatidão as decisões jurisdicionais, de natureza provisória ou final, e não criar embaraços à sua efetivação;

V – declinar, no primeiro momento que lhes couber falar nos autos, o endereço residencial ou profissional onde receberão intimações, atualizando essa informação sempre que ocorrer qualquer modificação temporária ou definitiva;

VI – não praticar inovação ilegal no estado de fato de bem ou direito litigioso.

VII – informar e manter atualizados seus dados cadastrais perante os órgãos do Poder Judiciário e, no caso do § 6º do art. 246 deste Código, da Administração Tributária, para recebimento de citações e intimações. (Incluído pela Lei 14.195, de 2021)

§ 1º Nas hipóteses dos incisos IV e VI, o juiz advertirá qualquer das pessoas mencionadas no *caput* de que sua conduta poderá ser punida como ato atentatório à dignidade da justiça.

§ 2º A violação ao disposto nos incisos IV e VI constitui ato atentatório à dignidade da justiça, devendo o juiz, sem prejuízo das sanções criminais, civis e processuais cabíveis, aplicar ao responsável multa de até vinte por cento do valor da causa, de acordo com a gravidade da conduta.

§ 3º Não sendo paga no prazo a ser fixado pelo juiz, a multa prevista no § 2º será inscrita como dívida ativa da União ou do Estado após o trânsito em julgado da decisão que a fixou, e sua execução observará o procedimento da execução fiscal, revertendo-se aos fundos previstos no art. 97.

§ 4º A multa estabelecida no § 2º poderá ser fixada independentemente da incidência das previstas nos arts. 523, § 1º, e 536, § 1º.

§ 5º Quando o valor da causa for irrisório ou inestimável, a multa prevista no § 2º poderá ser fixada em até 10 (dez) vezes o valor do salário-mínimo.

§ 6º Aos advogados públicos ou privados e aos membros da Defensoria Pública e do Ministério Público não se aplica o disposto nos §§ 2º a 5º, devendo eventual responsabilidade disciplinar ser apurada pelo respectivo órgão de classe ou corregedoria, ao qual o juiz oficiará.

§ 7º Reconhecida violação ao disposto no inciso VI, o juiz determinará o restabelecimento do estado anterior, podendo, ainda, proibir a parte de falar nos autos até a purgação do atentado, sem prejuízo da aplicação do § 2º.

§ 8º O representante judicial da parte não pode ser compelido a cumprir decisão em seu lugar.

## COMENTÁRIOS

Com relação às partes ou procuradores, não há maiores problemas de entendimento. Já quanto aos terceiros que de qualquer forma venham a participar do processo, entendemos que são aqueles terceiros tradicionais como, por exemplo, o Ministério Público, o arrematante, os litisconsortes, os assistentes e o *amicus curiae*. Mas como a lei fala em "todos aqueles que de qualquer forma participem do processo", entendemos que essa regra se estende aos serventuários, às testemunhas, aos peritos, aos depositários, aos leiloeiros, enfim a todos aqueles que possam eventualmente ser chamado a participar de um determinado processo judicial.

Lastreado nos princípios da boa-fé e da probidade estabelece o CPC que todos devem expor os fatos em juízo conforme a verdade; que não devem formular pretensão ou apresentar defesa quando cientes de que são destituídas de fundamento; deverá também não produzir provas e não praticar atos inúteis ou desnecessários à declaração ou à defesa do direito; bem como deverá cumprir com exatidão as decisões jurisdicionais, de natureza provisória ou final, e não criar embaraços à sua efetivação; declinar, no primeiro momento que lhes couber falar nos autos, o endereço residencial ou profissional onde receberão intimações, atualizando essa informação sempre que ocorrer qualquer modificação temporária ou definitiva e não praticar inovação ilegal no estado de fato de bem ou direito litigioso.

Importante destacar que o legislador fez constar expressamente que as posturas previstas no inciso IV (cumprir com exatidão as decisões jurisdicionais, de natureza provisória ou final, e não criar embaraços à sua efetivação) e no inciso VI (não praticar inovação ilegal no estado de fato de bem ou direito litigioso), constituem ato atentatório à dignidade da justiça, sujeitando o seu infrator, depois de advertido, à pena de multa, que poderá chegar a 20% (vinte por cento) do valor da causa, sem prejuízo de outras sanções civis, criminais e processuais cabíveis.

Se o valor da causa for irrisório ou inestimável, a multa prevista no § 2º poderá ser fixada pelo juiz em até 10 (dez) vezes o valor do salário-mínimo, multa esta que será fixada independentemente da incidência daquelas previstas nos arts. 523, § 1º (multa de 10% para o não pagamento na fase de cumprimento de sentença), e 536, § 1º (multa que pode ser imposta no cumprimento de sentença das obrigações de fazer ou não fazer).

CÓDIGO DE PROCESSO CIVIL COMENTADO • LEI 13.105, DE 16 DE MARÇO DE 2015 — ART. 78

Estabeleceu ainda o legislador que não sendo paga no prazo a ser fixado pelo juiz, a multa prevista no § 2º será inscrita como dívida ativa da União ou do Estado após o trânsito em julgado da decisão que a fixou, e sua execução observará o procedimento da execução fiscal, revertendo-se aos fundos previstos no art. 97 (fundos de modernização do Poder Judiciário). Com isto, o legislador deixou claro que a multa não é da parte contrária, mas do Estado.

Os advogados, públicos ou privados, assim como os membros da Defensoria Pública e do Ministério Público não estão sujeitos às multas aqui estabelecidas, porém, responderão disciplinarmente perante seus órgãos de representação de classe ou corregedorias, conforme o caso, ao qual o juiz deverá oficiar. Esta previsão legal é muito salutar tendo em vista decisões judiciais pretéritas que procuraram apenar, especialmente advogados, com a multa por litigância de má-fé, sozinho ou em solidariedade com a parte o que, a toda evidência, era um absurdo.

Estabelece ainda o CPC que o representante judicial da parte não poderá ser compelido a cumprir decisão em seu lugar, reafirmando que as responsabilidades das partes e de seus procuradores são independentes e não se confundem.

Por fim, houve uma alteração recente que incluiu o inciso VII no artigo 77 do Código de Processo Civil acerca dos deveres das partes, incluindo ao referido artigo que será dever destas informar e manter seus dados atualizados perante os órgãos do Poder Judiciário para o recebimento de intimações e citações (alteração promovida pela Lei 14.195/21).

**Art. 78.** É vedado às partes, a seus procuradores, aos juízes, aos membros do Ministério Público e da Defensoria Pública e a qualquer pessoa que participe do processo empregar expressões ofensivas nos escritos apresentados.

§ 1º Quando expressões ou condutas ofensivas forem manifestadas oral ou presencialmente, o juiz advertirá o ofensor de que não as deve usar ou repetir, sob pena de lhe ser cassada a palavra.

§ 2º De ofício ou a requerimento do ofendido, o juiz determinará que as expressões ofensivas sejam riscadas e, a requerimento do ofendido, determinará a expedição de certidão com inteiro teor das expressões ofensivas e a colocará à disposição da parte interessada.

## COMENTÁRIOS

Todos os que atuem no processo devem se portar com urbanidade. É isso que o artigo acaba por impor a todos que participem do processo incluindo os juízes e os membros do Ministério Público e da Defensoria Pública na proibição do emprego de expressões injuriosas, pois a lei anterior fazia prever essa obrigação apenas para as partes e seus advogados.

Quando tais expressões ou condutas ofensivas forem manifestadas oral ou presencialmente, o juiz advertirá o ofensor de que não as deve usar ou repetir, sob pena de lhe ser cassada a palavra.

Pode ainda o magistrado, de ofício ou a requerimento do ofendido, determinar que as expressões ofensivas sejam riscadas e, a requerimento do ofendido, determinará a expedição de certidão com inteiro teor das expressões ofensivas e a colocará à disposição da parte interessada que poderá utilizar para instrumentalizar uma eventual ação indenizatória, sem prejuízo de eventual representação no órgão de classe do ofensor.

## SEÇÃO II
### DA RESPONSABILIDADE DAS PARTES POR DANO PROCESSUAL

**Art. 79.** Responde por perdas e danos aquele que litigar de má-fé como autor, réu ou interveniente.

### COMENTÁRIOS

O art. 79 impõe a responsabilidade por perdas e danos daquele que litigar de má-fé, seja como autor, réu ou interveniente.

Veja-se que no presente artigo o legislador apenas fez caracterizar em termos gerais o que é litigância de má fé, apontando também que o litigante de má-fé deve responder por seus atos.

Já no artigo 80, por seu turno, há uma definição mais específica do que é considerado como litigância de má-fé. É interessante ressaltar, ainda, que estes atos devem sempre ser provados, e portanto a má-fé jamais é presumida.

Complementando estabelece o art. 81 quais são as consequências que devem ser impostas àqueles que assim tenham se comportado.

**Art. 80.** Considera-se litigante de má-fé aquele que:

I – deduzir pretensão ou defesa contra texto expresso de lei ou fato incontroverso;

II – alterar a verdade dos fatos;

III – usar do processo para conseguir objetivo ilegal;

IV – opuser resistência injustificada ao andamento do processo;

V – proceder de modo temerário em qualquer incidente ou ato do processo;

VI – provocar incidente manifestamente infundado;

VII – interpuser recurso com intuito manifestamente protelatório.

### COMENTÁRIOS

O art. 80 enumera quais são os comportamentos processuais que podem ser enquadrados como litigância de má-fé.

Dentre as condutas ali elencadas, destacamos aquela que estabelece que responde por litigância de má-fé a parte que proceder, por exemplo, de modo temerário em qualquer incidente ou ato processual.

Cumpre esclarecer que "temerário" é o litigante que age de maneira imprudente, que não observa nas normas processuais e legais. Quer dizer, quem provoca um incidente processual apenas para paralisar o processo ou para impedir os efeitos da preclusão, por exemplo.

**Art. 81.** De ofício ou a requerimento, o juiz condenará o litigante de má-fé a pagar multa, que deverá ser superior a um por cento e inferior a dez por cento do valor corrigido da causa, a indenizar a parte contrária pelos prejuízos que esta sofreu e a arcar com os honorários advocatícios e com todas as despesas que efetuou.

§ 1º Quando forem 2 (dois) ou mais os litigantes de má-fé, o juiz condenará cada um na proporção de seu respectivo interesse na causa ou solidariamente aqueles que se coligaram para lesar a parte contrária.

§ 2º Quando o valor da causa for irrisório ou inestimável, a multa poderá ser fixada em até 10 (dez) vezes o valor do salário-mínimo.

§ 3º O valor da indenização será fixado pelo juiz ou, caso não seja possível mensurá-lo, liquidado por arbitramento ou pelo procedimento comum, nos próprios autos.

## COMENTÁRIOS

Salutar a mudança promovida pelo artigo em pauta que elevou a multa por litigância de má-fé para o mínimo de 1 (um) e máximo de 10% (dez por cento) do valor corrigido da causa. No CPC anterior essa multa era simbólica, pois não poderia ultrapassar 1% (um por cento) do valor da causa. Além disso, o litigante de má-fé, além da multa, deverá indenizar a parte contrária pelos prejuízos que esta sofreu e a arcar com os honorários advocatícios e com todas as despesas que ela possa ter dado causa.

Além disso, estabelece o atual CPC que sendo dois ou mais litigantes de má-fé, a multa será aplicada na proporção da participação de cada qual ou solidariamente se todos se coligaram para lesar a parte contrária e, na eventualidade de o valor da causa ser irrisório ou inestimável, o juiz poderá fixar a multa no valor de até 10 (dez) vezes o valor do salário-mínimo.

Importante destacar que o legislador deixou claro que essa multa, assim como as despesas realizadas pela parte que sofreu os danos, será processada nos mesmos autos e, na impossibilidade de exata mensuração, será liquidada por arbitramento.

Cumpre registrar ainda que o legislador fez a sua parte visando coibir a litigância de má-fé. Resta saber se essas medidas terão aplicação prática tendo em vista a forma como o judiciário analisa estas questões. O percentual da multa foi elevado exatamente para coibir o *improbus litigator*, mas essa previsão somente surtirá efeito, repita-se, se o judiciário cumprir o seu papel com firmeza.

Como já advertia de longa data o Ministro Marco Aurélio Mendes de Farias Mello: "Atento à sinalização de derrocada do Judiciário, sufocado por número de processos estranho à ordem natural das coisas, o Legislador normatizou. Agora, em verdadeira resistência democrática ao que vem acontecendo, compete ao Estado-juiz atuar com desassombro, sob pena de tornar-se o responsável pela falência do Judiciário. Cumpre--lhe, sem extravasamento, sem menosprezo ao dever de preservar o direito de defesa das partes, examinar, caso a caso, os recursos enquadráveis como meramente protelatórios, restabelecendo a boa ordem processual. Assim procedendo, honrará a responsabilidade decorrente do ofício, alfim, a própria toga".[9]

## SEÇÃO III
### DAS DESPESAS, DOS HONORÁRIOS ADVOCATÍCIOS E DAS MULTAS

**Art. 82.** Salvo as disposições concernentes à gratuidade da justiça, incumbe às partes prover as despesas dos atos que realizarem ou requererem no processo, antecipando-lhes o pagamento, desde o início até a sentença final ou, na execução, até a plena satisfação do direito reconhecido no título.

§ 1º Incumbe ao autor adiantar as despesas relativas a ato cuja realização o juiz determinar de ofício ou a requerimento do Ministério

§ 2º A sentença condenará o vencido a pagar ao vencedor as despesas que antecipou.

## COMENTÁRIOS

A regra é clara, ao fixar que compete às partes assumirem todas as despesas dos atos que realizarem ou que requererem no processo, antecipando-lhes o pagamento, desde o início até a sentença final ou, na execução, até a plena satisfação do direito reconhecido no título, exceto se a parte for beneficiária da justiça gratuita (ver CPC, arts. 98 a 102).

Continua sendo do autor a responsabilidade pelas custas iniciais e também pelos atos cuja realização requereu ou foi determinada de ofício pelo juiz. Responde também pelas despesas dos atos que forem realizados a requerimento do Ministério Público, quando sua intervenção ocorrer como fiscal da ordem jurídica. Se no curso do processo o réu também fizer requerimentos cuja realização possa significar despesas, estas serão por ele assumidas.

Na sentença que encerra a fase de conhecimento, o juiz condenará o vencido a arcar com todas as despesas que o vencedor realizou no curso do processo.

---

9. Revista da EMERJ, v. 4, n. 13, 2001, p. 42.

# CÓDIGO DE PROCESSO CIVIL COMENTADO • LEI 13.105, DE 16 DE MARÇO DE 2015 — ART. 84

**Art. 83.** O autor, brasileiro ou estrangeiro, que residir fora do Brasil ou deixar de residir no país ao longo da tramitação de processo prestará caução suficiente ao pagamento das custas e dos honorários de advogado da parte contrária nas ações que propuser, se não tiver no Brasil bens imóveis que lhes assegurem o pagamento.

§ 1º Não se exigirá a caução de que trata o *caput*:

I – quando houver dispensa prevista em acordo ou tratado internacional de que o Brasil faz parte;

II – na execução fundada em título extrajudicial e no cumprimento de sentença;

III – na reconvenção.

§ 2º Verificando-se no trâmite do processo que se desfalcou a garantia, poderá o interessado exigir reforço da caução, justificando seu pedido com a indicação da depreciação do bem dado em garantia e a importância do reforço que pretende obter.

## COMENTÁRIOS

A disposição desse artigo somente se aplica ao autor, brasileiro ou estrangeiro, que resida fora do Brasil ou que venha a deixar de residir no país no curso da tramitação de processo. Essa caução visa, por assim dizer, garantir o reembolso das despesas e honorários advocatícios da parte contrária, no caso do autor vir e perder a demanda proposta. Porém, somente será aplicada se o autor não tiver no Brasil bens imóveis que lhes assegurem o pagamento.

Essa caução não será exigível nas hipóteses versadas no § 1º, quais sejam: quando houver dispensa prevista em acordo ou tratado internacional de que o Brasil faz parte; na execução fundada em título extrajudicial e no cumprimento de sentença; e, na reconvenção.

O § 2º trata da hipótese de, no curso do processo, haver eventual deterioração ou mesmo perda da coisa dada em garantia, caso em que poderá o interessado exigir reforço da caução, justificando seu pedido com a indicação da depreciação do bem dado em garantia e a importância do reforço que pretende obter, o que poderá ser requerido nos próprios autos.

**Art. 84.** As despesas abrangem as custas dos atos do processo, a indenização de viagem, a remuneração do assistente técnico e a diária de testemunha.

## COMENTÁRIOS

Aqui o legislador procura deixar claro quais são as despesas processuais que podem ser objeto de cobrança pela parte vencedora.

Estas despesas não são somente as custas judiciais devidas ao estado, mas todas as despesas realizadas com os atos do processo, tais como as despesas realizadas como, por exemplo, as citações e intimações, publicações de editais e os honorários periciais.

Além das despesas dos atos do processo, a lei assegura ao vencedor a possibilidade de cobrar do vencido as despesas realizadas com viagens, a remuneração do seu assistente técnico e a diária das testemunhas.

**Art. 85.** A sentença condenará o vencido a pagar honorários ao advogado do vencedor.

§ 1º São devidos honorários advocatícios na reconvenção, no cumprimento de sentença, provisório ou definitivo, na execução, resistida ou não, e nos recursos interpostos, cumulativamente.

§ 2º Os honorários serão fixados entre o mínimo de dez e o máximo de vinte por cento sobre o valor da condenação, do proveito econômico obtido ou, não sendo possível mensurá-lo, sobre o valor atualizado da causa, atendidos:

I – o grau de zelo do profissional;

II – o lugar de prestação do serviço;

III – a natureza e a importância da causa;

IV – o trabalho realizado pelo advogado e o tempo exigido para o seu serviço.

§ 3º Nas causas em que a Fazenda Pública for parte, a fixação dos honorários observará os critérios estabelecidos nos incisos I a IV do § 2º e os seguintes percentuais:

I – mínimo de dez e máximo de vinte por cento sobre o valor da condenação ou do proveito econômico obtido até 200 (duzentos) salários-mínimos;

II – mínimo de oito e máximo de dez por cento sobre o valor da condenação ou do proveito econômico obtido acima de 200 (duzentos) salários-mínimos até 2.000 (dois mil) salários-mínimos;

III – mínimo de cinco e máximo de oito por cento sobre o valor da condenação ou do proveito econômico obtido acima de 2.000 (dois mil) salários-mínimos até 20.000 (vinte mil) salários-mínimos;

IV – mínimo de três e máximo de cinco por cento sobre o valor da condenação ou do proveito econômico obtido acima de 20.000 (vinte mil) salários-mínimos até 100.000 (cem mil) salários-mínimos;

V – mínimo de um e máximo de três por cento sobre o valor da condenação ou do proveito econômico obtido acima de 100.000 (cem mil) salários-mínimos.

§ 4º Em qualquer das hipóteses do § 3º:

I – os percentuais previstos nos incisos I a V devem ser aplicados desde logo, quando for líquida a sentença;

CÓDIGO DE PROCESSO CIVIL COMENTADO • LEI 13.105, DE 16 DE MARÇO DE 2015 **ART. 85**

II – não sendo líquida a sentença, a definição do percentual, nos termos previstos nos incisos I a V, somente ocorrerá quando liquidado o julgado;

III – não havendo condenação principal ou não sendo possível mensurar o proveito econômico obtido, a condenação em honorários dar-se-á sobre o valor atualizado da causa;

IV – será considerado o salário-mínimo vigente quando prolatada sentença líquida ou o que estiver em vigor na data da decisão de liquidação.

§ 5º Quando, conforme o caso, a condenação contra a Fazenda Pública ou o benefício econômico obtido pelo vencedor ou o valor da causa for superior ao valor previsto no inciso I do § 3º, a fixação do percentual de honorários deve observar a faixa inicial e, naquilo que a exceder, a faixa subsequente, e assim sucessivamente.

§ 6º Os limites e critérios previstos nos §§ 2º e 3º aplicam-se independentemente de qual seja o conteúdo da decisão, inclusive aos casos de improcedência ou de sentença sem resolução de mérito.

§ 6º-A Quando o valor da condenação ou do proveito econômico obtido ou o valor atualizado da causa for líquido ou liquidável, para fins de fixação dos honorários advocatícios, nos termos dos §§ 2º e 3º, é proibida a apreciação equitativa, salvo nas hipóteses expressamente previstas no § 8º deste artigo. (Incluído pela Lei 14.365, de 2022)

§ 7º Não serão devidos honorários no cumprimento de sentença contra a Fazenda Pública que enseje expedição de precatório, desde que não tenha sido impugnada.

§ 8º Nas causas em que for inestimável ou irrisório o proveito econômico ou, ainda, quando o valor da causa for muito baixo, o juiz fixará o valor dos honorários por apreciação equitativa, observando o disposto nos incisos do § 2º.

§ 8º-A. Na hipótese do § 8º deste artigo, para fins de fixação equitativa de honorários sucumbenciais, o juiz deverá observar os valores recomendados pelo Conselho Seccional da Ordem dos Advogados do Brasil a título de honorários advocatícios ou o limite mínimo de 10% (dez por cento) estabelecido no § 2º deste artigo, aplicando-se o que for maior. (Incluído pela Lei 14.365, de 2022)

§ 9º Na ação de indenização por ato ilícito contra pessoa, o percentual de honorários incidirá sobre a soma das prestações vencidas acrescida de 12 (doze) prestações vincendas.

§ 10. Nos casos de perda do objeto, os honorários serão devidos por quem deu causa ao processo.

§ 11. O tribunal, ao julgar recurso, majorará os honorários fixados anteriormente levando em conta o trabalho adicional realizado em grau recursal, observando, conforme o caso, o disposto nos §§ 2º a 6º, sendo vedado ao tribunal, no cômputo geral da fixação de honorários devidos ao advogado

57

do vencedor, ultrapassar os respectivos limites estabelecidos nos §§ 2º e 3º para a fase de conhecimento.

§ 12. Os honorários referidos no § 11 são cumuláveis com multas e outras sanções processuais, inclusive as previstas no art. 77.

§ 13. As verbas de sucumbência arbitradas em embargos à execução rejeitados ou julgados improcedentes e em fase de cumprimento de sentença serão acrescidas no valor do débito principal, para todos os efeitos legais.

§ 14. Os honorários constituem direito do advogado e têm natureza alimentar, com os mesmos privilégios dos créditos oriundos da legislação do trabalho, sendo vedada a compensação em caso de sucumbência parcial.

§ 15. O advogado pode requerer que o pagamento dos honorários que lhe caibam seja efetuado em favor da sociedade de advogados que integra na qualidade de sócio, aplicando-se à hipótese o disposto no § 14.

§ 16. Quando os honorários forem fixados em quantia certa, os juros moratórios incidirão a partir da data do trânsito em julgado da decisão.

§ 17. Os honorários serão devidos quando o advogado atuar em causa própria.

§ 18. Caso a decisão transitada em julgado seja omissa quanto ao direito aos honorários ou ao seu valor, é cabível ação autônoma para sua definição e cobrança.

§ 19. Os advogados públicos perceberão honorários de sucumbência, nos termos da lei.

§ 20. O disposto nos §§ 2º, 3º, 4º, 5º, 6º, 6º-A, 8º, 8º-A, 9º e 10 deste artigo aplica-se aos honorários fixados por arbitramento judicial. (Incluído pela Lei 14.365, de 2022)

## COMENTÁRIOS

Para a advocacia, esta foi uma das grandes vitórias. O legislador ao explicitar no *caput* que a "sentença condenará o vencido a pagar honorários ao advogado do vencedor" colocou uma pá de cal no assunto, encerrando de vez uma grande polêmica que existia no passado. Havia entendimento de que os honorários sucumbenciais pertenceriam à parte vencedora (e não ao seu advogado), que serviria, por assim dizer, para o ressarcimento das despesas que realizou com a contratação de advogado. Ocorre que o Estatuto da Advocacia (Lei 8.906/94), estabeleceu de maneira clara e cristalina que os honorários sucumbenciais seriam do advogado, como direito autônomo, podendo inclusive, ser executado ou mesmo expedido precatório no seu valor. Apesar disso, a questão sempre suscitou acalorados debates que agora, resta no passado, tendo em vista que o atual CPC eliminou qualquer dúvida que ainda pudesse persistir.

Outra importante inovação é a que consta no § 1º ao deixar claro que cabe a verba honorária também na reconvenção, nos pedidos contrapostos, no cumprimento de sentença, na execução resistida ou não e nos recursos interpostos, de forma cumulativa, prestigiando aquilo que a jurisprudência e doutrina já vinham preconizando.

Já o § 2º estabelece a forma geral e o percentual para a fixação dos honorários advocatícios que se situarão entre o mínimo de 10 (dez) e o máximo de 20% (vinte por cento) sobre o valor da condenação, do proveito, do benefício ou da vantagem econômica obtidos. Quer dizer, os honorários incidem não apenas na condenação, mas também no proveito, benefício ou da vantagem econômica obtidos, estabelecendo ainda que se não for possível mensurá-lo, deverá ser fixado sobre o valor atualizado da causa.

Na fixação do percentual dos honorários, o juiz deverá levar em conta o grau de zelo do profissional; o lugar de prestação do serviço; a natureza e a importância da causa; o trabalho realizado pelo advogado e, o tempo exigido para o seu serviço.

Outra grande novidade incluída no Novo CPC é o estabelecimento de critérios claros e objetivos para a fixação dos honorários advocatícios contra a Fazenda Pública, independente de ser ela autora ou ré. Nessas circunstâncias, os honorários deverão ser fixados atendendo aos critérios do § 2º, porém limitados aos percentuais e valor da condenação ou proveito econômico obtido, na forma como estabelecido nos incisos I a V do § 3º. Na sequência, os §§ 4º, 5º, 6º e 7º complementam e melhor explicitam a questão dos honorários contra a Fazenda Pública.

O legislador ainda fez constar no § 8º que nas causas em que for inestimável ou irrisório o proveito econômico ou, ainda, quando o valor da causa for muito baixo, o juiz fixará o valor dos honorários por apreciação equitativa, observando o disposto nos incisos do § 2º.

Assim também com relação ao § 9º ao estabelecer que na ação de indenização por ato ilícito contra pessoa, o percentual de honorários incidirá sobre a soma das prestações vencidas acrescida de 12 (doze) prestações vincendas.

Já no § 10 o legislador fez incidir honorários de sucumbência para aqueles casos de perda do objeto da ação, estabelecendo que a responsabilidade será de quem deu causa ao processo.

Com relação aos honorários sucumbenciais na fase recursal o texto final aprovado foi um retrocesso se comparado com o texto original do projeto do Senado. Veja-se que o § 11 diz que o tribunal majorará os honorários fixados anteriormente, não podendo ultrapassar os limites previstos nos §§ 2º e 3º. Quer dizer, é um falso avanço, na exata medida em que, se o juiz de primeiro grau tiver fixado os honorários no patamar máximo de 20%, por exemplo, não poderá o tribunal acrescer nada. Ademais, fica o receio de que os magistrados de primeira instância passem a fixar honorários em percentuais pífios, deixando espaço para que os tribunais eventualmente majorem a verba na ocorrência de interposição de recurso.

Ainda com relação aos honorários recursais, cumpre esclarecer que eles somente serão cabíveis nos recursos incidentes sobre a sentença na qual tenham sido fixados os honorários sucumbenciais, seja a sentença total ou parcial. Também só será cabível para os casos em que seja negado provimento ao recurso interposto pelo perdedor. De se concluir que da sentença cabe apelação logo nesta primeira fase recursal irá incidir os honorários sucumbenciais complementares. Entendemos que os tribunais também podem rever os percentuais de honorários fixados nas instâncias de origem nos casos de remessa necessária, tendo em vista que o que justifica a complementação dos honorários recursais é o trabalho adicional do advogado em segunda instância. Nada impede que os honorários recursais sejam fixados no Recurso Especial ou mesmo no Recurso Extraordinário, desde que respeitado os limites estabelecidos no § 2º. Assim como também será cabível nos casos em que o recorrente tenha desistido e a parte contrária já tenha protocolado suas contra razões, na linha do que consta no art. 90, *caput*, do CPC.

Cumpre ainda esclarecer que o CPC nada fala com relação à responsabilidade dos litisconsortes nesta fase recursal, contudo, entendemos que somente aqueles que deram causa ao recurso é que deverão responder pelos honorários adicionais, eventualmente fixado na instância recursal.

Na sequência o legislador quis deixar claro que os honorários eventualmente fixados em grau recursal em nada se confundem com as multas e outras sanções processuais como, por exemplo, as prevista no art. 77, logo, podendo ser perfeitamente cumulável.

O § 13 traz uma novidade que é a possibilidade de as verbas de sucumbência arbitradas em embargos à execução rejeitados ou julgados improcedentes e em fase de cumprimento de sentença serem acrescidas no valor do débito principal, para todos os efeitos legais.

Como os honorários são dos advogados e não da parte, o legislador fez questão de reafirmar esse direito no § 14, além de estabelecer que essa verba tem natureza alimentar, com os mesmos privilégios dos créditos oriundos da legislação do trabalho, sendo proibida a compensação em caso de sucumbência parcial exatamente por não se tratar de direito das partes (ver súmula vinculante 47 do STF).

Já o § 15 permite que o advogado requeira que o pagamento dos honorários que lhe caibam seja efetuado em favor da sociedade de advogados que integra na qualidade de sócio, aplicando-se à hipótese o disposto no § 14. O § 16 estabelece os critérios para a fixação do momento em que incidirão os juros moratórios quando os honorários forem fixados em quantia certa, dizendo que eles incidirão a partir da data do trânsito em julgado da decisão.

Os honorários advocatícios também serão devidos mesmo quando o advogado atuar em causa própria é o que preconiza o § 17.

Já o § 18 trata de uma situação pouco provável de acontecer na prática, mas que mereceu preocupação do legislador e diz respeito à possibilidade de não ser fixado honorários em alguma decisão e caso tenha ocorrido o trânsito em julgado, quando então, poderá o advogado propor ação autônoma para sua fixação e cobrança.

No que diz respeito ao previsto no § 19, que certamente gerará polêmicas, estabelece que os advogados públicos perceberão honorários de sucumbência, nos termos da lei federal, estadual ou municipal que venha a ser eventualmente editada.

Com a edição da Lei 14.365/2022, foi incluído o § 20 e com ele pretendeu o Legislativo eliminar as aludidas "variadas decisões" de juízes, para estabelecer parâmetros objetivos para a fixação da verba honorária, seus limites mínimos e máximos.

> **Art. 86.** Se cada litigante for, em parte, vencedor e vencido, serão proporcionalmente distribuídas entre eles as despesas.
>
> **Parágrafo único.** Se um litigante sucumbir em parte mínima do pedido, o outro responderá, por inteiro, pelas despesas e pelos honorários.

### COMENTÁRIOS

Havendo sucumbência recíproca, as despesas processuais serão proporcionalmente repartidas entre os litigantes. Esse percentual não precisa ser necessariamente de 50% (cinquenta por cento) para cada parte, podendo haver proporções diferentes conforme seja maior a sucumbência de um ou outro.

Ressalva o parágrafo único que se um dos litigantes sucumbir em parcela mínima do pedido, o outro responderá, por inteiro, pelas despesas e pelos honorários.

Quer nos parecer que a parte final do referido parágrafo deve ter passado despercebido pelo legislador, tendo em vista que honorários não se compensam a teor do que dispõe o já comentado § 14 do art. 85.

> **Art. 87.** Concorrendo diversos autores ou diversos réus, os vencidos respondem proporcionalmente pelas despesas e pelos honorários.
>
> § 1º A sentença deverá distribuir entre os litisconsortes, de forma expressa, a responsabilidade proporcional pelo pagamento das verbas previstas no *caput*.
>
> § 2º Se a distribuição de que trata o § 1º não for feita, os vencidos responderão solidariamente pelas despesas e pelos honorários.

### COMENTÁRIOS

A regra insculpida no *caput* art. 87 trata da repartição das despesas e honorários advocatícios entre os diversos autores ou réus, conforme sejam os vencidos.

Interessante é o que vem expresso nos §§ 1º e 2º ao estabelecer que a sentença deverá distribuir entre os litisconsortes, de forma expressa, a responsabilidade proporcional pelo pagamento das verbas previstas no *caput* e, se não o fizer, todos os vencidos responderão solidariamente pelo montante das despesas e pelos honorários advocatícios.

**Art. 88.** Nos procedimentos de jurisdição voluntária, as despesas serão adiantadas pelo requerente e rateadas entre os interessados.

## COMENTÁRIOS

Vale rememorar que nos procedimentos de jurisdição voluntária não há lide, por conseguinte, ao final do processo não haverá vencido nem vencedor.

A lógica manda que aquele que propuser este tipo de ação deva arcar com o adiantamento das despesas inerentes ao processo que, ao depois, poderão ser rateadas entre todos os interessados.

**Art. 89.** Nos juízos divisórios, não havendo litígio, os interessados pagarão as despesas proporcionalmente a seus quinhões.

## COMENTÁRIOS

Assim como no artigo anterior o disposto no art. 89 não traz nenhuma novidade ao estabelecer que os interessados pagarão as despesas na proporcionalidade de seus respectivos quinhões.

Ora, se o pedido demarcatório não tem resistência, não há lide. Não havendo lide, não há falar-se em sucumbência, logo, os interessados devem arcar com as despesas na proporção de seus respectivos quinhões.

**Art. 90.** Proferida sentença com fundamento em desistência, em renúncia ou em reconhecimento do pedido, as despesas e os honorários serão pagos pela parte que desistiu, renunciou ou reconheceu.

§ 1º Sendo parcial a desistência, a renúncia ou o reconhecimento, a responsabilidade pelas despesas e pelos honorários será proporcional à parcela reconhecida, à qual se renunciou ou da qual se desistiu.

§ 2º Havendo transação e nada tendo as partes disposto quanto às despesas, estas serão divididas igualmente.

§ 3º Se a transação ocorrer antes da sentença, as partes ficam dispensadas do pagamento das custas processuais remanescentes, se houver.

§ 4º Se o réu reconhecer a procedência do pedido e, simultaneamente, cumprir integralmente a prestação reconhecida, os honorários serão reduzidos pela metade.

## COMENTÁRIOS

Havendo sentença proferida com base em desistência, em renúncia ou em reconhecimento do pedido, as despesas e os honorários serão pagos pela parte que desistiu, renunciou ou reconheceu, de acordo com o *caput* do artigo em comento.

Já o § 1º trata das hipóteses de desistência, renúncia ou reconhecimento do pedido, porém de forma parcial, caso em que as despesas e honorários serão pagos na proporção da desistência, renúncia ou reconhecimento.

Os §§ 2º e 3º versam sobre a transação estabelecendo que se as partes nada pactuaram com relação às despesas, estas serão divididas igualmente e, se a transação ocorrer antes da sentença, as partes ficam dispensadas do pagamento das custas processuais remanescentes, se houver.

A novidade fica por conta do § 4º ao prever que se o réu reconhecer a procedência do pedido e, simultaneamente, cumprir integralmente a prestação reconhecida, os honorários serão reduzidos pela metade. Esta regra deve ser louvada porque vem como um estímulo ao cumprimento espontâneo das decisões judiciais, contribuindo para maior celeridade e efetividade do processo.

**Art. 91.** As despesas dos atos processuais praticados a requerimento da Fazenda Pública, do Ministério Público ou da Defensoria Pública serão pagas ao final pelo vencido.

§ 1º As perícias requeridas pela Fazenda Pública, pelo Ministério Público ou pela Defensoria Pública poderão ser realizadas por entidade pública ou, havendo previsão orçamentária, ter os valores adiantados por aquele que requerer a prova.

§ 2º Não havendo previsão orçamentária no exercício financeiro para adiantamento dos honorários periciais, eles serão pagos no exercício seguinte ou ao final, pelo vencido, caso o processo se encerre antes do adiantamento a ser feito pelo ente público.

### COMENTÁRIOS

A regra do *caput* do art. 91 estabelece que as despesas dos atos processuais praticados a requerimento da Fazenda Pública, do Ministério Público ou da Defensoria Pública serão pagas ao final do processo pelo vencido.

Já os §§ 1º e 2º procuram encontrar solução para os casos em que a Fazenda Pública, o Ministério Público ou a Defensoria Pública requeiram a realização de perícias. Nesse caso, as perícias poderão ser realizadas por entidade pública ou, havendo previsão orçamentária, ter os valores adiantados por aquele que requerer a prova ou, não havendo previsão orçamentária no exercício financeiro para adiantamento dos honorários periciais, eles serão pagos no exercício seguinte ou ao final, pelo vencido, caso o processo se encerre antes do adiantamento a ser feito pelo ente público.

**Art. 92.** Quando, a requerimento do réu, o juiz proferir sentença sem resolver o mérito, o autor não poderá propor novamente a ação sem pagar ou depositar em cartório as despesas e os honorários a que foi condenado.

## COMENTÁRIOS

O art. 92 diz o óbvio por assim dizer, ao estabelecer que o autor somente poderá repropor a mesma ação que tenha sido extinta sem julgamento do mérito, enquanto não realizar o pagamento ou depósito das despesas e honorários a que tenha sido condenado.

Repita-se: a regra é lógica e, embora se choque aparentemente com o princípio da inafastabilidade do judiciário (CF, art. 5º XXXV), se justifica tendo em vista que se o autor deu causa a extinção do processo e tal fato gerou despesas para o réu, não se justifica possa intentar novamente a mesma ação sem quitar os débitos oriundos da frustrada propositura anterior.

**Art. 93.** As despesas de atos adiados ou cuja repetição for necessária ficarão a cargo da parte, do auxiliar da justiça, do órgão do Ministério Público ou da Defensoria Pública ou do juiz que, sem justo motivo, houver dado causa ao adiamento ou à repetição.

## COMENTÁRIOS

O disposto no art. 93 estabelece de maneira óbvia que a responsabilidade pelas despesas com a realização dos atos adiados, ou cuja repetição for necessária, ficarão a cargo daquele que tenha dado causa, seja ela a parte, o serventuário da justiça, o órgão do Ministério Público ou da Defensoria Pública, e até o próprio juiz, desde que não haja nenhum justo motivo para escusa a pena.

**Art. 94.** Se o assistido for vencido, o assistente será condenado ao pagamento das custas em proporção à atividade que houver exercido no processo.

## COMENTÁRIOS

O art. 94 por sua vez trata da responsabilidade do assistente pelas despesas processuais quando o assistido for o vencido e, nesse caso, deverá ser condenado ao pagamento das custas em proporção à atividade que houver exercido no processo.

**Art. 95.** Cada parte adiantará a remuneração do assistente técnico que houver indicado, sendo a do perito adiantada pela parte que houver requerido a perícia ou rateada quando a perícia for determinada de ofício ou requerida por ambas as partes.

§ 1º O juiz poderá determinar que a parte responsável pelo pagamento dos honorários do perito deposite em juízo o valor correspondente.

§ 2º A quantia recolhida em depósito bancário à ordem do juízo será corrigida monetariamente e paga de acordo com o art. 465, § 4º.

§ 3º Quando o pagamento da perícia for de responsabilidade de beneficiário de gratuidade da justiça, ela poderá ser:

I – custeada com recursos alocados no orçamento do ente público e realizada por servidor do Poder Judiciário ou por órgão público conveniado;

II – paga com recursos alocados no orçamento da União, do Estado ou do Distrito Federal, no caso de ser realizada por particular, hipótese em que o valor será fixado conforme tabela do tribunal respectivo ou, em caso de sua omissão, do Conselho Nacional de Justiça.

§ 4º Na hipótese do § 3º, o juiz, após o trânsito em julgado da decisão final, oficiará a Fazenda Pública para que promova, contra quem tiver sido condenado ao pagamento das despesas processuais, a execução dos valores gastos com a perícia particular ou com a utilização de servidor público ou da estrutura de órgão público, observando-se, caso o responsável pelo pagamento das despesas seja beneficiário de gratuidade da justiça, o disposto no art. 98, § 2º.

§ 5º Para fins de aplicação do § 3º, é vedada a utilização de recursos do fundo de custeio da Defensoria Pública.

## COMENTÁRIOS

Muito interessante a previsão de rateio dos honorários periciais, nos casos em que a perícia for determinada de ofício pelo juiz ou requerida por ambas as partes. Na sistemática do CPC/73, era sempre do autor a responsabilidade pelo pagamento.

Além disso, prevê o *caput* do artigo em comento que cada parte será responsável pelo pagamento dos honorários de seus respectivos assistentes técnicos que eventualmente tenham indicado. Embora isso seja novidade na legislação, já era uma praxe judiciária que nunca foi objeto de controvérsias.

Outra novidade diz respeito ao custeamento da perícia quando a parte for beneficiária da justiça gratuita. Nesse caso, a perícia poderá ser custeada com recursos alocados no orçamento do ente público e realizada por servidor do Poder Judiciário ou por órgão público conveniado; ou paga com recursos alocados no orçamento da União, do Estado ou do Distrito Federal, no caso de ser realizada por particular, hipótese em que o valor será fixado conforme tabela do tribunal respectivo ou, em caso de sua omissão, do Conselho Nacional de Justiça. Esta disposição é complementada pelo que consta no § 4º.

Finalmente, o § 5º estabelece que é vedada a utilização de recursos do fundo de custeio da Defensoria Pública, para o pagamento de honorários periciais.

Vale anotar ainda que os valores desembolsados com o assistente técnico, bem como com a parcela dos honorários do perito judicial, tradicional e conceitualmente chamados de emolumentos, integrarão as verbas sucumbenciais a ser paga pelo vencido ao vencedor no final do processo.

**Art. 96.** O valor das sanções impostas ao litigante de má-fé reverterá em benefício da parte contrária, e o valor das sanções impostas aos serventuários pertencerá ao Estado ou à União.

## COMENTÁRIOS

O CPC estabelece agora que a multa por litigância de má-fé deverá ser revertida em favor da parte contrária.

Já o valor das sanções impostas aos serventuários da justiça pertencerá, conforme o caso, aos Estados, ao Distrito Federal ou à União.

**Art. 97.** A União e os Estados podem criar fundos de modernização do Poder Judiciário, aos quais serão revertidos os valores das sanções pecuniárias processuais destinadas à União e aos Estados, e outras verbas previstas em lei.

## COMENTÁRIOS

Como consequência do fato de que algumas sanções pecuniárias poderão ser aplicadas no processo e considerando que tais valores deverão ser revertidos para a União, para os Estados ou Distrito Federal, surge a necessidade de dar destinação a estas verbas.

Assim, o legislador determina que sejam criados fundos para onde reverterão estes valores. Esta é uma forma de evitar que tais recursos caiam na vala comum do orçamento do executivo e não retornem ao judiciário.

### SEÇÃO IV
### DA GRATUIDADE DA JUSTIÇA

**Art. 98.** A pessoa natural ou jurídica, brasileira ou estrangeira, com insuficiência de recursos para pagar as custas, as despesas processuais e os honorários advocatícios tem direito à gratuidade da justiça, na forma da lei.

§ 1º A gratuidade da justiça compreende:

I – as taxas ou as custas judiciais;

II – os selos postais;

III – as despesas com publicação na imprensa oficial, dispensando-se a publicação em outros meios;

IV – a indenização devida à testemunha que, quando empregada, receberá do empregador salário integral, como se em serviço estivesse;

V – as despesas com a realização de exame de código genético – DNA e de outros exames considerados essenciais;

VI – os honorários do advogado e do perito e a remuneração do intérprete ou do tradutor nomeado para apresentação de versão em português de documento redigido em língua estrangeira;

VII – o custo com a elaboração de memória de cálculo, quando exigida para instauração da execução;

VIII – os depósitos previstos em lei para interposição de recurso, para propositura de ação e para a prática de outros atos processuais inerentes ao exercício da ampla defesa e do contraditório;

IX – os emolumentos devidos a notários ou registradores em decorrência da prática de registro, averbação ou qualquer outro ato notarial necessário à efetivação de decisão judicial ou à continuidade de processo judicial no qual o benefício tenha sido concedido.

§ 2º A concessão de gratuidade não afasta a responsabilidade do beneficiário pelas despesas processuais e pelos honorários advocatícios decorrentes de sua sucumbência.

§ 3º Vencido o beneficiário, as obrigações decorrentes de sua sucumbência ficarão sob condição suspensiva de exigibilidade e somente poderão ser executadas se, nos 5 (cinco) anos subsequentes ao trânsito em julgado da decisão que as certificou, o credor demonstrar que deixou de existir a situação de insuficiência de recursos que justificou a concessão de gratuidade, extinguindo-se, passado esse prazo, tais obrigações do beneficiário.

§ 4º A concessão de gratuidade não afasta o dever de o beneficiário pagar, ao final, as multas processuais que lhe sejam impostas.

§ 5º A gratuidade poderá ser concedida em relação a algum ou a todos os atos processuais, ou consistir na redução percentual de despesas processuais que o beneficiário tiver de adiantar no curso do procedimento.

§ 6º Conforme o caso, o juiz poderá conceder direito ao parcelamento de despesas processuais que o beneficiário tiver de adiantar no curso do procedimento.

§ 7º Aplica-se o disposto no art. 95, §§ 3º a 5º, ao custeio dos emolumentos previstos no § 1º, inciso IX, do presente artigo, observada a tabela e as condições da lei estadual ou distrital respectiva.

§ 8º Na hipótese do § 1º, inciso IX, havendo dúvida fundada quanto ao preenchimento atual dos pressupostos para a concessão de gratuidade, o notário ou registrador, após praticar o ato, pode requerer, ao juízo competente para decidir questões notariais ou registrais, a revogação total ou parcial do benefício ou a sua substituição pelo parcelamento de que trata o § 6º deste artigo, caso em que o beneficiário será citado para, em 15 (quinze) dias, manifestar-se sobre esse requerimento.

## COMENTÁRIOS

Importante inovação promoveu o legislador ao disciplinar a concessão dos benefícios da justiça gratuita no atual CPC, revogando inclusive alguns dispositivos da Lei 1.060/50, procurando dar mais efetividade à questão da gratuidade processual.

Entendemos que é da maior importância o fato da gratuidade de justiça ser tratada no Código de Processo Civil. Vale lembrar que antes a matéria era regulada pela Lei 1.060/50 com exclusividade. Nesse sentido, é importante deixar desde logo consignado que o CPC acaba, por assim dizer, com a possibilidade de alguns magistrados negarem tal benefício confundindo o que seja gratuidade de justiça com assistência judiciária, fato comumente ocorrente por cômoda ignorância do real significado dos dois institutos.

Veja-se que o CPC, ao tratar do tema, o faz de maneira adequada, denominando-o de "gratuidade de justiça", afastando qualquer possibilidade de confusão que se possa fazer com a "assistência judiciária".

De longa data já vimos nos manifestando sobre a necessidade de melhor disciplinamento deste importante instituto tendo em vista a tendência atual da maioria dos magistrados, especialmente de primeiro grau, em negar tal benefício aos requerentes, escudando-se muitas vezes em argumentos sem nenhum fundamento legal.[10]

O *caput* do art. 98 começa por dizer claramente que a pessoa "natural ou jurídica" pode ser beneficiária da gratuidade de justiça se provar insuficiência de recursos para arcar com as despesas processuais. Essa previsão legal é de fundamental importância porque para muitos magistrados os benefícios da gratuidade de justiça somente poderiam ser concedidos a pessoa natural e jamais para a pessoa jurídica. Tanto é verdade que foi necessário o Superior Tribunal de Justiça editar a súmula 481 de seguinte teor: "Faz jus ao benefício da justiça gratuita a pessoa jurídica com ou sem fins lucrativos que demonstrar sua impossibilidade de arcar com os encargos processuais".

Importante deixar claro que qualquer um que seja parte, tanto como autor, réu ou interveniente, pode se beneficiar da gratuidade de justiça. Embora a lei fale em "pessoa" natural ou jurídica, entendemos que este benefício pode ser concedido também os entes despersonalizados como, por exemplo, o espólio, o condomínio e o nascituro, dentre outros.

A gratuidade da justiça isenta o beneficiário de diversas despesas processuais, todas elas relacionadas nos vários incisos do § 1º, incluindo custas iniciais, as despesas com citações (por cartas, oficial de justiça ou mesmo editalícia), as despesas e emolumentos cartorários e honorários periciais, que serão complementados pelos §§ 7º e 8º.

Embora o § 2º consigne expressamente que a concessão de gratuidade não afasta a responsabilidade do beneficiário pelas despesas processuais e pelos honorários advo-

---

10. Nesse sentido ver nosso artigo sobre o tema, publicado no site Jus Navigandi em 2004. Disponível em: http://jus.com.br/artigos/4877/a-justica-gratuita-como-instrumento-de-democratizacao-do-acesso-ao--judiciario.

# CÓDIGO DE PROCESSO CIVIL COMENTADO • LEI 13.105, DE 16 DE MARÇO DE 2015 — ART. 99

catícios da parte contrária, decorrentes de sua sucumbência, na prática isso é uma meia verdade porque nos termos do § 3º essa condenação ficará sob condição suspensiva de exigibilidade pelo prazo prescricional de 5 (cinco) anos. Quer dizer, o ganhador da demanda somente poderá executar as despesas e honorários sucumbenciais se provar que houve mudança na situação do beneficiário e somente no lapso temporal de 5 (cinco) anos. Passado esse prazo, nada mais se poderá fazer.

Oportuno o que consta no § 4º do artigo em comento, ao estabelecer que a concessão de gratuidade não afasta o dever de o beneficiário pagar, ao final, as multas processuais que lhe sejam impostas.

Por fim, os §§ 5º e 6º deixam claro que a gratuidade pode ser concedida para a totalidade dos atos processuais ou pode ser concedida para algum ato específico do processo, podendo ainda consistir na redução do percentual de despesas processuais que o beneficiário tiver de adiantar no curso do procedimento ou até mesmo no parcelamento destas despesas.

**Art. 99.** O pedido de gratuidade da justiça pode ser formulado na petição inicial, na contestação, na petição para ingresso de terceiro no processo ou em recurso.

§ 1º Se superveniente à primeira manifestação da parte na instância, o pedido poderá ser formulado por petição simples, nos autos do próprio processo, e não suspenderá seu curso.

§ 2º O juiz somente poderá indeferir o pedido se houver nos autos elementos que evidenciem a falta dos pressupostos legais para a concessão de gratuidade, devendo, antes de indeferir o pedido, determinar à parte a comprovação do preenchimento dos referidos pressupostos.

§ 3º Presume-se verdadeira a alegação de insuficiência deduzida exclusivamente por pessoa natural.

§ 4º A assistência do requerente por advogado particular não impede a concessão de gratuidade da justiça.

§ 5º Na hipótese do § 4º, o recurso que verse exclusivamente sobre valor de honorários de sucumbência fixados em favor do advogado de beneficiário estará sujeito a preparo, salvo se o próprio advogado demonstrar que tem direito à gratuidade.

§ 6º O direito à gratuidade da justiça é pessoal, não se estendendo a litisconsorte ou a sucessor do beneficiário, salvo requerimento e deferimento expressos.

§ 7º Requerida a concessão de gratuidade da justiça em recurso, o recorrente estará dispensado de comprovar o recolhimento do preparo, incumbindo ao relator, neste caso, apreciar o requerimento e, se indeferi-lo, fixar prazo para realização do recolhimento.

## COMENTÁRIOS

Agora o legislador se preocupou com o momento em que o benefício da gratuidade de justiça deve ser requerido, deixando claro que tanto pode requerer com a petição inicial, na contestação, na petição para ingresso de terceiro no processo ou mesmo na fase recursal. Quer dizer, este benefício pode ser requerido na inicial ou incidentalmente em qualquer momento do processo.

Caso o pedido seja feito no curso do processo, deverá o requerente fazê-lo por meio de petição simples nos próprios autos e será avaliado pelo juiz sem suspensão do processo.

Já o § 2º estabelece que o juiz somente poderá indeferir o pedido se houver nos autos elementos que evidenciem a falta dos pressupostos legais para a concessão de gratuidade. Mesmo havendo tais elementos, ainda assim, o magistrado não poderá pura e simplesmente indeferir o pedido. Deverá antes determinar que o requerente comprove nos autos o preenchimento dos requisitos exigidos, para só depois disso se manifestar.

Nos termos do § 3º, a diferença entre a pessoa física ou natural e a pessoa jurídica vai ser com relação à prova. Para a pessoa natural basta a simples afirmação de impossibilidade financeira, pois se presume sua hipossuficiência financeira até prova em contrário, que poderá ser feita pela parte contrária ou por análise do próprio juiz. Já no que diz respeito à pessoa jurídica, diferentemente, deverá provar a priori que não tem recurso para fazer frente às despesas processuais, sob pena de indeferimento.

Importantíssima a previsão contida no § 4º ao explicitar que o fato de a parte estar assistida por advogado particular não pode ser motivo apto e suficiente para impedir a concessão dos benefícios da gratuidade da justiça. Só quem milita nos fóruns da vida para saber avaliar a importância dessa previsão. Acredito que muitos magistrados vão ficar frustrados com isso, tendo em vista que não mais poderão utilizar esse falso argumento para dizer que a parte tem condições de arcar com os custos do processo, pois se assim não fosse, estaria assistido pela Defensoria Pública.

Por exemplar e oportuno, trago à baila um trecho de um voto lapidar do Des. Palma Bisson (aposentado), do Tribunal de Justiça de São Paulo, proferido em agravo de instrumento que foi manejado em face da negativa ao pedido de justiça gratuita. Em resumo: o peticionário era um menino menor, filho de um marceneiro vitimado de morte em atropelamento, que residia em conjunto habitacional da periferia de Marília (SP). O menino, representado pela sua mãe, veio postular em juízo através de patrono particular, uma pensão mensal e vitalícia de um salário mínimo e indenização por dano moral. O magistrado de primeiro grau indeferiu o pedido de gratuidade alegando que o menino não provou que era pobre e por não ter peticionado por intermédio de advogado integrante do convênio OAB/PGE. O relator diz, em determinado trecho de seu voto: "faz jus aos benefícios da gratuidade de Justiça menino filho de marceneiro morto depois de atropelado na volta a pé do trabalho e que habitava castelo só de nome na periferia, sinais de evidente pobreza reforçado pelo fato de estar pedindo aquele uma pensão de comer, de apenas um salário mínimo, assim demonstrando, para quem quer e consegue ver nas aplainadas entrelinhas da sua vida, que o que nela tem de sobra é a fome não saciada dos pobres – a circunstância de estar a parte pobre contando com defensor particular, longe de constituir um sinal de riqueza capaz de abalar os de evidente pobreza, antes revela um gesto de pureza do causídico; ademais, onde está escrito que pobre que se preza deve procurar somente os advogados dos pobres para defendê-lo? Quiçá no livro grosso dos preconceitos... – recurso provido".[11]

Cabe ainda anotar que no caso da parte beneficiaria da justiça gratuita estiver assistida por advogado particular e for ganhadora da ação, mas o advogado não se contentar com o valor dos honorários sucumbenciais fixados na sentença, o eventual recurso a ser interposto somente com base neste particular estará sujeito a preparo, exceto se o patrono da parte requerer e provar que também faz jus aos benefícios da gratuidade.

Importante consignar que o § 6º do artigo em comento, faz com que o benefício da gratuidade de justiça seja um direito de caráter personalíssimo, de sorte a afirmar que concedido tal benefício à parte, o mesmo não será estendido automaticamente ao litisconsorte ou ao sucessor do beneficiário. Não quer com isso dizer que o litisconsorte ou o sucessor não possam também se beneficiar de tal instituto. O que a lei deixa claro é que tal direito não se transfere automaticamente, mas pode ser concedido a estes intervenientes se requererem e preencherem os requisitos legais.

Por fim, o § 7º estatui que se o benefício for requerido no recurso contra eventual sentença, o recorrente estará dispensado de comprovar o recolhimento prévio do preparo, incumbindo ao relator, neste caso, apreciar o requerimento e, se indeferi-lo, fixar prazo para realização do recolhimento.

> **Art. 100.** Deferido o pedido, a parte contrária poderá oferecer impugnação na contestação, na réplica, nas contrarrazões de recurso ou, nos casos de pedido superveniente ou formulado por terceiro, por meio de petição simples, a ser apresentada no prazo de 15 (quinze) dias, nos autos do próprio processo, sem suspensão de seu curso.
>
> **Parágrafo único.** Revogado o benefício, a parte arcará com as despesas processuais que tiver deixado de adiantar e pagará, em caso de má-fé, até o décuplo de seu valor a título de multa, que será revertida em benefício da Fazenda Pública estadual ou federal e poderá ser inscrita em dívida ativa.

### COMENTÁRIOS

O contraditório com relação ao pedido de justiça gratuita só vai existir se for concedido o benefício à parte requerente. A parte contrária pode impugnar o deferimento

---

11. (TJSP, AI 0084039-57.2005.8.26.0000, Comarca de Marília, Rel. Des. Palma Bisson, 36ªCâm. Direito Privado., j. 19.01.2006, vu).

como preliminar na contestação, na réplica, nas contrarrazões de recurso. Se o pedido for superveniente ou formulado por terceiro, deverá ser impugnado por meio de petição simples, a ser apresentada no prazo de 15 (quinze) dias, nos autos do próprio processo, sem suspensão de seu curso.

No parágrafo único, o legislador fez consignar que se o benefício for revogado, a parte deverá arcará com as despesas processuais que tiver deixado de adiantar e pagará, se agiu de má-fé, até o décuplo de seu valor a título de multa, que será revertida em benefício da Fazenda Pública estadual ou federal e poderá ser inscrita em dívida ativa.

**Art. 101.** Contra a decisão que indeferir a gratuidade ou a que acolher pedido de sua revogação caberá agravo de instrumento, exceto quando a questão for resolvida na sentença, contra a qual caberá apelação.

§ 1º O recorrente estará dispensado do recolhimento de custas até decisão do relator sobre a questão, preliminarmente ao julgamento do recurso.

§ 2º Confirmada a denegação ou a revogação da gratuidade, o relator ou o órgão colegiado determinará ao recorrente o recolhimento das custas processuais, no prazo de 5 (cinco) dias, sob pena de não conhecimento do recurso.

## COMENTÁRIOS

A decisão que negar o pedido de gratuidade ou acolher o pedido de sua revogação desafia agravo de instrumento, a não ser que a questão seja resolvida na sentença quando, então, caberá apelação.

No eventual recurso, o recorrente estará dispensado do recolhimento de custas até decisão do relator sobre a questão, que deverá ocorrer preliminarmente ao julgamento do recurso.

Caso seja confirmada a denegação ou a revogação da gratuidade, deverá o relator ou o órgão colegiado determinar ao recorrente o recolhimento das custas processuais, assinalando prazo de 5 (cinco) dias para cumprimento, sob pena de não conhecimento do recurso.

**Art. 102.** Sobrevindo o trânsito em julgado de decisão que revoga a gratuidade, a parte deverá efetuar o recolhimento de todas as despesas de cujo adiantamento foi dispensada, inclusive as relativas ao recurso interposto, se houver, no prazo fixado pelo juiz, sem prejuízo de aplicação das sanções previstas em lei.

**Parágrafo único.** Não efetuado o recolhimento, o processo será extinto sem resolução de mérito, tratando-se do autor, e, nos demais casos, não poderá ser deferida a realização de nenhum ato ou diligência requerida pela parte enquanto não efetuado o depósito.

## COMENTÁRIOS

Encerrando o tópico atinente à gratuidade de justiça, o legislador fez consignar que no caso da decisão que revoga o benefício ter transitado em julgado, a parte deverá efetuar o recolhimento de todas as despesas de cujo adiantamento foi dispensada, inclusive as relativas ao recurso interposto, se houver, no prazo fixado pelo juiz, sem prejuízo de aplicação das sanções previstas em lei.

Se a parte não realizar o recolhimento no prazo assinalado, o processo será extinto sem resolução de mérito, tratando-se do autor. Nos demais casos, não poderá ser deferida a realização de nenhum ato ou diligência requerida pela parte enquanto não efetuado o depósito.

## CAPÍTULO III
## DOS PROCURADORES

**Art. 103.** A parte será representada em juízo por advogado regularmente inscrito na Ordem dos Advogados do Brasil.

**Parágrafo único.** É lícito à parte postular em causa própria quando tiver habilitação legal.

### COMENTÁRIOS

Todas as pessoas, físicas ou jurídicas, e mesmos os entes despersonalizados, têm capacidade para estar em juízo, pessoalmente ou através de quem os represente, a isto chamamos de capacidade para ser parte.

Já com relação à capacidade postulatória, via de regra, somente os advogados é que possuem. Excepcionalmente também possuem capacidade postulatória os membros do Ministério Públicos e da Defensoria Pública.

Sendo advogado, isto é, se a parte tiver habilitação legal poderá postular em nome próprio.

Os atos praticados no processo por quem não tenha habilitação serão tidos por inexistente, se a irregularidade não for sanada.

Existem algumas exceções como, por exemplo, nos Juizados Especiais Estaduais onde é permitido às partes postularem sem o patrocínio de advogado nas causas cujo valor não ultrapasse 20 salários mínimos (ver Lei 9.099/95, art. 9º). Da mesma forma nos Juizados Especiais Federais (ver Lei 10.259/01, art. 10).[12] O *jus postulandi* das partes também pode ocorrer na Justiça Trabalhista (ver CLT, art. 791) e na impetração de *habeas corpus* (ver CPP, art. 654).

---

12. O Conselho Federal da Ordem dos Advogados do Brasil, (OAB) tentou obter a declaração de inconstitucionalidade dos dois dispositivos (art. 9º da Lei 9.099/95 e do art. 10 da Lei 10.259/01), alegando que o advogado é indispensável à administração da Justiça (ver CF, art. 133), porém, o STF considerou constitucionais referidas previsões legais.

**Art. 104.** O advogado não será admitido a postular em juízo sem procuração, salvo para evitar preclusão, decadência ou prescrição, ou para praticar ato considerado urgente.

§ 1º Nas hipóteses previstas no *caput*, o advogado deverá, independentemente de caução, exibir a procuração no prazo de 15 (quinze) dias, prorrogável por igual período por despacho do juiz.

§ 2º O ato não ratificado será considerado ineficaz relativamente àquele em cujo nome foi praticado, respondendo o advogado pelas despesas e por perdas e danos.

## COMENTÁRIOS

A procuração é o instrumento que comprova o mandato e que autoriza ao advogado representar a parte em juízo (ver CC, art. 653). Quer dizer, sem mandato, o advogado não será admitido em juízo, salvo nas exceções legais.

O CPC deixa claro que o advogado pode postular em juízo sem procuração, quando necessário sua atuação para evitar preclusão, além da decadência ou prescrição, ou para praticar ato considerado urgente. Contudo, deverá o advogado regularizar a representação processual, independentemente de caução, no prazo de 15 (quinze) dias, prorrogável por igual período por despacho do juiz.

Não sanada a irregularidade, o ato será considerado ineficaz relativamente àquele em cujo nome foi praticado, respondendo o advogado pelas despesas e por perdas e danos.

**Art. 105.** A procuração geral para o foro, outorgada por instrumento público ou particular assinado pela parte, habilita o advogado a praticar todos os atos do processo, exceto receber citação, confessar, reconhecer a procedência do pedido, transigir, desistir, renunciar ao direito sobre o qual se funda a ação, receber, dar quitação, firmar compromisso e assinar declaração de hipossuficiência econômica, que devem constar de cláusula específica.

§ 1º A procuração pode ser assinada digitalmente, na forma da lei.

§ 2º A procuração deverá conter o nome do advogado, seu número de inscrição na Ordem dos Advogados do Brasil e endereço completo.

§ 3º Se o outorgado integrar sociedade de advogados, a procuração também deverá conter o nome dessa, seu número de registro na Ordem dos Advogados do Brasil e endereço completo.

§ 4º Salvo disposição expressa em sentido contrário constante do próprio instrumento, a procuração outorgada na fase de conhecimento é eficaz para todas as fases do processo, inclusive para o cumprimento de sentença.

## COMENTÁRIOS

A procuração geral para o foro é a chamada procuração *ad judicia* que pode ser outorgado por instrumento público ou particular. Se for conferida por instrumento particular não há necessidade de reconhecimento de firma, mesmo para aquelas que são outorgadas com poderes especiais. Além disso, pode ser outorgada digitalmente, na forma da Lei 11.419/06.

A procuração *ad judicia* habilita o advogado para a prática de todos os atos processuais exceto receber citação, confessar, reconhecer a procedência do pedido, transigir, desistir, renunciar ao direito sobre o qual se funda a ação, receber, dar quitação, firmar compromisso e assinar declaração de hipossuficiência econômica. Para que o advogado possa praticas estes atos, a procuração deverá ter uma cláusula específica na qual a parte deixe claro que outorgou poderes especiais ao advogado.

O CPC exige, por assim dizer, que a procuração contenha, além do nome do advogado, seu número de inscrição na Ordem dos Advogados do Brasil e endereço completo (incluindo endereço eletrônico) e, se integrar sociedade de advogados, tal fato também deverá constar da procuração com o nome da sociedade, seu número de registro na Ordem dos Advogados do Brasil e endereço completo.

A disposição do § 4º faz prever que a procuração outorgada na fase de conhecimento vale para todas as demais fases do processo, até final conclusão com o cumprimento de sentença. Não valerá essa regra se no instrumento constar de maneira expressa que a procuração foi outorgada para determinada fase ou ato do processo.

**Art. 106.** Quando postular em causa própria, incumbe ao advogado:

I – declarar, na petição inicial ou na contestação, o endereço, seu número de inscrição na Ordem dos Advogados do Brasil e o nome da sociedade de advogados da qual participa, para o recebimento de intimações;

II – comunicar ao juízo qualquer mudança de endereço.

§ 1º Se o advogado descumprir o disposto no inciso I, o juiz ordenará que se supra a omissão, no prazo de 5 (cinco) dias, antes de determinar a citação do réu, sob pena de indeferimento da petição.

§ 2º Se o advogado infringir o previsto no inciso II, serão consideradas válidas as intimações enviadas por carta registrada ou meio eletrônico ao endereço constante dos autos.

## COMENTÁRIOS

É ônus do advogado, quando postular em causa própria, declarar, na petição inicial ou na contestação, conforme o caso, o seu endereço, número de inscrição na Ordem dos Advogados do Brasil e, se for o caso, o nome da sociedade de advogados da qual participa, para o recebimento de intimações. No caso de eventuais omissões, deverá o juiz, antes mesmo de determinar a citação do réu, ordenar que seja suprida a omissão, assinalando para isso o prazo de 5 (cinco) dias ao advogado. Caso não seja sanada a omissão, a petição inicial será indeferida. Embora a lei não fale das consequências no caso de contestação, entendemos que, por uma questão de lógica, seria o caso de mandar desentranhá-la e de considerar o réu revel. Se for o caso do advogado postular o ingresso nos autos como terceiro, deverá o juiz indeferir a sua pretensão.

Cabe ainda ao advogado que atua em causa própria, comunicar ao juízo qualquer mudança de seu endereço, pois se não o fizer serão consideradas válidas as intimações enviadas por carta registrada ou meio eletrônico ao endereço constante dos autos.

### Art. 107. O advogado tem direito a:

I – examinar, em cartório de fórum e secretaria de tribunal, mesmo sem procuração, autos de qualquer processo, independentemente da fase de tramitação, assegurados a obtenção de cópias e o registro de anotações, salvo na hipótese de segredo de justiça, nas quais apenas o advogado constituído terá acesso aos autos;

II – requerer, como procurador, vista dos autos de qualquer processo, pelo prazo de 5 (cinco) dias;

III – retirar os autos do cartório ou da secretaria, pelo prazo legal, sempre que neles lhe couber falar por determinação do juiz, nos casos previstos em lei.

§ 1º Ao receber os autos, o advogado assinará carga em livro ou documento próprio.

§ 2º Sendo o prazo comum às partes, os procuradores poderão retirar os autos somente em conjunto ou mediante prévio ajuste, por petição nos autos.

§ 3º Na hipótese do § 2º, é lícito ao procurador retirar os autos para obtenção de cópias, pelo prazo de 2 (duas) a 6 (seis) horas, independentemente de ajuste e sem prejuízo da continuidade do prazo.

§ 4º O procurador perderá no mesmo processo o direito a que se refere o § 3º se não devolver os autos tempestivamente, salvo se o prazo for prorrogado pelo juiz.

§ 5º O disposto no inciso I do *caput* deste artigo aplica-se integralmente a processos eletrônicos. (Incluído pela Lei 13.793, de 2019)

### COMENTÁRIOS

O artigo em questão trata das prerrogativas dos advogados e é importante esclarecer que este rol não é taxativo, tendo em vista outras prerrogativas constantes da Lei 8.906/94 e outras leis esparsas.

De toda sorte é importante o fato de que o CPC procurou deixar claro que o advogado tem direito de ter acesso irrestrito a qualquer processo, em qualquer grau de jurisdição e independentemente de ter procuração nos autos, assegurados a obtenção de cópias e o registro de anotações, salvo na hipótese de segredo de justiça, nas quais apenas o advogado constituído terá acesso aos autos.

Além disso, poderá requerer, como procurador, vista dos autos de qualquer processo, pelo prazo de 5 (cinco) dias, sempre que neles lhe couber falar por determinação do juiz, nos casos previstos em lei. Nesse caso, deverá o advogado, ao receber os autos, assinar carga em livro ou documento próprio. Nos §§ 2º e 3º o legislador disciplina a retirada dos autos em cartório quando o prazo for comum para ambas as partes. Nesse caso, há duas hipóteses: os advogados podem retirar os autos somente em conjunto ou mediante prévio ajuste, por petição nos autos; independente de acordo entre as partes, pode o advogado de qualquer das partes retirar os autos em "carga rápida", pelo prazo de até de até 6 (seis) horas, sem prejuízo da continuidade do prazo. Por fim, estabelece o § 4º que o advogado perderá o direito à "carga rápida" naquele processo se não devolver os autos tempestivamente, salvo se requerer outro prazo e o juiz tenha deferido.

Estas disposições só têm sentido de existirem porque ainda temos os processos tramitando em papel, pois em se tratando de processo eletrônico o acesso aos autos não passa por esta burocracia cartorária.

## CAPÍTULO IV
### DA SUCESSÃO DAS PARTES E DOS PROCURADORES

**Art. 108.** No curso do processo, somente é lícita a sucessão voluntária das partes nos casos expressos em lei.

### COMENTÁRIOS

Agora, o CPC trata da sucessão processual das partes e de seus procuradores, deixando claro que isso somente pode ocorrer nas hipóteses em que a lei expressamente permita.

É a lógica da estabilização do processo que não pode permitir que a parte ingresse, ou saia, do processo ao seu bel prazer. Significa dizer que depois do processo em curso, não se pode alterar os polos da relação processual, a não ser nos casos em que exista expressa autorização de lei.

**Art. 109.** A alienação da coisa ou do direito litigioso por ato entre vivos, a título particular, não altera a legitimidade das partes.

§ 1º O adquirente ou cessionário não poderá ingressar em juízo, sucedendo o alienante ou cedente, sem que o consinta a parte contrária.

§ 2º O adquirente ou cessionário poderá intervir no processo como assistente litisconsorcial do alienante ou cedente.

§ 3º Estendem-se os efeitos da sentença proferida entre as partes originárias ao adquirente ou cessionário.

### COMENTÁRIOS

Malgrado as críticas doutrinárias, o legislador fez constar que a alienação da coisa ou do direito litigioso por ato entre vivos, a título particular, não altera a legitimidade das partes.

Vamos imaginar que o autor esteja buscando reaver um imóvel de sua propriedade e ingressou com ação reivindicatória. Citado o réu, a coisa torna-se litigiosa. Se o réu vender este imóvel, continuará a responder os termos do processo, embora o imóvel já não seja mais seu.

Veja-se: quando proposta a ação, o réu era legitimado porque detinha o bem reivindicado. Agora que ele vendeu, passou a ser substituto processual porque estará em juízo em nome próprio, defendendo direito de outrem, em legitimação extraordinária. Por isso que é perfeitamente compreensível que os efeitos da sentença proferida entre as partes originárias sejam estendidos ao adquirente ou cessionário.[13]

Naturalmente, se as partes concordarem, o adquirente ou cessionário poderá ingressar em juízo, sucedendo o alienante ou cedente.

Se não for admitido como parte, ainda resta ao adquirente ou cessionário a possibilidade de intervir no processo como assistente litisconsorcial do alienante ou cedente.

**Art. 110.** Ocorrendo a morte de qualquer das partes, dar-se-á a sucessão pelo seu espólio ou pelos seus sucessores, observado o disposto no art. 313, §§ 1º e 2º.

## COMENTÁRIOS

Agora o CPC trata da sucessão processual *causa mortis* em que o espólio (ente sem personalidade jurídica) ou os herdeiros (a título singular ou universal), conforme seja o caso, assumirão o processo no estágio em que estiver.

No curso do processo de inventário, o espólio é que será legitimado para sucessão processual, tanto ativa quanto passivamente. Terminado o inventário, não mais existirá o espólio, quando então serão os herdeiros que sucederão o falecido no processo em que ele era titular.

Em alguns tipos de ação a sucessão será desde logo pelos herdeiros, independentemente da existência de inventário como, por exemplo, na ação de investigação de paternidade.

Não havendo habilitação do espólio ou dos herdeiros o juiz determinará a suspensão do processo e mandará intimar o espólio, o sucessor ou os herdeiros, conforme seja o caso (ver CPC, art. 313, §§ 1º e 2º).

Cumpre esclarecer que no passado havia uma discussão envolvendo a transmissibilidade (ou não) do direito de ação de indenização por danos morais, tendo em vista ser direito personalíssimo. Porém essa discussão resta hoje sepultada em face da súmula 642/STJ, que possui a seguinte redação: "O direito à indenização por danos morais transmite-se com o falecimento do titular, possuindo os herdeiros da vítima legitimidade ativa para ajuizar ou prosseguir a ação indenizatória".

---

13. Marcus Vinicius Rios Gonçalves. *Novo curso de direito processual civil*, p. 147.

# CÓDIGO DE PROCESSO CIVIL COMENTADO • LEI 13.105, DE 16 DE MARÇO DE 2015 — ART. 112

**Art. 111.** A parte que revogar o mandato outorgado a seu advogado constituirá, no mesmo ato, outro que assuma o patrocínio da causa.

**Parágrafo único.** Não sendo constituído novo procurador no prazo de 15 (quinze) dias, observar-se-á o disposto no art. 76.

## COMENTÁRIOS

Neste artigo o CPC trata da substituição do advogado quando a parte revogar o mandato anteriormente outorgado, dizendo que no mesmo ato, deverá constituir novo advogado que assumirá o patrocínio da causa.

Prever o legislador que não sendo constituído novo procurador no prazo de 15 (quinze) dias, o juiz poderá extinguir o processo se a falha for do autor; declarará a revelia, se o faltante for o réu; ou ainda, reconhecerá a revelia ou excluirá do processo o terceiro, se competia a ele essa providência (ver Novo CPC, art. 76, I, II e III).

**Art. 112.** O advogado poderá renunciar ao mandato a qualquer tempo, provando, na forma prevista neste Código, que comunicou a renúncia ao mandante, a fim de que este nomeie sucessor.

§ 1º Durante os 10 (dez) dias seguintes, o advogado continuará a representar o mandante, desde que necessário para lhe evitar prejuízo

§ 2º Dispensa-se a comunicação referida no *caput* quando a procuração tiver sido outorgada a vários advogados e a parte continuar representada por outro, apesar da renúncia.

## COMENTÁRIOS

O advogado poderá renunciar ao mandato a qualquer tempo sem a necessidade de anuência da parte, porém deverá provar nos autos que comunicou a renúncia ao seu cliente, como forma de lhe oportunizar a nomeação de novo advogado. Essa notificação deve se dar por vias extrajudiciais.

Renunciando ao mandato, o advogado renunciante deverá ainda continuar representando seu cliente, pelo prazo de 10 (dez) dias, como forma de evitar qualquer espécie de prejuízos para a parte. Esse prazo deve ser contado da efetiva notificação do cliente, razão porque é importante que ela seja feita por cartório ou por carta com aviso de recebimento.

Advirta-se que a renúncia é ato unilateral de vontade do advogado, logo não se submete a vênia judicial. A notícia dada ao juízo presta-se tão somente para que cessem as intimações dirigidas ao renunciante uma vez vencido aquele prazo de 10 (dez) dias.

O CPC prevê a desnecessidade de comunicação quando apenas um dos advogados renunciar e a procuração tiver sido outorgada a vários outros advogados, tendo em vista que a renúncia de um não impedirá a defesa da parte, que continuará representada pelos demais, apesar daquela renúncia.

# TÍTULO II
## DO LITISCONSÓRCIO

**Art. 113.** Duas ou mais pessoas podem litigar, no mesmo processo, em conjunto, ativa ou passivamente, quando:

I – entre elas houver comunhão de direitos ou de obrigações relativamente à lide;

II – entre as causas houver conexão pelo pedido ou pela causa de pedir;

III – ocorrer afinidade de questões por ponto comum de fato ou de direito.

§ 1º O juiz poderá limitar o litisconsórcio facultativo quanto ao número de litigantes na fase de conhecimento, na liquidação de sentença ou na execução, quando este comprometer a rápida solução do litígio ou dificultar a defesa ou o cumprimento da sentença.

§ 2º O requerimento de limitação interrompe o prazo para manifestação ou resposta, que recomeçará da intimação da decisão que o solucionar.

### COMENTÁRIOS

Haverá litisconsórcio quando duas ou mais pessoas litigarem, no mesmo processo, em conjunto, tanto ativa quanto passivamente, quando entre elas houver comunhão de direitos ou de obrigações relativamente à lide; ou, entre as causas houver conexão pelo pedido ou pela causa de pedir; ou ainda, quando ocorrer afinidade de questões por ponto comum de fato ou de direito.

Este é o chamado litisconsórcio facultativo, perfeitamente possível de ser formado entre as pessoas se houver entre elas legitimação *ad causam*.

Estabelece o § 1º que o juiz poderá limitar o litisconsórcio facultativo quanto ao número de litigantes na fase de conhecimento, na liquidação de sentença ou na execução, quando entender que a manutenção do litisconsórcio pode comprometer a rápida solução do litígio ou dificultar a defesa ou o cumprimento da sentença.

Estabelece ainda o CPC que o requerimento de limitação interrompe o prazo para manifestação ou resposta, que recomeçará da intimação da decisão que o solucionar.

**Art. 114.** O litisconsórcio será necessário por disposição de lei ou quando, pela natureza da relação jurídica controvertida, a eficácia da sentença depender da citação de todos que devam ser litisconsortes.

### COMENTÁRIOS

Aqui o legislador procurou conceituar o litisconsórcio necessário, deixando para o art. 116 a explicitação do litisconsórcio unitário.

Assim, O litisconsórcio será necessário quando houver lei que expressamente determine a sua formação, ou quando, a natureza jurídica da relação controvertida imponha ao juiz um modo uniforme de decidir a causa que, nesse caso, irá atingir a todos.

No primeiro caso a questão é da fácil compreensão, pois basta atentar para o que a lei determina como, por exemplo, no caso de ação real imobiliária contra pessoas casadas em que a lei determina que o casal seja citado para os termos da ação (ver CPC, art. 73). No segundo caso, a questão é mais complexa porque caberá fazer uma análise se a questão versada na ação a ser proposta recai sobre uma relação jurídica una, isto é, numa relação jurídica que não possa ser divisível como, por exemplo, a propositura de uma ação visando a anulação de um contrato que foi firmado por duas pessoas, pois se o contrato for anulado para uma, também será para a outra.

**Art. 115.** A sentença de mérito, quando proferida sem a integração do contraditório, será:

I – nula, se a decisão deveria ser uniforme em relação a todos que deveriam ter integrado o processo;

II – ineficaz, nos outros casos, apenas para os que não foram citados.

**Parágrafo único.** Nos casos de litisconsórcio passivo necessário, o juiz determinará ao autor que requeira a citação de todos que devam ser litisconsortes, dentro do prazo que assinar, sob pena de extinção do processo.

### COMENTÁRIOS

Agora o CPC estabelece quais são as consequências para as sentenças de mérito, proferidas sem a integração do contraditório, dizendo que ela será nula, se a decisão deveria ser uniforme em relação a todos que deveriam ter integrado o processo (litisconsórcio necessário e/ou unitário); ou, ineficaz, para todos aqueles que não foram citados e que, por conseguinte, não integraram a lide (litisconsórcio simples).

Quando for o caso de litisconsórcio passivo necessário, o juiz determinará ao autor que requeira a citação de todos que devam ser litisconsortes, dentro do prazo que assinar, sob pena de extinção do processo.

**Art. 116.** O litisconsórcio será unitário quando, pela natureza da relação jurídica, o juiz tiver de decidir o mérito de modo uniforme para todos os litisconsortes.

### COMENTÁRIOS

O litisconsórcio será unitário quando a solução do litígio tiver que ser igual para todos os integrantes e, de regra, será necessário.

Se a solução é única porque recai em algo que é incindível, e seus efeitos irão atingir tantos quantos participem da relação jurídica, podemos afirmar que, nesse caso, estaremos diante do litisconsórcio necessário e unitário.

Vamos imaginar a seguinte situação: alguém prejudicado ingressa em juízo postulando a anulação de partilha feita em inventário; todos os herdeiros beneficiados devem ser citados; se o juiz acolher a postulação e decretar a anulação de partilha, a decisão atingirá todos os interessados.

Outro exemplo muito utilizado pela doutrina é aquele em que o Ministério Público ingressa com uma ação visando a anulação de um determinado casamento. Nesse caso, ambos os cônjuges devem ser citados para os termos da ação e, a decisão final atingirá a ambos, não se podendo cogitar de uma decisão que anule o casamento para um e para o outro não.[14]

> **Art. 117.** Os litisconsortes serão considerados, em suas relações com a parte adversa, como litigantes distintos, exceto no litisconsórcio unitário, caso em que os atos e as omissões de um não prejudicarão os outros, mas os poderão beneficiar.

## COMENTÁRIOS

Pelo princípio da autonomia, cada litigante será considerado como autônomo nas suas relações com a parte contrária. Esta regra só vale para o litisconsórcio do tipo facultativo podendo, excepcionalmente, ser válido também para o litisconsórcio necessário como, por exemplo, na usucapião.

Conseguintemente, esse dispositivo não se aplica quanto o litisconsórcio for unitário.

Além disso o legislador fez consignar que os atos e as omissões de um litisconsorte não prejudicarão os outros, mas todos poderão se beneficiar. Quer dizer, beneficiar até pode, prejudicar jamais.

> **Art. 118.** Cada litisconsorte tem o direito de promover o andamento do processo, e todos devem ser intimados dos respectivos atos.

## COMENTÁRIOS

Este artigo vem em reforço da autonomia litisconsorcial, em qualquer que seja a modalidade de litisconsórcio.

---

14. Dentre vários autores, ver Costa Machado. *Código de processo civil interpretado*, p. 57.

Todos os litisconsortes têm o direito de promover os atos necessários ao andamento regular do processo, e em respeito ao princípio do contraditório, todos devem ser intimados dos atos que forem praticados.

## TÍTULO III
## DA INTERVENÇÃO DE TERCEIROS
## CAPÍTULO I
## DA ASSISTÊNCIA
## SEÇÃO I
## DISPOSIÇÕES COMUNS

**Art. 119.** Pendendo causa entre 2 (duas) ou mais pessoas, o terceiro juridicamente interessado em que a sentença seja favorável a uma delas poderá intervir no processo para assisti-la.

**Parágrafo único.** A assistência será admitida em qualquer procedimento e em todos os graus de jurisdição, recebendo o assistente o processo no estado em que se encontre.

### COMENTÁRIOS

O CPC qualifica a assistência como um incidente pelo qual alguém, tendo interesse que a demanda seja decidida de modo favorável a uma das partes litigantes, ingressa em processo já existente entre as duas partes, visando sustentar as razões de uma delas contra a outra, para prestar-lhe colaboração defendendo o próprio direito da parte assistida.

Porém, não é qualquer terceiro que pode ingressar em juízo. Para ser assistente é preciso que seja demonstrado pelo terceiro o seu interesse jurídico no resultado da causa, isto é, em que medida a decisão final poderá lhe afetar.

Esse tipo de intervenção de terceiro é cabível em qualquer procedimento e em todos os graus de jurisdição, contudo, o assistente receberá o processo no estado em que se encontre, isto é, não poderá discutir os fatos pretéritos.

**Art. 120.** Não havendo impugnação no prazo de 15 (quinze) dias, o pedido do assistente será deferido, salvo se for caso de rejeição liminar.

**Parágrafo único.** Se qualquer parte alegar que falta ao requerente interesse jurídico para intervir, o juiz decidirá o incidente, sem suspensão do processo.

### COMENTÁRIOS

A parte contrária poderá impugnar o pedido do assistente no prazo de 15 (quinze) dias. Decorrido esse prazo sem impugnação, o juiz deverá deferir o pedido, salvo se for caso de rejeição liminar.

Se as partes apresentarem impugnação ao ingresso do terceiro no processo, alegando, por exemplo, falta de interesse jurídico para intervir, o juiz decidirá o incidente, sem suspensão do processo.

Quer dizer, a impugnação não será um incidente autônomo, mas sim uma mera etapa dentro do processo já em curso que não será suspenso em face da eventual apresentação desse tipo de irresignação das partes.

A decisão que defere ou indefere o ingresso do terceiro como assistente é atacável via agravo de instrumento (ver CPC, art. 1.015, IX).

## SEÇÃO II
## DA ASSISTÊNCIA SIMPLES

**Art. 121.** O assistente simples atuará como auxiliar da parte principal, exercerá os mesmos poderes e sujeitar-se-á aos mesmos ônus processuais que o assistido.

**Parágrafo único.** Sendo revel ou, de qualquer outro modo, omisso o assistido, o assistente será considerado seu substituto processual.

### COMENTÁRIOS

O artigo em comento define o assistente simples e delimita sua área de atuação como mero auxiliar da parte principal, porém exercendo os mesmos poderes e sujeitando-se aos mesmos ônus processuais que o assistido.

Se o assistindo for considerado revel ou, se de qualquer forma ele for omisso, o assistente passará a condição de substituto processual.

Quando a lei fala em mesmos poderes ou em substituto processual está querendo dizer que o assistente poderá peticionar para requerer qualquer coisa, inclusive para impugnar os atos da parte contrária ou mesmo questionar os atos dos juízes, além de participar de audiência. Depois de aceito no processo, o assistente age como se parte fosse.

**Art. 122.** A assistência simples não obsta a que a parte principal reconheça a procedência do pedido, desista da ação, renuncie ao direito sobre o que se funda a ação ou transija sobre direitos controvertidos.

### COMENTÁRIOS

O fato do assistente simples ter sido admitido no processo não impede que a parte principal reconheça a procedência do pedido, desista da ação, renuncie ao direito sobre o que se funda a ação ou transija sobre direitos controvertidos.

Nesse caso, o processo será extinto com relação à parte, mas não será necessariamente extinto com relação ao assistente que poderá, por exemplo, recorrer da decisão.

**Art. 123.** Transitada em julgado a sentença no processo em que interveio o assistente, este não poderá, em processo posterior, discutir a justiça da decisão, salvo se alegar e provar que:

I – pelo estado em que recebeu o processo ou pelas declarações e pelos atos do assistido, foi impedido de produzir provas suscetíveis de influir na sentença;

II – desconhecia a existência de alegações ou de provas das quais o assistido, por dolo ou culpa, não se valeu.

### COMENTÁRIOS

A questão tratada no art. 123 está vinculada à eficácia da decisão proferida nos autos onde atuou o assistente que não poderá voltar a juízo, em novo processo, para rediscutir a justiça da decisão, salvo se alegar e provar que: pelo estado em que recebeu o processo ou pelas declarações e pelos atos do assistido, foi impedido de produzir provas suscetíveis de influir na sentença; ou, que desconhecia a existência de alegações ou de provas das quais o assistido, por dolo ou culpa, não se valeu.

### SEÇÃO III
### DA ASSISTÊNCIA LITISCONSORCIAL

**Art. 124.** Considera-se litisconsorte da parte principal o assistente sempre que a sentença influir na relação jurídica entre ele e o adversário do assistido.

### COMENTÁRIOS

Não será considerado um simples assistente aquele que possa sofrer os reflexos da decisão final que será proferida contra o assistido. Nesse caso, o assistente se equipara à própria parte, razão porque é chamado de assistente litisconsorcial.

Para entender melhor: vejamos a situação em que alguém ingressa com uma ação visando a anulação de testamento, proposta contra o testamenteiro. Nesse caso, o legatário estará legitimado a intervir no processo, como assistente litisconsorcial porque se a sentença reconhecer a procedência da ação, seu resultado irá atingirá o bem que lhe foi deixado em legado.

Veja-se que nesse tipo de assistência, o direito em apreciação é do próprio assistente, de sorte que ele não é um mero e passivo assistente, mas um assistente qualificado que sofrerá as consequências diretas do resultado da ação.

## CAPÍTULO II
## DA DENUNCIAÇÃO DA LIDE

**Art. 125.** É admissível a denunciação da lide, promovida por qualquer das partes:

I – ao alienante imediato, no processo relativo à coisa cujo domínio foi transferido ao denunciante, a fim de que possa exercer os direitos que da evicção lhe resultam;

II – àquele que estiver obrigado, por lei ou pelo contrato, a indenizar, em ação regressiva, o prejuízo de quem for vencido no processo.

§ 1º O direito regressivo será exercido por ação autônoma quando a denunciação da lide for indeferida, deixar de ser promovida ou não for permitida.

§ 2º Admite-se uma única denunciação sucessiva, promovida pelo denunciado, contra seu antecessor imediato na cadeia dominial ou quem seja responsável por indenizá-lo, não podendo o denunciado sucessivo promover nova denunciação, hipótese em que eventual direito de regresso será exercido por ação autônoma.

## COMENTÁRIOS

Interessante destacar que a denunciação da lide não é obrigatória, mas sim facultativa, tendo em vista que não haverá prejuízo para o direito regressivo que poderá ser exercido por ação autônoma se a denunciação deixar de ser promovida, assim como nos casos em que a denunciação da lide for indeferida, ou não for permitida. Vale rememorar que pela legislação anterior a denunciação era obrigatória sobe pena da perda do direito de regresso.

Admite-se, pois, a denunciação à lide ao alienante imediato, no processo relativo à coisa cujo domínio foi transferido ao denunciante, a fim de que possa exercer os direitos que da evicção lhe resultam.

Também será admitida a denunciação da lide daquele que estiver obrigado, por lei ou pelo contrato, a indenizar, em ação regressiva, o prejuízo de quem for vencido no processo como, por exemplo, a seguradora na ação de reparação de danos que, se aceitar a denunciação ou contestar o pedido do autor, poderá ser condenada direta e solidariamente junto com o segurado ao pagamento da indenização devida à vítima (nesse sentido ver Súmula 537 do STJ).

O § 2º limitou a uma única vez a denunciação sucessiva, evitando assim uma infindável cadeia sucessiva, ressalvando, porém, que o eventual prejudicado terá seu direito preservado através de ação de regresso que será exercido de maneira autônoma.

Cabe aqui um alerta: A denunciação da lide, por constituir ação regressiva, é instituto típico do processo de conhecimento, não sendo cabível no processo de execução.

# CÓDIGO DE PROCESSO CIVIL COMENTADO • LEI 13.105, DE 16 DE MARÇO DE 2015 • ART. 128

Também não é cabível nas ações que discutam relação de consumo por expressa vedação contida no art. 88 da Lei 8.078/80 (CDC)

**Art. 126.** A citação do denunciado será requerida na petição inicial, se o denunciante for autor, ou na contestação, se o denunciante for réu, devendo ser realizada na forma e nos prazos previstos no art. 131.

## COMENTÁRIOS

Sob pena de preclusão, a citação do denunciado será requerida na petição inicial, se o denunciante for autor, ou na contestação, se o denunciante for réu. Quer dizer, não realizada a denunciação na fase processual mencionada, ela não mais poderá ocorrer e o eventual prejuízo do denunciado se realizará através de ação autônoma.

O prazo a que alude o artigo em comento são aqueles do art. 131, quais sejam: 30 (trinta) dias se o denunciado residir na mesma comarca ou de 2 (dois) meses se o denunciado residir em outra comarca, seção ou subseção judiciárias, ou em lugar incerto.

O dispositivo em questão é silente, porém entendemos que o processo ficará suspenso até que o prazo para manifestação do denunciado se esgote.

Importante também destacar que o juiz pode indeferir o pedido de denunciação da lide se entender não ser caso de denunciação. Se isso ocorrer, dessa decisão pode a parte recorrer interpondo agravo de instrumento (ver CPC, art. 1.015, IX).

**Art. 127.** Feita a denunciação pelo autor, o denunciado poderá assumir a posição de litisconsorte do denunciante e acrescentar novos argumentos à petição inicial, procedendo-se em seguida à citação do réu.

## COMENTÁRIOS

Esse dispositivo explicita que na denunciação feita pelo autor, o denunciado poderá assumir a posição de litisconsorte do denunciante e aditar a petição inicial já protocolada, com novos argumentos, para só depois disso, processar-se a citação do réu. Embora a lei nada fale, entendemos que o denunciado também poderá, no prazo que lhe foi assinalado, oferecer impugnação à sua indicação, caso em que o juiz primeiro terá que decidir a questão antes de mandar citar o réu.

**Art. 128.** Feita a denunciação pelo réu:

I – se o denunciado contestar o pedido formulado pelo autor, o processo prosseguirá tendo, na ação principal, em litisconsórcio, denunciante e denunciado;

II – se o denunciado for revel, o denunciante pode deixar de prosseguir com sua defesa, eventualmente oferecida, e abster-se de recorrer, restringindo sua atuação à ação regressiva;

III – se o denunciado confessar os fatos alegados pelo autor na ação principal, o denunciante poderá prosseguir com sua defesa ou, aderindo a tal reconhecimento, pedir apenas a procedência da ação de regresso.

**Parágrafo único.** Procedente o pedido da ação principal, pode o autor, se for o caso, requerer o cumprimento da sentença também contra o denunciado, nos limites da condenação deste na ação regressiva.

## COMENTÁRIOS

Agora o *novel codex* disciplina o procedimento da denunciação quanto feita pelo réu, deixando claro logo de início que, se o denunciado contestar o pedido formulado pelo autor, denunciado e denunciante serão litisconsorte na ação principal, aplicando-lhes as regras próprias.

No caso de o denunciado não se manifestar e ocorrer a revelia, o denunciante tem duas possibilidades: pode continuar com os atos necessários a defesa do direito posto em apreciação até final solução da lide; ou quedar-se inerte e deixar o processo prosseguir, abstendo-se inclusive de recorrer, restringindo sua atuação à futura ação regressiva,

Se o denunciado confessar os fatos alegados pelo autor na ação principal, o réu/denunciante poderá prosseguir com sua defesa ou, aderir ao reconhecimento, pedindo ao juiz que reconheça procedência de seu direito na ação de regresso.

Acolhendo posição já manifestada pela jurisprudência, o parágrafo único contempla a possibilidade de o autor poder manejar o cumprimento de sentença contra o denunciado pelo réu, nos limites da condenação deste na ação regressiva.

**Art. 129.** Se o denunciante for vencido na ação principal, o juiz passará ao julgamento da denunciação da lide.

**Parágrafo único.** Se o denunciante for vencedor, a ação de denunciação não terá o seu pedido examinado, sem prejuízo da condenação do denunciante ao pagamento das verbas de sucumbência em favor do denunciado.

## COMENTÁRIOS

Como a ação e a denunciação são duas demandas conjuntas, o juiz julgará primeiro a ação principal e, se o denunciante for vencido, passará ao julgamento da denunciação da lide. Embora a ação seja única, o juiz deverá julgar primeiro a lide principal, para depois julgar a denunciação, que é secundária, numa sentença única.

Se o denunciante for vencedor, a ação de denunciação terá perdido seu objeto de sorte que seu pedido sequer será examinado, contudo, o denunciante poderá ser condenado ao pagamento das verbas de sucumbência em favor do denunciado.

# CÓDIGO DE PROCESSO CIVIL COMENTADO • LEI 13.105, DE 16 DE MARÇO DE 2015 — ART. 131

## CAPÍTULO III
## DO CHAMAMENTO AO PROCESSO

**Art. 130.** É admissível o chamamento ao processo, requerido pelo réu:

I – do afiançado, na ação em que o fiador for réu;

II – dos demais fiadores, na ação proposta contra um ou alguns deles;

III – dos demais devedores solidários, quando o credor exigir de um ou de alguns o pagamento da dívida comum.

### COMENTÁRIOS

Advirta-se por primeiro que o chamamento ao processo, somente pode ser requerido pelo réu.

Assim, é cabível o chamamento ao processo do afiançado, na ação em que o fiador foi acionado sozinho como réu. A lógica está em que o afiançado, como devedor principal, poderá ter defesa a apresentar que possa, eventualmente contrariar as alegações do autor da demanda. Ademais, o fiador-executado poderá alegar o benefício de ordem, nomeando à penhora bens do afiançado e, caso esses bens sejam insuficientes à satisfação do crédito exequendo, executar o afiançado nos próprios autos (ver CPC, art. 794).

Também é cabível o chamamento ao processo dos demais fiadores, na ação proposta contra um ou alguns deles, tendo em vista que a fiança prestada por mais de uma pessoa faz presumir que todas elas são solidárias, exceto no caso de constar expressamente o benefício de divisão (ver CC, art. 829).

Por fim, se o credor promover a ação contra um ou alguns dos devedores solidários, autoriza o Código que aqueles que foram acionados possam utilizar do chamamento ao processo para trazer aos autos os demais devedores solidários. Vale lembrar que, em se tratando de solidariedade, o credor tem direito a exigir e receber de um ou de alguns dos devedores, parcial ou totalmente, a dívida comum (ver CC, art. 275).

**Art. 131.** A citação daqueles que devam figurar em litisconsórcio passivo será requerida pelo réu na contestação e deve ser promovida no prazo de 30 (trinta) dias, sob pena de ficar sem efeito o chamamento.

**Parágrafo único.** Se o chamado residir em outra comarca, seção ou subseção judiciárias, ou em lugar incerto, o prazo será de 2 (dois) meses.

### COMENTÁRIOS

A citação daqueles que devam figurar em litisconsórcio passivo deverá ser requerida pelo réu na contestação e deverá ser promovida no prazo de 30 (trinta) dias, sob pena de ficar sem efeito o chamamento.

Esse prazo será de 2 (dois) meses, se o chamado residir em outra comarca, seção ou subseção judiciárias, ou em lugar incerto.

Embora o artigo em comento nada fale, é de se depreender que o processo ficará suspenso até que se realize as diligências de citação do chamado para vir integrar o processo na condição de litisconsorte passivo.

> **Art. 132.** A sentença de procedência valerá como título executivo em favor do réu que satisfizer a dívida, a fim de que possa exigi-la, por inteiro, do devedor principal, ou, de cada um dos codevedores, a sua quota, na proporção que lhes tocar.

## COMENTÁRIOS

O legislador preservou o direito do réu que satisfizer a dívida cobrada judicialmente, outorgando-lhe título executivo a fim de que possa exigi-la, por inteiro, do devedor principal, ou proporcional, a participação de cada um dos codevedores.

Vale lembrar que, quando há solidariedade, o autor pode exigir de qualquer um dos devedores a totalidade do débito reconhecido judicialmente. Se isso ocorrer, aquele que quitar o débito tem o direito de se voltar contra os demais devedores, regra essa que sai reforçada com a previsão contida no presente artigo.

## CAPÍTULO IV
### DO INCIDENTE DE DESCONSIDERAÇÃO DA PERSONALIDADE JURÍDICA

> **Art. 133.** O incidente de desconsideração da personalidade jurídica será instaurado a pedido da parte ou do Ministério Público, quando lhe couber intervir no processo.
>
> § 1º O pedido de desconsideração da personalidade jurídica observará os pressupostos previstos em lei.
>
> § 2º Aplica-se o disposto neste Capítulo à hipótese de desconsideração inversa da personalidade jurídica.

## COMENTÁRIOS

A desconsideração da personalidade jurídica empresária, também chamada de *disregard doctrine*, embora tenha surgido na Inglaterra ganhou maior realce no direito americano com o intuito de obstar a fraude e o abuso de direito e, como construção doutrinária passou a existir entre nós após a segunda metade do século passado, estando hoje positivado no nosso ordenamento jurídico, tanto no Código Civil (Lei 10.406/2002, ver art. 50), quanto no Código de Defesa do Consumidor (Lei 8.078/1990, ver art. 28), além de outras legislações, tais como: Código Tributário Nacional (Lei 5.172/66), que em seu artigo 135, já contemplava a hipótese da desconsideração, porém limitada aos casos que envolvessem excesso de poderes, infração de lei ou do contrato social. Também na Lei das S/A (Lei 6.404/76) que em seu artigo 158 responsabiliza o administrador por culpa, dolo ou violação de lei ou do estatuto; também está presente na Lei 8.884/94, que dispõe sobre a prevenção e a repressão às infrações contra a ordem econômica; bem como na Lei 9.605/98 que disciplina a responsabilidade por lesões ao meio ambiente, dentre outras.

Para a exata compreensão da importância do instituto, temos que rememorar que o Código Civil de 1916 limitava a responsabilidade dos sócios pelos atos praticados em nome da pessoa jurídica (art. 20). Ademais, a Lei das Sociedades por Quotas de Responsabilidade Limitada (Decreto 3708/19), limitou a responsabilidade dos sócios ao total do valor subscrito do capital social, ainda não integralizado. Isto permitiu que muitas fraudes fossem cometidas por empresários inescrupulosos que se escondiam sob o biombo da sociedade empresária, enriqueciam às custas de terceiros e depois, simplesmente "fechavam" a empresa deixando os credores literalmente a "ver navios".

O Código Civil de 2002 adotou como regra, para desconsiderar a personalidade jurídica da sociedade empresária, aquilo que a doutrina chama de "Teoria Maior da Desconsideração da Personalidade Jurídica". Pela "Teoria Maior" seria exigido a demonstração de gestão fraudulenta ou abusiva por parte dos sócios ou gerentes para que se caracterizasse a necessidade da desconsideração. Esta teoria é mais consistente e dotada de maior abstração, o que daria maior segurança aos empreendedores em geral.

Já o Código de Defesa do Consumidor adotou uma segunda vertente, que chamamos de "Teoria Menor", pela qual não se exige maiores perquirições bastando tão somente a demonstração de que o patrimônio da empresa aparenta ser insuficiente para adimplir a execução. Quer dizer, esta segunda teoria se contenta com a demonstração de inexistência de bens da sociedade capaz e suficiente de honrar o crédito eventualmente pleiteado, de tal sorte a depreender que a fraude ou o abuso de direito são presumidos.[15]

O CPC/2015 vem disciplinar a aplicação deste instituto, que até então não tinha um procedimento normatizado, dizendo que ele será tratado como um 'incidente', quando não for requerido na petição inicial. Por incidente processual deve ser entendido como algo a ser processado, paralelamente a um determinado processo em andamento que, não cria nenhuma relação jurídica nova, mas pode influenciar o resultado final da demanda principal.

Sendo o incidente de desconsideração um acessório, deverá ser decidido pelo juiz antes do julgamento final da causa em questão.

---

15. Para uma melhor compreensão do tema sugerimos a leitura da obra de Fábio Ulhoa Coelho, *Curso de direito comercial*, especialmente às páginas 35-46.

Ademais, o incidente não poderá ser instaurado de ofício pelo juiz dependendo sempre de provocação da parte ou do Ministério Público quando lhe cabe intervir no feito.

É importante registrar que o legislador fez questão de consignar que na aplicação do incidente da desconsideração, serão observados os pressupostos previstos em lei. Significa dizer que paralelamente ao estatuto processual, a parte deverá utilizar como fundamento para pedir o previsto na lei material. Salutar que o CPC tenha trazido expressa previsão quanto a desconsideração inversa da personalidade jurídica. Nesse caso, quem age fraudulentamente não é a empresa, mas o seu sócio ou outra empresa integrante do grupo. Com a desconsideração inversa torna-se possível atingir os bens da sociedade empresária para quitação de débitos inadimplidos por seu sócio, administrador ou de outras empresas. Essa tese doutrinária já vinha sendo acolhida pela jurisprudência dos nossos tribunais, mas agora ganha força de lei.[16]

Recentemente o legislador ordinário modificou a redação do art. 50 do Código Civil para melhor definir e delimitar o alcance do incidente da desconsideração da personalidade jurídica.[17]

Sendo assim, fez constar expressamente que as obrigações da empresa podem ser estendidas aos bens particulares de administradores ou de sócios da pessoa jurídica, desde que fique provado que eles foram beneficiados direta ou indiretamente pelo abuso cometido.

---

16. Para entender melhor o instituto da desconsideração inversa da personalidade jurídica sugerimos a leitura do acórdão da relatoria do Des. Pereira Calças, do Tribunal de Justiça de São Paulo que, brilhantemente tratou da questão, AI 9016597-13.2008.8.26.0000. Disponível no site do TJSP: https://esaj.tjsp.jus.br/cjsg/getArquivo.do?cdAcordao=3373942&cdForo=0&vlCaptcha=aebdd.

17. CC, Art. 50. Em caso de abuso da personalidade jurídica, caracterizado pelo desvio de finalidade ou pela confusão patrimonial, pode o juiz, a requerimento da parte, ou do Ministério Público quando lhe couber intervir no processo, desconsiderá-la para que os efeitos de certas e determinadas relações de obrigações sejam estendidos aos bens particulares de administradores ou de sócios da pessoa jurídica beneficiados direta ou indiretamente pelo abuso. (Redação dada pela Lei nº 13.874, de 2019)

§ 1º Para os fins do disposto neste artigo, desvio de finalidade é a utilização da pessoa jurídica com o propósito de lesar credores e para a prática de atos ilícitos de qualquer natureza. (Incluído pela Lei nº 13.874, de 2019)

§ 2º Entende-se por confusão patrimonial a ausência de separação de fato entre os patrimônios, caracterizada por: (Incluído pela Lei nº 13.874, de 2019)

I – cumprimento repetitivo pela sociedade de obrigações do sócio ou do administrador ou vice-versa; (Incluído pela Lei nº 13.874, de 2019)

II – transferência de ativos ou de passivos sem efetivas contraprestações, exceto os de valor proporcionalmente insignificante; e (Incluído pela Lei nº 13.874, de 2019)

III – outros atos de descumprimento da autonomia patrimonial. (Incluído pela Lei nº 13.874, de 2019)

§ 3º O disposto no caput e nos §§ 1º e 2º deste artigo também se aplica à extensão das obrigações de sócios ou de administradores à pessoa jurídica. (Incluído pela Lei nº 13.874, de 2019)

§ 4º A mera existência de grupo econômico sem a presença dos requisitos de que trata o caput deste artigo não autoriza a desconsideração da personalidade da pessoa jurídica. (Incluído pela Lei nº 13.874, de 2019)

§ 5º Não constitui desvio de finalidade a mera expansão ou a alteração da finalidade original da atividade econômica específica da pessoa jurídica. (Incluído pela Lei nº 13.874, de 2019)

# CÓDIGO DE PROCESSO CIVIL COMENTADO • LEI 13.105, DE 16 DE MARÇO DE 2015 — ART. 134

Essa alteração é importante porque pela redação original que constava no Código Civil os efeitos da desconsideração poderiam atingir todos os sócios ou administradores da sociedade indistintamente. Pelo novo texto somente os sócios e administradores que tenham se beneficiado, direta ou indiretamente, é que deverão ser responsabilizados.

Além disso, procurou definir o que seja desvio de finalidade deixando consignado que seria a utilização da pessoa jurídica com o propósito de lesar credores e para a prática de atos ilícitos de qualquer natureza (ver CC, art. 50, § 1º).

Ademais, definiu também o que possa vir a ser o chamado desvio de finalidade esclarecendo que isso poderá ocorrer com a utilização da pessoa jurídica com o propósito de lesar credores e para a prática de atos ilícitos de qualquer natureza (ver CC, art. 50, § 2º e seus incisos).

Embora já constasse do art. 133 do CPC, é muito importante que a Lei nº 13.874 tenha incluindo expressa previsão no art. 50 do Código Civil quanto a "desconsideração inversa" da personalidade jurídica por que nesse caso, quem age fraudulentamente não é a empresa, mas o seu sócio ou outra empresa integrante do grupo.[18]

> **Art. 134.** O incidente de desconsideração é cabível em todas as fases do processo de conhecimento, no cumprimento de sentença e na execução fundada em título executivo extrajudicial.
>
> § 1º A instauração do incidente será imediatamente comunicada ao distribuidor para as anotações devidas.
>
> § 2º Dispensa-se a instauração do incidente se a desconsideração da personalidade jurídica for requerida na petição inicial, hipótese em que será citado o sócio ou a pessoa jurídica.
>
> § 3º A instauração do incidente suspenderá o processo, salvo na hipótese do § 2º.
>
> § 4º O requerimento deve demonstrar o preenchimento dos pressupostos legais específicos para desconsideração da personalidade jurídica.

## COMENTÁRIOS

O artigo em comento reforça a ideia de que a desconsideração da personalidade jurídica é um incidente, "cabível em todas as fases do processo de conhecimento, no cumprimento de sentença e também na execução fundada em título executivo extrajudicial".

Instaurado o incidente diz o estatuto processual que o fato deverá ser imediatamente comunicado ao distribuidor para as devidas anotações e, o processo principal ficará suspenso até final decisão.

---

18. MELO, Nehemias Domingos de. *Lição de Direito Civil* – pessoas e bens, 6ª. ed. Indaiatuba: Foco, 2025, p. 96, v. 1.

De outro lado, dispensa-se a instauração do incidente se o pedido de desconsideração for realizado na petição inicial, caso em que, o sócio ou a pessoa jurídica será citada para integrar a lide. Nesse caso, o sócio ou a pessoa jurídica terá garantido o direito à ampla defesa e ao contraditório, pois integrarão o polo passivo da demanda.

O parágrafo 4º reforça o que já consta do art. 133 de que o requerimento deverá demonstrar que o pedido preenche todos os pressupostos legais específicos para desconsideração da personalidade jurídica, previsto na lei material.

> **Art. 135.** Instaurado o incidente, o sócio ou a pessoa jurídica será citado para manifestar-se e requerer as provas cabíveis no prazo de 15 (quinze) dias.

### COMENTÁRIOS

A lei exige a citação do sócio ou da pessoa jurídica para que se manifeste no prazo de 15 (quinze) dias sobre o incidente, requerendo, se for o caso, as provas que entenda cabíveis.

Embora esta disposição tenha o significado de oferecer segurança jurídica e garantir o contraditório e a ampla defesa daquele que será atingido com a medida, é evidente que colabora para o insucesso do instituto na exata medida em que a exigência de citação pessoal, especialmente do sócio, certamente dificultará o regular andamento do feito.

Hoje a aplicação do instituto se processa de forma célere e sua efetividade é bastante elogiada. Com a nova sistemática, ganha-se em segurança jurídica e perde-se em celeridade. Basta o sócio se esconder para não receber a citação e já teremos um grande problema para resolver.

Da forma como o legislador disciplinou a matéria constatamos que a desconsideração da personalidade jurídica sem conhecimento da parte que será atingida, é exceção. Quer dizer, não está proibida a desconsideração sem a oitiva do sócio ou da empresa, podendo o juiz concedê-la nos casos em que seja demonstrado a sua necessidade cautelarmente, quando se mostre necessário para assegurar o resultado útil do processo, postergando o contraditório para a fase posterior à concessão. Mais vale frisar que isto será exceção, pois a regra é que a parte seja citada para manifestação prévia, isto é, antes da concessão da medida.

A mudança de procedimento é significativa, pois anteriormente ao atual CPC, primeiro promovia-se a desconsideração, apreendia-se os bens eventualmente existentes e depois é que o sócio ou a empresa apresentava sua defesa. Pela nova sistemática, antes de qualquer coisa o sócio ou a empresa deverá ser citado para apresentar defesa, antes da concessão da medida e da apreensão de seus bens.

Advirta-se ainda que, caso seja concedida a desconsideração da personalidade liminarmente caberá à parte prejudicada interpor embargos de terceiros (ver CPC, art. 674, III).

# CÓDIGO DE PROCESSO CIVIL COMENTADO • LEI 13.105, DE 16 DE MARÇO DE 2015

**Art. 136.** Concluída a instrução, se necessária, o incidente será resolvido por decisão interlocutória.

**Parágrafo único.** Se a decisão for proferida pelo relator, cabe agravo interno.

## COMENTÁRIOS

Ao consignar que após a instrução o incidente será resolvido por decisão interlocutória, fica claro que qualquer irresignação contra o *decisium* deverá ser manifestada via agrado de instrumento (ver CPC, art. 1015, IV). Se a decisão for proferida pelo relator no Tribunal, deverá ser atacada via agravo interno, por expressa determinação do artigo em comento.

Andou bem o legislador ao positivar aquilo que já era pacífico na doutrina e na jurisprudência. Assim, evitam-se decisões contraditórias e eventuais rejeição do agravo.

Cabe ainda anotar que o Superior Tribunal de Justiça (STJ) decidiu que o trânsito em julgado da decisão que indefere o pedido de desconsideração da personalidade jurídica impede que outro pedido semelhante seja apresentado no curso da mesma demanda.[19]

**Art. 137.** Acolhido o pedido de desconsideração, a alienação ou a oneração de bens, havida em fraude de execução, será ineficaz em relação ao requerente.

## COMENTÁRIOS

Ao finalizar este capítulo o legislador deixa claro que, se for acolhido o pedido de aplicação da desconsideração da personalidade jurídica, qualquer alienação ou oneração de bens, após a instauração do incidente, será ineficaz em relação ao requerente, pois isso irá caracterizar fraude de execução.

Com essa previsão legal, o juiz poderá desconsiderar a alienação realizada e mandará penhorar os bens alienados irregularmente, em consonância com o que dispõe o art. 790, VII c/c art. 792, § 3º do presente código.

## CAPÍTULO V
### DO AMICUS CURIAE

**Art. 138.** O juiz ou o relator, considerando a relevância da matéria, a especificidade do tema objeto da demanda ou a repercussão social da controvérsia, poderá, por decisão irrecorrível, de ofício ou a requerimento das partes ou de quem pretenda manifestar-se, solicitar ou admitir a participação de

---

19. (STJ – REsp: 2123732 MT 2023/0357456-6, Relator: Ministra Nancy Andrighi, Data de Julgamento: 19/03/2024, T3 – Terceira Turma, Data de Publicação: DJe 21/03/2024).

pessoa natural ou jurídica, órgão ou entidade especializada, com representatividade adequada, no prazo de 15 (quinze) dias de sua intimação.

§ 1º A intervenção de que trata o *caput* não implica alteração de competência nem autoriza a interposição de recursos, ressalvadas a oposição de embargos de declaração e a hipótese do § 3º.

§ 2º Caberá ao juiz ou ao relator, na decisão que solicitar ou admitir a intervenção, definir os poderes do *amicus curiae*.

§ 3º O *amicus curiae* pode recorrer da decisão que julgar o incidente de resolução de demandas repetitivas.

## COMENTÁRIOS

Disciplinando a intervenção do *amicus curiae*, diz o CPC que o juiz ou o relator, considerando a relevância da matéria, a especificidade do tema objeto da demanda ou a repercussão social da controvérsia, poderá, por decisão irrecorrível, de ofício ou a requerimento das partes ou de quem pretenda manifestar-se, solicitar ou admitir a participação de pessoa natural ou jurídica, órgão ou entidade especializada, com representatividade adequada, no prazo de 15 (quinze) dias de sua intimação.

Assim, a intervenção do *amicus curiae* poderá ser decidida de ofício pelo magistrado oficiante em face de pedido das partes ou mesmo dos interessados na causa. Em qualquer caso, a decisão é irrecorrível.

No pedido de intervenção o interessado, pessoa física, jurídica ou mesmo ente despersonalizado, deverá demonstrar seu interesse e provar a sua representatividade.

O eventual ingresso do *amicus curiae* não irá alterar a competência, nem permitirá que ele interponha recursos, a não ser os embargos de declaração. Excepcionalmente poderá recorrer contra a decisão que julgar o incidente de demanda repetitivas.

Por fim, tem o juiz ou o relator do processo nos tribunais, poderes para, na própria decisão que solicitar ou admitir a intervenção, definir quais são os poderes do *amicus curiae*, estabelecendo assim, limites à sua atuação. Cabe esclarecer que a expressão *amicus curiae*, de origem latina, significa "amigo da corte" ou "amigo do tribunal". Seria a pessoa ou entidade que é estranha à causa que foi proposta, mas que teria interesse na solução da lide, em razão da repercussão social do fato apreciado pelo juízo ou tribunal. O instituto do *amicus curiae* não é novo no nosso ordenamento jurídico, mas é salutar que agora esteja disciplinado no Novo CPC o que permite o ingresso dessa figura em qualquer tipo de processo e em qualquer instância.[20]

---

20. Algumas leis federais já continham a previsão de ingresso do *amicus curiae* e como exemplo podemos citar a Lei 9.868/99 (art. 7º, § 2º), que regula a Ação Direta de Inconstitucionalidade (ADI) e a Ação Declaratória de Constitucionalidade (ADC) no processo de controle de constitucionalidade; a Lei 10.259/01 (art. 14, § 7º), que regula a uniformização de Jurisprudência no âmbito dos Juizados Especiais Federais; e, a Lei 11.417/06 (art. 3º, § 2º), que trata da edição, revisão e cancelamento das súmulas vinculantes do Supremo Tribunal Federal.

CÓDIGO DE PROCESSO CIVIL COMENTADO • LEI 13.105, DE 16 DE MARÇO DE 2015 — ART. 139

# TÍTULO IV
## DO JUIZ E DOS AUXILIARES DA JUSTIÇA
### CAPÍTULO I
#### DOS PODERES, DOS DEVERES E DA RESPONSABILIDADE DO JUIZ

**Art. 139.** O juiz dirigirá o processo conforme as disposições deste Código, incumbindo-lhe:

I – assegurar às partes igualdade de tratamento;

II – velar pela duração razoável do processo;

III – prevenir ou reprimir qualquer ato contrário à dignidade da justiça e indeferir postulações meramente protelatórias;

IV – determinar todas as medidas indutivas, coercitivas, mandamentais ou sub-rogatórias necessárias para assegurar o cumprimento de ordem judicial, inclusive nas ações que tenham por objeto prestação pecuniária;

V – promover, a qualquer tempo, a autocomposição, preferencialmente com auxílio de conciliadores e mediadores judiciais;

VI – dilatar os prazos processuais e alterar a ordem de produção dos meios de prova, adequando-os às necessidades do conflito de modo a conferir maior efetividade à tutela do direito;

VII – exercer o poder de polícia, requisitando, quando necessário, força policial, além da segurança interna dos fóruns e tribunais;

VIII – determinar, a qualquer tempo, o comparecimento pessoal das partes, para inquiri-las sobre os fatos da causa, hipótese em que não incidirá a pena de confesso;

IX – determinar o suprimento de pressupostos processuais e o saneamento de outros vícios processuais;

X – quando se deparar com diversas demandas individuais repetitivas, oficiar o Ministério Público, a Defensoria Pública e, na medida do possível, outros legitimados a que se referem o art. 5º da Lei 7.347, de 24 de julho de 1985, e o art. 82 da Lei 8.078, de 11 de setembro de 1990, para, se for o caso, promover a propositura da ação coletiva respectiva.

**Parágrafo único.** A dilação de prazos prevista no inciso VI somente pode ser determinada antes de encerrado o prazo regular.

## COMENTÁRIOS

O legislador inicia o capítulo destacando o rol de deveres-poderes do magistrado frente ao processo, cabendo destacar que tais poderes foram inseridos no CPC com o objetivo de facilitar o trabalho especialmente dos juízes. Tais inovações vieram a beneficiar os jurisdicionados, aqueles à que o sistema processual deve de fato atender.

Por primeiro cabe destacar que o magistrado deve assegurar paridade de tratamento às partes, em respeito ao princípio da isonomia (ver CPC, art. 7º), de sorte a afirmar que essa é uma das garantias fundamentais do processo.

Na linha de garantir outro princípio, o *novel* legislador inseriu o inciso II, pelo qual incumbe ao magistrado velar pela duração razoável do processo.

Cabe ainda aos magistrados, prevenir ou reprimir qualquer ato contrário à dignidade da justiça e indeferir postulações meramente protelatórias; bem como determinar todas as medidas indutivas, coercitivas, mandamentais ou sub-rogatórias necessárias para assegurar o cumprimento de ordem judicial, inclusive nas ações que tenham por objeto prestação pecuniárias.

Na linha de buscar soluções alternativas de conflito o CPC reforça o dever do magistrado em promover, a qualquer tempo, a autocomposição, preferencialmente com auxílio de conciliadores e mediadores judiciais.

Atribuindo maiores poderes ao juiz e na linha de prestigiar a teoria da carga probatória dinâmica, o legislador fez prever que o juiz pode dilatar os prazos processuais e alterar a ordem de produção dos meios de prova, adequando-os às necessidades do conflito de modo a conferir maior efetividade à tutela do direito postulado, que somente pode ser determinada antes de encerrado o prazo regular.

Compete-lhe ainda, exercer o poder de polícia, requisitando, quando necessário, força policial, além da segurança interna dos fóruns e tribunais; podendo determinar, a qualquer tempo, o comparecimento pessoal das partes, para inquiri-las sobre os fatos da causa, hipótese em que não incidirá a pena de confesso.

Já no inciso IX, o legislador fez prever a possibilidade de o juiz determinar o suprimento de pressupostos processuais e o saneamento de outros vícios processuais, reforçando o dever de cooperação das partes e do juiz, em prestigio ao princípio da precedência do julgamento do mérito e à proibição de decisão surpresa.

Por fim, cabe ao juiz toda vez que se deparar com diversas demandas individuais repetitivas oficiar o Ministério Público, a Defensoria Pública e, na medida do possível, outros legitimados para, eventualmente promoverem, se for o caso, respectiva ação coletiva.

De todos esses incisos o que tem criado mais polêmicas é o IV que acaba funcionando como uma cláusula geral para a efetivação de qualquer obrigação, através da qual o juiz pode determinar, de ofício ou a requerimento da parte, as medidas úteis e necessárias para obrigar o devedor a cumprir com sua obrigação.

Exatamente em razão desse permissivo, decisões proliferam bloqueando ou apreendendo carteiras de habilitação e passaportes, decisões estas que podemos classificar como meios executivos atípicos

O Superior Tribunal de Justiça tem entendimento de que é cabível esse tipo de medida desde que, tenha sido constatado a existência de indícios de que o devedor possua patrimônio expropriável e tais medidas tenham sido adotadas de modo subsidiário, por meio de decisão que contenha fundamentação adequada às especificidades da hipótese concreta, com observância do contraditório substancial e do postulado da proporcionalidade, conforme já deixou assentado a Ministra Nancy Andrighi.[21]

Assim também o Ministro Marco Aurélio Bellizze ao deixar assentado: "quanto ao tema de fundo, observa-se que a atual jurisprudência perfilhada pelas Turmas de Direito Privado do STJ considera, em tese, lícita e possível a adoção de medidas executivas indiretas, desde que, exauridos previamente os meios típicos de satisfação do crédito exequendo, bem como que a medida se afigure adequada, necessária e razoável para efetivar a tutela do direito do credor em face de devedor que, demonstrando possuir patrimônio apto a saldar o débito em cobrança, intente frustrar injustificadamente o processo executivo".[22]

Devido ao grande número de recursos versando sobre esse tema controverso o Superior Tribunal de Justiça (STJ), por iniciativa do Ministro Marco Buzzi, em março de 2023 afetou, para julgamento como caso repetitivo, os Recursos Especiais 1.955.539 e 1.955.574, ambos de São Paulo. Ao decidir pela afetação do tema, a Segunda Seção determinou a suspensão da tramitação de todos os processos pendentes que versem sobre o mesmo tema, em todo o território nacional, conforme estatui o artigo 1.037, inciso II, do CPC.

A questão submetida a julgamento foi cadastrada na base de dados do STJ como Tema 1137 e irá "definir se, com esteio no artigo 139, inciso IV, do Código de Processo Civil (CPC), é possível, ou não, o magistrado, observando-se a devida fundamentação, o contraditório e a proporcionalidade da medida, adotar, de modo subsidiário, meios executivos atípicos".

Não temos dúvidas em defender a medida adotada pelo Ministro Marco Buzzi, especialmente pela importância da questão submetida a julgamento e pela necessidade de segurança jurídica já que decisões as mais divergentes sobre o tema proliferam pelos nossos tribunais.

**Art. 140.** O juiz não se exime de decidir sob a alegação de lacuna ou obscuridade do ordenamento jurídico.

**Parágrafo único.** O juiz só decidirá por equidade nos casos previstos em lei.

### COMENTÁRIOS

Consagrando o princípio do *non liquet* o legislador faz prever que o juiz nunca poderá esquivar-se de sua função, mesmo quando se deparar com casos em que a lei seja omissa ou possua lacunas.

---

21. (STJ, REsp 1.894.170/RS, Rel. Ministra Nancy Andrighi, Terceira Turma, julgado em 27.10.2020, DJe 12.11.2020).

22. (STJ – REsp: 1988622 SP 2022/0059748-8, Relator: Ministro Marco Aurélio Bellizze, Data de Publicação: DJ 04.04.2022).

Quer dizer, é a proibição da "não decisão", ou seja, se diante do caso concreto o juiz não encontrar legislação especifica que possa ser aplicada ao caso *sub judice*, deverá se servir dos princípios constitucionais e dos princípios gerais de direito, das regras legais similares ou análogas e, se for o caso, valer-se da experiência do que comumente acontece no cotidiano, prestigiando os costumes.

Disposição similar já se encontrava na Lei de Introdução às Normas do Direito Brasileiro (LINDB) que em seu artigo 4º determina: "Quando a lei for omissa, o juiz decidirá o caso de acordo com a analogia, os costumes e os princípios gerais de direito".

O parágrafo único traz outra vedação ao prever que o juiz somente poderá decidir utilizando a equidade, nos casos expressamente previstos em lei.

**Art. 141.** O juiz decidirá o mérito nos limites propostos pelas partes, sendo-lhe vedado conhecer de questões não suscitadas a cujo respeito a lei exige iniciativa da parte.

## COMENTÁRIOS

O juiz está preso ao que foi pedido pelo autor na sua petição inicial sendo-lhe vedado conhecer de matérias que não foram suscitadas.

Essa previsão decorre do princípio da inércia da jurisdição, de sorte que o juiz deverá decidir a lide nos limites daquilo que foi pedido sendo-lhe vedado conceder algo diferente ou com fundamento diverso ao que foi pedido (*extra petita*), ou algo além do que foi pedido (*ultra petita*).

**Art. 142.** Convencendo-se, pelas circunstâncias, de que autor e réu se serviram do processo para praticar ato simulado ou conseguir fim vedado por lei, o juiz proferirá decisão que impeça os objetivos das partes, aplicando, de ofício, as penalidades da litigância de má-fé.

## COMENTÁRIOS

O juiz está autorizado a por fim ao processo, sempre que se convença de que as partes se serviram do processo para fins ilegais.

Além da previsão de que o juiz possa por fim ao processo, o CPC autoriza que o mesmo possa aplicar de ofício, as penalidades da litigância de má-fé.

Interessante destacar que o legislador não fala em sentença, mas sim em "decisão que impeça os objetivos das partes". Logo, de se concluir que essa decisão é interlocutória e dela não cabe recurso, por não encontrar previsão no que consta estatuído no art. 1.015 do *novel codex*.

**Art. 143.** O juiz responderá, civil e regressivamente, por perdas e danos quando:

I – no exercício de suas funções, proceder com dolo ou fraude;

II – recusar, omitir ou retardar, sem justo motivo, providência que deva ordenar de ofício ou a requerimento da parte.

**Parágrafo único.** As hipóteses previstas no inciso II somente serão verificadas depois que a parte requerer ao juiz que determine a providência e o requerimento não for apreciado no prazo de 10 (dez) dias.

### COMENTÁRIOS

O artigo em comento trata da responsabilidade civil do magistrado por perdas e danos, materiais ou morais quando, no exercício de suas funções proceder com dolo ou fraude, disposição essa que já era contida na Lei Orgânica da Magistratura Nacional (ver LC 35/79, art. 49).

Veja-se que a responsabilidade pessoal do magistrado está atrelada a que ele tenha procedido com dolo ou fraude, restando excluída a culpa.

Pode ainda o magistrado responder pessoalmente por perdas e danos por omissão quando recusar, omitir ou retardar, sem justo motivo, providência que deva ordenar de ofício ou a requerimento da parte. Essa responsabilidade somente restará configurada depois que a parte requerer ao juiz que determine a providência e o requerimento não for apreciado no prazo de 10 (dez) dias. Quer dizer, somente se o juiz instado não se pronunciar é que restará configurada a sua responsabilidade.

Essa responsabilidade do juiz que é subjetiva, não exclui a do Estado que, *in casu*, responderá objetivamente, podendo o lesado promover a ação indenizatória somente contra um ou outro, ou ainda, contra os dois.

Advirta-se ainda que, independente dessa previsão expressa no CPC, os magistrados sujeitam-se ao controle jurídico-disciplinar e podem responder administrativamente por seus atos.

### CAPÍTULO II
### DOS IMPEDIMENTOS E DA SUSPEIÇÃO

**Art. 144.** Há impedimento do juiz, sendo-lhe vedado exercer suas funções no processo:

I – em que interveio como mandatário da parte, oficiou como perito, funcionou como membro do Ministério Público ou prestou depoimento como testemunha;

II – de que conheceu em outro grau de jurisdição, tendo proferido decisão;

III – quando nele estiver postulando, como defensor público, advogado ou membro do Ministério Público, seu cônjuge ou companheiro, ou qualquer parente, consanguíneo ou afim, em linha reta ou colateral, até o terceiro grau, inclusive;

IV – quando for parte no processo ele próprio, seu cônjuge ou companheiro, ou parente, consanguíneo ou afim, em linha reta ou colateral, até o terceiro grau, inclusive;

V – quando for sócio ou membro de direção ou de administração de pessoa jurídica parte no processo;

VI – quando for herdeiro presuntivo, donatário ou empregador de qualquer das partes;

VII – em que figure como parte instituição de ensino com a qual tenha relação de emprego ou decorrente de contrato de prestação de serviços;

VIII – em que figure como parte cliente do escritório de advocacia de seu cônjuge, companheiro ou parente, consanguíneo ou afim, em linha reta ou colateral, até o terceiro grau, inclusive, mesmo que patrocinado por advogado de outro escritório;

IX – quando promover ação contra a parte ou seu advogado.

§ 1º Na hipótese do inciso III, o impedimento só se verifica quando o defensor público, o advogado ou o membro do Ministério Público já integrava o processo antes do início da atividade judicante do juiz.

§ 2º É vedada a criação de fato superveniente a fim de caracterizar impedimento do juiz.

§ 3º O impedimento previsto no inciso III também se verifica no caso de mandato conferido a membro de escritório de advocacia que tenha em seus quadros advogado que individualmente ostente a condição nele prevista, mesmo que não intervenha diretamente no processo.

## COMENTÁRIOS

Ao tratar dos impedimentos, o CPC ampliou o rol das situações em que o magistrado perde, por assim dizer, sua imparcialidade.

Embora as mudanças possam parecer simples, entendemos que são elogiáveis algumas das inovações como o fato do CPC prever a figura do companheiro, equiparando-o ao cônjuge de conformidade com a equiparação já agasalhada na nossa Constituição Federal (ver art. 226, § 3º).

Dessa forma, o juiz está impedido de participar do processo no qual seu cônjuge ou companheiros, assim como todos parentes, de qualquer origem, até o terceiro grau, estejam postulando como defensor público, advogado ou membro do Ministério Público; ou mesmo como partes ou ainda naqueles processos em que figure como parte cliente do escritório de advocacia de um dos parentes mencionados, proibição que existe mesmo que a causa esteja sendo patrocinada por advogado de outro escritório.

Também é importante a vedação de o juiz atuar nos processos em que seja parte instituição na qual ele seja sócio ou membro da direção, assim como nos processos em que instituições de ensino nas quais ela tenha exercido magistério como contratado ou como prestador de serviços.

O parágrafo segundo estabelece que é vedada a criação de fato superveniente a fim de caracterizar impedimento do juiz. E o parágrafo terceiro estabelece que o impedimento previsto no inciso III também se verifica no caso de mandato conferido a membro de escritório de advocacia que tenha em seus quadros advogado que individualmente ostente a condição nele prevista, mesmo que não intervenha diretamente no processo.

Cumpre ainda assinalar que no inciso VIII do artigo em comento o legislador fez prever expressamente que haveria impedimento para o juiz atuar em processo "em que figure como parte cliente do escritório de advocacia de seu cônjuge, companheiro ou parente, consanguíneo ou afim, em linha reta ou colateral, até o terceiro grau, inclusive, mesmo que patrocinado por advogado de outro escritório".

A medida era salutar, porém, de forma lamentável, essa disposição foi considerada inconstitucional pelo Supremo Tribunal Federal (STF) que, por maioria de votos, julgou procedente a ação direta, declarando-se a inconstitucionalidade do referido inciso, em julgamento ocorrido na Sessão Virtual realizada entre 11/08/2023 a 21/08/2023.[23]

**Art. 145.** Há suspeição do juiz:

I – amigo íntimo ou inimigo de qualquer das partes ou de seus advogados;

II – que receber presentes de pessoas que tiverem interesse na causa antes ou depois de iniciado o processo, que aconselhar alguma das partes acerca do objeto da causa ou que subministrar meios para atender às despesas do litígio;

III – quando qualquer das partes for sua credora ou devedora, de seu cônjuge ou companheiro ou de parentes destes, em linha reta até o terceiro grau, inclusive;

IV – interessado no julgamento do processo em favor de qualquer das partes.

§ 1º Poderá o juiz declarar-se suspeito por motivo de foro íntimo, sem necessidade de declarar suas razões.

§ 2º Será ilegítima a alegação de suspeição quando:

I – houver sido provocada por quem a alega;

II – a parte que a alega houver praticado ato que signifique manifesta aceitação do arguido.

---

23. (STF – ADI: 5953 DF, Relator: Min. Edson Fachin, Data de Julgamento: 22/08/2023, Tribunal Pleno, Data de Publicação: Processo Eletrônico DJe-s/n Divulg 17-10-2023, Public 18-10-2023).

## COMENTÁRIOS

A suspeição é menos grave do que o impedimento, mas mesmo assim espera-se que o magistrado que se enquadre numa das previsões legais decline, espontaneamente, de atuar em processos nos quais possa pesar a suspeita de que sua atuação não será imparcial.

O primeiro inciso contempla a hipótese de suspeição quando o juiz é amigo íntimo ou inimigo mortal de qualquer das partes. A novidade é a inclusão dos advogados das partes, o que se justifica pela experiência já vivenciada por todos aqueles que atuam nos foros da vida. Sabemos que existem muitos juízes e advogados que mantém relações de amizades ou inimizades que, certamente, podem comprometer a necessária imparcialidade do julgador, razão porque é louvável essa inovação.

Cabe registrar que o juiz poderá se declarar suspeito, sem necessidade de explicar as suas razões de foro íntimo.

Por fim, será ilegítima a alegação de suspeição quando houver sido provocada por quem a alega; ou quando, a parte que a alega houver praticado ato que signifique manifesta aceitação do arguido.

**Art. 146.** No prazo de 15 (quinze) dias, a contar do conhecimento do fato, a parte alegará o impedimento ou a suspeição, em petição específica dirigida ao juiz do processo, na qual indicará o fundamento da recusa, podendo instruí-la com documentos em que se fundar a alegação e com rol de testemunhas.

§ 1º Se reconhecer o impedimento ou a suspeição ao receber a petição, o juiz ordenará imediatamente a remessa dos autos a seu substituto legal, caso contrário, determinará a autuação em apartado da petição e, no prazo de 15 (quinze) dias, apresentará suas razões, acompanhadas de documentos e de rol de testemunhas, se houver, ordenando a remessa do incidente ao tribunal.

§ 2º Distribuído o incidente, o relator deverá declarar os seus efeitos, sendo que, se o incidente for recebido:

I – sem efeito suspensivo, o processo voltará a correr;

II – com efeito suspensivo, o processo permanecerá suspenso até o julgamento do incidente.

§ 3º Enquanto não for declarado o efeito em que é recebido o incidente ou quando este for recebido com efeito suspensivo, a tutela de urgência será requerida ao substituto legal.

§ 4º Verificando que a alegação de impedimento ou de suspeição é improcedente, o tribunal rejeitá-la-á.

§ 5º Acolhida a alegação, tratando-se de impedimento ou de manifesta suspeição, o tribunal condenará o juiz nas custas e remeterá os autos ao seu substituto legal, podendo o juiz recorrer da decisão.

# CÓDIGO DE PROCESSO CIVIL COMENTADO • LEI 13.105, DE 16 DE MARÇO DE 2015 — ART. 147

§ 6º Reconhecido o impedimento ou a suspeição, o tribunal fixará o momento a partir do qual o juiz não poderia ter atuado.

§ 7º O tribunal decretará a nulidade dos atos do juiz, se praticados quando já presente o motivo de impedimento ou de suspeição.

## COMENTÁRIOS

Espera-se que o impedimento ou a suspeição seja declarado de ofício pelo magistrado, porém, se isso não correr, compete à parte, por petição simples dirigida diretamente ao próprio juiz, no prazo de 15 (quinze) dias, a contar do conhecimento do fato, alegar o impedimento ou a suspeição, indicando quais são os fundamentos que embasam a sua motivação, instruindo o pedido com os documentos em que se fundar a alegação e com eventual rol de testemunhas.

Cumpre alertar que a alegação de impedimento ou suspeição, deve ser apresentada por "petição específica", isto é, como se fosse um incidente processual.

Apresentada a petição, tem agora o magistrado a oportunidade de se redimir do fato de não ter se declarado espontaneamente suspeito ou impedido. Se reconhecer o impedimento ou a suspeição ao receber a petição, o juiz ordenará imediatamente a remessa dos autos a seu substituto legal. Caso contrário, o processo será suspenso e o juiz determinará a autuação do incidente em apartado e, no prazo de 15 (quinze) dias, apresentará suas razões, acompanhadas de documentos e de rol de testemunhas, se houver, ordenando a remessa do incidente ao tribunal.

No tribunal, e distribuído o incidente, o relator deverá declarar os efeitos em que o recebe, sendo que, se for recebido sem efeito suspensivo, o processo voltará a correr. Em contrapartida, se for recebido no efeito suspensivo, o processo permanecerá suspenso até o julgamento final do incidente.

O legislador ainda faz prever a possibilidade de concessão de tutela de urgência pelo substituto legal do juiz, enquanto não for declarado o efeito em que o incidente será recebido ou quando este for recebido com efeito suspensivo.

Por fim, se for verificado que a alegação de impedimento ou de suspeição é improcedente, o tribunal rejeitá-la-á. De outro lado, se for acolhida a alegação, seja de impedimento ou de manifesta suspeição, o tribunal condenará o juiz nas custas e remeterá os autos ao seu substituto legal, podendo o juiz recorrer da decisão.

Em sendo reconhecido o impedimento ou a suspeição, o tribunal deverá estabelecer a partir de qual momento o juiz não poderia ter atuado, anulando os atos que ele possa ter praticado quando já estavam presentes os motivos de impedimento ou de suspeição.

**Art. 147.** Quando 2 (dois) ou mais juízes forem parentes, consanguíneos ou afins, em linha reta ou colateral, até o terceiro grau, inclusive, o primeiro que conhecer do processo impede que o outro nele atue, caso em que o segundo se escusará, remetendo os autos ao seu substituto legal.

## COMENTÁRIOS

Devemos apenas registrar que regra tem a ver com o impedimento (não com a suspeição) e deve ser estendida aos cônjuges e companheiros do magistrado.

**Art. 148.** Aplicam-se os motivos de impedimento e de suspeição:

I – ao membro do Ministério Público;

II – aos auxiliares da justiça;

III – aos demais sujeitos imparciais do processo.

§ 1º A parte interessada deverá arguir o impedimento ou a suspeição, em petição fundamentada e devidamente instruída, na primeira oportunidade em que lhe couber falar nos autos.

§ 2º O juiz mandará processar o incidente em separado e sem suspensão do processo, ouvindo o arguido no prazo de 15 (quinze) dias e facultando a produção de prova, quando necessária.

§ 3º Nos tribunais, a arguição a que se refere o § 1º será disciplinada pelo regimento interno.

§ 4º O disposto nos §§ 1º e 2º não se aplica à arguição de impedimento ou de suspeição de testemunha.

## COMENTÁRIOS

Salutar que o art. 148 tenha estendido as causas de impedimentos e de suspeição para atingir os membros do Ministério Público; os auxiliares da justiça; e, todos os demais sujeitos que devam atuar com imparcialidade no processo.

É o caso das figuras do mediador e do conciliador judicial, do perito, do intérprete e todos os demais sujeitos que possam atuar no processo, pois de todos eles o que se espera é que sejam imparciais.

Cumpre advertir que essas regras não se aplicam às testemunhas que ficam sujeitas as regras insculpidas no art. 457, §§ 2º e 3º.

Quanto ao processamento, a parte interessada deverá arguir o impedimento ou a suspeição, em petição fundamentada e devidamente instruída, na primeira oportunidade em que lhe couber falar nos autos.

Recebida a petição com a arguição de impedimento ou suspeição, o juiz mandará processar o incidente em separado e sem suspensão do processo, ouvirá o arguido no prazo de 15 (quinze) dias, facultando-lhe a oportunidade de apresentar provas, quando necessária.

Se a arguição de impedimento ou suspeição for apresentada nos tribunais, o processamento será disciplinado pelo regimento interno.

## CAPÍTULO III
## DOS AUXILIARES DA JUSTIÇA

**Art. 149.** São auxiliares da Justiça, além de outros cujas atribuições sejam determinadas pelas normas de organização judiciária, o escrivão, o chefe de secretaria, o oficial de justiça, o perito, o depositário, o administrador, o intérprete, o tradutor, o mediador, o conciliador judicial, o partidor, o distribuidor, o contabilista e o regulador de avarias.

### COMENTÁRIOS

No art. 149 o legislador relaciona aqueles auxiliares habituais de qualquer juízo e faz uma ressalva importante: "além de outras". Significa dizer que além das figuras do chefe de secretaria, do tradutor, do mediador, do conciliador, do depositário, do partidor, do distribuidor, do contabilista e do regulador de avarias outros auxiliares poderão existir.

A previsão é correta, pois deve ser entendido como auxiliar da justiça todos aqueles que, de alguma forma, colaboram com o juiz. Por isso o rol apresentado no artigo em análise é meramente exemplificativo, podendo ser incluídas nesta classificação novas figuras que atuem em auxilio ao trabalho realizado pela justiça.

### SEÇÃO I
### DO ESCRIVÃO, DO CHEFE DE SECRETARIA E DO OFICIAL DE JUSTIÇA

**Art. 150.** Em cada juízo haverá um ou mais ofícios de justiça, cujas atribuições serão determinadas pelas normas de organização judiciária.

### COMENTÁRIOS

O art. 150 versa sobre a criação de ofícios de justiça auxiliares do juiz, cujas atribuições serão determinadas pelas normas de organização judiciária de cada tribunal.

Nada a acrescentar...

**Art. 151.** Em cada comarca, seção ou subseção judiciária haverá, no mínimo, tantos oficiais de justiça quantos sejam os juízos.

### COMENTÁRIOS

Essa norma deve ser saudada como positiva, pelo menos como meta mínima a ser mantida nos juízos e cartórios: um oficial de justiça para cada juiz que atue naquela determinada seção judiciária.

Essa tarefa fica a cargo de cada seção judiciária da União, Estados e Distrito Federal.

**Art. 152.** Incumbe ao escrivão ou ao chefe de secretaria:

I – redigir, na forma legal, os ofícios, os mandados, as cartas precatórias e os demais atos que pertençam ao seu ofício;

II – efetivar as ordens judiciais, realizar citações e intimações, bem como praticar todos os demais atos que lhe forem atribuídos pelas normas de organização judiciária;

III – comparecer às audiências ou, não podendo fazê-lo, designar servidor para substituí-lo;

IV – manter sob sua guarda e responsabilidade os autos, não permitindo que saiam do cartório, exceto:

*a)* quando tenham de seguir à conclusão do juiz;

*b)* com vista a procurador, à Defensoria Pública, ao Ministério Público ou à Fazenda Pública;

*c)* quando devam ser remetidos ao contabilista ou ao partidor;

*d)* quando forem remetidos a outro juízo em razão da modificação da competência;

V – fornecer certidão de qualquer ato ou termo do processo, independentemente de despacho, observadas as disposições referentes ao segredo de justiça;

VI – praticar, de ofício, os atos meramente ordinatórios.

§ 1º O juiz titular editará ato a fim de regulamentar a atribuição prevista no inciso VI.

§ 2º No impedimento do escrivão ou chefe de secretaria, o juiz convocará substituto e, não o havendo, nomeará pessoa idônea para o ato.

## COMENTÁRIOS

Agora o CPC relaciona, por assim dizer, o rol de funções que devem ser desempenhadas pelo escrivão.

Vale lembrar que o escrivão aqui tratado é o chefe do cartório ou o chefe de secretaria, ou seja, qualquer que seja o título que se lhe atribua ele é o chefe do setor responsável por fazer com que as ordens judiciais ganhem concretude através das várias funções que o Código lhe reserva como, por exemplo, redigir os ofícios, os mandados, as cartas precatórias, realizar citações e intimações, dentre tantas outras tarefas.

**Art. 153.** O escrivão ou o chefe de secretaria atenderá, preferencialmente, à ordem cronológica de recebimento para publicação e efetivação dos pronunciamentos judiciais. (Redação dada pela Lei 13.256/2016)

§ 1º A lista de processos recebidos deverá ser disponibilizada, de forma permanente, para consulta pública.

§ 2º Estão excluídos da regra do *caput*:

I – os atos urgentes, assim reconhecidos pelo juiz no pronunciamento judicial a ser efetivado;

II – as preferências legais.

§ 3º Após elaboração de lista própria, respeitar-se-ão a ordem cronológica de recebimento entre os atos urgentes e as preferências legais.

§ 4º A parte que se considerar preterida na ordem cronológica poderá reclamar, nos próprios autos, ao juiz do processo, que requisitará informações ao servidor, a serem prestadas no prazo de 2 (dois) dias.

§ 5º Constatada a preterição, o juiz determinará o imediato cumprimento do ato e a instauração de processo administrativo disciplinar contra o servidor.

## COMENTÁRIOS

Tendo sido alterado o teor do art. 12 para dizer que os juízes deveriam atender "preferencialmente a ordem cronológica" a consequência óbvia era a alteração da redação do art. 153 para estender esse mesmo privilégio aos serventuários do juízo.

Dessa forma, descaracterizou-se a redação original para deixar ao arbítrio do escrivão ou chefe da secretaria em obedecer a ordem cronológica para a prática dos atos afeitos à sua responsabilidade.

Apesar disso os parágrafos foram mantidos de sorte que o parágrafo primeiro fixa a obrigatoriedade de existência de uma lista da ordem dos processos com garantia de acesso ao público.

Já no segundo estabelece quais atos estarão excluídos da regra os atos urgentes, assim reconhecidos pelo juiz no pronunciamento judicial a ser efetivado; e, as preferências legais.

Salutar também que o Código tenha especificado a forma de procedimento, e a maneira pela qual a parte preterida pode reclamar e a eventual punição para o servidor faltoso.

**Art. 154.** Incumbe ao oficial de justiça:

I – fazer pessoalmente citações, prisões, penhoras, arrestos e demais diligências próprias do seu ofício, sempre que possível na presença de 2 (duas) testemunhas, certificando no mandado o ocorrido, com menção ao lugar, ao dia e à hora;

II – executar as ordens do juiz a que estiver subordinado;

III – entregar o mandado em cartório após seu cumprimento;

IV – auxiliar o juiz na manutenção da ordem;

V – efetuar avaliações, quando for o caso;

VI – certificar, em mandado, proposta de autocomposição apresentada por qualquer das partes, na ocasião de realização de ato de comunicação que lhe couber.

**Parágrafo único.** Certificada a proposta de autocomposição prevista no inciso VI, o juiz ordenará a intimação da parte contrária para manifestar-se, no prazo de 5 (cinco) dias, sem prejuízo do andamento regular do processo, entendendo-se o silêncio como recusa.

### COMENTÁRIOS

O oficial de justiça é o auxiliar do juiz responsável por fazer cumprir as ordens emanadas do juízo. Ele é, por assim dizer, o garantidor de que as ordens judiciais serão cumpridas. É como se fosse a ação externa do juiz, exatamente por isso, são considerados *longa manus* do poder judiciário.

O artigo enumera as várias funções reservadas aos oficiais de justiça tais como fazer pessoalmente citações, prisões, penhoras, arrestos e demais diligências determinadas pelo juízo ao qual estiver subordinado.

Cabe destacar a novidade representada pelo inciso VI, complementado pelo parágrafo único, que atribui ao oficial de justiça a tarefa de certificar, em mandado, proposta de autocomposição apresentada por qualquer das partes, na ocasião de realização de ato de comunicação que lhe couber.

**Art. 155.** O escrivão, o chefe de secretaria e o oficial de justiça são responsáveis, civil e regressivamente, quando:

I – sem justo motivo, se recusarem a cumprir no prazo os atos impostos pela lei ou pelo juiz a que estão subordinados;

II – praticarem ato nulo com dolo ou culpa.

### COMENTÁRIOS

Agora o legislador faz prever a responsabilidade civil de todos os auxiliares da justiça, embora nomine apenas o escrivão, o chefe de secretaria e o oficial de justiça.

Assemelha-se à responsabilidade prevista neste *codex* para os magistrados (ver CPC, art. 143), que poderão responder regressivamente, mediante a comprovação de dolo ou culpa.

### SEÇÃO II
### DO PERITO

**Art. 156.** O juiz será assistido por perito quando a prova do fato depender de conhecimento técnico ou científico.

# CÓDIGO DE PROCESSO CIVIL COMENTADO • LEI 13.105, DE 16 DE MARÇO DE 2015 — ART. 156

§ 1º Os peritos serão nomeados entre os profissionais legalmente habilitados e os órgãos técnicos ou científicos devidamente inscritos em cadastro mantido pelo tribunal ao qual o juiz está vinculado.

§ 2º Para formação do cadastro, os tribunais devem realizar consulta pública, por meio de divulgação na rede mundial de computadores ou em jornais de grande circulação, além de consulta direta a universidades, a conselhos de classe, ao Ministério Público, à Defensoria Pública e à Ordem dos Advogados do Brasil, para a indicação de profissionais ou de órgãos técnicos interessados.

§ 3º Os tribunais realizarão avaliações e reavaliações periódicas para manutenção do cadastro, considerando a formação profissional, a atualização do conhecimento e a experiência dos peritos interessados.

§ 4º Para verificação de eventual impedimento ou motivo de suspeição, nos termos dos arts. 148 e 467, o órgão técnico ou científico nomeado para realização da perícia informará ao juiz os nomes e os dados de qualificação dos profissionais que participarão da atividade.

§ 5º Na localidade onde não houver inscrito no cadastro disponibilizado pelo tribunal, a nomeação do perito é de livre escolha pelo juiz e deverá recair sobre profissional ou órgão técnico ou científico comprovadamente detentor do conhecimento necessário à realização da perícia.

## COMENTÁRIOS

Vale registrar que o perito é o auxiliar técnico do juiz, responsável por avaliar a prova que exija conhecimento técnico ou científico para a sua realização. Afinal de contas, o juiz é perito em direito, não em engenharia, medicina, mecânica ou outra especialidade técnica. Por isso mesmo, quando a questão objeto da controvérsia depender de conhecimentos técnicos específicos, o juiz nomeará um *expert* na matéria para lhe auxiliar a compreender os fatos. A função a ser desempenhada pelo perito é de suma importância porque, embora o juiz não esteja vinculado ao resultado apresentado pela perícia, raramente ele diverge do laudo do seu auxiliar.

Dessa forma, justifica-se a novidade representada pela determinação de que os tribunais mantenham um cadastro atualizado dos profissionais que estão disponíveis, bem como a determinação de que a formação desse cadastro se realize de forma pública, com ampla divulgação e participação do Ministério Público, da Defensoria Pública e da Ordem dos Advogados do Brasil o que, em última análise, garante que o procedimento seja transparente.

Ademais, fez prever o CPC que os tribunais deverão fazer avaliações e reavaliações periódicas para manutenção do cadastro, considerando a formação profissional, a atualização do conhecimento e a experiência dos peritos interessados.

Em razão disso o CNJ editou a Resolução 233/2016 que dispõe sobre a criação de cadastro de profissionais e órgãos técnicos ou científicos no âmbito da Justiça de primeiro e segundo graus. Em seu artigo 3º, a referida resolução determina que os tribunais mantenham em seus sítios eletrônicos a relação de profissionais e órgãos cujos cadastros tenham sido validados.

Por fim e considerando que o perito pode ser impedido ou suspeito, tal qual o juiz, salutar é a regra insculpida no § 4º pela qual o órgão técnico ou científico nomeado para realização da perícia deverá informar ao juiz os nomes e os dados de qualificação dos profissionais que participarão da atividade.

> **Art. 157.** O perito tem o dever de cumprir o ofício no prazo que lhe designar o juiz, empregando toda sua diligência, podendo escusar-se do encargo alegando motivo legítimo.
>
> § 1º A escusa será apresentada no prazo de 15 (quinze) dias, contado da intimação, da suspeição ou do impedimento supervenientes, sob pena de renúncia ao direito a alegá-la.
>
> § 2º Será organizada lista de peritos na vara ou na secretaria, com disponibilização dos documentos exigidos para habilitação à consulta de interessados, para que a nomeação seja distribuída de modo equitativo, observadas a capacidade técnica e a área de conhecimento.

## COMENTÁRIOS

O artigo *sub oculum* define os deveres do perito, que deve cumprir o ofício no prazo que lhe designar o juiz, empregando toda sua diligência e perícia na realização da tarefa.

O CPC fixa prazo para que o perito possa manifestar sua escusa, que será de 15 (quinze) dias, contado da intimação, da suspeição ou do impedimento supervenientes, sob pena de renúncia ao direito a alegá-la. A escusa do perito deve ser entendida como a recusa motivada, isto é, a recusa com uma justificativa plausível. Equivale dizer que o perito tinha um justo motivo para recusar a tarefa que lhe foi imposta pelo juiz.

Atenção: a parte também pode recusar o perito, mas nesse caso chama-se impugnação – ver arts. 465, 467 e 468 do CPC.

> **Art. 158.** O perito que, por dolo ou culpa, prestar informações inverídicas responderá pelos prejuízos que causar à parte e ficará inabilitado para atuar em outras perícias no prazo de 2 (dois) a 5 (cinco) anos, independentemente das demais sanções previstas em lei, devendo o juiz comunicar o fato ao respectivo órgão de classe para adoção das medidas que entender cabíveis.

## COMENTÁRIOS

Neste artigo, o CPC trata da responsabilidade do perito que poderá ser penalizado se por dolo ou culpa prestar informações falsa nos processos em que atuem.

CÓDIGO DE PROCESSO CIVIL COMENTADO • LEI 13.105, DE 16 DE MARÇO DE 2015 — ART. 160

Determina ainda o artigo em comento que o magistrado oficiante no feito comunique o fato ao órgão de classe ao qual o perito pertença, para as providências administrativas cabíveis.

O Novo CPC também amplia o prazo pelo qual o perito ficará inabilitado para novas pericias que era de até 2 (dois) anos no máximo e que agora para o mínimo 2 (dois) e o máximo de 5 (cinco) anos.

## SEÇÃO III
## DO DEPOSITÁRIO E DO ADMINISTRADOR

**Art. 159.** A guarda e a conservação de bens penhorados, arrestados, sequestrados ou arrecadados serão confiadas a depositário ou a administrador, não dispondo a lei de outro modo.

### COMENTÁRIOS

Agora o CPC estabelece quais são as funções do depositário e do administrador dizendo que a eles serão confiados os bens penhorados, arrestados, sequestrados ou arrecadados.

O depositário e o administrador são também auxiliares do juízo, porém não são, via de regra, funcionários públicos. Pode ser pessoa jurídica ou qualquer pessoa do povo, às vezes até mesmo o próprio credor, que são nomeados pelo juiz para guardar determinada coisa (bens penhorados, por exemplo) ou gerir determinada empreitada (administrador de falência, por exemplo), enquanto não termina a tramitação do processo.

Importante consignar que se o nomeado for o próprio devedor, sócio ou representante de pessoa jurídica devedora, estes podem recusar o encargo tendo em vista a súmula 319 do STJ que diz: O encargo de depositário de bens penhorados pode ser expressamente recusado.

Assim, não pode o paciente, contra a sua vontade, ser obrigado a aceitar o encargo de depositário judicial.

**Art. 160.** Por seu trabalho o depositário ou o administrador perceberá remuneração que o juiz fixará levando em conta a situação dos bens, ao tempo do serviço e às dificuldades de sua execução.

**Parágrafo único.** O juiz poderá nomear um ou mais prepostos por indicação do depositário ou do administrador.

### COMENTÁRIOS

O artigo em questão trata da remuneração do depositário ou administrador tendo em vista que e muitas situações a obrigação de guardar e zelar pelo bem depositado representa um custo operacional para aquele que aceitou o encargo.

Contudo vale um alerta de que não é sempre que o administrador ou o depositário são remunerados. O depositário de bens penhorados normalmente é o próprio credor e, nesse caso, não será remunerado. O tutor ou o curador são administradores e poderão ser remunerados, ou não, dependendo dos encargos que lhe são atribuídos.

A lei permite que o juiz possa nomear um ou mais prepostos por indicação do depositário ou do administrador, para lhes auxiliar no desempenho de suas funções.

> **Art. 161.** O depositário ou o administrador responde pelos prejuízos que, por dolo ou culpa, causar à parte, perdendo a remuneração que lhe foi arbitrada, mas tem o direito a haver o que legitimamente despendeu no exercício do encargo.
>
> **Parágrafo único.** O depositário infiel responde civilmente pelos prejuízos causados, sem prejuízo de sua responsabilidade penal e da imposição de sanção por ato atentatório à dignidade da justiça.

### COMENTÁRIOS

Nenhuma novidade no artigo em comento tendo em vista a existência da regra geral em matéria de responsabilidade civil insculpida no art. 186 do nosso Código Civil. Contudo, para que dúvidas não pairem o legislador fez questão de deixar claro que o depositário ou o administrador podem ser responsabilizados pelos prejuízos que causar à parte, seja por dolo ou culpa.

A novidade que nos cumpre destacar é o que consta no parágrafo único, ao estabelecer que o depositário infiel responderá civilmente pelos prejuízos causados, além da responsabilização penal e da eventual multa por ato atentatório à dignidade da justiça.

### SEÇÃO IV
### DO INTÉRPRETE E DO TRADUTOR

> **Art. 162.** O juiz nomeará intérprete ou tradutor quando necessário para:
>
> I – traduzir documento redigido em língua estrangeira;
>
> II – verter para o português as declarações das partes e das testemunhas que não conhecerem o idioma nacional;
>
> III – realizar a interpretação simultânea dos depoimentos das partes e testemunhas com deficiência auditiva que se comuniquem por meio da Língua Brasileira de Sinais, ou equivalente, quando assim for solicitado.

### COMENTÁRIOS

Intérprete ou tradutor são aqueles auxiliares nomeados pelo juiz para traduzir os documentos e atos originalmente expressados em língua estrangeira, bem como em linguagem dos surdos-mudos.

# CÓDIGO DE PROCESSO CIVIL COMENTADO • LEI 13.105, DE 16 DE MARÇO DE 2015 ART. 165

Ambos os profissionais desempenham o papel de auxiliar da justiça nas hipóteses em que o magistrado tem necessidade de apoio técnico relacionado à comunicação e tradução de textos e línguas.

O tradutor normalmente cuida da tradução de documentos escritos, enquanto que o intérprete executa as traduções orais. Porém, existem profissionais que atuam como intérprete e tradutor.

Para a atuação na área de tradução e interpretação simples não é necessário de diploma já que não é uma profissão regulamentada pelo Ministério do Trabalho, ou seja, não há nada equivalente a OAB ou CRM e CREA, como precisam advogados, médicos e engenheiros.

**Art. 163.** Não pode ser intérprete ou tradutor quem:

I – não tiver a livre administração de seus bens;

II – for arrolado como testemunha ou atuar como perito no processo;

III – estiver inabilitado para o exercício da profissão por sentença penal condenatória, enquanto durarem seus efeitos.

## COMENTÁRIOS

Da mesma forma que há impedimento para o juiz e outros auxiliares, o intérprete e o tradutor não estão imunes a isso.

Devemos alertar que o rol contido no presente artigo não é taxativo porquanto entendemos que outras razões podem ser aventadas que impossibilitem ao interprete ou tradutor de atuar em determinado processo (ver CPC, art. 148, III).

**Art. 164.** O intérprete ou tradutor, oficial ou não, é obrigado a desempenhar seu ofício, aplicando-se-lhe o disposto nos arts. 157 e 158.

## COMENTÁRIOS

Importante esclarecer que o tradutor ou interprete oficial é aquele que prestou concurso perante a JUCESP, habilitando-se para ser tradutor público e intérprete comercial.

Aplicam aos intérpretes e aos tradutores as mesmas regras de responsabilização dos peritos.

## SEÇÃO V
### DOS CONCILIADORES E MEDIADORES JUDICIAIS

**Art. 165.** Os tribunais criarão centros judiciários de solução consensual de conflitos, responsáveis pela realização de sessões e audiências de concilia-

115

ção e mediação e pelo desenvolvimento de programas destinados a auxiliar, orientar e estimular a autocomposição.

§ 1º A composição e a organização dos centros serão definidas pelo respectivo tribunal, observadas as normas do Conselho Nacional de Justiça.

§ 2º O conciliador, que atuará preferencialmente nos casos em que não houver vínculo anterior entre as partes, poderá sugerir soluções para o litígio, sendo vedada a utilização de qualquer tipo de constrangimento ou intimidação para que as partes conciliem.

§ 3º O mediador, que atuará preferencialmente nos casos em que houver vínculo anterior entre as partes, auxiliará aos interessados a compreender as questões e os interesses em conflito, de modo que eles possam, pelo restabelecimento da comunicação, identificar, por si próprios, soluções consensuais que gerem benefícios mútuos.

## COMENTÁRIOS

O Novo CPC incorpora em seu texto duas novas figuras que passam a integrar o rol dos auxiliares da justiça: o conciliador e o mediador judicial.

Na linha de buscar soluções alternativas de conflito, a norma impõe aos tribunais a tarefa de criar os centros judiciários de solução consensual de conflitos, bem como disciplina a atuação dos conciliadores e mediadores fixando as regras básicas de funcionamento.

Assim, os tribunais deverão criar centros judiciários de solução consensual de conflitos, que serão responsáveis pela realização de sessões e audiências de conciliação e mediação e pelo desenvolvimento de programas destinados a auxiliar, orientar e estimular a autocomposição, cuja composição e organização deverão ser definidas pelo respectivo tribunal, observadas as normas expedidas pelo Conselho Nacional de Justiça (ver res. 125 do CNJ, atualizada pela Emenda 2 de 2016).

O CPC define o conciliador como sendo aquele auxiliar do juízo que irá atuar em processos nos quais as partes não tenham um vínculo jurídico anterior ao conflito e o seu papel será o de sugerir soluções conciliatórias, sem nenhuma espécie de imposição, intimidação ou constrangimento para as partes. Já o mediador será aquele que irá atuar nos casos em que já havia alguma espécie de relação entre as partes, anterior ao conflito, e procurará auxiliar os interessados a compreender as questões que motivaram o conflito de interesses, de modo que sendo neutro em relação as partes, possa buscar o restabelecimento da comunicação, e fazê-los identificar, por si próprios, a melhor soluções para o conflito.

Resumindo: conciliador será aquele que irá sugerir soluções para o litígio, procurando aproximar as partes; já o mediador se limitará a auxiliar as partes a compreender a extensão do conflito e suas razões, para que elas mesmas encontrem um ponto de equilíbrio que possa solucionar a questão.

# CÓDIGO DE PROCESSO CIVIL COMENTADO • LEI 13.105, DE 16 DE MARÇO DE 2015 — ART. 167

**Art. 166.** A conciliação e a mediação são informadas pelos princípios da independência, da imparcialidade, da autonomia da vontade, da confidencialidade, da oralidade, da informalidade e da decisão informada.

§ 1º A confidencialidade estende-se a todas as informações produzidas no curso do procedimento, cujo teor não poderá ser utilizado para fim diverso daquele previsto por expressa deliberação das partes.

§ 2º Em razão do dever de sigilo, inerente às suas funções, o conciliador e o mediador, assim como os membros de suas equipes, não poderão divulgar ou depor acerca de fatos ou elementos oriundos da conciliação ou da mediação.

§ 3º Admite-se a aplicação de técnicas negociais, com o objetivo de proporcionar ambiente favorável à autocomposição.

§ 4º A mediação e a conciliação serão regidas conforme a livre autonomia dos interessados, inclusive no que diz respeito à definição das regras procedimentais.

## COMENTÁRIOS

Independência, neutralidade, autonomia da vontade, confidencialidade, oralidade e informalidade são os princípios informativos que devem orientar a atuação dos mediadores/conciliadores.

Para que dúvidas não pairem o legislador fez questão de definir o alcance da confidencialidade estabelecendo que ela abrange todas as informações produzidas no curso do procedimento, cujo teor não poderá ser utilizado para fim diverso daquele previsto por expressa deliberação das partes. Exatamente em razão desse dever de sigilo, o conciliador e o mediador, assim como os membros de suas equipes, não poderão divulgar ou depor acerca de fatos ou elementos oriundos da conciliação ou da mediação.

Admite o CPC que sejam aplicadas à mediação e à conciliação as técnicas negociais, com o objetivo de proporcionar ambiente favorável à autocomposição.

Reforçando a ideia de que a autonomia da vontade das partes é o que deve prevalecer nessa fase processual, estabelece ainda o CPC que a mediação e a conciliação serão regidas conforme a livre autonomia dos interessados, inclusive no que diz respeito à definição das regras procedimentais.

**Art. 167.** Os conciliadores, os mediadores e as câmaras privadas de conciliação e mediação serão inscritos em cadastro nacional e em cadastro de tribunal de justiça ou de tribunal regional federal, que manterá registro de profissionais habilitados, com indicação de sua área profissional.

§ 1º Preenchendo o requisito da capacitação mínima, por meio de curso realizado por entidade credenciada, conforme parâmetro curricular definido

117

pelo Conselho Nacional de Justiça em conjunto com o Ministério da Justiça, o conciliador ou o mediador, com o respectivo certificado, poderá requerer sua inscrição no cadastro nacional e no cadastro de tribunal de justiça ou de tribunal regional federal.

§ 2º Efetivado o registro, que poderá ser precedido de concurso público, o tribunal remeterá ao diretor do foro da comarca, seção ou subseção judiciária onde atuará o conciliador ou o mediador os dados necessários para que seu nome passe a constar da respectiva lista, a ser observada na distribuição alternada e aleatória, respeitado o princípio da igualdade dentro da mesma área de atuação profissional.

§ 3º Do credenciamento das câmaras e do cadastro de conciliadores e mediadores constarão todos os dados relevantes para a sua atuação, tais como o número de processos de que participou, o sucesso ou insucesso da atividade, a matéria sobre a qual versou a controvérsia, bem como outros dados que o tribunal julgar relevantes.

§ 4º Os dados colhidos na forma do § 3º serão classificados sistematicamente pelo tribunal, que os publicará, ao menos anualmente, para conhecimento da população e para fins estatísticos e de avaliação da conciliação, da mediação, das câmaras privadas de conciliação e de mediação, dos conciliadores e dos mediadores.

§ 5º Os conciliadores e mediadores judiciais cadastrados na forma do *caput*, se advogados, estarão impedidos de exercer a advocacia nos juízos em que desempenhem suas funções.

§ 6º O tribunal poderá optar pela criação de quadro próprio de conciliadores e mediadores, a ser preenchido por concurso público de provas e títulos, observadas as disposições deste Capítulo.

## COMENTÁRIOS

De maneira detalhada, o art. 167 trata do cadastro de conciliadores, mediadores e das câmaras privadas de conciliação e mediação que serão inscritos em cadastro nacional e em cadastro de tribunal de justiça ou de tribunal regional federal, que manterá registro de profissionais habilitados, com indicação de sua área profissional.

Referido artigo trata ainda da capacitação mínima daqueles que pretendem se inscreverem para o exercício desta função que, necessariamente, terão que realizar curso, nos tribunais ou em entidades credenciadas, para só depois da obtenção do certificado poder requerer sua inscrição no cadastro nacional e no cadastro de tribunal de justiça ou de tribunal regional federal.

Disciplina ainda a lei a forma pela qual o mediador ou conciliador irá atuar; a forma de distribuição dos processos; além da coleta e divulgação de dados estatísticos.

Os conciliadores e mediadores podem ser advogados, mas nesse caso estarão impedidos de exercer a advocacia nos juízos em que desempenhem suas funções.

É interessante a previsão do § 6º. que deixa a critério de cada tribunal a opção de criar quadro próprio de conciliadores e mediadores, a ser preenchido mediante concurso público de provas e títulos.

**Art. 168.** As partes podem escolher, de comum acordo, o conciliador, o mediador ou a câmara privada de conciliação e de mediação.

§ 1º O conciliador ou mediador escolhido pelas partes poderá ou não estar cadastrado no tribunal.

§ 2º Inexistindo acordo quanto à escolha do mediador ou conciliador, haverá distribuição entre aqueles cadastrados no registro do tribunal, observada a respectiva formação.

§ 3º Sempre que recomendável, haverá a designação de mais de um mediador ou conciliador.

### COMENTÁRIOS

Em prestigio à autonomia da vontade das partes, o legislador permite que elas possam, de comum acordo, escolherem o conciliador, o mediador ou a câmara privada de conciliação e de mediação, conforme o caso.

A escolha do conciliador ou mediador, a ser promovida pelas partes de comum acordo, poderá recair em pessoa que não esteja cadastrado no tribunal. Porém, se não existir acordo, as partes se submetem à distribuição e o processo irá cair em mãos de um dos conciliadores ou mediadores previamente cadastrado no juízo ou tribunal, atentando-se para a sua especialização.

**Art. 169.** Ressalvada a hipótese do art. 167, § 6º, o conciliador e o mediador receberão pelo seu trabalho remuneração prevista em tabela fixada pelo tribunal, conforme parâmetros estabelecidos pelo Conselho Nacional de Justiça.

§ 1º A mediação e a conciliação podem ser realizadas como trabalho voluntário, observada a legislação pertinente e a regulamentação do tribunal.

§ 2º Os tribunais determinarão o percentual de audiências não remuneradas que deverão ser suportadas pelas câmaras privadas de conciliação e mediação, com o fim de atender aos processos em que deferida gratuidade da justiça, como contrapartida de seu credenciamento.

### COMENTÁRIOS

Agora o legislador trata da remuneração do conciliador ou mediador cujos valores deverão ser fixados pelo tribunal ao qual ele esteja vinculado, observados os parâmetros fixados pelo Conselho Nacional de Justiça (CNJ). Naturalmente que a remuneração aqui versada refere-se aos conciliadores e mediadores que não sejam integrantes do quadro próprio do tribunal, pois nesse caso eles serão funcionários públicos de carreira recebendo remuneração própria inerente ao cargo.

O artigo ainda autoriza que a mediação e a conciliação possam ser realizadas como trabalho voluntário.

Ainda no tocante aos mediadores e conciliadores remunerados, os tribunais deverão estabelecer um percentual de audiências não remuneradas que deverão ser suportadas pelas câmaras privadas de conciliação e mediação para atender aos processos que tramitam sob o palio da justiça gratuita. É uma espécie de contrapartida pelo que recebe em face de sua atuação regular.

> **Art. 170.** No caso de impedimento, o conciliador ou mediador o comunicará imediatamente, de preferência por meio eletrônico, e devolverá os autos ao juiz do processo ou ao coordenador do centro judiciário de solução de conflitos, devendo este realizar nova distribuição.
>
> **Parágrafo único.** Se a causa de impedimento for apurada quando já iniciado o procedimento, a atividade será interrompida, lavrando-se ata com relatório do ocorrido e solicitação de distribuição para novo conciliador ou mediador.

### COMENTÁRIOS

A previsão constante do art. 170 visa garantir imparcialidade, versando sobre os casos de impedimento do conciliador ou mediador e da forma como deverá proceder, prevendo inclusive a possibilidade de impedimento ser apurado depois de iniciado o procedimento.

Por obvio que se espera que o conciliador ou mediador que se enquadre no impedimento comunique tal fato, de preferência por meio eletrônico, e devolvam os autos ao juiz do processo ou ao coordenador do centro judiciário de solução de conflitos, devendo este realizar nova distribuição. De outro lado, se a causa de impedimento for apurada quando já iniciado o procedimento, a atividade deverá ser interrompida, lavrando-se ata com relatório da ocorrência e solicitando-se a distribuição para novo conciliador ou mediador.

Qualquer que seja o caso, o juiz do processo ou o coordenador do centro judiciário de solução de conflitos, recebendo os autos promoverá nova distribuição.

> **Art. 171.** No caso de impossibilidade temporária do exercício da função, o conciliador ou mediador informará o fato ao centro, preferencialmente por meio eletrônico, para que, durante o período em que perdurar a impossibilidade, não haja novas distribuições.

# CÓDIGO DE PROCESSO CIVIL COMENTADO • LEI 13.105, DE 16 DE MARÇO DE 2015 — ART. 173

## COMENTÁRIOS

Cuidou também o legislador de prever a eventual impossibilidade temporária do exercício da função pelo conciliador ou mediador que, neste caso, deverá informar o fato ao magistrado ou ao centro de conciliação, preferencialmente por meio eletrônico, qual o período de afastamento.

Tal providência é importante para efeito de suspensão da distribuição de novos processos.

**Art. 172.** O conciliador e o mediador ficam impedidos, pelo prazo de 1 (um) ano, contado do término da última audiência em que atuaram, de assessorar, representar ou patrocinar qualquer das partes.

## COMENTÁRIOS

O impedimento agora funciona com uma espécie de quarentena, impedindo que o conciliador ou mediador que tenha atuado em determinado processo, possa atuar em favor de qualquer das partes, seja como assessor, preposto ou mesmo procurador.

O impedimento pelo prazo de um ano deve ser contado do término da última audiência em que o conciliador ou mediador tenha atuado, assessorado, ou mesmo representaram ou patrocinaram qualquer das partes.

**Art. 173.** Será excluído do cadastro de conciliadores e mediadores aquele que:

I – agir com dolo ou culpa na condução da conciliação ou da mediação sob sua responsabilidade ou violar qualquer dos deveres decorrentes do art. 166, §§ 1º e 2º;

II – atuar em procedimento de mediação ou conciliação, apesar de impedido ou suspeito.

§ 1º Os casos previstos neste artigo serão apurados em processo administrativo.

§ 2º O juiz do processo ou o juiz coordenador do centro de conciliação e mediação, se houver, verificando atuação inadequada do mediador ou conciliador, poderá afastá-lo de suas atividades por até 180 (cento e oitenta) dias, por decisão fundamentada, informando o fato imediatamente ao tribunal para instauração do respectivo processo administrativo.

## COMENTÁRIOS

Neste artigo, o legislador fez prever a responsabilidade dos conciliadores e mediadores e a forma de exclusão de seus nomes do quadro de auxiliares do tribunal.

121

Evidentemente que qualquer punição somente se materializar-se-á depois da apuração da falta em processo administrativo onde seja garantido ao acusado o direito ao contraditório e a ampla defesa.

Contudo, existe a possibilidade de o juiz do processo ou o juiz coordenador do centro de conciliação e mediação agir de maneira preventiva, quando verificar a atuação inadequada do mediador ou conciliador, podendo afastá-lo preventivamente de suas atividades por até 180 (cento e oitenta) dias, por decisão fundamentada, informando o fato imediatamente ao tribunal para instauração do respectivo processo administrativo.

> **Art. 174.** A União, os Estados, o Distrito Federal e os Municípios criarão câmaras de mediação e conciliação, com atribuições relacionadas à solução consensual de conflitos no âmbito administrativo, tais como:
>
> I – dirimir conflitos envolvendo órgãos e entidades da administração pública;
>
> II – avaliar a admissibilidade dos pedidos de resolução de conflitos, por meio de conciliação, no âmbito da administração pública;
>
> III – promover, quando couber, a celebração de termo de ajustamento de conduta.

### COMENTÁRIOS

O Novo CPC deixa aberta a possibilidade de ser utilizada pela administração pública as regras da mediação e conciliação para solução de conflitos entre órgãos e entidades da administração pública, porém isso, só deve se materializar se houver legislação específica regulando a matéria.

O grande problema é o fato da administração não autorizar seus procuradores a transacionar direitos, nem mesmo para resolver questões na esfera extrajudicial, fato que demandará uma mudança de mentalidade.

> **Art. 175.** As disposições desta Seção não excluem outras formas de conciliação e mediação extrajudiciais vinculadas a órgãos institucionais ou realizadas por intermédio de profissionais independentes, que poderão ser regulamentadas por lei específica.
>
> **Parágrafo único.** Os dispositivos desta Seção aplicam-se, no que couber, às câmaras privadas de conciliação e mediação.

### COMENTÁRIOS

Finalizando este título, o CPC estabelece que as disposições desta Seção não excluem a possibilidade de utilização de outras formas de conciliação e mediação extrajudiciais, nela incluída a arbitragem, vinculadas a órgãos institucionais ou realizadas por intermédio de profissionais independentes, que poderão ser regulamentadas por lei específica.

CÓDIGO DE PROCESSO CIVIL COMENTADO • LEI 13.105, DE 16 DE MARÇO DE 2015 **ART. 178**

Com isso, o legislador deixa uma porta aberta para a regulação, ainda que por lei própria, de outras formas de solução alternativa de conflitos que, de qualquer forma, ficam submetidas, no que couber, ao regramento previsto neste diploma legal.

Por oportuno é importante rememorar a edição da Lei 13.140 de 26 de junho de 2015 que trata exatamente da mediação como meio de solução de controvérsias e autocomposição de conflitos.

## TÍTULO V
### DO MINISTÉRIO PÚBLICO

**Art. 176.** O Ministério Público atuará na defesa da ordem jurídica, do regime democrático e dos interesses e direitos sociais e individuais indisponíveis.

### COMENTÁRIOS

O que consta no presente artigo não é nenhuma novidade, mas a reprodução do que já consta na Constituição Federal (art. 127) que dispõe expressamente ser da competência do Ministério Público, enquanto instituição permanente e essencial à função jurisdicional do Estado, a defesa da ordem jurídica, do regime democrático e dos interesses sociais e individuais indisponíveis.

De qualquer forma, a inserção deste dispositivo no CPC se harmoniza com o previsto no seu art. 1º., reforçando a ideia de um processo civil constitucionalizado.

**Art. 177.** O Ministério Público exercerá o direito de ação em conformidade com suas atribuições constitucionais.

### COMENTÁRIOS

O art. 177 reforça o previsto no artigo anterior e, como seria óbvio, estabelece que o Ministério Público só pode exercer o direito de ação em conformidade com suas atribuições constitucionais.

**Art. 178.** O Ministério Público será intimado para, no prazo de 30 (trinta) dias, intervir como fiscal da ordem jurídica nas hipóteses previstas em lei ou na Constituição Federal e nos processos que envolvam:

I – interesse público ou social;

II – interesse de incapaz;

III – litígios coletivos pela posse de terra rural ou urbana.

**Parágrafo único.** A participação da Fazenda Pública não configura, por si só, hipótese de intervenção do Ministério Público.

123

## COMENTÁRIOS

O Ministério Público pode intervir em processos como fiscal da lei ou como parte, representante dos interesses mais elevados da sociedade.

Nos casos em que a lei determina a intervenção do Ministério Público, a ausência de intimação prevista no *caput* implica em nulidade de todos os atos praticados no processo desde o momento em que o órgão deveria ter sido chamado (ver CPC, art. 279).

Importante ressalva é feita no parágrafo único para deixar claro que a participação da Fazenda Pública em determinado processo não configura, por si só, hipótese de intervenção do Ministério Público.

> **Art. 179.** Nos casos de intervenção como fiscal da ordem jurídica, o Ministério Público:
>
> I – terá vista dos autos depois das partes, sendo intimado de todos os atos do processo;
>
> II – poderá produzir provas, requerer as medidas processuais pertinentes e recorrer.

## COMENTÁRIOS

O Ministério Público quando intervém num processo como *custos legis* goza de alguns privilégios como, ter vista dos autos sempre depois da manifestação das partes e produzir todas as provas que entenda necessário para o descobrimento da verdade real.

Quando atuar como parte, o Ministério Público terá os mesmos direitos e se submeterá aos mesmos deveres impostos às partes, a não ser com relação aos prazos.

> **Art. 180.** O Ministério Público gozará de prazo em dobro para manifestar-se nos autos, que terá início a partir de sua intimação pessoal, nos termos do art. 183, § 1º.
>
> § 1º Findo o prazo para manifestação do Ministério Público sem o oferecimento de parecer, o juiz requisitará os autos e dará andamento ao processo.
>
> § 2º Não se aplica o benefício da contagem em dobro quando a lei estabelecer, de forma expressa, prazo próprio para o Ministério Público.

## COMENTÁRIOS

A regra agora é unificada e o prazo para o Ministério Público será em dobro para manifestar-se nos autos, seja como parte ou mesmo como fiscal da lei, exceto quando a lei estabelecer, de forma expressa, prazo próprio para uma determinada manifestação (ver como exemplo, o contido no art. 178, *caput*, do CPC).

CÓDIGO DE PROCESSO CIVIL COMENTADO • LEI 13.105, DE 16 DE MARÇO DE 2015 **ART. 183**

Se no prazo assinalado o Ministério Público não se manifestar, o juiz requisitará os autos e dará andamento ao processo.

Ademais, a intimação do membro do Ministério Público será sempre pessoal não se admitindo seja feita por intermédio de publicação na imprensa.

**Art. 181.** O membro do Ministério Público será civil e regressivamente responsável quando agir com dolo ou fraude no exercício de suas funções.

## COMENTÁRIOS

O artigo em questão, regula a responsabilidade civil dos membros do Ministério Público dizendo essa responsabilidade será apurada regressivamente.

Significa dizer que o cidadão que seja eventualmente prejudicado por ato doloso ou fraudulento praticado por membros do Ministério Público, terá direito de mover ação contra o poder público para obter o a devida indenização. Se o Estado for condenado, este terá direito de acionar regressivamente o membro do Ministério Público que tiver agido dolosa ou fraudulentamente no processo.

Em síntese: primeiro o Estado indeniza a vítima e, depois o agente indeniza o Estado regressivamente.

### TÍTULO VI
### DA ADVOCACIA PÚBLICA

**Art. 182.** Incumbe à Advocacia Pública, na forma da lei, defender e promover os interesses públicos da União, dos Estados, do Distrito Federal e dos Municípios, por meio da representação judicial, em todos os âmbitos federativos, das pessoas jurídicas de direito público que integram a administração direta e indireta.

## COMENTÁRIOS

Apesar de a Advocacia Pública ser regulada por diversas leis esparsas, nos diversos níveis, inclusive Lei Complementar como é o caso da Advocacia Geral da União (LC 73/93), é importante que o CPC faça menção à Advocacia Pública, colocando-a dentre os órgãos que são indispensáveis à realização da Justiça.

**Art. 183.** A União, os Estados, o Distrito Federal, os Municípios e suas respectivas autarquias e fundações de direito público gozarão de prazo em dobro para todas as suas manifestações processuais, cuja contagem terá início a partir da intimação pessoal.

§ 1º A intimação pessoal far-se-á por carga, remessa ou meio eletrônico.

§ 2º Não se aplica o benefício da contagem em dobro quando a lei estabelecer, de forma expressa, prazo próprio para o ente público.

125

## COMENTÁRIOS

Apesar de todos os esforços daqueles que defendem igualdade de tratamento para todos os atores do processo, o CPC ainda traz em seu bojo os resquícios de favorecimento do Estado prevendo que o prazo para a Fazenda Pública se manifestar será em dobro para todas as suas manifestações processuais.

Diz ainda a novel legislação que esse prazo somente terá início a partir da intimação pessoal. Esta intimação poderá ser por carga, remessa ou meio eletrônico.

O prazo em dobro aplica-se para os prazos em geral, porém, se houver prazo específico em lei especial, este deverá prevalecer.

**Art. 184.** O membro da Advocacia Pública será civil e regressivamente responsável quando agir com dolo ou fraude no exercício de suas funções.

## COMENTÁRIOS

A responsabilidade do advogado público, assim como dos membros do Ministério Público e da Defensoria Pública, será aferida mediante a comprovação da ocorrência de dolo ou culpa e, somente em ação regressiva.

## TÍTULO VII
## DA DEFENSORIA PÚBLICA

**Art. 185.** A Defensoria Pública exercerá a orientação jurídica, a promoção dos direitos humanos e a defesa dos direitos individuais e coletivos dos necessitados, em todos os graus, de forma integral e gratuita.

## COMENTÁRIOS

Como instituição indispensável às funções da Justiça, a Defensoria Pública ganha um título próprio, sanando assim a omissão do CPC/73. Não temos dúvida em afirmar que a instituição, mais do que reconhecida, sai fortalecida com a entrada em vigor do Novo CPC. Basta ver as diversas passagens em que o CPC menciona a Defensoria Pública como, por exemplo, no art. 72, parágrafo único (curadoria especial), art. 95, § 5º (veda a utilização de recursos dos fundos de custeio da Defensoria Pública para a remuneração de peritos), art. 977, II (legitimação para provocar o incidente de resolução de demanda repetitivo), dentre vários outros.

O artigo inaugural estabelece quais são as funções da Defensoria Pública, reservando-lhe a tarefa de exercer a orientação jurídica, a promoção dos direitos humanos e a defesa, em todos os graus, dos direitos individuais e coletivos, de forma integral e gratuita, a todos necessitados.

Veja-se que o *novel codex* procurou descrever de maneira expressa as atribuições da Defensoria Pública, deixando claro que ela também pode fazer a defesa dos direitos e interesses individuais e coletivos, legitimando-a assim para a ação civil pública para defesa dos direitos da cidadania.

**Art. 186.** A Defensoria Pública gozará de prazo em dobro para todas as suas manifestações processuais.

§ 1º O prazo tem início com a intimação pessoal do defensor público, nos termos do art. 183, § 1º.

§ 2º A requerimento da Defensoria Pública, o juiz determinará a intimação pessoal da parte patrocinada quando o ato processual depender de providência ou informação que somente por ela possa ser realizada ou prestada.

§ 3º O disposto no *caput* aplica-se aos escritórios de prática jurídica das faculdades de Direito reconhecidas na forma da lei e às entidades que prestam assistência jurídica gratuita em razão de convênios firmados com a Defensoria Pública.

§ 4º Não se aplica o benefício da contagem em dobro quando a lei estabelecer, de forma expressa, prazo próprio para a Defensoria Pública.

## COMENTÁRIOS

O artigo em comento atribui à Defensoria Pública o benefício do prazo em dobro para falar nos autos, nos mesmos termos que já estabelecido para o Ministério Público e para a Advocacia Pública, exceto de houver outro prazo especificamente destinado à instituição em outras leis.

Outro benefício para os Defensores Públicos é que esse prazo em dobro somente começa a contar a partir da sua intimação pessoal que poderá ser representado pela entrega dos autos em carga, remessa ou meio eletrônico (ver CPC, art. 183, § 1º).

Salutar é o fato de o legislador ter inserido expressa previsão de que o prazo em dobro também se aplica aos escritórios de prática jurídica das faculdades de Direito reconhecidas na forma da lei e às entidades que prestam assistência jurídica gratuita em razão de convênios firmados com a Defensoria Pública. Quer dizer, todas aquelas entidades que promovam a defesa gratuita dos necessitados, se equiparam à Defensoria Pública no seu mister.

**Art. 187.** O membro da Defensoria Pública será civil e regressivamente responsável quando agir com dolo ou fraude no exercício de suas funções.

## COMENTÁRIOS

A responsabilidade civil do defensor público, assim como dos juízes e dos membros do Ministério Público, somente se configurará quando ele agir com dolo ou fraude no exercício de suas funções e somente indenizará em ação regressiva.

# LIVRO IV
## DOS ATOS PROCESSUAIS
### TÍTULO I
### DA FORMA, DO TEMPO E DO LUGAR DOS ATOS PROCESSUAIS
### CAPÍTULO I
### DA FORMA DOS ATOS PROCESSUAIS
### SEÇÃO I
### DOS ATOS EM GERAL

**Art. 188.** Os atos e os termos processuais independem de forma determinada, salvo quando a lei expressamente a exigir, considerando-se válidos os que, realizados de outro modo, lhe preencham a finalidade essencial.

## COMENTÁRIOS

O CPC privilegia mais o conteúdo do que a forma do ato processual, albergando assim o princípio da liberdade das formas, com a ressalva de que ela não vale quando a lei exigir uma forma determinada.

É o típico caso da citação que, para ser válida, deve ser realizada da forma como a lei estabelece. Contudo, se ela se realizou de forma incorreta, mas mesmo assim o réu tomar conhecimento e comparecer ao processo, o vício estará sanado porque a finalidade visada pelo instituto foi atingida. Quer dizer, ainda que o ato tenha sido realizado com alguma imperfeição, reputa-se perfeito porque atingiu a sua finalidade. É o princípio da instrumentalidade das formas.

**Art. 189.** Os atos processuais são públicos, todavia tramitam em segredo de justiça os processos:

I – em que o exija o interesse público ou social;

II – que versem sobre casamento, separação de corpos, divórcio, separação, união estável, filiação, alimentos e guarda de crianças e adolescentes;

III – em que constem dados protegidos pelo direito constitucional à intimidade;

IV – que versem sobre arbitragem, inclusive sobre cumprimento de carta arbitral, desde que a confidencialidade estipulada na arbitragem seja comprovada perante o juízo.

§ 1º O direito de consultar os autos de processo que tramite em segredo de justiça e de pedir certidões de seus atos é restrito às partes e aos seus procuradores.

§ 2º O terceiro que demonstrar interesse jurídico pode requerer ao juiz certidão do dispositivo da sentença, bem como de inventário e de partilha resultantes de divórcio ou separação.

## COMENTÁRIOS

Agora, o *novel* codex trata do princípio da publicidade dos atos processuais em perfeita consonância com o estatuído na nossa Constituição Federal (art. 93, IX).

Restrição à publicidade somente nos casos expressamente previstos em lei, como as exceções que constam nos incisos do artigo em comento, que se justificam em face do interesse público ou social; da privacidade da família; nos processos em que em que constem dados ligados ao direito à intimidade constitucionalmente assegurado; e, que versem sobre arbitragem, inclusive sobre cumprimento de carta arbitral, desde que a confidencialidade estipulada na arbitragem seja comprovada perante o juízo.

Ponto que merece destaque, até por ser inovador, é extensão do sigilo para os atos de cumprimento de carta arbitral, condicionada apenas a que seja provado em juízo que existe no contrato original cláusula de confidencialidade estipulada.

Os parágrafos ressalvam que às partes e seus procuradores têm o direito de consultar os autos de processo que tramitem em segredo de justiça, assim como de pedir certidões de seus atos, porém garantido ao terceiro que demonstrar interesse jurídico a possibilidade de requerer ao juiz certidão do dispositivo da sentença, bem como de inventário e de partilha resultantes de divórcio ou separação.

> **Art. 190.** Versando o processo sobre direitos que admitam autocomposição, é lícito às partes plenamente capazes estipular mudanças no procedimento para ajustá-lo às especificidades da causa e convencionar sobre os seus ônus, poderes, faculdades e deveres processuais, antes ou durante o processo.
>
> **Parágrafo único.** De ofício ou a requerimento, o juiz controlará a validade das convenções previstas neste artigo, recusando-lhes aplicação somente nos casos de nulidade ou de inserção abusiva em contrato de adesão ou em que alguma parte se encontre em manifesta situação de vulnerabilidade.

## COMENTÁRIOS

Inova o Novo CPC ao prever e regular a matéria atinente ao negócio jurídico processual. Agora a lei permite que as partes possam ajustar a forma pelo qual o processo deva caminhar, inclusive no que diz respeito à distribuição do ônus probatório.

Essa é uma cláusula geral de negociação processual que pode ser realizado dentro do processo em andamento bem como ser celebrado antes da existência de processo mediante cláusula inserida em qualquer contrato.

Dessa forma, o legislador privilegia a autonomia das parte que poderão, por exemplo, fixar o calendário processual para a prática dos atos processuais (art. 191); a renúncia expressa da parte ao prazo estabelecido exclusivamente em seu favor (art. 225); a suspensão convencional do processo (art. 313, II); e a delimitação consensual das questões de fato sobre as quais recairá a atividade probatória e de direito relevantes para a decisão do mérito na fase de saneamento (art. 357, § 2º), dentre outras.

Cumpre alertar que só é possível esse tipo de acordo se o litígio versar sobre direitos que admitam autocomposição e se as partes forem maiores e capazes.

Ao juiz cabe o papel de controlar a validade da convenção, de ofício ou a requerimento de qualquer das partes, velando para que o acordo processual se desenvolva de forma equilibrada e justa, recusando validade nos casos de nulidade e de abuso de direito. Ademais, deverá ficar atento, pois a inserção dessa cláusula em contratos de adesão poderá ser considerada cláusula abusiva, e como tal, nula de pleno direito nos termos da legislação consumerista em vigor (ver art. 51 da Lei 8.078/90), o que se justifica em razão do princípio da vulnerabilidade dos consumidores.

Vale ainda lembrar que estamos diante de um negócio jurídico, ainda que processual, logo, para sua validade temos que verificar se estão presentes todos os requisitos necessários à validade dos negócios jurídicos em geral, não podendo padecer de vícios ou defeitos (ver CC, arts. 138 a 165), além de estar em conformidade com os elevados princípios da boa-fé e da probidade (ver CC, art. 422).

**Art. 191.** De comum acordo, o juiz e as partes podem fixar calendário para a prática dos atos processuais, quando for o caso.

§ 1º O calendário vincula as partes e o juiz, e os prazos nele previstos somente serão modificados em casos excepcionais, devidamente justificados.

§ 2º Dispensa-se a intimação das partes para a prática de ato processual ou a realização de audiência cujas datas tiverem sido designadas no calendário.

## COMENTÁRIOS

Visando criar possibilidade de maior cooperação entre os magistrados e as partes o CPC permite que, de comum acordo, os atores do processo possam estabelecer um calendário para a prática dos atos processuais que vinculará a todos, só podendo ser modificado, depois de ajustado, em situações excepcionais e devidamente justificada.

É louvável a iniciativa do legislador em oportunizar às partes e ao magistrado a possibilidade de acordarem sobre a realização de todos os atos do processo.

Sem dúvida nenhuma, isso colabora para uma rápida solução do litígio, além de promover economia processual inclusive, com a dispensa de publicação e intimação referente aos atos que foram objeto do acordo.

Embora não haja menção, entendemos que o controle da legalidade do acordo está implícito no presente artigo, de sorte que se aplica aqui a mesma previsão do parágrafo único do art. 190.

# CÓDIGO DE PROCESSO CIVIL COMENTADO • LEI 13.105, DE 16 DE MARÇO DE 2015

**Art. 192.** Em todos os atos e termos do processo é obrigatório o uso da língua portuguesa.

**Parágrafo único.** O documento redigido em língua estrangeira somente poderá ser juntado aos autos quando acompanhado de versão para a língua portuguesa tramitada por via diplomática ou pela autoridade central, ou firmada por tradutor juramentado.

## COMENTÁRIOS

O artigo em comento exige que as petições e demais documentos que serão juntados aos autos, sejam grafados em língua portuguesa.

Admite-se a juntada de documentos estrangeiros desde que acompanhados de versão em língua portuguesa que, para ter validade, deverá ter passados pelas vias diplomáticas ou firmada por tradutor juramentado.

## SEÇÃO II
## DA PRÁTICA ELETRÔNICA DE ATOS PROCESSUAIS

**Art. 193.** Os atos processuais podem ser total ou parcialmente digitais, de forma a permitir que sejam produzidos, comunicados, armazenados e validados por meio eletrônico, na forma da lei.

**Parágrafo único.** O disposto nesta Seção aplica-se, no que for cabível, à prática de atos notariais e de registro.

## COMENTÁRIOS

Abrindo a seção que visa regulamentar a prática dos atos processuais eletrônicos estabelece o CPC que referidos atos podem ser total ou parcialmente digitais, de forma a permitir que sejam produzidos, comunicados, armazenados e validados por meio eletrônico, na forma da lei (ver Lei 11.419/06 que trata da informatização do processo judicial).

Quer dizer, ainda vamos viver um período de transição entre a forma física do processo e a forma virtual.

É interessante notar que o parágrafo único manda aplicar, no que for cabível, o regramento reproduzido aos atos notariais e de registro.

**Art. 194.** Os sistemas de automação processual respeitarão a publicidade dos atos, o acesso e a participação das partes e de seus procuradores, inclusive nas audiências e sessões de julgamento, observadas as garantias da disponibilidade, independência da plataforma computacional, acessibilidade e interoperabilidade dos sistemas, serviços, dados e informações que o Poder Judiciário administre no exercício de suas funções.

## COMENTÁRIOS

Este artigo fixa, por assim dizer, as diretrizes relativas ao funcionamento do sistema determinando que a automação processual respeitará a publicidade dos atos, o acesso e a participação das partes e de seus procuradores, inclusive nas audiências e sessões de julgamento, observadas as garantias da disponibilidade, independência da plataforma computacional, acessibilidade e interoperabilidade dos sistemas, serviços, dados e informações que o Poder Judiciário administre no exercício de suas funções.

> **Art. 195.** O registro de ato processual eletrônico deverá ser feito em padrões abertos, que atenderão aos requisitos de autenticidade, integridade, temporalidade, não repúdio, conservação e, nos casos que tramitem em segredo de justiça, confidencialidade, observada a infraestrutura de chaves públicas unificada nacionalmente, nos termos da lei.

## COMENTÁRIOS

Agora o legislador estabelece que ato processual eletrônico deverá ser feito em padrões abertos e que deve atender alguns requisitos, dentre estes os de autenticidade, integridade, temporalidade, não repúdio, conservação. Nos casos em que os processos tramitem em segredo de justiça, além daqueles princípios, o sistema deve garantir também a confidencialidade.

> **Art. 196.** Compete ao Conselho Nacional de Justiça e, supletivamente, aos tribunais, regulamentar a prática e a comunicação oficial de atos processuais por meio eletrônico e velar pela compatibilidade dos sistemas, disciplinando a incorporação progressiva de novos avanços tecnológicos e editando, para esse fim, os atos que forem necessários, respeitadas as normas fundamentais deste Código.

## COMENTÁRIOS

O artigo em comento estabeleceu uma hierarquia, colocando o Conselho Nacional de Justiça (CNJ) no ápice da pirâmide o que, se justifica plenamente, em face da necessidade de uniformização de procedimentos.

> **Art. 197.** Os tribunais divulgarão as informações constantes de seu sistema de automação em página própria na rede mundial de computadores, gozando a divulgação de presunção de veracidade e confiabilidade.
>
> **Parágrafo único.** Nos casos de problema técnico do sistema e de erro ou omissão do auxiliar da justiça responsável pelo registro dos andamentos, poderá ser configurada a justa causa prevista no art. 223, *caput* e § 1º.

## COMENTÁRIOS

Todos os tribunais deverão divulgar as informações constantes de seu sistema de automação em página própria na rede mundial de computadores. O dispositivo em questão faz presumir que todas as informações vinculadas junto ao site de cada tribunal são verdadeiras e legítimas.

Não poderia ser de outra forma. Fácil compreender que as informações constantes dos sites oficiais dos tribunais sejam consideradas verdadeira, válidas e legítimas, porque se assim não fosse, nenhuma utilidade teria. Claro que pode haver erros ou mesmo omissões, mas isso não pode ser considerado empecilhos para que, em princípio, sejam consideradas todas as informações como verdadeiras.

Aliás, se houver erros ou omissões nada obsta possam ser refeitos os atos praticados, agora de forma correta, de sorte que, qualquer erro, omissão ou eventual equívoco não poderá prejudicar a nenhuma parte.

**Art. 198.** As unidades do Poder Judiciário deverão manter gratuitamente, à disposição dos interessados, equipamentos necessários à prática de atos processuais e à consulta e ao acesso ao sistema e aos documentos dele constantes.

**Parágrafo único.** Será admitida a prática de atos por meio não eletrônico no local onde não estiverem disponibilizados os equipamentos previstos no *caput*.

## COMENTÁRIOS

Interessante a previsão deste artigo que impõe ao Poder Judiciário a obrigação de manter equipamentos para que os interessados possam ter acesso para a prática de qualquer ato no processamento eletrônico.

Prevê ainda que, se na localidade onde o ato deva ser praticado não houver equipamento disponibilizado, o interessado poderá praticar o ato de forma convencional, isto é, por meio não eletrônico.

**Art. 199.** As unidades do Poder Judiciário assegurarão às pessoas com deficiência acessibilidade aos seus sítios na rede mundial de computadores, ao meio eletrônico de prática de atos judiciais, à comunicação eletrônica dos atos processuais e à assinatura eletrônica.

## COMENTÁRIOS

As unidades do Poder Judiciário assegurarão às pessoas com deficiência acessibilidade aos seus sítios na rede mundial de computadores, ao meio eletrônico de prática de atos judiciais, à comunicação eletrônica dos atos processuais e à assinatura eletrônica.

## SEÇÃO III
## DOS ATOS DAS PARTES

**Art. 200.** Os atos das partes consistentes em declarações unilaterais ou bilaterais de vontade produzem imediatamente a constituição, modificação ou extinção de direitos processuais.

**Parágrafo único.** A desistência da ação só produzirá efeitos após homologação judicial.

### COMENTÁRIOS

A maioria dos atos praticados pelas partes se situa no âmbito das declarações unilaterais, tendo em vista que as partes encontram-se em lados oposto, duelando no processo. É assim com o início do processo através da propositura da ação via petição inicial. Será também assim quando o réu em resposta apresentar sua contestação e, assim por diante.

Pode excepcionalmente haver manifestações bilaterais, especialmente quando as partes concordam sobre algum ponto e peticionam em conjunto.

De qualquer forma, as declarações unilaterais ou bilaterais de vontade produzem imediatamente a constituição, modificação ou extinção de direitos processuais.

**Art. 201.** As partes poderão exigir recibo de petições, arrazoados, papéis e documentos que entregarem em cartório.

### COMENTÁRIOS

A forma de comprovação que a parte vai exigir é o chamado protocolo, normalmente na segunda via da petição que foi entregue ao serventuário.

Esse protocolo é importante não só para comprovar a tempestividade do ato praticado como também numa eventual necessidade de instruir uma ação de restauração dos autos.

Mesmo em se tratando de processo eletrônico, a lógica também vale, e deve fazer parte do sistema de recebimento de documentação disponibilizado pelo tribunal.

**Art. 202.** É vedado lançar nos autos cotas marginais ou interlineares, as quais o juiz mandará riscar, impondo a quem as escrever multa correspondente à metade do salário-mínimo.

## COMENTÁRIOS

A proibição tem logica por não se poder admitir que as partes ou seus patronos, ou quaisquer outras pessoas, tenham acesso ao processo para nele colocar sua "marca" ou fazer anotações marginais.

Obviamente que esta proibição só tem sentido em autos físicos, cabendo ao chefe do cartório, registrar a ocorrência do fato e comunicar ao juiz indicando o autor da anotação/rasura.

A multa prevista é específica para esse ato e pode ser cumulada com outras multas como, por exemplo, com a multa por litigância de má-fé.

## SEÇÃO IV
## DOS PRONUNCIAMENTOS DO JUIZ

**Art. 203.** Os pronunciamentos do juiz consistirão em sentenças, decisões interlocutórias e despachos.

§ 1º Ressalvadas as disposições expressas dos procedimentos especiais, sentença é o pronunciamento por meio do qual o juiz, com fundamento nos arts. 485 e 487, põe fim à fase cognitiva do procedimento comum, bem como extingue a execução.

§ 2º Decisão interlocutória é todo pronunciamento judicial de natureza decisória que não se enquadre no § 1º.

§ 3º São despachos todos os demais pronunciamentos do juiz praticados no processo, de ofício ou a requerimento da parte.

§ 4º Os atos meramente ordinatórios, como a juntada e a vista obrigatória, independem de despacho, devendo ser praticados de ofício pelo servidor e revistos pelo juiz quando necessário.

## COMENTÁRIOS

Os pronunciamentos do juiz que podem ser sentenças, decisões interlocutórias e despachos, ganham uma seção independente, inclusive com conceituação de cada instituto, no Novo CPC/2015.

O legislador conceituou sentença como sendo o ato pelo qual o juiz encerra a fase de cognição do processo ou que extinguem a execução.

Já a decisão interlocutória vai ser todo e qualquer pronunciamento do juiz, com caráter de decisão que não seja sentença. Vale anotar que no curso do processo o juiz profere inúmeras decisões, muitas delas importantíssimas como, por exemplo, a que nega ou concede as tutelas de urgência; a que resolve o incidente de desconsideração da personalidade jurídicas; a que aprecia o pedido de justiça gratuita, dentre tantas outras.

Já os demais pronunciamentos do juiz, que não tenham carga decisória, se enquadram como meros despachos que podem ser proferidos de ofício ou a requerimento da parte. São atos desprovidos de qualquer teor decisório, mais das vezes apenas para dar impulso ao processo, isto é, não decidindo nada. Destes atos quando praticados, não cabe recurso.

**Art. 204.** Acórdão é o julgamento colegiado proferido pelos tribunais.

## COMENTÁRIOS

Agora o artigo 204 define o acórdão como sendo a decisão colegiada proferida pelos tribunais. Grosso modo falando, a decisão que põe fim ao processo em primeiro grau chama-se sentença; já em segundo ou terceiro grau, a decisão chama-se acórdão.

Embora nos pareça pouco relevante, cumpre esclarecer que o legislador procurou encerrar uma antiga discussão, definindo de uma vez por todas que acórdão é decisão colegiada dos tribunais, logo não se aplicando as decisões monocráticas.

**Art. 205.** Os despachos, as decisões, as sentenças e os acórdãos serão redigidos, datados e assinados pelos juízes.

§ 1º Quando os pronunciamentos previstos no *caput* forem proferidos oralmente, o servidor os documentará, submetendo-os aos juízes para revisão e assinatura.

§ 2º A assinatura dos juízes, em todos os graus de jurisdição, pode ser feita eletronicamente, na forma da lei.

§ 3º Os despachos, as decisões interlocutórias, o dispositivo das sentenças e a ementa dos acórdãos serão publicados no Diário de Justiça Eletrônico.

## COMENTÁRIOS

Neste artigo, o legislador fixa as exigências quanto a assinatura e divulgação dos atos judiciais pelos magistrados sejam eles de primeiro ou se segundo grau.

Não há nenhuma novidade nem mesmo no que diz respeito a permissão de assinatura eletrônica para os magistrados.

### SEÇÃO V
### DOS ATOS DO ESCRIVÃO OU DO CHEFE DE SECRETARIA

**Art. 206.** Ao receber a petição inicial de processo, o escrivão ou o chefe de secretaria a autuará, mencionando o juízo, a natureza do processo, o número de seu registro, os nomes das partes e a data de seu início, e procederá do mesmo modo em relação aos volumes em formação.

## COMENTÁRIOS

Agora o legislador trata de regulamentar os serviços prestado pelo escrivão ou chefe de secretaria, especialmente no tocante ao recebimento da petição inicial e dos procedimentos de autuação de processo nos cartórios judiciais.

De qualquer forma é preciso ter em mente que esta regra, assim como várias outras que constam do atual CPC, somente terá utilidade, ou razão de ser, enquanto existirem autos físicos porque quando tudo for eletrônico não haverá de falar-se em autuação e todas as informações que deverão constar da capa do processo.

**Art. 207.** O escrivão ou o chefe de secretaria numerará e rubricará todas as folhas dos autos.

**Parágrafo único.** À parte, ao procurador, ao membro do Ministério Público, ao defensor público e aos auxiliares da justiça é facultado rubricar as folhas correspondentes aos atos em que intervierem.

## COMENTÁRIOS

O escrivão ou o chefe do cartório rubricará todas as folhas do processo. As partes intervenientes no processo também poderão rubricar as folhas, porém só dos atos em que tenham sido participes.

Essa norma tem a ver com a necessária segurança jurídica que deve revestir os atos judiciais. Com a numeração sequencial, todas elas rubricadas, garante-se uma cronologia e impede-se que alguém venha a posteriori inserir novas folhas.

Com o processo eletrônico isto vira uma página do passado, pois a sequência do processo será ditada pelo próprio sistema que também assegurará que as folhas virtuais não serão alteradas ou entre elas inseridas novas páginas.

**Art. 208.** Os termos de juntada, vista, conclusão e outros semelhantes constarão de notas datadas e rubricadas pelo escrivão ou pelo chefe de secretaria.

## COMENTÁRIOS

Os atos ordinatórios como, por exemplo, juntada e vistas, deverão ser rubricados pelo escrivão ou pelo chefe da secretaria. Essa necessidade de rubricar é para garantir autenticidade, tendo em vista que tais serventuários gozem de fé pública.

Contudo, é mais um artigo fadado a perder sua utilidade em breve em razão do procedimento eletrônico já em vigor em muitos tribunais.

**Art. 209.** Os atos e os termos do processo serão assinados pelas pessoas que neles intervierem, todavia, quando essas não puderem ou não quiserem firmá-los, o escrivão ou o chefe de secretaria certificará a ocorrência.

§ 1º Quando se tratar de processo total ou parcialmente documentado em autos eletrônicos, os atos processuais praticados na presença do juiz poderão ser produzidos e armazenados de modo integralmente digital em arquivo eletrônico inviolável, na forma da lei, mediante registro em termo, que será assinado digitalmente pelo juiz e pelo escrivão ou chefe de secretaria, bem como pelos advogados das partes.

§ 2º Na hipótese do § 1º, eventuais contradições na transcrição deverão ser suscitadas oralmente no momento de realização do ato, sob pena de preclusão, devendo o juiz decidir de plano e ordenar o registro, no termo, da alegação e da decisão.

## COMENTÁRIOS

O legislador estabelece que todos os atos e termos do processo serão assinados pelas pessoas que dele tenha participado. Na eventual negativa de qualquer dos participantes, o escrivão ou o chefe da secretaria certificará tal fato que será considerado válido em razão da fé pública que a lei atribui a estes serventuários. Vale anotar que ato processual não assinado é ato juridicamente inexistente.

Quando se tratar de processo total ou parcialmente documentado em autos eletrônicos, os atos processuais praticados na presença do juiz poderão ser produzidos e armazenados de modo integralmente digital em arquivo eletrônico inviolável, na forma da lei, mediante registro em termo, que será assinado digitalmente pelo juiz e pelo escrivão ou chefe de secretaria, bem como pelos advogados das partes.

**Art. 210.** É lícito o uso da taquigrafia, da estenotipia ou de outro método idôneo em qualquer juízo ou tribunal.

## COMENTÁRIOS

O artigo em comento diz ser lícito o uso de qualquer método para registrar o ato processual em qualquer juízo ou tribunal. Significa que o ato pode ser registrado de forma mecânica como a datilografia ou digital através de computadores. Nada impede que o ato possa ser registrado manuscritamente.

Falar de taquigrafia e da estenotipia como meio válido para o registro de atos é até jocoso, porque muitos dos que estarão lendo estas páginas agora, sequer sabem do que o legislador está falando, nem de sua pouca ou nenhuma utilidade nos dias atuais.

**Art. 211.** Não se admitem nos atos e termos processuais espaços em branco, salvo os que forem inutilizados, assim como entrelinhas, emendas ou rasuras, exceto quando expressamente ressalvadas.

## COMENTÁRIOS

O artigo em questão proíbe espaços em branco, bem como entrelinhas, emendas ou rasuras nos atos e termos processuais, com a finalidade de garantir a lisura e evitar que possam ser inseridas novas informações nos atos já praticados.

Com isso evita possíveis fraudes com a utilização imprópria dos espaços em branco.

## CAPÍTULO II
## DO TEMPO E DO LUGAR DOS ATOS PROCESSUAIS
## SEÇÃO I
## DO TEMPO

**Art. 212.** Os atos processuais serão realizados em dias úteis, das 6 (seis) às 20 (vinte) horas.

§ 1º Serão concluídos após as 20 (vinte) horas os atos iniciados antes, quando o adiamento prejudicar a diligência ou causar grave dano.

§ 2º Independentemente de autorização judicial, as citações, intimações e penhoras poderão realizar-se no período de férias forenses, onde as houver, e nos feriados ou dias úteis fora do horário estabelecido neste artigo, observado o disposto no art. 5º, inciso XI, da Constituição Federal.

§ 3º Quando o ato tiver de ser praticado por meio de petição em autos não eletrônicos, essa deverá ser protocolada no horário de funcionamento do fórum ou tribunal, conforme o disposto na lei de organização judiciária local.

## COMENTÁRIOS

Agora o legislador estabelece as regras no tocante aos dias e horários para a prática dos atos processuais.

Como regra, os atos processuais devem ser praticados nos dias úteis e no horário compreendido entre as 6 e as 20 horas, podendo, quando já iniciado, ser concluído além desse horário quando o adiamento prejudicar a diligência ou causar grave dano.

Dias não úteis a rigor são os domingos e os feriados declarados por lei (nacional, estadual ou municipal). Contudo, como no sábado não há expediente forense, esse dia deve também ser considerado dia não útil. Significa dizer que os atos judiciais devem ser praticados de segunda a sexta no horário do expediente forense.

Permite ainda o dispositivo em comento que as citações, intimações e penhoras possam ser realizadas no período de férias forense, nos feriados e nos dias úteis fora do horário regular, sem a necessidade de autorização judicial, respeitando-se a inviolabilidade do domicílio da pessoa que vai sofrer a diligência (ver CF, art. 5º, XI).

Para evitar dúvidas estabelece ainda o legislador que o horário para o peticionamento em processo físico é aquele estabelecido na lei de organização judiciária do Estado em questão. Em São Paulo, por exemplo, esse horário é das 10 às 19 horas.

**Art. 213.** A prática eletrônica de ato processual pode ocorrer em qualquer horário até as 24 (vinte e quatro) horas do último dia do prazo.

**Parágrafo único.** O horário vigente no juízo perante o qual o ato deve ser praticado será considerado para fins de atendimento do prazo.

## COMENTÁRIOS

O presente artigo regula o horário do peticionamento eletrônico, assegurando que o ato pode ser praticado até as 24 horas do dia de vencimento do prazo, horário esse que tem como referência o local onde o ato deva ser praticado.

**Art. 214.** Durante as férias forenses e nos feriados, não se praticarão atos processuais, excetuando-se:

I – os atos previstos no art. 212, § 2º;

II – a tutela de urgência.

## COMENTÁRIOS

Como regra, nas férias forenses não se praticará atos processuais, exceto aqueles já referidos no art. 212, § 2º (citações, intimações e penhoras).

Também não se aplica a suspensão aos processos nos que versem sobre as tutelas de urgência.

O artigo seguinte complementa o tema.

**Art. 215.** Processam-se durante as férias forenses, onde as houver, e não se suspendem pela superveniência delas:

I – os procedimentos de jurisdição voluntária e os necessários à conservação de direitos, quando puderem ser prejudicados pelo adiamento;

II – a ação de alimentos e os processos de nomeação ou remoção de tutor e curador;

III – os processos que a lei determinar.

## COMENTÁRIOS

Complementando o rol dos processos que tramitam durante as férias forenses, o CPC consigna o seguinte: os procedimentos de jurisdição voluntária; os necessários à conservação de direitos, quando puderem ser prejudicados pelo adiamento; a ação de alimentos; e, os processos de nomeação ou remoção de tutor e curador; os processos que as leis esparsas determinarem como, por exemplo, os processos que versem sobre desapropriação, despejo, consignação de aluguel, dentre outras.

Aliás, vale registrar que estes processos, se já estiverem em tramitação quando do advento das férias, não se suspendem e continuarão tramitando normalmente.

**Art. 216.** Além dos declarados em lei, são feriados, para efeito forense, os sábados, os domingos e os dias em que não haja expediente forense.

## COMENTÁRIOS

Dias não úteis a rigor são os domingos e os feriados declarados por lei (nacional, estadual ou municipal). Contudo, como no sábado não há expediente forense, esse dia deve também ser considerado dia não útil. Também existem datas específicas em que o judiciário não funciona como, por exemplo, o dia dos funcionários públicos e o dia da justiça.

Acertada assim a nova linguagem empregada que significa, em última análise, que os atos judiciais devem ser praticados de segunda a sexta-feira no horário do expediente forense, exceto se algum desses dias for feriado ou dia em que não haja expediente forense na localidade.

Essa nova previsão, definindo claramente quais são os dias úteis, é importantíssima tendo em vista que os prazos correm somente em dias úteis, conforme veremos no art. 219 em seguida.

### SEÇÃO II
### DO LUGAR

**Art. 217.** Os atos processuais realizar-se-ão ordinariamente na sede do juízo, ou, excepcionalmente, em outro lugar em razão de deferência, de interesse da justiça, da natureza do ato ou de obstáculo arguido pelo interessado e acolhido pelo juiz.

## COMENTÁRIOS

Como regra os atos processuais serão realizados na sede do juízo, ou, excepcionalmente, em outro lugar em razão de deferência, de interesse da justiça, da natureza do ato ou de obstáculo arguido pelo interessado e acolhido pelo juiz.

Quer dizer, os atos processuais devem ser praticados na sede do judiciário onde o processo tramita, ou seja, no fórum.

Excepcionalmente, os atos judiciais podem ser praticados em outro local quando a lei assim autorizar como, por exemplo, a oitiva de autoridades que devem ser inquiridas em sua residência ou onde exercem sua função e não no fórum (ver CPC, art. 454), ou ainda, a práticas de atos do interesse da justiça que necessitem ser realizados em outra comarca através de precatórias (ver CPC, art. 453, II).

Ainda em caráter de excepcionalidade, o ato judicial pode ser praticado fora da sede do juízo quando as circunstâncias assim o exigirem, como a tomada do depoimento da testemunha impossibilitada de comparecer na sede do juízo, cuja oitiva poderá ser realizada em qualquer outro lugar em que o juiz designe (ver CPC, art. 449, parágrafo único).

## CAPÍTULO III
## DOS PRAZOS
## SEÇÃO I
## DISPOSIÇÕES GERAIS

**Art. 218.** Os atos processuais serão realizados nos prazos prescritos em lei.

§ 1º Quando a lei for omissa, o juiz determinará os prazos em consideração à complexidade do ato.

§ 2º Quando a lei ou o juiz não determinar prazo, as intimações somente obrigarão a comparecimento após decorridas 48 (quarenta e oito) horas.

§ 3º Inexistindo preceito legal ou prazo determinado pelo juiz, será de 5 (cinco) dias o prazo para a prática de ato processual a cargo da parte.

§ 4º Será considerado tempestivo o ato praticado antes do termo inicial do prazo.

## COMENTÁRIOS

Os atos processuais serão realizados nos prazos prescritos em lei, sejam aqueles dispersos pelo próprio Código de Processo Civil, sejam aqueles prescritos em leis esparsas.

A estipulação de prazos é de fundamental importância tendo em vista a necessidade de fazer com que o processo caminhe até final solução. Se não existisse prazo, o processo poderia se eternizar.

Cumpre registrar que, embora haja prazos para as partes, para os serventuários e até para o juiz, na verdade só vigora essa imposição para as partes tendo em vista que se a parte não praticar o ato que foi determinado, no prazo estabelecido, perderá a oportunidade de realização daquele ato, muitas vezes com grande prejuízo, tudo em face da preclusão. Para o juiz e os serventuários não há preclusão, quando muito poderão ser responsabilizados administrativamente.

Não havendo prazo expresso em lei, caberá ao juiz estabelecer o prazo para a prática do ato, devendo levar em consideração à complexidade do ato a ser realizado.

Quando a lei não fixar o prazo para a realização de determinado ato e o juiz determinar a sua realização sem também fixar prazo, este será de 5 (cinco) dias, como acontece atualmente.

Outra importante previsão é a que consta do § 4º ao estabelecer que será considerado tempestivo o ato praticado antes do termo inicial do prazo. Essa previsão acaba com uma polêmica muito presente nos tempos passados em que muitos magistrados, por cômoda burrice, aplicavam a pena de "intempestividade" a manifestações realizadas pelas partes antes do começo da contagem do prazo. Digo que isso é burrice porque a parte pode ter tomado conhecimento da decisão, por exemplo, através de informação constante do site do tribunal e, antecipando-se à publicação, resolve peticionar. Ora, a decisão existe e a contrariedade da parte também. Por que esperar que saia a publicação? Por que não peticionar imediatamente, até mesmo em nome da celeridade?

Um grande exemplo dessa aberração é o que constava na cancelada súmula 418 do Superior Tribunal de Justiça, que textualmente dizia: "é inadmissível o recurso especial interposto antes da publicação do acórdão dos embargos de declaração, sem posterior ratificação".

Pergunta-se: qual é a lógica desse tipo de previsão? Nenhuma, a não ser a cômoda posição de obstar um processo que poderia perfeitamente ser julgado. A rigor, nunca houve motivo jurídico que pudesse validar tais decisões que agora, felizmente, não mais poderão se repetir.

Por fim, ainda estabelece o CPC que se a lei ou o juiz não determinar prazo, as intimações somente obrigarão a comparecimento após decorridas 48 (quarenta e oito) horas.

**Art. 219.** Na contagem de prazo em dias, estabelecido por lei ou pelo juiz, computar-se-ão somente os dias úteis.

**Parágrafo único.** O disposto neste artigo aplica-se somente aos prazos processuais.

### COMENTÁRIOS

Essa foi uma grande vitória da advocacia: para a contagem dos prazos processuais, somente serão considerados os dias úteis. Algumas críticas se levantaram, mas nenhuma delas se justifica. A mais contundente dizia respeito a celeridade processual que, segundo os críticos, restaria prejudicada. Porém, isso não é verdade. Basta pensar que um prazo recursal de 15 dias, vai implicar num total de 17 ou no máximo 19 dias corridos. Não será isso que irá fazer com que a morosidade do judiciário aumente.

Outra crítica muito presente é no sentido de que poderia gerar confusão fazer-se a contagem de prazo dessa forma, o que poderia dificultar o controle por parte dos cartórios judiciais.

Uma terceira corrente argumentava que a única virtude dessa proposta, seria a de beneficiar uma das classes profissionais envolvidas no processo, isto é, a classe dos advogados.

De toda sorte, vale rememorar que os prazos ditos peremptórios só valem para os advogados, procuradores públicos, defensores públicos, promotores de justiça e estes profissionais têm direito também a um fim de semana. Assim, a regra em comento destina-se a proteger a incolumidade psíquica e a dignidade de todos esses profissionais que estão sujeitos aos prazos preclusivos, não existindo nada de ilegítimo na propositura aprovada.

**Art. 220.** Suspende-se o curso do prazo processual nos dias compreendidos entre 20 de dezembro e 20 de janeiro, inclusive.

§ 1º Ressalvadas as férias individuais e os feriados instituídos por lei, os juízes, os membros do Ministério Público, da Defensoria Pública e da Advocacia Pública e os auxiliares da Justiça exercerão suas atribuições durante o período previsto no *caput*.

§ 2º. Durante a suspensão do prazo, não se realizarão audiências nem sessões de julgamento.

## COMENTÁRIOS

A previsão contida neste artigo é outra vitória da advocacia: férias oficiais de 30 (trinta) dias para os advogados particulares, compreendidos entre os dias 20 de dezembro e 20 de janeiro. Nesse período, não se realizarão audiências nem sessões de julgamento.

Ainda que o CPC não fale textualmente em férias, esse período de 30 (trinta) dias em que ficarão suspensos os atos processuais, significa finalmente a garantia do direito de férias anual para os advogados que, neste período, ficarão sem a preocupação e a correria para cumprir eventuais prazos.

Fica claro que estamos tratando das férias dos advogados até pela ressalva constante do § 1º do artigo em comento, no qual o legislador fez questão de dizer que, fora das férias individuais de cada servidor, os juízes, os membros do Ministério Público, da Defensoria Pública e da Advocacia Pública e os auxiliares da Justiça exercerão suas atribuições normalmente durante o período compreendido entre 20 de dezembro e 20 de janeiro.

**Art. 221.** Suspende-se o curso do prazo por obstáculo criado em detrimento da parte ou ocorrendo qualquer das hipóteses do art. 313, devendo o prazo ser restituído por tempo igual ao que faltava para sua complementação.

**Parágrafo único.** Suspendem-se os prazos durante a execução de programa instituído pelo Poder Judiciário para promover a autocomposição, incumbindo aos tribunais especificar, com antecedência, a duração dos trabalhos.

## COMENTÁRIOS

A suspensão dos prazos judiciais pode ocorrer por incidente provado pelas partes ou nas hipóteses constantes do art. 313 e nesses casos, o restante do prazo deve ser garantido em complementação ao que faltava.

Anote-se que ocorrendo a causa suspensiva o prazo para de correr e depois de superado o obstáculo, o prazo corre pelo tempo restante.

Os casos de suspensão dos prazos em razão da ação das partes não são muito comuns, mas pode acontecer, por exemplo, nos casos de oposição de embargos de declaração ou na denunciação da lide (ver CPC, art. 126).

Interessante é a hipótese de suspensão dos prazos durante a realização de programa instituído pelo Poder Judiciário para promover a autocomposição, incumbindo aos tribunais especificar, com antecedência, a duração dos trabalhos.

**Art. 222.** Na comarca, seção ou subseção judiciária onde for difícil o transporte, o juiz poderá prorrogar os prazos por até 2 (dois) meses.

§ 1º Ao juiz é vedado reduzir prazos peremptórios sem anuência das partes.

§ 2º Havendo calamidade pública, o limite previsto no *caput* para prorrogação de prazos poderá ser excedido.

## COMENTÁRIOS

Prescreve o nosso CPC que o juiz poderá prorrogar os prazos por até 2 (dois) meses na comarca, seção ou subseção judiciária onde for difícil o transporte. Permite-se a prorrogação por prazo maior nos casos de calamidade pública.

A inovação fica por conta do permissivo no tocante aos prazos peremptórios que poderão ser reduzidos pelo juiz se as partes estiverem de comum acordo.

**Art. 223.** Decorrido o prazo, extingue-se o direito de praticar ou de emendar o ato processual, independentemente de declaração judicial, ficando assegurado, porém, à parte provar que não o realizou por justa causa.

§ 1º Considera-se justa causa o evento alheio à vontade da parte e que a impediu de praticar o ato por si ou por mandatário.

§ 2º Verificada a justa causa, o juiz permitirá à parte a prática do ato no prazo que lhe assinar.

## COMENTÁRIOS

Agora o legislador trata expressamente da preclusão temporal deixando assentado que perde o direito de praticar ou de emendar o ato processual a parte que não o fizer no prazo assinalado, independente de qualquer pronunciamento judicial.

Ressalva, contudo, que a parte pode provar que não pode realizar o ato em razão de uma causa justificada. A justa causa não é uma simples alegação. A parte deverá provar a ocorrência de um evento alheio à vontade da parte ou do seu mandatário e que isso a impediu de praticar o ato.

Nesse caso o juiz irá analisar se a parte tem razão e se assim considerar, reabrirá o prazo para que ela possa se manifestar. Esse novo prazo não será, necessariamente, igual ao anterior, dependendo dos critérios do juiz.

Cumpre assinar que existem três tipos de preclusão: a temporal (não praticou o ato no prazo assinalado como, por exemplo, se não contestou no prazo de 15 (quinze) dias; não pode mais contestar); a lógica (incompatibilidade entre o ato praticado e outro que poderia ser praticado como, por exemplo, se concordou com a sentença; não pode mais recorrer); e, a consumativa (o ato que foi praticado antes do fim do prazo, não poderá ser renovado como por exemplo, se protocolou a contestação no 5º dia, ainda que falte 10 (dez) dias de prazo, não poderá refazer aquele ato).

> **Art. 224.** Salvo disposição em contrário, os prazos serão contados excluindo o dia do começo e incluindo o dia do vencimento.
>
> § 1º Os dias do começo e do vencimento do prazo serão protraídos para o primeiro dia útil seguinte, se coincidirem com dia em que o expediente forense for encerrado antes ou iniciado depois da hora normal ou houver indisponibilidade da comunicação eletrônica.
>
> § 2º Considera-se como data de publicação o primeiro dia útil seguinte ao da disponibilização da informação no Diário da Justiça eletrônico.
>
> § 3º A contagem do prazo terá início no primeiro dia útil que seguir ao da publicação.

## COMENTÁRIOS

A contagem dos prazos pelo regramento do CPC conta-se excluindo-se o dia do começo e incluindo o dia do vencimento.

Considera-se como data de publicação o primeiro dia útil seguinte ao da disponibilização da informação no Diário da Justiça eletrônico.

A regra contida na primeira parte do § 1º, que prorroga o início ou o término do vencimento do prazo para o primeiro dia útil seguinte, se coincidirem com dia em que o expediente forense for encerrado antes ou iniciado depois da hora normal, só se aplica para os processos que tramitam em autos físicos. Na parte final o legislador fez a previsão quanto ao peticionamento eletrônico deixando consignado que a indisponibilidade da comunicação eletrônica é também motivo para prorrogação do prazo.[24]

Por fim, o § 3º estabelece que a contagem do prazo terá início no primeiro dia útil depois da publicação. Vejamos: um ato com determinado prazo foi publicado na sexta-feira; o prazo conta-se a partir da segunda-feira. No caso da segunda-feira ser feriado, o prazo começa a contar a partir da terça-feira e, assim, sucessivamente.

**Art. 225.** A parte poderá renunciar ao prazo estabelecido exclusivamente em seu favor, desde que o faça de maneira expressa.

### COMENTÁRIOS

Nenhuma novidade no previsto neste artigo, a não ser a exigência de que a renúncia seja expressamente manifestada.

Vale lembrar que a renúncia é ato unilateral e não depende da anuência da outra parte para se materializar. De outro lado, alguém só pode renunciar ao que é seu não se podendo cogitar que alguém possa renunciar a direito de terceiro. Logo, e previsão desse artigo seria perfeitamente dispensável, por não ter a menor justificativa.

**Art. 226.** O juiz proferirá:
I – os despachos no prazo de 5 (cinco) dias;
II – as decisões interlocutórias no prazo de 10 (dez) dias;
III – as sentenças no prazo de 30 (trinta) dias.

### COMENTÁRIOS

Quem disse que os juízes não têm prazo processual para obedecer? Previsão similar já existia no CPC/73, porém é voz corrente que os prazos só valem para as partes, de sorte que os magistrados e servidores estariam fora dessa exigência legal.

Uma pequena observação: a "razoável duração do processo" não precisaria estar inserida na Constituição Federal como um dos direitos fundamentais da pessoa humana (ver CF, art. 5º, LXXVIII), se os magistrados e serventuários da justiça cumprissem os prazos que a lei processual estabelece. É bem verdade que vão alegar, talvez com razão, que o assoberbamento de processos e a falta de estrutura acabam atuando como óbices a que sejam cumpridas estas determinações. De qualquer forma, fica assinalado para reflexão.

---

24. O legislador utilizou o verbo "protrair" como sinônimo de prorrogar.

Vale registrar que os prazos para os juízes no Novo CPC foram ampliados, se comparados com o anterior. Assim, o prazo para proferir os despachos de mero expediente será de 5 (cinco) dias; para as decisões interlocutórias, de 10 (dez) dias; e, para as sentenças, 30 (trinta) dias, prazos estes que devem ser contados da conclusão dos autos.

Esses prazos são chamados de "impróprios" por não se sujeitarem ao fenômeno da preclusão, exatamente por não implicarem em perda da faculdade de agir, nem no fim da obrigação do juiz ou serventuário. Quer dizer, o fato de o juiz não proferir decisão no prazo que a lei assinala não significa dizer que ele agora não mais precisa praticar o ato, ou seja, ele não estará desobrigado de proferir a decisão porque excedeu o prazo.

De toda sorte, o não cumprimento do prazo pelo juiz pode ensejar um processo administrativo, no âmbito do tribunal ao qual o mesmo esteja vinculado, sem prejuízo de a parte interpor mandado de segurança para ver cumprida a determinação constitucional da razoável duração do processo (ver quais as consequências do descumprimento dos prazos no art. 235).

**Art. 227.** Em qualquer grau de jurisdição, havendo motivo justificado, pode o juiz exceder, por igual tempo, os prazos a que está submetido.

## COMENTÁRIOS

Nenhuma novidade no artigo *sub oculum* que se mostra coerente com aquilo que ordinariamente pode acontecer como, por exemplo, durante a pandemia da Covid-19 em que vários tribunais e juízos prorrogaram prazos para atender a situação de excepcionalidade.

**Art. 228.** Incumbirá ao serventuário remeter os autos conclusos no prazo de 1 (um) dia e executar os atos processuais no prazo de 5 (cinco) dias, contado da data em que:

I – houver concluído o ato processual anterior, se lhe foi imposto pela lei;

II – tiver ciência da ordem, quando determinada pelo juiz.

§ 1º Ao receber os autos, o serventuário certificará o dia e a hora em que teve ciência da ordem referida no inciso II.

§ 2º Nos processos em autos eletrônicos, a juntada de petições ou de manifestações em geral ocorrerá de forma automática, independentemente de ato de serventuário da justiça.

## COMENTÁRIOS

Agora a lei processual trata dos prazos que devem ser obedecidos pelos serventuários da justiça, prazos estes que são também impróprios, assim como os dos juízes, mas que podem sujeitar o servidor faltoso a responder processo administrativo pelo não cumprimento.

Deverão os serventuários remeter os autos conclusos ao juiz no prazo de 1 (um) dia, contado do momento em que houver concluído o ato processual anterior, se lhe foi imposto pela lei. Essa regra é válida para os processos físicos tendo em vista que para os processos digitais o *novel codex* faz expressa ressalva de que a juntada de petições ou de manifestações em geral ocorrerá de forma automática, independentemente de ato de serventuário da justiça. Os demais atos dos serventuários deverão ser praticados no prazo de 5 (cinco) dias, contado da data em que tiver ciência da ordem, quando determinada pelo juiz.

Diz ainda o artigo em comento que o serventuário ao receber os autos, deverá certificar o dia e a hora em que teve ciência da ordem.

> **Art. 229.** Os litisconsortes que tiverem diferentes procuradores, de escritórios de advocacia distintos, terão prazos contados em dobro para todas as suas manifestações, em qualquer juízo ou tribunal, independentemente de requerimento.
>
> § 1º Cessa a contagem do prazo em dobro se, havendo apenas 2 (dois) réus, é oferecida defesa por apenas um deles.
>
> § 2º Não se aplica o disposto no *caput* aos processos em autos eletrônicos.

### COMENTÁRIOS

Mais uma regra de transição é o que vem tratado no art. 229 do CPC, pelo qual, os litisconsortes que tiverem diferentes procuradores, de escritórios de advocacia distintos, terão prazos em dobro para todas as suas manifestações, em qualquer juízo ou tribunal, independentemente de requerimento.

A regra prevista no *caput* só se aplica aos processos físicos, tendo em vista que os processos eletrônicos são acessados por todos os interessados ao mesmo tempo e de qualquer lugar do país ou do mundo, não se justificando a deferência do prazo em dobro.

Diz ainda o dispositivo em comento que cessa a contagem do prazo em dobro se, havendo apenas 2 (dois) réus, é oferecida defesa por apenas um deles.

> **Art. 230.** O prazo para a parte, o procurador, a Advocacia Pública, a Defensoria Pública e o Ministério Público será contado da citação, da intimação ou da notificação.

### COMENTÁRIOS

Os prazos processuais somente se contam a partir da ciência da parte ao qual ele é dirigido que normalmente se realiza através da citação, intimação ou notificação.

**Art. 231.** Salvo disposição em sentido diverso, considera-se dia do começo do prazo:

I – a data de juntada aos autos do aviso de recebimento, quando a citação ou a intimação for pelo correio;

II – a data de juntada aos autos do mandado cumprido, quando a citação ou a intimação for por oficial de justiça;

III – a data de ocorrência da citação ou da intimação, quando ela se der por ato do escrivão ou do chefe de secretaria;

IV – o dia útil seguinte ao fim da dilação assinada pelo juiz, quando a citação ou a intimação for por edital;

V – o dia útil seguinte à consulta ao teor da citação ou da intimação ou ao término do prazo para que a consulta se dê, quando a citação ou a intimação for eletrônica;

VI – a data de juntada do comunicado de que trata o art. 232 ou, não havendo esse, a data de juntada da carta aos autos de origem devidamente cumprida, quando a citação ou a intimação se realizar em cumprimento de carta;

VII – a data de publicação, quando a intimação se der pelo Diário da Justiça impresso ou eletrônico;

VIII – o dia da carga, quando a intimação se der por meio da retirada dos autos, em carga, do cartório ou da secretaria.

IX – o quinto dia útil seguinte à confirmação, na forma prevista na mensagem de citação, do recebimento da citação realizada por meio eletrônico. (Incluído pela Lei 14.195, de 2021)

§ 1º Quando houver mais de um réu, o dia do começo do prazo para contestar corresponderá à última das datas a que se referem os incisos I a VI do *caput*.

§ 2º Havendo mais de um intimado, o prazo para cada um é contado individualmente.

§ 3º Quando o ato tiver de ser praticado diretamente pela parte ou por quem, de qualquer forma, participe do processo, sem a intermediação de representante judicial, o dia do começo do prazo para cumprimento da determinação judicial corresponderá à data em que se der a comunicação.

§ 4º Aplica-se o disposto no inciso II do *caput* à citação com hora certa.

## COMENTÁRIOS

Neste artigo o CPC trata da forma pela qual se deve considerar o início dos prazos processuais para manifestação das partes, estabelecendo em seus vários incisos quais atos determinam a data do início.

O prazo, por exemplo, para a parte se manifestar nos autos quando a citação ou intimação ocorrer pelo correio, conta-se da data da juntada do aviso de recebimento nos autos. Quando realizada por oficial de justiça, conta-se do dia em que o mandado cumprido for juntado aos autos, inclusive nos casos de citação com hora certa.

Assim, os demais incisos regulam as diversas formas pelas quais se devem contar o início dos prazos, complementados pelo que consta insculpido no art. 272.

No caso de litisconsórcio passivo, o início do prazo para contestar começa a contar a partir da última citação regularmente realizada. Diferente é no caso de intimação, pois havendo mais de um intimado, o prazo para cada um é contado individualmente.

O § 3º é novidade ao prever que, no caso de ato a ser praticado diretamente pela parte ou por quem, de qualquer forma, participe do processo, sem a devida representação processual, o início do prazo será contado a partir da data em que tenha sido realizada a comunicação.

A Lei 14.195/21 acrescentou o inciso IX ao art. 231 do CPC para regulamentar a contagem de prazos quando a citação se der pela forma eletrônica, informando que o prazo para apresentação da defesa se iniciará no quinto dia útil seguinte à confirmação.

**Art. 232.** Nos atos de comunicação por carta precatória, rogatória ou de ordem, a realização da citação ou da intimação será imediatamente informada, por meio eletrônico, pelo juiz deprecado ao juiz deprecante.

### COMENTÁRIOS

Visando celeridade, estabelece o CPC que nos atos de comunicação por carta precatória, rogatória ou de ordem, a realização da citação ou da intimação será imediatamente informada, por meio eletrônico, pelo juiz deprecado ao juiz deprecante.

Portanto, é a data da juntada dessa comunicação aos autos que se conta o início do prazo para a parte se manifestar. Não havendo essa comunicação, o prazo conta-se da juntada da carta aos autos de origem devidamente cumprida.

### SEÇÃO II
### DA VERIFICAÇÃO DOS PRAZOS E DAS PENALIDADES

**Art. 233.** Incumbe ao juiz verificar se o serventuário excedeu, sem motivo legítimo, os prazos estabelecidos em lei.

§ 1º Constatada a falta, o juiz ordenará a instauração de processo administrativo, na forma da lei.

§ 2º Qualquer das partes, o Ministério Público ou a Defensoria Pública poderá representar ao juiz contra o serventuário que injustificadamente exceder os prazos previstos em lei.

## COMENTÁRIOS

Como já vimos, os serventuários da justiça têm prazo para o cumprimento de suas tarefas. Descumprida essa incumbência, compete ao juiz verificar as causas desse retardo e, se não houver um aparente justo motivo, deverá determinar a instauração de processo administrativo, na forma da lei. Independentemente de competir ao juiz controlar os atos de seus auxiliares, qualquer das partes, do Ministério Público ou da Defensoria Pública poderá representar ao juiz contra o serventuário que injustificadamente exceder os prazos previstos em lei.

**Art. 234.** Os advogados públicos ou privados, o defensor público e o membro do Ministério Público devem restituir os autos no prazo do ato a ser praticado.

§ 1º É lícito a qualquer interessado exigir os autos do advogado que exceder prazo legal.

§ 2º Se, intimado, o advogado não devolver os autos no prazo de 3 (três) dias, perderá o direito à vista fora de cartório e incorrerá em multa correspondente à metade do salário-mínimo.

§ 3º Verificada a falta, o juiz comunicará o fato à seção local da Ordem dos Advogados do Brasil para procedimento disciplinar e imposição de multa.

§ 4º Se a situação envolver membro do Ministério Público, da Defensoria Pública ou da Advocacia Pública, a multa, se for o caso, será aplicada ao agente público responsável pelo ato.

§ 5º Verificada a falta, o juiz comunicará o fato ao órgão competente responsável pela instauração de procedimento disciplinar contra o membro que atuou no feito.

## COMENTÁRIOS

O art. 234 do *novel codex* é mais uma daquelas previsões que tem seus dias contados, pois somente se aplica para os autos que tramitam em papel. Quando todos os processos estiverem tramitando eletronicamente, esta regra não terá mais o menor sentido.

De toda sorte, a redação foi aprimorada com a junção neste artigo daquilo que constava nos arts. 195, 196 e 197 do CPC/73, impondo aos advogados públicos ou privados, o defensor público e o membro do Ministério Público o dever de restituir os autos no prazo do ato a ser praticado.

A redação do § 1º ficou incompleta, pois entendemos que se pode exigir a devolução dos autos não só do advogado que exceder prazo legal, mas também do membro do Ministério Público, da Defensoria Pública ou da Advocacia Pública que incorra na mesma falha.

# CÓDIGO DE PROCESSO CIVIL COMENTADO • LEI 13.105, DE 16 DE MARÇO DE 2015 — ART. 235

Se o advogado depois de intimado não devolver os autos no prazo de 3 (três) dias, sofrerá duas punições: perderá o direito à vista fora de cartório e deverá pagar uma multa correspondente à metade do salário-mínimo. Além disso, o juiz deverá comunicará o fato à seção local da Ordem dos Advogados do Brasil para procedimento disciplinar e imposição de multa.

Se a não devolução dos autos no prazo assinalado for do membro do Ministério Público, da Defensoria Pública ou da Advocacia Pública, a multa, se for o caso, será aplicada ao agente público responsável pelo ato e, além, disso, o juiz comunicará o fato ao órgão competente que será responsável pela instauração de procedimento disciplinar contra o membro que atuou no feito.

**Art. 235.** Qualquer parte, o Ministério Público ou a Defensoria Pública poderá representar ao corregedor do tribunal ou ao Conselho Nacional de Justiça contra juiz ou relator que injustificadamente exceder os prazos previstos em lei, regulamento ou regimento interno.

§ 1º Distribuída a representação ao órgão competente e ouvido previamente o juiz, não sendo caso de arquivamento liminar, será instaurado procedimento para apuração da responsabilidade, com intimação do representado por meio eletrônico para, querendo, apresentar justificativa no prazo de 15 (quinze) dias.

§ 2º Sem prejuízo das sanções administrativas cabíveis, em até 48 (quarenta e oito) horas após a apresentação ou não da justificativa de que trata o § 1º, se for o caso, o corregedor do tribunal ou o relator no Conselho Nacional de Justiça determinará a intimação do representado por meio eletrônico para que, em 10 (dez) dias, pratique o ato.

§ 3º Mantida a inércia, os autos serão remetidos ao substituto legal do juiz ou do relator contra o qual se representou para decisão em 10 (dez) dias.

## COMENTÁRIOS

Neste artigo o legislador disciplina o direito de representação contra os magistrados que descumprirem injustificadamente os prazos previstos em lei, regulamento ou regimento interno.

Essa prerrogativa compete a qualquer das partes, assim como aos membros do Ministério Público ou da Defensoria Pública, que poderá representar ao corregedor do tribunal de justiça ao qual o magistrado é vinculado, ou ainda, ao Conselho Nacional de Justiça.

Os parágrafos estabelecem a forma como deve ser processada a representação pelos órgãos encarregados de apuração da falta, além de impor um procedimento para que se realize o ato que havia deixado de ser praticado pelo faltoso.

# TÍTULO II
## DA COMUNICAÇÃO DOS ATOS PROCESSUAIS
### CAPÍTULO I
### DISPOSIÇÕES GERAIS

**Art. 236.** Os atos processuais serão cumpridos por ordem judicial.

§ 1º Será expedida carta para a prática de atos fora dos limites territoriais do tribunal, da comarca, da seção ou da subseção judiciárias, ressalvadas as hipóteses previstas em lei.

§ 2º O tribunal poderá expedir carta para juízo a ele vinculado, se o ato houver de se realizar fora dos limites territoriais do local de sua sede.

§ 3º Admite-se a prática de atos processuais por meio de videoconferência ou outro recurso tecnológico de transmissão de sons e imagens em tempo real.

### COMENTÁRIOS

A realização dos atos processuais será cumprida por ordem judicial e para tanto o CPC determina a expedição de carta precatória ou mesmo carta de ordem conforme veremos no artigo seguinte.

O importante mesmo e a previsão no que diz respeito ao permissivo para a realização de atos processuais por meio de videoconferência ou outro recurso tecnológico de transmissão de sons e imagens em tempo real que na prática tem se mostrado extremamente útil tendo em vista a possiblidade de realização de audiência a distância com oitiva de testemunha ou das partes.

**Art. 237.** Será expedida carta:

I – de ordem, pelo tribunal, na hipótese do § 2º do art. 236;

II – rogatória, para que órgão jurisdicional estrangeiro pratique ato de cooperação jurídica internacional, relativo a processo em curso perante órgão jurisdicional brasileiro;

III – precatória, para que órgão jurisdicional brasileiro pratique ou determine o cumprimento, na área de sua competência territorial, de ato relativo a pedido de cooperação judiciária formulado por órgão jurisdicional de competência territorial diversa;

IV – arbitral, para que órgão do Poder Judiciário pratique ou determine o cumprimento, na área de sua competência territorial, de ato objeto de pedido de cooperação judiciária formulado por juízo arbitral, inclusive os que importem efetivação de tutela provisória.

**Parágrafo único.** Se o ato relativo a processo em curso na justiça federal ou em tribunal superior houver de ser praticado em local onde não haja vara federal, a carta poderá ser dirigida ao juízo estadual da respectiva comarca.

## COMENTÁRIOS

A carta de ordem é aquela expedida pelo tribunal para que um juiz a ele vinculado preste algum tipo de informação ou realize alguma diligência.

A carta rogatória serve para que a autoridade brasileira peça cooperação a órgão jurisdicional estrangeiro na realização de ato processual, relativo a processo em curso perante órgão jurisdicional brasileiro.

Já a carta precatória é normalmente expedida por ordem de um juiz singular, pedindo para que outro juiz de competência similar em outra comarca do território brasileiro pratique ou determine o cumprimento de atos judiciais necessários à instrução do processo que tramita no juízo de origem, tais como citar ou intimar o réu, ouvir testemunhas, penhorar, avaliar e pracear bens situados em local que não o da causa, dentre outras medidas.

Só de curiosidade, o juiz que expede a precatória é chamado de deprecante, enquanto o que recebe a precatória é chamado de deprecado.

A novidade fica por conta da carta arbitral, pois através dela o arbitro pode pedir a qualquer órgão do Poder Judiciário que pratique ou determine o cumprimento, na área de sua competência territorial, de ato objeto de pedido do processo de arbitragem, inclusive os que importem efetivação de tutela provisória.

O parágrafo único também inova na exata medida em que permite que a justiça estadual possa praticar atos que seriam privativos de juízes federais, quando na comarca não houver vara da justiça federal.

## CAPÍTULO II
### DA CITAÇÃO

**Art. 238.** Citação é o ato pelo qual são convocados o réu, o executado ou o interessado para integrar a relação processual.

**Parágrafo único.** A citação será efetivada em até 45 (quarenta e cinco) dias a partir da propositura da ação. (Incluído pela Lei 14.195, de 2021)

## COMENTÁRIOS

O artigo define a citação como sendo o ato pelo qual são convocados o réu, o executado ou o interessado para integrar a relação processual.

Este é o ato judicial pelo qual alguém, independente de sua vontade, é convocado para fazer parte de um processo na condição de réu, executado ou interessado. A lei também fala em interessado porque existem processos onde não se pode falar em réu como, por exemplo, nos processos de jurisdição voluntária (ver CPC, art. 721).

A bem da verdade a definição ficaria melhor se dissesse explicitamente que a citação é o ato pelo qual se chama a juízo o réu ou o interessado a fim de se defender, eis que, conforme sabido, não há que se falar em relação processual, sem que tenha sido realizada a citação válida.

O parágrafo único foi incluído pela Lei 14.195, de 2021 o que é salutar, pois estabelece prazo para que a serventia do juízo possa aperfeiçoar o ato citatório

> **Art. 239.** Para a validade do processo é indispensável a citação do réu ou do executado, ressalvadas as hipóteses de indeferimento da petição inicial ou de improcedência liminar do pedido.
>
> § 1º O comparecimento espontâneo do réu ou do executado supre a falta ou a nulidade da citação, fluindo a partir desta data o prazo para apresentação de contestação ou de embargos à execução.
>
> § 2º Rejeitada a alegação de nulidade, tratando-se de processo de:
>
> I – conhecimento, o réu será considerado revel;
>
> II – execução, o feito terá seguimento.

## COMENTÁRIOS

A citação válida é ato importantíssimo porquanto pressuposto processual de validade do próprio processo, tendo em vista que, se não tiver sido feita a citação ou ela tenha sido realizada de maneira defeituosa, o processo será considerado como inexistente.

Alguns doutrinadores falam que a citação é pressuposto de existência e validade, porém, é discutível esse posicionamento. A citação é pressuposto somente de validade porque o processo a rigor já existe e se completará com a citação válida.

Algumas particularidades chamam a atenção no ato citatório. Embora a lei processual exija uma série de formalidade para que a citação seja considerada válida, admite-se que ela se aperfeiçoe, ainda que realizada de forma incorreta, quando o réu ou o executado comparecer espontaneamente. Quer dizer, ainda que o réu ou o executado ingresse no processo para arguir a nulidade ou imperfeição da citação, sua presença terá o condão de suprir a falta, a imperfeição ou mesmo a nulidade da citação, fluindo a partir desta data o prazo para apresentação de contestação ou de embargos à execução.

Tanto é verdade que se o réu ou executado alegar apenas a nulidade e a mesma for rejeitada, o juiz considerará o réu revel (no processo de conhecimento) ou mandará seguir com os atos executivos (no processo de execução).

Assim, é recomendável arguir a nulidade ou irregularidade de citação em preliminares da contestação ou dos embargos quando ela não tenha se realizado ou tenha sido realizada defeituosamente. A razão dessa alegação se justifica em razão do prazo para resposta que pode já ter se escoado quando então poderá a parte requerer ao juiz a devolução do prazo, de sorte que a sua peça de resistência não seja considerada extemporânea.

# CÓDIGO DE PROCESSO CIVIL COMENTADO • LEI 13.105, DE 16 DE MARÇO DE 2015 — ART. 240

**Art. 240.** A citação válida, ainda quando ordenada por juízo incompetente, induz litispendência, torna litigiosa a coisa e constitui em mora o devedor, ressalvado o disposto nos arts. 397 e 398 da Lei no 10.406, de 10 de janeiro de 2002 (Código Civil).

§ 1º A interrupção da prescrição, operada pelo despacho que ordena a citação, ainda que proferido por juízo incompetente, retroagirá à data de propositura da ação.

§ 2º Incumbe ao autor adotar, no prazo de 10 (dez) dias, as providências necessárias para viabilizar a citação, sob pena de não se aplicar o disposto no § 1º.

§ 3º A parte não será prejudicada pela demora imputável exclusivamente ao serviço judiciário.

§ 4º O efeito retroativo a que se refere o § 1º aplica-se à decadência e aos demais prazos extintivos previstos em lei.

## COMENTÁRIOS

O art. 240 diz que a citação válida, ainda quando ordenada por juízo incompetente, induz litispendência, torna litigiosa a coisa e constitui em mora o devedor.

A ressalva constante no *caput* do artigo em comento, feita com relação aos dois artigos do Código Civil se justifica porque, em ambos os casos, o devedor estará constituído em mora independente de processo ou citação. Nas obrigações positivas e líquidas o devedor estará constituído automaticamente em mora desde o termo final ou na inexistência de termo, desde a interpelação judicial ou extrajudicial (ver CC, art. 397); assim como, também estará constituído em mora desde o evento danoso, quando tratar-se de ato ilícito, (ver CC, art. 398).

O § 1º trata da interrupção da prescrição que ocorrerá com o despacho que ordena a citação, ainda que proferido por juízo incompetente, e também, dos efeitos retroativos de tal ato. Isso é importante porque ainda que a citação demore, os direitos da parte estarão protegidos e não serão atingidos pela prescrição.

Para que a interrupção e a retroação tenham validade é necessário que o autor adote todas as providencias necessárias, no prazo de 10 (dez) dias, para que viabilizar a citação. Quer dizer, o autor deve providenciar tudo que seja necessário para a realização da citação como, por exemplo, o recolhimento da guia de condução do oficial de justiça.

Já § 3º deixa claro que a parte não pode ser prejudicada pela eventual demora imputável exclusivamente ao serviço judiciário. A lógica está em que não se pode penalizar a parte pela ineficiência do Poder Público. Assim, se a demora na citação for imputada ao juiz ou aos serventuários da justiça, ainda assim os efeitos serão válidos para a parte.

Por fim, o § 4º manda estender o efeito retroativo a que se refere o § 1º à decadência e todos os demais prazos extintivos previstos em lei.

**Art. 241.** Transitada em julgado a sentença de mérito proferida em favor do réu antes da citação, incumbe ao escrivão ou ao chefe de secretaria comunicar-lhe o resultado do julgamento.

## COMENTÁRIOS

Na eventualidade de ter sido proferida sentença de mérito em favor do réu que ainda não tenha sido citado, e tendo ela transitado em julgado, prescreve a lei processual que o escrivão ou ao chefe de secretaria deverá comunicar tal fato ao réu.

É o caso de o juiz pronunciar, liminarmente e de ofício, a decadência ou a prescrição (ver CPC, art. 487, II). Nesse caso, teremos uma sentença de mérito sem que o réu tenha ainda sido citado.

Entendemos que, embora o *caput* do artigo em comento refira-se explicitamente a sentença de mérito, o contido no presente artigo se aplica a decisão que não seja de mérito como é o caso, por exemplo, do previsto no art. 332 que trata da improcedência liminar do pedido ou mesmo do previsto no art. 331, § 3º, que trata da não interposição de apelação no caso de indeferimento da petição inicial.

**Art. 242.** A citação será pessoal, podendo, no entanto, ser feita na pessoa do representante legal ou do procurador do réu, do executado ou do interessado.

§ 1º Na ausência do citando, a citação será feita na pessoa de seu mandatário, administrador, preposto ou gerente, quando a ação se originar de atos por eles praticados.

§ 2º O locador que se ausentar do Brasil sem cientificar o locatário de que deixou, na localidade onde estiver situado o imóvel, procurador com poderes para receber citação será citado na pessoa do administrador do imóvel encarregado do recebimento dos aluguéis, que será considerado habilitado para representar o locador em juízo.

§ 3º A citação da União, dos Estados, do Distrito Federal, dos Municípios e de suas respectivas autarquias e fundações de direito público será realizada perante o órgão de Advocacia Pública responsável por sua representação judicial.

## COMENTÁRIOS

Como regra, a citação será pessoal. Por exceção, pode a citação ser feita na pessoa do representante legal ou do procurador do réu, do executado ou do interessado.

Outra exceção diz respeito a possibilidade de não ser encontrado o réu, quando então a citação poderá ser feita na pessoa de seu mandatário, administrador, preposto ou gerente, porém só nos casos em que a ação se originar de atos por eles praticados.

Prevê ainda a lei processual a possibilidade de ser citado o administrador do imóvel encarregado do recebimento dos aluguéis no lugar do locador que se ausentou do Brasil sem cientificar o locatário de que deixou, na localidade onde estiver situado o imóvel, procurador com poderes para receber citação. A lei considera o administrador habilitado para representar o locador em juízo.

Outra inovação é a previsão de que a citação da União, dos Estados, do Distrito Federal, dos Municípios e de suas respectivas autarquias e fundações de direito público será realizada perante o órgão de Advocacia Pública responsável por sua representação judicial.

**Art. 243.** A citação poderá ser feita em qualquer lugar em que se encontre o réu, o executado ou o interessado.

**Parágrafo único.** O militar em serviço ativo será citado na unidade em que estiver servindo, se não for conhecida sua residência ou nela não for encontrado.

### COMENTÁRIOS

Aquele que deve responder aos termos da ação pode ser citado em qualquer lugar onde seja encontrado. Quer dizer, o réu, o executado ou o interessado pode ser citado na sua residência ou domicílio, bem assim em seu local de trabalho e até mesmo no bar da esquina, respeitada as proibições do art. 244. Se a parte alegar que não sabe onde reside o militar da ativa, ou mesmo sabendo, comprove que lá ele não foi encontrado, poderá pedir que a citação seja realizada na unidade em que estiver servindo.

**Art. 244.** Não se fará a citação, salvo para evitar o perecimento do direito:

I – de quem estiver participando de ato de culto religioso;

II – de cônjuge, de companheiro ou de qualquer parente do morto, consanguíneo ou afim, em linha reta ou na linha colateral em segundo grau, no dia do falecimento e nos 7 (sete) dias seguintes;

III – de noivos, nos 3 (três) primeiros dias seguintes ao casamento;

IV – de doente, enquanto grave o seu estado.

### COMENTÁRIOS

O dispositivo em comento traz um rol de situações que impede seja validamente realizada a citação.

Assim, não poderá ser feita a citação de quem estiver participando de ato de culto religioso como forma de respeito ao direito de culto que atinge não somente o fiel como também o celebrante.

Também não se fará a citação do cônjuge, de companheiro ou de qualquer parente do morto, consanguíneo ou afim, em linha reta ou na linha colateral em segundo grau, no dia do falecimento e nos 7 (sete) dias seguintes. Trata-se de respeito ao luto da família.

Excepciona ainda a lei processual o caso dos nubentes, não só no dia do casamento, bem como nos 3 (três) primeiros dias seguintes ao casamento. Regra estatuída com forma de prestigiar a entidade do casamento e a tranquilidade que deve cercar os recém-casados nos primeiros dias de suas bodas.

Por fim, não se fará a citação dos doentes, enquanto grave o seu estado. Justifica-se tal proibição porquanto a pessoa que se encontre neste estado já estará moral e fisicamente debilitada, não se justificando possa lhe ser imposta uma preocupação adicional.

Excepcionalmente, estas pessoas podem ser citadas quando o ato for necessário para evitar o perecimento do direito.

**Art. 245.** Não se fará citação quando se verificar que o citando é mentalmente incapaz ou está impossibilitado de recebê-la.

§ 1º O oficial de justiça descreverá e certificará minuciosamente a ocorrência.

§ 2º Para examinar o citando, o juiz nomeará médico, que apresentará laudo no prazo de 5 (cinco) dias.

§ 3º Dispensa-se a nomeação de que trata o § 2º se pessoa da família apresentar declaração do médico do citando que ateste a incapacidade deste.

§ 4º Reconhecida a impossibilidade, o juiz nomeará curador ao citando, observando, quanto à sua escolha, a preferência estabelecida em lei e restringindo a nomeação à causa.

§ 5º A citação será feita na pessoa do curador, a quem incumbirá a defesa dos interesses do citando.

## COMENTÁRIOS

Agora, a lei processual cria um impedimento, dizendo que não se fará citação quando for verificado que o citando é mentalmente incapaz ou está impossibilitado de recebê-la. Neste caso, deverá o oficial de justiça descrever e certificar minuciosamente a ocorrência.

Para atestar a incapacidade do citando, o juiz nomeará médico, que apresentará laudo no prazo de 5 (cinco) dias. Este laudo poderá ser dispensado, se alguma pessoa da família apresentar declaração do médico do citando que ateste a incapacidade deste.

Se for reconhecida a impossibilidade, o juiz nomeará curador ao citando, observando, quanto à sua escolha, a preferência estabelecida em lei e restringindo a nomeação à causa. Nesse caso, a citação será feita na pessoa do curador, a quem incumbirá a defesa dos interesses do citando.

# Art. 246

**Art. 246.** A citação será feita preferencialmente por meio eletrônico, no prazo de até 2 (dois) dias úteis, contado da decisão que a determinar, por meio dos endereços eletrônicos indicados pelo citando no banco de dados do Poder Judiciário, conforme regulamento do Conselho Nacional de Justiça. (Redação dada pela Lei nº 14.195, de 2021)

§ 1º-A A ausência de confirmação, em até 3 (três) dias úteis, contados do recebimento da citação eletrônica, implicará a realização da citação: (Incluído pela Lei nº 14.195, de 2021)

I – pelo correio; (Incluído pela Lei nº 14.195, de 2021)

II – por oficial de justiça; (Incluído pela Lei nº 14.195, de 2021)

III – pelo escrivão ou chefe de secretaria, se o citando comparecer em cartório; (Incluído pela Lei nº 14.195, de 2021)

IV – por edital. (Incluído pela Lei nº 14.195, de 2021)

§ 1º-B Na primeira oportunidade de falar nos autos, o réu citado nas formas previstas nos incisos I, II, III e IV do § 1º-A deste artigo deverá apresentar justa causa para a ausência de confirmação do recebimento da citação enviada eletronicamente. (Incluído pela Lei nº 14.195, de 2021)

§ 1º-C Considera-se ato atentatório à dignidade da justiça, passível de multa de até 5% (cinco por cento) do valor da causa, deixar de confirmar no prazo legal, sem justa causa, o recebimento da citação recebida por meio eletrônico. (Incluído pela Lei nº 14.195, de 2021)

§ 2º O disposto no § 1º aplica-se à União, aos Estados, ao Distrito Federal, aos Municípios e às entidades da administração indireta.

§ 3º Na ação de usucapião de imóvel, os confinantes serão citados pessoalmente, exceto quando tiver por objeto unidade autônoma de prédio em condomínio, caso em que tal citação é dispensada.

§ 4º As citações por correio eletrônico serão acompanhadas das orientações para realização da confirmação de recebimento e de código identificador que permitirá a sua identificação na página eletrônica do órgão judicial citante. (Incluído pela Lei nº 14.195, de 2021)

§ 5º As microempresas e as pequenas empresas somente se sujeitam ao disposto no § 1º deste artigo quando não possuírem endereço eletrônico cadastrado no sistema integrado da Rede Nacional para a Simplificação do Registro e da Legalização de Empresas e Negócios (Redesim). (Incluído pela Lei nº 14.195, de 2021)

§ 6º Para os fins do § 5º deste artigo, deverá haver compartilhamento de cadastro com o órgão do Poder Judiciário, incluído o endereço eletrônico constante do sistema integrado da Redesim, nos termos da legislação aplicável ao sigilo fiscal e ao tratamento de dados pessoais. (Incluído pela Lei nº 14.195, de 2021)

## COMENTÁRIOS

O dispositivo em questão trata das formas pelas quais a citação poderá ser realizada estabelecendo como prioritária, a citação por meio eletrônico, dado a sua simplicidade e agilidade e resulta da alteração promovida no CPC através da Lei 14.195, de 2021.

Também pode ser feita por correio ou oficial de justiça quando não houver confirmação do recebimento da citação eletrônica, em até 3 (três) dias úteis. Aí é uma opção da parte fazer por correio ou por oficial de justiça, lembrando que esta última forma ainda pode ser importante especialmente pela segurança jurídica que oferece.

No caso de ausência de confirmação da citação eletrônica, a Nova Lei determina que o réu deverá apresentar justa causa para a ausência de confirmação do recebimento da citação eletrônica, conforme o § 1º-B do Artigo 246, e no caso de ausência de confirmação sem justa causa, o réu estará sujeito à multa por ato atentatório à dignidade da justiça, conforme prevê o § 1º-C do mesmo artigo.

Ainda em face da nova redação o § 4º do art. 246 do CPC prevê o envio de orientações para a realização da confirmação do recebimento da citação eletrônica.

Houve alterações também em relação à citação eletrônica para empresas públicas e privadas, que estão obrigadas, a partir de agora, a manter cadastro nos sistemas de processo eletrônicos, devendo ser utilizado o endereço eletrônico cadastrado junto ao sistema Redesim, conforme descreve o § 1º do art. 246 do CPC, incluído pela Lei 14.195/2021;

Os parágrafos 5º e 6º do art. 246 do CPC, também incluídos pela nova lei, trouxeram exceções aos meios alternativos de citação em relação às micro e às pequenas empresas, informando que as mesmas somente se sujeitam ao disposto no § 1º deste artigo quando não possuírem endereço eletrônico cadastrado no sistema integrado Redesim;

Temos ainda a citação ficta, isto é, aquela feita por edital, como forma de permitir, ainda que de forma presumida, que a relação processual possa ser completada.

Por fim, o dispositivo inova prevendo que na ação de usucapião de imóvel, os confinantes serão citados pessoalmente, exceto quando tiver por objeto unidade autônoma de prédio em condomínio, caso em que tal citação é dispensada.

> **Art. 247.** A citação será feita por meio eletrônico ou pelo correio para qualquer comarca do País, exceto: (Redação dada pela Lei nº 14.195, de 2021)
>
> I – nas ações de estado, observado o disposto no art. 695, § 3º;
>
> II – quando o citando for incapaz;
>
> III – quando o citando for pessoa de direito público;
>
> IV – quando o citando residir em local não atendido pela entrega domiciliar de correspondência;
>
> V – quando o autor, justificadamente, a requerer de outra forma.

## COMENTÁRIOS

O artigo 247 também foi alterado pela Lei 14.195, de 2021 para demonstrar as exceções à citação eletrônica nas ações de estado, quando o citando for incapaz, quando o citando for pessoa de direito público, quando o citando residir em local não atendido pela entrega domiciliar de correspondência e quando o autor, justificadamente, a requerer de outra forma. Nesses casos, a citação deverá ser feita por oficial de justiça.

Uma novidade é a possibilidade da citação por meio eletrônico ou por carta no processo de execução, tendo em vista que agora o devedor pode ser citado também por carta. Vale lembrar que no antigo CPC a citação do executado deveria ser feita, obrigatoriamente, por oficial de justiça, exatamente porque constava do texto revogado que a citação do executado não podia ser realizada por carta. Essa inovação colabora para a celeridade e efetividade do processo.

Portanto, a regra é que a citação será feita por meio eletrônico ou pelo correio para qualquer comarca do país.

Também não pode ser realizada a citação por carta quando o citando for pessoa de direito público, justificando-se tal proibição em face da grande burocracia que cerca estes órgãos o que, com toda certeza, colabora para a desorganização no recebimento e encaminhamento de suas correspondências para os setores competentes da administração.

Por obvio que se o citando residir em local que não seja atendido pelo correio, não se pode cogitar desse tipo de citação.

Finalmente, faculta o dispositivo que o autor, de maneira justificada, possa requerer que a citação se faça por oficial de justiça e não por carta. É uma opção da parte que pode se justificar em razão da necessária segurança jurídica.

**Art. 248.** Deferida a citação pelo correio, o escrivão ou o chefe de secretaria remeterá ao citando cópias da petição inicial e do despacho do juiz e comunicará o prazo para resposta, o endereço do juízo e o respectivo cartório.

§ 1º A carta será registrada para entrega ao citando, exigindo-lhe o carteiro, ao fazer a entrega, que assine o recibo.

§ 2º Sendo o citando pessoa jurídica, será válida a entrega do mandado a pessoa com poderes de gerência geral ou de administração ou, ainda, a funcionário responsável pelo recebimento de correspondências.

§ 3º Da carta de citação no processo de conhecimento constarão os requisitos do art. 250.

§ 4º Nos condomínios edilícios ou nos loteamentos com controle de acesso, será válida a entrega do mandado a funcionário da portaria responsável pelo recebimento de correspondência, que, entretanto, poderá recusar o recebimento, se declarar, por escrito, sob as penas da lei, que o destinatário da correspondência está ausente.

## COMENTÁRIOS

O art. 248 do CPC incorpora duas inovações bastante significativas, em prestígio à jurisprudência pátria.

A primeira é com relação a citação por carta de pessoa jurídica que será válida se for entregue a funcionário que habitualmente recebe a correspondência. Ou seja, acaba com antiga discussão de que somente seria válida a citação por correio se a carta fosse recebida por pessoa com poderes de gerência geral ou de administração.

A outra novidade, também importante, é a previsão de que nos condomínios edilícios ou nos loteamentos com controle de acesso, será válida a entrega do mandado a funcionário da portaria responsável pelo recebimento de correspondência que, entretanto, poderá recusar o recebimento, se declarar, por escrito, sob as penas da lei, que o destinatário da correspondência está ausente.

O § 3º estatui que a carta de citação no processo de conhecimento deverá conter as mesmas exigências que constam do art. 250, que regula a citação por oficial de justiça, tais como, conter o nome do autor e réu, o fim da citação, o dia, hora e lugar do comparecimento do citando, entre outros.

**Art. 249.** A citação será feita por meio de oficial de justiça nas hipóteses previstas neste Código ou em lei, ou quando frustrada a citação pelo correio.

## COMENTÁRIOS

Vale lembrar que a citação deve ser feita preferencialmente por meio eletrônico ou por carta, porém se restar frustrada a citação por essas modalidades, resta a parte requerer que a mesma seja feita por oficial de justiça.

Além disso, existe determinadas situações em que a citação deverá ser feita somente por oficial de justiça como, por exemplo, nas ações de estado; quando o citando for incapaz; quando o citando for pessoa de direito público; quando o citando residir em local não atendido pela entrega domiciliar de correspondência, dentre outras.

**Art. 250.** O mandado que o oficial de justiça tiver de cumprir conterá:

I – os nomes do autor e do citando e seus respectivos domicílios ou residências;

II – a finalidade da citação, com todas as especificações constantes da petição inicial, bem como a menção do prazo para contestar, sob pena de revelia, ou para embargar a execução;

III – a aplicação de sanção para o caso de descumprimento da ordem, se houver;

IV – se for o caso, a intimação do citando para comparecer, acompanhado de advogado ou de defensor público, à audiência de conciliação ou de mediação, com a menção do dia, da hora e do lugar do comparecimento;

V – a cópia da petição inicial, do despacho ou da decisão que deferir tutela provisória;

VI – a assinatura do escrivão ou do chefe de secretaria e a declaração de que o subscreve por ordem do juiz.

## COMENTÁRIOS

O art. 250 relaciona os requisitos necessários ao mandado citatório a ser realizado por oficial de justiça, e também por carta, que deverá conter a identificação do autor e do réu, além de seus respectivos domicílios ou residências. Deverá também dizer qual a finalidade da citação, com todas as especificações constantes da petição inicial, bem como a menção do prazo para contestar, sob pena de revelia, ou para embargar a execução, com o alerta de eventuais outras sanções pelo descumprimento da ordem, se houver.

A novidade fica por conta do que consta no inciso IV que estabelece a obrigação do citando se fazer acompanhar de advogado ou de defensor público, na audiência de conciliação ou de mediação, com a menção do dia, da hora e do lugar do comparecimento.

Além disso, quando o juiz tiver deferido alguma das tutelas de urgência, além da cópia da petição inicial, deverá acompanhar o mandato cópia do despacho ou da decisão que deferiu o pedido.

**Art. 251.** Incumbe ao oficial de justiça procurar o citando e, onde o encontrar, citá-lo:

I – lendo-lhe o mandado e entregando-lhe a contrafé;

II – portando por fé se recebeu ou recusou a contrafé;

III – obtendo a nota de ciente ou certificando que o citando não a após no mandado.

## COMENTÁRIOS

Agora o legislador regula o procedimento que o oficial de justiça deve adotar para a realização da citação válida.

Quando a lei diz que incumbe ao oficial de justiça procurar o citando, significa dizer que ele não deve se limitar a procurá-lo apenas em sua residência ou domicílio podendo realizar o ato em outro local, se lhe for informado onde se encontra a pessoa a ser citada.

Encontrando o citando, deve ler o conteúdo do mandado e entregar-lhe a contrafé. Se houver recusa no recebimento, deverá certificar tal fato e devolver o mandado como regularmente cumprido, isto porque o oficial de justiça goza de fé pública.

**Art. 252.** Quando, por 2 (duas) vezes, o oficial de justiça houver procurado o citando em seu domicílio ou residência sem o encontrar, deverá, havendo suspeita de ocultação, intimar qualquer pessoa da família ou, em sua falta, qualquer vizinho de que, no dia útil imediato, voltará a fim de efetuar a citação, na hora que designar.

**Parágrafo único.** Nos condomínios edilícios ou nos loteamentos com controle de acesso, será válida a intimação a que se refere o *caput* feita a funcionário da portaria responsável pelo recebimento de correspondência.

### COMENTÁRIOS

Este artigo regula a citação por hora certa que poderá ocorrer quando por 2 (duas) vezes o oficial de justiça houver procurado o citando em seu domicílio ou residência sem o encontrar. Nesse caso, havendo suspeita de ocultação, deverá intimar qualquer pessoa da família ou, em sua falta, qualquer vizinho de que, no dia útil imediato, voltará a fim de efetuar a citação, na hora que designar.

Consoante à realidade atual, o parágrafo único inova ao permitir que o oficial de justiça proceda a citação por hora certa na pessoa do funcionário da portaria responsável pelo recebimento de correspondência, quando o citando residir em condomínios edilícios ou nos loteamentos com controle de acesso.

**Art. 253.** No dia e na hora designados, o oficial de justiça, independentemente de novo despacho, comparecerá ao domicílio ou à residência do citando a fim de realizar a diligência.

§ 1º Se o citando não estiver presente, o oficial de justiça procurará informar-se das razões da ausência, dando por feita a citação, ainda que o citando se tenha ocultado em outra comarca, seção ou subseção judiciárias.

§ 2º A citação com hora certa será efetivada mesmo que a pessoa da família ou o vizinho que houver sido intimado esteja ausente, ou se, embora presente, a pessoa da família ou o vizinho se recusar a receber o mandado.

§ 3º Da certidão da ocorrência, o oficial de justiça deixará contrafé com qualquer pessoa da família ou vizinho, conforme o caso, declarando-lhe o nome.

§ 4º O oficial de justiça fará constar do mandado a advertência de que será nomeado curador especial se houver revelia.

### COMENTÁRIOS

No dispositivo em comento, o legislador regula a forma pela qual o oficial de justiça deve proceder quando a citação for realizada por hora certa. A novidade é a previsão de que a citação com hora certa será efetivada mesmo que a pessoa da família ou o vizinho que houver sido intimado esteja ausente, ou se, embora presente, a pessoa da família ou o vizinho se recusar a receber o mandado. Nesse caso, o oficial de justiça deverá certificar a ocorrência, e deixará a contrafé com qualquer pessoa da família ou vizinho, conforme o caso, declarando-lhe o nome, fazendo constar do mandado a advertência de que será nomeado curador especial se houver revelia.

> **Art. 254.** Feita a citação com hora certa, o escrivão ou chefe de secretaria enviará ao réu, executado ou interessado, no prazo de 10 (dez) dias, contado da data da juntada do mandado aos autos, carta, telegrama ou correspondência eletrônica, dando-lhe de tudo ciência.

### COMENTÁRIOS

Embora a citação já esteja aperfeiçoada, a lei impõe uma obrigação adicional para o escrivão ou chefe de secretaria de enviar para o citando, no prazo de 10 (dez) dias, a confirmação da citação realizada por hora certa, através de carta, telegrama ou correspondência eletrônica.

Cumpre esclarecer que esta comunicação em nada interfere com o prazo para o citando se manifestar que será contado a partir da juntada aos autos do mandado cumprido.

> **Art. 255.** Nas comarcas contíguas de fácil comunicação e nas que se situem na mesma região metropolitana, o oficial de justiça poderá efetuar, em qualquer delas, citações, intimações, notificações, penhoras e quaisquer outros atos executivos.

### COMENTÁRIOS

Nesse caso, a norma se justifica, pois a divisão territorial entre comarcas contigua ou de fácil comunicação, não pode ser empecilho para a realização da citação por oficial de justiça, especialmente nas regiões metropolitanas.

Esse permissivo também colabora com a celeridade, praticidade e economia processual pois assim não se faz necessário a expedição de carta precatória

> **Art. 256.** A citação por edital será feita:
>
> I – quando desconhecido ou incerto o citando;
>
> II – quando ignorado, incerto ou inacessível o lugar em que se encontrar o citando;
>
> III – nos casos expressos em lei.
>
> § 1º Considera-se inacessível, para efeito de citação por edital, o país que recusar o cumprimento de carta rogatória.

§ 2º No caso de ser inacessível o lugar em que se encontrar o réu, a notícia de sua citação será divulgada também pelo rádio, se na comarca houver emissora de radiodifusão.

§ 3º O réu será considerado em local ignorado ou incerto se infrutíferas as tentativas de sua localização, inclusive mediante requisição pelo juízo de informações sobre seu endereço nos cadastros de órgãos públicos ou de concessionárias de serviços públicos.

## COMENTÁRIOS

O CPC esclarece em quais situações será permitida a citação por edital. Justifica-se a enumeração porque este tipo de citação só pode ser autorizado em situações excepcionais, isto é, quando não for possível a citação pessoal.

Importante foi a inclusão do constante do § 3º que considera o réu em local ignorado ou incerto se forem esgotadas todas as formas de localização de seu paradeiro, inclusive mediante requisição pelo juízo de informações sobre seu endereço nos cadastros de órgãos públicos ou de concessionárias de serviços públicos.

**Art. 257.** São requisitos da citação por edital:

I – a afirmação do autor ou a certidão do oficial informando a presença das circunstâncias autorizadoras;

II – a publicação do edital na rede mundial de computadores, no sítio do respectivo tribunal e na plataforma de editais do Conselho Nacional de Justiça, que deve ser certificada nos autos;

III – a determinação, pelo juiz, do prazo, que variará entre 20 (vinte) e 60 (sessenta) dias, fluindo da data da publicação única ou, havendo mais de uma, da primeira;

IV – a advertência de que será nomeado curador especial em caso de revelia.

**Parágrafo único.** O juiz poderá determinar que a publicação do edital seja feita também em jornal local de ampla circulação ou por outros meios, considerando as peculiaridades da comarca, da seção ou da subseção judiciárias.

## COMENTÁRIOS

O dispositivo em questão elenca quais são os requisitos que devem ser obedecidos para a citação por edital, cabendo destacar a previsão de sua publicação na rede mundial de computadores, no sítio do respectivo tribunal e na plataforma de editais do Conselho Nacional de Justiça, que deve ser certificada nos autos;

O inciso IV corrige uma omissão que existia no CPC/73, estabelecendo que deve constar do edital a advertência de que será nomeado curador especial em caso de revelia.

# CÓDIGO DE PROCESSO CIVIL COMENTADO • LEI 13.105, DE 16 DE MARÇO DE 2015 — ART. 260

**Art. 258.** A parte que requerer a citação por edital, alegando dolosamente a ocorrência das circunstâncias autorizadoras para sua realização, incorrerá em multa de 5 (cinco) vezes o salário-mínimo.

**Parágrafo único.** A multa reverterá em benefício do citando.

## COMENTÁRIOS

A regra contida no art. 258 justifica-se dada a fragilidade da citação por edital e visa impedir que a parte contrária aja de má-fé requerendo ardilosamente este tipo de citação quando, por exemplo, sabe onde se encontra o citando, punindo-a com multa que reverterá para o citando.

Advirta-se, contudo que o fato de o autor descobrir o endereço do citando posteriormente à propositura da ação, não significa má-fé.

**Art. 259.** Serão publicados editais:

I – na ação de usucapião de imóvel;

II – na ação de recuperação ou substituição de título ao portador;

III – em qualquer ação em que seja necessária, por determinação legal, a provocação, para participação no processo, de interessados incertos ou desconhecidos.

## COMENTÁRIOS

Independente da citação por edital que vimos acima, o legislador fez constar que serão publicados editais, na ação de usucapião de bem imóvel; e, na ação de recuperação ou substituição de título ao portador.

A previsão contida nos incisos I e II do artigo em comento, seria perfeitamente dispensável tendo em vista o que consta insculpido no inciso III que, a nosso sentir, engloba referidas ações.

### CAPÍTULO III
### DAS CARTAS

**Art. 260.** São requisitos das cartas de ordem, precatória e rogatória:

I – a indicação dos juízes de origem e de cumprimento do ato;

II – o inteiro teor da petição, do despacho judicial e do instrumento do mandato conferido ao advogado;

III – a menção do ato processual que lhe constitui o objeto;

IV – o encerramento com a assinatura do juiz.

§ 1º O juiz mandará trasladar para a carta quaisquer outras peças, bem como instruí-la com mapa, desenho ou gráfico, sempre que esses documentos devam ser examinados, na diligência, pelas partes, pelos peritos ou pelas testemunhas.

§ 2º Quando o objeto da carta for exame pericial sobre documento, este será remetido em original, ficando nos autos reprodução fotográfica.

§ 3º A carta arbitral atenderá, no que couber, aos requisitos a que se refere o *caput* e será instruída com a convenção de arbitragem e com as provas da nomeação do árbitro e de sua aceitação da função.

## COMENTÁRIOS

O artigo em questão trata dos requisitos que devem ser atendidos na expedição de cartas de ordem, precatórias e rogatórias.

Merece destaque apenas a inclusão da carta arbitral neste rol que atenderá no que couber aos requisitos a que se refere o *caput* e será instruída com a convenção de arbitragem e com as provas da nomeação do árbitro e de sua aceitação da função.

**Art. 261.** Em todas as cartas o juiz fixará o prazo para cumprimento, atendendo à facilidade das comunicações e à natureza da diligência.

§ 1º As partes deverão ser intimadas pelo juiz do ato de expedição da carta.

§ 2º Expedida a carta, as partes acompanharão o cumprimento da diligência perante o juízo destinatário, ao qual compete a prática dos atos de comunicação.

§ 3º A parte a quem interessar o cumprimento da diligência cooperará para que o prazo a que se refere o *caput* seja cumprido.

## COMENTÁRIOS

Reforçando o princípio da cooperação, o artigo em pauta estabelece em seus parágrafos que as partes deverão ser intimadas pelo juiz do ato de expedição da carta; bem como, acompanhar o cumprimento da diligência perante o juízo destinatário, ao qual compete a prática dos atos de comunicação.

Além disso, a parte a quem interessar o cumprimento da diligência cooperará para que o prazo fixado pelo juiz seja cumprido.

Cumpre destacar que o prazo para cumprimento da carta precatória é definido pelo juiz que a emite, levando em consideração o trabalho do cotidiano do juiz que a recebe e, ao mesmo tempo, a complexidade do pedido realizado para estipular até quando a determinação deve ser cumprida.

**Art. 262.** A carta tem caráter itinerante, podendo, antes ou depois de lhe ser ordenado o cumprimento, ser encaminhada a juízo diverso do que dela consta, a fim de se praticar o ato.

**Parágrafo único.** O encaminhamento da carta a outro juízo será imediatamente comunicado ao órgão expedidor, que intimará as partes.

## COMENTÁRIOS

Um aspecto que releva comentar é que a carta tem caráter itinerante, pois é admitido que elas sejam encaminhadas para juízo distinto do que consta endereçado nela.

Essa característica tem por finalidade consagrar os princípios da economia processual e da razoável duração do processo, previsto no art. 5º, LXXVIII da Constituição Federal reafirmado pelo art. 4º do nosso CPC.

Importa ainda destacar a exigência constante do parágrafo único de que as partes sejam comunicadas, pelo órgão expedidor, de que a carta foi distribuída noutra localidade.

**Art. 263.** As cartas deverão, preferencialmente, ser expedidas por meio eletrônico, caso em que a assinatura do juiz deverá ser eletrônica, na forma da lei.

## COMENTÁRIOS

Concorde com a nova realidade determina o *novel codex* que as cartas deverão, preferencialmente, ser assinadas e expedidas por meio eletrônico.

**Art. 264.** A carta de ordem e a carta precatória por meio eletrônico, por telefone ou por telegrama conterão, em resumo substancial, os requisitos mencionados no art. 250, especialmente no que se refere à aferição da autenticidade.

## COMENTÁRIOS

Já o art. 264 determina que a carta, qualquer que seja o meio de sua emissão, deverá conter, em resumo substancial, os mesmos requisitos do mandado de citação, quais sejam, os nomes do autor e do citando e endereço; a finalidade da citação, com as especificações constantes da petição inicial, bem como a menção do prazo para contestar, sob pena de revelia ou para embargar a execução; e demais cominações insculpidas no art. 250.

**Art. 265.** O secretário do tribunal, o escrivão ou o chefe de secretaria do juízo deprecante transmitirá, por telefone, a carta de ordem ou a carta precatória ao juízo em que houver de se cumprir o ato, por intermédio do escrivão do primeiro ofício da primeira vara, se houver na comarca mais de um ofício ou de uma vara, observando-se, quanto aos requisitos, o disposto no art. 264.

§ 1º O escrivão ou o chefe de secretaria, no mesmo dia ou no dia útil imediato, telefonará ou enviará mensagem eletrônica ao secretário do tribunal, ao escrivão ou ao chefe de secretaria do juízo deprecante, lendo-lhe os termos da carta e solicitando-lhe que os confirme.

§ 2º Sendo confirmada, o escrivão ou o chefe de secretaria submeterá a carta a despacho.

## COMENTÁRIOS

O art. 265 estabelece regras para o oficial de cartório do juízo deprecante, no tocante aos procedimentos quanto a comunicação da carta ao juízo deprecado.

**Art. 266.** Serão praticados de ofício os atos requisitados por meio eletrônico e de telegrama, devendo a parte depositar, contudo, na secretaria do tribunal ou no cartório do juízo deprecante, a importância correspondente às despesas que serão feitas no juízo em que houver de praticar-se o ato.

## COMENTÁRIOS

Nenhuma novidade no dispositivo que impõe à parte interessada a incumbência de antecipar as despesas que serão realizadas para o cumprimento da carta precatória.

**Art. 267.** O juiz recusará cumprimento a carta precatória ou arbitral, devolvendo-a com decisão motivada quando:

I – a carta não estiver revestida dos requisitos legais;

II – faltar ao juiz competência em razão da matéria ou da hierarquia;

III – o juiz tiver dúvida acerca de sua autenticidade.

**Parágrafo único.** No caso de incompetência em razão da matéria ou da hierarquia, o juiz deprecado, conforme o ato a ser praticado, poderá remeter a carta ao juiz ou ao tribunal competente.

## COMENTÁRIOS

O art. 267 autoriza que o juiz deprecado recuse o cumprimento da carta precatória ou arbitral, devolvendo-a com decisão motivada quando ela não preencher os requisitos legais; ou, o juiz não for competente em razão da matéria ou da hierarquia; ou ainda, se houver dúvida acerca de sua autenticidade. Em nome da celeridade e da efetividade do processo o parágrafo único permite que, no caso de incompetência em razão da matéria ou da hierarquia, o juiz deprecado, conforme o ato a ser praticado, remeta a carta ao juiz ou ao tribunal competente.

**Art. 268.** Cumprida a carta, será devolvida ao juízo de origem no prazo de 10 (dez) dias, independentemente de traslado, pagas as custas pela parte.

## COMENTÁRIOS

O art. 268 do CPC cuida apenas do prazo em que a carta precatória deva ser devolvida ao juízo de origem e reafirma a necessidade de a parte arcar com as despesas.

## CAPÍTULO IV
## DAS INTIMAÇÕES

**Art. 269.** Intimação é o ato pelo qual se dá ciência a alguém dos atos e dos termos do processo.

§ 1º É facultado aos advogados promover a intimação do advogado da outra parte por meio do correio, juntando aos autos, a seguir, cópia do ofício de intimação e do aviso de recebimento.

§ 2º O ofício de intimação deverá ser instruído com cópia do despacho, da decisão ou da sentença.

§ 3º A intimação da União, dos Estados, do Distrito Federal, dos Municípios e de suas respectivas autarquias e fundações de direito público será realizada perante o órgão de Advocacia Pública responsável por sua representação judicial.

## COMENTÁRIOS

Intimação é o ato pelo qual se dá ciência a alguém dos atos e termos do processo para que faça ou deixe de fazer alguma coisa. Normalmente é feita na pessoa do advogado através de publicação no Diário Oficial.

O dispositivo em comento inova ao criar a possibilidade de o advogado promover a intimação do colega que representa a parte contrária por correio, juntando depois a comprovação nos autos.

Nesse caso, o ofício de intimação deverá ser instruído com cópia do despacho, da decisão ou da sentença.

Essa inovação, contida nos §§ 1º e 2º vem em reforço ao princípio da razoável duração do processo e da efetividade, o que é muito positivo.

**Art. 270.** As intimações realizam-se, sempre que possível, por meio eletrônico, na forma da lei.

**Parágrafo único.** Aplica-se ao Ministério Público, à Defensoria Pública e à Advocacia Pública o disposto no § 1º do art. 246.

## COMENTÁRIOS

O art. 270 prioriza forma digital para as intimações, inclusive para o Ministério Público, à Defensoria Pública e à Advocacia Pública, conforme o disposto no § 1º do art. 246.

**Art. 271.** O juiz determinará de ofício as intimações em processos pendentes, salvo disposição em contrário.

## COMENTÁRIOS

Nenhuma novidade no contido no art. 271 do CPC que se limita a dizer que o juiz determinará de ofício as intimações em processos pendentes, salvo disposição em contrário.

**Art. 272.** Quando não realizadas por meio eletrônico, consideram-se feitas as intimações pela publicação dos atos no órgão oficial.

§ 1º Os advogados poderão requerer que, na intimação a eles dirigida, figure apenas o nome da sociedade a que pertençam, desde que devidamente registrada na Ordem dos Advogados do Brasil.

§ 2º Sob pena de nulidade, é indispensável que da publicação constem os nomes das partes e de seus advogados, com o respectivo número de inscrição na Ordem dos Advogados do Brasil, ou, se assim requerido, da sociedade de advogados.

§ 3º A grafia dos nomes das partes não deve conter abreviaturas.

§ 4º A grafia dos nomes dos advogados deve corresponder ao nome completo e ser a mesma que constar da procuração ou que estiver registrada na Ordem dos Advogados do Brasil.

§ 5º Constando dos autos pedido expresso para que as comunicações dos atos processuais sejam feitas em nome dos advogados indicados, o seu desatendimento implicará nulidade.

§ 6º A retirada dos autos do cartório ou da secretaria em carga pelo advogado, por pessoa credenciada a pedido do advogado ou da sociedade de advogados, pela Advocacia Pública, pela Defensoria Pública ou pelo Ministério Público implicará intimação de qualquer decisão contida no processo retirado, ainda que pendente de publicação.

§ 7º O advogado e a sociedade de advogados deverão requerer o respectivo credenciamento para a retirada de autos por preposto.

§ 8º A parte arguirá a nulidade da intimação em capítulo preliminar do próprio ato que lhe caiba praticar, o qual será tido por tempestivo se o vício for reconhecido.

## COMENTÁRIOS

Já no art. 272, o legislador do *novel codex* reafirma a preferência pelas comunicações de atos por meio eletrônico. Enquanto isso não for possível, as intimações continuarão sendo feitas pela publicação dos atos no órgão oficial

O referido artigo, traz outras novidades, vejamos.

As intimações podem ser feitas tanto em nome pessoal do advogado constituído nos autos ou somente da sociedade de advogados da qual faça parte. Qualquer que seja a forma será nula a publicação que não constar os nomes das partes e de seus advogados, com o respectivo número de inscrição na Ordem dos Advogados do Brasil ou, se assim requerido, da sociedade de advogados. Além disso, os nomes não poderão ser abreviados e deve corresponder ao nome completo da forma como constar da procuração ou do registro junto à Ordem dos Advogados do Brasil.

Se o peticionário fizer pedido expresso para que as comunicações dos atos processuais sejam feitas em nome dos advogados indicados, o seu desatendimento implicará nulidade. Nesse caso, a nulidade será arguida como preliminar do ato que lhe cabia praticar, o qual será tido por tempestivo se o vício for reconhecido. Se, de outro lado, não for possível a prática do ato em face de necessidade de acesso prévio aos autos, a parte deverá peticionar de forma avulsa, alegando a nulidade da intimação e, nesse caso, o prazo será contado da intimação da decisão que a reconheça.

Prevê ainda o dispositivo em comento que a retirada dos autos de cartório implica conhecimento do ato e, portanto, estará intimada independente de publicação. Isso vale tanto para os advogados quanto para a Advocacia Pública, Defensoria Pública ou pelo Ministério Público.

Importante também a possibilidade de que a carga dos autos possa ser feita por pessoa sem procuração nos autos. Nesse caso, o advogado ou sociedade de advogados deverão requerer o respectivo credenciamento do preposto.

Finalizando o legislador faz prever que a parte arguirá a nulidade da intimação em capítulo preliminar da sua petição, de sorte que o juiz irá avaliar a argumentação e poderá declarado por tempestivo se o vício for reconhecido.

Não sendo possível a prática imediata do ato diante da necessidade de acesso prévio aos autos, a parte pode se limitar a arguir a nulidade da intimação, caso em que o prazo será contado da intimação da decisão que a reconheça.

**Art. 273.** Se inviável a intimação por meio eletrônico e não houver na localidade publicação em órgão oficial, incumbirá ao escrivão ou chefe de secretaria intimar de todos os atos do processo os advogados das partes:

I – pessoalmente, se tiverem domicílio na sede do juízo;

II – por carta registrada, com aviso de recebimento, quando forem domiciliados fora do juízo.

## COMENTÁRIOS

O art. 273 cuida da possibilidade de intimação dos advogados das partes nas localidades onde não haja órgão oficial e não seja possível fazer as intimações por meio eletrônico.

Nessa circunstância, os advogados deverão ser pessoalmente intimados, se tiverem domicílio na sede do juízo por oficial de justiça; ou serão intimados por carta registrada, com aviso de recebimento, quando forem domiciliados fora da circunscrição judiciária.

**Art. 274.** Não dispondo a lei de outro modo, as intimações serão feitas às partes, aos seus representantes legais, aos advogados e aos demais sujeitos do processo pelo correio ou, se presentes em cartório, diretamente pelo escrivão ou chefe de secretaria.

**Parágrafo único.** Presumem-se válidas as intimações dirigidas ao endereço constante dos autos, ainda que não recebidas pessoalmente pelo interessado, se a modificação temporária ou definitiva não tiver sido devidamente comunicada ao juízo, fluindo os prazos a partir da juntada aos autos do comprovante de entrega da correspondência no primitivo endereço.

## COMENTÁRIOS

Chama a atenção para o fato de o legislador ter feito constar que as intimações feitas pelo correio presumir-se-ão realizadas desde que a correspondência tenha sido entregue no endereço informado nos autos, ainda que não tenha sido recebida pessoalmente pelo interessado.

Anote-se que nesse caso é diferente da citação que para ser válida deve ser feita na pessoa do citando.

**Art. 275.** A intimação será feita por oficial de justiça quando frustrada a realização por meio eletrônico ou pelo correio.

§ 1º A certidão de intimação deve conter:

I – a indicação do lugar e a descrição da pessoa intimada, mencionando, quando possível, o número de seu documento de identidade e o órgão que o expediu;

II – a declaração de entrega da contrafé;

III – a nota de ciente ou a certidão de que o interessado não a apôs no mandado.

§ 2º Caso necessário, a intimação poderá ser efetuada com hora certa ou por edital.

## COMENTÁRIOS

A regra é que as intimações sejam feitas por meio eletrônico ou pelo correio, somente se realizado por oficial de justiça quando frustradas estas tentativas.

No caso de se realizar por oficial de justiça, deverá o serventuário indicar na certidão de intimação o lugar e a descrição da pessoa intimada, mencionando, quando possível, o número de seu documento de identidade e o órgão que o expediu; a declaração de entrega da contrafé; e a nota de ciente ou a certidão de que o interessado não a colocou no mandado

Atendendo o que a doutrina já vinha preconizando desde longa data, o *novel codex* prevê a possibilidade de intimação por hora certa e por edital, conforme o caso.

## TÍTULO III
## DAS NULIDADES

**Art. 276.** Quando a lei prescrever determinada forma sob pena de nulidade, a decretação desta não pode ser requerida pela parte que lhe deu causa.

## COMENTÁRIOS

Prevê a lei processual a proibição de que a nulidade possa ser arguida pela parte que tenha dado causa e isso tem toda uma lógica, especialmente se levarmos em conta o princípio da boa-fé e a proibição do *venire contra factum proprium*.

Naturalmente isto só vale para as nulidades relativas, tendo em vista que se a nulidade for absoluta, não deve ser observado esta vedação, tendo em vista que o interesse público é que deve prevalecer.

**Art. 277.** Quando a lei prescrever determinada forma, o juiz considerará válido o ato se, realizado de outro modo, lhe alcançar a finalidade.

## COMENTÁRIOS

Este é o princípio da instrumentalidade das formas ou do aproveitamento dos atos processuais pelo qual deve ser prestigiado o objetivo alcançado, independente de ter se realizado de forma diferente do que a lei prescreve.

Significa dizer que mesmo que o ato tenha se realizado contrariando o que prescreve o CPC, ainda assim será considerado válido se tiver alcançado o objetivo.

Só para exemplificar: a citação é o ato pelo qual se dá ciência a alguém da existência de um processo para que ele possa exercer seu direito de defesa. Ela deve ser feita obedecendo uma série de requisitos estabelecido no próprio código, sob pena de nulidade. Vamos então supor que a citação foi realizada fora dos dias/horários estabelecidos em lei, portanto nula. Se o réu comparece ao processo e apresenta sua defesa, não há falar-se em nulidade porque a finalidade da citação foi atingida, ainda que ela tenha se realizado de forma errônea.

**Art. 278.** A nulidade dos atos deve ser alegada na primeira oportunidade em que couber à parte falar nos autos, sob pena de preclusão.

**Parágrafo único.** Não se aplica o disposto no *caput* às nulidades que o juiz deva decretar de ofício, nem prevalece a preclusão provando a parte legítimo impedimento.

## COMENTÁRIOS

A eventual existência de nulidade deve ser alegada na primeira oportunidade em que a parte tenha de falar nos autos, sob pena de preclusão. O CPC recepciona outro princípio processual de grande importância – o da preclusão, que é reafirmado neste artigo.

Vale lembrar que preclusão é a perda da oportunidade de praticar determinado ato processual na forma, tempo e lugar determinado. Não praticado o ato, a parte perderá a oportunidade de refazê-lo a não ser que prove um justo motivo pelo qual não pode realizá-lo.

A preclusão quanto aos vícios processuais não se aplica as nulidades absolutas que podem ser declaradas de ofício pelo julgador, a qualquer tempo e grau de jurisdição, bem como suscitada por qualquer das partes.

**Art. 279.** É nulo o processo quando o membro do Ministério Público não for intimado a acompanhar o feito em que deva intervir.

§ 1º Se o processo tiver tramitado sem conhecimento do membro do Ministério Público, o juiz invalidará os atos praticados a partir do momento em que ele deveria ter sido intimado.

§ 2º A nulidade só pode ser decretada após a intimação do Ministério Público, que se manifestará sobre a existência ou a inexistência de prejuízo.

## COMENTÁRIOS

A regra mantém a previsão de nulidade do processo quando o membro do Ministério Público não for intimado a acompanhar o feito em que, por lei, deveria intervir.

Em prestigio ao princípio do aproveitamento dos atos processuais, a lei prevê que a nulidade somente atingirá os atos praticados depois da fase em que o membro do Ministério Público deveria ter sido intimado.

Importante ressalva traz o CPC ao estabelecer que a nulidade só possa ser decretada após a intimação do Ministério Público, que deverá se manifestar sobre a existência ou

CÓDIGO DE PROCESSO CIVIL COMENTADO • LEI 13.105, DE 16 DE MARÇO DE 2015 ART. 282

a inexistência de prejuízo. Esta regra abranda a exigência de participação do *parquet* porque é perfeitamente possível que o Ministério Público não tenha participado do processo, mas o resultado final não tenha prejudicado os interesses envolvidos.

**Art. 280.** As citações e as intimações serão nulas quando feitas sem observância das prescrições legais.

### COMENTÁRIOS

O artigo em comento reforça a necessidade de obediência as formas prescritas para a realização das citações e intimações.

**Art. 281.** Anulado o ato, consideram-se de nenhum efeito todos os subsequentes que dele dependam, todavia, a nulidade de uma parte do ato não prejudicará as outras que dela sejam independentes.

### COMENTÁRIOS

Pelo princípio do isolamento dos atos processuais, um ato nulo não tem o condão de contaminar outros atos que dele não dependiam. Quer dizer, são nulos os atos que dependiam do ato anulado; mas não serão nulos os atos que em nada dependiam do anulado.

Ademais, pelo princípio da conservação dos atos processuais, a nulidade de uma parte do ato não prejudicará as outras que dela sejam independentes.

**Art. 282.** Ao pronunciar a nulidade, o juiz declarará que atos são atingidos e ordenará as providências necessárias a fim de que sejam repetidos ou retificados.

§ 1º O ato não será repetido nem sua falta será suprida quando não prejudicar a parte.

§ 2º Quando puder decidir o mérito a favor da parte a quem aproveite a decretação da nulidade, o juiz não a pronunciará nem mandará repetir o ato ou suprir-lhe a falta.

### COMENTÁRIOS

O art. 282 trata da extensão da nulidade a ser pronunciada pelo juiz que, além de declarar quais atos são atingidos ordenará, se for o caso, a repetição ou retificação do mesmo.

Nos dois parágrafos do artigo em comento, o legislador, mais uma vez prestigiando o princípio da instrumentalidade das formas, trata das hipóteses em que não será necessária a repetição do ato, seja porque nenhum prejuízo causou à parte, seja porque ela é beneficiária do julgamento final a seu favor.

179

**Art. 283.** O erro de forma do processo acarreta unicamente a anulação dos atos que não possam ser aproveitados, devendo ser praticados os que forem necessários a fim de se observarem as prescrições legais.

**Parágrafo único.** Dar-se-á o aproveitamento dos atos praticados desde que não resulte prejuízo à defesa de qualquer parte.

## COMENTÁRIOS

Aqui o legislador contemplou princípios processuais importantes: o da "instrumentalidade das formas"; o da "conservação dos atos processuais"; e, o da "economia processual", senão vejamos.

Assim, o erro de forma do processo acarreta unicamente a anulação dos atos que não possam ser aproveitados, devendo ser praticados os que forem necessários a fim de se observarem as prescrições legais.

O parágrafo único prima pelo aproveitamento dos atos já praticados, especialmente se ele não resulte em prejuízo à defesa de qualquer parte. Embora utilizado o termo prejuízo de defesa, deve ser entendido como prejuízo processual, que é aquele que ocorre quando às partes são subtraídas oportunidades de alegar e provar o direito que afirmam ter.

Em síntese, o erro de forma do processo constitui nulidade perfeitamente sanável.

## TÍTULO IV
### DA DISTRIBUIÇÃO E DO REGISTRO

**Art. 284.** Todos os processos estão sujeitos a registro, devendo ser distribuídos onde houver mais de um juiz.

## COMENTÁRIOS

O 284 que estabelece a obrigatoriedade de registro de todos os processos, além de estabelecer que, onde houver mais de um juiz igualmente competente, deverá haver a distribuição.

A finalidade da norma é garantir a publicidade dos processos com seus elementos identificadores como, por exemplo, os nomes das partes, a natureza da ação e o valor dado à causa, dentre outros.

**Art. 285.** A distribuição, que poderá ser eletrônica, será alternada e aleatória, obedecendo-se rigorosa igualdade.

**Parágrafo único.** A lista de distribuição deverá ser publicada no Diário de Justiça.

# COMENTÁRIOS

Pelo princípio da paridade, a distribuição deverá ser alternada e aleatória, obedecendo-se rigorosa igualdade. O objetivo da norma é garantir que haja igualdade de feitos distribuídos aos juízes e cartório, evitando assim a sobrecarga de um em benefício de outro.

Atualmente, a distribuição é feita por computadores, o que garante ainda mais lisura ao procedimento.

Estabelece o parágrafo único que a lista de distribuição seja publicada no Diário de Justiça.

Da mesma forma com relação aos processos nos tribunais, onde também será feita a distribuição de acordo com o regimento interno do tribunal, observando-se a alternatividade, o sorteio eletrônico e a publicidade (ver CPC, art. 930).

> **Art. 286.** Serão distribuídas por dependência as causas de qualquer natureza:
>
> I – quando se relacionarem, por conexão ou continência, com outra já ajuizada;
>
> II – quando, tendo sido extinto o processo sem resolução de mérito, for reiterado o pedido, ainda que em litisconsórcio com outros autores ou que sejam parcialmente alterados os réus da demanda;
>
> III – quando houver ajuizamento de ações nos termos do art. 55, § 3º, ao juízo prevento.
>
> **Parágrafo único.** Havendo intervenção de terceiro, reconvenção ou outra hipótese de ampliação objetiva do processo, o juiz, de ofício, mandará proceder à respectiva anotação pelo distribuidor.

# COMENTÁRIOS

Neste artigo o legislador trata da distribuição por dependência que é uma exceção ao princípio da paridade.

Prescreve a norma que ocorrerá a distribuição por dependência das causas de qualquer natureza: quando se relacionarem, por conexão ou continência, com outra já ajuizada; ou, quando, tendo sido extinto o processo sem resolução de mérito, for reiterado o pedido, ainda que em litisconsórcio com outros autores ou que sejam parcialmente alterados os réus da demanda, ou ainda, quando houver ajuizamento de ações que, mesmo sem conexão, possam gerar risco de decisões conflitantes (ver CPC, art. 55, § 3º).

Diz ainda o parágrafo único que, se houver intervenção de terceiro, reconvenção ou outra hipótese de ampliação objetiva do processo, o juiz, de ofício, mandará proceder à respectiva anotação pelo distribuidor.

**Art. 287.** A petição inicial deve vir acompanhada de procuração, que conterá os endereços do advogado, eletrônico e não eletrônico.

**Parágrafo único.** Dispensa-se a juntada da procuração:

I – no caso previsto no art. 104;

II – se a parte estiver representada pela Defensoria Pública;

III – se a representação decorrer diretamente de norma prevista na Constituição Federal ou em lei.

## COMENTÁRIOS

Prescreve o art. 287 que a petição inicial, ao ser distribuída, deverá fazer-se acompanhar de procuração, que conterá os endereços físico e eletrônico do advogado subscritor. Quer dizer, a regra é que o distribuidor recuse o recebimento da petição inicial se ela estiver desacompanhada do instrumento procuratório.

No entanto, essa exigência será abrandada no ato de distribuição nos casos previstos no art. 104, que autoriza o advogado postular sem procuração para evitar preclusão, decadência, prescrição ou ato considerado urgente. Contudo, terá prazo de 15 (quinze) dias para promover a regularização da representação, sob pena das sanções previstas em lei.

Dispensa-se a procuração se a parte é representada pela Defensoria Pública; e, se a representação decorrer diretamente de norma prevista na Constituição Federal ou em lei como, por exemplo, a advocacia em causa própria (ver CPC, art. 103, parágrafo único).

**Art. 288.** O juiz, de ofício ou a requerimento do interessado, corrigirá o erro ou compensará a falta de distribuição.

## COMENTÁRIOS

O juiz, de ofício ou a requerimento do interessado, corrigirá o erro ou compensará a falta de distribuição. Quer dizer, se houver a distribuição incorreta, corrigirá o juiz, de ofício ou a requerimento do interessado, o equívoco na distribuição, determinando a redistribuição da causa ou compensando-a, se for o caso.

Justifica-se essa previsão porque o distribuidor não tem competência para, por exemplo, corrigir ou fazer qualquer juízo de valor sobre uma ação distribuída por dependência.

**Art. 289.** A distribuição poderá ser fiscalizada pela parte, por seu procurador, pelo Ministério Público e pela Defensoria Pública.

# COMENTÁRIOS

Em face do princípio da publicidade estatui o art. 289 que a distribuição poderá ser fiscalizada não só pela parte, como também por seu procurador, acrescentando que esse direito também assiste ao Ministério Público e a Defensoria Pública.

**Art. 290.** Será cancelada a distribuição do feito se a parte, intimada na pessoa de seu advogado, não realizar o pagamento das custas e despesas de ingresso em 15 (quinze) dias.

# COMENTÁRIOS

Na eventualidade de ser distribuída a petição inicial sem o recolhimento das custas e outras despesas devidas, o advogado da parte será intimado para, no prazo de 15 (quinze) dias sanar a irregularidade.

Não atendida esta determinação a distribuição será cancelada.

## TÍTULO V
## DO VALOR DA CAUSA

**Art. 291.** A toda causa será atribuído valor certo, ainda que não tenha conteúdo econômico imediatamente aferível.

# COMENTÁRIOS

O valor da causa é obrigatório em todas a ações e será sempre o valor correspondente ao bem da vida que se almeja buscar ao final do processo.

Mesmo que a ação não verse sobre valores determinados ou mesmo que não tenha conteúdo econômico imediatamente aferível, ainda assim deverá ser atribuído um valor à causa tão somente para efeitos legais.

É o caso por exemplo de uma ação de investigação de paternidade que não tem nenhum valor econômico. Nesse caso o patrono da parte deverá atribuir um valor simbólico para atender o que determina a lei.

Nesse mesmo exemplo se além da investigação de paternidade o pedido for cumulado com pedido de alimentos, aí então haverá um valor que nesse caso será o equivalente a 12 (doze) vezes o valor da prestação mensal requerida.

**Art. 292.** O valor da causa constará da petição inicial ou da reconvenção e será:

I – na ação de cobrança de dívida, a soma monetariamente corrigida do principal, dos juros de mora vencidos e de outras penalidades, se houver, até a data de propositura da ação;

II – na ação que tiver por objeto a existência, a validade, o cumprimento, a modificação, a resolução, a resilição ou a rescisão de ato jurídico, o valor do ato ou o de sua parte controvertida;

III – na ação de alimentos, a soma de 12 (doze) prestações mensais pedidas pelo autor;

IV – na ação de divisão, de demarcação e de reivindicação, o valor de avaliação da área ou do bem objeto do pedido;

V – na ação indenizatória, inclusive a fundada em dano moral, o valor pretendido;

VI – na ação em que há cumulação de pedidos, a quantia correspondente à soma dos valores de todos eles;

VII – na ação em que os pedidos são alternativos, o de maior valor;

VIII – na ação em que houver pedido subsidiário, o valor do pedido principal.

§ 1º Quando se pedirem prestações vencidas e vincendas, considerar-se-á o valor de umas e outras.

§ 2º O valor das prestações vincendas será igual a uma prestação anual, se a obrigação for por tempo indeterminado ou por tempo superior a 1 (um) ano, e, se por tempo inferior, será igual à soma das prestações.

§ 3º O juiz corrigirá, de ofício e por arbitramento, o valor da causa quando verificar que não corresponde ao conteúdo patrimonial em discussão ou ao proveito econômico perseguido pelo autor, caso em que se procederá ao recolhimento das custas correspondentes.

## COMENTÁRIOS

Neste artigo legislador estabelece algumas regras para o cálculo do valor da causa, como por exemplo, na ação de cobrança de dívida, cujo valor deverá ser a soma monetariamente corrigida do principal, dos juros de mora vencidos e de outras penalidades, se houver, na data de propositura da ação.

Se o autor cumular pedidos, isto é, fizer mais de um pedido condenatório, o valor da causa será a somatória de tais pedidos. Se fizer pedido alternativo, o valor a ser adotado será o de maior valor. Se for feito pedido subsidiário, o valor da causa será o valor do pedido principal.

Duas novidades merecem destaque, vejamos.

Primeira: No caso de ação visando indenização por dano moral, o valor da causa será obrigatoriamente o valor indenizatório pretendido. Significa dizer que o autor não poderá mais fazer pedido genérico, deixando ao arbítrio do juiz a fixação do valor da indenização ao final do processo, recolhendo as custas iniciais pelo valor mínimo. Pelo atual CPC o valor indenizatório a título de dano moral deverá ser certo e delimitado e constar na petição inicial, recolhendo-se as custas em razão desse valor.

# CÓDIGO DE PROCESSO CIVIL COMENTADO • LEI 13.105, DE 16 DE MARÇO DE 2015 — ART. 293

Segunda: O juiz corrigirá, de ofício e por arbitramento, o valor da causa quando verificar que não corresponde ao conteúdo patrimonial em discussão ou ao proveito econômico perseguido pelo autor, determinando prazo para que o autor recolha o complemento das custas, sob pena de indeferimento da petição inicial.

**Art. 293.** O réu poderá impugnar, em preliminar da contestação, o valor atribuído à causa pelo autor, sob pena de preclusão, e o juiz decidirá a respeito, impondo, se for o caso, a complementação das custas.

## COMENTÁRIOS

No geral, o autor tem liberdade para fixar o valor da causa, mas como vimos o juiz poderá, de ofício e por arbitramento, alterar o valor da causa.

Independente da ação do juiz a parte contrária poderá impugnar o valor que foi atribuído à causa, em preliminar de sua contestação, sob pena de preclusão.

Se o juiz acolher a pretensão do réu, determinará, em decisão irrecorrível, que o autor realize a complementação das custas.

## LIVRO V
## DA TUTELA PROVISÓRIA[25]
## TÍTULO I
## DISPOSIÇÕES GERAIS

Antes de adentrarmos nos comentários específicos de cada artigo deste livro, convém estudar a importância e o conceito das tutelas provisórias.

Elas existem para atenuar os malefícios do tempo do processo. O ideal seria obter desde logo a tutela definitiva que contivesse um juízo de certeza. Porém, é inconcebível um processo que não se alongue no tempo principalmente respeitando todas as garantias do devido processo legal.[26]

O decurso do tempo processual traz prejuízos econômicos e morais às partes; afronta os princípios da efetividade e da celeridade processuais; contribui para a insegurança jurídica e pode ocasionar, inclusive, o perecimento do direito pleiteado, com o consequente fracasso do acesso à justiça.

Diante de efeitos tão danosos, é imprescindível uma solução, mesmo que paliativa, a qual consiste numa tutela provisória, que não resolve definitivamente a lide, mas

---

25. Os arts. 294 a 304 são comentados pelo Profa. Marcia Cardoso Simões.

26. CARNEIRO, Athos Gusmão. *Da antecipação de tutela* – exposição didática. 7. ed. Rio de Janeiro: Forense. 2010, p. 1.

atende, em parte, à efetividade da justiça, porque pode desde logo ser executada, ou seja, realizada no mundo dos fatos.

Podemos conceituar tutela provisória como uma decisão jurisdicional com as seguintes características: a) inaptidão para tornar-se imutável e indiscutível; b) representativa de cognição não exauriente; c) com eficácia imediata; d) revogável e modificável; e) tem sempre como referência a correspondente tutela definitiva; f) atende aos princípios processuais constitucionais da efetividade e da celeridade em prejuízo do princípio da segurança jurídica.

As tutelas provisórias nunca fazem coisa julgada, ou seja, são inaptas para se tornar imutáveis e indiscutíveis. Já as tutelas definitivas, ao transitar em julgado, adquirem imunidade contra decisões posteriores.

A coisa julgada é imutável porque não pode ser modificada por decisão posterior. Consequentemente, a propositura de mesma lide em outro processo fica vedada. Além de imutável, ela é indiscutível porque impede que se aprecie a mesma questão em outro processo futuro entre as mesmas partes.

Já a tutela provisória não transita em julgado, de modo que pode ser modificada ou revogada por decisão posterior (ver CPC, art. 296), além de também poder ser rediscutida no mesmo processo ou em outro processo futuro entre as mesmas partes. Uma vez extinto o processo na qual ela foi concedida, a tutela provisória não impede a reapreciação da mesma lide em outro processo entre as mesmas partes.

Como já dissemos, o objetivo maior das tutelas provisórias consiste em atender à efetividade e à celeridade processuais, de forma que se abre mão de um juízo de certeza em prol da efetividade e celeridade. Um juízo de certeza jurídica somente pode ser obtido após a produção integral de provas, obedecido o contraditório, a ampla defesa, efetivado todo o procedimento legal, enfim, respeitadas todas as garantias do devido processo legal.

De acordo com Kazuo Watanabe, uma decisão definitiva está fundamentada em uma cognição plena e exauriente. Plena porque significa que o juiz examinou toda a extensão do debate das partes, e exauriente porque foi observado o maior grau de profundidade possível. A decisão proferida com base em cognição plena e exauriente propicia um juízo com o mais elevado índice de segurança em relação à certeza do direito controvertido. Por isso, o Estado confere a essa decisão a autoridade da coisa julgada.

Ainda segundo o mesmo autor, diferentemente acontece com as decisões provisórias que estão fundamentadas em cognição sumária, não exauriente. Elas advêm de um juízo superficial e não aprofundado que se baseia na probabilidade do direito alegado pelo requerente. Para o autor, "entre a perfeição e a celeridade, o legislador procurou privilegiar este último, mas em contrapartida deixou de conferir a autoridade de coisa julgada material ao conteúdo declaratório assentado em cognição sumária".[27]

---

27. WATANABE, Kazuo. *Da cognição do processo civil*. São Paulo: Revista dos Tribunais, 1987, p. 108.

Por outro lado, as tutelas provisórias têm pronta eficácia. A grande vantagem das tutelas provisórias consiste na sua executoriedade imediata. Uma vez concedida, a decisão pode ser realizada no mundo dos fatos desde logo, mesmo na pendência de recurso.

De forma geral, as tutelas provisórias são executadas provisoriamente (ver CPC, art. 297, parágrafo único).

As tutelas provisórias podem ser revogadas ou modificadas, de ofício ou a requerimento da parte, em qualquer momento processual, enquanto houver a busca para encontrar a solução definitiva para o direito em litígio (vide comentário do art. 296 do CPC).

As tutelas provisórias sempre estão relacionadas à tutela definitiva, que chamamos de principal. Afinal elas só existem porque a tutela principal exige o cumprimento minucioso de todo o procedimento traçado pela lei, com obediência ao contraditório e à ampla defesa, tarefa que demanda tempo, fator inimigo da efetividade e que pode trazer prejuízos às partes.

Em regra, as tutelas provisórias têm como objetivo direto preservar a utilidade da futura tutela definitiva ou evitar que o próprio direito objeto da ação pereça completamente antes da decisão final. Em ambos os casos, para obter a tutela provisória é imprescindível demonstrar a probabilidade de obter a solução definitiva para a lide. Logo, só é possível pensar em tutela provisória se tivermos em mente qual seria a tutela definitiva correspondente.

Por último, para que se compreenda em profundidade a natureza das tutelas provisórias é preciso identificar o conflito entre princípios constitucionais que o juízo no caso concreto tem sempre que enfrentar antes de conceder ou negar a tutela provisória.

A concessão da tutela provisória sempre significa atender ao princípio da efetividade e da celeridade processuais, em prejuízo do princípio da segurança jurídica, conforme passamos a explicar.

Já vimos que as medidas provisórias advêm de uma cognição superficial, não obstante, poderem ser executadas imediatamente, mesmo na pendência de recurso. De forma que se torna possível executar sem que se tenha certeza jurídica sobre o direito litigado.

Executar sem certeza vai de encontro ao princípio da segurança jurídica, expressado no artigo 5º, inciso LIV, da Constituição, segundo o qual "ninguém será privado da liberdade ou de seus bens sem o devido processo legal".

Apenas outro princípio do mesmo quilate pode justificar essa invasão da esfera jurídica de alguém sem o completo devido processo legal. Trata-se do princípio da efetividade da jurisdição, garantia decorrente da inafastabilidade da jurisdição, pois o direito de acesso à justiça compreende não apenas obter a solução jurídica ao caso concreto levado à juízo, mas igualmente o direito de ter realizado no mundo dos fatos a solução jurídica obtida.

Ensina Teori Albino Zavascki que "a forma para viabilizar a convivência entre a segurança jurídica e efetividade da jurisdição é a outorga de medidas de caráter provisório, que sejam aptas a superar as situações de risco de perecimento de qualquer um desses direitos".[28]

Não obstante, nem todas as tutelas provisórias envolvem situações de perigo, de risco ao direito em litígio. É o caso das tutelas de evidência previstas no artigo 311 do CPC a ser estudado mais adiante.

O pressuposto das tutelas provisórias consiste em "circunstâncias de fato" que configurem um risco ou, pelo menos, um embaraço ao princípio da efetividade da jurisdição, que garante a entrega da tutela jurisdicional em tempo e em condições adequadas à preservação do bem da vida.

Nas tutelas provisórias de urgência a circunstância de fato deve significar um perigo, uma ameaça de perecimento do objeto do processo ou uma ameaça à utilidade/efetividade da decisão definitiva final do processo.

Já o embaraço ao princípio da efetividade e da celeridade prescinde da situação de perigo, mas configura um entrave à prestação da tutela jurisdicional em prazo razoável e com a celeridade e presteza exigidas pelo inciso LXXVII do art. 5º da Constituição Federal.

De qualquer modo, quando o julgador é chamado a decidir provisoriamente, ele deve enfrentar o dilema de decidir qual das garantias constitucionais fundamentais sairá vencedora em prejuízo da outra: segurança jurídica ou efetividade (e celeridade) da tutela jurisdicional? Trata-se, portanto, de um conflito de normas de segundo grau, para o qual não há solução preconcebida, cabendo ao juiz elaborar no caso concreto a regra conformadora entre os princípios que se afrontam.[29]

**Art. 294.** A tutela provisória pode fundamentar-se em urgência ou evidência.

**Parágrafo único.** A tutela provisória de urgência, cautelar ou antecipada, pode ser concedida em caráter antecedente ou incidental.

### COMENTÁRIOS

O presente artigo inaugura o livro do CPC, que regulamenta as tutelas provisórias, e apresenta as espécies desse tipo de tutela jurisdicional de acordo com duas classificações.

Primeiro, o Código classifica as tutelas provisórias pelo critério de existência de situação de perigo, quais sejam, em tutelas provisórias de urgência ou de evidência.

---

28. ZAVASCKI, Teori Albino. *Antecipação da Tutela*, 6. ed. São Paulo: Saraiva, 2008, p. 65.

29. Sobre o confronto entre princípios processuais constitucionais, vide: Teori Albino Zavascki. *Antecipação da tutela*, 6. ed. São Paulo: Saraiva, 2008, p. 60/70.

Atentem para o fato de que a tutela provisória é gênero do qual são espécies a tutela de urgência e a tutela de evidência.

O segundo critério classificatório diz respeito ao momento processual escolhido pelo autor para requerer a medida, senão vejamos.

A tutela provisória terá caráter antecedente quando for requerida antes do requerimento da tutela definitiva. Neste caso, é a tutela provisória que primeiro estabelece a relação processual na qual serão veiculados os dois pedidos, de tutela provisória e de tutela definitiva. Quer dizer, vai funcionar como uma espécie de medida preparatória que será complementada pelo aditamento posterior que, no caso de tutela antecipada será de 15 (quinze) dias (ver art. 303, § 1º, I, do CPC); e, na tutela cautelar será de 30 (trinta) dias (ver art. 308, *caput*, do CPC).

Já na tutela provisória de caráter incidente o pedido para concessão da decisão provisória é requerido na petição inicial que conterá também o pedido de tutela definitiva, de modo que o autor inicia a relação processual com os dois pedidos: de tutela provisória e de tutela definitiva. Aliás, desde o início do processo ele já estruturou a petição inicial com todos os fatos e fundamentos necessários para a propositura da ação principal. Advirta-se, contudo, que o pedido de tutela provisória pode compor a petição inicial ou pode ser requerido durante o andamento do processo, sempre que alguma situação de perigo possa justificar o pleito.

Atenção para não confundir os termos "antecedente," que se refere a classificação de acordo com o momento processual de requerimento da medida, com "antecipada" ou "antecipatória," cujos termos se referem à espécie de tutela de urgência que será estudada mais adiante.

Ainda no que se refere à primeira classificação, existe uma subdivisão das tutelas provisórias de urgência em tutelas cautelares e antecipadas. Essa distinção é muito importante porque cada uma delas protege diretamente um bem jurídico diferente e também porque o código regulamenta essas espécies de forma diferente. As tutelas provisórias de urgência cautelares obedecem às disposições específicas dos artigos 305/310. Já as tutelas de urgência antecipadas têm seu regramento específico dispostos nos artigos 303/304.

Não obstante a importância da diferenciação entre cautelares e antecipadas, o código não traz seus conceitos, de modo que cabe a doutrina definir e diferenciar essas tutelas. Sobre o assunto remetemos o leitor aos comentários do art. 300, a seguir.

Por último, é importante ressaltar que, pela própria redação do parágrafo único do presente artigo, não é possível requerer a tutela provisória de evidência de forma antecedente. A razão dessa afirmação está no próprio conceito de tutela de evidência, que virá explicitado nos comentários do artigo 311.

O quadro a seguir ilustra a classificação de acordo com o critério de existência de urgência na concessão da tutela provisória.

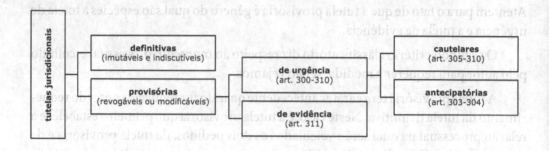

**Art. 295.** A tutela provisória requerida em caráter incidental independe do pagamento de custas.

## COMENTÁRIOS

O artigo em análise está inserido nas disposições gerais das tutelas provisórias, na medida em que ele determina a ausência de custas para todas as espécies de tutelas provisórias de caráter incidental. Portanto o dispositivo deve ser aplicado tanto para tutelas provisórias de urgência (cautelares ou antecipatórias), como para as de evidência.

Em harmonia com o presente dispositivo, temos os artigos 308, e o parágrafo 3º do artigo 303, ambos do CPC. Todos eles dispõem no sentido de que a tutela provisória e a tutela definitiva compõem a mesma prestação de serviço jurisdicional e por isso não deve haver cobrança duplicada pelo requerimento do pedido provisório e do definitivo, independentemente da ordem na qual foram requeridos.

Apenas em uma hipótese não expressada pelo CPC antevemos a possibilidade de nova cobrança de custas pela prestação jurisdicional. Trata-se da hipótese na qual houve estabilização de tutela na forma do art. 304 e uma das partes ajuíza pedido de tutela definitiva referente à tutela que já está estabilizada. Neste caso haverá o desarquivamento dos autos anteriores para instruir a petição inicial (Ver CPC, art. 304, § 4º).

Ainda em relação ao dispositivo ora estudado, ressaltamos sua natureza tributária e apontamos para uma questão que pode ensejar debate doutrinário: teria o presente Código – lei federal ordinária – competência para regular a cobrança ou não de custas na Justiça Comum Estadual?[30]

**Art. 296.** A tutela provisória conserva sua eficácia na pendência do processo, mas pode, a qualquer tempo, ser revogada ou modificada.

**Parágrafo único.** Salvo decisão judicial em contrário, a tutela provisória conservará a eficácia durante o período de suspensão do processo.

---

30. Cassio Scarpinela Bueno. *Novo Código de Processo Civil Anotado*, p. 215.

## COMENTÁRIOS

Eficácia é a qualidade de produzir o efeito desejado, significa ter força executiva, haja vista que a "eficácia" das tutelas provisórias decorre de sua aptidão para ser realizada no mundo dos fatos imediatamente.

As tutelas provisórias, uma vez executadas, têm preservados no mundo real os efeitos que produziram até que uma decisão definitiva sobrevenha. Portanto, depois da concessão da tutela provisória, o processo deve continuar em busca da decisão definitiva até ser extinto.

A extinção do processo pode-se dar com ou sem resolução de mérito, conforme os artigos 487 e 485 do CPC, respectivamente. Quando a decisão final resolve o mérito, ela pode confirmar ou revogar a tutela provisória que fora concedida. De qualquer forma, o que prevalecerá são os efeitos do provimento jurisdicional definitivo.

Se a extinção do processo foi sem resolução de mérito, também haverá cessação dos efeitos da tutela provisória. Esse é o comando da primeira parte do *caput* do artigo comentado. Sendo assim, a tutela provisória conserva sua eficácia enquanto durar o processo no qual foi concedida.

Todavia, o artigo 303 do CPC excepciona essa regra. O dispositivo em referência possibilita a estabilização da tutela provisória antecipada. Neste caso, assim que a medida é efetivada, o processo extingue-se sem que haja a cessação dos efeitos da medida provisória concedida. Além de continuar ativa, a tutela antecipatória estabilizada não pode ser revogada ou modificada no processo em que foi concedida, uma vez ele não estará mais em curso.

Qualquer alteração deverá ser requerida em novo processo que tenha como objetivo a tutela definitiva correspondente (sobre a estabilização da tutela antecipada provisória remetemos o autor à leitura dos comentários relativos aos artigos 303 e 304).

A segunda parte do *caput* do artigo estudado afirma que a qualquer tempo, na pendência do processo, a medida provisória pode ser revogada ou modificada. Trata-se de disposição harmônica com a natureza das tutelas provisórias, pois todas advêm de cognição não exauriente, insuficiente, portanto, para formar coisa julgada.

Em outras palavras, o que é provisório se baseia em cognição não exauriente, não atende à garantia da segurança jurídica, por isso deve durar apenas o tempo necessário e indispensável à obtenção da certeza jurídica exarada pela decisão definitiva final (aquela da qual não cabe mais recurso e pode ser definitivamente executada). Portanto, pelo menos em princípio, após a concessão da tutela provisória o processo deve continuar até chegar a um juízo de certeza. Quanto mais o processo avança o conhecimento a respeito do litígio, vai se ampliando e se aprofundando, de forma que o juízo vai adquirindo mais conhecimento sobre o litígio. Fatos supervenientes podem também acontecer e influenciar o processo. Durante esse caminho a medida provisória concedida vai aos poucos sendo corroborada ou confrontada, sendo adequado que o magistrado possa revogar ou modificar a tutela provisória requerida em conformidade com o andamento do processo, em nome da boa prestação jurisdicional.

São muitas as situações processuais que justificam a revogação ou modificação da tutela provisória. Caso a tutela provisória tenha sido concedida liminarmente, *inaudita altera parte*, a contestação do réu pode ser motivo suficiente para a cassação da medida.

Haveria limites para o poder do juiz de revogar ou modificar a medida provisória anteriormente concedida, sem que houvesse ao menos requerimento da parte prejudicada?

Existem posições doutrinárias que defendem a necessidade de requerimento da parte prejudicada, mas a posição majoritária defende a revogabilidade e modificabilidade de ofício.[31] Acreditamos que o limite a esse poder do juízo está na fundamentação da decisão. Não seria, por acaso, que logo a seguir, no artigo 298, o legislador enfatiza o princípio da motivação das decisões judiciais dispondo: "na decisão que conceder, negar, modificar ou revogar a tutela provisória, o juiz motivará seu convencimento de modo claro e preciso". Na motivação da decisão o Juízo deve indicar quais acontecimentos processuais fundamentam a revogação ou modificação da medida provisória. Ressaltamos que o dispositivo em comento tem aplicação para as tutelas cautelares, as tutelas antecipadas incidentais sem requerimento de estabilização e também, as tutelas de evidência (aquelas não fundamentadas na urgência).

Quanto às tutelas antecipadas que visam a estabilização, entendemos que extinto o processo no qual a medida foi concedida e alcançada a estabilização, a tutela somente poderá ser revogada ou modificada no bojo do processo posterior que busca a tutela definitiva, a ser eventualmente instaurado antes do prazo de dois anos, regulado pelo parágrafo 5º do artigo 304 do Novo CPC. Ainda não se pode esquecer de comentar a hipótese na qual tenha havido recurso contra a medida provisória e ela tenha sido mantida pelo Tribunal. Neste caso, como ao juiz de primeiro grau é vedado revogar acórdão, a revogação ou modificação da medida estaria vedada ao juízo por decisão interlocutória. Apenas por ocasião da sentença estaria o magistrado autorizado a revogar ou confirmar a medida provisória.[32]

**Art. 297.** O juiz poderá determinar as medidas que considerar adequadas para efetivação da tutela provisória.

**Parágrafo único.** A efetivação da tutela provisória observará as normas referentes ao cumprimento provisório da sentença, no que couber.

---

31. Eduardo Alvim, *Comentários*, art. 807, p. 1260; Câmara, v. 3, p. 31; contra apud Lacerda.

32. ALVIM, Arruda; ALVIM, Eduardo Arruda; ASSIS, Araken. *Comentários ao Código de Processo Civil*. Rio de Janeiro: GZ ed. 2012, p. 1260.

## COMENTÁRIOS

O juiz tem o poder de determinar, na própria decisão concessiva da tutela provisória, as medidas úteis e necessárias a efetivação do direito postulado. Efetivar a tutela provisória significa executá-la.

Nesse sentido, o parágrafo único do dispositivo determina que sejam seguidas na execução as normas referentes ao cumprimento provisório de sentença, de maneira que somos remetidos às disposições constantes nos artigos 513 e seguintes do CPC.

Podemos concluir da leitura do presente dispositivo que a execução das tutelas antecipadas se faz, em regra, na mesma forma do cumprimento de sentença ainda não transitada em julgado, visto que o parágrafo único manda observar as regras da execução provisória e não definitiva. Sobre a distinção entre essas espécies de execução remetemos o leitor à leitura dos comentários referentes aos artigos 513 e seguintes, especialmente do artigo 520, que regulamenta o cumprimento provisório da sentença impugnada por recurso desprovido de efeito suspensivo.

Ressaltamos que as tutelas provisórias podem determinar execuções por quantia certa, para entrega de coisa certa, de obrigações de fazer ou não fazer, ou seja, "todas as medidas adequadas para a efetivação da tutela provisória".

Em harmonia com o dispositivo ora estudado está o artigo 301 do CPC que confirma serem as tutelas provisórias cautelares efetiváveis por quaisquer medidas idôneas que assegurem o direito. O artigo, inclusive, traz os seguintes exemplos de medidas cautelares: arresto, sequestro, arrolamento de bens e registro de protesto contra alienação de bem.

Segundo o artigo 519 do *novel codex*, as técnicas de liquidação também se aplicam às tutelas provisórias.

Nos casos de estabilização da tutela antecipada encampamos o entendimento de Heitor Vitor Mendonça Sica, para quem a tutela estabilizada enseja execução definitiva, assim que seja extinto o processo nos termos do § 1º do artigo 304 do presente Código.[33] Afinal, não faria sentido criar a estabilização e impor-lhe as restrições do provimento provisório de sentença como a exigência de caução para levantar quantia depositada em dinheiro, ou para alienação de propriedade e transferência de posse. Não podemos esquecer que, nesses casos, quando o executado deixou de recorrer tinha ciência da consequente estabilização de tutela, o que equivale a uma concordância tácita, não com o mérito da tutela, mas com todos os seus efeitos.

**Art. 298.** Na decisão que conceder, negar, modificar ou revogar a tutela provisória, o juiz motivará seu convencimento de modo claro e preciso.

---

33. SICA, Heitor Vitor Mendonça. Primeiras impressões sobre a "estabilização da tutela antecipada" *Revista do Advogado*, n. 126, maio 2015, p. 120.

## COMENTÁRIOS

A norma em cometo corrobora o princípio processual constitucional da motivação das decisões jurisdicionais, expresso no art. 93, inciso IX, da Constituição Federal, que dispõe: "Todos os julgamentos dos órgãos do Poder Judiciário serão públicos e fundamentadas todas as decisões (...)".

O princípio da motivação das decisões judiciais é tradição em nosso ordenamento, pois já estava presente nas Ordenações Filipinas, no Livro III, Título LXVI, n. 7, legislação que regeu nosso processo civil até pouco depois da proclamação da República. Logo em seguida o Decreto 763 de 1890 estabeleceu que cada Estado deveria elaborar seu próprio código processual, sendo que em 1905 iniciou-se o movimento de codificações estaduais.

Nessa época, os Códigos Processuais do Estado do Maranhão, da Bahia, de Pernambuco, do Rio Grande do Sul, de Minas Gerais, de São Paulo e do Distrito Federal, expressamente preceituavam o dever do juiz de motivar suas decisões.

A reunificação do processo civil brasileiro somente se efetivou com o Código de Processo Civil de 1939.

O princípio da motivação das decisões judiciais está intimamente relacionado ao nosso sistema de valoração das provas produzidas no processo e à liberdade de julgar dos magistrados. Sabemos que impera o princípio do livre convencimento motivado do juiz, segundo o qual o juiz tem liberdade de avaliar e valorar as provas produzidas durante o processo, além de poder formar uma convicção "pessoal" sobre a resolução da lide.

Trata-se de uma convicção pessoal, mas submetida aos ditames de nosso ordenamento jurídico. Tudo deve se passar como se o magistrado tivesse alcançado conhecer a vontade da lei para o caso concreto. Ao elaborar sua fundamentação ele deve demonstrar que chegou à solução de maneira imparcial, com o raciocínio submetido à lógica, aos princípios e ao conhecimento jurídico-científico.

A motivação expressa das decisões jurisdicionais é instrumento imprescindível para saber se houve imparcialidade, se o julgador realmente conheceu a lide, se ele apreciou e considerou os argumentos das partes, enfim se as garantias constitucionais foram respeitadas.[34]

Entendemos que ao corroborar o princípio da motivação das decisões judiciais neste ponto do código, o legislador quis senão limitar pelo menos alertar para a adstrição o poder do juiz de conceder revogar, modificar, ou conceder as tutelas provisórias aos princípios constitucionais, cujo cumprimento pode ser controlado mediante a análise da motivação das decisões a respeito das tutelas provisórias.

---

34. NERY JÚNIOR, Nelson. *Princípios do processo civil na Constituição Federal*. 8. ed. São Paulo: Revista dos Tribunais, 2004, p. 216; c.c. ALVIM, Arruda. *Manual de Direito Processual Civil*, 11. ed. São Paulo: Revista dos Tribunais, 2007, p. 57, v. 1.

Mais especificamente em relação à modificação ou revogação de decisão já proferida o Juízo deve indicar com elementos que constam dos autos que os motivos da mudança de seu entendimento.

**Art. 299.** A tutela provisória será requerida ao juízo da causa e, quando antecedente, ao juízo competente para conhecer do pedido principal.

**Parágrafo único.** Ressalvada disposição especial, na ação de competência originária de tribunal e nos recursos a tutela provisória será requerida ao órgão jurisdicional competente para apreciar o mérito.

## COMENTÁRIOS

Trata-se de regra de fixação de competência para julgamento das tutelas de urgência antecedentes. Segundo o dispositivo, as tutelas provisórias de caráter antecedente devem ser requeridas ao Juízo competente para apreciar o pedido principal. Coerentemente, as tutelas provisórias incidentais também devem ser julgadas pelo juiz natural do pedido principal. As normas relativas à competência estão dispostas nos artigos 44 a 53 do CPC, aos quais remetemos o leitor.

O parágrafo único do presente artigo diz respeito à competência para julgar o pedido de tutela provisória em nível de tribunal. Isso pode acontecer quando a causa é de competência originária do tribunal, de forma que o juiz de primeiro grau não participa do julgamento da lide ou quando, estando a causa em nível recursal, surge a necessidade ou a conveniência de uma das partes requerer o pedido de tutela provisória. Neste caso, o presente dispositivo determina que a parte faça o pedido diretamente ao órgão do tribunal competente para julgar o mérito do recurso.

É importante distinguir duas situações: a primeira refere-se à situação interposição de recurso contra a decisão que julgou o pedido de tutela provisória. Concedida ou denegada a medida pelo juiz de primeiro grau, cabe agravo de instrumento que devolve o mérito da tutela provisória ao órgão recursal competente para manter, cassar ou modificar a medida. Nessa hipótese o pedido de tutela provisória foi feito em primeiro grau e a decisão do juiz está sendo combatida pelo recurso.

Mas é perfeitamente possível que a parte não tenha feito ainda qualquer pedido de tutela provisória ao juízo de primeiro grau. É possível que apenas quando a causa estiver em nível recursal surja a necessidade de uma tutela provisória. Neste caso o pedido de tutela provisória deve ser requerido diretamente ao órgão de segundo grau. Isso independe da espécie de tutela provisória requerida, seja de urgência (cautelares e antecipatórias), seja de evidência, o pedido deve ser feito diretamente no órgão *ad quem*.

A concessão de tutelas provisórias em nível recursal é feita principalmente pelo manejo do efeito suspensivo dos recursos. O efeito suspensivo é aquele que retira da decisão recorrida a aptidão para ser executada. Quando um recurso contra qualquer decisão é recebido com efeito suspensivo isso significa a decisão que está sendo combatida pelo recurso não terá eficácia enquanto o recurso não for julgado. O inciso II do artigo 932 do presente Código concede ao relator do recurso poderes para "apreciar o pedido de tutela provisória nos recursos e nos processos de competência originária do tribunal". De forma que o relator está autorizado a atribuir efeito suspensivo a recurso que por regra não o tenha (efeito suspensivo *ope judicis*) e também a cassar o efeito suspensivo dos recursos que como regra o tenham. São exemplos de dispositivos legais que concedem esse poder ao relator: § 3º do art. 1.012; § 1º do art. 1.026; § 5º do art. 1.029, aos quais remetemos o leitor.

## TÍTULO II
### DA TUTELA DE URGÊNCIA
### CAPÍTULO I
### DISPOSIÇÕES GERAIS

**Art. 300.** A tutela de urgência será concedida quando houver elementos que evidenciem a probabilidade do direito e o perigo de dano ou o risco ao resultado útil do processo.

§ 1º Para a concessão da tutela de urgência, o juiz pode, conforme o caso, exigir caução real ou fidejussória idônea para ressarcir os danos que a outra parte possa vir a sofrer, podendo a caução ser dispensada se a parte economicamente hipossuficiente não puder oferecê-la.

§ 2º A tutela de urgência pode ser concedida liminarmente ou após justificação prévia.

§ 3º A tutela de urgência de natureza antecipada não será concedida quando houver perigo de irreversibilidade dos efeitos da decisão.

## COMENTÁRIOS

O presente dispositivo trata dos requisitos para a concessão de tutela provisória de urgência. Por se tratar de uma tutela provisória, em regra, obedece a todas as disposições gerais das tutelas provisórias já estudadas, além de possuir todas as características enumeradas no comentário que introduz o Livro V.

Os requisitos descritos no presente artigo valem para os dois tipos de tutelas provisórias de urgência: tutelas cautelares e tutelas antecipadas. Portanto para que essas tutelas possam ser concedidas é imprescindível que o requerente demonstre a "probabilidade do direito" e o "perigo de dano ou risco ao resultado útil do processo".

O requisito da probabilidade do direito exige que o requerente da tutela de urgência demonstre que o direito material, o bem da vida por ele almejado têm boas perspectivas de ser acolhido pelo ordenamento jurídico, que é provável que seu pedido principal seja julgado procedente.

O requisito da probabilidade do direito equivale ao *fumus boni iuris*, expressão já consagrada pela doutrina que significa "fumaça do bom direito", ou seja, tudo indica que o direito alegado pelo demandante é bom, plausível, verossímil.

O segundo requisito, "perigo de dano ou risco ao resultado útil do processo" também é conhecido por uma expressão em latim *"periculum in mora"* (perigo na demora). Significa que o requerente deve demonstrar a existência de uma situação de perigo, que necessita de medida jurisdicional urgente sem a qual há grande chance de que ocorra um dano. Mas o que exatamente está em situação de perigo? Seria o próprio bem da vida (o direito pleiteado) ou seria a eficácia da futura tutela definitiva?

A resposta é de suma importância, pois dela dependemos para identificar qual a espécie de tutela de urgência queremos obter: cautelar ou antecipada. O CPC traça regimes diferentes para cada uma delas.

Especialmente se quisermos requerer uma medida de urgência antes de ajuizar a ação principal, ou seja, se necessitarmos de uma tutela de caráter antecedente é importante saber se a natureza da medida é cautelar ou antecipada, pois o *novel codex* traz disposições específicas para cautelares nos artigos 305/310, e para as tutelas antecipadas nos artigos 303/304.

Nas tutelas provisórias de natureza cautelar, o bem jurídico que está diretamente em perigo é a eficácia da decisão final que concede ou nega o bem da vida. Existe um risco de que a sentença final, mesmo que seja totalmente procedente não mais seja útil ao autor. De que serve uma condenação para pagamento de quantia se o devedor caiu em insolvência durante o trânsito do processo? De que serviria uma partilha de bens entre cônjuges, se um deles dilapidou o patrimônio que estava em sua posse durante o andamento do processo?

Para resolver as questões exemplificadas bastaria que o autor tivesse obtido uma tutela de natureza cautelar, que respectivamente consistiria: no arresto de bens do devedor antes dele se tornar insolvente, ou seja, esses bens ficariam indisponíveis para alienação e por consequência quando sobreviesse a sentença de procedência sua execução estaria garantida, pois o arresto se converteria em penhora. No segundo exemplo, se o autor, tivesse obtido uma tutela cautelar conhecida como arrolamento de bens, os bens litigiosos estariam preservados para serem definitivamente partilhados depois de concedida a tutela definitiva.

Conclui-se que as tutelas cautelares têm como primeiro objetivo preservar a utilidade da decisão final que julga o pedido principal. Ressaltamos que as cautelares não entregam ao requerente o bem da vida. Aquele que obtém uma medida cautelar está assegurando a eficácia da decisão final, mas não usufruirá do bem da vida antes da decisão final. Por isso, a doutrina afirma que as tutelas cautelares não são satisfativas. Elas não entregam, nem mesmo provisoriamente o bem da vida. O que é concedido efetivamente nas cautelares é qualquer outra medida que garanta a execução da decisão definitiva.

Diferentemente acontece nas tutelas antecipadas. Nessas hipóteses a única forma de fazer cessar o perigo é entregar provisoriamente bem da vida ao requerente. De forma que mesmo antes de obter a decisão final favorável o autor já poderá desfrutar do direito que pleiteia em juízo. Exemplo clássico é a necessidade de operação cirúrgica urgente que o convênio médico se recusa a realizar. Não há qualquer outra medida que afaste o risco de vida senão a própria cirurgia. Nesses casos o juiz concede a tutela antecipada, a cirurgia é realizada para depois julgar se o autor tem ou não direito à cobertura do plano de saúde. Por isso chamamos a tutela antecipada de caráter satisfativa. Ela entrega o próprio bem da vida antes da decisão definitiva.

Portanto, as tutelas antecipadas são satisfativas porque quem as obtém pode usufruir desde logo dos efeitos de uma sentença de procedência, mesmo que ao final do processo perca a ação. Já as tutelas cautelares não são satisfativas. Aqueles que obtêm uma tutela cautelar ficam seguros sabendo que ao final do processo, se a ação for julgada procedente, eles poderão usufruir do resultado do processo. Antes disso a cautelar não lhe concede o bem da vida, apenas qualquer outra medida que faça cessar a situação de perigo, por exemplo entregar o bem litigioso a um depositário fiel.

Resumindo o requisito do *periculum in mora*, temos: se o que está de frente do perigo é a futura utilidade da decisão final sobre o pedido principal devemos requerer uma tutela cautelar, que não será satisfativa. Já se o bem que está a linha direta do perigo é o próprio bem da vida, então devemos requerer uma tutela antecipada, que será satisfativa.

Em suma, o *caput* do artigo em comento dispõe sobre os dois requisitos que devem ser demonstrados para a concessão de tutelas de urgência, tanto de natureza cautelar como de natureza antecipatória. Esses requisitos são: a probabilidade do direito (*fumus boni iuris)* e o perigo de dano ou risco ao resultado útil do processo (*periculum in mora*).

Caucionar significa garantir, assegurar. Sempre que uma medida de urgência é concedida, acarreta uma invasão na esfera jurídica do réu sem que o devido processo legal tenha terminado. De modo que a medida pode causar dano à parte contra quem foi deferida. A prestação de caução minimiza esse risco.

Entendemos que o comando do presente artigo está no sentido da obrigação do magistrado de avaliar no caso concreto se a caução é ou não adequada. Não se trata, portanto de uma regra a ser aplicada indistintamente. A norma ainda expressa a preocupação com aqueles economicamente hipossuficientes que não teriam como prestar caução. Nesses casos, negar a medida provisória, porque o jurisdicionado não possui condições econômicas para caucionar, o juízo equivaleria a negar a própria tutela jurisdicional garantida pelo princípio da garantia do acesso à justiça.

No que se refere às espécies de caução, o artigo permite tanto as reais que têm como "suporte direitos reais de garantia" (hipoteca, penhor, depósito em dinheiro, títulos de crédito); como as fidejussórias que apresentam uma terceira pessoa idônea para ser fiadora.

É importante ressaltar que a palavra liminar diz respeito ao momento processual de concessão da medida cautelar ou antecipatória. Liminar (no latim *in limine*) significa logo no início do processo. Consequentemente é possível haver uma liminar com natureza de cautelar ou antecipatória.

Outra expressão muito usada na vida forense é a *liminar inaudita altera parte* que significa decisão exarada no início do processo, sem ouvir a outra parte.

Portanto, não devemos confundir a palavra liminar com tutela antecipada ou tutela cautelar, visto que os critérios que definem cada um desses institutos são diferentes. O critério que define se uma decisão é liminar ou não, se refere ao momento processual no qual a decisão é proferida; já o critério que distingue uma medida cautelar e uma antecipatória se refere à satisfatividade ou não, da medida em relação ao pedido principal. A cautelar não concede o gozo do bem da vida antes da decisão final do processo; já a medida antecipatória sim.

Por último, acrescentamos que toda liminar é decisão interlocutória, mas a recíproca não é verdadeira.

O presente dispositivo é aplicável tanto para as tutelas de urgência de caráter incidental como para as de caráter antecedente. No primeiro caso, o autor pode dentro da petição inicial que requer a procedência do pedido principal, formular o pedido de tutela provisória. O juiz ao despachar a inicial, examinará o pedido de tutela de urgência. Se ficar convencido da presença dos requisitos deverá conceder a medida por decisão liminar *inaudita altera parte*. Se ficar convencido sobre a ausência dos requisitos denegará a medida. Mas pode acontecer do magistrado necessitar de outras provas, além dos documentos que foram juntados à inicial para formar sua convicção sobre a presença ou não dos requisitos exigidos.

O § 3º se refere apenas às tutelas antecipadas, e não às cautelares. Trata-se de uma decorrência lógica da própria natureza da antecipação de tutela, nas quais o bem da vida é entregue ao autor da ação antes da decisão final. Dependendo da natureza do bem, ou do destino que lhe for dado, essa entrega do bem da vida ao requerente pode tornar-se irreversível, sendo impossível a sua volta ao réu que foi prejudicado pela concessão da antecipação da tutela.

O raciocínio do legislador é o mesmo para as proibições referentes à execução provisória. Vide o para inciso IV do artigo 520 do CPC, que regula a execução provisória e exige caução do exequente para os seguintes atos: levantamento de depósito em dinheiro; práticas de atos que importem transferência de posse ou alienação de propriedade ou de outro direito real; ou prática de qualquer outro ato que possa causar ao executado grave dano. Não obstante, doutrina majoritária entender pela atenuação da proibição da irreversibilidade, pois em casos extremos negar a antecipação de tutela equivale a negar o próprio direito de prestação jurisdicional ao autor. Por outro lado, conceder a antecipação de tutela irreversível equivale a condenar o réu sem o devido contraditório e ampla defesa.[35]

Diante dessas situações o juiz deverá ponderar quais são os direitos em jogo e decidir a favor do direito de maior dignidade. Não resta dúvida que um dos direitos

---

35. ALVIM, Eduardo Arruda. *Antecipação da tutela*. Curitiba: Juruá. 2008. p. 141-153.

## ART. 301 | NEHEMIAS DOMINGOS DE MELO

fundamentais colidentes será sacrificado, não por vontade do juiz, mas pela natureza das coisas.[36]

Nesse mesmo sentido existe decisão do Superior Tribunal de Justiça que concede benefícios previdenciários em tutela antecipada e, quando sobrevém decisão revogatória da medida, o tribunal nega a repetição das prestações pagas com fundamento na irrepetibilidade dos alimentos.[37]

**Art. 301.** A tutela de urgência de natureza cautelar pode ser efetivada mediante arresto, sequestro, arrolamento de bens, registro de protesto contra alienação de bem e qualquer outra medida idônea para asseguração do direito.

### COMENTÁRIOS

O dispositivo ora em comento nada mais faz do que citar algumas das cautelares nominadas. O Código traz apenas a regulamentação genérica para todas as tutelas cautelares. Na vigência do novo diploma legal elas deverão ser fundamentadas nas normas gerais que disciplinam as tutelas provisórias e as cautelares.

Portanto, as medidas de arresto, sequestro, arrolamento de bens, registro de protesto contra alienação de bem são tratadas como exemplos de cautelares que podem ser concedidas em nome do poder geral de cautela do magistrado, inserido na expressão "qualquer outra medida idônea para asseguração do direito". Acrescentamos que esse poder geral de concessão de medidas cautelares também vem disposto no art. 297 comentado acima.

Muito bem observou Cássio Scarpinella Bueno ao afirmar que a citação nominal dessas medidas "só faz sentido para quem conhece do CPC atual (ele falava do CPC/73) e compreende à luz dele o que é arresto, sequestro, arrolamento de bens e protesto contra a alienação de bens".[38]

**Art. 302.** Independentemente da reparação por dano processual, a parte responde pelo prejuízo que a efetivação da tutela de urgência causar à parte adversa, se:

I – a sentença lhe for desfavorável;

II – obtida liminarmente a tutela em caráter antecedente, não fornecer os meios necessários para a citação do requerido no prazo de 5 (cinco) dias;

---

36. ZAVASCKI, Teori. *Antecipação da tutela*, p. 103.

37. Superior Tribunal de Justiça. EDcl no Recurso Especial 996.850-RS (2007/0239827-3), 5ª Turma, Rel. Ministro Arnaldo Esteves Lima, j. 23.03.2008.

38. Cassio Scarpinella, op. cit., p. 221.

III – ocorrer a cessação da eficácia da medida em qualquer hipótese legal;

IV – o juiz acolher a alegação de decadência ou prescrição da pretensão do autor.

**Parágrafo único.** A indenização será liquidada nos autos em que a medida tiver sido concedida, sempre que possível.

## COMENTÁRIOS

O *caput* do artigo em comento regulamenta, por assim dizer, responsabilidade processual civil do jurisdicionado que obteve a tutela provisória. Afinal, o risco de dano ao réu é inerente à natureza da tutela provisória devido à cognição sumária do juízo que pode confirmar-se ou não por ocasião da decisão definitiva. De modo que essa exposição do réu ao perigo não advém da qualquer conduta culposa do autor. Tanto a execução das tutelas provisórias, como o cumprimento provisório de sentença correm por conta e risco do demandante. De forma que provado pelo réu o prejuízo advindo da execução provisória o autor deverá indenizar independentemente de ter agido com culpa ou má-fé processual. Trata-se de responsabilidade processual civil objetiva.[39]

Ressaltamos que, além dessa responsabilização objetiva, o beneficiado pela tutela provisória pode ser responsabilizado ainda por dano processual decorrente da má-fé do litigante, regulamentado pelos artigos 79/81 do CPC.

Enquanto a responsabilização pelo dano advindo da execução da tutela provisória nas hipóteses dos incisos de I a IV do presente artigo é de natureza objetiva, a responsabilização por dano processual está baseada na conduta do litigante e, portanto, é subjetiva.

A primeira hipótese legal de responsabilização objetiva diz respeito a quem obteve a tutela provisória diante da cognição sumária do juízo, que depois foi reformada por ocasião da sentença que lhe foi desfavorável. Na verdade, não apenas a sentença, mas também acórdãos em nível de recursos têm aptidão para transitar em julgado e para decidir desfavoravelmente àquele que obteve a tutela provisória.

Também a decisão final que extingue o processo sem resolução de mérito é desfavorável aquele que obteve a tutela de cognição sumária, pois conforme determina o art. 296 do CPC, extinto o processo cessa a eficácia da tutela provisória.

Portanto, se a efetivação da tutela provisória causou danos à outra parte haverá responsabilização objetiva.

Ao acolher as alegações de decadência ou prescrição, o juiz decide definitivamente do mérito de forma desfavorável ao autor. Nesse sentido a presente hipótese se enquadra ao inciso I do presente artigo.

Ademais, resta claro que a tutela provisória foi concedida contra aquele que não era titular.

---

39. No mesmo sentido Câmara, v. 3, p. 95.

Lembramos que a prescrição e decadência são matérias que o juiz pode conhecer de ofício, podendo, inclusive, prolatar uma decisão final de mérito mesmo no bojo de um pedido exclusivo de tutela provisória sem que nem mesmo o pedido principal tenha sido formulado, afinal o juiz pode de ofício decidir sobre prescrição e decadência (ver CPC, art. 487, II).

O réu que obteve uma decisão final favorável ou uma extinção sem resolução de mérito de um processo que lhe causou danos tem o direito de aproveitar o mesmo processo para obter indenização de forma célere.

Demonstrada a existência de dano e o nexo de causalidade entre a tutela provisória e o prejuízo, pode o réu requerer a liquidação e a execução nos mesmos autos.

## CAPÍTULO II
## DO PROCEDIMENTO DA TUTELA ANTECIPADA REQUERIDA EM CARÁTER ANTECEDENTE

**Art. 303.** Nos casos em que a urgência for contemporânea à propositura da ação, a petição inicial pode limitar-se ao requerimento da tutela antecipada e à indicação do pedido de tutela final, com a exposição da lide, do direito que se busca realizar e do perigo de dano ou do risco ao resultado útil do processo.

§ 1º Concedida a tutela antecipada a que se refere o *caput* deste artigo:

I – o autor deverá aditar a petição inicial, com a complementação de sua argumentação, a juntada de novos documentos e a confirmação do pedido de tutela final, em 15 (quinze) dias ou em outro prazo maior que o juiz fixar;

II – o réu será citado e intimado para a audiência de conciliação ou de mediação na forma do art. 334;

III – não havendo autocomposição, o prazo para contestação será contado na forma do art. 335.

§ 2º Não realizado o aditamento a que se refere o inciso I do § 1º deste artigo, o processo será extinto sem resolução do mérito.

§ 3º O aditamento a que se refere o inciso I do § 1º deste artigo dar-se-á nos mesmos autos, sem incidência de novas custas processuais.

§ 4º Na petição inicial a que se refere o *caput* deste artigo, o autor terá de indicar o valor da causa, que deve levar em consideração o pedido de tutela final.

§ 5º O autor indicará na petição inicial, ainda, que pretende valer-se do benefício previsto no *caput* deste artigo.

§ 6º Caso entenda que não há elementos para a concessão de tutela antecipada, o órgão jurisdicional determinará a emenda da petição inicial em até 5 (cinco) dias, sob pena de ser indeferida e de o processo ser extinto sem resolução de mérito.

## COMENTÁRIOS

O presente capítulo traz importante inovação que consiste na expressão "nos casos em que a urgência for contemporânea à propositura da ação, a petição inicial pode limitar-se ao requerimento da tutela antecipada e à 'indicação' do pedido de tutela final". Isto significa uma autorização para requerer a tutela antecipada em caráter antecedente, pois se trata de inovação do Novo CPC.

Só a título de curiosidade histórica, vamos rememorar que quando o CPC de 1973 foi elaborado, o instituto da tutela antecipada não estava previsto nele. Ela somente foi introduzida no antigo CPC em 1994 através da Lei 8.952, de modo que se trata de matéria que vem progressivamente conquistando seu espaço no ordenamento jurídico nacional. A permissão do pedido antecedente é mais um avanço bem demarcado pela expressão aqui transcrita. Antes da edição do Novo CPC, se a urgência fosse contemporânea à propositura da ação, o autor só tinha como alternativa ajuizar, às pressas, a ação completa (com requerimento do pedido principal) e liminarmente tinha que requerer a tutela antecipada.

O dispositivo regula ainda os requisitos da petição inicial: a) requerimento da tutela antecipada (tutela provisória de urgência); b) indicação do pedido de tutela final, sem o qual o juiz não tem condição de vislumbrar a tutela definitiva e consequentemente não poderia avaliar a probabilidade do direito); c) exposição da lide, visto que não basta a indicação do pedido final, são necessários a identificação das partes e dos fatos e fundamentos do pedido; d) demonstração do perigo de dano ou do risco ao resultado útil do processo, ou seja do *periculum in mora*. Trata-se de um dos requisitos comuns a todas as tutelas provisórias de urgência, cautelares ou antecipadas. Quanto ao *fumus boni iuris*, ele está inserido nos requisitos anteriores.

Com relação ao *caput*, ainda é importante ressaltar que ele se aplica em duas hipóteses diferentes que representam inovação do Novo CPC. A primeira, já mencionada, refere-se à tutela antecipada de caráter antecedente (o autor primeiro pede a tutela antecipada e depois da decisão liminar deve aditar a petição inicial para incluir o pedido de tutela definitiva). Já a segunda, mais audaz, diz respeito à estabilização da tutela antecipada. O *caput* combina com o parágrafo 5º do art. 303 e torna possível que o autor busque em juízo apenas a medida antecipatória, declarando-se satisfeito com essa tutela provisória. Essa hipótese legal será estudada mais adiante.

Por hora, basta registrar que os requisitos para a petição da tutela antecipada estabilizada encontram-se no presente dispositivo.

Concedida a tutela provisória *inaudita altera parte*, o autor que requereu a tutela antecipada de caráter antecedente deve aditar a petição inicial a fim de torná-la apta para o processo e julgamento da tutela definitiva, aquela que transita em julgado e que se torna imutável e indiscutível, enfim, que faz coisa julgada.

O presente dispositivo fixa prazo para o aditamento da inicial; e especifica o que deve ou pode ser acrescentado à ação.

Em relação ao prazo, o comando legal dispõe que, na ausência de manifestação do juízo, o prazo para aditamento será de 15 (quinze) dias a contar da intimação do autor sobre a concessão da medida. Porém, a lei faculta ao magistrado majorar o prazo conforme as características do caso concreto.

Em relação ao aditamento da petição, o dispositivo autoriza que o autor traga nova argumentação e junte novos documentos. Trata-se de permissão importante, pois devido a urgência por ocasião da propositura da ação, presume-se que o autor não teve tempo hábil para reunir documentos e estruturar argumentos suficientes para fundamentar o pedido de tutela definitiva. Sem essa oportunidade, haveria preclusão (perda da faculdade de praticar um ato processual).

Na sistemática adotada pelo CPC, o réu será citado (para ter ciência da ação proposta contra ele) e intimado (para comparecer à audiência de conciliação ou mediação). Trata-se de outra inovação, pois antes da contestação é obrigatória a audiência de conciliação ou mediação prevista no artigo 334.

O prazo para contestar é de 15 (quinze) dias, porém, somente começa a ser contado, em regra, da realização da audiência de conciliação ou mediação infrutífera. Sobre o termo inicial de contagem do prazo para contestar remetemos o leitor aos comentários do art. 335.

O bom entendimento do contido no § 2º exige distinguir entre três diferentes situações. A primeira se refere a petição inicial que contém o pedido de tutela antecipada antecedente, e simples indicação do pedido principal (definitivo); a segunda diz respeito a petição inicial que contém ambos os pedidos (provisório e definitivo) prontos e acabados. Essa hipótese representa um pedido de tutela antecipada incidental, elaborado no bojo do processo principal. Ela não se enquadra na regulamentação do capítulo II aqui estudado. Já a terceira possibilidade se refere ao pedido explícito de estabilização da tutela antecipada que também não está regulamentado neste parágrafo. Ele somente será apresentado pelo código no parágrafo terceiro deste artigo. Afinal, se o autor almeja apenas a estabilização da tutela antecipada, se ele expressou seu desinteresse pela tutela definitiva, não faria sentido ele aditar a petição inicial para confirmar um pedido que não fez (pedido de tutela definitiva). Portanto o presente parágrafo somente é aplicável na primeira hipótese.

Quando o autor na petição inicial requer a tutela antecipatória de caráter antecedente, ele deve apenas indicar que almeja também a tutela definitiva. A petição deve conter as exigências do *caput* como a "indicação" o pedido final, exposição a lide e dos argumentos e juntada dos documentos que possíveis de obter diante da situação de urgência na qual se encontra. Uma vez concedida a medida, cessa o perigo sendo dever do autor aditar a pedido inicial e confirmar seu pedido de tutela final. Caso contrário o processo deve ser extinto e a tutela provisória terá seus efeitos cassados, posto que "a tutela provisória conserva sua eficácia na pendência do processo" (ver CPC, art. 296). Ademais, conforme determina o dispositivo ora comentado, o processo será extinto sem resolução de mérito nos termos do artigo 485, X, do CPC.

Com relação ao valor da causa, não há nada a acrescentar a não ser o fato de ser um elemento obrigatório da petição inicial (ver CPC, art. 291), cuja ausência acarreta a inépcia da petição.

Já com relação ao benefício referido no presente dispositivo, entendemos que diz respeito à permissão inovadora de estabilização da tutela antecipada, que está regulamentada no artigo seguinte. Em nosso entendimento, o presente dispositivo possibilita interpretação da expressão "pode limitar-se ao requerimento da tutela antecipada", presente no *caput* no sentido de alcançar a estabilização dos efeitos da tutela antecipada prevista no art. 304 do *novel codex*.

Esse benefício somente será possível se o autor expressamente o requerer na petição inicial. Com esse requerimento o autor manifesta sua intenção de não dar prosseguimento ao processo após a obtenção da medida, ou seja, expressa que estará satisfeito com a tutela antecipada e que abre mão da busca pela decisão definitiva (coisa julgada).

Pelo princípio do contraditório, o réu deve, ao ser citado, ter ciência de que sua inércia provocará a estabilização da tutela. Somente assim poderá avaliar corretamente riscos, custos e benefícios de permanecer inerte ou combater a tutela antecipada. Afinal, a vantagem para o réu em permanecer silente e não impugnar a decisão está justamente na diminuição do custo do processo.[40]

O dispositivo prevê a hipótese de não concessão da tutela antecipada, porque "não há elementos para a concessão". Nesse caso, ao invés de negar a medida o juiz deve possibilitar a parte, a emenda da petição em 5 (cinco) dias.

> **Art. 304.** A tutela antecipada, concedida nos termos do art. 303 , torna-se estável se da decisão que a conceder não for interposto o respectivo recurso.
>
> § 1º No caso previsto no *caput*, o processo será extinto.
>
> § 2º Qualquer das partes poderá demandar a outra com o intuito de rever, reformar ou invalidar a tutela antecipada estabilizada nos termos do *caput*.
>
> § 3º A tutela antecipada conservará seus efeitos enquanto não revista, reformada ou invalidada por decisão de mérito proferida na ação de que trata o § 2º.
>
> § 4º Qualquer das partes poderá requerer o desarquivamento dos autos em que foi concedida a medida, para instruir a petição inicial da ação a que se refere o § 2º, prevento o juízo em que a tutela antecipada foi concedida.
>
> § 5º O direito de rever, reformar ou invalidar a tutela antecipada, previsto no § 2º deste artigo, extingue-se após 2 (dois) anos, contados da ciência da decisão que extinguiu o processo, nos termos do § 1º.

---

40. DIDIER JUNIOR, Fredie; BRAGA, Paulo Sarno; OLIVEIRA, Rafael Alexandria de. Estabilização da tutela provisória satisfativa e honorários advocatícios. *Revista do Advogado*, n. 126, maio 2015, p. 96.

> § 6º A decisão que concede a tutela não fará coisa julgada, mas a estabili-
> dade dos respectivos efeitos só será afastada por decisão que a revir, refor-
> mar ou invalidar, proferida em ação ajuizada por uma das partes, nos termos
> do § 2º deste artigo.

## COMENTÁRIOS

O artigo em comento disciplina a tutela antecipada estabilizada. Trata-se de outra importante inovação do atual CPC, que vai muito além de permitir a tutela antecipada de caráter antecedente regulada pelo artigo anterior.

Segundo o *novel codex*, as tutelas antecipadas estabilizadas consistem em uma modalidade de tutela antecipada que, por sua vez, pertence à categoria das tutelas de urgência, as quais, juntamente com as tutelas de evidência, compõem o gênero das tutelas provisórias.

De acordo com o sistema lógico adotado pelo legislador, se as tutelas antecipadas estabilizadas pertencem ao gênero das tutelas provisórias elas devem possuir as mesmas características destas.

No início do presente capítulo, antes de comentar o artigo 294, afirmamos que as tutelas provisórias são decisões jurisdicionais caracterizadas por: a) inaptidão para tornar-se imutável e indiscutível; b) representativa de cognição não exauriente; c) com eficácia imediata; d) revogável e modificável; tem sempre como referência a correspondente tutela definitiva; f) atende aos princípios processuais constitucionais da efetividade e da celeridade em prejuízo do princípio da segurança jurídica.

Comparando a tutela antecipada estabilizada com o conceito acima, não temos dúvidas de que ela é alcançada por cognição não exauriente; que tem eficácia imediata, assim como não pode perder de vista a correspondente tutela definitiva. Também constatamos que ela atende, ainda com mais vigor, aos princípios da efetividade e da celeridade. E que o referido prejuízo da segurança jurídica é muito atenuado, pois ao réu é oferecida a oportunidade de recurso antes da tutela tornar-se estável.

Por outro lado, torna-se imprescindível examinar como o novo instituto se comporta perante as características da inaptidão para fazer coisa julgada, e da revogabilidade e modificabilidade.

De acordo com o artigo 502 do CPC, a coisa julgada é imutável e indiscutível. A imutabilidade se refere à impossibilidade de alteração da decisão transitada em julgado. A referida decisão também se torna indiscutível, porque ela impede o prosseguimento de outro processo que seja, porventura, instaurado a fim de discutir a mesma ação. Ademais, havendo outro processo entre as mesmas partes, cuja ação veiculada seja diferente daquela já julgada, se por alguma circunstância o assunto da primeira ação vier a ser veiculado, o juízo estará adstrito à coisa julgada da primeira ação. Em outras palavras, a coisa julgada deve ser sempre obedecida em qualquer outro processo entre as mesmas partes.

# CÓDIGO DE PROCESSO CIVIL COMENTADO • LEI 13.105, DE 16 DE MARÇO DE 2015 — ART. 304

De forma que podemos observar que a coisa julgada tem um efeito negativo que consiste em impedir que o mesmo litígio seja novamente processado; é um efeito positivo que se refere à obrigatoriedade de obedecer a coisa julgada em qualquer outro processo entre as mesmas partes.

Já com relação à tutela antecipada estabilizada, o artigo em comento é claro ao afirmar que ela não faz coisa julgada. Por outro lado, ao se estabilizar, ela adquire imutabilidade equivalente à da coisa julgada, pois torna-se imune a modificações ou à revogação. Mas, a estabilização não impede que a questão seja novamente discutida em outro processo entre as mesmas partes. Sendo assim não existirá o efeito positivo da coisa julgada, que impõe obediência àquilo que foi decidido em outros processos entre as mesmas partes. Nesse mesmo sentido, afirma Heitor Vitor de Mendonça Sica para quem "passados dois anos da decisão extintiva do feito, produz-se uma estabilidade qualificada, pois, embora não possa ser alterada, não se confundiria com a imunidade (da coisa julgada) pela inexistência de uma feição positiva".[41]

Portanto, podemos concluir que, não obstante os efeitos práticos da estabilização e da coisa julgada possam se equivaler, para a lei e para a ciência jurídica, a tutela antecipada estabilizada não significa coisa julgada, e por isso não deve ser conceituada como decisão definitiva, mesmo porque, a sua imutabilidade não deriva diretamente de decisão jurisdicional definitiva, mas sim da inércia das partes que não requereram, no prazo legal, o pedido de tutela definitiva.

Ademais, se porventura, depois da estabilização uma das partes ajuizasse a ação com requerimento da tutela definitiva, o processo não poderia ser extinto com base na existência de coisa julgada (ver Novo CPC, art. 485, I), ou com base em quaisquer das hipóteses de não resolução de mérito. O processo que veicula pedido da tutela definitiva depois da estabilização da tutela antecipada deveria ser extinto com fundamento no inciso II do artigo 487, por reconhecimento da decadência.[42]

No que se refere às características da revogabilidade e da modificabilidade das tutelas antecipadas estabilizadas, os parágrafos 2º, 3º 4º e 6º fazem referência à possibilidade de "rever", "reformar" ou "invalidar" a decisão em processo posterior, que vise à obtenção da tutela definitiva. Portanto, mantém-se a característica da revogabilidade e modificabilidade, com a ressalva que essas alterações serão possíveis somente no segundo processo no qual será decidida a tutela definitiva.

Por sinal, nada impede que o requerente prejudicado pela tutela antecipada, ao ajuizar a ação principal, requeira decisão liminar de antecipação de tutela para, de imediato, cassar os efeitos da tutela antecipada estabilizada que o autor do primeiro processo obteve.

---

41. SICA, Heitor Vitor Mendonça. Primeiras impressões sobre a "estabilização da tutela antecipada". *Revista do Advogado*, n. 126, maio 2015, p. 122.

42. Idem.

Por último, observamos que o legislador impõe uma classificação binária de tutela que é ou definitiva ou provisória. Nesse quadro, a tutela estabilizada está mais próxima da provisória, sendo acertado enquadrá-la nesse grupo.

Em suma as tutelas antecipadas estabilizadas podem ser conceituadas como decisões jurisdicionais caracterizadas por: a) aptidão para tornar imutáveis seus efeitos no mundo dos fatos, mas sem autoridade para produzir em outros processos os mesmos efeitos que a coisa julgada; b) representativas de cognição não exauriente; c) com eficácia imediata; d) revogáveis e modificáveis em outro processo, cujo objeto seja a tutela definitiva; e) têm sempre como referência a correspondente tutela definitiva; f) atendem, com maior vigor, aos princípios processuais constitucionais da efetividade e da celeridade; g) sempre satisfazem o contraditório porque a estabilidade não acontece antes de ser oferecida ao réu a oportunidade de recurso contra a decisão.

Uma vez conceituado o novo instituto da tutela antecipada estabilizada, passemos a estudar o *caput* do presente artigo que assim dispõe: "A tutela antecipada, concedida nos termos do art. 303, torna-se estável se da decisão que a conceder não for interposto o respectivo recurso".

Em primeiro lugar, merece atenção a expressão "concedida nos termos do art. 303". O artigo referido disciplina a tutela antecipada de caráter antecedente, aquela que inaugura a relação processual entre as partes e que contém apenas o pedido de tutela provisória para depois da decisão liminar, aditar a petição inicial com o pedido da tutela definitiva. Porém o § 5º do dispositivo combinado com o *caput* assegura ao autor que se utilize do processo antecedente apenas para obter a tutela provisória sem intenção de aditar a inicial para requerer a tutela definitiva. Ele assegura o direito de requerer a estabilização da tutela definitiva, desde que a parte o faça expressamente na petição inicial.

Uma vez concedida a liminar *inaudita altera parte*, se o réu não interpuser recurso de agravo de instrumento (ver CPC, art. 1015, I), a tutela tornar-se-á estável.

Ressaltamos que o *caput* do artigo em comento exige como pressuposto negativo da estabilização da tutela antecipada o recurso contra a liminar e não a contestação contra o pedido do autor. Essa opção legislativa merece ser estudada com cuidado e atenção.

Por que teria o legislador exigido o recurso e não apenas a contestação, sendo que as medidas provisórias são sempre revogáveis ou modificáveis? Ademais, a contestação pode consistir em fundamento suficiente para a revogação da medida pelo próprio juiz do processo. Sem olvidar que o processamento do agravo de instrumento exige que seja dado ao magistrado oportunidade de retratação (Ver CPC, art. 1.018, § 3º).

Talvez a exigência do recurso oculte um desincentivo à resistência do réu à liminar concedida. Desestímulo que beira a inconstitucionalidade, em nosso entendimento, pois, a exigência de interposição do recurso para fazer valer o direito do réu à primeira manifestação de defesa (que normalmente seria a contestação) impõe onerosidade excessiva ao réu que deve começar pagando pelas custas do agravo para conseguir cassar a liminar. Solução que em situações análogas, a simples contestação, ou pedido de reconsideração teria força para provocar o juízo de retratação, que independe de pagamento de custas.

Por outro lado, é preciso reconhecer que a interposição de recurso é mais célere do que a simples contestação, porque já remete a questão à instância superior queimando etapas processuais.

De qualquer forma, o procedimento traçado pelo texto *sub oculum* determina que o juiz, ao receber a liminar com pedido expresso de estabilização da tutela antecipada, deve decidir sobre se concede a liminar *inaudita altera parte*.

Em caso afirmativo o magistrado também deve determinar a citação do réu, com a ressalva que na falta de recurso a tutela será estabilizada.

Diante da concessão, o autor deverá apenas promover a citação nos termos do inciso II do artigo 303 do CPC, sem a necessidade de aditamento da inicial referida no inciso I do mesmo artigo

O réu citado, ciente da consequente estabilização, poderá se manter inerte, sem contestar ou recorrer. Decorrido, em branco, o prazo para o recurso o processo será extinto pelo juiz. O código não explicita se a extinção de dá com ou sem resolução de mérito.

Entendemos se tratar de extinção sem resolução de mérito, pois do contrário estaria vedado às partes promoverem outro processo a fim de obter a tutela definitiva, o que confrontaria o § 2º do artigo em comento. Ademais, o artigo 487 desse mesmo diploma legal não traz nenhum inciso específico que abarque a tutela antecipada estabilizada, e nem possui inciso que abra o leque de aplicações para hipóteses não elencadas. Diferentemente dispõe o artigo 485 do CPC, que regula as situações nas quais o juiz: "não resolverá o mérito". O inciso X desse artigo inclui: "nos demais casos prescritos neste Código", no qual a sentença que extingue o processo da estabilização da tutela pode ser incluída.

Alcançada a estabilização da tutela, e extinto o processo sem resolução de mérito, ambas as partes poderão ajuizar ação para requerer a tutela definitiva dentro do prazo decadencial de 2 (dois) anos. Por determinação do § 4º, o processo no qual a tutela se estabilizou deverá ser desarquivado para "instruir" a petição inicial do segundo processo.

Ao que nos parece, a expressão "instruir" significa que o primeiro processo será juntado como prova documental da estabilização da tutela, em uma nova relação processual, a qual terá inclusive novas custas.

Ressaltamos que no caso da tutela antecipada estabilizada, as hipóteses de revogação ou modificação da tutela estão adstritas ao ajuizamento desse segundo processo, a ser proposto perante o mesmo juízo do primeiro, haja vista a prevenção determinada no § 4º do artigo em comento.

Com relação ao andamento processual para o caso de o juiz rejeitar a concessão da liminar *inaudita altera parte* que decide o pedido liminar de estabilização da tutela, teríamos, então, como possibilidade do autor reverter a denegação da medida, o recurso do agravo de instrumento.

Não obstante entendemos que autor poderia ainda aditar sua petição inicial para requerer a tutela definitiva, não obstante não fosse essa sua intenção inicial.

Porém para combater da decisão denegatória do magistrado o recurso cabível seria o agravo de instrumento

Por último devemos lembrar que a tutela antecipada estabilizada é espécie de tutela de urgência, e que também tem como requisitos a probabilidade do direito pleiteado e o *periculum in mora* correspondente à expressão "perigo de dano ou o risco ao resultado útil do processo" que consta do artigo 300, ao qual remetemos o leitor.

## CAPÍTULO III
### DO PROCEDIMENTO DA TUTELA CAUTELAR REQUERIDA EM CARÁTER ANTECEDENTE

**Art. 305.** A petição inicial da ação que visa à prestação de tutela cautelar em caráter antecedente indicará a lide e seu fundamento, a exposição sumária do direito que se objetiva assegurar e o perigo de dano ou o risco ao resultado útil do processo.

**Parágrafo único.** Caso entenda que o pedido a que se refere o *caput* tem natureza antecipada, o juiz observará o disposto no art. 303.

### COMENTÁRIOS

Este capítulo regula e disciplina os procedimentos atinentes às tutelas de urgência cautelar requeridas em caráter antecedente.

O dispositivo cuida dos requisitos que devem ser atendidos pela petição inicial de sorte que o autor deverá indicar a lide e seu fundamento, a exposição sumária do direito que se objetiva assegurar e o perigo de dano ou o risco ao resultado útil do processo.

Vale alertar que esses são os requisitos próprios da tutela cautelar, porém não exclui os demais requisitos que qualquer petição inicial deve atender (ver CPC, art. 319).

O parágrafo único trata da fungibilidade quanto ao pedido da tutela cautelar requerida, para contemplar a possibilidade de o magistrado, se entender diferente, conceder a tutela específica, tudo isso reforçando o caráter do processo civil moderno que deve, tanto quanto possível, ser racional, célere e eficaz. Quer dizer, mesmo que o advogado da parte faça o pedido inadequado, o juiz está autorizado a conceder a medida correta.

**Art. 306.** O réu será citado para, no prazo de 5 (cinco) dias, contestar o pedido e indicar as provas que pretende produzir.

## COMENTÁRIOS

O art. 306 trata da exigência de citação do réu para, querendo, contestar o pedido e indicar as provas que entende possam ser úteis ao deslinde da demanda.

Nesse caso o réu não será citado para audiência de conciliação ou mediação (isto só ocorrerá depois do aditamento com o pedido principal), mas sim para contestar o pedido cautelar, caso não tenha sido concedida liminar *inaudita altera parte*.

**Art. 307.** Não sendo contestado o pedido, os fatos alegados pelo autor presumir-se-ão aceitos pelo réu como ocorridos, caso em que o juiz decidirá dentro de 5 (cinco) dias.

**Parágrafo único.** Contestado o pedido no prazo legal, observar-se-á o procedimento comum.

## COMENTÁRIOS

Assim como no procedimento comum, não contestado a ação ocorrerá à revelia, presumir-se-ão aceitos os fatos alegados na exordial e o juiz deve decidir a tutela provisória em 5 (cinco) dias.

De outro lado, se o réu contestar o pedido no prazo legal, o processo seguirá o rito do procedimento comum, com os desdobramentos que lhe são próprios.

**Art. 308.** Efetivada a tutela cautelar, o pedido principal terá de ser formulado pelo autor no prazo de 30 (trinta) dias, caso em que será apresentado nos mesmos autos em que deduzido o pedido de tutela cautelar, não dependendo do adiantamento de novas custas processuais.

§ 1º O pedido principal pode ser formulado conjuntamente com o pedido de tutela cautelar.

§ 2º A causa de pedir poderá ser aditada no momento de formulação do pedido principal.

§ 3º Apresentado o pedido principal, as partes serão intimadas para a audiência de conciliação ou de mediação, na forma do art. 334, por seus advogados ou pessoalmente, sem necessidade de nova citação do réu.

§ 4º Não havendo autocomposição, o prazo para contestação será contado na forma do art. 335.

## COMENTÁRIOS

O art. 308 traz em seu bojo outra grande inovação que é o permissivo para que o autor, tendo pleiteado e obtido a tutela antecedente, possa formular seu pedido principal, aditando a petição inicial, no prazo de 30 (trinta) dias, contados da efetivação da tutela cautelar, sem a necessidade de recolhimento de novas custas.[43]

Permite também o artigo em comento que o pedido principal possa ser formulado conjuntamente com o pedido de tutela cautelar, ou seja, que ele já venha colocado juntamente com o pedido de urgência.

Qualquer que seja o momento da formulação do pedido principal, neste momento processual é permitido aditar a causa de pedir.

Depois da apresentação do pedido principal, as partes deverão ser intimadas através de seus patronos constituídos nos autos, para, se cabível, participarem da audiência de tentativa de conciliação ou mediação.

Embora o dispositivo não mencione, deve ser observado o fato de que em algumas situações é perfeitamente possível que o direito posto em discussão não comporte conciliação/mediação. Além disso, se autor e réu manifestarem desinteresse na referida audiência a mesma não se realizará (ver CPC, art. 334, § 4º).

Se for o caso de realização de audiência de conciliação ou mediação e se ela for bem sucedida, seu resultado será homologado por sentença (ver CPC, art. 334, § 11º). Caso contrário, desta data contar-se-á o prazo de 15 (quinze) dias para que o réu apresente sua contestação sobre o pedido principal.

> **Art. 309.** Cessa a eficácia da tutela concedida em caráter antecedente, se:
>
> I – o autor não deduzir o pedido principal no prazo legal;
>
> II – não for efetivada dentro de 30 (trinta) dias;
>
> III – o juiz julgar improcedente o pedido principal formulado pelo autor ou extinguir o processo sem resolução de mérito.
>
> **Parágrafo único.** Se por qualquer motivo cessar a eficácia da tutela cautelar, é vedado à parte renovar o pedido, salvo sob novo fundamento.

## COMENTÁRIOS

O artigo em análise trata das hipóteses da cessação da eficácia da tutela eventualmente concedida em caráter antecedente.

Veja-se que os motivos são objetivos e não deixam margem à dúvidas. Assim, cessará os efeitos da tutela quando o autor não deduzir o pedido principal no prazo legal; não for efetivada dentro de 30 (trinta) dias; ou, o juiz julgar improcedente o pedido principal formulado pelo autor ou extinguir o processo sem resolução de mérito.

---

43. Esse prazo deve ser contado em dias úteis conforme entendimento da Quarta Turma do Superior Tribunal de Justiça (STJ), já que trata-se de prazo com natureza processual (REsp 1763736/RJ, Relator: Min. Antonio Carlos Ferreira, j. 21.06.2022).

O parágrafo único veda a possibilidade de a parte interpor novo pedido de tutela, salvo se sob novo fundamento.

**Art. 310.** O indeferimento da tutela cautelar não obsta a que a parte formule o pedido principal, nem influi no julgamento desse, salvo se o motivo do indeferimento for o reconhecimento de decadência ou de prescrição.

### COMENTÁRIOS

O art. 310 regula a questão do eventual indeferimento da tutela cautelar e seus efeitos sobre o pedido principal.

É importante destacar que o fato de o juiz indeferir a tutela cautelar não impede que parte ingresse com ação regular baseado no pedido principal. Diz ainda o dispositivo em comento que o resultado do indeferimento da cautelar não deverá influir no julgamento da ação principal, a não ser que o motivo do indeferimento tenha sido pelo reconhecimento de decadência ou de prescrição.

## TÍTULO III
## DA TUTELA DA EVIDÊNCIA

**Art. 311.** A tutela da evidência será concedida, independentemente da demonstração de perigo de dano ou de risco ao resultado útil do processo, quando:

I – ficar caracterizado o abuso do direito de defesa ou o manifesto propósito protelatório da parte;

II – as alegações de fato puderem ser comprovadas apenas documentalmente e houver tese firmada em julgamento de casos repetitivos ou em súmula vinculante;

III – se tratar de pedido reipersecutório fundado em prova documental adequada do contrato de depósito, caso em que será decretada a ordem de entrega do objeto custodiado, sob cominação de multa;

IV – a petição inicial for instruída com prova documental suficiente dos fatos constitutivos do direito do autor, a que o réu não oponha prova capaz de gerar dúvida razoável.

**Parágrafo único.** Nas hipóteses dos incisos II e III, o juiz poderá decidir liminarmente.

### COMENTÁRIOS

A tutela de evidência será concedida, independentemente da demonstração de risco de dano irreparável ou de difícil reparação, quando, estiver presente algumas das seguintes situações: ficar caracterizado o abuso do direito de defesa ou o manifesto propósito protelatório da parte; as alegações de fato puderem ser comprovadas apenas documentalmente e houver tese firmada em julgamento de casos repetitivos ou em súmula vinculante; se tratar de pedido reipersecutório fundado em prova documental adequada do contrato de depósito, caso em que será decretada a ordem de entrega do objeto custodiado, sob cominação de multa; e, a petição inicial for instruída com prova documental suficiente dos fatos constitutivos do direito do autor, a que o réu não oponha prova capaz de gerar dúvida razoável.

É importante destacar por primeiro que o abuso de direito defesa ou o manifesto propósito protelatório por si só não enseja a concessão da tutela de evidência, porque tais fatos evidenciam um agir de má-fé do demandante, mas não assegura que a outra parte tenha efetivo direito ao que postulam. Assim, ao autor cabe demonstrar, não só que a parte contrária incide na conduta reprimível em tela, mas também que seu direito é evidente.

Outro aspecto que releva comentar desde logo é o fato de o legislador ter alocado como tutela de evidência as antigas ações de depósito, fundada em prova documental adequada, quando então será decretada a ordem de entrega imediatamente, sob pena de multa. Resta esclarecer que a tutela pode ser pleiteada em face de depósito voluntário, aquele contratualmente ajustado entre as partes (ver CC, arts. 627 a 646) ou decorrente do depósito necessário, por imposição de lei ou em face de calamidade (ver CC, art. 647). Nesse caso a urgência se justifica em razão da necessidade de o depositante obter a restituição imediata da coisa depositada, não se justificando que o depositário se recuse a devolução imediata do bem em questão.

Novidade mesmo é o que consta nos incisos II e IV que permitem ao juiz conceder a tutela de evidência quando: as alegações do autor puderem ser comprovadas apenas documentalmente e houver tese firmada em julgamento de casos repetitivos ou em súmula vinculante; ou ainda, se a petição inicial for instruída com prova documental suficiente dos fatos constitutivos do direito do autor, a que o réu não oponha prova capaz de gerar dúvida razoável. Devemos ainda consignar que não se deve confundir tutela de evidência com julgamento parcial antecipado de mérito (ver CPC, art. 356).

**LIVRO VI**

**DA FORMAÇÃO, DA SUSPENSÃO E DA EXTINÇÃO DO PROCESSO**

**TÍTULO I**

**DA FORMAÇÃO DO PROCESSO**

**Art. 312.** Considera-se proposta a ação quando a petição inicial for protocolada, todavia, a propositura da ação só produz quanto ao réu os efeitos mencionados no art. 240 depois que for validamente citado.

## COMENTÁRIOS

O CPC marca o momento da propositura da ação como sendo o momento do protocolo da petição inicial. Quer dizer, protocolizada a petição inicial, a ação está proposta independentemente de qualquer outra providência da parte, do cartório ou do juiz.

Contudo, para produzir os efeitos previstos no art. 240 (induzir a litispendência, torna litigiosa a coisa e constituir em mora o devedor), somente depois que o réu for validamente citado.

## TÍTULO II
## DA SUSPENSÃO DO PROCESSO

**Art. 313.** Suspende-se o processo:

I – pela morte ou pela perda da capacidade processual de qualquer das partes, de seu representante legal ou de seu procurador;

II – pela convenção das partes;

III – pela arguição de impedimento ou de suspeição;

IV – pela admissão de incidente de resolução de demandas repetitivas;

V – quando a sentença de mérito:

*a)* depender do julgamento de outra causa ou da declaração de existência ou de inexistência de relação jurídica que constitua o objeto principal de outro processo pendente;

*b)* tiver de ser proferida somente após a verificação de determinado fato ou a produção de certa prova, requisitada a outro juízo;

VI – por motivo de força maior;

VII – quando se discutir em juízo questão decorrente de acidentes e fatos da navegação de competência do Tribunal Marítimo;

VIII – nos demais casos que este Código regula.

IX – pelo parto ou pela concessão de adoção, quando a advogada responsável pelo processo constituir a única patrona da causa; (Incluído pela Lei nº 13.363, de 2016)

X – quando o advogado responsável pelo processo constituir o único patrono da causa e tornar-se pai. (Incluído pela Lei nº 13.363, de 2016)

§ 1º Na hipótese do inciso I, o juiz suspenderá o processo, nos termos do art. 689.

§ 2º Não ajuizada ação de habilitação, ao tomar conhecimento da morte, o juiz determinará a suspensão do processo e observará o seguinte:

I – falecido o réu, ordenará a intimação do autor para que promova a citação do respectivo espólio, de quem for o sucessor ou, se for o caso, dos herdeiros, no prazo que designar, de no mínimo 2 (dois) e no máximo 6 (seis) meses;

II – falecido o autor e sendo transmissível o direito em litígio, determinará a intimação de seu espólio, de quem for o sucessor ou, se for o caso, dos herdeiros, pelos meios de divulgação que reputar mais adequados, para que manifestem interesse na sucessão processual e promovam a respectiva habilitação no prazo designado, sob pena de extinção do processo sem resolução de mérito.

§ 3º No caso de morte do procurador de qualquer das partes, ainda que iniciada a audiência de instrução e julgamento, o juiz determinará que a parte constitua novo mandatário, no prazo de 15 (quinze) dias, ao final do qual extinguirá o processo sem resolução de mérito, se o autor não nomear novo mandatário, ou ordenará o prosseguimento do processo à revelia do réu, se falecido o procurador deste.

§ 4º O prazo de suspensão do processo nunca poderá exceder 1 (um) ano nas hipóteses do inciso V e 6 (seis) meses naquela prevista no inciso II.

§ 5º O juiz determinará o prosseguimento do processo assim que esgotados os prazos previstos no § 4º.

§ 6º No caso do inciso IX, o período de suspensão será de 30 (trinta) dias, contado a partir da data do parto ou da concessão da adoção, mediante apresentação de certidão de nascimento ou documento similar que comprove a realização do parto, ou de termo judicial que tenha concedido a adoção, desde que haja notificação ao cliente. (Incluído pela Lei nº 13.363, de 2016)

§ 7º No caso do inciso X, o período de suspensão será de 8 (oito) dias, contado a partir da data do parto ou da concessão da adoção, mediante apresentação de certidão de nascimento ou documento similar que comprove a realização do parto, ou de termo judicial que tenha concedido a adoção, desde que haja notificação ao cliente. (Incluído pela Lei nº 13.363, de 2016)

## COMENTÁRIOS

Com alguma novidade, o dispositivo em comento trata da suspensão do processo e dos procedimentos a serem adotados. Vale anotar que a suspensão pode ocorrer em qualquer fase do processo.

O inciso I trata da suspensão em razão da morte ou perda superveniente da capacidade processual de qualquer das partes, de seu representante legal ou de seu procurador. Se não for ajuizada ação de habilitação, o juiz determinará a suspensão do processo adotará o procedimento disciplinados nos §§ 2º e 3º conforme seja o caso: do falecimento das partes, seja o autor ou o réu, e também, do falecimento do procurador.

As partes também podem convencionar a paralisação da marcha processual em face de eventuais conveniências como, por exemplo, a chegar-se a um acordo. Neste caso a petição deve ser subscrita pelos advogados de ambas as partes. Nesse caso, a suspensão não poderá exceder 6 (seis) meses. Várias outras situações autorizam a suspensão do processo cabendo destacar duas novidades, a primeira representada pelo inciso IV que inseriu a possibilidade de suspensão por conta do incidente de resolução de demandas repetitivas; e, a segunda, pela inclusão do inciso VII que prevê a hipótese de a discussão versar sobre questão decorrente de acidentes e fatos da navegação de competência do Tribunal Marítimo.

De regra a suspensão não poderá ser superior ao período de 1 (um) ano e, após esgotado este prazo, o juiz determinará o prosseguimento do feito.

Cumpre destacar por fim que os incisos IX e X foram acrescidos ao CPC pela Lei 13.363, de 2016, estipulando direitos e garantias à advogada gestante, lactante, adotante ou que der à luz e ao advogado que se tornar pai, suspendendo o processo nos quais atuem em conformidade com os prazos estabelecidos nos §§ 6º e 7º do presente artigo.

**Art. 314.** Durante a suspensão é vedado praticar qualquer ato processual, podendo o juiz, todavia, determinar a realização de atos urgentes a fim de evitar dano irreparável, salvo no caso de arguição de impedimento e de suspeição.

### COMENTÁRIOS

É mantida a regra de que durante o período de suspensão nenhum ato pode ser praticado no processo, exceto aqueles reputados de urgentes e necessários para evitar dano irreparável, em decisão que deverá ser devidamente fundamentada.

Chama a atenção a parte final do dispositivo em comento ao ressalvar que o magistrado contra o qual foi arguido suspeição ou impedimento não poderá determinar os atos, devendo proceder nos termos do art. 146, §§ 2º e 3º.

**Art. 315.** Se o conhecimento do mérito depender de verificação da existência de fato delituoso, o juiz pode determinar a suspensão do processo até que se pronuncie a justiça criminal.

§ 1º Se a ação penal não for proposta no prazo de 3 (três) meses, contado da intimação do ato de suspensão, cessará o efeito desse, incumbindo ao juiz cível examinar incidentemente a questão prévia.

§ 2º Proposta a ação penal, o processo ficará suspenso pelo prazo máximo de 1 (um) ano, ao final do qual aplicar-se-á o disposto na parte final do § 1º.

### COMENTÁRIOS

A responsabilidade civil é independente da criminal nos termos como estatuído no nosso Código Civil (ver art. 935), significando dizer que as responsabilidades serão apuradas de maneiras distintas pelos juízos competentes, ainda quando o fato gerador seja um só.

A morte de alguém em acidente de trânsito, por exemplo, irá gerar a responsabilidade criminal para aquele que foi o causador do acidente, a ser apurado pela justiça criminal, e autoriza os parentes a promoverem a devida ação de indenização pela perda de um ente querido, a ser processada na justiça cível. O resultado de cada uma das ações pode coincidir ou ser distinto.

Nesse caso, é facultado ao juiz da causa cível sobrestar o feito no cível até que haja uma decisão no juízo criminal, quando o conhecimento da lide depender necessariamente da verificação de existência do fato delituoso imputado ao réu (ver CPP, art. 64, parágrafo único).

Como novidade prevê o Novo CPC que a suspensão do processo será pelo prazo máximo de 1 (um) ano, regra que prestigia a jurisprudência de nossos tribunais.

## TÍTULO III
## DA EXTINÇÃO DO PROCESSO

**Art. 316.** A extinção do processo dar-se-á por sentença.

### COMENTÁRIOS

Prescreve o art. 316 que a extinção do processo dar-se-á por sentença. É importante rememorar que o conceito de sentença tem mudado nos últimos tempos. Para o atual CPC sentença é o pronunciamento por meio do qual o juiz, põe fim à fase cognitiva do procedimento comum, com ou sem resolução do mérito (arts. 485 e 487), bem como extingue a execução.

De qualquer forma, a extinção de qualquer processo faz-se através de sentença, seja ela homologatória de acordo entre as partes, seja ela com ou sem resolução do mérito, enfim seja ela de extinção da execução.

De toda a sorte, o importante é saber que o processo somente se extingue mediante um pronunciamento judicial chamado sentença.

**Art. 317.** Antes de proferir decisão sem resolução de mérito, o juiz deverá conceder à parte oportunidade para, se possível, corrigir o vício.

### COMENTÁRIOS

Buscando consolidar o princípio da efetividade do processo o *novel codex* impõe ao juiz o dever de antes de extinguir o processo sem julgamento do mérito, oportunizar à parte a possibilidade de corrigir eventuais vícios, sempre que possível.

Significa dizer que se o magistrado se convencer de que o processo está irregular, deverá indicar com clareza quais pontos falhos existem para que a parte possa eventualmente sanar tais irregularidades.

Dessa forma, aproveita-se o processo e permite que o juiz possa conhecer do mérito e, assim, proferir uma sentença qualificada a favor ou em desfavor do autor.

# PARTE ESPECIAL
## LIVRO I
## DO PROCESSO DE CONHECIMENTO E DO CUMPRIMENTO DE SENTENÇA
## TÍTULO I
## DO PROCEDIMENTO COMUM
## CAPÍTULO I
## DISPOSIÇÕES GERAIS

**Art. 318.** Aplica-se a todas as causas o procedimento comum, salvo disposição em contrário deste Código ou de lei.

**Parágrafo único.** O procedimento comum aplica-se subsidiariamente aos demais procedimentos especiais e ao processo de execução.

## COMENTÁRIOS

Só a título de curiosidade, ao tempo do CPC/73 havia uma divisão do procedimento comum em ordinário e sumário. Com o atual CPC, só existe o procedimento comum no qual é incorporado os fundamentos que orientava os dois procedimentos extintos.

O parágrafo único consigna que este procedimento aplica-se subsidiariamente aos demais procedimentos especiais e ao processo de execução, naquilo em que não houver regulamentação diversa.

## CAPÍTULO II
## DA PETIÇÃO INICIAL
## SEÇÃO I
## DOS REQUISITOS DA PETIÇÃO INICIAL

**Art. 319.** A petição inicial indicará:

I – o juízo a que é dirigida;

II – os nomes, os prenomes, o estado civil, a existência de união estável, a profissão, o número de inscrição no Cadastro de Pessoas Físicas ou no Cadastro Nacional da Pessoa Jurídica, o endereço eletrônico, o domicílio e a residência do autor e do réu;

III – o fato e os fundamentos jurídicos do pedido;

IV – o pedido com as suas especificações;

V – o valor da causa;

VI – as provas com que o autor pretende demonstrar a verdade dos fatos alegados;

VII – a opção do autor pela realização ou não de audiência de conciliação ou de mediação.

§ 1º Caso não disponha das informações previstas no inciso II, poderá o autor, na petição inicial, requerer ao juiz diligências necessárias a sua obtenção.

§ 2º A petição inicial não será indeferida se, a despeito da falta de informações a que se refere o inciso II, for possível a citação do réu.

§ 3º A petição inicial não será indeferida pelo não atendimento ao disposto no inciso II deste artigo se a obtenção de tais informações tornar impossível ou excessivamente oneroso o acesso à justiça.

## COMENTÁRIOS

É através da petição inicial que o autor provoca a manifestação do Poder Judiciário sobre a eventual lesão de seu direito e, para sua regularidade no procedimento comum, deve preencher, dentre outros, os requisitos indicados no artigo em comento, sob pena de ter que posteriormente aditar ou emendar sua petição inicial ou até mesmo, em situações extremas, ter a sua petição inicial inferida.

Duas novidades são dignas de registro: é exigida a qualificação mais detalhadas das partes, inclusive com a indicação de número do CPF e a eventual existência de união estável das partes, o que já é feito comumente na prática forense; e, a exigência de que o autor diga de maneira expressa se tem, ou não, interesse na realização da audiência de conciliação ou de mediação. Além disso, determina que seja indicado o endereço de e-mail tanto do autor quanto do réu.

Os parágrafos permitem que o autor possa contar com a ajuda do judiciário para obter os dados do réu e, se mesmo assim se tornar impossível ou oneroso em demasia a obtenção de tais dados, ainda assim, não poderá o juiz pura e simplesmente indeferir a petição inicial.

Ou seja, ainda que a falta de algum dos elementos exigidos possa acontecer, isto por si só não poderá ser tido como obstáculo a obtenção da justiça, especialmente se, a despeito da falta de informações, for possível a citação do réu.

**Art. 320.** A petição inicial será instruída com os documentos indispensáveis à propositura da ação.

## COMENTÁRIOS

Conforme seja a causa, existem alguns documentos que são obrigatórios. Se faltar algum desses documentos, o juiz assinará prazo para que o autor regularize, sob pena de indeferimento da petição inicial.

Dentre tantos, vejamos dois singelos exemplos. Se alguém ingressa em juízo com a ação de divórcio, obrigatoriamente deverá instruir a petição inicial com a certidão de casamento. Se for fazer um inventário, é indispensável que a petição se faça acompanhar do atestado de óbito do *de cujus*.

Vamos rememorar que a procuração é o instrumento que autoriza ao advogado a estar em juízo para defender os interesses da parte, logo, documento obrigatório também. Além disso, se o autor for pessoa jurídica, além da procuração deverá ser juntado o contrato social comprovando que a pessoa que assina tem poderes para tanto.

**Art. 321.** O juiz, ao verificar que a petição inicial não preenche os requisitos dos arts. 319 e 320 ou que apresenta defeitos e irregularidades capazes de dificultar o julgamento de mérito, determinará que o autor, no prazo de 15 (quinze) dias, a emende ou a complete, indicando com precisão o que deve ser corrigido ou completado.

**Parágrafo único.** Se o autor não cumprir a diligência, o juiz indeferirá a petição inicial.

## COMENTÁRIOS

O prazo para que o autor emende ou adite a petição inicial é de 15 (quinze) dias, lembrando que esse prazo só corre nos dias úteis.

Outra coisa importante neste artigo é a determinação legislativa de que o juiz deverá indicar com clareza e precisão o que deve ser corrigido ou completado. Quer dizer, não basta pura e simplesmente exarar um despacho dizendo "emende a petição inicial"; o juiz terá que dizer quais os motivos que o faz entender que a peça não preenche os requisitos necessários.

## SEÇÃO II
### DO PEDIDO

**Art. 322.** O pedido deve ser certo.

§ 1º Compreendem-se no principal os juros legais, a correção monetária e as verbas de sucumbência, inclusive os honorários advocatícios.

§ 2º A interpretação do pedido considerará o conjunto da postulação e observará o princípio da boa-fé.

## COMENTÁRIOS

O pedido deve ser sempre certo e determinado podendo eventualmente ser genérico (ver art. 324 como complemento desse artigo).

Vale lembrar que o juiz está vinculado ao pedido posto na inicial não podendo decidir além do que foi pedido, isto é, *ultra petita* (se foi pedido 100, o juiz não pode dar 200, mesmo que seja o correto); nem coisa diferente do que foi postulado pelo autor, *extra petita* (se foi pedido apenas a retirada do nome do autor da Serasa por inclusão irregular, não pode o juiz conceder também dano moral se isso não foi pedido); ou menos do que foi pedido, *citra petita* (foi pedido dano material e dano moral, mas o juiz só apreciou o dano material). Por isso podemos afirmar que o pedido é a parte mais importante da petição inicial, pois será em razão dele que o juiz conhecerá do mérito da causa.

O pedido se divide em imediato e mediato. O pedido imediato é o tipo de providência jurisdicional pretendida como, por exemplo, a declaração, a condenação ou a constituição de um direito pleiteado. Já o pedido mediato relaciona-se com o bem jurídico de direito material que se pretende seja tutelado como, por exemplo, a entrega da coisa ou a desocupação do imóvel.

Exatamente por sua importância é que o pedido deve ser certo, direto, incontroverso quanto ao que pretende o litigante. Assim, não será válido o pedido vago como, por exemplo, "condenar o réu no que for cabível" ou "naquilo que Vossa Excelência entender".

Importante novidade representa o § 1º do artigo em questão. Vamos rememorar que na vigência CPC/73, existia coisas que os magistrados deveriam conceder independente de pedido expresso formulado pela parte, se fosse reconhecida a procedência da demanda. Eram os tais pedidos "implícitos" nos quais se incluíam os juros, a correção monetária, os honorários advocatícios e as demais verbas de sucumbência. Para que dúvidas não mais pairem sobre a questão o atual CPC fez questão de explicitar que no pedido do principal se incluem os juros legais, a correção monetária e as verbas de sucumbência, inclusive os honorários advocatícios.

Outra novidade é a previsão contida no § 2º que permite ao julgador interpretar o que foi pedido dentro do contexto da postulação formulada pelo demandante, observando-se ainda o princípio da boa-fé. Significa dizer que se o autor expôs em sua petição inicial que pretendia a exclusão de seu nome de Bancos de Dados e que também pretendia indenização por dano moral, ainda que no pedido final não peça expressamente o dano moral, o juiz está autorizado a conceder em face do conjunto da postulação.

Essa questão já foi analisada pelo Superior Tribunal de Justiça (STJ) que concluiu que o pedido deve ser extraído a partir de uma interpretação lógico-sistemática de toda a petição, de modo que sejam considerados todos os requerimentos feitos ao longo da peça, ainda que implícitos, não podendo o magistrado ficar restrito somente ao capítulo referente aos pedidos constante da petição inicial.[44]

> **Art. 323.** Na ação que tiver por objeto cumprimento de obrigação em prestações sucessivas, essas serão consideradas incluídas no pedido, independentemente de declaração expressa do autor, e serão incluídas na condenação, enquanto durar a obrigação, se o devedor, no curso do processo, deixar de pagá-las ou de consigná-las.

---

44. (STJ – REsp: 1562641 SP 2015/0263206-1, Relator: Ministro Ricardo Villas Bôas Cueva, Data de Julgamento: 02.08.2016, T3 – Terceira Turma, Data de Publicação: DJe 13.09.2016 REVPRO vol. 262 p. 495).

## COMENTÁRIOS

A ação que verse sobre prestações sucessivas, as prestações que se forem vencendo no curso da marcha processual, serão consideradas incluídas no pedido e deverão ser objeto da condenação, a não ser que o devedor tenha realizado os pagamentos das prestações que foram se vencendo no curso da demanda.

Para entender melhor vamos imaginar que alguém ingresse com ação de despejo com fundamento na falta de pagamento dos alugueres. Nesse caso, o pedido certo será sobre o montante das prestações vencidas, mas se a ação for julgada procedente a condenação será sobre o montante das vencidas acrescida das que se vencerem no curso do processo (vincendas).

**Art. 324.** O pedido deve ser determinado.

§ 1º É lícito, porém, formular pedido genérico:

I – nas ações universais, se o autor não puder individuar os bens demandados;

II – quando não for possível determinar, desde logo, as consequências do ato ou do fato;

III – quando a determinação do objeto ou do valor da condenação depender de ato que deva ser praticado pelo réu.

§ 2º O disposto neste artigo aplica-se à reconvenção.

## COMENTÁRIOS

Essa determinação diz respeito aos limites qualitativos e quantitativos do pedido, objetivamente considerados.

A norma complementa o contido no art. 322 para dizer que o pedido, além de certo, deve também ser determinado, admitindo-se, todavia o pedido genérico nas ações universais, se o autor não puder individualizar os bens demandados; ou quando não for possível determinar, desde logo, as consequências do ato ou do fato; ou ainda, quando a determinação do objeto ou do valor da condenação depender de ato que deva ser praticado pelo réu.

Vamos imaginar que alguém ingresse com ação de petição de herança reivindicando seu quinhão. Pelas regras do presente artigo, está autorizado a reivindicar só o quinhão hereditário sem quantificá-lo. Da mesma forma se ingressou com ação de reparação de danos incluindo o custeio de despesas médicas até o seu pronto restabelecimento.

A novidade é a norma contida no § 2º que manda aplicar à reconvenção (ver CPC art. 343) essas mesmas regras.

**Art. 325.** O pedido será alternativo quando, pela natureza da obrigação, o devedor puder cumprir a prestação de mais de um modo.

**Parágrafo único.** Quando, pela lei ou pelo contrato, a escolha couber ao devedor, o juiz lhe assegurará o direito de cumprir a prestação de um ou de outro modo, ainda que o autor não tenha formulado pedido alternativo.

## COMENTÁRIOS

Este artigo não traz nenhuma novidade ao tratar do pedido alternativo que, em verdade, outorga ao juiz o poder de fazer cumprir aquilo que é determinado no contrato ou na lei quando por mais de uma forma puder o devedor cumprir com sua obrigação.

Como exemplo de obrigação alternativa prevista em lei se pode mencionar a regra contida no art. 157, § 2º, do Código Civil que estabelece: "Não se decretará a anulação do negócio, se for oferecido suplemento suficiente, ou se a parte favorecida concordar com a redução do proveito".

No tocante à obrigação alternativa decorrente do contrato podemos mencionar o contrato de seguro de veículo pelo qual a seguradora se compromete a realizar o conserto do veículo que tenha sido abalroado ou indenizar o proprietário se considerar que houve perda total. É da seguradora a opção de escolha (ver CC, art. 252).

**Art. 326.** É lícito formular mais de um pedido em ordem subsidiária, a fim de que o juiz conheça do posterior, quando não acolher o anterior.

**Parágrafo único.** É lícito formular mais de um pedido, alternativamente, para que o juiz acolha um deles.

## COMENTÁRIOS

Se abeberando na doutrina o legislador inovou e criou a figura do pedido subsidiário. Cumpre esclarecer que pedido subsidiário é aquele que o autor faz como decorrência do principal, requerendo ao juiz que na impossibilidade de cumprimento da forma pleiteada, conheça e determine que se cumpra da forma subsequente.

De outro lado, manteve o pedido em ordem sucessiva naquelas situações em que o autor puder cumular mais de um pedido contando com a possibilidade de que, se o primeiro não for acolhido, o segundo possa sê-lo.

Vejamos dois exemplos: pede-se a entrega da coisa ou não sendo possível o pagamento do valor a ela correspondente; pede-se a complementação da área de terra comprada ou se impossível, o abatimento proporcional do preço. É importante deixar claro que para conhecer do subsidiário, o juiz deverá conhecer e dar pela procedência do principal que é antecedente.

O parágrafo único traz uma interessante novidade. Ao prever que é lícito formular mais de um pedido, alternativamente, para que o juiz acolha um deles, o legislador deixa entender que a parte tem a possibilidade de fazer pedidos alternativos mesmo que eles não estejam previstos em lei ou no contrato, tendo em vista que o pedido alternativo baseado em lei ou no contrato está tratado no artigo anterior.

**Art. 327.** É lícita a cumulação, em um único processo, contra o mesmo réu, de vários pedidos, ainda que entre eles não haja conexão.

§ 1º São requisitos de admissibilidade da cumulação que:

I – os pedidos sejam compatíveis entre si;

II – seja competente para conhecer deles o mesmo juízo;

III – seja adequado para todos os pedidos o tipo de procedimento.

§ 2º Quando, para cada pedido, corresponder tipo diverso de procedimento, será admitida a cumulação se o autor empregar o procedimento comum, sem prejuízo do emprego das técnicas processuais diferenciadas previstas nos procedimentos especiais a que se sujeitam um ou mais pedidos cumulados, que não forem incompatíveis com as disposições sobre o procedimento comum.

§ 3º O inciso I do § 1º não se aplica às cumulações de pedidos de que trata o art. 326.

## COMENTÁRIOS

Pelo que está disciplinado no art. 327 é permitido a cumulação de vários pedidos em um único processo, ainda que entre eles não haja conexão. Quer dizer, é como se o autor tivesse várias demandas a serem propostas contra o mesmo réu e fizesse a opção de realizá-las através de um único processo. É aquilo que a doutrina chamava de cumulação própria ou propriamente dita.

Para que seja admissível a cumulação, é necessário o atendimento de alguns requisitos, quais sejam: que os pedidos sejam compatíveis entre si; que seja competente para conhecer deles o mesmo juízo; e, que seja adequado para todos os pedidos o tipo de procedimento.

Importante novidade está contida no § 2º ao permitir a cumulação mesmo quando o procedimento for diverso entre eles, desde que o autor opte por empregar o procedimento comum. É interessante registrar que o legislador outorgou ao magistrado de aplicar técnicas processuais diferenciadas previstas nos procedimentos especiais a que se sujeitam um ou mais pedidos cumulados, que não forem incompatíveis com as disposições sobre o procedimento comum. Isso vem a reforçar a tendência moderna do processo sincrético.

Por fim é feita a ressalva de que as regras do inciso I do § 1º não se aplicam às cumulações de pedidos de que trata o art. 326.

**Art. 328.** Na obrigação indivisível com pluralidade de credores, aquele que não participou do processo receberá sua parte, deduzidas as despesas na proporção de seu crédito.

## COMENTÁRIOS

Agora o legislador trata daquilo que a doutrina chama de legitimação extraordinária e não de cumulação de pedidos, explico: havendo pluralidade de credores de coisa indivisa, qualquer um deles estará legitimado a promover a ação tendente a exigir do devedor a dívida inteira (ver CC, art. 260); se isto acontecer, aquele que receber a dívida por inteiro fica obrigado perante aos outros, na proporção da quota parte de cada um (CC, art. 261).

Ao credor que não foi parte no processo basta peticionar ao juiz da causa provando sua condição de credor requerendo lhe seja deferido o levantamento de sua parte na demanda.

> **Art. 329.** O autor poderá:
>
> I – até a citação, aditar ou alterar o pedido ou a causa de pedir, independentemente de consentimento do réu;
>
> II – até o saneamento do processo, aditar ou alterar o pedido e a causa de pedir, com consentimento do réu, assegurado o contraditório mediante a possibilidade de manifestação deste no prazo mínimo de 15 (quinze) dias, facultado o requerimento de prova suplementar.
>
> **Parágrafo único.** Aplica-se o disposto neste artigo à reconvenção e à respectiva causa de pedir.

## COMENTÁRIOS

O artigo em comento procura dar melhor coesão às possibilidades de aditamento ou alteração do pedido e da causa de pedir.

Em resumo: até a citação o autor é livre para fazer as alterações que julgar necessárias; depois da citação só poderá promover modificações se o réu concordar; depois do saneador o pedido não poderá ser modificado, nem mesmo com a concordância do Réu, interpretação que se extrai, nesta última hipótese, do contido no inciso II.

Quer dizer, a partir do saneamento ocorre o fenômeno da estabilização da demanda que não mais estará sujeita a alterações nem do pedido nem da causa de pedir. Significa dizer que se o autor tinha mais algum direito a postular em face do réu e não o fez nas duas primeiras oportunidades, depois do saneador somente por outra ação distinta poderá fazer valer esse seu direito.

O parágrafo único manda aplicar o disposto neste artigo à reconvenção e à respectiva causa de pedir.

### SEÇÃO III
### DO INDEFERIMENTO DA PETIÇÃO INICIAL

> **Art. 330.** A petição inicial será indeferida quando:
>
> I – for inepta;

# CÓDIGO DE PROCESSO CIVIL COMENTADO • LEI 13.105, DE 16 DE MARÇO DE 2015 — ART. 330

II – a parte for manifestamente ilegítima;

III – o autor carecer de interesse processual;

IV – não atendidas as prescrições dos arts. 106 e 321 .

§ 1º Considera-se inepta a petição inicial quando:

I – lhe faltar pedido ou causa de pedir;

II – o pedido for indeterminado, ressalvadas as hipóteses legais em que se permite o pedido genérico;

III – da narração dos fatos não decorrer logicamente a conclusão;

IV – contiver pedidos incompatíveis entre si.

§ 2º Nas ações que tenham por objeto a revisão de obrigação decorrente de empréstimo, de financiamento ou de alienação de bens, o autor terá de, sob pena de inépcia, discriminar na petição inicial, dentre as obrigações contratuais, aquelas que pretende controverter, além de quantificar o valor incontroverso do débito.

§ 3º Na hipótese do § 2º, o valor incontroverso deverá continuar a ser pago no tempo e modo contratados.

## COMENTÁRIOS

No art. 330 trata das hipóteses de indeferimento liminar da petição inicial, começando pela inépcia da petição inicial.

Esclareça-se que a petição inicial pode ser considerada inepta quando faltar pedido ou causa de pedir; quando o pedido for indeterminado, ressalvadas as hipóteses legais em que se permite o pedido genérico; quando da narração dos fatos não decorrer uma conclusão lógica; e, quando os pedidos forem incompatíveis entre si.

Outra causa para o indeferimento da petição inicial é a falta de legitimidade de parte como uma das condições da ação. Nesse caso trata-se de questão de ordem pública que pode ser decidida em qualquer momento.

Considera-se também causa para o indeferimento de exordial o autor carecer de interesse processual. É o interesse de agir que consiste em aferir-se a necessidade/utilidade de o autor recorrer ao judiciário.

Por fim o *novel codex* considera motivos para o indeferimento da petição inicial o não atendimento pelo autor da determinação do juiz de aditar ou emendar a petição inicial (ver CPC, art. 321), e se o autor, advogando em nome próprio, deixa de atender o que prescreve a lei (ver CPC, art. 106, § 1º).

Impõe ainda o legislador que nas ações que tenham por objeto a revisão de obrigação decorrente de empréstimo, de financiamento ou de alienação de bens, o autor terá de, sob pena de inépcia, discriminar na petição inicial, dentre as obrigações contratuais, aquelas que pretende controverter, além de quantificar o valor incontroverso do débito. Nesse caso, o valor incontroverso deverá continuar a ser pago no tempo e modo contratados.

**Art. 331.** Indeferida a petição inicial, o autor poderá apelar, facultado ao juiz, no prazo de 5 (cinco) dias, retratar-se.

§ 1º Se não houver retratação, o juiz mandará citar o réu para responder ao recurso.

§ 2º Sendo a sentença reformada pelo tribunal, o prazo para a contestação começará a correr da intimação do retorno dos autos, observado o disposto no art. 334.

§ 3º Não interposta a apelação, o réu será intimado do trânsito em julgado da sentença.

## COMENTÁRIOS

Agora o legislador trata do indeferimento liminar da petição inicial que, se ocorrer, permitirá ao autor apelar, facultado ao juiz, no prazo de 5 (cinco) dias, exercer o juízo de retratação.

Se o juiz se retratar, mandará citar o réu para comparecer em audiência de conciliação ou mediação ou para responder aos termos da ação, conforme o direito posto em apreciação permita, ou não, a composição amigável.

Inova o Novo CPC ao estabelecer que se não houver retratação, o juiz mandará citar o réu para responder ao recurso. É a garantia do contraditório, mesmo nessa fase.

Se a sentença for reformada pelo tribunal, o prazo para a contestação começará a correr da intimação do retorno dos autos ao juízo de origem, observado a necessidade de intimação das partes quanto à realização da audiência de conciliação ou mediação (ver CPC, art. 334), quando então o prazo contar-se-á para contestação.

Caso não seja interposta a apelação, o réu deverá ser intimado do trânsito em julgado da sentença.

## CAPÍTULO III
### DA IMPROCEDÊNCIA LIMINAR DO PEDIDO

**Art. 332.** Nas causas que dispensem a fase instrutória, o juiz, independentemente da citação do réu, julgará liminarmente improcedente o pedido que contrariar:

I – enunciado de súmula do Supremo Tribunal Federal ou do Superior Tribunal de Justiça;

II – acórdão proferido pelo Supremo Tribunal Federal ou pelo Superior Tribunal de Justiça em julgamento de recursos repetitivos;

III – entendimento firmado em incidente de resolução de demandas repetitivas ou de assunção de competência;

IV – enunciado de súmula de tribunal de justiça sobre direito local.

CÓDIGO DE PROCESSO CIVIL COMENTADO • LEI 13.105, DE 16 DE MARÇO DE 2015 — ART. 333

§ 1º O juiz também poderá julgar liminarmente improcedente o pedido se verificar, desde logo, a ocorrência de decadência ou de prescrição.

§ 2º Não interposta a apelação, o réu será intimado do trânsito em julgado da sentença, nos termos do art. 241.

§ 3º Interposta a apelação, o juiz poderá retratar-se em 5 (cinco) dias.

§ 4º Se houver retratação, o juiz determinará o prosseguimento do processo, com a citação do réu, e, se não houver retratação, determinará a citação do réu para apresentar contrarrazões, no prazo de 15 (quinze) dias.

## COMENTÁRIOS

Este artigo versa sobre as hipóteses que dispensam a fase instrutória e autoriza o juiz, independentemente da citação do réu, julgar liminarmente improcedente o pedido que contrariar: enunciado de súmula do Supremo Tribunal Federal ou do Superior Tribunal de Justiça; acórdão proferido pelo Supremo Tribunal Federal ou pelo Superior Tribunal de Justiça em julgamento de recursos repetitivos; entendimento firmado em incidente de resolução de demandas repetitivas ou de assunção de competência; ou ainda, contrariar enunciado de súmula de tribunal de justiça sobre direito local.

Também poderá ser julgado liminarmente improcedente o pedido se o juiz verificar, desde logo, a ocorrência de decadência ou de prescrição (ver CPC, art. 487, II).

Qualquer que seja a hipótese, trata-se de julgamento de mérito e, não interposta a apelação, o réu deverá ser intimado do trânsito em julgado da sentença, como determina o art. 241 do CPC.

Se for interposta a apelação, o juiz poderá se retratar no prazo de 5 (cinco) dias e, se isso acontecer, deverá determinar o prosseguimento do feito com a citação do réu para comparecimento na audiência de conciliação ou mediação, se o direito em jogo permitir a autocomposição independente de ter sido requerido pelo autor (ou não). Caso contrário, para que ele responda aos termos da ação, apresentando contestação.

Em contrapartida, se não houver retratação, o juiz determinará a citação do réu para apresentar contrarrazões à apelação, no prazo de 15 (quinze) dias e esgotado o prazo, com resposta do réu (ou não), remeterá os autos ao Tribunal.

## CAPÍTULO IV
### DA CONVERSÃO DA AÇÃO INDIVIDUAL EM AÇÃO COLETIVA

**Art. 333.** (Vetado).

## SEM COMENTÁRIOS

229

## CAPÍTULO V
## DA AUDIÊNCIA DE CONCILIAÇÃO OU DE MEDIAÇÃO

**Art. 334.** Se a petição inicial preencher os requisitos essenciais e não for o caso de improcedência liminar do pedido, o juiz designará audiência de conciliação ou de mediação com antecedência mínima de 30 (trinta) dias, devendo ser citado o réu com pelo menos 20 (vinte) dias de antecedência.

§ 1º O conciliador ou mediador, onde houver, atuará necessariamente na audiência de conciliação ou de mediação, observando o disposto neste Código, bem como as disposições da lei de organização judiciária.

§ 2º Poderá haver mais de uma sessão destinada à conciliação e à mediação, não podendo exceder a 2 (dois) meses da data de realização da primeira sessão, desde que necessárias à composição das partes.

§ 3º A intimação do autor para a audiência será feita na pessoa de seu advogado.

§ 4º A audiência não será realizada:

I – se ambas as partes manifestarem, expressamente, desinteresse na composição consensual;

II – quando não se admitir a autocomposição.

§ 5º O autor deverá indicar, na petição inicial, seu desinteresse na autocomposição, e o réu deverá fazê-lo, por petição, apresentada com 10 (dez) dias de antecedência, contados da data da audiência.

§ 6º Havendo litisconsórcio, o desinteresse na realização da audiência deve ser manifestado por todos os litisconsortes.

§ 7º A audiência de conciliação ou de mediação pode realizar-se por meio eletrônico, nos termos da lei.

§ 8º O não comparecimento injustificado do autor ou do réu à audiência de conciliação é considerado ato atentatório à dignidade da justiça e será sancionado com multa de até dois por cento da vantagem econômica pretendida ou do valor da causa, revertida em favor da União ou do Estado.

§ 9º As partes devem estar acompanhadas por seus advogados ou defensores públicos.

§ 10. A parte poderá constituir representante, por meio de procuração específica, com poderes para negociar e transigir.

§ 11. A autocomposição obtida será reduzida a termo e homologada por sentença.

§ 12. A pauta das audiências de conciliação ou de mediação será organizada de modo a respeitar o intervalo mínimo de 20 (vinte) minutos entre o início de uma e o início da seguinte.

# CÓDIGO DE PROCESSO CIVIL COMENTADO • LEI 13.105, DE 16 DE MARÇO DE 2015 — ART. 335

## COMENTÁRIOS

A regra geral é que o réu seja citado para comparecimento em audiência de conciliação ou de mediação. Só depois de frustrada esta audiência é que o réu deverá se manifestar sobre os termos do que foi pedido pelo autor, apresentando sua contestação.

Essa audiência deverá ser designada pelo juiz, com antecedência mínima de 30 (trinta) dias, devendo ser citado o réu com pelo menos 20 (vinte) dias de antecedência. O autor será intimado da data da audiência na pessoa de seu advogado constituído nos autos.

Advirta-se que essa audiência não é sempre obrigatória, tendo em vista que somente poderá existir nos casos em que o direito em litígio admita a autocomposição (direitos disponíveis). Ademais, ela poderá ser dispensada se ambas as partes manifestarem, expressamente, desinteresse na sua realização.

Se o autor não tem interesse na audiência de conciliação ou de mediação deverá dizer isso claramente na petição inicial. O réu citado deverá dizer do seu desinteresse em petição simples, no prazo de 10 (dez) dias antes da data marcada para a audiência. Se houver litisconsórcio, o desinteresse na realização da audiência deve ser manifestado por todos os litisconsortes.

Na audiência, tanto autor quanto réu, deverão se fazer acompanhar de seus respectivos patronos, seja ele o advogado particular seja o defensor público. As partes poderão se fazer representar por procurador (pode ser qualquer pessoa), por meio de procuração específica, com poderes especiais para negociar e transigir.

A lei pune, com multa de até 2% (dois por cento) da vantagem econômica pretendida ou do valor da causa, a parte que não comparecer à audiência, sem um justo motivo, sendo tal fato considerado ato atentatório à dignidade da justiça.

A lei disciplina ainda a forma de atuação dos conciliadores e mediadores e determina que, se o acordo se realizar, deverá ser reduzido a termo e homologado pelo juiz por sentença.

## CAPÍTULO VI

### CONTESTAÇÃO

**Art. 335.** O réu poderá oferecer contestação, por petição, no prazo de 15 (quinze) dias, cujo termo inicial será a data:

I – da audiência de conciliação ou de mediação, ou da última sessão de conciliação, quando qualquer parte não comparecer ou, comparecendo, não houver autocomposição;

II – do protocolo do pedido de cancelamento da audiência de conciliação ou de mediação apresentado pelo réu, quando ocorrer a hipótese do art. 334, § 4º, inciso I;

III – prevista no art. 231, de acordo com o modo como foi feita a citação, nos demais casos.

§ 1º No caso de litisconsórcio passivo, ocorrendo a hipótese do art. 334, § 6º , o termo inicial previsto no inciso II será, para cada um dos réus, a data de apresentação de seu respectivo pedido de cancelamento da audiência.

§ 2º Quando ocorrer a hipótese do art. 334, § 4º, inciso II, havendo litisconsórcio passivo e o autor desistir da ação em relação a réu ainda não citado, o prazo para resposta correrá da data de intimação da decisão que homologar a desistência.

## COMENTÁRIOS

Agora o legislador estabelece o prazo, e sua forma de contagem, para que o réu apresente sua contestação escrita, isto é, por petição.

Esse prazo será de 15 (quinze) dias, contados: da audiência de conciliação ou de mediação, ou da última sessão de conciliação, quando qualquer parte não comparecer ou, comparecendo, não houver autocomposição ou ainda, do protocolo de sua petição manifestando desinteresse na realização da audiência.

É importante entender bem a contagem do prazo: se houver audiência de conciliação ou mediação, será contado 15 (quinze) dias a partir de sua realização; se a audiência se desdobrou em mais de uma, conta-se da última sessão; e, finalmente, pode o réu, desde logo, manifestar seu desinteresse na realização da referida audiência, informando isso por petição, caso em que, o prazo de 15 (quinze) dias será contado da data do protocolo.

No caso de litisconsórcio passivo, se todos manifestarem desinteresse na realização da audiência, o prazo conta-se, para cada um dos réus, da data de apresentação de seu respectivo pedido de cancelamento da audiência.

Ainda com relação aos litisconsórcios passivo, se ação versar sobre direitos indisponíveis e o autor desistir da ação em relação a réu ainda não citado, o prazo para resposta dos demais correrá da data de intimação da decisão que homologar a desistência.

Quanto às regras para contagem de prazo, remetemos o leitor ao que está previsto no art. 231, do CPC.

**Art. 336.** Incumbe ao réu alegar, na contestação, toda a matéria de defesa, expondo as razões de fato e de direito com que impugna o pedido do autor e especificando as provas que pretende produzir.

## COMENTÁRIOS

Advirta-se desde logo que toda a matéria de defesa deverá ser concentrada na contestação, na qual o réu deverá expor suas razões de fato e de direito com que impugna o pedido do autor e também deverá especificar as provas que pretende produzir.

Vale lembrar que não temos mais as exceções em peças avulsas. De sorte que eventuais impugnações deverão ser arguidas como preliminares da contestação.

Assim, se o réu entende ser parte ilegítima na ação, por exemplo, deverá abrir um tópico na parte inicial de sua contestação e preliminarmente arguir sua ilegitimidade. Da mesma forma com relação a outras questões como veremos nos comentários ao artigo que se segue.

**Art. 337.** Incumbe ao réu, antes de discutir o mérito, alegar:

I – inexistência ou nulidade da citação;

II – incompetência absoluta e relativa;

III – incorreção do valor da causa;

IV – inépcia da petição inicial;

V – perempção;

VI – litispendência;

VII – coisa julgada;

VIII – conexão;

IX – incapacidade da parte, defeito de representação ou falta de autorização;

X – convenção de arbitragem;

XI – ausência de legitimidade ou de interesse processual;

XII – falta de caução ou de outra prestação que a lei exige como preliminar;

XIII – indevida concessão do benefício de gratuidade de justiça.

§ 1º Verifica-se a litispendência ou a coisa julgada quando se reproduz ação anteriormente ajuizada.

§ 2º Uma ação é idêntica a outra quando possui as mesmas partes, a mesma causa de pedir e o mesmo pedido.

§ 3º Há litispendência quando se repete ação que está em curso.

§ 4º Há coisa julgada quando se repete ação que já foi decidida por decisão transitada em julgado.

§ 5º Excetuadas a convenção de arbitragem e a incompetência relativa, o juiz conhecerá de ofício das matérias enumeradas neste artigo.

§ 6º A ausência de alegação da existência de convenção de arbitragem, na forma prevista neste Capítulo, implica aceitação da jurisdição estatal e renúncia ao juízo arbitral.

## COMENTÁRIOS

A contestação é o meio, por excelência, de resposta do réu na qual deve ser concentrado todos os meios de defesa possível, além de indicar os documentos e meios de prova pelos quais se pretende ver afastada a pretensão do autor.

Antes mesmo de discutir o mérito, o réu deverá opor preliminares que devam ser conhecidas pelo juiz antes do julgamento do mérito da causa. Algumas visam tão somente a retardar o andamento do processo e outras impedem que o juiz conheça do pedido do autor.

Assim, a incompetência relativa ou absoluta, a incorreção do valor da causa e a concessão do benefício de gratuidade de justiça deverão ser arguidas como preliminares.

Outras preliminares que podem ser arguidas são a inexistência ou nulidade da citação; inépcia da petição inicial; perempção; litispendência; coisa julgada; conexão; incapacidade da parte, defeito de representação ou falta de autorização; convenção de arbitragem; ausência de legitimidade ou de interesse processual; e, falta de caução ou de outra prestação que a lei exige como preliminar;

Os §§ 1º ao 4º definem os institutos da litispendência (repetição de ação que já está em curso) e da coisa julgada (quando se repete ação que já foi decidida por decisão transitada em julgado).

Todas as preliminares podem ser conhecidas de ofício pelo magistrado, exceto a convenção de arbitragem e a incompetência relativa. Se o réu não alegar nenhuma dessas preliminares, significa aceitação da jurisdição estatal e renúncia ao juízo arbitral e, no segundo caso, significa também renúncia ao juízo competente e prorrogar-se-á a competência.

> **Art. 338.** Alegando o réu, na contestação, ser parte ilegítima ou não ser o responsável pelo prejuízo invocado, o juiz facultará ao autor, em 15 (quinze) dias, a alteração da petição inicial para substituição do réu.
>
> **Parágrafo único.** Realizada a substituição, o autor reembolsará as despesas e pagará os honorários ao procurador do réu excluído, que serão fixados entre três e cinco por cento do valor da causa ou, sendo este irrisório, nos termos do art. 85, § 8º.

## COMENTÁRIOS

Aqui encontramos uma importante inovação na exata medida em que permite ao autor a correção do polo passivo da ação se concordar com a alegação do réu, em sua contestação, de ser parte ilegítima ou não ser o responsável pelo prejuízo invocado.

Nesse caso, o juiz abrirá prazo para que o autor, em 15 (quinze) dias, faça a devida alteração da petição inicial para substituição do réu.

Pelo princípio da causalidade, se for realizada a substituição, o autor deverá reembolsar o réu das despesas realizadas e pagará os honorários advocatícios que será fixado entre 3 (três) e 5% (cinco por cento) do valor da causa ou, em última análise, por equidade.

**Art. 339.** Quando alegar sua ilegitimidade, incumbe ao réu indicar o sujeito passivo da relação jurídica discutida sempre que tiver conhecimento, sob pena de arcar com as despesas processuais e de indenizar o autor pelos prejuízos decorrentes da falta de indicação.

§ 1º O autor, ao aceitar a indicação, procederá, no prazo de 15 (quinze) dias, à alteração da petição inicial para a substituição do réu, observando-se, ainda, o parágrafo único do art. 338.

§ 2º No prazo de 15 (quinze) dias, o autor pode optar por alterar a petição inicial para incluir, como litisconsorte passivo, o sujeito indicado pelo réu.

## COMENTÁRIOS

O art. 339 complementa o anterior e acaba, por assim dizer, com a antiga figura da "nomeação à autoria" ao impor ao réu que arguir ilegitimidade, a obrigação de indicar quem deveria ser o sujeito passivo da relação jurídica discutida, sempre que tiver conhecimento, sob pena de arcar com as despesas processuais e de indenizar o autor pelos prejuízos decorrentes da falta de indicação.

O autor, se aceitar a indicação, poderá proceder de duas formas diferentes: aceita a indicação e promove a alteração da petição inicial para a substituição do réu; ou, aceita a indicação e requer a alteração da exordial, mas prefere manter o réu no polo passivo, agora em litisconsorte passivo, juntamente com o sujeito indicado.

Em qualquer circunstância o prazo para a correção da petição inicial será de 15 (quinze) dias, à, observando-se, se for o caso, o parágrafo único do art. 338 no tocante às despesas realizadas pelo réu.

Advirta-se que não há necessidade de aceitação para integrar o polo passivo por parte de quem seja nomeado que, se foi nomeado levianamente, terá direito a indenização por perdas e danos contra o nomeante.

**Art. 340.** Havendo alegação de incompetência relativa ou absoluta, a contestação poderá ser protocolada no foro de domicílio do réu, fato que será imediatamente comunicado ao juiz da causa, preferencialmente por meio eletrônico.

§ 1º A contestação será submetida a livre distribuição ou, se o réu houver sido citado por meio de carta precatória, juntada aos autos dessa carta, seguindo-se a sua imediata remessa para o juízo da causa.

§ 2º Reconhecida a competência do foro indicado pelo réu, o juízo para o qual for distribuída a contestação ou a carta precatória será considerado prevento.

§ 3º Alegada a incompetência nos termos do *caput*, será suspensa a realização da audiência de conciliação ou de mediação, se tiver sido designada.

§ 4º Definida a competência, o juízo competente designará nova data para a audiência de conciliação ou de mediação.

## COMENTÁRIOS

O art. 340 permite que o réu, quando alegar incompetência relativa ou absoluta, nas preliminares de sua contestação, possa protocolar sua peça no foro de seu próprio domicílio, por livre distribuição ou por juntada aos autos da precatória, caso tenha sido citado por carta precatória.

Se o fizer por livre distribuição, o juiz que receber a contestação comunicará imediatamente ao juiz da causa, preferencialmente por meio eletrônico. De outro lado, se peticionar nos autos da carta precatória, sua contestação será juntada aos autos dessa carta, sendo remetido ao juiz da causa.

Se for reconhecida a competência do foro indicado pelo réu, o juízo para o qual foi distribuída a contestação ou a carta precatória será considerado prevento.

Além do mais se no juízo de origem já tinha sido marcada data para a realização da audiência de conciliação ou de mediação, a mesma será suspensa e ficará na dependência da solução quanto a competência, para só depois disso ser designada nova data para a audiência de conciliação ou de mediação.

**Art. 341.** Incumbe também ao réu manifestar-se precisamente sobre as alegações de fato constantes da petição inicial, presumindo-se verdadeiras as não impugnadas, salvo se:

I – não for admissível, a seu respeito, a confissão;

II – a petição inicial não estiver acompanhada de instrumento que a lei considerar da substância do ato;

III – estiverem em contradição com a defesa, considerada em seu conjunto.

**Parágrafo único.** O ônus da impugnação especificada dos fatos não se aplica ao defensor público, ao advogado dativo e ao curador especial.

## COMENTÁRIOS

Independentemente da apresentação de preliminares, o réu deve apresentar sua defesa propriamente dita, contestando o mérito do pedido do autor, impugnando todas as alegações sob pena de não o fazendo serem presumidos como verdadeiros os fatos alegados, salvo se: não for admissível, a seu respeito, a confissão; a petição inicial não estiver acompanhada de instrumento que a lei considerar da substância do ato; ou, estiverem em contradição com a defesa, considerada em seu conjunto.

É aquilo que a doutrina chama de "ônus da impugnação específica", que não se aplica ao defensor público, ao advogado dativo e ao curador especial que, por razões específicas, podem fazer a defesa por negativa geral.

**Art. 342.** Depois da contestação, só é lícito ao réu deduzir novas alegações quando:

CÓDIGO DE PROCESSO CIVIL COMENTADO • LEI 13.105, DE 16 DE MARÇO DE 2015 **ART. 343**

I – relativas a direito ou a fato superveniente;

II – competir ao juiz conhecer delas de ofício;

III – por expressa autorização legal, puderem ser formuladas em qualquer tempo e grau de jurisdição.

## COMENTÁRIOS

O art. 342 permite, em situações excepcionais, que o réu possa fazer novas alegações depois de apresentada sua contestação.

São estas as que se refiram a direito ou a fato superveniente; as objeções (se se trata de matéria que o magistrado possa conhecer *ex officio*, não haverá preclusão decorrente da não dedução dela na peça principal de defesa); e as matérias que, por força de lei, podem ser deduzidas a qualquer tempo como, por exemplo, a decadência e a prescrição.

## CAPÍTULO VII
## DA RECONVENÇÃO

**Art. 343.** Na contestação, é lícito ao réu propor reconvenção para manifestar pretensão própria, conexa com a ação principal ou com o fundamento da defesa.

§ 1º Proposta a reconvenção, o autor será intimado, na pessoa de seu advogado, para apresentar resposta no prazo de 15 (quinze) dias.

§ 2º A desistência da ação ou a ocorrência de causa extintiva que impeça o exame de seu mérito não obsta ao prosseguimento do processo quanto à reconvenção.

§ 3º A reconvenção pode ser proposta contra o autor e terceiro.

§ 4º A reconvenção pode ser proposta pelo réu em litisconsórcio com terceiro.

§ 5º Se o autor for substituto processual, o reconvinte deverá afirmar ser titular de direito em face do substituído, e a reconvenção deverá ser proposta em face do autor, também na qualidade de substituto processual.

§ 6º O réu pode propor reconvenção independentemente de oferecer contestação.

## COMENTÁRIOS

Só a título de registro histórico, a reconvenção era apresentada em peça apartada à época do CPC/73.

Agora pelas novas regras a reconvenção deve ser parte da contestação e assim entendemos porque uma leitura atenta do que consta no início do *caput* não deixa margem a outra conclusão. Veja-se a dicção da lei: "Na contestação, é lícito ao réu propor reconvenção..." Ora, se é licito na contestação apresentar reconvenção significa dizer que é nela, na própria peça da contestação que se deve arguir a reconvenção e não em peça apartada.

O réu pode apresentar reconvenção para manifestar pretensão própria, conexa com a ação principal ou com o fundamento da defesa. Se for proposta a reconvenção, o autor será intimado, na pessoa de seu advogado, para apresentar resposta no prazo de 15 (quinze) dias e nesse caso, em peça única, irá apresentar réplica à contestação e contestação na reconvenção, tudo isso em peça única.

Diz o § 2º que a desistência da ação ou a ocorrência de causa extintiva que impeça o exame de seu mérito não obsta ao prosseguimento do processo quanto à reconvenção o que reforça a nossa tese de que ambas as postulações são independentes.

É interessante a previsão do § 3º e § 4º ao permitir a formação de litisconsórcio na reconvenção, que pode ser proposta pelo réu contra o autor e um terceiro; ou, pode ser proposta contra o autor pelo réu em associação com um terceiro.

Diz o § 5º que, se o autor for substituto processual, o reconvinte deverá afirmar ser titular de direito em face do substituído, e a reconvenção deverá ser proposta em face do autor, também na qualidade de substituto processual.

Por fim, diz a lei que é direito do réu de uma ação apresentar a reconvenção, mesmo sem apresentar propriamente a contestação. Quer dizer, nada impede o réu de reconvir mesmo não tendo apresentado contestação, desde que apresente a reconvenção no prazo que seria da contestação.

## CAPÍTULO VIII
## DA REVELIA

**Art. 344.** Se o réu não contestar a ação, será considerado revel e presumir-se-ão verdadeiras as alegações de fato formuladas pelo autor.

### COMENTÁRIOS

O art. 344 estabelece se o réu não contestar a ação isso fará com que sejam presumidos como verdadeiros os fatos que foram alegados pelo autor.

Assim, a revelia é a ausência completa de defesa do réu que, tendo sido regularmente citado, permaneceu inerte e não se contrapôs ao pedido formulado pelo autor.

A partir disso cria-se a presunção de que os fatos alegados pelo autor são verdadeiros, porém essa presunção não é absoluta, tendo em vista que o magistrado, caso não se convença do que foi alegado, poderá determinar que o autor faça a prova dos fatos alegados, além de outras eventuais provas do seu direito.

Cumpre ainda esclarecer que o réu não é obrigado a apresentar resposta, porém deverá fazê-lo para não sofrer ônus decorrente de tal fato, pois conforme veremos a seguir, com a inexistência de resposta, haverá a presunção de veracidade dos fatos alegados pelo autor da ação.

> **Art. 345.** A revelia não produz o efeito mencionado no art. 344 se:
> I – havendo pluralidade de réus, algum deles contestar a ação;
> II – o litígio versar sobre direitos indisponíveis;
> III – a petição inicial não estiver acompanhada de instrumento que a lei considere indispensável à prova do ato;
> IV – as alegações de fato formuladas pelo autor forem inverossímeis ou estiverem em contradição com prova constante dos autos.

## COMENTÁRIOS

Vamos destacar que o artigo 345 relaciona situações em que não ocorrerá os efeitos da revelia, mesmo que o réu não tenha contestado e tem toda uma lógica para ser assim.

Se há pluralidade de réu um pode responder aos termos da ação e os outros poderão, eventualmente, ser beneficiados. Vale lembrar que litisconsórcio é a pluralidade de partes num processo seja no polo ativo ou passivo.

A segunda hipótese versa sobre a questão envolvendo direitos indisponíveis, lembrando que direitos indisponíveis são aqueles os quais as partes não podem dispor. Nessa circunstância, mesmo que venha a se caracterizar a revelia vai ser impossível que seus efeitos sejam aplicados em face exatamente da indisponibilidade desses direitos.

Também não produzirá efeitos a revelia nos casos em que a petição inicial não estiver acompanhada de instrumento que a lei considere indispensável à prova de um ato. Neste caso, não pode militar a favor do autor a presunção de veracidade decorrente da revelia.

E outra situação anotada pelo legislador é aquela em que as alegações de fato formuladas pelo autor forem inverossímeis ou estiverem em contradição com prova constante dos autos.

> **Art. 346.** Os prazos contra o revel que não tenha patrono nos autos fluirão da data de publicação do ato decisório no órgão oficial.
> **Parágrafo único.** O revel poderá intervir no processo em qualquer fase, recebendo-o no estado em que se encontrar.

## COMENTÁRIOS

Nenhuma novidade traz o dispositivo ao dizer que os prazos contra o revel que não tenha patrono, contarão a partir da data de publicação do ato decisório no órgão oficial.

Importante é previsão legal que preserva o direito de o revel poder comparecer ao processo a qualquer tempo, ressalvando, contudo, que o mesmo receberá o processo no estado em que se encontrar, não podendo impugnar os atos anteriormente realizados.

## CAPÍTULO IX
### DAS PROVIDÊNCIAS PRELIMINARES E DO SANEAMENTO

**Art. 347.** Findo o prazo para a contestação, o juiz tomará, conforme o caso, as providências preliminares constantes das seções deste Capítulo.

### COMENTÁRIOS

Decorrido o prazo para a contestação, deverá o juiz verificar da regularidade do processo e tomar as providências que entenda cabíveis para saneá-lo.

Quer dizer, depois de encerrado o prazo para a resposta do Réu, os autos serão conclusos ao juiz da causa para que o mesmo determine as providências preliminares que entenda necessárias.

Essas providências têm como maior objetivo organizar o processo, verificando o juiz se é o caso de julgamento antecipado da lide ou se é o caso de a determinar o que for necessário para a instrução da causa.

## SEÇÃO I
### DA NÃO INCIDÊNCIA DOS EFEITOS DA REVELIA

**Art. 348.** Se o réu não contestar a ação, o juiz, verificando a inocorrência do efeito da revelia previsto no art. 344, ordenará que o autor especifique as provas que pretenda produzir, se ainda não as tiver indicado.

### COMENTÁRIOS

Mesmo que o réu não tenha apresentado sua contestação, o juiz deverá verificar a extensão dos efeitos da revelia e, convencendo-se de que ocorreu alguma das hipóteses do art. 345 deverá dar continuidade ao processo em busca da verdade real e mandará, se for o caso, que o autor especifique as provas que pretenda produzir, se ainda não as tiver indicado.

Nesse caso, embora possa ter ocorrido a revelia, não ocorreu o efeito que dela decorre, qual seja, a presunção de que as alegações do autor são verdadeiras.

Importante ainda registrar que o réu também poderá manifestar-se, nesse momento processual, mesmo tendo ocorrido revelia.

**Art. 349.** Ao réu revel será lícita a produção de provas, contrapostas às alegações do autor, desde que se faça representar nos autos a tempo de praticar os atos processuais indispensáveis a essa produção.

## COMENTÁRIOS

Completamente desnecessário este artigo tendo em vista que o réu revel pode intervir no processo em qualquer fase. Isto o parágrafo único do art. 346 já garante, apenas com a ressalva de que ele receberá o processo no estado em que se encontrar.

### SEÇÃO II

### DO FATO IMPEDITIVO, MODIFICATIVO OU EXTINTIVO DO DIREITO DO AUTOR

**Art. 350.** Se o réu alegar fato impeditivo, modificativo ou extintivo do direito do autor, este será ouvido no prazo de 15 (quinze) dias, permitindo-lhe o juiz a produção de prova.

## COMENTÁRIOS

Independentemente da apresentação de preliminares, o réu deve apresentar sua defesa propriamente dita, contestando o mérito do pedido do autor, impugnando todas as alegações sob pena de não o fazendo serem presumidos como verdadeiros os fatos alegados.

A isso chamamos de defesa de mérito ou substancial que corresponde aos fatos impeditivos, modificativos ou extintivos do direito do autor.

Se o réu alegar algum desses fatos, o autor deverá ser ouvido no prazo de 15 (quinze) dias, permitindo-lhe o juiz a produção de prova, sob pena de nulidade do processo.

Essa manifestação do autor, para se contrapor aos fatos apresentados pelo réu, é aquilo que a doutrina chama de réplica que se justifica em face do princípio constitucional do contraditório.

Embora não haja expressa previsão em lei é possível existir a tréplica que acontecerá caso o autor, em sua réplica, traga aos autos algum elemento ou mesmo documentos novos.

### SEÇÃO III

### DAS ALEGAÇÕES DO RÉU

**Art. 351.** Se o réu alegar qualquer das matérias enumeradas no art. 337, o juiz determinará a oitiva do autor no prazo de 15 (quinze) dias, permitindo--lhe a produção de prova.

## COMENTÁRIOS

Vamos rememorar que o art. 337 trata das preliminares que o réu deve arguir em sua contestação, antes mesmo de discutir o mérito.

Se o réu apresentar alguma das preliminares na contestação o autor deverá ser ouvido em réplica, no prazo de 15 (quinze) dias, podendo realizar as provas que entenda necessárias.

**Art. 352.** Verificando a existência de irregularidades ou de vícios sanáveis, o juiz determinará sua correção em prazo nunca superior a 30 (trinta) dias.

## COMENTÁRIOS

Cabe ao juiz de ofício, nesta fase processual, verificar possíveis irregularidades ou vícios sanáveis, determinando a sua correção, em prazo não superior a 30 (trinta) dias.

Esclareça-se que os vícios ou irregularidades sanáveis podem ser desde a falta de representação processual regular (ver CPC, art. 103) como a falta de recolhimento de custas (ver CPC, art. 82) ou até mesmo a falta de citação do substituto processual (ver CPC, art. 338).

Essa é uma fase importante de saneamento do processo porque sanadas as irregularidades, o processo estará pronto para continuar sua marcha em busca de um pronunciamento final.

**Art. 353.** Cumpridas as providências preliminares ou não havendo necessidade delas, o juiz proferirá julgamento conforme o estado do processo, observando o que dispõe o Capítulo X.

## COMENTÁRIOS

Cumpridas as providências preliminares referidas no artigo anterior, ou se o processo já estava regular e não havia necessidade delas, o juiz deverá proferir julgamento conforme o estado do processo.

Esta é uma fase importante porque permite que o juiz, conforme o caso, trate da extinção do processo, julgue antecipadamente o mérito ou determine as providências necessárias ao saneamento do processo, conforme veremos no capítulo seguinte.

## CAPÍTULO X
### DO JULGAMENTO CONFORME O ESTADO DO PROCESSO
#### SEÇÃO I
#### DA EXTINÇÃO DO PROCESSO

**Art. 354.** Ocorrendo qualquer das hipóteses previstas nos arts. 485 e 487, incisos II e III, o juiz proferirá sentença.

**Parágrafo único.** A decisão a que se refere o *caput* pode dizer respeito a apenas parcela do processo, caso em que será impugnável por agravo de instrumento.

## COMENTÁRIOS

Cumpre esclarecer inicialmente que o julgamento conforme o estado do processo ocorre quando não há necessidade entrar na fase instrutória, isto é, quando não é necessário produzir provas.

Nesse sentido, o *caput* do art. 354 não traz nenhuma novidade, pois trata das hipóteses de julgamento conforme o estado do processo, sem resolução do mérito (ver o extenso rol do art. 485 do CPC) ou com julgamento de mérito quando tratar-se de reconhecimento da prescrição ou da decadência (nas hipóteses versadas no inciso I do art. 487 do CPC).

A novidade é o contido no parágrafo único que trata da possibilidade de julgamento parcial do mérito, conforme disciplinado no art. 356, cuja decisão é atacável via agravo de instrumento. Nesse caso é uma decisão que tem natureza de sentença, porém é uma decisão interlocutória porque o processo irá prosseguir até sentença final.

## SEÇÃO II
### DO JULGAMENTO ANTECIPADO DO MÉRITO

**Art. 355.** O juiz julgará antecipadamente o pedido, proferindo sentença com resolução de mérito, quando:

I – não houver necessidade de produção de outras provas;

II – o réu for revel, ocorrer o efeito previsto no art. 344 e não houver requerimento de prova, na forma do art. 349.

## COMENTÁRIOS

Independentemente de qualquer outra providência o juiz está autorizado a julgar antecipadamente o pedido, proferindo sentença com resolução de mérito, quando: não houver necessidade de produção de outras provas; ou, o réu for revel, ocorrer o efeito previsto no art. 344 e não houver requerimento de prova, na forma do art. 349.

Essa fase era chamada de "julgamento antecipado da lide" no CPC/73 e apesar da alteração de redação, na essência o Novo CPC mantém o mesmo espírito ao prever a hipótese de o juiz julgar antecipadamente o mérito quando entender que não há necessidade de realização de novas provas. Ora, pode ser que as provas necessárias ao conhecimento do direito posto *sub judice* já esteja encartada aos autos. O juiz já formou seu convencimento. Nesse caso a realização de novas provas seria algo completamente desnecessário.

Da mesma forma, se ocorrer a revelia. Mas nesse caso não basta a falta de apresentação de contestação pura e simplesmente. Nem sempre a revelia faz presumir que os fatos alegados pelo autor sejam verdadeiros. Há situações em que esse efeito não se materializa (ver CPC, art. 345).

Ademais, mesmo que o réu seja revel ele pode comparecer depois no processo e se fez requerimento de provas o juiz deverá levar isso em conta (ver CPC, art. 349).

## SEÇÃO III
### DO JULGAMENTO ANTECIPADO PARCIAL DO MÉRITO

**Art. 356.** O juiz decidirá parcialmente o mérito quando um ou mais dos pedidos formulados ou parcela deles:

I – mostrar-se incontroverso;

II – estiver em condições de imediato julgamento, nos termos do art. 355.

§ 1º A decisão que julgar parcialmente o mérito poderá reconhecer a existência de obrigação líquida ou ilíquida.

§ 2º A parte poderá liquidar ou executar, desde logo, a obrigação reconhecida na decisão que julgar parcialmente o mérito, independentemente de caução, ainda que haja recurso contra essa interposto.

§ 3º Na hipótese do § 2º, se houver trânsito em julgado da decisão, a execução será definitiva.

§ 4º A liquidação e o cumprimento da decisão que julgar parcialmente o mérito poderão ser processados em autos suplementares, a requerimento da parte ou a critério do juiz.

§ 5º A decisão proferida com base neste artigo é impugnável por agravo de instrumento.

### COMENTÁRIOS

Essa é uma figura nova no direito brasileiro – o julgamento antecipado parcial do mérito. Essa nova previsão contida no atual CPC é similar ao que já se encontrava previsto no CPC/73 que, ao tratar da antecipação da tutela, especialmente o contido no § 6º, do art. 273, tinha a seguinte redação: "A tutela antecipada também poderá ser concedida quando um ou mais dos pedidos cumulados, ou parcela deles, mostrar-se incontroverso".

Trata-se de decisão interlocutória, tanto que é atacável via agravo de instrumento, mas tem todos os efeitos de sentença já que pode ser liquidada e executada provisoriamente na eventual pendência de recurso ou mesmo ser executada em caráter definitivo se a decisão tiver transitado em julgado. Quer dizer, é uma decisão de mérito que se esgota em si mesma, não dependendo de confirmação na sentença final, diferentemente da tutela antecipada.

Estatui ainda a lei que a liquidação e o cumprimento da decisão que julgar parcialmente o mérito poderão ser processados em autos suplementares, a requerimento da parte ou a critério do juiz.

Para exemplificar a questão vejamos o Enunciado n. 18 do IBDFAM, aprovado no seu X Congresso Brasileiro, que diz: "nas ações de divórcio e de dissolução da união estável, a regra deve ser o julgamento parcial do mérito (art. 356 do Novo CPC), para que seja decretado o fim da conjugalidade, seguindo a demanda com a discussão de outros temas".

Como ensina o professor Flávio Tartuce, "não restam dúvidas de que a eficiência e a economia estão muito prestigiadas com tal premissa. A título de exemplo mais específico, e com o intuito de esclarecer, em havendo pedido de divórcio cumulado com alimentos, o juiz pode deferir o divórcio por sentença, liberando definitivamente as partes daquele indesejado vínculo, e seguir no curso da lide a discussão a respeito dos alimentos. Tal opção não afasta a possibilidade de as partes ingressarem com duas ações autônomas, quais sejam uma de divórcio e outra de alimentos, o que depende de sua pretensão. De toda sorte, não resta dúvida de que o primeiro caminho melhor concretiza o que consta como regramento fundamental da própria norma processual".[45]

De qualquer forma, é uma inovação que deve ser louvado em face da celeridade e da efetividade do processo e quer nos parecer que o julgamento antecipado parcial do mérito não é uma faculdade, mas sim uma obrigação do juiz em face do que está insculpido no *caput* do artigo *sub oculum*.

## SEÇÃO IV
### DO SANEAMENTO E DA ORGANIZAÇÃO DO PROCESSO

**Art. 357.** Não ocorrendo nenhuma das hipóteses deste Capítulo, deverá o juiz, em decisão de saneamento e de organização do processo:

I – resolver as questões processuais pendentes, se houver;

II – delimitar as questões de fato sobre as quais recairá a atividade probatória, especificando os meios de prova admitidos;

III – definir a distribuição do ônus da prova, observado o art. 373;

IV – delimitar as questões de direito relevantes para a decisão do mérito;

V – designar, se necessário, audiência de instrução e julgamento.

§ 1º Realizado o saneamento, as partes têm o direito de pedir esclarecimentos ou solicitar ajustes, no prazo comum de 5 (cinco) dias, findo o qual a decisão se torna estável.

---

45. TARTUCE, Flavio. Do julgamento antecipado parcial de mérito (art. 356 do Novo CPC) e sua aplicação às ações de Direito de Família. Disponível no site do Jusbrasil.

§ 2º As partes podem apresentar ao juiz, para homologação, delimitação consensual das questões de fato e de direito a que se referem os incisos II e IV, a qual, se homologada, vincula as partes e o juiz.

§ 3º Se a causa apresentar complexidade em matéria de fato ou de direito, deverá o juiz designar audiência para que o saneamento seja feito em cooperação com as partes, oportunidade em que o juiz, se for o caso, convidará as partes a integrar ou esclarecer suas alegações.

§ 4º Caso tenha sido determinada a produção de prova testemunhal, o juiz fixará prazo comum não superior a 15 (quinze) dias para que as partes apresentem rol de testemunhas.

§ 5º Na hipótese do § 3º, as partes devem levar, para a audiência prevista, o respectivo rol de testemunhas.

§ 6º O número de testemunhas arroladas não pode ser superior a 10 (dez), sendo 3 (três), no máximo, para a prova de cada fato.

§ 7º O juiz poderá limitar o número de testemunhas levando em conta a complexidade da causa e dos fatos individualmente considerados.

§ 8º Caso tenha sido determinada a produção de prova pericial, o juiz deve observar o disposto no art. 465 e, se possível, estabelecer, desde logo, calendário para sua realização.

§ 9º As pautas deverão ser preparadas com intervalo mínimo de 1 (uma) hora entre as audiências.

## COMENTÁRIOS

Agora o art. 357 do CPC vai além do mero saneamento do processo, e estabelece uma série de ações a serem desenvolvidas pelo juiz, tudo com a finalidade de sanar eventuais irregularidades e organizar o processo para a sua próxima fase – o julgamento definitivo da lide.

Nessa fase, o juiz deverá resolver as questões processuais pendentes, se ainda houver; delimitar as questões de fato sobre as quais recairá a atividade probatória, especificando os meios de prova admitidos; e deverá fixar as questões de direito relevantes para a decisão do mérito.

É também nessa fase que o juiz deverá definir como fica a distribuição do ônus da prova e, se for o caso, designar audiência de instrução e julgamento.

Inovando em relação ao código anterior, o atual CPC, na linha do processo cooperativo, cria a possibilidade de as partes pedirem esclarecimentos ou solicitar ajustes ao juiz, com relação as suas decisões no saneamento, o que deve ser feito no prazo comum de 5 (cinco) dias, findo o qual a decisão se torna estável.

Ademais, as partes podem, de comum acordo, negociar como será a delimitação das questões de fato sobre as quais deverá recair a atividade probatória, definindo quais provas deverão ser realizadas. Poderão também acordar sobre a distribuição do ônus da prova, bem como delimitar as questões de direito relevantes para a decisão do mérito. Apresentada a petição com os termos do acordo, cabe ao juiz homologar, ficando a ele vinculado não só as partes como também o magistrado.

O artigo em comento cria outra novidade que é a audiência de cooperação para o saneamento do processo. Não é audiência de conciliação, nem audiência de instrução e julgamento. É uma audiência extra tão somente para tratar do saneamento e organização do processo. Isso pode acontecer diante da complexidade das matérias de fato ou de direito versada nos autos, devendo o juiz sanear o processo em conjunto com os advogados das partes, chamando-os para integrar ou mesmo esclarecer suas alegações.

Os demais incisos não apresentam grandes novidades a não ser a ampliação do prazo para apresentação do rol de testemunhas que será de 15 (quinze) dias, cabendo alertar que no caso de realização de audiência para o saneamento cooperativo, é nesse momento que o rol deverá ser apresentado.

Nenhuma novidade com relação ao número de testemunhas que podem ser arroladas, 10 (dez) ao todo, sendo 3 (três), no máximo, para a prova de cada fato; podendo o juiz limitar esse número de acordo com a complexidade dos fatos a serem provados.

Caso o juiz entenda ser necessário prova pericial, deverá oportunizar as partes a apresentação de quesitos, bem como assistente técnico, além de outras providências constantes do art. 465 do CPC.

Por fim, o legislador preocupado com o tempo de duração das audiências, estabelece que deva haver intervalo mínimo de 1 (uma) hora entre uma audiência e outra.

## CAPÍTULO XI
### DA AUDIÊNCIA DE INSTRUÇÃO E JULGAMENTO

**Art. 358.** No dia e na hora designados, o juiz declarará aberta a audiência de instrução e julgamento e mandará apregoar as partes e os respectivos advogados, bem como outras pessoas que dela devam participar.

### COMENTÁRIOS

O art. 358 trata dos procedimentos quanto a abertura da audiência de instrução e julgamento, estabelecendo que serão apregoados além das partes e seus advogados, outras pessoas que dela devam participar tais como as testemunhas, o perito, o terceiro interveniente, dentre outros interessados.

**Art. 359.** Instalada a audiência, o juiz tentará conciliar as partes, independentemente do emprego anterior de outros métodos de solução consensual de conflitos, como a mediação e a arbitragem.

## COMENTÁRIOS

O magistrado tem o dever de fazer uma nova tentativa de conciliação entre as partes, logo na abertura da audiência, independente do emprego anterior de outros métodos de solução consensual de conflitos, como a mediação e a arbitragem.

Lembrando que o estímulo a resolução consensual de conflitos é um dever do Estado e deve ser estimulada pelo magistrado, mesmo que no curso da relação processual (ver CPC, art. 3º, §§ 2º e 3º).

Registre-se que o legislador cometeu um equívoco imperdoável ao redigir o presente artigo: a arbitragem não é um meio alternativo de resolução consensual de litígio.

**Art. 360.** O juiz exerce o poder de polícia, incumbindo-lhe:

I – manter a ordem e o decoro na audiência;

II – ordenar que se retirem da sala de audiência os que se comportarem inconvenientemente;

III – requisitar, quando necessário, força policial;

IV – tratar com urbanidade as partes, os advogados, os membros do Ministério Público e da Defensoria Pública e qualquer pessoa que participe do processo;

V – registrar em ata, com exatidão, todos os requerimentos apresentados em audiência.

## COMENTÁRIOS

É natural que o magistrado, sendo o responsável por presidir o feito, detenha certos poderes para conduzir e organizar audiência razão pela qual se justifica plenamente a previsão contida no presente artigo de lei.

Assim, além dos poderes e deveres inerentes ao próprio exercício do cargo, o juiz irá exercer aquelas atribuições do art. 360 do CPC.

A novidade fica por conta, especialmente do inciso IV que, acolhendo o que já estava previsto na LOMAN, impõe ao juiz o dever de tratar as partes e seus patronos, assim como todos que, de qualquer forma participem do processo, com a devida urbanidade.[46]

Esse dever imposto aos magistrados pelo CPC também já constava do Código de Ética da Magistratura Nacional, aprovado pelo CNJ em 2008.[47]

---

46. LOMAN, Art. 35. São deveres do magistrado: Omissis...

IV – tratar com urbanidade as partes, os membros do Ministério Público, os advogados, as testemunhas, os funcionários e auxiliares da Justiça, e atender aos que o procurarem, a qualquer momento, quanto se trate de providência que reclame e possibilite solução de urgência.

47. CEMN (CNJ), Art. 22. O magistrado tem o dever de cortesia para com os colegas, os membros do Ministério Público, os advogados, os servidores, as partes, as testemunhas e todos quantos se relacionem com a administração da Justiça.

# CÓDIGO DE PROCESSO CIVIL COMENTADO • LEI 13.105, DE 16 DE MARÇO DE 2015 — ART. 362

**Art. 361.** As provas orais serão produzidas em audiência, ouvindo-se nesta ordem, preferencialmente:

I – o perito e os assistentes técnicos, que responderão aos quesitos de esclarecimentos requeridos no prazo e na forma do art. 477, caso não respondidos anteriormente por escrito;

II – o autor e, em seguida, o réu, que prestarão depoimentos pessoais;

III – as testemunhas arroladas pelo autor e pelo réu, que serão inquiridas.

**Parágrafo único.** Enquanto depuserem o perito, os assistentes técnicos, as partes e as testemunhas, não poderão os advogados e o Ministério Público intervir ou apartear, sem licença do juiz.

## COMENTÁRIOS

O art. 361 trata da ordem que deve ser seguida para a realização das provas orais em audiência, estabelecendo que primeiro serão ouvidos o perito e os assistentes técnicos (se for necessário esclarecimentos sobre o laudo o que normalmente é feito por escrito); depois os depoimentos pessoais de autor e em seguida do réu; e, finalmente as testemunhas, primeiro as do autor e em seguida as do réu.

O parágrafo único proíbe a intervenção dos advogados, do Ministério Público e da Defensoria, enquanto estiverem depondo o perito, os assistentes técnicos, as partes e as testemunhas, a não ser quando autorizadas pelo juiz.

Esclareça que a ordem estabelecida neste artigo não é rigorosa tendo em vista que o magistrado pode alterar a mesma conforme as conveniências de realização da audiência.

**Art. 362.** A audiência poderá ser adiada:

I – por convenção das partes;

II – se não puder comparecer, por motivo justificado, qualquer pessoa que dela deva necessariamente participar;

III – por atraso injustificado de seu início em tempo superior a 30 (trinta) minutos do horário marcado.

§ 1º O impedimento deverá ser comprovado até a abertura da audiência, e, não o sendo, o juiz procederá à instrução.

§ 2º O juiz poderá dispensar a produção das provas requeridas pela parte cujo advogado ou defensor público não tenha comparecido à audiência, aplicando-se a mesma regra ao Ministério Público.

§ 3º Quem der causa ao adiamento responderá pelas despesas acrescidas.

---

Parágrafo único. Impõe-se ao magistrado a utilização de linguagem escorreita, polida, respeitosa e compreensível.

## COMENTÁRIOS

O art. 362 do CPC informa as causas que justificam o adiamento da audiência de instrução e julgamento e suas consequências.

A novidade é o que está contido no inciso III que prevê a hipótese de adiamento da audiência quando ocorrer atraso injustificado de mais de 30 (trinta) minutos para o seu início. Nesse caso é aconselhável o advogado pegar uma certidão junto ao cartório, que comprove o atraso do juiz, para que possa peticionar nos autos e pedir designação de nova data para realização da audiência.

Aquele que der causa ao adiamento da audiência responderá pelas despesas acrescidas, nos termos como insculpido no § 3º do artigo em comento.

> **Art. 363.** Havendo antecipação ou adiamento da audiência, o juiz, de ofício ou a requerimento da parte, determinará a intimação dos advogados ou da sociedade de advogados para ciência da nova designação.

## COMENTÁRIOS

Não há nenhuma novidade no art. 363 tendo em vista que os advogados sempre serão intimados de todos os atos e decisões dos magistrados praticados nos processos em que eles estejam nomeados.

Apesar disso a previsão se justifica tendo em vista que as partes não podem ser prejudicadas em razão da alteração da data da audiência. Daí porque é obrigatório a comunicação que deve se dar por meio da intimação de seus patronos.

Entendemos que o juiz não precisa esperar que haja provocação de qualquer das partes. Deve ele, utilizando do que dispõe a lei, usar a faculdade de determinar a intimação de ofício.

Por fim cumpre destacar e saudar a inclusão da sociedade de advogados no final do referido artigo de lei.

> **Art. 364.** Finda a instrução, o juiz dará a palavra ao advogado do autor e do réu, bem como ao membro do Ministério Público, se for o caso de sua intervenção, sucessivamente, pelo prazo de 20 (vinte) minutos para cada um, prorrogável por 10 (dez) minutos, a critério do juiz.
>
> § 1º Havendo litisconsorte ou terceiro interveniente, o prazo, que formará com o da prorrogação um só todo, dividir-se-á entre os do mesmo grupo, se não convencionarem de modo diverso.
>
> § 2º Quando a causa apresentar questões complexas de fato ou de direito, o debate oral poderá ser substituído por razões finais escritas, que serão apresentadas pelo autor e pelo réu, bem como pelo Ministério Público, se for o caso de sua intervenção, em prazos sucessivos de 15 (quinze) dias, assegurada vista dos autos.

## COMENTÁRIOS

O art. 364 do CPC não traz nenhuma inovação digna de registro, a não ser o estabelecimento de prazo sucessivo de 15 (quinze) dias para que os patronos das partes e o membro do Ministério Público possam apresentar seus memoriais, assegurando-se a cada um o acesso aos autos.

Nesse sentido, podemos afirmar que a previsão contida no artigo em comento proíbe a fixação de prazo comum para a entrega de memoriais, ou apresentação simultânea de memoriais. Isso se justifica em razão do devido processo legal e do direito à ampla defesa, tendo em vista que o réu tem o direito de conhecer a manifestação do autor para só depois se manifestar.

> **Art. 365.** A audiência é una e contínua, podendo ser excepcional e justificadamente cindida na ausência de perito ou de testemunha, desde que haja concordância das partes.
>
> **Parágrafo único.** Diante da impossibilidade de realização da instrução, do debate e do julgamento no mesmo dia, o juiz marcará seu prosseguimento para a data mais próxima possível, em pauta preferencial.

## COMENTÁRIOS

No art. 365 o legislador reafirma que a audiência é una e contínua, contudo, prevê a hipótese dela ser cindida, se houver motivo justificado, desde que haja concordância das partes.

Na impossibilidade de realização da instrução, do debate e do julgamento no mesmo dia, o juiz marcará seu prosseguimento para a data mais próxima possível, em pauta preferencial.

Nessas circunstâncias as partes já deverão sair intimadas da nova data e horário, bem como as demais pessoas que devam participar dessa segunda etapa da audiência.

> **Art. 366.** Encerrado o debate ou oferecidas as razões finais, o juiz proferirá sentença em audiência ou no prazo de 30 (trinta) dias.

## COMENTÁRIOS

O prazo para o juiz proferir sentença, depois de encerrado os debates ou oferecidas as razões finais, foi ampliado para 30 (trinta) dias, atendendo pedido da Associação dos Magistrados Brasileiros (AMB).

Nada obsta que o juiz profira sentença na própria audiência, encerrado do debate oral ou de sua dispensa pelas partes.

É importante rememorar que o não cumprimento de prazo pelo juiz autoriza que a parte possa representá-lo junto ao corregedor do tribunal ao qual o magistrado esteja vinculado ou ao Conselho Nacional de Justiça (CNJ), para apuração de sua responsabilidade disciplinar (ver CPC, art. 235).

**Art. 367.** O servidor lavrará, sob ditado do juiz, termo que conterá, em resumo, o ocorrido na audiência, bem como, por extenso, os despachos, as decisões e a sentença, se proferida no ato.

§ 1º Quando o termo não for registrado em meio eletrônico, o juiz rubricar-lhe-á as folhas, que serão encadernadas em volume próprio.

§ 2º Subscreverão o termo o juiz, os advogados, o membro do Ministério Público e o escrivão ou chefe de secretaria, dispensadas as partes, exceto quando houver ato de disposição para cuja prática os advogados não tenham poderes.

§ 3º O escrivão ou chefe de secretaria trasladará para os autos cópia autêntica do termo de audiência.

§ 4º Tratando-se de autos eletrônicos, observar-se-á o disposto neste Código, em legislação específica e nas normas internas dos tribunais.

§ 5º A audiência poderá ser integralmente gravada em imagem e em áudio, em meio digital ou analógico, desde que assegure o rápido acesso das partes e dos órgãos julgadores, observada a legislação específica.

§ 6º A gravação a que se refere o § 5º também pode ser realizada diretamente por qualquer das partes, independentemente de autorização judicial.

## COMENTÁRIOS

O art. 367 cuida do procedimento que deve ser adotado pelo serventuário para o registro dos fatos ocorridos em audiência.

Importante destacar o que consta nos §§ 5º e 6º que garante as partes o direito de fazer a gravação da audiência, sem necessidade de autorização do juiz, podendo ser registrada por meio de imagem ou áudio, digital ou analógico, inclusive pelas partes.

Para Cassio Scarpinella Bueno, a disposição legislativa contida nesses dois parágrafos acaba por se constituir em novidade da maior relevância e visa pacificar acesa discussão doutrinária e jurisprudencial, admitindo-se, expressamente, a possibilidade de as próprias partes, independentemente de autorização judicial, gravarem a audiência da qual participaram.[48]

**Art. 368.** A audiência será pública, ressalvadas as exceções legais.

---

48. BUENO, Cassio Scarpinella. *Novo Código de Processo Civil anotado.* São Paulo: Saraiva, 2015, p. 270.

## COMENTÁRIOS

A regra é que as audiências sejam públicas e a exceção que elas sejam reservadas, nos termos do previsto no art. 93, IX da Constituição Federal.

A publicidade das audiências sofre restrições quando, por exemplo, o interesse público ou social for relevante ou versarem sobre direitos de família (ver CPC, art. 189).

Assim, qualquer audiência deve ser realizada a portas abertas, para conhecimento de todos, mesmo para aqueles estranhos ao processo, cabendo sempre ao juiz manter a ordem e o decoro, exercendo o seu inerente poder de polícia (ver CPC, art. 360).

## CAPÍTULO XII
## DAS PROVAS
### SEÇÃO I
### DISPOSIÇÕES GERAIS

**Art. 369.** As partes têm o direito de empregar todos os meios legais, bem como os moralmente legítimos, ainda que não especificados neste Código, para provar a verdade dos fatos em que se funda o pedido ou a defesa e influir eficazmente na convicção do juiz.

## COMENTÁRIOS

A prova no sentido geral é o meio pelo qual se busca convencer alguém no tocante a uma determinada verdade. No que diz respeito à prova judiciária, podemos afirmar que é o meio pelo qual as partes procuram demonstrar a certeza de um fato ou a veracidade de uma afirmação com a finalidade de convencer o julgador da certeza do direito posto em apreciação.

Quem propõe e quem resiste a uma ação, o faz baseado em fatos, através dos quais pretendem justificar a pretensão de um e a resistência do outro. É do exame dos fatos e de sua adequação ao direito que o juiz extrairá os fundamentos para solucionar o litígio através de uma sentença.

Assim, as provas são os meios através dos quais as partes conferem certeza aos fatos alegados, as quais o juiz apreciará livremente, sejam documentais, periciais ou mesmo testemunhais.

Como leciona o grande mestre Humberto Theodor Júnior, às partes não basta simplesmente alegar os fatos. Para que a sentença declare o direito, isto é, para que a relação de direito litigiosa fiquei definitivamente garantida pela regra de direito correspondente, preciso é, antes de tudo, que o juiz se certifique da verdade do fato alegado, o que se dar por meio de provas.[49]

---

49. THEODORO JÚNIOR, Humberto. *Curso de direito processual civil*, 57. ed. Rio de Janeiro: Forense, 2016, v. 1, p. 865.

Assim, as partes têm o direito de empregar todos os meios legais, bem como os moralmente legítimos, para provar a verdade de suas alegações e influir eficazmente na convicção do juiz.

**Art. 370.** Caberá ao juiz, de ofício ou a requerimento da parte, determinar as provas necessárias ao julgamento do mérito.

**Parágrafo único.** O juiz indeferirá, em decisão fundamentada, as diligências inúteis ou meramente protelatórias.

### COMENTÁRIOS

Compete ao juiz determinar, de ofício ou a requerimento das partes, as provas necessárias ao seu convencimento, enquanto destinatário final das provas, assim como indeferir aquelas que sejam consideradas manifestamente desnecessárias ou protelatórias, em decisão fundamentada.

A busca de uma solução justa para o processo exige que o magistrado deixe de lado a postura passiva e passe a atuar diretamente na produção da prova, tendo em vista a busca da verdade real, tudo com a finalidade de que o processo tenha como solução final uma decisão a mais justa possível.

Portanto é dever do juiz determinar a realização das provas necessárias ao julgamento do mérito, que dizer, deverá determinar as provas necessárias à solução da lide, de ofício ou a requerimentos das partes, bem como deverá indeferir as diligências inúteis ou protelatórias, pois afinal é ele o destinatário das provas, não importando quem as tenhas produzido.

**Art. 371.** O juiz apreciará a prova constante dos autos, independentemente do sujeito que a tiver promovido, e indicará na decisão as razões da formação de seu convencimento.

### COMENTÁRIOS

O juiz apreciará a prova constante dos autos, independentemente do sujeito que a tiver promovido, e indicará na decisão as razões da formação de seu convencimento. Este é o princípio do livre convencimento motivado ou da persuasão racional.

Quando a lei emprega a expressão "independente do sujeito que a tiver produzido", significa dizer que a prova é do processo, não da parte que a produziu. Temos aqui a reedição do princípio do livre convencimento motivado ou da persuasão racional.

**Art. 372.** O juiz poderá admitir a utilização de prova produzida em outro processo, atribuindo-lhe o valor que considerar adequado, observado o contraditório.

## COMENTÁRIOS

O art. 372 positiva aquilo que a doutrina e a jurisprudência já vinham admitindo de longa data, que é a prova emprestada, ou seja, a prova produzida noutro processo.

O juiz poderá admitir a utilização de prova produzida em outro processo, atribuindo-lhe o valor que considerar adequado, contudo, deverá observar o contraditório.

Embora o dispositivo utilize o termo "processo", entendemos que deve ser ampliada a compreensão do que seja prova emprestada para aceitar aquelas produzidas em procedimentos administrativos em geral, inquéritos policial ou civil, dentre outros.

Quanto ao contraditório, deve ele ser observado no processo para o qual a prova foi transladada, de sorte a afirmar que não é imprescindível a identidade de partes entre os atuais demandantes e aqueles que participaram da demanda de onde se origina a prova emprestada.

**Art. 373.** O ônus da prova incumbe:

I – ao autor, quanto ao fato constitutivo de seu direito;

II – ao réu, quanto à existência de fato impeditivo, modificativo ou extintivo do direito do autor.

§ 1º Nos casos previstos em lei ou diante de peculiaridades da causa relacionadas à impossibilidade ou à excessiva dificuldade de cumprir o encargo nos termos do *caput* ou à maior facilidade de obtenção da prova do fato contrário, poderá o juiz atribuir o ônus da prova de modo diverso, desde que o faça por decisão fundamentada, caso em que deverá dar à parte a oportunidade de se desincumbir do ônus que lhe foi atribuído.

§ 2º A decisão prevista no § 1º deste artigo não pode gerar situação em que a desincumbência do encargo pela parte seja impossível ou excessivamente difícil.

§ 3º A distribuição diversa do ônus da prova também pode ocorrer por convenção das partes, salvo quando:

I – recair sobre direito indisponível da parte;

II – tornar excessivamente difícil a uma parte o exercício do direito.

§ 4º A convenção de que trata o § 3º pode ser celebrada antes ou durante o processo.

## COMENTÁRIOS

Prevalece na legislação processual brasileira a regra geral de que o ônus da prova incumbe a quem alega (seja autor, réu ou terceiros interessados), no que diz respeito ao fato constitutivo, impeditivo, modificativo ou mesmo extintivo de um direito, em completa fidelidade com o princípio dispositivo pelo qual é das partes a iniciativa de movimentação da máquina judiciária.

O art. 373 inova, ao criar a figura da distribuição dinâmica do ônus da aprova (teoria da carga probatória dinâmica), permitindo ao juiz distribuir o ônus da prova de forma diferente, desde que o faça por decisão fundamentada e, assegure a parte o tempo hábil para se desincumbir do encargo.

Isso pode ocorrer nos casos previstos em lei, mas também diante de peculiaridades da causa relacionadas à impossibilidade ou à excessiva dificuldade de cumprir o encargo ou à maior facilidade de obtenção da prova do fato contrário.

Advirta-se, todavia, que essa distribuição de modo diverso não pode gerar situação em que a desincumbência do encargo pela parte seja impossível ou excessivamente difícil.

Permite ainda o § 3º que os envolvidos possam convencionar de forma diferente a distribuição do ônus da prova, reforçando a ideia de que as partes podem realizar negócios processuais (ver CPC, art. 190). Contudo, não poderão inverter o ônus da prova quando a questão *sub judice* versar sobre direito indisponível da parte ou tornar excessivamente difícil a uma parte o exercício do direito. Esse acordo pode ser realizado antes ou mesmo depois de instaurado o processo.

**Art. 374.** Não dependem de prova os fatos:

I – notórios;

II – afirmados por uma parte e confessados pela parte contrária;

III – admitidos no processo como incontroversos;

IV – em cujo favor milita presunção legal de existência ou de veracidade.

### COMENTÁRIOS

O *novel codex* fixa a orientação de que nem todo fato alegado pela parte precisa ser provado. Quer dizer, alguns fatos falam por si mesmo, outros podem deixar de serem controvertido em face da inércia da parte ou de outras circunstâncias

Dessa forma, não será necessário a parte provar os fatos ditos notórios, ou seja, aqueles de conhecimento de todos; os fatos afirmados por uma das partes e aceitos pela outra parte, pois não haverá controvérsia e, finalmente, aqueles em cujo favor militar presunção legal de existência ou de veracidade como, por exemplo, a revelia que faz presumir que os fatos alegados são verdadeiros.

Cumpre ainda esclarecer que notórios são os fatos de conhecimento geral em uma determinada comunidade, num determinado momento. Pode ser acontecimento histórico, fatos heroicos, situações geográficas ou mesmo atos de gestão e de política. Funciona como uma espécie de verdade que é do conhecimento público. Podemos mencionar como exemplo: os assaltos em São Paulo são frequentes, ou ainda, o trânsito na cidade de São Paulo é caótico.

Os fatos incontroversos são os aqueles alegados por uma das partes e não contestados em tempo hábil pela outra. Se a parte tem a oportunidade de contestar os fatos que lhes são desfavoráveis e não o fez, qual é a conclusão: os fatos são verdadeiros.

Por fim, não precisam ser provados aqueles fatos em cujo favor existe uma presunção seja legal ou jurisprudencial de existência de veracidade como, por exemplo, a revelia faz presumir que os fatos alegados pelo autor são verdadeiros (presunção legal), ou ainda, a recusa em fazer o exame de DNA faz presumir a paternidade (presunção jurisprudencial – ver STJ, Súmula 301), dentre outros.

**Art. 375.** O juiz aplicará as regras de experiência comum subministradas pela observação do que ordinariamente acontece e, ainda, as regras de experiência técnica, ressalvado, quanto a estas, o exame pericial.

### COMENTÁRIOS

O art. 375 do CPC estabelece que o juiz pode se servir das regras do que ordinariamente acontece na vida cotidiana para valorizar adequadamente as provas produzidas nos autos.

Para entender melhor a questão vamos nos abeberar no que deixou registrado o insigne mestre Moacyr Amaral Santos que doutrinando sobre a matéria deixou assentado que "máximas de experiência" são noções pertencentes ao patrimônio cultural de uma determinada esfera social – seja a do juiz e seja as das partes e, portanto, são noções conhecidas, indiscutíveis, não podendo ser havidas como informes levados ao conhecimento privado do juiz. Constituem elas noções assentes, fruto de verificação do que acontece de ordinário em numerosíssimos casos, e que, no dizer de Calamandrei, não dependem mais de comprovação e crítica mesmo, porque a conferência e a crítica já se completaram fora do processo, tendo já a seu favor a autoridade de verdades indiscutíveis.[50]

Já com relação às regras de experiência técnica, isto é a prova técnica, o legislador faz a ressalva que nesse caso haveria a necessidade de exame pericial, por ser necessário conhecimento específico sobre a matéria. Quer dizer, o magistrado pode até não acolher o resultado do laudo pericial, mas deverá determinar a sua realização porque não poderá substituir o perito na produção de determinada prova.

**Art. 376.** A parte que alegar direito municipal, estadual, estrangeiro ou consuetudinário provar-lhe-á o teor e a vigência, se assim o juiz determinar.

### COMENTÁRIOS

Como regra, o direito não se prova tendo em vista que o juiz é um perito no direito, logo ninguém precisa fazer prova do direito.

Contudo, devido ao nosso sistema jurídico complexo onde vige, ao mesmo tempo, normas municipais, estaduais e federais, poderá o juiz determinar que a parte faça a prova da vigência de determinada lei municipal ou estadual, pois não se pode exigir

---

50. SANTOS, Moacyr Amaral. *Prova judiciaria no cível e commercial*. São Paulo: Saraiva, 1983, p. 457.

dele que conheça todas as legislações dos vinte e sete estados brasileiros, nem muito menos dos mais de cinco mil municípios. Isso também se aplica ao direito estrangeiro e consuetudinário.

**Art. 377.** A carta precatória, a carta rogatória e o auxílio direto suspenderão o julgamento da causa no caso previsto no art. 313, inciso V, alínea "b", quando, tendo sido requeridos antes da decisão de saneamento, a prova neles solicitada for imprescindível.

**Parágrafo único.** A carta precatória e a carta rogatória não devolvidas no prazo ou concedidas sem efeito suspensivo poderão ser juntadas aos autos a qualquer momento.

### COMENTÁRIOS

O art. 377 estabelece que as cartas precatória, rogatória e o auxílio direto poderão suspender o processo quando requeridas antes da decisão de saneamento e desde que a prova se mostre imprescindível.

O parágrafo único deixa claro que carta precatória ou rogatória não devolvidas no prazo ou concedidas sem efeito suspensivo, poderão ser juntadas aos autos a qualquer momento, desde que seja aberta vista dos autos às partes, em respeito ao princípio do contraditório.

**Art. 378.** Ninguém se exime do dever de colaborar com o Poder Judiciário para o descobrimento da verdade.

### COMENTÁRIOS

O art. 378 do novel *codex* trata do dever geral de cooperação que incumbe a todos. O objetivo é que todos possam contribuir para o descobrimento da verdade real e assim ser alcançada a tão sonhada justiça.

Esse dever é corolário do que se encontra previsto no art. 6º do CPC, cujo princípio deve ser aplicado a todos os cidadãos, independente, até mesmo, dos que estão envolvidos no processo.

**Art. 379.** Preservado o direito de não produzir prova contra si própria, incumbe à parte:

I – comparecer em juízo, respondendo ao que lhe for interrogado;

II – colaborar com o juízo na realização de inspeção judicial que for considerada necessária;

III – praticar o ato que lhe for determinado.

## COMENTÁRIOS

O *caput* do art. 379 deixa claro que as partes têm o direito de não produzir provas contra si própria.

Importante deixar consignado que o direito de não produzir provas contra si mesmo encontra-se previsto na Convenção Americana de Direitos Humanos de 1969 (San José, Costa Rica, em 22 de novembro de 1969), que foi recepcionado pelo Estado brasileiro em 1992.

Independente de estar sacramentado em tratados ou pactos recepcionado pelo Estado brasileiro, devemos saudar a iniciativa do legislador em positivar no Código de Processo Civil essa regra, como garantia dos direitos humanos fundamentais da pessoa humana.

**Art. 380.** Incumbe ao terceiro, em relação a qualquer causa:

I – informar ao juiz os fatos e as circunstâncias de que tenha conhecimento;

II – exibir coisa ou documento que esteja em seu poder.

**Parágrafo único.** Poderá o juiz, em caso de descumprimento, determinar, além da imposição de multa, outras medidas indutivas, coercitivas, mandamentais ou sub-rogatórias.

## COMENTÁRIOS

No art. 380, o legislador trata da responsabilidade processual do terceiro, em qualquer que seja a causa, impondo-lhe o dever de informar ao juiz os fatos e as circunstâncias de que tenha conhecimento, bem como de exibir coisa ou documento que esteja em seu poder.

O parágrafo único é novidade e outorga ao juiz o poder de, em caso de descumprimento, determinar, além da imposição de multa, outras medidas indutivas, coercitivas, mandamentais ou sub-rogatórias para fazer cumprir os objetivos da lei.

### SEÇÃO II
### DA PRODUÇÃO ANTECIPADA DA PROVA

**Art. 381.** A produção antecipada da prova será admitida nos casos em que:

I – haja fundado receio de que venha a tornar-se impossível ou muito difícil a verificação de certos fatos na pendência da ação;

II – a prova a ser produzida seja suscetível de viabilizar a autocomposição ou outro meio adequado de solução de conflito;

III – o prévio conhecimento dos fatos possa justificar ou evitar o ajuizamento de ação.

§ 1º O arrolamento de bens observará o disposto nesta Seção quando tiver por finalidade apenas a realização de documentação e não a prática de atos de apreensão.

§ 2º A produção antecipada da prova é da competência do juízo do foro onde esta deva ser produzida ou do foro de domicílio do réu.

§ 3º A produção antecipada da prova não previne a competência do juízo para a ação que venha a ser proposta.

§ 4º O juízo estadual tem competência para produção antecipada de prova requerida em face da União, de entidade autárquica ou de empresa pública federal se, na localidade, não houver vara federal.

§ 5º Aplica-se o disposto nesta Seção àquele que pretender justificar a existência de algum fato ou relação jurídica para simples documento e sem caráter contencioso, que exporá, em petição circunstanciada, a sua intenção.

## COMENTÁRIOS

Só a título de curiosidade, a produção antecipada de prova era um procedimento cautelar típico e nominado no CPC/73. Ocorre que o Novo CPC acabou com todas as cautelares nominadas e agora a produção antecipada de prova é apenas uma etapa do procedimento comum.

No caso em apreço, optou o legislador por inserir a produção antecipada de prova como parte do processo de conhecimento, mas a sua realização permanece com a mesma natureza de medida cautelar, pois procura tão somente viabilizar uma prova que está sob risco de perder-se, além de não implicar em julgamento de mérito.

A grande novidade é o que consta dos incisos II e III que permite a parte propor a produção antecipada de prova desde que demonstre que a sua realização pode ajudar na autocomposição ou outro meio adequado de solução de conflito, bem como se do prévio conhecimento dos fatos, possa justificar ou evitar o ajuizamento de ação.

O mesmo procedimento pode ser adotado para o arrolamento de bens, quando ele tiver por finalidade apenas a realização de documentação e não a prática de atos de apreensão.

Depois os §§ 2º e 3º tratam da competência, estabelecendo que o foro competente será o do local onde a coisa se encontra ou no foro do domicílio do réu e, que a eventual propositura da produção antecipada da prova não previne a competência do juízo para a futura ação que venha a ser proposta em razão dela.

Por fim, o § 5º manda aplicar as mesmas regras para a ação de justificação, como declaratória autônoma, sem litigiosidade, mas que para o autor é importante para justificar a existência de algum fato ou relação jurídica para simples documento, devendo expor essa circunstância e intenção na petição inicial.

# CÓDIGO DE PROCESSO CIVIL COMENTADO • LEI 13.105, DE 16 DE MARÇO DE 2015

**ART. 383**

**Art. 382.** Na petição, o requerente apresentará as razões que justificam a necessidade de antecipação da prova e mencionará com precisão os fatos sobre os quais a prova há de recair.

§ 1º O juiz determinará, de ofício ou a requerimento da parte, a citação de interessados na produção da prova ou no fato a ser provado, salvo se inexistente caráter contencioso.

§ 2º O juiz não se pronunciará sobre a ocorrência ou a inocorrência do fato, nem sobre as respectivas consequências jurídicas.

§ 3º Os interessados poderão requerer a produção de qualquer prova no mesmo procedimento, desde que relacionada ao mesmo fato, salvo se a sua produção conjunta acarretar excessiva demora.

§ 4º Neste procedimento, não se admitirá defesa ou recurso, salvo contra decisão que indeferir totalmente a produção da prova pleiteada pelo requerente originário.

## COMENTÁRIOS

O art. 382 trata do procedimento a ser adotado para o processamento da produção antecipada de prova, estabelecendo que o juiz determinará, de ofício ou a requerimento da parte, a citação de interessados na produção da prova ou no fato a ser provado, salvo se inexistente caráter contencioso.

Ressalva importante é o que consta do § 2º que proíbe o juiz de se manifestar sobre o mérito dos fatos que foram objeto da prova produzida, bem como sobre as respectivas consequências jurídicas.

Estabelece ainda que os interessados poderão requerer a produção de qualquer prova no mesmo procedimento, desde que relacionada ao mesmo fato, salvo se a sua produção conjunta acarretar excessiva demora.

Estabelece por fim o § 4º que somente é cabível recurso contra a decisão que indeferir totalmente a produção da prova pleiteada pelo requerente originário. Sendo decisão interlocutória o recurso cabível é o agravo de instrumento (ver CPC, art. 1015, XIII).

**Art. 383.** Os autos permanecerão em cartório durante 1 (um) mês para extração de cópias e certidões pelos interessados.

**Parágrafo único.** Findo o prazo, os autos serão entregues ao promovente da medida.

## COMENTÁRIOS

Realizada a prova antecipada, por decisão final o magistrado irá apenas homologar a sua realização, isto é, atestará a sua regularidade. Quer dizer, o magistrado oficiante não irá emitir nenhum juízo de valor com relação aos fatos apresentados pelo requerente.

261

Tanto é verdade que o art. 383 estabelece que os autos permanecerão em cartório pelo prazo de 1 (um) mês para que os eventuais interessados possam tirar cópias e decorrido esse prazo, os autos serão entregues ao promovente da medida.

## SEÇÃO III
### DA ATA NOTARIAL

**Art. 384.** A existência e o modo de existir de algum fato podem ser atestados ou documentados, a requerimento do interessado, mediante ata lavrada por tabelião.

**Parágrafo único.** Dados representados por imagem ou som gravados em arquivos eletrônicos poderão constar da ata notarial.

## COMENTÁRIOS

Importantíssima a previsão contida no art. 384 com relação a um novo tipo de produção de prova. Embora não seja novidade, é importante que a ata notarial tenha ganhado *status* de meio típico de prova no novo CPC, o que corrobora a sua importância e relevância na vida prática.

Quer dizer, positivar a possibilidade de que qualquer pessoa possa documentar qualquer fato através de escritura lavrada por tabelião é um avanço importantíssimo.

Vale lembrar que o tabelião tem fé pública, logo o relato do que ele viu ou presenciou tem, em princípio, presunção de veracidade. Ademais, pode também atestar dados e informações representados por imagem ou som gravados em arquivos eletrônicos, bem como o que consta nas páginas da internet, nos celulares e outros meios de comunicação.

Por sua vez, o artigo 236, da Constituição da República, regulamentado pela Lei Federal 8.935/94 estabelece no art. 7º, III e parágrafo único que somente aos tabeliães de notas compete com exclusividade lavrar atas notariais, facultado ainda aos tabeliães de notas a possibilidade de realizarem todas as gestões e diligências necessárias ou convenientes ao preparo dos atos notariais, requerendo o que couber, sem ônus maiores que os emolumentos devidos pelo ato, porém, sem emissão de juízo de valor.

## SEÇÃO IV
### DO DEPOIMENTO PESSOAL

**Art. 385.** Cabe à parte requerer o depoimento pessoal da outra parte, a fim de que esta seja interrogada na audiência de instrução e julgamento, sem prejuízo do poder do juiz de ordená-lo de ofício.

# CÓDIGO DE PROCESSO CIVIL COMENTADO • LEI 13.105, DE 16 DE MARÇO DE 2015 — ART. 387

§ 1º Se a parte, pessoalmente intimada para prestar depoimento pessoal e advertida da pena de confesso, não comparecer ou, comparecendo, se recusar a depor, o juiz aplicar-lhe-á a pena.

§ 2º É vedado a quem ainda não depôs assistir ao interrogatório da outra parte.

§ 3º O depoimento pessoal da parte que residir em comarca, seção ou subseção judiciária diversa daquela onde tramita o processo poderá ser colhido por meio de videoconferência ou outro recurso tecnológico de transmissão de sons e imagens em tempo real, o que poderá ocorrer, inclusive, durante a realização da audiência de instrução e julgamento.

## COMENTÁRIOS

O depoimento pessoal é um importante meio de prova e normalmente é requerido pela outra parte, destinado a retirar da parte contrária informações atinentes aos fatos e elementos da controvérsia e, principalmente, provocar a sua confissão.

O dispositivo em foco também faz prever a possibilidade de o juiz ordenar o depoimento pessoal de ofício, isto é, independente do requerimento da parte contrária.

Sendo ato personalíssimo, o não comparecimento ou a recusa em responder fará presumir como verdadeiros os fatos alegados pela parte contrária, pois, neste caso, será aplicada a pena de confesso.

Muito importante a previsão contida no § 3º ao admitir que o depoimento pessoal da parte que residir em comarca, seção ou subseção judiciária diversa daquela onde tramita o processo possa ser colhido por meio de videoconferência ou outro recurso tecnológico de transmissão de sons e imagens em tempo real, o que poderá ocorrer, inclusive, durante a realização da audiência de instrução e julgamento.

**Art. 386.** Quando a parte, sem motivo justificado, deixar de responder ao que lhe for perguntado ou empregar evasivas, o juiz, apreciando as demais circunstâncias e os elementos de prova, declarará, na sentença, se houve recusa de depor.

## COMENTÁRIOS

O juiz avaliará as circunstâncias do depoimento pessoal da parte e se a mesma, sem motivo justificado, deixar de responder alguma das perguntas ou empregar evasivas, aliado a outros elementos constantes dos autos, declarará, na sentença, se houve recusa de depor.

**Art. 387.** A parte responderá pessoalmente sobre os fatos articulados, não podendo servir-se de escritos anteriormente preparados, permitindo-lhe o juiz, todavia, a consulta a notas breves, desde que objetivem completar esclarecimentos.

## COMENTÁRIOS

A produção do depoimento pessoal ocorre no momento da realização da audiência de instrução e julgamento e deverá ser feito espontaneamente, vedado ao depoente a leitura de depoimento previamente escrito.

Pode o juiz permitir a consulta a notas breves, desde que objetivem completar os esclarecimentos.

**Art. 388.** A parte não é obrigada a depor sobre fatos:

I – criminosos ou torpes que lhe forem imputados;

II – a cujo respeito, por estado ou profissão, deva guardar sigilo;

III – acerca dos quais não possa responder sem desonra própria, de seu cônjuge, de seu companheiro ou de parente em grau sucessível;

IV – que coloquem em perigo a vida do depoente ou das pessoas referidas no inciso III.

**Parágrafo único.** Esta disposição não se aplica às ações de estado e de família.

## COMENTÁRIOS

O art. 388 incorporou no seu texto o inteiro teor do que havia expresso no art. 229 do Código Civil que, por sinal, foi revogado pelo atual CPC, além de incorporar algumas novidades. Aliás, aqui é o lugar apropriado para tratar de provas, não na lei material.

A parte tem o dever de responder ao que lhe for perguntado, porém, não é obrigada a depor sobre fatos criminosos ou torpes que lhe tenha sido imputado, isto porque ninguém pode ser obrigado a fazer prova contra si mesmo. Ademais, não estará obrigado a falar acerca de fatos que possa implicar em sua própria desonra, de seu cônjuge, de seu companheiro ou de parente até 4º grau, bem como de fatos que coloquem em perigo a vida do depoente ou dessas pessoas que lhe são próximas.

Também estará dispensado da obrigatoriedade de falar sobre fatos a cujo respeito, por estado ou profissão, deva guardar sigilo como, por exemplo, os jornalistas que têm assegurado o sigilo de fonte, garantido constitucionalmente como necessário ao exercício da liberdade de imprensa (ver CF, art. 5º, XIV), dentre outras profissões.

A exceção fica por conta do parágrafo único ao explicitar que essas proibições não se aplicam às ações de estado e de família.

### SEÇÃO V
### DA CONFISSÃO

**Art. 389.** Há confissão, judicial ou extrajudicial, quando a parte admite a verdade de fato contrário ao seu interesse e favorável ao do adversário.

## COMENTÁRIOS

A confissão é um importante meio de prova, pois se o réu ou o autor confessou um fato favorável à outra parte, tornou aquele fato incontroverso, sendo considerada por muitos como a "rainha das provas".

Tanto pode ser judicial, quando confessada em audiência perante o juiz; ou extrajudicial, quando realizada por qualquer meio de forma particular; e, ainda pode até ser presumida ou ficta como no caso da revelia, onde a ausência do réu faz presumir que os fatos são verdadeiros.

**Art. 390.** A confissão judicial pode ser espontânea ou provocada.

§ 1º A confissão espontânea pode ser feita pela própria parte ou por representante com poder especial.

§ 2º A confissão provocada constará do termo de depoimento pessoal.

## COMENTÁRIOS

A confissão pode ser obtida espontaneamente ou mesmo de maneira forçada, por depoimento pessoal da parte perante o juiz.

Cumpre esclarecer que a confissão espontânea é aquela em que a parte ou seu procurador com poderes para tanto, admite os fatos por iniciativa própria sem ter sito instigado para tanto. Já a confissão forçada será aquela obtida durante o depoimento pessoal, devido aos questionamentos realizados ao depoente pelo juiz ou pelo advogado da parte contrária.

**Art. 391.** A confissão judicial faz prova contra o confitente, não prejudicando, todavia, os litisconsortes.

**Parágrafo único.** Nas ações que versarem sobre bens imóveis ou direitos reais sobre imóveis alheios, a confissão de um cônjuge ou companheiro não valerá sem a do outro, salvo se o regime de casamento for o de separação absoluta de bens.

## COMENTÁRIOS

Cumpre destacar por primeiro que a confissão é ato personalíssimo, portanto, se alguém confessou algo, fez prova do fato contra si, não podendo confessar em nome de terceiros.

Também é importante destacar a ressalva constante do parágrafo único, no tocante às ações que versarem sobre bens imóveis, ao consignar que a confissão de um dos cônjuges ou companheiros não valerá sem a confissão do outro, exceto se o regime de casamento for o de separação total de bens.

Além disso, os litisconsortes são considerados litigantes distintos frente à parte contrária, razão porque a confissão de um não pode prejudicar ao outro.

> **Art. 392.** Não vale como confissão a admissão, em juízo, de fatos relativos a direitos indisponíveis.
>
> § 1º A confissão será ineficaz se feita por quem não for capaz de dispor do direito a que se referem os fatos confessados.
>
> § 2º A confissão feita por um representante somente é eficaz nos limites em que este pode vincular o representado.

## COMENTÁRIOS

Não vale como confissão a admissão, em juízo, de fatos relativos a direitos indisponíveis.

Também será ineficaz a confissão se for feita por quem não seja capaz de dispor do direito a que se referem os fatos confessados.

Regula ainda o *codex* a confissão feita por um representante, que somente será eficaz nos limites dos poderes que lhes foram outorgados pelo representado.

> **Art. 393.** A confissão é irrevogável, mas pode ser anulada se decorreu de erro de fato ou de coação.
>
> **Parágrafo único.** A legitimidade para a ação prevista no *caput* é exclusiva do confitente e pode ser transferida a seus herdeiros se ele falecer após a propositura.

## COMENTÁRIOS

Em princípio a confissão é irrevogável, a não ser que tenha sido obtida mediante erro de fato ou coação, nos exatos termos como consta do atual Código Civil (CC, art. 214).[51] Quer dizer, a confissão para ser válida não pode padecer de vício da vontade.

O direito de propor a ação tendente a anular a confissão é personalíssima, mas pode ser transmitida aos herdeiros se já havia sido proposta à época do falecimento do confitente, em face do fenômeno de substituição processual da parte.

> **Art. 394.** A confissão extrajudicial, quando feita oralmente, só terá eficácia nos casos em que a lei não exija prova literal.

---

51. CC, Art. 214. A confissão é irrevogável, mas pode ser anulada se decorreu de erro de fato ou de coação.

## COMENTÁRIOS

O legislador preocupou-se tão somente com a confissão extrajudicial, quando feita oralmente que, só terá eficácia nos casos em que a lei não exija prova literal.

Essa regra acaba por ser uma restrição legal e absoluta no que diz respeito ao chamado "livre convencimento do juiz", tendo em vista que não poderá fundamentar sua decisão neste tipo de confissão.

Entendemos que o legislador falhou quando deixou de mencionar a confissão extrajudicial realizada mediante escrito público ou particular. Daí somos levados a acreditar que se a confissão extrajudicial foi realizada mediante escrito, ela merece a mesma credibilidade da judicial.

> **Art. 395.** A confissão é, em regra, indivisível, não podendo a parte que a quiser invocar como prova aceitá-la no tópico que a beneficiar e rejeitá-la no que lhe for desfavorável, porém cindir-se-á quando o confitente a ela aduzir fatos novos, capazes de constituir fundamento de defesa de direito material ou de reconvenção.

## COMENTÁRIOS

O art. 395 se limita a repetir a indivisibilidade da confissão, que é a regra, excepcionando quanto aos fatos novos capazes de constituir fundamento de defesa de direito material ou de reconvenção.

É perfeitamente possível que a parte, ao confessar um fato, pretenda que o reconhecimento de sua veracidade possa também lhe favorecer, trazendo aos autos fatos novos que possam, de alguma forma, corroborar suas alegações como fundamento do seu direito de defesa ou mesmo na reconvenção.

## SEÇÃO VI
### DA EXIBIÇÃO DE DOCUMENTO OU COISA

> **Art. 396.** O juiz pode ordenar que a parte exiba documento ou coisa que se encontre em seu poder.

## COMENTÁRIOS

Não se esqueça que o juiz é o destinatário das provas. Além disso, ele precisa das provas para se convencer da verdade real e assim prolatar uma sentença qualificada.

Assim, o juiz além de ter o poder instrutório tem também o poder geral de cautela o que lhe permite agir de ofício, ou a requerimento da parte, quando no interesse do processo for necessário aportar prova que esteja em poder da parte, pouco importando se autor ou réu.

**Art. 397.** O pedido formulado pela parte conterá:

I – a descrição, tão completa quanto possível, do documento ou da coisa, ou das categorias de documentos ou de coisas buscados; (Redação dada pela Lei nº 14.195, de 2021)

II – a finalidade da prova, com indicação dos fatos que se relacionam com o documento ou com a coisa, ou com suas categorias; (Redação dada pela Lei nº 14.195, de 2021)

III – as circunstâncias em que se funda o requerente para afirmar que o documento ou a coisa existe, ainda que a referência seja a categoria de documentos ou de coisas, e se acha em poder da parte contrária. (Redação dada pela Lei 14.195, de 2021)

## COMENTÁRIOS

O art. 397 do CPC foi alterado recentemente e recebeu nova redação dada pela Lei 14.195, de 2021, fixando as exigências quando incumbir a parte requerer a exibição de documento ou coisa.

Devemos saudar a nova redação porque agora as exigências quanto ao pedido a ser formulado pelas partes para a ação de exibição de documento ou coisa, ficou bem mais clara do que a redação anterior.

**Art. 398.** O requerido dará sua resposta nos 5 (cinco) dias subsequentes à sua intimação.

**Parágrafo único.** Se o requerido afirmar que não possui o documento ou a coisa, o juiz permitirá que o requerente prove, por qualquer meio, que a declaração não corresponde à verdade.

## COMENTÁRIOS

Feito o requerimento da prova por uma das partes, em razão do princípio do contraditório, a outra parte será intimada para apresentar resposta na qual poderá, inclusive, justificar e provar que não possui tal documento ou coisa ou que eles não existem.

Na eventualidade de negativa do requerido quanto a posse do documento ou coisa, o juiz poderá permitir que o requerente possa fazer a prova no sentido contrário.

**Art. 399.** O juiz não admitirá a recusa se:

I – o requerido tiver obrigação legal de exibir;

II – o requerido tiver aludido ao documento ou à coisa, no processo, com o intuito de constituir prova;

III – o documento, por seu conteúdo, for comum às partes.

## COMENTÁRIOS

Como regra é permitido ao requerido se escusar de aportar a coisa ou o documento nos autos, exceto nas situações elencadas nos incisos.

Devemos fazer a interpretação desse dispositivo em consonância o previsto no art. 404, onde constam as escusas possíveis de serem arguidas pela parte, visando justificar a não exibição do documento ou da coisa.

> **Art. 400.** Ao decidir o pedido, o juiz admitirá como verdadeiros os fatos que, por meio do documento ou da coisa, a parte pretendia provar se:
>
> I – o requerido não efetuar a exibição nem fizer nenhuma declaração no prazo do art. 398;
>
> II – a recusa for havida por ilegítima.
>
> **Parágrafo único.** Sendo necessário, o juiz pode adotar medidas indutivas, coercitivas, mandamentais ou sub-rogatórias para que o documento seja exibido.

## COMENTÁRIOS

Se o requerido não efetuar a exibição nem fizer nenhuma declaração no prazo legal, ou ainda, se houver a recusa injustificada, o juiz admitirá os fatos como verdadeiros. Quer dizer, presume-se que os fatos são verdadeiros a partir das situações previstas no *caput* do artigo em comento.

Além disso, o parágrafo único deixa claro que o magistrado poderá determinar medidas indutivas, coercitivas, mandamentais ou sub-rogatórias que julgue necessários para obrigar que o documento seja aportado aos autos.

Havia uma discussão doutrinária sobre a possibilidade de aplicação de multa em face da súmula 354 do STJ, porém esse questão restou pacificada com o recente julgamento da questão, como caso repetitivo, que fixou a seguinte tese: "Desde que prováveis a existência da relação jurídica entre as partes e de documento ou coisa que se pretende seja exibido, apurada em contraditório prévio, poderá o juiz, após tentativa de busca e apreensão ou outra medida coercitiva, determinar sua exibição sob pena de multa com base no art. 400, parágrafo único, do CPC/2015" (Tema 1000/STJ).[52]

> **Art. 401.** Quando o documento ou a coisa estiver em poder de terceiro, o juiz ordenará sua citação para responder no prazo de 15 (quinze) dias.

---

52. STJ – REsp: 1777553 SP 2018/0291360-0, Relator: Ministro Paulo de Tarso Sanseverino, Data de Julgamento: 26.05.2021, S2 – Segunda Seção, Data de Publicação: DJe 1º.07.2021.

## COMENTÁRIOS

O art. 401 disciplina o procedimento quando o documento ou a coisa estiver em mãos de terceiro, estabelecendo que o portador deverá ser citado para responder.

O prazo para resposta será de 15 (quinze) dias, naturalmente contados em dias úteis, nos termos como disposto no art. 219 do CPC.

> **Art. 402.** Se o terceiro negar a obrigação de exibir ou a posse do documento ou da coisa, o juiz designará audiência especial, tomando-lhe o depoimento, bem como o das partes e, se necessário, o de testemunhas, e em seguida proferirá decisão.

## COMENTÁRIOS

Diz o dispositivo em questão que, na eventualidade de o terceiro se recusar a entregar a coisa ou documento, o juiz designará audiência especial, na qual o terceiro deverá comparecer e prestar seus esclarecimentos. Contudo é importante frisar que nem sempre será necessária a realização da audiência. Pode ocorrer de o terceiro, depois de citado, comparecer em cartório e pura e simplesmente entregar o documento. Nesse caso, o procedimento será extinto.

Na eventualidade de realização de audiência, o juiz também poderá ouvir as partes e eventuais testemunhas, segundo entenda necessário.

Qualquer que seja a decisão proferida pelo juiz neste incidente, o recurso cabível é agravo de instrumento, conforme expressa previsão constante do art. 1.015, VI, do CPC.

> **Art. 403.** Se o terceiro, sem justo motivo, se recusar a efetuar a exibição, o juiz ordenar-lhe-á que proceda ao respectivo depósito em cartório ou em outro lugar designado, no prazo de 5 (cinco) dias, impondo ao requerente que o ressarça pelas despesas que tiver.
>
> **Parágrafo único.** Se o terceiro descumprir a ordem, o juiz expedirá mandado de apreensão, requisitando, se necessário, força policial, sem prejuízo da responsabilidade por crime de desobediência, pagamento de multa e outras medidas indutivas, coercitivas, mandamentais ou sub-rogatórias necessárias para assegurar a efetivação da decisão.

## COMENTÁRIOS

Após a realização da audiência, se o juiz considerar que não há justo motivo para que o terceiro se recuse a entregar o documento ou a coisa, determinará que ele proceda ao respectivo depósito em cartório ou em outro lugar designado, no prazo de 5 (cinco) dias.

Na eventualidade de não cumprimento da determinação, o juiz expedirá mandado de apreensão, requisitando, se necessário, força policial, sem prejuízo da responsabilidade por crime de desobediência (CP, art. 330),[53] pagamento de multa e outras medidas indutivas, coercitivas, mandamentais ou sub-rogatórias necessárias para assegurar a efetivação da decisão.

**Art. 404.** A parte e o terceiro se escusam de exibir, em juízo, o documento ou a coisa se:

I – concernente a negócios da própria vida da família;

II – sua apresentação puder violar dever de honra;

III – sua publicidade redundar em desonra à parte ou ao terceiro, bem como a seus parentes consanguíneos ou afins até o terceiro grau, ou lhes representar perigo de ação penal;

IV – sua exibição acarretar a divulgação de fatos a cujo respeito, por estado ou profissão, devam guardar segredo;

V – subsistirem outros motivos graves que, segundo o prudente arbítrio do juiz, justifiquem a recusa da exibição;

VI – houver disposição legal que justifique a recusa da exibição.

**Parágrafo único.** Se os motivos de que tratam os incisos I a VI do *caput* disserem respeito a apenas uma parcela do documento, a parte ou o terceiro exibirá a outra em cartório, para dela ser extraída cópia reprográfica, de tudo sendo lavrado auto circunstanciado.

## COMENTÁRIOS

O dispositivo *sub oculum* traz a previsão das possíveis escusas que as partes ou mesmo terceiro podem utilizar como forma de se isentarem de apresentar o documento ou coisa em juízo.

Justifica-se tais escusas no fato de que, embora a limitação à busca da verdade deve ser vista como algo maléfico, em algumas situações é perfeitamente justificável porque pior seria a sua permissão. Como ensina Daniel Amorim Assumpção Neves, "a obtenção da verdade não é um fim em si mesmo, que deva ser perseguida sem qualquer outra valoração ou ponderações sobre os outros escopos buscados pelo processo. Por mais importante que seja a busca da verdade alcançável, jamais poderá ser considerado que a busca da verdade seja o único objetivo no processo. Isso faria com que a busca da verdade fosse algo absoluto, sem limite, admitindo-se qualquer espécie de prova, produzida de qualquer forma, e em qualquer momento do processo".[54]

---

53. CP, Art. 330. Desobedecer a ordem legal de funcionário público:
Pena: detenção, de quinze dias a seis meses, e multa.

54. NEVES, Daniel Amorim Assumpção. *Novo código de processo civil comentado, artigo por artigo*. 2. ed. Salvador: JusPodivm, 2017. p. 669-672.

Trata-se de hipóteses que legalmente permitem ao terceiro se recusar a entregar ou exibir a coisa ou o documento em questão, todas elas justificadas por elevados valores sociais que devem ser preservados tais como a intimidade e a honra, não só de quem deva exibir o documento, mas também das pessoas que lhes são próximas e queridas.

O parágrafo único prevê a hipótese de que o direito do terceiro somente se refira a uma parte do documento e, em sendo assim, a parte ou o terceiro exibirá a outra parte em cartório, para dela ser extraída cópia reprográfica, de tudo sendo lavrado em auto circunstanciado

Outro ponto que merece destaque é a inclusão do inciso VI que prevê a hipótese de escusa quando houver expressa disposição legal que justifique a recusa da exibição.

**SEÇÃO VII**

**DA PROVA DOCUMENTAL**

**SUBSEÇÃO I**

**DA FORÇA PROBANTE DOS DOCUMENTOS**

**Art. 405.** O documento público faz prova não só da sua formação, mas também dos fatos que o escrivão, o chefe de secretaria, o tabelião ou o servidor declarar que ocorreram em sua presença.

**COMENTÁRIOS**

O art. 405 do CPC fala da força probante do documento público, não só na sua formação, mas também dos fatos declarados pelo agente público.

É preciso rememorar que documento público é aquele emitido por repartição pública (municipal, estadual ou federal) e também por aqueles que, mesmo sendo particulares, prestam serviços por delegação do Estado como, por exemplo, as atividades extrajudiciais notariais e de registro.

Nesses casos, o documento goza de fé pública, isto é, o que consta declarado nele presume-se verdadeiro, embora se admita a prova em contrário.

**Art. 406.** Quando a lei exigir instrumento público como da substância do ato, nenhuma outra prova, por mais especial que seja, pode suprir-lhe a falta.

**COMENTÁRIOS**

O dispositivo reafirma a imprescindibilidade do documento público que não pode ser suprido por outro meio de prova se a lei estabelecer que ele seria da essência do ato.

CÓDIGO DE PROCESSO CIVIL COMENTADO • LEI 13.105, DE 16 DE MARÇO DE 2015 **ART. 408**

O pacto antenupcial, por exemplo, exige para a sua formação que seja lavrado por escritura pública (CC, art. 1.640, parágrafo único).[55] Assim, se for necessário provar-se a existência de pacto antenupcial, a parte somente o poderá fazer com a apresentação da referida escritura.

**Art. 407.** O documento feito por oficial público incompetente ou sem a observância das formalidades legais, sendo subscrito pelas partes, tem a mesma eficácia probatória do documento particular.

### COMENTÁRIOS

Este dispositivo seria perfeitamente dispensável, exatamente por dizer aquilo que é óbvio. Se o oficial público for incompetente ou se mesmo competente o instrumento for lavrado sem a observância das formalidades legais, o mesmo não será considerado documento público.

De qualquer forma, se o documento for feito irregularmente como prevê o artigo, ele não será considerado documento público, logo não gozará da fé pública. Apesar disso, valerá como documento particular, se dele constar as assinaturas das partes.

**Art. 408.** As declarações constantes do documento particular escrito e assinado ou somente assinado presumem-se verdadeiras em relação ao signatário.

**Parágrafo único.** Quando, todavia, contiver declaração de ciência de determinado fato, o documento particular prova a ciência, mas não o fato em si, incumbindo o ônus de prová-lo ao interessado em sua veracidade.

### COMENTÁRIOS

Embora seja óbvio, cumpre esclarecer que documento particular é aquele firmado pelas pessoas sem a interferência do Estado. Porém, mesmo sendo realizado pelos particulares ele presume-se verdadeiro em relação às pessoas que o assinaram conforme já previsto no art. 219 do Código Civil brasileiro.[56]

O parágrafo único faz uma ressalva para dizer que se a declaração versar sobre a ciência de determinado fato, o documento particular prova apenas que a parte fez essa declaração, mas não prova o fato em si mesmo, incumbindo o ônus de prová-lo ao interessado em sua veracidade.

---

55. CC, Art. 1.640. (omissis...).
    Parágrafo único. Poderão os nubentes, no processo de habilitação, optar por qualquer dos regimes que este código regula. Quanto à forma, reduzir-se-á a termo a opção pela comunhão parcial, fazendo-se o pacto antenupcial por escritura pública, nas demais escolhas.

56. CC, Art. 219. As declarações constantes de documentos assinados presumem-se verdadeiras em relação aos signatários.

273

**Art. 409.** A data do documento particular, quando a seu respeito surgir dúvida ou impugnação entre os litigantes, provar-se-á por todos os meios de direito.

**Parágrafo único.** Em relação a terceiros, considerar-se-á datado o documento particular:

I – no dia em que foi registrado;

II – desde a morte de algum dos signatários;

III – a partir da impossibilidade física que sobreveio a qualquer dos signatários;

IV – da sua apresentação em repartição pública ou em juízo;

V – do ato ou do fato que estabeleça, de modo certo, a anterioridade da formação do documento.

## COMENTÁRIOS

O dispositivo em comento estabelece uma forma pela qual a data deve ser considerada como válida quando, em relação ao documento, surgir dúvidas quanto à data em que ele tenha sido firmado, ou tenha sido impugnado por algum dos litigantes, estabelecendo algumas presunções.

Quer dizer, ainda que a data aposta em qualquer documento mereça a devida credibilidade, se surgir dúvidas admite-se possa ser provado a verdadeira data por todo e qualquer meio de prova, inclusive a testemunhal.

Já em relação a terceiros, considerar-se-á datado o documento particular nas seguintes situações: no dia em que foi registrado; desde a morte de algum dos signatários; a partir da impossibilidade física que sobreveio a qualquer dos signatários; da sua apresentação em repartição pública ou em juízo; ou ainda, do ato ou do fato que estabeleça, de modo certo, a anterioridade da formação do documento.

**Art. 410.** Considera-se autor do documento particular:

I – aquele que o fez e o assinou;

II – aquele por conta de quem ele foi feito, estando assinado;

III – aquele que, mandando compô-lo, não o firmou porque, conforme a experiência comum, não se costuma assinar, como livros empresariais e assentos domésticos.

## COMENTÁRIOS

Veja-se que o artigo 410 do CPC cria uma presunção legal quanto a autoria do documento particular. Vale lembrar que se é uma presunção (nesse caso *juris tantum*), admite-se a prova em contrário.

# CÓDIGO DE PROCESSO CIVIL COMENTADO • LEI 13.105, DE 16 DE MARÇO DE 2015 — ART. 412

Será autor do documento quem o fez e depois assinou. Mas também será autor quando alguém fez por ele o documento que apenas assinou depois. A terceira previsão também é óbvia porque ditos documentos não se assinam, mas quem os mandou confeccionar presume-se ser seu autor.

**Art. 411.** Considera-se autêntico o documento quando:

I – o tabelião reconhecer a firma do signatário;

II – a autoria estiver identificada por qualquer outro meio legal de certificação, inclusive eletrônico, nos termos da lei;

III – não houver impugnação da parte contra quem foi produzido o documento.

## COMENTÁRIOS

O documento será considerado autêntico quando: o tabelião reconhecer a firma do signatário; a autoria estiver identificada por qualquer outro meio legal de certificação, inclusive eletrônico, nos termos da lei; não houver impugnação da parte contra quem foi produzido o documento.

Quanto ao inciso I a experiência comum já deve ter ensinado a todos que militam nos fóruns de que o documento com firma reconhecida seja aquela feita por semelhança ou a feita na presença do oficial, reputam-se verdadeira até prova em contrário.

Concorde com a modernidade o inciso II prevê outras formas de reconhecimento de autenticidade do documento como, por exemplo, decorrente de certificação digital.

Quanto ao inciso III, nem precisava constar, tendo em vista que, como é de notória sabença, a apresentação de um documento se não for impugnado em seu tempo, passará a ser considerado válido, por ausência de impugnação quanto à sua validade/autenticidade.

**Art. 412.** O documento particular de cuja autenticidade não se duvida prova que o seu autor fez a declaração que lhe é atribuída.

**Parágrafo único.** O documento particular admitido expressa ou tacitamente é indivisível, sendo vedado à parte que pretende utilizar-se dele aceitar os fatos que lhe são favoráveis e recusar os que são contrários ao seu interesse, salvo se provar que estes não ocorreram.

## COMENTÁRIOS

O *caput* do art. 412 complementa o artigo anterior ao estabelecer que o documento particular de cuja autenticidade não se duvida prova que o seu autor fez a declaração que lhe é atribuída.

Já no parágrafo único o legislador consagra o princípio da indivisibilidade da prova documental, isto é, o documento vale como um todo incluindo-se aquilo que pode ou não interessar à parte.

O final do parágrafo único faz a ressalva de que é possível utilizar parte e recusar outra, mas isso demanda provar que aqueles fatos que se pretendem excluir não ocorreram.

> **Art. 413.** O telegrama, o radiograma ou qualquer outro meio de transmissão tem a mesma força probatória do documento particular se o original constante da estação expedidora tiver sido assinado pelo remetente.
> **Parágrafo único.** A firma do remetente poderá ser reconhecida pelo tabelião, declarando-se essa circunstância no original depositado na estação expedidora.

## COMENTÁRIOS

O legislador nem se preocupou em atualizar a linguagem do constante no artigo em comento. Deve ter sido por saudosismo porque acreditamos que muitos dos atuais leitores não sabem o que significa um radiograma. Aliás, faltou o legislador falar do telex e do *fac-simile*.

De toda sorte, como já constava, e ainda consta, a expressão "qualquer outro meio de transmissão", podemos aí incluir as formas modernas de transmissão de dados e de documentos à distância.

Advirta-se, contudo que, para ter força probatória, o documento original que se encontra na estação expedidora, deverá ter a assinatura do remetente.

> **Art. 414.** O telegrama ou o radiograma presume-se conforme com o original, provando as datas de sua expedição e de seu recebimento pelo destinatário.

## COMENTÁRIOS

O art. 414 do CPC fala da força probatória do telegrama e do radiograma, estabelecendo que presume-se conforme com o original, desde que provado as datas de sua expedição e de seu recebimento pelo destinatário.

> **Art. 415.** As cartas e os registros domésticos provam contra quem os escreveu quando:
> I – enunciam o recebimento de um crédito;
> II – contêm anotação que visa a suprir a falta de título em favor de quem é apontado como credor;

III – expressam conhecimento de fatos para os quais não se exija determinada prova.

## COMENTÁRIOS

Já o art. 415 trata da força probante das cartas e dos registros domésticos nos quais não conste assinatura, pois se contiver assinatura deverá ser aplicada a norma insculpida no art. 408.

Os termos "cartas" e "registros domésticos" devem ser entendidos como qualquer tipo de escrito, desde um simples bilhete até a anotação feita em uma agenda ou algo similar.

Esse é um meio de prova muito utilizado nos processos que versam sobre questões de família e de estado, bem como nas ações de cobrança e de usucapião, tendo em visa que esses elementos podem documentar, por assim dizer, questões importantes sobre a vida das pessoas que, naturalmente, não estará documentado em outros meios de prova.

**Art. 416.** A nota escrita pelo credor em qualquer parte de documento representativo de obrigação, ainda que não assinada, faz prova em benefício do devedor.

**Parágrafo único.** Aplica-se essa regra tanto para o documento que o credor conservar em seu poder quanto para aquele que se achar em poder do devedor ou de terceiro.

## COMENTÁRIOS

A nota escrita pelo credor em qualquer parte de documento representativo de obrigação, ainda que não esteja assinada, faz prova em benefício do devedor. Aplica-se essa regra tanto para o documento que o credor conservar em seu poder quanto para aquele que se achar em poder do devedor ou de terceira pessoa

Quer dizer, o art. 416 do CPC visa atribuir força probante às anotações marginais apostas em documento pelo credor, que faz prova em favor do devedor.

É o caso, por exemplo, de uma anotação feita no verso de uma nota promissória constando que o credor perdoou a dívida, liberando assim o devedor ou a anotação no verso de um cheque informando a razão de sua emissão.

**Art. 417.** Os livros empresariais provam contra seu autor, sendo lícito ao empresário, todavia, demonstrar, por todos os meios permitidos em direito, que os lançamentos não correspondem à verdade dos fatos.

## COMENTÁRIOS

Neste dispositivo o CPC repete, por assim dizer, o que consta do art. 226 do Código Civil,[57] quando estipula que os livros empresariais fazem prova contra o proprietário do empreendimento sobre o qual se lavrou a escrituração.

Ressalva, contudo, a segunda parte do referido artigo que é lícito ao empresário fazer a contraprova, por todos os meios permitidos em direito, de que os lançamentos não correspondem à verdade dos fatos.

**Art. 418.** Os livros empresariais que preencham os requisitos exigidos por lei provam a favor de seu autor no litígio entre empresários.

## COMENTÁRIOS

O art. 418 do CPC estabelece que a escrituração fiscal, realizada nos moldes da lei, faz prova a favor de seu autor em eventual demanda contra outro empresário ali relacionado.

**Art. 419.** A escrituração contábil é indivisível, e, se dos fatos que resultam dos lançamentos, uns são favoráveis ao interesse de seu autor e outros lhe são contrários, ambos serão considerados em conjunto, como unidade.

## COMENTÁRIOS

Já o art. 419 trata da indivisibilidade da escrituração mercantil em sede judicial, impondo ao juiz o conhecimento de todos os fatos ali escriturados, independentemente de favorecer ou prejudicar o seu autor.

**Art. 420.** O juiz pode ordenar, a requerimento da parte, a exibição integral dos livros empresariais e dos documentos do arquivo:

I – na liquidação de sociedade;

II – na sucessão por morte de sócio;

III – quando e como determinar a lei.

## COMENTÁRIOS

O art. 420 trata das hipóteses em que a parte contrária pode requerer a apresentação dos livros empresariais e dos documentos em arquivo.

---

57. CC, Art. 226. Os livros e fichas dos empresários e sociedades provam contra as pessoas a que pertencem, e, em seu favor, quando, escriturados sem vício extrínseco ou intrínseco, forem confirmados por outros subsídios.

    Parágrafo único. A prova resultante dos livros e fichas não é bastante nos casos em que a lei exige escritura pública, ou escrito particular revestido de requisitos especiais, e pode ser ilidida pela comprovação da falsidade ou inexatidão dos lançamentos.

Nesse caso, cabe ao juiz verificar se o pedido preenche os requisitos legais e, se assim for, determinar a sua exibição em juízo.

**Art. 421.** O juiz pode, de ofício, ordenar à parte a exibição parcial dos livros e dos documentos, extraindo-se deles a suma que interessar ao litígio, bem como reproduções autenticadas.

### COMENTÁRIOS

O art. 421, que também não representa nenhuma novidade, permite ao juiz, de ofício, ordenar que a parte faça a exibição parcial dos livros e dos documentos, extrain-do-se deles a suma que interessar ao litígio, bem como reproduções autenticadas.

Quer dizer, diferentemente do artigo anterior, nesse caso o juiz pode determinar a apresentação daquilo que diz respeito ao litígio, ou seja, somente a parte documental que envolva os negócios que estão sendo objeto da demanda.

É a apresentação dos livros para que se extraiam as cópias necessárias à instrução do feito, naquilo que interessa para solução da demanda entre as partes envolvidas.[58]

**Art. 422.** Qualquer reprodução mecânica, como a fotográfica, a cinemato-gráfica, a fonográfica ou de outra espécie, tem aptidão para fazer prova dos fatos ou das coisas representadas, se a sua conformidade com o documento original não for impugnada por aquele contra quem foi produzida.

§ 1º As fotografias digitais e as extraídas da rede mundial de computadores fazem prova das imagens que reproduzem, devendo, se impugnadas, ser apresentada a respectiva autenticação eletrônica ou, não sendo possível, re-alizada perícia.

§ 2º Se se tratar de fotografia publicada em jornal ou revista, será exigido um exemplar original do periódico, caso impugnada a veracidade pela outra parte.

§ 3º Aplica-se o disposto neste artigo à forma impressa de mensagem ele-trônica.

### COMENTÁRIOS

As reproduções fotográficas, cinematográficas, os registros fonográficos e, em geral, quaisquer outras reproduções mecânicas, eletrônicas ou digitais de fatos ou de coisas fazem prova plena destes, se a parte, contra quem forem exibidos, não lhes im-

---

58. Sumula 260 do STF: "O exame de livros comerciais, em ação judicial, fica limitado às transações entre os litigantes".

pugnar a exatidão, repetindo o *novel codex* o que já constava do Código Civil de 2002 (CC, art. 225).[59]

O *caput* do artigo em questão cria a presunção de autenticidade da reprodução, caso não seja impugnada pela parte contrária. Impugnada a veracidade do documento, deverá o juiz determinar a realização de exame pericial.

Os parágrafos tratam dos outros meios de prova importando dizer que ao se referir a "forma impressa de mensagem eletrônica" quer nos fazer crer que o legislador considera qualquer tipo de mensagem eletrônico como os e-mails, os SMS ou outra qualquer forma moderna de comunicação que poderá ser comprovada não só pelo original da mensagem, mas também por certificação notarial do que foi publicado.

**Art. 423.** As reproduções dos documentos particulares, fotográficas ou obtidas por outros processos de repetição, valem como certidões sempre que o escrivão ou o chefe de secretaria certificar sua conformidade com o original.

### COMENTÁRIOS

O art. 423 trata da autenticidade de fotografias e de documentos particulares obtidos através de outros processos de repetição como, por exemplo, a xerocopia e a microfilmagem.

Nesse caso, os documentos valem como se originais fossem se forem certificados, pelo escrivão ou o chefe de secretaria, de que estão conforme o original.

**Art. 424.** A cópia de documento particular tem o mesmo valor probante que o original, cabendo ao escrivão, intimadas as partes, proceder à conferência e certificar a conformidade entre a cópia e o original.

### COMENTÁRIOS

O art. 424 estabelece que a cópia de documento particular tem o mesmo valor probante que o original.

Na eventualidade de impugnação pela parte contrária, o autor do documento será intimado para fazer a apresentação do original em cartório, para que escrivão possa fazer à conferência e certificar a conformidade entre a cópia e o original.

**Art. 425.** Fazem a mesma prova que os originais:

I – as certidões textuais de qualquer peça dos autos, do protocolo das audiências ou de outro livro a cargo do escrivão ou do chefe de secretaria, se extraídas por ele ou sob sua vigilância e por ele subscritas;

---

59. CC, Art. 225. As reproduções fotográficas, cinematográficas, os registros fonográficos e, em geral, quaisquer outras reproduções mecânicas ou eletrônicas de fatos ou de coisas fazem prova plena destes, se a parte, contra quem forem exibidos, não lhes impugnar a exatidão.

# CÓDIGO DE PROCESSO CIVIL COMENTADO • LEI 13.105, DE 16 DE MARÇO DE 2015 — ART. 425

II – os traslados e as certidões extraídas por oficial público de instrumentos ou documentos lançados em suas notas;

III – as reproduções dos documentos públicos, desde que autenticadas por oficial público ou conferidas em cartório com os respectivos originais;

IV – as cópias reprográficas de peças do próprio processo judicial declaradas autênticas pelo advogado, sob sua responsabilidade pessoal, se não lhes for impugnada a autenticidade;

V – os extratos digitais de bancos de dados públicos e privados, desde que atestado pelo seu emitente, sob as penas da lei, que as informações conferem com o que consta na origem;

VI – as reproduções digitalizadas de qualquer documento público ou particular, quando juntadas aos autos pelos órgãos da justiça e seus auxiliares, pelo Ministério Público e seus auxiliares, pela Defensoria Pública e seus auxiliares, pelas procuradorias, pelas repartições públicas em geral e por advogados, ressalvada a alegação motivada e fundamentada de adulteração.

§ 1º Os originais dos documentos digitalizados mencionados no inciso VI deverão ser preservados pelo seu detentor até o final do prazo para propositura de ação rescisória.

§ 2º Tratando-se de cópia digital de título executivo extrajudicial ou de documento relevante à instrução do processo, o juiz poderá determinar seu depósito em cartório ou secretaria.

## COMENTÁRIOS

O art. 425 traz um extenso rol dos documentos que valerão como verdadeiros mesmo sendo autenticados, valendo destacar aqueles que também se encontram previsto no atual Código Civil, vejamos.

Devemos rememorar que os documentos, de regra, devem ser apresentados no original, porém é admitida a cópia com a mesma força probante quando for extraída de processo judicial (CC, art. 216)[60] ou dos traslados extraídos por tabeliães ou oficiais de cartórios (CC, art. 217),[61] bem como a cópia xerográfica de documento público autenticada por esses mesmos funcionários (CC, art. 223).[62]

---

60. CC, Art. 216. Farão a mesma prova que os originais as certidões textuais de qualquer peça judicial, do protocolo das audiências, ou de outro qualquer livro a cargo do escrivão, sendo extraídas por ele, ou sob a sua vigilância, e por ele subscritas, assim como os traslados de autos, quando por outro escrivão consertados.

61. CC, Art. 217. Terão a mesma força probante os traslados e as certidões, extraídos por tabelião ou oficial de registro, de instrumentos ou documentos lançados em suas notas.

62. CC, Art. 223. A cópia fotográfica de documento, conferida por tabelião de notas, valerá como prova de declaração da vontade, mas, impugnada sua autenticidade, deverá ser exibido o original.
Parágrafo único. A prova não supre a ausência do título de crédito, ou do original, nos casos em que a lei ou as circunstâncias condicionarem o exercício do direito à sua exibição.

Além desses outros documentos podem ser autenticados pelos advogados; pelas próprias partes; e, mesmo reproduções digitalizadas de documentos público ou particular desde que juntada por órgãos da justiça, do Ministério Público e seus auxiliares, pela Defensoria Pública e seus auxiliares, pelas procuradorias, pelas repartições públicas em geral e por advogados, ressalvada a alegação motivada e fundamentada de adulteração.

### Art. 426. O juiz apreciará fundamentadamente a fé que deva merecer o documento, quando em ponto substancial e sem ressalva contiver entrelinha, emenda, borrão ou cancelamento.

### COMENTÁRIOS

Em consonância com o princípio do livro convencimento motivado, caberá ao juiz avaliar e atribuir o valor que entenda cabível ao documento que, de qualquer forma, apresente ressalva, rasuras ou entrelinhas.

É a liberdade que tem o juiz de fazer a valoração adequada da prova, independentemente de ter sido impugnada pela parte contrária ou não.

### Art. 427. Cessa a fé do documento público ou particular sendo-lhe declarada judicialmente a falsidade.

### Parágrafo único. A falsidade consiste em:

I – formar documento não verdadeiro;

II – alterar documento verdadeiro.

### COMENTÁRIOS

O art. 427 se limita a dizer que o documento público ou particular perde a fé, ou seja, perde a sua veracidade, se lhe for declarada a falsidade.

A lei contempla duas hipóteses de ocorrência: a formação do documento falso; e, a alteração de parte de um documento verdadeiro.

### Art. 428. Cessa a fé do documento particular quando:

I – for impugnada sua autenticidade e enquanto não se comprovar sua veracidade;

II – assinado em branco, for impugnado seu conteúdo, por preenchimento abusivo.

### Parágrafo único. Dar-se-á abuso quando aquele que recebeu documento assinado com texto não escrito no todo ou em parte formá-lo ou completá-lo por si ou por meio de outrem, violando o pacto feito com o signatário.

## COMENTÁRIOS

Trata-se da previsão com relação ao documento particular que perderá sua presunção de veracidade se lhe for impugnada a autenticidade, naturalmente enquanto não se comprovar sua veracidade; e assinado em branco, for impugnado seu conteúdo, por preenchimento abusivo.

Quanto ao inciso primeiro, quer nos parecer que o tema não tem maior relevância, tendo em vista que qualquer documento pode ser impugnado por quem tenha interesse na sua invalidade. Se isto ocorrer, abre-se oportunidade para a parte contrária provar, por todos os meios admissíveis em direito, que o documento é verdadeiro e válido.

Já o inciso segundo versa sobre a hipótese de o documento ter sido assinado em branco e preenchido posteriormente de forma abusiva, isto é, em desconformidade com o que as partes combinaram.

Para que dúvidas não pairem sobre o que seja o uso abusivo de direito o parágrafo único explicita que haverá abuso quando aquele que recebeu documento assinado com texto não escrito, no todo ou em parte, formá-lo ou completá-lo por si ou por meio de outrem, violando o pacto feito com o signatário.

Significa dizer que é perfeitamente lícito à parte que recebeu o documento assinado em branco no todo ou em parte completá-lo, desde que respeite o foi combinado com a outra parte. Sendo assim, a ilicitude existirá quando houver preenchimento do documento em desconformidade com o pacto realizado.

**Art. 429.** Incumbe o ônus da prova quando:

I – se tratar de falsidade de documento ou de preenchimento abusivo, à parte que a arguir;

II – se tratar de impugnação da autenticidade, à parte que produziu o documento.

## COMENTÁRIOS

O art. 429 trata do ônus da prova estabelecendo qual será o critério para distribuição do ônus probatório no caso de arguição de falsidade fundada nos motivos do artigo anterior.

Se a argumentação se fundar em falsidade de documento ou de preenchimento abusivo, a prova caberá à parte que fez tal arguição.

De outro lado, se tratar de impugnação quanto à autenticidade do documento, caberá à parte que o produziu, fazer a prova de sua autenticidade.

## SUBSEÇÃO II
## DA ARGUIÇÃO DE FALSIDADE

**Art. 430.** A falsidade deve ser suscitada na contestação, na réplica ou no prazo de 15 (quinze) dias, contado a partir da intimação da juntada do documento aos autos.

**Parágrafo único.** Uma vez arguida, a falsidade será resolvida como questão incidental, salvo se a parte requerer que o juiz a decida como questão principal, nos termos do inciso II do art. 19.

### COMENTÁRIOS

Pelas regras do atual CPC, o incidente de falsidade não será uma ação declaratória incidental, mas um mero incidente a ser resolvido no interior do próprio processo onde a prova contestada se encontra. Porém, excepcionalmente, poderá ser resolvido em apartado se a parte assim requerer (ver CPC, art. 19, II).

Nos termos do art. 430, a falsidade poderá ser alegada pelo réu na contestação, em face dos documentos juntados com a inicial; e pelo autor na sua réplica, caso o réu tenha juntado documentos na contestação.

Prevê ainda a lei que, tanto autor quanto réu, poderá impugnar documentos em qualquer fase do processo, porém deve fazê-lo no prazo de 15 (quinze) dias, contados a partir da intimação da juntada do mesmo aos autos. Resumindo a questão: independente da contestação ou da réplica, qualquer das partes poderá arguir, em qualquer tempo ou grau de jurisdição, a falsidade ou adulteração de documentos constante do processo, desde que o faça na primeira oportunidade que tiver para falar nos autos, sob pena de preclusão.

**Art. 431.** A parte arguirá a falsidade expondo os motivos em que funda a sua pretensão e os meios com que provará o alegado.

### COMENTÁRIOS

O art. 431 exige, por assim dizer, que a arguição de falsidade se faça baseados em motivos sólidos, não se admitindo a impugnação de forma genérica (ver em complementação o art. 436).

Neste momento, a parte também deverá declinar quais os meios que dispõe para fazer a prova da falsidade.

**Art. 432.** Depois de ouvida a outra parte no prazo de 15 (quinze) dias, será realizado o exame pericial.

**Parágrafo único.** Não se procederá ao exame pericial se a parte que produziu o documento concordar em retirá-lo.

## COMENTÁRIOS

Agora no art. 432 o legislador, em respeito aos princípios do contraditório e da ampla defesa, abre a oportunidade para a parte contrária apresentar sua manifestação, sobre a alegação de falsidade, cujo prazo será 15 (quinze) dias. Somente depois disso é que o juiz, conforme for o caso, determinará a realização de exame pericial.

Ressalva o parágrafo único que não se procederá ao exame pericial se a parte que produziu o documento concordar em retirá-lo dos autos.

**Art. 433.** A declaração sobre a falsidade do documento, quando suscitada como questão principal, constará da parte dispositiva da sentença e sobre ela incidirá também a autoridade da coisa julgada.

## COMENTÁRIOS

Numa certa medida, se pode até dizer que o Novo CPC manteve, senão a ação declaratória incidental, pelos menos os seus efeitos, conforme se depreende do insculpido no artigo em comento.

Se a declaração de falsidade do documento for suscitada como questão principal, diz o art. 433 que a o juiz deverá se manifestar sobre ela na parte dispositiva da sentença e, esgotados todos os meios de recursos, sobre ela incidirá também a autoridade da coisa julgada.

Para o CPC, a decisão do incidente deverá constar da sentença final que resolve o processo como um todo. Significa dizer que a parte que não se contentar com essa decisão, deverá enfrentá-la nas preliminares de sua apelação.

## SUBSEÇÃO III
### DA PRODUÇÃO DA PROVA DOCUMENTAL

**Art. 434.** Incumbe à parte instruir a petição inicial ou a contestação com os documentos destinados a provar suas alegações.

**Parágrafo único.** Quando o documento consistir em reprodução cinematográfica ou fonográfica, a parte deverá trazê-lo nos termos do *caput*, mas sua exposição será realizada em audiência, intimando-se previamente as partes.

## COMENTÁRIOS

O art. 434 inicia o capítulo que trata da produção da prova documental estabelecendo para as partes qual o momento para a sua apresentação. Para o autor este momento é o da propositura da ação, instruindo a petição inicial. Para o réu o momento adequado é o da apresentação da contestação.

O parágrafo único é novidade e se reporta a documento representado por reprodução cinematográfica ou fonográfica e, nesse caso, a parte deverá requerer a sua juntada conforme as regras do *caput*, porém sua exposição será realizada em audiência, intimando-se previamente as partes.

> **Art. 435.** É lícito às partes, em qualquer tempo, juntar aos autos documentos novos, quando destinados a fazer prova de fatos ocorridos depois dos articulados ou para contrapô-los aos que foram produzidos nos autos.
>
> **Parágrafo único.** Admite-se também a juntada posterior de documentos formados após a petição inicial ou a contestação, bem como dos que se tornaram conhecidos, acessíveis ou disponíveis após esses atos, cabendo à parte que os produzir comprovar o motivo que a impediu de juntá-los anteriormente e incumbindo ao juiz, em qualquer caso, avaliar a conduta da parte de acordo com o art. 5º.

## COMENTÁRIOS

A regra é que os documentos sejam juntados com a petição inicial ou na contestação, porém, a lei excepciona essa regra para permitir a juntada de documento novo, em qualquer tempo, desde que seja dada a oportunidade à parte contrária de contradizê-lo.

Diz o art. 435 que essa prova nova será admitida, quando destinados a fazer prova de fatos ocorridos depois dos articulados ou para contrapô-los aos que foram produzidos nos autos.

Admite ainda o parágrafo único do retro citado artigo, a juntada posterior de documentos formados após a petição inicial ou a contestação, bem como dos que se tornaram conhecidos, acessíveis ou disponíveis após esses atos, cabendo à parte que os produzir comprovar o motivo que a impediu de juntá-los anteriormente e devendo o juiz, em qualquer caso, avaliar se a conduta da parte está de acordo com os princípios da boa-fé (ver CPC, art. 5º).

> **Art. 436.** A parte, intimada a falar sobre documento constante dos autos, poderá:
>
> I – impugnar a admissibilidade da prova documental;
>
> II – impugnar sua autenticidade;
>
> III – suscitar sua falsidade, com ou sem deflagração do incidente de arguição de falsidade;
>
> IV – manifestar-se sobre seu conteúdo.
>
> **Parágrafo único.** Nas hipóteses dos incisos II e III, a impugnação deverá basear-se em argumentação específica, não se admitindo alegação genérica de falsidade.

# CÓDIGO DE PROCESSO CIVIL COMENTADO • LEI 13.105, DE 16 DE MARÇO DE 2015 — ART. 438

## COMENTÁRIOS

O art. 436 contém uma certa novidade e disciplina qual deverá ser a atitude a ser tomada pela parte contrária, caso seja intimada a falar sobre documento constante dos autos.

Tão logo intimada a falar sobre documento constante dos autos, a parte contrária poderá quedar-se silente e assim assumir o ônus da não impugnação. Porém, poderá impugnar a admissibilidade da prova documental; isto é, o não cabimento daquela prova naquele momento processual. Poderá também impugnar a eventual autenticidade do documento. Poderá ainda, suscitar sua falsidade, com ou sem deflagração do incidente de arguição de falsidade. E, em última análise, poderá não impugnar ou arguir falsidade, mas poderá tecer suas considerações a respeito do conteúdo do documento.

De qualquer forma, nas hipóteses dos incisos II e III, deverá apresentar sua impugnação com argumentação fundamentada, não se admitindo alegação genérica de falsidade.

**Art. 437.** O réu manifestar-se-á na contestação sobre os documentos anexados à inicial, e o autor manifestar-se-á na réplica sobre os documentos anexados à contestação.

§ 1º Sempre que uma das partes requerer a juntada de documento aos autos, o juiz ouvirá, a seu respeito, a outra parte, que disporá do prazo de 15 (quinze) dias para adotar qualquer das posturas indicadas no art. 436.

§ 2º Poderá o juiz, a requerimento da parte, dilatar o prazo para manifestação sobre a prova documental produzida, levando em consideração a quantidade e a complexidade da documentação.

## COMENTÁRIOS

Para que dúvidas não pairem sobre qual é o momento apropriado para que as partes se manifestem sobre documentos juntados ao processo, o art. 437 esclarece: para o réu, este momento é na contestação; para o autor na réplica, isto se o réu fez juntada de documentos à sua contestação.

Independente desse momento, se qualquer das partes requerer a juntada de documento novos aos autos, o juiz mandará que a outra parte, se manifeste, abrindo-se prazo de 15 (quinze) dias para impugnar a admissibilidade ou a autenticidade do documento.

Esse prazo de 15 (quinze) dias para manifestação sobre a prova documental poderá ser dilatado pelo juiz, desde que a parte requeira e justifique em face da quantidade ou complexidade da documentação juntada pela outra parte.

**Art. 438.** O juiz requisitará às repartições públicas, em qualquer tempo ou grau de jurisdição:

I – as certidões necessárias à prova das alegações das partes;

II – os procedimentos administrativos nas causas em que forem interessados a União, os Estados, o Distrito Federal, os Municípios ou entidades da administração indireta.

§ 1º Recebidos os autos, o juiz mandará extrair, no prazo máximo e improrrogável de 1 (um) mês, certidões ou reproduções fotográficas das peças que indicar e das que forem indicadas pelas partes, e, em seguida, devolverá os autos à repartição de origem.

§ 2º As repartições públicas poderão fornecer todos os documentos em meio eletrônico, conforme disposto em lei, certificando, pelo mesmo meio, que se trata de extrato fiel do que consta em seu banco de dados ou no documento digitalizado.

## COMENTÁRIOS

O art. 438 estabelece que o juiz tem o poder-dever de requisitar das repartições públicas os documentos e informações necessárias à instrução do feito e a busca da justiça.

Nesse caso é permitido às repartições fornecer o material por meio eletrônico, desde que seja possível atestar a sua autenticidade e conformidade com o original que consta em seu banco de dados.

Obvio que a parte que tiver interesse na busca desse documento, deverá provar em juízo que esgotou as possibilidades de obtê-la por meios próprios. Sabemos que muitos documentos públicos, e até mesmo alguns particulares, são inacessíveis ao público em geral. Assim, se for necessária, por exemplo, a declaração de imposto de renda da parte para verificar a existência de bens em um processo executivo, poderá o juiz determinar que a Receita Federal envie esses dados do executado.

## SEÇÃO VIII
## DOS DOCUMENTOS ELETRÔNICOS

**Art. 439.** A utilização de documentos eletrônicos no processo convencional dependerá de sua conversão à forma impressa e da verificação de sua autenticidade, na forma da lei.

## COMENTÁRIOS

O atual CPC criou uma seção específica para tratar dos documentos eletrônicos que deve ser entendido como prova documental.

É importante essa previsão porque se insere na realidade atual de uso das novas tecnologias no campo do direito processual, adequando atual CPC aos novos tempos.

Para utilização da prova documental eletrônica prevê o artigo em pauta que o mesmo deverá ser convertido para a forma impressa e da verificação de sua autenticidade.

Evidentemente que essa previsão somente se aplica ao processo que tramitam em forma física, porquanto se os autos já forem digitais, não tem nenhum sentido a norma em comento.

Atente-se para o fato de que temos uma lei especial que dispõe sobre a informatização do processo judicial no Brasil que é a Lei 11.419/06.

**Art. 440.** O juiz apreciará o valor probante do documento eletrônico não convertido, assegurado às partes o acesso ao seu teor.

### COMENTÁRIOS

Caberá ao magistrado apreciar e valorar a prova produzida por meio eletrônico, quando não for possível a sua conversão para meio físico, assegurando-se às partes o acesso ao seu inteiro teor.

Quer dizer, a na impossibilidade de conversão do documento eletrônico ainda assim ele será útil pois caberá ao juiz fazer a análise de seu conteúdo e dar a ele a devida valoração, ouvindo-se as partes a respeito do mesmo.

**Art. 441.** Serão admitidos documentos eletrônicos produzidos e conservados com a observância da legislação específica.

### COMENTÁRIOS

Vale anotar mais uma vez que temos Lei 11.419/06 que regulamenta no Brasil o processamento eletrônico judicial que recomendamos ao leitor tomar ciência de seu teor.

Assim, os documentos produzidos em conformidade com retro citada lei, serão admitidos como válido tanto nos processos físicos quanto nos processos eletrônicos novos.

### SEÇÃO IX
### DA PROVA TESTEMUNHAL
### SUBSEÇÃO I
### DA ADMISSIBILIDADE E DO VALOR DA PROVA TESTEMUNHAL

**Art. 442.** A prova testemunhal é sempre admissível, não dispondo a lei de modo diverso.

## COMENTÁRIOS

A prova testemunhal é aquela prova produzida pela inquirição de pessoas físicas que não são partes no processo, mas conhecem fatos que podem ser importantes para o bom julgamento da causa.

Como regra, a prova testemunhal será sempre admitida. Por exceção existem situações em que a prova testemunhal não será aceita como, por exemplo, acerca de questões jurídicas, técnicas ou cientificas, porquanto estas se provam por documentos ou por perícia.

É importante registrar que, embora a prova testemunhal seja muito frágil, muitas vezes ela é a única prova possível de ser realizada na busca da verdade real.

**Art. 443.** O juiz indeferirá a inquirição de testemunhas sobre fatos:

I – já provados por documento ou confissão da parte;

II – que só por documento ou por exame pericial puderem ser provados.

## COMENTÁRIOS

Embora a prova testemunhal possa ser utilizada de forma ampla, o legislador complementando o artigo anterior, fez prever que não se admitirá a prova testemunhal sobre fatos que já se encontrem provados no processo, por documentos ou confissão da parte, assim como também não será admitida se versar sobre assunto que somente por documento ou por exame pericial se poderá averiguar.

Nesse caso o juiz indeferirá a oitiva de testemunha, no primeiro caso, por ser completamente inútil a sua inquirição e, no segundo caso, por não se poder exigir da testemunha conhecimentos técnicos sobre o assunto.

**Art. 444.** Nos casos em que a lei exigir prova escrita da obrigação, é admissível a prova testemunhal quando houver começo de prova por escrito, emanado da parte contra a qual se pretende produzir a prova.

## COMENTÁRIOS

Mesmo nos casos em que seja exigida a prova escrita da obrigação assumida, permite o art. 444 que se faça a prova testemunhal desde que exista nos autos, um começo de prova escrita, emanado da parte contra a qual se pretende produzir a prova.

É importante anotar que não vai existir no regramento do atual CPC nenhuma limitação da prova exclusivamente testemunhal nos contratos que, anteriormente, era limitada o seu cabimento aos contratos cujo valor não excedesse a 10 (dez) salários mínimos, tendo em vista a revogação do art. 227 do Código Civil (ver CPC, art. 1.072, II).

# CÓDIGO DE PROCESSO CIVIL COMENTADO • LEI 13.105, DE 16 DE MARÇO DE 2015 ART. 447

**Art. 445.** Também se admite a prova testemunhal quando o credor não pode ou não podia, moral ou materialmente, obter a prova escrita da obrigação, em casos como o de parentesco, de depósito necessário ou de hospedagem em hotel ou em razão das práticas comerciais do local onde contraída a obrigação.

## COMENTÁRIOS

Em complemento ao artigo anterior agora o legislador fez consignar que é admissível também a prova testemunhal quando o credor não puder ou não podia, moral ou materialmente, obter a prova escrita da obrigação, em casos como o de parentesco, de depósito necessário ou de hospedagem em hotel ou em razão das práticas comerciais do local onde contraída a obrigação.

**Art. 446.** É lícito à parte provar com testemunhas:

I – nos contratos simulados, a divergência entre a vontade real e a vontade declarada;

II – nos contratos em geral, os vícios de consentimento.

## COMENTÁRIOS

É plenamente admissível a prova testemunhal quando houver necessidade de provar simulação ou vícios de consentimento, nos contratos em geral.

Vale a pena anotar que simulação é a declaração enganosa visando aparentar negócio jurídico diverso do que foi efetivamente realizado, com a finalidade de prejudicar terceiros ou fraudar a lei (ver CC, art. 167).

Já os vícios de consentimento (erro, dolo, coação, estado de perigo e lesão) são situações que pode resultar na anulação do negócio jurídico em face da manifestação errônea da vontade (ver CC, arts. 138 a 157).

Importante rememorar que a validade dos negócios jurídicos está subordinada a que a vontade emanada das partes, além de qualificada, deve ser manifestada sem pressões ou constrangimentos, quer dizer, a vontade deve ser livre e consciente sob pena de invalidade do negócio jurídico.

Nesse cenário, a prova testemunhal, no mais das vezes, é a única alternativa que resta para a parte lesada provar em juízo o equívoco no qual foi induzido.

**Art. 447.** Podem depor como testemunhas todas as pessoas, exceto as incapazes, impedidas ou suspeitas.

§ 1º São incapazes:

I – o interdito por enfermidade ou deficiência mental;

291

II – o que, acometido por enfermidade ou retardamento mental, ao tempo em que ocorreram os fatos, não podia discerni-los, ou, ao tempo em que deve depor, não está habilitado a transmitir as percepções;

III – o que tiver menos de 16 (dezesseis) anos;

IV – o cego e o surdo, quando a ciência do fato depender dos sentidos que lhes faltam.

§ 2º São impedidos:

I – o cônjuge, o companheiro, o ascendente e o descendente em qualquer grau e o colateral, até o terceiro grau, de alguma das partes, por consan-guinidade ou afinidade, salvo se o exigir o interesse público ou, tratando-se de causa relativa ao estado da pessoa, não se puder obter de outro modo a prova que o juiz repute necessária ao julgamento do mérito;

II – o que é parte na causa;

III – o que intervém em nome de uma parte, como o tutor, o representante legal da pessoa jurídica, o juiz, o advogado e outros que assistam ou tenham assistido as partes.

§ 3º São suspeitos:

I – o inimigo da parte ou o seu amigo íntimo;

II – o que tiver interesse no litígio.

§ 4º Sendo necessário, pode o juiz admitir o depoimento das testemunhas menores, impedidas ou suspeitas.

§ 5º Os depoimentos referidos no § 4º serão prestados independentemente de compromisso, e o juiz lhes atribuirá o valor que possam merecer.

## COMENTÁRIOS

Em princípio todas as pessoas podem ser testemunhas, excetuando-se os absolutamente incapazes, as impedidas ou suspeitas.

Nessa linha de raciocínio, não podem depor como testemunha: o interditado por demência; aqueles que quando dos fatos ou quando do depoimento estiver acometido por enfermidade ou debilidade mental; o menor de 16 anos; o cego ou o surdo sobre o que viu no primeiro caso, ou ouviu no segundo.

São considerados impedidos e conseguintemente não podem depor, os parentes tanto por consanguinidade como por afinidade, inclusive os colaterais até o 3º grau; exceto nas causas relativas ao estado das pessoas ou de grande interesse público; aquele que é parte na causa; o juiz, os advogados e outros que intervenham em nome da parte.

O legislador incluiu entre os impedidos as partes no processo o que é totalmente desnecessário tendo em vista que as partes, se forem ouvidas no processo, será através do depoimento pessoal, jamais como testemunhas.

São considerados suspeitos pela lei a pessoa que for amigo íntimo ou inimigo capital das partes e, quem tiver interesse no deslinde da demanda porque é difícil imaginar que referidas pessoas sejam isentas.

Contudo, em situações excepcionais autoriza o artigo em comento que o juiz possa ouvir referidas pessoas sempre que seja necessário ao deslinde da demanda, porém as mesmas não prestarão compromisso e o juiz irá livremente valorar tais depoimentos. Quer dizer, nesses casos as pessoas serão ouvidas como informantes do juízo, não como testemunhas.

**Art. 448.** A testemunha não é obrigada a depor sobre fatos:

I – que lhe acarretem grave dano, bem como ao seu cônjuge ou companheiro e aos seus parentes consanguíneos ou afins, em linha reta ou colateral, até o terceiro grau;

II – a cujo respeito, por estado ou profissão, deva guardar sigilo.

## COMENTÁRIOS

O art. 448 autoriza, por assim dizer, que a testemunha se recuse a depor sobre fatos que possam lhe acarretar graves danos, bem como ao seu cônjuge ou companheiro e aos seus parentes consanguíneos ou afins, em linha reta ou colateral, até o terceiro grau; e, também a cujo respeito, por estado ou profissão, deva guardar sigilo.

Trata-se de permissivo legal que visa garantir dois princípios fundamentais: o da não autoincriminação e o da proteção à intimidade e a vida privada.

O disposto no inciso segundo aplica-se as casos previstos em lei, tais como o advogado em relação ao seu cliente ou o médico com relação aos seus pacientes.

**Art. 449.** Salvo disposição especial em contrário, as testemunhas devem ser ouvidas na sede do juízo.

**Parágrafo único.** Quando a parte ou a testemunha, por enfermidade ou por outro motivo relevante, estiver impossibilitada de comparecer, mas não de prestar depoimento, o juiz designará, conforme as circunstâncias, dia, hora e lugar para inquiri-la.

## COMENTÁRIOS

De regra, as testemunhas são ouvidas em audiência de instrução e julgamento, portanto são ouvidas em sala de audiência na sede do juízo onde tramita o processo.

Excetua-se dessa regra as que prestaram depoimento antecipado através do incidente de produção antecipada de provas; bem com as inquiridas por cartas precatórias que serão ouvidas no juízo deprecado; e, as pessoas impossibilitadas por motivo de doença, enfermidade ou mesmo idade, mas não estiver impossibilitada de prestar depoimento, poderão ser ouvidas pelo juiz em suas casas, hospitais ou outros locais onde possam estar.

Somam-se ainda as exceções acima mencionadas, as testemunhas que contam com privilégio de foro em razão de função que poderão ser inquiridas em suas respectivas residências ou no lugar onde exercem suas funções, conforme veremos no art. 454.

## SUBSEÇÃO II
### DA PRODUÇÃO DA PROVA TESTEMUNHAL

**Art. 450.** O rol de testemunhas conterá, sempre que possível, o nome, a profissão, o estado civil, a idade, o número de inscrição no Cadastro de Pessoas Físicas, o número de registro de identidade e o endereço completo da residência e do local de trabalho.

### COMENTÁRIOS

O art. 450 disciplina quais as informações devem conter o rol de testemunhas estabelecendo que, sempre que possível, deverá declinar o nome, a profissão, o estado civil, a idade, o número de inscrição no Cadastro de Pessoas Físicas, o número de registro de identidade e o endereço completo da residência e do local de trabalho.

Isso se justifica para individualizar a pessoa que irá prestar seu testemunho tendo em vista que na atualidade as pessoas não são mais conhecidas apenas por seus nomes, mas especialmente pelo número de seu CPF ou do RG.

É evidente que em muitas situações é de todo impossível a parte ter todos esses dados das testemunhas que pretende sejam ouvidas em juízo, razão pela qual a lei fala em "sempre que possível" permitindo que o advogado da parte possa apresentar o rol sem esses dados, porém deverá justificar tal impossibilidade.

**Art. 451.** Depois de apresentado o rol de que tratam os §§ 4º e 5º do art. 357, a parte só pode substituir a testemunha:

I – que falecer;

II – que, por enfermidade, não estiver em condições de depor;

III – que, tendo mudado de residência ou de local de trabalho, não for encontrada.

### COMENTÁRIOS

As partes somente poderão substituir as testemunhas previamente arroladas, se comprovarem que houve falecimento, enfermidade ou mudança de endereço para local desconhecido.

Quer dizer, é possível a substituição de testemunhas, porém isso deve ser feito, em qualquer circunstância, de forma motivada.

**Art. 452.** Quando for arrolado como testemunha, o juiz da causa:

I – declarar-se-á impedido, se tiver conhecimento de fatos que possam influir na decisão, caso em que será vedado à parte que o incluiu no rol desistir de seu depoimento;

II – se nada souber, mandará excluir o seu nome.

### COMENTÁRIOS

Essa previsão do art. 452 é algo pouco provável de acontecer na vida prática e mesmo quando isso acontece o juiz, conforme o caso, poderá antecipadamente se declarar suspeito ou impedido ou, se assim não fizer, poderá tal arguição ser feita pela parte contrária (ver CPC, arts. 144 e 145).

De toda sorte, se o juiz tiver conhecimento de fatos que possa influir no julgamento da causa, deverá se declarar impedido, enviando o processo ao seu substituto legal e, aí sim, prestar o seu depoimento como qualquer testemunha, vedado a parte que o incluiu no rol, desistir de tal depoimento.

Ressalva o artigo em comento que se o juiz, mesmo tendo sido convocado como testemunha nada souber, poderá mandar excluir o seu nome e dará prosseguimento normalmente ao processo.

Embora possa parecer obvio, devemos entender por juiz da causa aquele que está dirigindo o processo e que irá presidir a audiência de instrução e julgamento.

**Art. 453.** As testemunhas depõem, na audiência de instrução e julgamento, perante o juiz da causa, exceto:

I – as que prestam depoimento antecipadamente;

II – as que são inquiridas por carta.

§ 1º A oitiva de testemunha que residir em comarca, seção ou subseção judiciária diversa daquela onde tramita o processo poderá ser realizada por meio de videoconferência ou outro recurso tecnológico de transmissão e recepção de sons e imagens em tempo real, o que poderá ocorrer, inclusive, durante a audiência de instrução e julgamento.

§ 2º Os juízos deverão manter equipamento para a transmissão e recepção de sons e imagens a que se refere o § 1º.

### COMENTÁRIOS

Conforme já havíamos nos antecipado no início desta seção a regra é que as testemunhas sejam ouvidas na audiência de instrução e julgamento, perante o juiz da causa.

Excepciona a regra no tocante aquela testemunha que tenha prestado depoimento antecipadamente (produção antecipada de provas); ou que tenha sido inquirida por carta (de ordem, precatória ou rogatória).

A novidade é a previsão contida no § 1º que trata da oitiva de testemunha que residir em comarca, seção ou subseção judiciária diversa daquela onde tramita o processo cujo depoimento poderá ser realizado por meio de videoconferência ou outro recurso tecnológico de transmissão e recepção de sons e imagens em tempo real, o que poderá ocorrer, inclusive, durante a própria realização da audiência de instrução e julgamento.

**Art. 454.** São inquiridos em sua residência ou onde exercem sua função:

I – o presidente e o vice-presidente da República;

II – os ministros de Estado;

III – os ministros do Supremo Tribunal Federal, os conselheiros do Conselho Nacional de Justiça e os ministros do Superior Tribunal de Justiça, do Superior Tribunal Militar, do Tribunal Superior Eleitoral, do Tribunal Superior do Trabalho e do Tribunal de Contas da União;

IV – o procurador-geral da República e os conselheiros do Conselho Nacional do Ministério Público;

V – o advogado-geral da União, o procurador-geral do Estado, o procurador-geral do Município, o defensor público-geral federal e o defensor público-geral do Estado;

VI – os senadores e os deputados federais;

VII – os governadores dos Estados e do Distrito Federal;

VIII – o prefeito;

IX – os deputados estaduais e distritais;

X – os desembargadores dos Tribunais de Justiça, dos Tribunais Regionais Federais, dos Tribunais Regionais do Trabalho e dos Tribunais Regionais Eleitorais e os conselheiros dos Tribunais de Contas dos Estados e do Distrito Federal;

XI – o procurador-geral de justiça;

XII – o embaixador de país que, por lei ou tratado, concede idêntica prerrogativa a agente diplomático do Brasil.

§ 1º O juiz solicitará à autoridade que indique dia, hora e local a fim de ser inquirida, remetendo-lhe cópia da petição inicial ou da defesa oferecida pela parte que a arrolou como testemunha.

§ 2º Passado 1 (um) mês sem manifestação da autoridade, o juiz designará dia, hora e local para o depoimento, preferencialmente na sede do juízo.

§ 3º O juiz também designará dia, hora e local para o depoimento, quando a autoridade não comparecer, injustificadamente, à sessão agendada para a colheita de seu testemunho no dia, hora e local por ela mesma indicados.

## COMENTÁRIOS

O art. 454 trata de uma das versões do chamado "foro privilegiado" pelo qual é autorizada a oitiva de determinadas pessoas, em sua residência ou local de exercícios de suas funções, em razão de prerrogativa funcional.

Nesta exceção se incluem autoridades públicas ligadas aos três poderes da República (Executivo, Legislativo e Judiciário), listados nos 12 incisos do artigo em comento, bem como autoridades públicas de outros países.

Nesses casos, o juiz deverá oficiar à autoridade para que a mesma indique dia, hora e local de sua preferência para ser inquirida, devendo anexar ao ofício a cópia da petição inicial ou da defesa oferecida pela parte que a arrolou como testemunha.

Embora não mencionados neste rol pelo CPC, incluem-se entre esses privilegiados, em razão de leis específicas, os magistrados em geral (LOMAN, art. 33, I); os membros do Ministério Público (LONMP, art. 40, I) e os membros da Defensoria Pública (LC 80/94, art. 44, XIV).

**Art. 455.** Cabe ao advogado da parte informar ou intimar a testemunha por ele arrolada do dia, da hora e do local da audiência designada, dispensando-se a intimação do juízo.

§ 1º A intimação deverá ser realizada por carta com aviso de recebimento, cumprindo ao advogado juntar aos autos, com antecedência de pelo menos 3 (três) dias da data da audiência, cópia da correspondência de intimação e do comprovante de recebimento.

§ 2º A parte pode comprometer-se a levar a testemunha à audiência, independentemente da intimação de que trata o § 1º, presumindo-se, caso a testemunha não compareça, que a parte desistiu de sua inquirição.

§ 3º A inércia na realização da intimação a que se refere o § 1º importa desistência da inquirição da testemunha.

§ 4º A intimação será feita pela via judicial quando:

I – for frustrada a intimação prevista no § 1º deste artigo;

II – sua necessidade for devidamente demonstrada pela parte ao juiz;

III – figurar no rol de testemunhas servidor público ou militar, hipótese em que o juiz o requisitará ao chefe da repartição ou ao comando do corpo em que servir;

IV – a testemunha houver sido arrolada pelo Ministério Público ou pela Defensoria Pública;

V – a testemunha for uma daquelas previstas no art. 454.

§ 5º A testemunha que, intimada na forma do § 1º ou do § 4º, deixar de comparecer sem motivo justificado será conduzida e responderá pelas despesas do adiamento.

## COMENTÁRIOS

É ônus do advogado da parte informar ou intimar a testemunha por ele arrolada do dia, da hora e do local da audiência designada, dispensando-se a intimação do juízo.

Só estão obrigadas a comparecer em juízo as testemunhas que tenham sido regularmente intimadas com antecedência (pelo próprio advogado ou por ordem judicial) e, se for funcionário público ou militar além da intimação, é necessário haver a requisição dirigida ao seu superior hierárquico.

O CPC estabelece ainda que a parte pode comprometer-se a levar a testemunha à audiência, independentemente da intimação, porém isso é temerário porque nesse caso, se ela não comparecer, presumir-se-á de que a parte desistiu de sua oitiva.

A intimação através do judiciário, seja por carta ou oficial de justiça, é exceção no atual CPC e somente se justifica nos casos em que a intimação por advogado tenha sido frustrada, cabendo a ele fazer a devida prova de tal fato; quando sua necessidade for devidamente demonstrada pela parte ao juiz; quando figurar no rol de testemunhas servidor público ou militar, hipótese em que o juiz o requisitará ao chefe da repartição ou ao comando do corpo em que servir; e, nos casos em que a testemunha tenha sido arrolada pelo Ministério Público ou pela Defensoria Pública.

Importante é a previsão de que a intimação da testemunha feita por advogado, através de carta com aviso de recebimento, obriga a testemunha a comparecer em audiência, tanto quanto a intimação judicial, de sorte que se deixar de comparecer sem motivo justificado será conduzida coercitivamente e responderá pelas despesas do adiamento da audiência.

**Art. 456.** O juiz inquirirá as testemunhas separada e sucessivamente, primeiro as do autor e depois as do réu, e providenciará para que uma não ouça o depoimento das outras.

**Parágrafo único.** O juiz poderá alterar a ordem estabelecida no *caput* se as partes concordarem.

## COMENTÁRIOS

O art. 456 fixa uma ordem para a oitiva das testemunhas: primeiro serão ouvidas as testemunhas do autor, em seguida as do réu, cuidando para que elas não possam ouvir o que as outras estão dizendo.

Embora não seja comum, existe a previsão contida no parágrafo único pela qual o juiz poderá inverter a ordem da oitiva das testemunhas, porém somente se as partes estiverem de acordo.

# CÓDIGO DE PROCESSO CIVIL COMENTADO • LEI 13.105, DE 16 DE MARÇO DE 2015 — ART. 458

**Art. 457.** Antes de depor, a testemunha será qualificada, declarará ou confirmará seus dados e informará se tem relações de parentesco com a parte ou interesse no objeto do processo.

§ 1º É lícito à parte contraditar a testemunha, arguindo-lhe a incapacidade, o impedimento ou a suspeição, bem como, caso a testemunha negue os fatos que lhe são imputados, provar a contradita com documentos ou com testemunhas, até 3 (três), apresentadas no ato e inquiridas em separado.

§ 2º Sendo provados ou confessados os fatos a que se refere o § 1º, o juiz dispensará a testemunha ou lhe tomará o depoimento como informante.

§ 3º A testemunha pode requerer ao juiz que a escuse de depor, alegando os motivos previstos neste Código, decidindo o juiz de plano após ouvidas as partes.

## COMENTÁRIOS

O art. 457 estabelece que a testemunha será qualificada antes do seu depoimento, para que fique assentado a sua perfeita identificação e também para que fique claro de que não há, com relação a ela, nenhum impedimento ou suspeição.

Contudo, a parte que conhecer qualquer dos impedimentos ou de suspeição sobre a testemunha poderá requerer, de forma fundamentada, que o juiz declare esta condição, dispensando seu depoimento. Isso é chamado de contradita, cujo momento próprio para fazer isso é o que se segue à qualificação da testemunha e antes do juiz compromissá-la. Passado este momento, não mais se poderá impugnar a testemunha.

Acolhida pelo juiz a contradita, a testemunha será dispensada e, eventualmente, poderá ser ouvida como informante do juízo.

Já vimos que a testemunha pode se escusar de depor, porém deverá justificar a recusa. Nesse caso o juiz deverá ouvir as partes e decidir na sequência se libera (ou não) a testemunha.

**Art. 458.** Ao início da inquirição, a testemunha prestará o compromisso de dizer a verdade do que souber e lhe for perguntado.

**Parágrafo único.** O juiz advertirá à testemunha que incorre em sanção penal quem faz afirmação falsa, cala ou oculta a verdade.

## COMENTÁRIOS

Antes de ouvir a testemunha sobre os fatos versados nos autos, o magistrado deverá compromissá-la, advertindo-lhe que ali está para dizer a verdade e que se mentir, calar ou negar a verdade, estará cometendo crime de falso testemunho, cujo pena é reclusão de dois a quatro anos e multa (CP, art. 342).[63]

---

63. CP, Art. 342. Fazer afirmação falsa, ou negar ou calar a verdade como testemunha, perito, contador, tradutor ou intérprete em processo judicial, ou administrativo, inquérito policial, ou em juízo arbitral: Pena: reclusão, de 2 (dois) a 4 (quatro) anos, e multa.

**Art. 459.** As perguntas serão formuladas pelas partes diretamente à testemunha, começando pela que a arrolou, não admitindo o juiz aquelas que puderem induzir a resposta, não tiverem relação com as questões de fato objeto da atividade probatória ou importarem repetição de outra já respondida.

§ 1º O juiz poderá inquirir a testemunha tanto antes quanto depois da inquirição feita pelas partes.

§ 2º As testemunhas devem ser tratadas com urbanidade, não se lhes fazendo perguntas ou considerações impertinentes, capciosas ou vexatórias.

§ 3º As perguntas que o juiz indeferir serão transcritas no termo, se a parte o requerer.

## COMENTÁRIOS

Esta é uma grande e importante novidade no atual CPC: a possibilidade de os advogados (ou membros do MP ou da Defensoria Pública, se for o caso) formularem perguntas diretamente à testemunha, começando pela que a arrolou e em seguida pela que foi arrolada pela parte contrária. Só por curiosidade, na sistemática anterior o advogado formulava a pergunta, mas quem fazia as perguntas e reperguntas às testemunhas era o juiz. Ou seja, os advogados não faziam perguntas diretas às testemunhas.

A mudança é muito salutar porque não será mais necessário utilizar o juiz como um tradutor da pergunta que o advogado tenha para fazer à testemunha. O papel do juiz será o de interferir na dinâmica da inquirição não admitindo aquelas que possa induzir a uma direcionada resposta; ou que não tiverem relação com as questões de fato objeto da atividade probatória; ou ainda, que importarem repetição do que já tenha sido respondido.

Isso não impede que o juiz formule suas próprias perguntas, antes ou mesmo depois da inquirição feita pelas partes.

Estabelece ainda o § 2º que as testemunhas devem ser tratadas com urbanidade, não se lhes fazendo perguntas ou considerações impertinentes, capciosas ou vexatórias.

Por fim, prevê o § 3º que as perguntas que o juiz indeferir, poderá constar da ata de audiência, desde que o interessado assim requeira, pois isso poderá ser utilizado em eventual recurso de apelação como cerceamento do direito de defesa.

**Art. 460.** O depoimento poderá ser documentado por meio de gravação.

§ 1º Quando digitado ou registrado por taquigrafia, estenotipia ou outro método idôneo de documentação, o depoimento será assinado pelo juiz, pelo depoente e pelos procuradores.

§ 2º Se houver recurso em processo em autos não eletrônicos, o depoimento somente será digitado quando for impossível o envio de sua documentação eletrônica.

§ 3º Tratando-se de autos eletrônicos, observar-se-á o disposto neste Código e na legislação específica sobre a prática eletrônica de atos processuais.

## COMENTÁRIOS

O art. 460 traz o permissivo para que a oitiva das testemunhas possa ser documentada através de gravação, além das outras formas de registro que menciona. Mesmo com o processo digital já em implantação em vários tribunais, no caso de São Paulo, por exemplo, o depoimento ainda é digitado e depois de impresso é assinado pelo juiz, pelo depoente e pelos procuradores. Posteriormente o serventuário digitaliza o depoimento que foi impresso e encarta no processo eletrônico.

Como ainda vivemos um momento de transição entre autos físicos e autos eletrônicos o § 2º estabelece que se houver recurso em processo em autos não eletrônicos, físicos portanto, o depoimento somente será digitado quando for impossível o envio de sua documentação eletrônica.

**Art. 461.** O juiz pode ordenar, de ofício ou a requerimento da parte:

I – a inquirição de testemunhas referidas nas declarações da parte ou das testemunhas;

II – a acareação de 2 (duas) ou mais testemunhas ou de alguma delas com a parte, quando, sobre fato determinado que possa influir na decisão da causa, divergirem as suas declarações.

§ 1º Os acareados serão reperguntados para que expliquem os pontos de divergência, reduzindo-se a termo o ato de acareação.

§ 2º A acareação pode ser realizada por videoconferência ou por outro recurso tecnológico de transmissão de sons e imagens em tempo real.

## COMENTÁRIOS

O art. 461 estabelece que o juiz pode ordenar, de ofício ou a requerimento das partes, a inquirição de testemunhas referidas nas declarações da parte ou das testemunhas; e a acareação de 2 (duas) ou mais testemunhas ou de alguma delas com a parte, quando, sobre fato determinado que possa influir na decisão da causa, divergirem as suas declarações.

Cumpre esclarecer que as testemunhas aqui mencionadas não são aquelas que já foram ouvidas em audiências, mas sim as pessoas que foram eventualmente citadas nos depoimentos pessoais das partes ou na oitiva das testemunhas regularmente arrolada. Quer dizer, são pessoas estranhas ao processo e que podem ter sido mencionadas como conhecedora de algum fato importante para o deslinde da demanda. Se o juiz entender que seria importante ouvir essa pessoa que foi mencionada, está autorizado pelo dispositivo em apreço, a determinar a sua inquirição ou acareação. Pode ser de ofício ou a requerimento da parte.

A inovação fica por conta da inclusão de dois parágrafos, o primeiro para explicar o que é a acareação e o segundo para dizer que a acareação pode ser realizada por videoconferência ou por outro recurso tecnológico de transmissão de sons e imagens em tempo real.

Explicando melhor, acareação é a confrontação entre duas testemunhas, ou entre a testemunha e a parte, para que uma repita frente a outra, o que disse em divergência do que a outra declarou.

> **Art. 462.** A testemunha pode requerer ao juiz o pagamento da despesa que efetuou para comparecimento à audiência, devendo a parte pagá-la logo que arbitrada ou depositá-la em cartório dentro de 3 (três) dias.

## COMENTÁRIOS

O art. 462 estabelece que a testemunha pode reivindicar o pagamento das despesas que realizou para se fazer presente em audiência.

Essa despesa é custeada pela parte que intimou a testemunhas e compõem as despesas que a parte realizou no processo e pode ser cobrada da parte contrária, no final da demanda, se o julgamento lhe foi favorável. Quer dizer, esta despesa com as testemunhas se inclui nas verbas sucumbenciais.

> **Art. 463.** O depoimento prestado em juízo é considerado serviço público.
> **Parágrafo único.** A testemunha, quando sujeita ao regime da legislação trabalhista, não sofre, por comparecer à audiência, perda de salário nem desconto no tempo de serviço.

## COMENTÁRIOS

Na sistemática adotada pelo legislador, o art. 463 fala da relevância do depoimento testemunhal, qualificando-o como um serviço público.

Dada a sua relevância, a testemunha pode pedir ao final da sua oitiva que o juízo emita a comprovação de sua presença em audiência que servirá como justificativa da falta naquele dia, perante a empresa na qual trabalhe, seja ela pública ou privada.

## SEÇÃO X
### DA PROVA PERICIAL

> **Art. 464.** A prova pericial consiste em exame, vistoria ou avaliação.
> § 1º O juiz indeferirá a perícia quando:

I – a prova do fato não depender de conhecimento especial de técnico;

II – for desnecessária em vista de outras provas produzidas;

III – a verificação for impraticável.

§ 2º De ofício ou a requerimento das partes, o juiz poderá, em substituição à perícia, determinar a produção de prova técnica simplificada, quando o ponto controvertido for de menor complexidade.

§ 3º A prova técnica simplificada consistirá apenas na inquirição de especialista, pelo juiz, sobre ponto controvertido da causa que demande especial conhecimento científico ou técnico.

§ 4º Durante a arguição, o especialista, que deverá ter formação acadêmica específica na área objeto de seu depoimento, poderá valer-se de qualquer recurso tecnológico de transmissão de sons e imagens com o fim de esclarecer os pontos controvertidos da causa.

## COMENTÁRIOS

Cumpre esclarecer desde logo que a prova pericial é aquela em que há necessidade de comprovação de fatos que exigem conhecimento técnico ou científico específico de quem vai realizá-la. O resultado do estudo do perito é chamado de laudo. A perícia é normalmente requerida pelas partes, mas pode ser determinada de ofício pelo juiz da causa.

Diz o CPC que a prova pericial pode consistir em exame, vistoria e avaliação. O exame consiste na análise ou observação sobre pessoas ou coisas, para delas extrair alguma informação relevante sobre o seu estado, integridade ou qualidade. Já a vistoria é a análise realizada sobre bens imóveis com o fim de verificar extensão de danos ou apurar o valor de benfeitorias realizadas. E, finalmente, avaliação e a análise de mercado que o perito deve fazer com a finalidade de atribuir valor a um determinado bem.

A novidade consta dos §§ 2º e 3º que criou a chamada "prova simplificada", que consiste na oitiva de técnico especializado, com conhecimento específico sobre o tema da demanda, que serão ouvidos como se testemunha fosse, e responderão sobre pontos controvertidos de menor complexidade.

Em complemento, diz o § 4º que o especialista convocado a depor que, deverá ter formação acadêmica comprovada na área técnica sobre a qual versa a demanda, poderá valer-se de qualquer recurso tecnológico de transmissão de sons e imagens com o fim de esclarecer os pontos controvertidos da causa.

É extremamente salutar a inclusão desse novo tipo de prova que pode ser utilizado para o esclarecimento de problemas técnicos de menor complexidade, laborando assim para uma maior simplificação do procedimento e primando pela rápida solução do litígio.

Cumpre ainda esclarecer que a "prova técnica simplificada", assim como o próprio nome diz, não deixa de ser uma prova técnica, mas não será tão complexa e trabalhosa, nem custosa, quanto a prova pericial tradicional que fica reservada para as causas em que a discussão técnica seja de maior complexidade.

Por fim é importante destacar que, sendo o juiz é o destinatário da prova, pode ele indeferir a realização da prova técnica, mesmo que requerido pelas partes, quando a prova do fato não depender de conhecimento especial de técnico; bem como se for desnecessária em razão de outras já constante do processo; e, também quando a sua verificação for impraticável.

**Art. 465.** O juiz nomeará perito especializado no objeto da perícia e fixará de imediato o prazo para a entrega do laudo.

§ 1º Incumbe às partes, dentro de 15 (quinze) dias contados da intimação do despacho de nomeação do perito:

I – arguir o impedimento ou a suspeição do perito, se for o caso;

II – indicar assistente técnico;

III – apresentar quesitos.

§ 2º Ciente da nomeação, o perito apresentará em 5 (cinco) dias:

I – proposta de honorários;

II – currículo, com comprovação de especialização;

III – contatos profissionais, em especial o endereço eletrônico, para onde serão dirigidas as intimações pessoais.

§ 3º As partes serão intimadas da proposta de honorários para, querendo, manifestar-se no prazo comum de 5 (cinco) dias, após o que o juiz arbitrará o valor, intimando-se as partes para os fins do art. 95.

§ 4º O juiz poderá autorizar o pagamento de até cinquenta por cento dos honorários arbitrados a favor do perito no início dos trabalhos, devendo o remanescente ser pago apenas ao final, depois de entregue o laudo e prestados todos os esclarecimentos necessários.

§ 5º Quando a perícia for inconclusiva ou deficiente, o juiz poderá reduzir a remuneração inicialmente arbitrada para o trabalho.

§ 6º Quando tiver de realizar-se por carta, poder-se-á proceder à nomeação de perito e à indicação de assistentes técnicos no juízo ao qual se requisitar a perícia.

## COMENTÁRIOS

Art. 465 do *novel codex* trata do prazo para manifestação das partes, que será de 15 (quinze) dias, contados da intimação do despacho de nomeação do perito. Nesse período, incumbe às partes alegar eventual impedimento ou a suspeição do perito, se for o caso; e, indicar assistente técnico; como também, apresentar seus quesitos.

Estabelece ainda o CPC que o perito, ciente da sua nomeação, deverá apresentar em 5 (cinco) dias a sua proposta de honorários; seu currículo, com comprovação de especialização; e, contatos profissionais, em especial o endereço eletrônico, para onde serão dirigidas as intimações pessoais.

As partes serão intimadas da proposta de honorários para, querendo, manifestar-se no prazo comum de 5 (cinco) dias. Se houver manifestação contrária ao valor apresentado, o juiz arbitrará o valor que entende apropriado, intimando-se as partes para o pagamento dos honorários fixados.

Esse mesmo dispositivo permite que o juiz autorize o pagamento de até 50% (cinquenta por cento) dos honorários arbitrados a favor do perito no início dos trabalhos, devendo o remanescente ser pago apenas ao final, depois de entregue o laudo e prestados todos os esclarecimentos necessários. Na prática processual atual, embora sem previsão legal, as partes podem pedir o parcelamento do pagamento dos honorários o que normalmente é concedido pelo juiz, porém o perito só inicia os trabalhos depois de concluído a integralidade do pagamento.

Também é novidade a previsão contida no § 5º que permite ao juiz reduzir a remuneração do perito, fixada inicialmente, se a perícia for inconclusiva ou deficiente. Importantíssima essa previsão tendo em vista que na prática atual, mesmo que o laudo do perito seja imprestável, ainda assim ele recebe integralmente o que lhe foi arbitrado como honorários e, se a parte requerer uma segunda perícia, terá que pagar outro valor a título de honorário para o novo perito nomeado.

Finalizando, o § 6 ao tratar da perícia realizada por carta, autoriza que se proceda a nomeação de perito e a indicação de assistentes técnicos no juízo ao qual seja requisitada a perícia.

> **Art. 466.** O perito cumprirá escrupulosamente o encargo que lhe foi cometido, independentemente de termo de compromisso.
>
> § 1º Os assistentes técnicos são de confiança da parte e não estão sujeitos a impedimento ou suspeição.
>
> § 2º O perito deve assegurar aos assistentes das partes o acesso e o acompanhamento das diligências e dos exames que realizar, com prévia comunicação, comprovada nos autos, com antecedência mínima de 5 (cinco) dias.

### COMENTÁRIOS

O *caput* e o primeiro parágrafo do art. 466 traz a previsão quanto aos deveres do perito, que existe independentemente de termo ou compromisso, e trata também do papel dos assistentes técnicos, enquanto auxiliares da plena confiança das partes, estes últimos não estando sujeitos a impedimento ou suspeição.

Esclareça-se que o assistente técnico vai funcionar no processo como se fosse o perito indicado pelas partes, cabendo-lhe acompanhar a realização da prova e emitir pareceres, concordando ou discordando do laudo pericial oficial, tendo os mesmos poderes na realização dos trabalhos quanto o perito (ver CPC, art. 473, § 3º), devendo apresentar suas conclusões no prazo de 15 (quinze) dias após o perito ter juntado o laudo no processo (ver CPC, at. 477, § 1º).

O contido no § 2º é inovador e de suma importância ao preceituar que o perito deve assegurar aos assistentes técnicos das partes o acesso e o acompanhamento das diligências e dos exames que realizar, com prévia comunicação, comprovada nos autos, com antecedência mínima de 5 (cinco) dias. Vale repisar que essa previsão é importantíssima, pois impõe ao perito o dever de, comprovadamente, oportunizar aos assistentes técnicos o acesso a todas as informações e de participação na realização da perícia.

**Art. 467.** O perito pode escusar-se ou ser recusado por impedimento ou suspeição.

**Parágrafo único.** O juiz, ao aceitar a escusa ou ao julgar procedente a impugnação, nomeará novo perito.

## COMENTÁRIOS

O CPC traz expressa previsão de que o perito pode se declarar suspeito ou impedido e, se não o fizer, poderão as partes impugnar a nomeação, a qualquer tempo, por petição fundamentada, cabendo ao juiz apreciar, após oitiva do perito, se aceita ou não a impugnação.

Se o juiz aceitar a escusa ou acolher a impugnação, nomeará novo perito.

Importante rememorar que se aplica aos peritos os mesmos motivos de impedimento e suspeição previstos nesse Código para os magistrados (ver CPC, arts. 144 e 145) e, por analogia, entendemos que o prazo para impugnação é de 15 (quinze) dias, contados da ciência do fato impeditivo, como previsto no art. 146 deste Código.

**Art. 468.** O perito pode ser substituído quando:

I – faltar-lhe conhecimento técnico ou científico;

II – sem motivo legítimo, deixar de cumprir o encargo no prazo que lhe foi assinado.

§ 1º No caso previsto no inciso II, o juiz comunicará a ocorrência à corporação profissional respectiva, podendo, ainda, impor multa ao perito, fixada tendo em vista o valor da causa e o possível prejuízo decorrente do atraso no processo.

§ 2º O perito substituído restituirá, no prazo de 15 (quinze) dias, os valores recebidos pelo trabalho não realizado, sob pena de ficar impedido de atuar como perito judicial pelo prazo de 5 (cinco) anos.

§ 3º Não ocorrendo a restituição voluntária de que trata o § 2º, a parte que tiver realizado o adiantamento dos honorários poderá promover execução

# CÓDIGO DE PROCESSO CIVIL COMENTADO • LEI 13.105, DE 16 DE MARÇO DE 2015 — ART. 470

contra o perito, na forma dos arts. 513 e seguintes deste Código , com fundamento na decisão que determinar a devolução do numerário.

## COMENTÁRIOS

O artigo 468 trata das hipóteses de substituição do perito e da comunicação ao órgão de classe do qual ele participe, para eventual apuração de infração ética, bem como a imposição de multa.

Grande inovação vem inserida no § 2º ao prever que o perito substituído restituirá, no prazo de 15 (quinze) dias, os valores recebidos pelo trabalho não realizado, sob pena de ficar impedido de atuar como perito judicial pelo prazo de 5 (cinco) anos.

Além disso, se o perito não restituir espontaneamente os valores adiantados, a parte que pagou os honorários poderá promover a execução, como se fosse cumprimento de sentença, com fundamento na decisão que determinou a devolução do numerário.

**Art. 469.** As partes poderão apresentar quesitos suplementares durante a diligência, que poderão ser respondidos pelo perito previamente ou na audiência de instrução e julgamento.

**Parágrafo único.** O escrivão dará à parte contrária ciência da juntada dos quesitos aos autos.

## COMENTÁRIOS

O art. 469 prevê a hipótese de as partes apresentarem quesitos suplementares durante a diligência, que poderão ser respondidos pelo perito previamente ou na audiência de instrução e julgamento.

Da juntada dos novos quesitos aos autos, a serventia do juízo dará ciência à parte contrária, para eventual manifestação.

A novidade é a previsão legislativa de que o perito poderá responder previamente nos próprios autos ou na audiência de instrução e julgamento.

**Art. 470.** Incumbe ao juiz:

I – indeferir quesitos impertinentes;

II – formular os quesitos que entender necessários ao esclarecimento da causa.

## COMENTÁRIOS

Quando se trata de prova pericial incumbe ao juiz, além de nomear o perito, formular seus próprios quesitos, o que normalmente é feito junto com a indicação do *expert*.

307

Além disso, o juiz deverá deferir ou indeferir os quesitos apresentados pelas partes e exigir que a perícia se realize no prazo por ele estipulado.

**Art. 471.** As partes podem, de comum acordo, escolher o perito, indicando-o mediante requerimento, desde que:

I – sejam plenamente capazes;

II – a causa possa ser resolvida por autocomposição.

§ 1º As partes, ao escolher o perito, já devem indicar os respectivos assistentes técnicos para acompanhar a realização da perícia, que se realizará em data e local previamente anunciados.

§ 2º O perito e os assistentes técnicos devem entregar, respectivamente, laudo e pareceres em prazo fixado pelo juiz.

§ 3º A perícia consensual substitui, para todos os efeitos, a que seria realizada por perito nomeado pelo juiz.

## COMENTÁRIOS

O art. 471 do CPC, reforçando a ideia do processo participativo, prevê a possibilidade de as partes, de comum acordo, escolher o perito, indicando-o mediante requerimento, desde que sejam plenamente capazes e o litígio possa ser resolvida por autocomposição, isto é, envolva direitos disponíveis.

Essa inovação é importante, pois permite que as partes, na linha do que é preconizado no art. 190, sejam atores do próprio processo e não meros figurantes. Ao juiz, caberá tão somente, velar pela regularidade do procedimento.

Se as partes optarem por fazer conjuntamente a indicação do perito, deverão neste mesmo ato, e concomitantemente, indicar seus respectivos assistentes técnicos para acompanhar a realização da perícia, que será realizada em data e local previamente anunciados. Além disso, tanto o perito quanto os assistentes técnicos devem entregar, respectivamente, laudo e pareceres no prazo comum que o juiz fixar.

A perícia consensual tem o mesmo valor da perícia que seria determinada pelo juiz. Sendo assim, se o juiz aceitar a sua realização, seu valor é o mesmo que teria a perícia realizada por perito nomeado judicialmente. Ademais, se realizada a perícia ainda restar dúvidas quanto ao objeto periciado, o juiz poderá determinar a realização de uma segunda perícia que pode ser consensual ou judicial.

É nosso entendimento de que essa perícia consensual pode ser feita até extrajudicialmente, isto é, realizada antes mesmo da propositura da ação.

É importante destacar ainda que essa "perícia consensual" substituirá, para todos os efeitos, aquela que seria realizada por perito nomeado pelo juiz.

**Art. 472.** O juiz poderá dispensar prova pericial quando as partes, na inicial e na contestação, apresentarem, sobre as questões de fato, pareceres técnicos ou documentos elucidativos que considerar suficientes.

## COMENTÁRIOS

O art. 472 permite ao juiz dispensar a realização de perícia quando as partes apresentarem, junto com a inicial ou contestação, parecer técnico hábil e capaz de elucidar as questões ventiladas, bem como se juntarem documentos que possa prestar-se aos esclarecimentos necessários ao julgamento da causa.

Nesse caso, a perícia torna-se desnecessária frente as outras provas já produzidas nos autos.

**Art. 473.** O laudo pericial deverá conter:

I – a exposição do objeto da perícia;

II – a análise técnica ou científica realizada pelo perito;

III – a indicação do método utilizado, esclarecendo-o e demonstrando ser predominantemente aceito pelos especialistas da área do conhecimento da qual se originou;

IV – resposta conclusiva a todos os quesitos apresentados pelo juiz, pelas partes e pelo órgão do Ministério Público.

§ 1º No laudo, o perito deve apresentar sua fundamentação em linguagem simples e com coerência lógica, indicando como alcançou suas conclusões.

§ 2º É vedado ao perito ultrapassar os limites de sua designação, bem como emitir opiniões pessoais que excedam o exame técnico ou científico do objeto da perícia.

§ 3º Para o desempenho de sua função, o perito e os assistentes técnicos podem valer-se de todos os meios necessários, ouvindo testemunhas, obtendo informações, solicitando documentos que estejam em poder da parte, de terceiros ou em repartições públicas, bem como instruir o laudo com planilhas, mapas, plantas, desenhos, fotografias ou outros elementos necessários ao esclarecimento do objeto da perícia.

## COMENTÁRIOS

O art. 473 traz importante inovação ao fixar as regras no tocante ao que o laudo pericial deve conter, estabelecendo que o perito deverá fazer, inicialmente, uma exposição do objeto da perícia; deverá fazer uma análise técnica ou científica do que vai ser periciado; deverá também indicar o método que foi utilizado, esclarecendo-o e demonstrando ser predominantemente aceito pelos especialistas da área do conhecimento da qual se originou; e, por fim, deverá apresentar resposta conclusiva a todos os quesitos apresentados pelo juiz, pelas partes e pelo órgão do Ministério Público, se for o caso.

Estabelece ainda o § 1º que o perito deve apresentar sua fundamentação em linguagem simples e com coerência lógica, indicando como alcançou suas conclusões.

Na sua análise o perito está impedido de ir além dos limites de sua designação, bem como emitir opiniões pessoais que excedam o exame técnico ou científico do objeto da perícia.

Para o bom desempenho de suas funções, tanto o perito quanto os assistentes técnicos, podem valer-se de todos os meios necessários, ouvindo testemunhas, obtendo informações, solicitando documentos que estejam em poder da parte, de terceiros ou em repartições públicas, bem como instruir o laudo com planilhas, mapas, plantas, desenhos, fotografias ou outros elementos necessários ao esclarecimento do objeto da perícia.

**Art. 474.** As partes terão ciência da data e do local designados pelo juiz ou indicados pelo perito para ter início a produção da prova.

## COMENTÁRIOS

O art. 474 traz expressa previsão de que as partes terão ciência da data e do local designados pelo juiz, ou indicados pelo perito, para ter início e realização da prova pericial.

Apesar da expressa literalidade da lei, na vida prática forense, nos deparamos com a realização de perícia sem que as partes tenham sido comunicadas pelo perito ou pelo juiz, da data e localização. Se isso acontecer a parte prejudicada poderá agravar de instrumento para anular a perícia realizada.

Nesses casos, a ausência de intimação das partes sobre a data de realização da perícia judicial, impossibilitando o comparecimento ao local e acompanhamento da prova, acarreta sua nulidade por cerceamento de defesa, acarretando a necessidade de realização de nova perícia, conforme já decidiu o Tribunal de Justiça de São Paulo.[64]

Nessa mesma decisão o Desembargador Paulo Ayrosa fez questão de esclarecer que embora a decisão que determina prova pericial ou rejeita o pedido de realização de nova prova, não esteja elencada no rol taxativo do art. 1.015 do CPC, nessas situações deve ser aplicada a teoria da taxatividade mitigada estabelecida pelo Superior Tribu-

---

64. (TJ-SP – Agravo de Instrumento: 2282427-36.2023.8.26.0000, Relator: Paulo Ayrosa, Data de Julgamento: 27/11/2023, 31ª Câmara de Direito Privado, Data de Publicação: 27/11/2023).

nal de Justiça (STJ), pois há urgência e contemporaneidade a justificar a mitigação da taxatividade das hipóteses de cabimento do agravo de instrumento.[65]

Importante reforçar a ideia de que a ausência de intimação das partes gera evidente prejuízo e patente cerceamento de defesa, ferindo de morte os princípios constitucionais do contraditório e da ampla defesa, insculpidos no art. 5º, LV, da Constituição Federal.

> **Art. 475.** Tratando-se de perícia complexa que abranja mais de uma área de conhecimento especializado, o juiz poderá nomear mais de um perito, e a parte, indicar mais de um assistente técnico.

### COMENTÁRIOS

Agora prevê art. 475 do CPC a possibilidade de indicação de mais de um perito pelo juiz, se a complexidade da prova a ser realizada assim o exigir.

Nesse caso, faculta-se às partes a indicação de mais de um assistente técnico, se assim entenderem necessário.

Podemos citar como exemplo as ações de interdição em que será necessário uma equipe multidisciplinar para realizar a perícia judicial (ver CPC, art. 753).

> **Art. 476.** Se o perito, por motivo justificado, não puder apresentar o laudo dentro do prazo, o juiz poderá conceder-lhe, por uma vez, prorrogação pela metade do prazo originalmente fixado.

### COMENTÁRIOS

Agora o legislador fez consignar que se o perito, por motivo justificado, não puder apresentar o laudo dentro do prazo que foi assinalado, o juiz poderá conceder-lhe novo prazo para realização de seu mister.

Importante registrar que o prazo dessa prorrogação não fica mais ao exclusivo critério do juiz, mas será de metade do prazo originalmente fixado, o que é salutar.

> **Art. 477.** O perito protocolará o laudo em juízo, no prazo fixado pelo juiz, pelo menos 20 (vinte) dias antes da audiência de instrução e julgamento.
>
> § 1º As partes serão intimadas para, querendo, manifestar-se sobre o laudo do perito do juízo no prazo comum de 15 (quinze) dias, podendo o assis-

---

65. (STJ – REsp: 1704520 MT 2017/0271924-6, Relator: Ministra Nancy Andrighi, Data de Julgamento: 05/12/2018, CE – Corte Especial, Data de Publicação: DJe 19/12/2018).

tente técnico de cada uma das partes, em igual prazo, apresentar seu respectivo parecer.

§ 2º O perito do juízo tem o dever de, no prazo de 15 (quinze) dias, esclarecer ponto:

I – sobre o qual exista divergência ou dúvida de qualquer das partes, do juiz ou do órgão do Ministério Público;

II – divergente apresentado no parecer do assistente técnico da parte.

§ 3º Se ainda houver necessidade de esclarecimentos, a parte requererá ao juiz que mande intimar o perito ou o assistente técnico a comparecer à audiência de instrução e julgamento, formulando, desde logo, as perguntas, sob forma de quesitos.

§ 4º O perito ou o assistente técnico será intimado por meio eletrônico, com pelo menos 10 (dez) dias de antecedência da audiência.

## COMENTÁRIOS

O art. 477 estabelece as regras para a entrega do laudo e para a manifestação das partes, bem como da juntada dos pareceres técnicos dos assistentes. Dessa forma, estatui o CPC que o perito protocolará o laudo em cartório, no prazo fixado pelo juiz, e isto deverá ocorrer com pelo menos 20 (vinte) dias antes da audiência de instrução e julgamento.

Em face do prazo para entrega do laudo e da possibilidade de haver impugnação, com os prazos necessários à resposta do perito, bem como de pedido de novos esclarecimentos, entendemos que esse prazo de 20 (vinte) dias antes da audiência se dirige ao juiz que deverá levar em consideração todas essas nuances para fixar a data da audiência com prazo dilatado.

Entendemos assim porque depois da juntada do laudo, as partes serão intimadas para, querendo, manifestar-se sobre o que disse o perito, no prazo comum de 15 (quinze) dias, podendo o assistente técnico de cada uma das partes, em igual prazo, apresentar seus respectivos pareceres.

Ademais, se as partes questionarem o laudo e pedirem esclarecimentos adicionais, o perito do juízo tem o dever de, no prazo de 15 (quinze) dias, prestar os devidos esclarecimentos

Se depois disso ainda houver necessidade de esclarecimentos, a parte requererá ao juiz que mande intimar o perito ou o assistente técnico para comparecer à audiência de instrução e julgamento, formulando, desde logo, as perguntas, sob forma de quesitos, caso em que o perito ou o assistente técnico será intimado por meio eletrônico, com pelo menos 10 (dez) dias de antecedência da audiência.

Veja-se que o conjunto de prazos estabelecido no dispositivo *sub oculum* reforça o que foi dito acima quanto à data para realização de audiência de instrução e julgamento que, de duas uma, ou o juiz fixa esse prazo com grande lapso de intervalo entre a data fixada para a entrega do laudo e a data para realização da audiência ou, deixa para marcar essa audiência depois das conclusões com relação ao laudo apresentado.

**Art. 478.** Quando o exame tiver por objeto a autenticidade ou a falsidade de documento ou for de natureza médico-legal, o perito será escolhido, de preferência, entre os técnicos dos estabelecimentos oficiais especializados, a cujos diretores o juiz autorizará a remessa dos autos, bem como do material sujeito a exame.

§ 1º Nas hipóteses de gratuidade de justiça, os órgãos e as repartições oficiais deverão cumprir a determinação judicial com preferência, no prazo estabelecido.

§ 2º A prorrogação do prazo referido no § 1º pode ser requerida motivadamente.

§ 3º Quando o exame tiver por objeto a autenticidade da letra e da firma, o perito poderá requisitar, para efeito de comparação, documentos existentes em repartições públicas e, na falta destes, poderá requerer ao juiz que a pessoa a quem se atribuir a autoria do documento lance em folha de papel, por cópia ou sob ditado, dizeres diferentes, para fins de comparação.

## COMENTÁRIOS

O art. 478 estabelece as diretrizes que orientarão a realização de perícia quando tratar-se de exame e tiver por objeto a autenticidade ou a falsidade de documento ou for de natureza médico-legal.

A novidade é a inclusão de normas que regulam a hipótese de exames realizados por órgãos públicos, em razão de beneficiários da justiça gratuita, estabelecendo que deverão ser cumpridos os prazos fixados pelo juiz. Tais prazos poderão ser prorrogados, se houver pedido motivado para tal.

O estabelecimento dessa regra é importante porque na vida prática temos presenciado um completo descaso com relação à realização desse tipo de perícia, pois os órgãos públicos encarregados de fazê-la, por não existir prazo, postergam a sua realização *ad infinitum*.

**Art. 479.** O juiz apreciará a prova pericial de acordo com o disposto no art. 371, indicando na sentença os motivos que o levaram a considerar ou a deixar de considerar as conclusões do laudo, levando em conta o método utilizado pelo perito.

## COMENTÁRIOS

Pelo art. 479, o juiz apreciará a prova pericial de acordo com o seu livre convencimento, indicando na sentença quais os motivos que o levaram a considerar ou a deixar de considerar as conclusões do laudo, levando em conta o método utilizado pelo perito.

Quer dizer, o juiz não estar obrigado a decidir de acordo com a perícia realizada, podendo formar sua convicção com outras provas constantes dos autos e, até mesmo, com o parecer do assistente técnico de qualquer das partes. Esse permissivo reforça o princípio do "livre convencimento motivado" e, mais importante, reforça o princípio da "aquisição processual" ou da "comunhão da prova" que estabelece que, vez encartada as provas aos autos, elas passam a pertencer ao processo e torna-se irrelevante quem as forneceu, o que, sem dúvida nenhuma, é muito importante.

> **Art. 480.** O juiz determinará, de ofício ou a requerimento da parte, a realização de nova perícia quando a matéria não estiver suficientemente esclarecida.
>
> § 1º A segunda perícia tem por objeto os mesmos fatos sobre os quais recaiu a primeira e destina-se a corrigir eventual omissão ou inexatidão dos resultados a que esta conduziu.
>
> § 2º A segunda perícia rege-se pelas disposições estabelecidas para a primeira.
>
> § 3º A segunda perícia não substitui a primeira, cabendo ao juiz apreciar o valor de uma e de outra.

## COMENTÁRIOS

O art. 480 do *novel codex* diz que o juiz determinará, de ofício ou a requerimento da parte, a realização de nova perícia quando a matéria não estiver suficientemente esclarecida.

Existe toda uma lógica para essa previsão legal tendo em vista que o juiz, não recebendo as informações necessárias ao seu convencimento poderá, de ofício, determinar a realização de uma segunda perícia. Essa insuficiência de informações pode ser aferida diretamente pelo juiz ou poderá lhe ser indicado pelas partes.

É preciso rememorar que muitas vezes os laudos são inconclusos, incompletos e ainda que as partes formulem seus quesitos nem sempre as respostas suprem as deficiências apontadas. Nesse caso, a única solução é a realização de uma nova perícia.

Essa segunda perícia terá por objeto os mesmos fatos sobre os quais recaiu a primeira e destina-se a corrigir eventual omissão ou inexatidão dos resultados a que esta conduziu, devendo ser regida pelas mesmas regras estabelecidas para a primeira.

Preceitua ainda o dispositivo em comento que a segunda perícia não tem o condão de substituir a primeira, devendo o juiz apreciar e valorar cada uma delas de *per si*.

## SEÇÃO XI
## DA INSPEÇÃO JUDICIAL

**Art. 481.** O juiz, de ofício ou a requerimento da parte, pode, em qualquer fase do processo, inspecionar pessoas ou coisas, a fim de se esclarecer sobre fato que interesse à decisão da causa.

### COMENTÁRIOS

O art. 481 disciplina a chamada inspeção judicial como meio de prova, esclarecendo que de ofício ou a requerimento das partes o juiz pode, em qualquer fase do processo, inspecionar pessoas ou coisas. Vamos lembrar que é ônus das partes trazer as provas aos autos que confirmem suas alegações, segundo os seus interesses, porém sendo o juiz o destinatário das provas, está ele autorizado pelo estatuto processual a realizar vistoria ou inspeção em coisas ou pessoas.

É importante deixar claro que a inspeção judicial, ainda que não seja muito comum nos meios forense, é um importante meio de prova, porque irá se basear na percepção direta daquilo que o juiz irá observar *in loco*. Ou seja, será da observação direta e das impressões pessoais que o magistrado recolher sobre pessoas ou coisas, que irá servir para que seja dada a melhor solução para o litígio posto em juízo.

A inspeção judicial pode ocorrer em qualquer fase do processo de ofício ou por requerimento da parte.

A grande questão que se coloca é a seguinte: alguém já viu algum magistrado sair do seu gabinete e assumir uma posição ativa na produção probatória, indo inspecionar pessoas e coisas?

**Art. 482.** Ao realizar a inspeção, o juiz poderá ser assistido por um ou mais peritos.

### COMENTÁRIOS

O artigo em questão poderia ser perfeitamente eliminado do CPC, na exata medida que o juiz não precisa dessa autorização legislativa para se fazer acompanhar de tantos quantos peritos entenda necessário.

Aliás, a decisão do juiz de se fazer acompanhar nem sequer precisa ser notificado às partes, como também não há como as partes indicarem assistente técnico ou coisa que o valha por ser ato estritamente pessoal do juiz.

**Art. 483.** O juiz irá ao local onde se encontre a pessoa ou a coisa quando:

I – julgar necessário para a melhor verificação ou interpretação dos fatos que deva observar;

II – a coisa não puder ser apresentada em juízo sem consideráveis despesas ou graves dificuldades;

III – determinar a reconstituição dos fatos.

**Parágrafo único.** As partes têm sempre direito a assistir à inspeção, prestando esclarecimentos e fazendo observações que considerem de interesse para a causa.

## COMENTÁRIOS

Cabe apenas advertir que o rol de situações apresentada é meramente exemplificativa, tendo em vista que o juiz tem liberdade para, mesmo fora das situações previstas nos incisos acima, promover as diligências que entenda necessárias para o devido conhecimento dos fatos.

Veja-se que as partes têm o direito de acompanhar a inspeção, prestando esclarecimentos e fazendo observações que considerem sejam do interesse da causa, indicando, se for o caso, assistente técnico e fazendo eventuais requerimentos que se façam necessários, para o bom andamento da inspeção determinada.

Essa previsão vem como corolário do sagrado direito do contraditório e da ampla defesa, prevista na constituição cidadã de 1988 como direitos fundamentais.

**Art. 484.** Concluída a diligência, o juiz mandará lavrar auto circunstanciado, mencionando nele tudo quanto for útil ao julgamento da causa.

**Parágrafo único.** O auto poderá ser instruído com desenho, gráfico ou fotografia.

## COMENTÁRIOS

Concluída a diligência, no dia, hora e local predeterminado, independente da presença das partes, o juiz mandará lavrar auto circunstanciado, mencionando nele tudo quanto for útil ao julgamento da causa. É aquilo que podemos chamar de "laudo da inspeção".

Os autos de registro da diligência poderão ser instruídos com desenho, gráfico ou fotografia ou mesmo outros elementos que sejam úteis para melhor documentar o fato.

Quer dizer, esse auto deve ser o retrato fiel de tudo quanto possa ter acontecido na inspeção, devendo nele constar tudo que possa o juiz ter observado, quanto às eventuais impugnações e protestos das partes.

## CAPÍTULO XIII
## DA SENTENÇA E DA COISA JULGADA
## SEÇÃO I
## DISPOSIÇÕES GERAIS

**Art. 485.** O juiz não resolverá o mérito quando:

I – indeferir a petição inicial;

II – o processo ficar parado durante mais de 1 (um) ano por negligência das partes;

III – por não promover os atos e as diligências que lhe incumbir, o autor abandonar a causa por mais de 30 (trinta) dias;

IV – verificar a ausência de pressupostos de constituição e de desenvolvimento válido e regular do processo;

V – reconhecer a existência de perempção, de litispendência ou de coisa julgada;

VI – verificar ausência de legitimidade ou de interesse processual;

VII – acolher a alegação de existência de convenção de arbitragem ou quando o juízo arbitral reconhecer sua competência;

VIII – homologar a desistência da ação;

IX – em caso de morte da parte, a ação for considerada intransmissível por disposição legal; e

X – nos demais casos prescritos neste Código.

§ 1º Nas hipóteses descritas nos incisos II e III, a parte será intimada pessoalmente para suprir a falta no prazo de 5 (cinco) dias.

§ 2º No caso do § 1º, quanto ao inciso II, as partes pagarão proporcionalmente as custas, e, quanto ao inciso III, o autor será condenado ao pagamento das despesas e dos honorários de advogado.

§ 3º O juiz conhecerá de ofício da matéria constante dos incisos IV, V, VI e IX, em qualquer tempo e grau de jurisdição, enquanto não ocorrer o trânsito em julgado.

§ 4º Oferecida a contestação, o autor não poderá, sem o consentimento do réu, desistir da ação.

§ 5º A desistência da ação pode ser apresentada até a sentença.

§ 6º Oferecida a contestação, a extinção do processo por abandono da causa pelo autor depende de requerimento do réu.

§ 7º Interposta a apelação em qualquer dos casos de que tratam os incisos deste artigo, o juiz terá 5 (cinco) dias para retratar-se.

## COMENTÁRIOS

O art. 485 do Novo CPC trata das sentenças ditas terminativas, isto é, as sentenças proferidas sem resolução do mérito. São sentenças que põe fim ao processo, porém sem adentrar na questão de mérito posta em apreciação.

Nesse caso, o juiz vai verificar apenas a regularidade formal do processo e, se encontrar algumas das imperfeições indicadas no artigo em comento, encerrará o processo sem adentrar nas questões de direito posta em apreciação no processo

Quer dizer, é uma forma anormal de encerramento do processo, pois não tendo havido apreciação do mérito podemos dizer que o processo foi infrutífero.

Cumpre ainda destacar que a novo código traz uma novidade digna de registro que é a possibilidade de o juízo de retração ter sido estendido para todos os casos em que o juiz determinar o encerramento do processo sem apreciar o mérito. Anteriormente essa possibilidade só existia para o caso de indeferimento da petição inicial (ver CPC, art. 331, *caput*) e para a improcedência liminar do pedido (ver CPC, art. 332, § 3º).

Quer dizer, interposta apelação em face do encerramento do processo por qualquer um dos motivos elencados no art. 485, o juiz poderá se retratar, dentro do prazo de 5 (cinco) dias. Se o juiz se retratar, mandará o processo seguir seu curso normal com a citação do réu e demais atos pertinentes à marcha processual.

Outra novidade, porém, não tão relevante é a previsão de que depois de apresentada contestação, o juiz só poderá extinguir o processo por abandono da causa pelo autor, se houver requerimento do réu (§ 6º). Em verdade o legislador absorveu orientação jurisprudencial já consolidada no STJ pela súmula 240.[66]

> **Art. 486.** O pronunciamento judicial que não resolve o mérito não obsta a que a parte proponha de novo a ação.
>
> § 1º No caso de extinção em razão de litispendência e nos casos dos incisos I, IV, VI e VII do art. 485, a propositura da nova ação depende da correção do vício que levou à sentença sem resolução do mérito.
>
> § 2º A petição inicial, todavia, não será despachada sem a prova do pagamento ou do depósito das custas e dos honorários de advogado.
>
> § 3º Se o autor der causa, por 3 (três) vezes, a sentença fundada em abandono da causa, não poderá propor nova ação contra o réu com o mesmo objeto, ficando-lhe ressalvada, entretanto, a possibilidade de alegar em defesa o seu direito.

---

66. STJ – Súmula 240: "A extinção do processo, por abandono da causa pelo autor, depende de requerimento do réu".

## COMENTÁRIOS

O dispositivo em questão trata da possibilidade de repropositura da ação que tenha sido encerrada sem a resolução do mérito, ressalvando que no caso de extinção em razão de litispendência e nos casos dos incisos I (indeferir a petição inicial), IV (verificar a ausência de pressupostos de constituição e de desenvolvimento válido e regular do processo), VI (verificar ausência de legitimidade ou de interesse processual) e VII (acolher a alegação de existência de convenção de arbitragem ou quando o juízo arbitral reconhecer sua competência) do art. 485, a propositura da nova ação depende da correção do vício que levou à sentença sem resolução do mérito.

Ao repropor a ação o autor deverá provar que já recolheu as custas processuais e eventuais honorários advocatícios da ação extinta, tendo em vista que o juiz não despachará a petição inicial se ela estiver desacompanhada destes comprovantes.

Vale assinalar que na sentença que não aprecia o mérito haverá coisa julgada, porém apenas formalmente, tendo em vista a possibilidade de repropositura da mesma ação. Significa dizer que tendo havido a coisa julgada formal, o que se proíbe é a reabertura da discussão dentro daquele processo, porém nada impede a rediscussão em um novo processo.

Por fim, se o autor der causa a extinção do processo, por 3 (três) vezes, a sentença fundada em abandono da causa, não poderá propor nova ação contra o réu com o mesmo objeto, ficando-lhe ressalvada, entretanto, a possibilidade de alegar essa matéria como defesa do seu direito.

**Art. 487.** Haverá resolução de mérito quando o juiz:

I – acolher ou rejeitar o pedido formulado na ação ou na reconvenção;

II – decidir, de ofício ou a requerimento, sobre a ocorrência de decadência ou prescrição;

III – homologar:

*a)* o reconhecimento da procedência do pedido formulado na ação ou na reconvenção;

*b)* a transação;

*c)* a renúncia à pretensão formulada na ação ou na reconvenção.

**Parágrafo único.** Ressalvada a hipótese do § 1º do art. 332, a prescrição e a decadência não serão reconhecidas sem que antes seja dada às partes oportunidade de manifestar-se.

## COMENTÁRIOS

O art. 487 regula as hipóteses em que o juiz proferirá sentença com resolução de mérito, isto é, sentença definitiva que efetivamente apreciou, valorou e proclamou o direito aplicável à questão posta *sub judice*.

Essa é o tipo de sentença que fará coisa julgada material, isto é, depois do trânsito em julgado, estaremos diante de uma da decisão que se tornou imutável e que fará lei entre as partes. Nesse caso não mais se poderá discutir as questões decididas dentro desse processo onde foi proferida ou mesmo em um outro novo processo.

No caso de acolher ou rejeitar o pedido, seja na ação principal ou na reconvenção, significa que o magistrado apreciou tudo quanto constou do processo e chegou a um convencimento de quem teria a razão. Esse acolhimento ou rejeição do pedido pode ser total ou parcial, conforme decida o juiz. Podemos dizer que essa é a verdadeira sentença de mérito, tendo em vista que é a única hipótese do artigo em comento, em que o juiz aprecia tudo quanto dos autos consta e profere decisão acolhendo ou rejeitando o pedido do autor, na ação ou na reconvenção

Vale anotar que a sentença que acolhe o pedido, mesmo que parcialmente, irá se constituir em título executivo judicial e dará ensejo ao cumprimento forçado de sentença caso o perdedor não cumpra espontaneamente com o que foi decidido. Assim também as decisões que reconhecer a prescrição ou a decadência e também aquelas que tenham homologado qualquer tipo de acordo (ver CPC, art. 515).

Importante a previsão contida no parágrafo único, ao preceituar que o juiz só pode pronunciar a prescrição e a decadência depois de ter dado oportunidade às partes de se manifestarem. Excetua-se dessa regra a decisão do juiz de improcedência do pedido liminar (ver CPC, art. 332, § 1º).

> **Art. 488.** Desde que possível, o juiz resolverá o mérito sempre que a decisão for favorável à parte a quem aproveitaria eventual pronunciamento nos termos do art. 485.

## COMENTÁRIOS

O art. 488 traz uma grande novidade ao permitir que o juiz julgue o mérito da questão, se isso for possível, mesmo naqueles casos em que a rigor, a ação seria extinta sem resolução do mérito.

Quer dizer, sempre que possível, o juiz deve adentrar no mérito e resolver a questão sempre que a decisão for favorável à parte a quem aproveita. É salutar a inclusão desse artigo que colabora para que haja uma efetiva prestação jurisdicional, prestigiando mais o conteúdo do que a forma.

É o caso, por exemplo, de o autor ser carecedor da ação (pedido jurídica ou faticamente impossível, parte ilegítima, falta de interesse processual). Se o juiz puder resolver o mérito a favor da parte que seria beneficiada, deverá fazê-lo, ao invés de simplesmente declarar extinto o processo.

A isso a doutrina tem chamado de "princípio da primazia do julgamento de mérito".

## SEÇÃO II
## DOS ELEMENTOS E DOS EFEITOS DA SENTENÇA

**Art. 489.** São elementos essenciais da sentença:

I – o relatório, que conterá os nomes das partes, a identificação do caso, com a suma do pedido e da contestação, e o registro das principais ocorrências havidas no andamento do processo;

II – os fundamentos, em que o juiz analisará as questões de fato e de direito;

III – o dispositivo, em que o juiz resolverá as questões principais que as partes lhe submeterem.

§ 1º Não se considera fundamentada qualquer decisão judicial, seja ela interlocutória, sentença ou acórdão, que:

I – se limitar à indicação, à reprodução ou à paráfrase de ato normativo, sem explicar sua relação com a causa ou a questão decidida;

II – empregar conceitos jurídicos indeterminados, sem explicar o motivo concreto de sua incidência no caso;

III – invocar motivos que se prestariam a justificar qualquer outra decisão;

IV – não enfrentar todos os argumentos deduzidos no processo capazes de, em tese, infirmar a conclusão adotada pelo julgador;

V – se limitar a invocar precedente ou enunciado de súmula, sem identificar seus fundamentos determinantes nem demonstrar que o caso sob julgamento se ajusta àqueles fundamentos;

VI – deixar de seguir enunciado de súmula, jurisprudência ou precedente invocado pela parte, sem demonstrar a existência de distinção no caso em julgamento ou a superação do entendimento.

§ 2º No caso de colisão entre normas, o juiz deve justificar o objeto e os critérios gerais da ponderação efetuada, enunciando as razões que autorizam a interferência na norma afastada e as premissas fáticas que fundamentam a conclusão.

§ 3º A decisão judicial deve ser interpretada a partir da conjugação de todos os seus elementos e em conformidade com o princípio da boa-fé.

## COMENTÁRIOS

O *caput* do art. 489 preceitua que são elementos essenciais da sentença: o relatório, os fundamentos e a parte dispositiva. Vejamos em detalhes cada um desses elementos.

O relatório é a parte inicial da sentença na qual o juiz faz um breve relato de tudo o que ocorreu no processo, tais como a pretensão formulada pelo autor na inicial, o que foi alegado pelo réu em contestação, se houve ou não réplica, as provas produzidas, e resumo do ocorrido em audiência (se houve).

Os fundamentos (motivação) é a parte na qual o juiz apreciará, em primeiro lugar, as preliminares de cunho processual e sobre elas emitirá seu conceito. Nesta mesma fase o juiz procurará adequar o caso concreto à legislação em vigor, apreciando as questões de fato e de direito postas pelas partes, indicando os fatos que ficaram comprovados e quais os meios que lhe levaram a este convencimento.

Depois o juiz chegará a parte dispositiva, que é a parte final da sentença, na qual o magistrado diz se acolhe ou não o pedido do autor, no todo ou em parte, devendo se manifestar sobre todos os pedidos, tanto os do autor quanto os do réu (quando isso for possível).

Ao dizer que esses três elementos são essenciais, o legislador está dizendo que a falta de qualquer desses elementos, torna a sentença nula.

A grande novidade é o que consta do § 1º e seus 6 (seis) incisos, ao preceituar que não se considera fundamentada qualquer decisão judicial, seja ela interlocutória, sentença ou acórdão, que se limitar à indicação, à reprodução ou à paráfrase de ato normativo, sem explicar sua relação com a causa ou a questão decidida; ou que empregar conceitos jurídicos indeterminados, sem explicar o motivo concreto de sua incidência no caso; ou invocar motivos que se prestariam a justificar qualquer outra decisão; que não enfrentar todos os argumentos deduzidos no processo capazes de, em tese, infirmar a conclusão adotada pelo julgador; ou, se limitar a invocar precedente ou enunciado de súmula, sem identificar seus fundamentos determinantes nem demonstrar que o caso sob julgamento se ajusta àqueles fundamentos; ou ainda, deixar de seguir enunciado de súmula, jurisprudência ou precedente invocado pela parte, sem demonstrar a existência de distinção no caso em julgamento ou a superação do entendimento.

É o chamado "dever de fundamentação das decisões judiciais". Não basta ao juiz apenas dizer o direito, é de fundamental importância que ele diga quais os fundamentos fáticos e jurídicos que motivaram seu convencimento. A parte tem o direito de saber.

Assim, não mais se admitirá as fundamentações padronizadas, muitas vezes até sem relação nenhuma com o caso *sub judice*. Não se admitirá também a mera citação de jurisprudência súmula ou julgados sem fazer uma inter-relação entre aquele decisório e o que se está decidindo neste processo. Enfim, vamos nos preparando para grandes embates em face dessa exigência legal de que as decisões, interlocutória, sentença ou acórdão, sejam devidamente fundamentada.

Inova ainda o Novo CPC ao prever a possibilidade de interposição de embargos de declaração para suprir exatamente a deficiência da decisão pouco ou nada fundamentada (ver CPC, art. 1.022, parágrafo único, II).

Prevê ainda o dispositivo em comento que em caso de colisão entre normas, o juiz deve justificar o objeto e os critérios gerais da ponderação efetuada, enunciando as razões que autorizam a interferência na norma afastada e as premissas fáticas que fundamentam a conclusão.

E, finalmente, há a imposição de que qualquer decisão judicial deve ser interpretada a partir da conjugação de todos os seus elementos e em conformidade com o elevado princípio da boa-fé.

**Art. 490.** O juiz resolverá o mérito acolhendo ou rejeitando, no todo ou em parte, os pedidos formulados pelas partes.

### COMENTÁRIOS

O art. 490 estabelece que o juiz resolverá o mérito acolhendo ou rejeitando, no todo ou em parte, os pedidos formulados pelas partes.

Sob risco de críticas ouso afirmar que este dispositivo seria perfeitamente dispensável tendo em vista o contido no art. 487, I, do presente código.

**Art. 491.** Na ação relativa à obrigação de pagar quantia, ainda que formulado pedido genérico, a decisão definirá desde logo a extensão da obrigação, o índice de correção monetária, a taxa de juros, o termo inicial de ambos e a periodicidade da capitalização dos juros, se for o caso, salvo quando:

I – não for possível determinar, de modo definitivo, o montante devido;

II – a apuração do valor devido depender da produção de prova de realização demorada ou excessivamente dispendiosa, assim reconhecida na sentença.

§ 1º Nos casos previstos neste artigo, seguir-se-á a apuração do valor devido por liquidação.

§ 2º O disposto no *caput* também se aplica quando o acórdão alterar a sentença.

### COMENTÁRIOS

O art. 491 é inovador ao proibir, por assim dizer, as sentenças ilíquidas, algo que era muito comum na vigência código anterior.

Dessa forma, na ação relativa à obrigação de pagar quantia, ainda que formulado pedido genérico, a decisão definirá desde logo a extensão da obrigação, o índice de correção monetária, a taxa de juros, o termo inicial de ambos e a periodicidade da capitalização dos juros.

O juiz só não estará obrigado a fazê-lo se não for possível determinar, de modo definitivo, o montante devido ou se a apuração do valor devido depender da produção de prova de realização demorada ou excessivamente dispendiosa, assim reconhecida na sentença.

Na eventualidade de ser necessário proferir sentença ilíquida, proceder-se-á a devida liquidação para se achegar ao valor definitivo.

Vale o registro que o disposto constante deste artigo se aplica também nos casos em que acórdão alterar a sentença.

> **Art. 492.** É vedado ao juiz proferir decisão de natureza diversa da pedida, bem como condenar a parte em quantidade superior ou em objeto diverso do que lhe foi demandado.
>
> **Parágrafo único.** A decisão deve ser certa, ainda que resolva relação jurídica condicional.

## COMENTÁRIOS

A sentença não poderá deixar de apreciar nenhum dos pedidos formulados pelas partes sob pena de ser considerada *citra petita*. Também não poderá dar mais do que foi pedido sob pena de ser considerada *ultra petita*. Da mesma forma não poderá decidir coisa que não conste do pedido do autor sob pena de proferir sentença *extra petita*.

Por isso a nossa lei instrumental estabelece que o juiz resolverá o mérito acolhendo ou rejeitando, no todo ou em parte, os pedidos formulados pelas partes, seja o autor ou o réu quando possível (CPC, art. 490). Quer dizer, o juiz está preso ao pedido que tenha sido formulado pelas partes.

O dispositivo em comento também proíbe que o juiz profira decisão condicional, estabelecendo que qualquer decisão deve ser certa, ainda que resolva relação jurídica condicional.

> **Art. 493.** Se, depois da proposta da ação, algum fato constitutivo, modificativo ou extintivo do direito influir no julgamento do mérito, caberá ao juiz tomá-lo em consideração, de ofício ou a requerimento da parte, no momento de proferir a decisão.
>
> **Parágrafo único.** Se constatar de ofício o fato novo, o juiz ouvirá as partes sobre ele antes de decidir.

## COMENTÁRIOS

O art. 493 preceitua que o juiz deverá levar em consideração algum fato constitutivo, modificativo ou extintivo do direito capaz de influir no julgamento do mérito, mesmo que tenha ocorrido depois da proposta da ação. Nesse caso, caberá ao juiz tomá-lo em consideração, de ofício ou a requerimento da parte, no momento de proferir a decisão final no processo.

Ocorre que o parágrafo único inova ao estabelecer que se o juiz constatar de ofício o fato novo, deverá ouvir as partes sobre ele antes de decidir, em respeito ao princípio do contraditório. Ademais, a inserção desse parágrafo vai na linha da proibição das decisões-surpresas, exigindo do juiz que promova o contraditório e permita as partes manifestarem sobre o conteúdo do fato novo, antes mesmo de proferir a sentença.

**Art. 494.** Publicada a sentença, o juiz só poderá alterá-la:

I – para corrigir-lhe, de ofício ou a requerimento da parte, inexatidões materiais ou erros de cálculo;

II – por meio de embargos de declaração.

### COMENTÁRIOS

Agora o art. 494 traz expressa previsão das formas pelas quais o próprio juiz pode corrigir os vícios das sentenças por ele proferidas.

São duas as formas de corrigir os vícios/erros de sentença, que são: erros de cálculos ou inexatidões materiais e erros de conteúdo, enquanto omissões, obscuridades ou contradições.

Quando a lei fala em erros de cálculos ou inexatidões materiais está se referindo a erros de grafia ou erros de cálculos que não alteram nem modificam a decisão, nas quais o juiz, de ofício ou a requerimento das partes, poderá fazer as retificações necessárias. A correção não suspende os prazos recursais e pode ser realizada a qualquer tempo, mesmo depois do trânsito em julgado.

Quanto aos erros de conteúdo, omissões, obscuridades ou contradições a questão se torna mais complexa, pois referidos erros são de maior significância e, caso sejam corrigidos, podem até modificar o resultado anteriormente proferido e somente poderá ocorrer através dos embargos de declaração, que devem ser proposto pelas partes no prazo de 5 (cinco) dias e, neste caso, suspendem os prazos para interposição de qualquer outro recurso.

É importante destacar que os erros materiais, embora possam ser corrigidos a requerimento da parte por simples petição, o legislador do CPC fez questão de incluir entre as hipóteses de cabimento dos embargos de declaração (ver CPC, art. 1.022, III).

**Art. 495.** A decisão que condenar o réu ao pagamento de prestação consistente em dinheiro e a que determinar a conversão de prestação de fazer, de não fazer ou de dar coisa em prestação pecuniária valerão como título constitutivo de hipoteca judiciária.

§ 1º A decisão produz a hipoteca judiciária:

I – embora a condenação seja genérica;

II – ainda que o credor possa promover o cumprimento provisório da sentença ou esteja pendente arresto sobre bem do devedor;

III – mesmo que impugnada por recurso dotado de efeito suspensivo.

§ 2º A hipoteca judiciária poderá ser realizada mediante apresentação de cópia da sentença perante o cartório de registro imobiliário, independentemente de ordem judicial, de declaração expressa do juiz ou de demonstração de urgência.

§ 3º No prazo de até 15 (quinze) dias da data de realização da hipoteca, a parte informá-la-á ao juízo da causa, que determinará a intimação da outra parte para que tome ciência do ato.

§ 4º A hipoteca judiciária, uma vez constituída, implicará, para o credor hipotecário, o direito de preferência, quanto ao pagamento, em relação a outros credores, observada a prioridade no registro.

§ 5º Sobrevindo a reforma ou a invalidação da decisão que impôs o pagamento de quantia, a parte responderá, independentemente de culpa, pelos danos que a outra parte tiver sofrido em razão da constituição da garantia, devendo o valor da indenização ser liquidado e executado nos próprios autos.

## COMENTÁRIOS

O art. 495 do CPC regula o instituto da "hipoteca judiciária", com redação melhorada em relação ao seu antecessor.

Embora essa figura já existisse na legislação processual civil de 1939 e tenha sido prevista no art. 466 do CPC/73, pouco ou nenhuma utilidade tem representado na prática forense.

A lei permite que se constitua hipoteca judiciária, mesmo que a sentença seja genérica; independente de o credor iniciar o cumprimento provisório da sentença e, mesmo antes do trânsito em julgado de decisão condenatória, ainda que pendente recurso com efeito suspensivo.

Cumpre esclarecer que a hipoteca judiciária é um efeito secundário ou anexo da sentença ou acórdão que condena a parte ao pagamento de uma prestação pecuniária.

O registro da hipoteca independe de ordem judicial, bastando ao interessado a apresentação de cópia da sentença perante o cartório de registro imobiliário.

Realizada a hipoteca, a parte tem o prazo de até 15 (quinze) dias da data de realização da hipoteca, para informar ao juízo da causa, que determinará a intimação da outra parte para que tome ciência do ato.

A importância da constituição da hipoteca judiciária se resume ao direito de preferência, quanto ao pagamento, em relação a outros credores, observada a prioridade no registro. Porém, é bom alertar que essa preferência só vale processualmente, porquanto existem outras preferências estabelecidas na lei material.

O último parágrafo regula a responsabilidade objetiva do promovente da hipoteca judiciária, no caso de reforma ou a invalidação da decisão, que responderá pelos danos que a outra parte tiver sofrido em razão da constituição da garantia, devendo o valor da indenização ser liquidado e executado nos próprios autos.

# SEÇÃO III
## DA REMESSA NECESSÁRIA

**Art. 496.** Está sujeita ao duplo grau de jurisdição, não produzindo efeito senão depois de confirmada pelo tribunal, a sentença:

I – proferida contra a União, os Estados, o Distrito Federal, os Municípios e suas respectivas autarquias e fundações de direito público;

II – que julgar procedentes, no todo ou em parte, os embargos à execução fiscal.

§ 1º Nos casos previstos neste artigo, não interposta a apelação no prazo legal, o juiz ordenará a remessa dos autos ao tribunal, e, se não o fizer, o presidente do respectivo tribunal avocá-los-á.

§ 2º Em qualquer dos casos referidos no § 1º, o tribunal julgará a remessa necessária.

§ 3º Não se aplica o disposto neste artigo quando a condenação ou o proveito econômico obtido na causa for de valor certo e líquido inferior a:

I – 1.000 (mil) salários-mínimos para a União e as respectivas autarquias e fundações de direito público;

II – 500 (quinhentos) salários-mínimos para os Estados, o Distrito Federal, as respectivas autarquias e fundações de direito público e os Municípios que constituam capitais dos Estados;

III – 100 (cem) salários-mínimos para todos os demais Municípios e respectivas autarquias e fundações de direito público.

§ 4º Também não se aplica o disposto neste artigo quando a sentença estiver fundada em:

I – súmula de tribunal superior;

II – acórdão proferido pelo Supremo Tribunal Federal ou pelo Superior Tribunal de Justiça em julgamento de recursos repetitivos;

III – entendimento firmado em incidente de resolução de demandas repetitivas ou de assunção de competência;

IV – entendimento coincidente com orientação vinculante firmada no âmbito administrativo do próprio ente público, consolidada em manifestação, parecer ou súmula administrativa.

## COMENTÁRIOS

Agora o CPC trata dessa figura chamada de "remessa necessária", mantendo esse privilégio para os entes públicos União, os Estados, o Distrito Federal, os Municípios e suas respectivas autarquias e fundações de direito público.

É importante esclarecer que não se deve confundir remessa necessária com recurso. Embora parecido, o que ocorre com a remessa necessária é que a eficácia da decisão do juiz de primeiro grau fica condicionada a que o tribunal a referende. Quer dizer, independente de o procurador (advogado) do ente público ingressar com recurso de apelação contra a sentença, ela só transitará em julgado depois que o tribunal reapreciar a decisão.

A remessa necessária, também chamada de reexame necessária, é um dos temas de grande relevância porque envolve de um dos lados a Fazenda Pública (municipal, estadual ou federal), além de suas respectivas autarquias e fundações.

Quanto ao procedimento diz a lei que o juiz, ao proferir a sentença contra a Fazenda Pública, ordenará a remessa dos autos ao Tribunal, haja ou não apelação.

No § 3º o legislador ampliou o rol de situações em que será dispensada a remessa necessária, estabelecendo uma modulação de valor, conforme seja o órgão público envolvido no processo (União, Estados, Municípios e suas autarquias e fundações).

Além disso, no § 4º o legislador também excepcionou a regra do *caput* estabelecendo que também não cabe remessa necessária se a sentença proferida estiver em conformidade com súmula de tribunal superior; acórdão proferido pelo Supremo Tribunal Federal ou pelo Superior Tribunal de Justiça em julgamento de recursos repetitivos; entendimento firmado em incidente de resolução de demandas repetitivas ou de assunção de competência; e, entendimento coincidente com orientação vinculante firmada no âmbito administrativo do próprio ente público, consolidada em manifestação, parecer ou súmula administrativa.

Melhor teria sido se o legislador, aproveitado a oportunidade de redação de um Novo CPC, tivesse expurgado do nosso ordenamento jurídico essa excrescência.

## SEÇÃO IV
### DO JULGAMENTO DAS AÇÕES RELATIVAS ÀS PRESTAÇÕES DE FAZER, DE NÃO FAZER E DE ENTREGAR COISA

**Art. 497.** Na ação que tenha por objeto a prestação de fazer ou de não fazer, o juiz, se procedente o pedido, concederá a tutela específica ou determinará providências que assegurem a obtenção de tutela pelo resultado prático equivalente.

**Parágrafo único.** Para a concessão da tutela específica destinada a inibir a prática, a reiteração ou a continuação de um ilícito, ou a sua remoção, é irrelevante a demonstração da ocorrência de dano ou da existência de culpa ou dolo.

## COMENTÁRIOS

O art. 497 permite ao juiz conceder, se procedente o pedido, a tutela específica ou ainda determinar as providências que assegurem ao autor a obtenção de tutela pelo resultado prático equivalente, naquelas ações que tenham por objeto a prestação de fazer ou de não fazer.

A inovação consta do parágrafo único que permite a concessão da tutela específica destinada a inibir a prática, a reiteração ou a continuação de um ilícito, ou a sua remoção, sem a necessidade de demonstração da ocorrência de dano ou da existência de culpa ou dolo.

**Art. 498.** Na ação que tenha por objeto a entrega de coisa, o juiz, ao conceder a tutela específica, fixará o prazo para o cumprimento da obrigação.

**Parágrafo único.** Tratando-se de entrega de coisa determinada pelo gênero e pela quantidade, o autor individualizá-la-á na petição inicial, se lhe couber a escolha, ou, se a escolha couber ao réu, este a entregará individualizada, no prazo fixado pelo juiz.

### COMENTÁRIOS

Agora o legislador trata da tutela jurisdicional para várias situações de direito material que versem sobre a entrega de coisa, seja ela coisa certa ou incerta.

A matéria versada neste artigo, embora destinado à entrega de coisa, pode resultar em coisa diversa porque em muitas situações pode acontecer de a coisa não mais existir, de sorte que o juiz já não poderá conceder a tutela específica tal qual tenha sido pedida na inicial.

Registra-se que há posições doutrinárias em contrário, porém nosso entendimento é que o juiz está autorizado a conceder coisa diversa da que foi pedida, desde que tenha um resultado prático equivalente.

**Art. 499.** A obrigação somente será convertida em perdas e danos se o autor o requerer ou se impossível a tutela específica ou a obtenção de tutela pelo resultado prático equivalente.

**Parágrafo único.** Nas hipóteses de responsabilidade contratual previstas nos arts. 441, 618 e 757 da Lei nº 10.406, de 10 de janeiro de 2002 (Código Civil), e de responsabilidade subsidiária e solidária, se requerida a conversão da obrigação em perdas e danos, o juiz concederá, primeiramente, a faculdade para o cumprimento da tutela específica. (Incluído pela Lei nº 14.833, de 2024)

### COMENTÁRIOS

O art. 499 estabelece que a obrigação somente será convertida em perdas e danos se o autor assim requerer ou se impossível a tutela específica ou a obtenção de tutela pelo resultado prático equivalente.

Como afirma o mestre Araken de Assis, mesmo tendo sido deferida a tutela específica pretendida pelo autor, se o cumprimento da medida se tornar impossível ou se o autor não tiver mais interesse no seu cumprimento, o meio processual adequado para a satisfação do direito daquele consubstancia-se na conversão da execução em perdas e danos.[67]

O parágrafo único do artigo 499 do Código de Processo Civil foi incluído pela Lei nº 14.833, de 27 de março de 2024, e tem como objetivo conceder ao réu uma última oportunidade para cumprir com a tutela específica, quando o autor solicitar a conversão da obrigação em perdas e danos.

Com isso fica limitado o direito de credor, pois somente terá convertida a obrigação inadimplida em perdas e danos se o devedor não cumprir com essa nova determinação judicial.

**Art. 500.** A indenização por perdas e danos dar-se-á sem prejuízo da multa fixada periodicamente para compelir o réu ao cumprimento específico da obrigação.

### COMENTÁRIOS

Agora o legislador afirma que a multa não se confunde com a indenização eventualmente arbitrada a favor do autor.

Quer dizer, eventuais multas fixadas com o objetivo de compelir o devedor a cumprir com sua obrigação, não se confunde com a conversão da medida em perdas e danos. Ambas são coisas distintas.

**Art. 501.** Na ação que tenha por objeto a emissão de declaração de vontade, a sentença que julgar procedente o pedido, uma vez transitada em julgado, produzirá todos os efeitos da declaração não emitida.

### COMENTÁRIOS

Sempre que a ação busque uma obrigação de fazer consistente na emissão de uma declaração de vontade, a sentença que julgar procedente o pedido, uma vez transitada em julgado, produzirá todos os efeitos da declaração não emitida.

Parece bastante lógico, mas foi importante o legislador ter consignado que transitado em julgado a sentença que julgou procedente o pedido, nas ações cujo objeto seja uma emissão de declaração de vontade, possas produzir os mesmos efeitos da declaração em questão.

---

67. ASSIS, Araken. *Manual da execução*, 16. ed. São Paulo: Revista dos Tribunais, 2013, p. 647.

# SEÇÃO V
## DA COISA JULGADA

**Art. 502.** Denomina-se coisa julgada material a autoridade que torna imutável e indiscutível a decisão de mérito não mais sujeita a recurso.

## COMENTÁRIOS

Cumpre esclarecer inicialmente que coisa julgada é uma qualidade dos efeitos da sentença (outros efeitos são: a condenação, a declaração e a constituição), qual seja, a imutabilidade da decisão. Quer dizer: contra aquela decisão não cabem mais recursos o que a torna imutável, pois a mesma terá transitado em julgado e não mais poderá ser modificada. São de duas espécies: formal e material.

A coisa julgada formal ocorre quando estiverem esgotados todos os recursos possíveis de serem interpostos contra a sentença, ou por terem sido decididos ou por ter ocorrido a preclusão, tornando a sentença imutável dentro daquele processo. Significa dizer que todas as sentenças, em determinado momento, fazem coisa julgada formal. Sentenças que fazem coisa julgada tipicamente formal são aquelas que extinguem o processo sem julgamento do mérito, ou seja, nas quais se permite seja proposta novamente a mesma ação desde que sanado o vício que impediu seu julgamento de mérito.

Já a coisa julgada material é própria dos julgamentos de mérito, isto é, naqueles processos em que o juiz decide a lide, de tal sorte a impedir que a pretensão seja novamente proposta. Quer dizer, aquilo que foi decidido não pode mais ser discutido em juízo, não só naquele processo como em nenhum outro. Ela é importante tendo em vista a necessidade de que o Estado ofereça segurança jurídica, tanto é verdade que nem mesmo a lei superveniente pode retroagir para modificá-la (ver CF, art. 5º, XXXVI).

É importante rememorar que existe um fenômeno chamado de "relativização da coisa julgada" que significa exceção à regra da imutabilidade aqui tratada e que permite a revisão da coisa julgada. É o caso, para não alongar a discussão, da possibilidade de revisão da coisa julgada através da ação rescisória (ver CPC, art. 966).

**Art. 503.** A decisão que julgar total ou parcialmente o mérito tem força de lei nos limites da questão principal expressamente decidida.

§ 1º O disposto no *caput* aplica-se à resolução de questão prejudicial, decidida expressa e incidentemente no processo, se:

I – dessa resolução depender o julgamento do mérito;

II – a seu respeito tiver havido contraditório prévio e efetivo, não se aplicando no caso de revelia;

III – o juízo tiver competência em razão da matéria e da pessoa para resolvê--la como questão principal.

§ 2º A hipótese do § 1º não se aplica se no processo houver restrições pro-batórias ou limitações à cognição que impeçam o aprofundamento da aná-lise da questão prejudicial.

## COMENTÁRIOS

O art. 503 define os limites objetivos da coisa julgada, dizendo que a decisão que julgar total ou parcialmente o mérito tem força de lei nos limites da questão principal expressamente decidida. Quer dizer, os fatos, os motivos e eventuais fundamentos que orientaram o convencimento do juiz, mesmo que mencionados na sentença, não sofrem os efeitos da coisa julgada, quer dizer, não a integram.

Contudo, algumas questões decididas incidentalmente podem ser atingidas pelo manto da coisa julgada como, por exemplo, à resolução de questão prejudicial, decidida expressa e incidentemente no processo desde que, dessa resolução dependa o julgamento do mérito; a seu respeito tiver havido contraditório prévio e efetivo, não se aplicando no caso de revelia; e, o juízo tiver competência em razão da matéria e da pessoa para resolvê-la como questão principal.

A doutrina utiliza muito a ação de alimentos como um exemplo elucidativo. Imagine-se que uma criança ingresse com ação de alimentos contra um suposto pai. Esse pai, em preliminares de sua contestação, nega ser o pai da criança. Se no curso do processo ficar provado que a criança não é seu filho, isso poderá ser declarado na sentença que vai julgar improcedente a ação de alimentos e haverá coisa julgada com relação ao pedido de alimentos (negado) e a negativa de paternidade (reconhecida incidentalmente).

Ressalva o legislador que não se aplica essa hipótese se no processo houver restri-ções probatórias ou limitações à cognição que impeçam o aprofundamento da análise da questão prejudicial.

**Art. 504.** Não fazem coisa julgada:

I – os motivos, ainda que importantes para determinar o alcance da parte dispositiva da sentença;

II – a verdade dos fatos, estabelecida como fundamento da sentença.

## COMENTÁRIOS

Resumindo a questão, o que diz o art. 504 é que só faz coisa julgada a parte dispo-sitiva da sentença.

Vale lembrar que a sentença é composta de três partes distintas: o relatório, a fun-damentação e a parte dispositiva.

Quer dizer, a verdade dos fatos, por mais relevantes que sejam, não se submetem aos efeitos da coisa julgada. Da mesma forma, os fundamentos fáticos e jurídicos que orientaram a decisão do magistrado, também, por mais importantes que sejam, não fazem coisa julgada.

> **Art. 505.** Nenhum juiz decidirá novamente as questões já decididas relativas à mesma lide, salvo:
>
> I – se, tratando-se de relação jurídica de trato continuado, sobreveio modificação no estado de fato ou de direito, caso em que poderá a parte pedir a revisão do que foi estatuído na sentença;
>
> II – nos demais casos prescritos em lei.

### COMENTÁRIOS

O *caput* do art. 505, ao dizer que nenhum juiz decidirá novamente as questões já decididas relativas à mesma lide e com isso, apenas reafirma a imutabilidade da sentença que já tenha sido atingida pelo manto da coisa julgada.

Contudo, o Código excepciona essa regra em algumas situações nas quais não acorrerá a coisa julgada material, em razão da natureza jurídica discutida.

As sentenças de cunho determinativo, como por exemplo, a guarda de filhos e as sentenças proferidas em ações de alimentos, não fazem coisa julgada material tendo em vista a possibilidade de mudança da situação fática das pessoas envolvidas, o que sempre poderá justificar a revisão da sentença anteriormente proferida. Nesse caso dizemos que a sentença faz coisa julgada formal.

> **Art. 506.** A sentença faz coisa julgada às partes entre as quais é dada, não prejudicando terceiros.

### COMENTÁRIOS

No art. 506 o legislador trata dos limites subjetivos da coisa julgada afirmando que a sentença só obriga as partes entre as quais foi proferida, não prejudicando terceiros.

A coisa julgada só terá efeito entre as pessoas que participaram do processo, entre os quais se instaurou a lide, não alcançando pessoas estranhas a essa relação jurídica.

> **Art. 507.** É vedado à parte discutir no curso do processo as questões já decididas a cujo respeito se operou a preclusão.

### COMENTÁRIOS

O art. 507 estabelece a vedação de discussão sobre questões que já tenham sido decididas no curso do processo, a cujo respeito tenha se operado a chamada preclusão.

Preclusão é a perda da oportunidade de praticar um ato no processo, que a parte poderia praticar no tempo que foi assinalado. Quer dizer, a parte poderia praticar determinado ato, mas se não o fez no tempo e modo autorizado, não mais poderá querer discuti-lo se deixou passar aquela oportunidade. No regular andamento do processo várias decisões vão sendo proferidas. Se as partes não se conformam com determinada decisão, para evitar a preclusão tem que dela recorrer ou utilizar os instrumentos processuais postos à disposição dos litigantes.

Se assim não fez e quedou-se silente, não poderá querer depois vir a discutir novamente a mesma questão, pois terá ocorrido o fenômeno da preclusão.

**Art. 508.** Transitada em julgado a decisão de mérito, considerar-se-ão deduzidas e repelidas todas as alegações e as defesas que a parte poderia opor tanto ao acolhimento quanto à rejeição do pedido.

## COMENTÁRIOS

O art. 508 estabelece que transitada em julgado a decisão de mérito, considerar-se-ão deduzidas e repelidas todas as alegações e as defesas que a parte poderia opor tanto ao acolhimento quanto à rejeição do pedido.

Significa dizer que a coisa julgada convalida tudo o que aconteceu no interior do processo, até mesmo as nulidades, além é claro, do mérito da questão *sub judice*.

## CAPÍTULO XIV
### DA LIQUIDAÇÃO DE SENTENÇA

**Art. 509.** Quando a sentença condenar ao pagamento de quantia ilíquida, proceder-se-á à sua liquidação, a requerimento do credor ou do devedor:

I – por arbitramento, quando determinado pela sentença, convencionado pelas partes ou exigido pela natureza do objeto da liquidação;

II – pelo procedimento comum, quando houver necessidade de alegar e provar fato novo.

§ 1º Quando na sentença houver uma parte líquida e outra ilíquida, ao credor é lícito promover simultaneamente a execução daquela e, em autos apartados, a liquidação desta.

§ 2º Quando a apuração do valor depender apenas de cálculo aritmético, o credor poderá promover, desde logo, o cumprimento da sentença.

§ 3º O Conselho Nacional de Justiça desenvolverá e colocará à disposição dos interessados programa de atualização financeira.

§ 4º Na liquidação é vedado discutir de novo a lide ou modificar a sentença que a julgou.

## COMENTÁRIOS

O art. 509 prevê a existência de duas formas de liquidação de sentença: por arbitramento e pelo procedimento comum. Além disso, prevê a possibilidade de ser iniciada a liquidação por iniciativa do autor ou mesmo do réu, o que é uma grande novidade.

A liquidação, que somente é cabível nos casos de título judicial, se justifica para os casos em que a sentença seja ilíquida, tendo em vista que para promover o cumprimento da sentença (execução), o título deverá ser líquido, certo e exigível.

A liquidação por arbitramento se fará por avaliação a ser realizada por perito nomeado pelo juízo ou árbitro escolhido pelas partes, nos casos em que o valor da indenização deva ser apurado apenas medindo-se a extensão do dano, como por exemplo, a aferição da redução da capacidade laborativa de uma pessoa em razão de acidente, para fixar o valor da pensão mensal vitalícia. A forma de liquidação que o Novo CPC denomina de "procedimento comum" será utilizado quando a definição do valor indenizatório, decorrente de sentença condenatória ilíquida, necessite promover a apuração de fatos novos que não se poderia saber ou quantificar no momento da propositura da ação e perdurou até a prolação da sentença.

O artigo em comento prevê também a "liquidação por simples cálculos", embora não expresse dessa forma, para aqueles casos em que não haja maiores formalidades tendo em vista que a parte apresentará junto com a petição requerendo o cumprimento da sentença (execução), a planilha de cálculos com os valores que entende serem devidos, tudo devidamente atualizado, acrescido de juros, custas, despesas processuais e honorários advocatícios. A novidade é que o Novo CPC impõe uma obrigação ao CNJ de disponibilizar para toda a população uma tabela de atualização financeira para casos que tais, evitando assim discussões infindáveis sobre divergência de índices.

Obviamente que na liquidação vai ser discutido o acerto de valores  e eventuais índices, não mais o acerto da decisão meritória da sentença prolatada, por isso a vedação de novas discussões sobre a lide.

**Art. 510.** Na liquidação por arbitramento, o juiz intimará as partes para a apresentação de pareceres ou documentos elucidativos, no prazo que fixar, e, caso não possa decidir de plano, nomeará perito, observando-se, no que couber, o procedimento da prova pericial.

## COMENTÁRIOS

Essa é a liquidação que poderá ser feita por perito que irá avaliar o valor da condenação. Será cabível nos casos em que a própria sentença assim tenha determinado ou quando as partes convencionarem essa forma de acertamento da sentença, ou ainda, quando a natureza do objeto da liquidação assim o exigir.[68]

Requerida a liquidação por arbitramento, deverá o juiz intimará as partes e fixar um prazo para a apresentação de pareceres ou documentos que possam permite elucidar a questão sem a necessidade de arbitro, decidindo de plano, se for possível.

Não sendo possível decidir com os elementos carreados aos autos, o juiz nomeará um perito e abrirá novo prazo para que as partes possam, no prazo que for fixado, indicar assistente técnico, impugnar os honorários periciais, enfim, promover o que lhe seja conveniente nos moldes do procedimento para a realização da prova pericial.

**Art. 511.** Na liquidação pelo procedimento comum, o juiz determinará a intimação do requerido, na pessoa de seu advogado ou da sociedade de advogados a que estiver vinculado, para, querendo, apresentar contestação no prazo de 15 (quinze) dias, observando-se, a seguir, no que couber, o disposto no Livro I da Parte Especial deste Código.

## COMENTÁRIOS

Às vezes se faz necessário alegar ou provar um fato novo para poder achegar-se ao valor final a ser executado. Fato novo a ser provado é aquele que não se poderia saber ou quantificar no momento da propositura da ação e perdurou até a prolação da sentença.

Nesse caso, é quase como se fosse um novo processo. Nesse procedimento, o credor requer a liquidação, indicando os fatos que deverão ser provados. Recebida a petição o juiz mandará intimar o devedor, na pessoa de seu advogado ou sociedade de advogados constituída nos autos, para, querendo, apresentar contestação no prazo de 15 (quinze) dias, observando-se daí para frente o procedimento comum

**Art. 512.** A liquidação poderá ser realizada na pendência de recurso, processando-se em autos apartados no juízo de origem, cumprindo ao liquidante instruir o pedido com cópias das peças processuais pertinentes.

## COMENTÁRIOS

O art. 512 abre a possibilidade de "liquidação provisória", isto é, que o credor possa dar início à execução mesmo na pendência de recurso.

Nesse caso, a liquidação provisória deverá ser processada em autos apartados no juízo de origem, cumprindo ao liquidante instruir o pedido com cópias das peças processuais pertinentes.

---

68. MELO, Nehemias Domingos de. *Lições de Processo Civil*, 3. ed. Indaiatuba: Foco, 2022, v. 2, p. 5.

## TÍTULO II
## DO CUMPRIMENTO DA SENTENÇA[69]
## CAPÍTULO I
## DISPOSIÇÕES GERAIS

**Art. 513.** O cumprimento da sentença será feito segundo as regras deste Título, observando-se, no que couber e conforme a natureza da obrigação, o disposto no Livro II da Parte Especial deste Código.

§ 1º O cumprimento da sentença que reconhece o dever de pagar quantia, provisório ou definitivo, far-se-á a requerimento do exequente.

§ 2º O devedor será intimado para cumprir a sentença:

I – pelo Diário da Justiça, na pessoa de seu advogado constituído nos autos;

II – por carta com aviso de recebimento, quando representado pela Defensoria Pública ou quando não tiver procurador constituído nos autos, ressalvada a hipótese do inciso IV;

III – por meio eletrônico, quando, no caso do § 1º do art. 246, não tiver procurador constituído nos autos

IV – por edital, quando, citado na forma do art. 256 , tiver sido revel na fase de conhecimento.

§ 3º Na hipótese do § 2º, incisos II e III, considera-se realizada a intimação quando o devedor houver mudado de endereço sem prévia comunicação ao juízo, observado o disposto no parágrafo único do art. 274.

§ 4º Se o requerimento a que alude o § 1º for formulado após 1 (um) ano do trânsito em julgado da sentença, a intimação será feita na pessoa do devedor, por meio de carta com aviso de recebimento encaminhada ao endereço constante dos autos, observado o disposto no parágrafo único do art. 274 e no § 3º deste artigo.

§ 5º O cumprimento da sentença não poderá ser promovido em face do fiador, do coobrigado ou do corresponsável que não tiver participado da fase de conhecimento.

## COMENTÁRIOS

O cumprimento da sentença é gênero e, neste se inserem as atividades direcionadas para a concretização das sentenças que possuem executividade intrínseca como as sentenças mandamentais e executivas e aquelas que possuem executividade intrínseca tais como as sentenças condenatórias.

---

69. Nos comentários aos arts. 513 a 538 contamos com a inestimável colaboração da Profa. Gisele Leite.

A doutrina adota, predominantemente, a classificação tripartida das sentenças (e das ações) de conhecimento segundo a qual há: 1. Sentenças declaratórias que se limitam a afirmar a existência, inexistência ou modo de ser de uma relação jurídica, ou, excepcionalmente de um fato. Seus efeitos consistem na eliminação de incerteza entre as partes; 2. Sentenças constitutivas que não só possuem um conteúdo declaratório como também dão atuação ao direito, a uma transformação jurídica. Tais sentenças independentemente de qualquer atividade de efetivação, constituem uma situação jurídica; 3. Sentenças condenatórias que declaram a existência do direito a uma prestação e determinam a sanção. Também se identificam duas eficácias que a sentença pode conter: a mandamental e a executiva.

E, se antes se indicava claramente a obrigação por quantia certa, o novo diploma legal passou a dar ênfase à natureza da obrigação conforme o livro que disciplina o processo de execução.

No Novo CPC, observamos o chamado processo sincrético[70] onde necessariamente há uma fase cognitiva e uma fase de executiva dentro do mesmo processo. Desta forma, reconhecido o direito da parte, em seguida, procura-se envidar esforços, respeitando os princípios processuais informativos da execução, para dar efetivo cumprimento à decisão, sem a necessidade de propositura de uma nova ação especificamente para executar os comandos emanados da sentença.

O primeiro parágrafo do art. 513 do CPC deixa claro que a atividade executória não se instaura por iniciativa do próprio juiz, mas sim, por requerimento do exequente. Novamente a lei não menciona quais os requisitos desse requerimento, a não ser o fato de se fazer acompanhar de demonstrativo de débito quando necessário para a elucidação do *quantum exequatur*.

É o princípio da disponibilidade ou do desfecho único, a rigor, (conforme ensina Hartmann não precisaria ser tratado como princípio) que vem acentuar o caráter de disponibilidade da execução, uma vez que pode o exequente dela desistir a qualquer momento, independentemente de anuência da outra parte. O segundo parágrafo do art. 513 do CPC veio aplacar antigo *busilis* jurisprudencial, o que configura a primeira importante modificação com a definição da intimação aperfeiçoada no início da fase, que convoca o devedor para adimplir a obrigação, ou seja, para pagar soma em dinheiro, no prazo de 15 (quinze) dias.

A intimação à pessoa do advogado do executado rende merecidas homenagens aos princípios de celeridade processual e o da duração razoável do processo, apenas se justificando a intimação pessoal do executado quando considerado pobre na forma

---

70. Sincretismo significa literalmente a fusão de dois ou mais elementos antagônicos em um único elemento. A expressão "processo sincrético" aparece como sinônimo de celeridade, de clareza e automatização da execução nos procedimentos de natureza mandamental e condenatória. Tanto a fase de cognição quanto a fase de execução se realizam no mesmo processo, permitindo que a execução da sentença seja acompanhada pelo mesmo juiz, conhecedor da causa e que esta, se dê com mais garantia, tendo em vista sua rápida realização.

da lei, representado por defensor público ou quando não tiver procurador constituído nos autos.

Pode ainda ser intimado por edital tendo sido revel na fase cognitiva do processo. E, ainda, por meio eletrônico, e não tiver procurador constituído nos autos (ver CPC, arts. 246 e 256).

Interessante modificação que aduz que se considera intimado o devedor caso tenha mudado de endereço sem prévia comunicação ao juízo, observado o disposto no parágrafo único do art. 274 do CPC.

O requerimento do exequente para o cumprimento da sentença se for formulado após 1 (um) ano do trânsito em julgado da sentença, a intimação será feita na pessoa do devedor, por meio de carta com aviso de recebimento (AR) encaminhada ao endereço constante dos autos.

Já o quinto parágrafo fez incorporar em seu âmago a orientação prevista no enunciado de Súmula 268 do STJ, textual em estabelecer que o "o fiador que não integrou a relação processual na ação de despejo não responde pela execução do julgado".

Salienta Misael Montenegro Filho que tanto a nova norma como a orientação jurisprudencial se aplicam à fase de cumprimento de ação de despejo por falta de pagamento de alugueres e dos acessórios da locação, na qual é frequente a pretensão do credor de incluir o fiador no polo passivo, embora este não tenha participado da fase cognitiva, não tendo sido incluído como parte na exordial da demanda.[71]

**Art. 514.** Quando o juiz decidir relação jurídica sujeita a condição ou termo, o cumprimento da sentença dependerá de demonstração de que se realizou a condição ou de que ocorreu o termo.

### COMENTÁRIOS

Observa-se que sendo a obrigação consubstanciada na sentença inexigível até que se realize a condição ou que ocorra o termo, não poderá o credor executá-la. Não há ainda a pretensão à execução. Quer dizer, aquele prazo de 15 (quinze) dias para pagamento de quantia oriunda de obrigação assentada em sentença condenatória não flui, porque inexigível a obrigação.

Assim, a execução instaurada antes da realização da condição ou do advento do termo é nula conforme se depreende da lei processual (ver CPC, arts. 514 e 803, I).

Para efeitos didáticos cumpre esclarecer que as condições suspensivas são aquelas que, enquanto não se verificarem, impedem que a obrigação gere seus efeitos. Típico exemplo é a venda a contento, principalmente de vinhos, cujo aperfeiçoamento somente ocorre com a aprovação *ad gustum* do comprador. Ocorrida a aprovação, a venda estará

---

71. *Novo Código de Processo Civil.* Modificações substanciais, p. 127.

consumada e passa a existir a obrigação de pagar pela compra efetuada. Verifica-se então que a obrigação resta pendente, e ocorrendo a condição, tem-se finalmente o implemento. Caso a condição não seja realizada, há frustração.

Já as condições resolutivas são as que, enquanto não se verificarem, não acarretam qualquer consequência para o negócio jurídico, vigorando o mesmo, cabendo inclusive o exercício de direitos dele decorrentes. No entanto, sobrevindo a condição resolutiva, extinguem-se todos os efeitos (resolve-se a obrigação) e os direitos que a ela se opõem (CC, art. 128).

O termo legal é fixado pela norma jurídica. Por exemplo, o termo inicial para a atuação de um inventariante e assunção de suas obrigações ocorre quando assume o compromisso. Já o termo convencional é fixado pelas partes, é previsto comumente quando se fixa o termo inicial e final de um contrato como, por exemplo, de locação ou de comodato.

**Art. 515.** São títulos executivos judiciais, cujo cumprimento dar-se-á de acordo com os artigos previstos neste Título:

I – as decisões proferidas no processo civil que reconheçam a exigibilidade de obrigação de pagar quantia, de fazer, de não fazer ou de entregar coisa;

II – a decisão homologatória de autocomposição judicial;

III – a decisão homologatória de autocomposição extrajudicial de qualquer natureza;

IV – o formal e a certidão de partilha, exclusivamente em relação ao inventariante, aos herdeiros e aos sucessores a título singular ou universal;

V – o crédito de auxiliar da justiça, quando as custas, emolumentos ou honorários tiverem sido aprovados por decisão judicial;

VI – a sentença penal condenatória transitada em julgado;

VII – a sentença arbitral;

VIII – a sentença estrangeira homologada pelo Superior Tribunal de Justiça;

IX – a decisão interlocutória estrangeira, após a concessão do exequatur à carta rogatória pelo Superior Tribunal de Justiça;

X – (Vetado).

§ 1º Nos casos dos incisos VI a IX, o devedor será citado no juízo cível para o cumprimento da sentença ou para a liquidação no prazo de 15 (quinze) dias.

§ 2º A autocomposição judicial pode envolver sujeito estranho ao processo e versar sobre relação jurídica que não tenha sido deduzida em juízo.

## COMENTÁRIOS

No rol de títulos executivos judiciais passíveis de cumprimento, logo no primeiro inciso, ao invés de sentença proferida no processo civil consta agora decisões proferidas desde que tenham exigibilidade de obrigação de pagar quantia, de fazer, de não fazer ou de entregar coisa. É significativo avanço, pois deu azo também ao cumprimento de decisões interlocutórias de mérito. Tanto no inciso I e II o vocábulo "sentença" fora substituído por "decisão". O inciso I aplacou antiga polêmica a respeito da executabilidade da sentença meramente declaratória, que foi simplesmente reafirmada desde que se reconheça claramente exigibilidade de uma obrigação.

Percebe-se o aprimoramento redacional sendo tecnicamente mais escorreito ao prever que "decisão homologatória de autocomposição judicial", até porque não é apenas a decisão homologatória da transação que corresponde ao título executivo, mas igualmente, a decisão que homologa o reconhecimento jurídico.

Observa-se que a autocomposição poderá ser mais ampla que o processo, tanto em referência ao objeto como aos seus sujeitos. E, tal extrapolação objetiva já anteriormente prevista, é reprisada.

Já o inciso III ganhou uma redação aprimorada, pois se refere à decisão homologatória de acordo extrajudicial de qualquer natureza (sendo que além da conciliação também se pode incluir a mediação).

Entre os títulos executivos consta ainda o formal e a certidão de partilha que representa o ato estatal de adjudicação do quinhão sucessório. Mas sua eficácia executiva existe apenas em relação ao inventariante, aos herdeiros e legatários. Significando que aquele a quem tenha sido adjudicado o quinhão sucessório só poderá demandar a execução forçada em face dessas pessoas. Portanto, estando o bem que integra o quinhão com pessoa diversa das enumeradas, não haverá outro meio senão o ajuizamento da demanda cognitiva. Acrescentou-se o inciso V que se refere ao crédito do auxiliar da justiça, quanto às custas judiciais, emolumentos e honorários que tiverem sido aprovados em decisão judicial. Outro importante acréscimo é referente ao inciso IX que se refere à decisão interlocutória estrangeira após a concessão do *exequatur* à carta rogatória pelo STJ.

O primeiro parágrafo informa que no caso da sentença penal condenatória transitada em julgado, da sentença arbitral, da sentença estrangeira homologada, da decisão interlocutória estrangeira após *exequatur* à carta rogatória pelo STJ o devedor (melhor dizendo: o executado) será citado no juízo cível para o cumprimento da sentença ou para liquidação no prazo de 15 (quinze) dias. Observe que infelizmente, tal qual ocorreu no parágrafo único do art. 475-N, também incorreu no erro de indicar um sujeito de direito material quando se dirige ao sujeito processual.

A Lei de Arbitragem (Lei 9.307/96) conferiu eficácia executiva sem a, necessidade de homologação pelo Poder Judiciário, à sentença arbitral entendida como provimento final do árbitro que resolve conflito de interesses (sobre direitos patrimoniais disponíveis) entre particulares que optaram pela resolução extrajudicial do conflito em que se viram envolvidos.

A sentença penal condenatória transitada em julgado tem eficácia executiva civil por conta do CPC, em razão do art. 91, I do Código Penal que considera o efeito da condenação penal tornar certa a obrigação de indenizar o dano causado pelo crime. É o efeito secundário da referida sentença conforme leciona Fernando da Costa Tourinho Filho. Tal efeito da sentença penal que se produz por força de lei, ainda que tal declaração não consista expressamente da sentença, mas sendo certo que tal declaração não integra o objeto do processo penal condenatório.

Faz-se necessária a liquidação de sentença para apurar o *quantum debeatur*, toda vez que a decisão não fixar o *quantum* indenizatório devido. O legitimado passivo nesse caso é apenas o condenado.

O segundo parágrafo do art. 515 do Novo CPC consubstancia a firme tendência em acolher a autocomposição mesmo quando envolver sujeito estranho ao processo (seja terceiro interessado ou não interessado) e versar sobre relação jurídica que não tenha sido julgada.

A verdadeira função do título executivo está vinculada ao interesse de agir muito relacionado ao binômio interesse-necessidade, a necessidade da tutela jurisdicional pretendida e a adequação do provimento pleiteado e do procedimento escolhido para obtê-lo.

É bom recordar que as regras referentes a execução fundada em título executivo extrajudicial aplicam-se subsidiariamente ao instituto do cumprimento de sentença.

**Art. 516.** O cumprimento da sentença efetuar-se-á perante:

I – os tribunais, nas causas de sua competência originária;

II – o juízo que decidiu a causa no primeiro grau de jurisdição;

III – o juízo cível competente, quando se tratar de sentença penal condenatória, de sentença arbitral, de sentença estrangeira ou de acórdão proferido pelo Tribunal Marítimo.

**Parágrafo único.** Nas hipóteses dos incisos II e III, o exequente poderá optar pelo juízo do atual domicílio do executado, pelo juízo do local onde se encontrem os bens sujeitos à execução ou pelo juízo do local onde deva ser executada a obrigação de fazer ou de não fazer, casos em que a remessa dos autos do processo será solicitada ao juízo de origem.

### COMENTÁRIOS

O cumprimento da sentença por execução forçada ocorrerá perante os órgãos jurisdicionais elencados pelo artigo em comento. Lembremos que a competência para execução forçada é fixada em razão de critério funcional, sendo em regra, absoluta e improrrogável.

A competência *in casu* se vincula ao órgão judicial que o juiz representa. Desta forma, são irrelevantes eventuais alterações ou substituições da pessoa do titular do juízo.

CÓDIGO DE PROCESSO CIVIL COMENTADO • LEI 13.105, DE 16 DE MARÇO DE 2015    ART. 517

Podendo o exequente optar, contudo, pelo foro dos bens sujeitos à expropriação ou pelo foro do domicílio do executado, ou ainda pelo local onde deva ser executada a obrigação de fazer ou de não fazer, casos em que a remessa dos autos do processo será solicitada ao juízo de origem, quando a competência passa a ser relativa. E, diante dessa hipótese o executado poderá insurgir-se contra a competência.

Pode o executado insurgir-se querendo, contra a competência através de exceção de incompetência do juízo que deve ser suscitada como preliminar da impugnação, ou a qualquer tempo, por meio de requerimento nos autos.

A regra geral é que o juízo prolator da sentença ou decisão exequenda seja o competente para processar o cumprimento da sentença. Há, enfim três juízos concorrentes e competentes para o processamento do cumprimento da sentença: o juízo prolator da sentença ou decisão; o lugar onde se situam os bens expropriáveis do executado e o domicílio atual do executado.

**Art. 517.** A decisão judicial transitada em julgado poderá ser levada a protesto, nos termos da lei, depois de transcorrido o prazo para pagamento voluntário previsto no art. 523.

§ 1º Para efetivar o protesto, incumbe ao exequente apresentar certidão de teor da decisão.

§ 2º A certidão de teor da decisão deverá ser fornecida no prazo de 3 (três) dias e indicará o nome e a qualificação do exequente e do executado, o número do processo, o valor da dívida e a data de decurso do prazo para pagamento voluntário.

§ 3º O executado que tiver proposto ação rescisória para impugnar a decisão exequenda pode requerer, a suas expensas e sob sua responsabilidade, a anotação da propositura da ação à margem do título protestado.

§ 4º A requerimento do executado, o protesto será cancelado por determinação do juiz, mediante ofício a ser expedido ao cartório, no prazo de 3 (três) dias, contado da data de protocolo do requerimento, desde que comprovada a satisfação integral da obrigação.

### COMENTÁRIOS

A publicidade produzida pelo protesto da sentença transitada em julgado implica indubitavelmente num abalo no acesso ao crédito e se constitui como meio de execução indireta.

A opção legislativa privilegia francamente a boa-fé objetiva e a lealdade processual o que opera importante e decisivo avanço de dar maior efetividade ao cumprimento das decisões judiciais, sem descorar e acautelar, no entanto, os direitos e interesses do executado.

343

Importante citar o prazo para o fornecimento da certidão de teor de sentença (de três dias) e ainda indicar os elementos que devem constar obrigatoriamente para plena identificação da dívida, do executado e do processo. Resguarda-se o devedor (executado) que pode cancelar o referido protesto diante de comprovação cabal de pagamento integral da obrigação executada.

**Art. 518.** Todas as questões relativas à validade do procedimento de cumprimento da sentença e dos atos executivos subsequentes poderão ser arguidas pelo executado nos próprios autos e nestes serão decididas pelo juiz.

### COMENTÁRIOS

O teor do art. 518 vem satisfatoriamente reafirmar o compromisso do legislador com a celeridade processual sem descurar da segurança jurídica. E, portanto, todas as impugnações relativas à validade do procedimento de cumprimento e dos atos executivos adotados poderão ser arguidas pelo executado nos próprios autos e neste processo deverão ser decididas pelo juiz.

A simplificação processual e o sincretismo são plenamente compatíveis e hábeis para cumprir o devido processo legal substancial, bem como atender de forma satisfatória ao princípio do contraditório participativo.

Geralmente, a impugnação não possui efeito suspensivo, contudo, o juiz poderá atribuir-lhe tal efeito, desde que relevantes os fundamentos e quando o prosseguimento da execução puder causar dano grave ou de difícil reparação ao executado.

As matérias de defesa do executado que podem ser suscitadas na impugnação são: a) a falta ou nulidade da citação, se o processo correu à revelia; b) a inexigibilidade do título; c) penhora incorreta ou avaliação errônea; d) ilegitimidade das partes; e) excesso de execução; f) qualquer causa impeditiva, modificativa ou extintiva da obrigação, como pagamento, novação, compensação, transação ou prescrição, desde que superveniente à sentença.

**Art. 519.** Aplicam-se as disposições relativas ao cumprimento da sentença, provisório ou definitivo, e à liquidação, no que couber, às decisões que concederem tutela provisória.

### COMENTÁRIOS

A execução provisória pode ser entendida como a possibilidade de a sentença ou o acórdão serem executados, isto é, cumpridos antes de seu trânsito em julgado. Dito de outro modo: a execução provisória é a autorização para que uma decisão judicial surta seus efeitos concretos mesmo enquanto existirem recursos pendentes de exame perante as instâncias superiores.

É, portanto, a partir desta necessária releitura constitucional do processo civil que certos aspectos podem e devem ser analisados. O da execução provisória – como, de resto, diversos outros.

No embate entre segurança e efetividade, a execução provisória tende, consciente e expressamente para o segundo. E tal opção, deve refletir-se em cada entendimento acerca do instituto. Entre aguardar que a decisão jurisdicional se torne imutável para produzir seus regulares e desejados efeitos e admitir que estes efeitos sejam experimentados mesmo enquanto há impugnações recursais pendentes de exame, a execução provisória representa a melhor opção.

Tais atos prosseguirão até seus ulteriores termos, no caso de confirmação do título executivo que enseja a execução ou, inversamente, à parte que os sofreu será reconhecido um outro título executivo para perseguir perdas e danos. Nisto, acreditamos, não há nenhuma "provisoriedade" nos atos executivos, mas sim, bem diferentemente, uma "imediatidade" ou antecipação dos efeitos executivos da decisão jurisdicional.

Se há algo de provisório em tal execução, tal característica só pode ser do título que a fundamenta. Este sim, rigorosamente, é que depende de uma ulterior "confirmação" mercê do sistema recursal.

A antecipação dos efeitos da tutela na hipótese prevista nos arts. 303 e 304 do CPC) consiste numa das modalidades de tutela de urgência previstas no direito brasileiro.

Por essa razão, é que se considera a antecipação de tutela como satisfativa no sentido de conceder ao demandante a providência definitiva acerca do direito pleiteado, mas no sentido de permitir a fruição total ou parcial dos efeitos derivados da tutela pleiteada.

## CAPÍTULO II

### DO CUMPRIMENTO PROVISÓRIO DA SENTENÇA QUE RECONHECE A EXIGIBILIDADE DE OBRIGAÇÃO DE PAGAR QUANTIA CERTA

**Art. 520.** O cumprimento provisório da sentença impugnada por recurso desprovido de efeito suspensivo será realizado da mesma forma que o cumprimento definitivo, sujeitando-se ao seguinte regime:

I – corre por iniciativa e responsabilidade do exequente, que se obriga, se a sentença for reformada, a reparar os danos que o executado haja sofrido;

II – fica sem efeito, sobrevindo decisão que modifique ou anule a sentença objeto da execução, restituindo-se as partes ao estado anterior e liquidando-se eventuais prejuízos nos mesmos autos;

III – se a sentença objeto de cumprimento provisório for modificada ou anulada apenas em parte, somente nesta ficará sem efeito a execução;

IV – o levantamento de depósito em dinheiro e a prática de atos que importem transferência de posse ou alienação de propriedade ou de outro direito real, ou dos quais possa resultar grave dano ao executado, dependem de caução suficiente e idônea, arbitrada de plano pelo juiz e prestada nos próprios autos.

§ 1º No cumprimento provisório da sentença, o executado poderá apresentar impugnação, se quiser, nos termos do art. 525.

§ 2º A multa e os honorários a que se refere o § 1º do art. 523 são devidos no cumprimento provisório de sentença condenatória ao pagamento de quantia certa.

§ 3º Se o executado comparecer tempestivamente e depositar o valor, com a finalidade de isentar-se da multa, o ato não será havido como incompatível com o recurso por ele interposto.

§ 4º A restituição ao estado anterior a que se refere o inciso II não implica o desfazimento da transferência de posse ou da alienação de propriedade ou de outro direito real eventualmente já realizada, ressalvado, sempre, o direito à reparação dos prejuízos causados ao executado.

§ 5º Ao cumprimento provisório de sentença que reconheça obrigação de fazer, de não fazer ou de dar coisa aplica-se, no que couber, o disposto neste Capítulo.

## COMENTÁRIOS

A norma em comento permite atos de satisfação do interesse do exequente, prevê a necessidade de prestação de caução que seja suficiente e idônea pelo exequente que pratica não apenas os atos mencionados, como também aqueles dos quais possa resultar grave dano ao executado. Ressalte-se que a prestação da caução somente deve ser exigida antes da prática do ato que possa acarretar modificação patrimonial do executado e não simplesmente em razão do início da execução da decisão provisória.

O art. 520, *caput* preservou a aplicação do princípio da inércia da jurisdição para o cumprimento da sentença de obrigação de pagar quantia certa. Portanto, a atividade executiva só tem início mediante provocação do exequente.

Uma vez interposta a apelação contra a sentença, e não sendo atribuído o efeito suspensivo, poderá o credor requerer a execução provisória da sentença, conforme os termos do artigo em comento.

Tecnicamente é incorreto denominar "execução provisória". Em verdade, provisória é mesmo a decisão em que se baseia a execução. Já os atos executivos realizam-se de forma definitiva O correto seria denominar execução integral de sentença provisória.

O exequente (credor) tem responsabilidade pela reparação dos danos causados ao executado (devedor) no caso de a sentença provisoriamente executada vier a ser reformada. Não se condiciona o início da execução provisória à prestação de caução. Esta é exigível para o levantamento de depósito em dinheiro ou para realização de atos que sejam capazes de causar ao executado grave dano.

A modificação da decisão exequenda acarreta a restituição das partes ao *status quo ante*, sobrevindo acórdão que modifique ou anule a sentença objeto da execução (seja no todo ou em parte). Também é possível a reforma da sentença ou do acórdão proferido pelo Tribunal local por decisão monocrática, proferida pelo relator da apelação ou do recurso especial ou extraordinário.

Se houve execução para entrega de coisa, ao devedor assistirá o direito de ter de volta o bem nas condições em que o entregou (retorno ao *status quo*) e de haver indenização pela privação do seu uso ou do uso dele pelo credor.

O ideal é que o juiz, desde que possível, venha a fixar os valores indenizatórios com base em critérios e dados indicados na decisão que fixou a quantia devida ao executado. Uma vez definido o valor indenizatório, nos mesmos autos, mas com inversão dos polos processuais.

> **Art. 521.** A caução prevista no inciso IV do art. 520 poderá ser dispensada nos casos em que:
>
> I – o crédito for de natureza alimentar, independentemente de sua origem;
>
> II – o credor demonstrar situação de necessidade;
>
> III – pender o agravo do art. 1.042; (Redação dada pela Lei 13.256, de 2016)
>
> IV – a sentença a ser provisoriamente cumprida estiver em consonância com súmula da jurisprudência do Supremo Tribunal Federal ou do Superior Tribunal de Justiça ou em conformidade com acórdão proferido no julgamento de casos repetitivos.
>
> **Parágrafo único.** A exigência de caução será mantida quando da dispensa possa resultar manifesto risco de grave dano de difícil ou incerta reparação.

### COMENTÁRIOS

A delimitação e suficiência além da idoneidade da caução conforme expressa a lei processual correspondem aos conceitos abertos, ficando a cargo do juiz, competente diante da análise do caso concreto verificar.

Já sabemos que a caução é instituída com o fito dar garantia às partes na execução. O primeiro caso de dispensa é referente aos créditos alimentares, inclusive os derivados de ato ilícito, quando também deve ser demonstrada cabalmente a necessidade do credor. Anteriormente cogitava-se num limite e até sessenta salários-mínimos. Mas, o novo CPC aboliu tal limite.

Evidentemente por se tratar de obrigação alimentar, o credor poderá estar passando por enorme necessidade, até pela questão fisiológica. Não se pode ficar indiferente à realidade social brasileira, onde grande parte da população está à beira da miséria absoluta e, por certo, não possui condições para prestar a caução idônea para efetivar expropriação em sede de execução provisória.

Naturalmente a atuação do Judiciário deve pautar-se pelo princípio de proporcionalidade e aquilatar a plausabilidade do direito arguido, e dispensar a caução quando for necessário. Daí, a previsão da situação de necessidade conforme o inciso II.

O outro caso é quando pendendo o agravo de instrumento para liberar recurso especial ou recurso extraordinário, poder-se-á também efetivar meios expropriativos sem necessidade de prestar caução. Afinal o legislador percebendo a grande dificuldade de tal recurso obter provimento, no ordenamento jurídico contemporâneo, valorizou o princípio da efetividade processual e abriu a possibilidade *ope legis* de haver a expropriação sem a prestação de caução. Mas, manteve a possibilidade de se exigir a caução, no caso concreto, quando houver manifesto risco de grave dano, de difícil ou incerta reparação. O inciso IV consagra a notória homenagem à jurisprudência pátria, dando maior acolhimento e grau de certeza para a sentença provisória que estiver em consonância com verbete sumulado do STF ou STJ ou em conformidade com acórdão proferido no julgamento de casos repetitivos.

> **Art. 522.** O cumprimento provisório da sentença será requerido por petição dirigida ao juízo competente.
>
> **Parágrafo único.** Não sendo eletrônicos os autos, a petição será acompanhada de cópias das seguintes peças do processo, cuja autenticidade poderá ser certificada pelo próprio advogado, sob sua responsabilidade pessoal:
>
> I – decisão exequenda;
>
> II – certidão de interposição do recurso não dotado de efeito suspensivo;
>
> III – procurações outorgadas pelas partes;
>
> IV – decisão de habilitação, se for o caso;
>
> V – facultativamente, outras peças processuais consideradas necessárias para demonstrar a existência do crédito.

## COMENTÁRIOS

Para requerer o cumprimento da decisão no caso de execução provisória, o exequente (credor) deverá instruir sua petição com os documentos mencionados no artigo em comento, que são: a decisão exequenda; a certidão de interposição de recurso não dotado de efeito suspensivo; procurações outorgadas pelas partes; decisão de habilitação, se for o caso; e ainda facultativamente, outras peças processuais consideradas como necessárias e aptas a demonstrar a existência do crédito.

Os requisitos da petição para requerer o cumprimento da execução da sentença são os constantes no art. 319 do Novo CPC, confirmando-se a aplicação do princípio do dispositivo, não podendo o órgão jurisdicional realizar a execução fora dos limites traçados pelo exequente.

CÓDIGO DE PROCESSO CIVIL COMENTADO • LEI 13.105, DE 16 DE MARÇO DE 2015 **ART. 523**

Sempre reinou a maior confusão entre os conceitos de execução provisória que deve ser entendida como execução fundada em decisão a ser confirmada pelo tribunal, referindo-se a execução incompleta.

Observa-se que provisório é o título e pode existir execução completa e incompleta fundadas em título provisório. Consigna-se o título provisório enquanto não haja a cognição definitiva. É correto cogitar em execução completa ou incompleta fundada em título provisório ou de execução completa ou incompleta fundada em cognição exauriente, mas ainda não definitiva.

Trata-se de grande equívoco imaginar que a execução não possa atingir seu fim apenas porque é fundada em decisão provisória. A provisoriedade da sentença relaciona-se à sua imutabilidade e, não, à sua eficácia.

E, se conclui que o título executivo não é decorrência da cognição definitiva ou da declaração de existência dos direitos, mas apenas do desejo de se permitir que o direito tenha realização prática e concreta, pouco importando a cognição que lhe é inerente.

## CAPÍTULO III
### DO CUMPRIMENTO DEFINITIVO DA SENTENÇA QUE RECONHECE A EXIGIBILIDADE DE OBRIGAÇÃO DE PAGAR QUANTIA CERTA

**Art. 523.** No caso de condenação em quantia certa, ou já fixada em liquidação, e no caso de decisão sobre parcela incontroversa, o cumprimento definitivo da sentença far-se-á a requerimento do exequente, sendo o executado intimado para pagar o débito, no prazo de 15 (quinze) dias, acrescido de custas, se houver.

§ 1º Não ocorrendo pagamento voluntário no prazo do *caput*, o débito será acrescido de multa de dez por cento e, também, de honorários de advogado de dez por cento.

§ 2º Efetuado o pagamento parcial no prazo previsto no *caput*, a multa e os honorários previstos no § 1º incidirão sobre o restante.

§ 3º Não efetuado tempestivamente o pagamento voluntário, será expedido, desde logo, mandado de penhora e avaliação, seguindo-se os atos de expropriação.

## COMENTÁRIOS

Sendo líquida, certa e exigível a obrigação de pagar quantia expressa na condenação, seja pela inexistência de recurso recebido com efeito suspensivo ou em face do trânsito em julgado, caberá ao condenado realizar o pagamento do débito.

Poderá realizá-lo diretamente ao credor (exequente) ou mediante depósito em conta vinculada ao juízo em que tramita o processo. Tendo o prazo de 15 (quinze) dias para efetuar o pagamento. Caso a sentença vier a fixar outro prazo para que o demandado

349

efetue o pagamento voluntário, esse deve ser observado. Mas, se não houver menção de qualquer prazo estabelecido, incide automaticamente o prazo legal.

Verificando-se a inadimplência do condenado no prazo que dispõe para efetuar o pagamento voluntário, a multa incidente de 10% (dez por cento) é aplicada pelo juiz (é dever) e não pode modificar o seu montante. Desta forma, não efetuado o pagamento da condenação, a multa incide automaticamente, independentemente de qualquer disposição judicial nesse sentido, como efeito colateral da sentença condenatória.

Caso o pagamento voluntário se dê em face de execução de decisão definitiva, *ipso facto*, libera-se a quantia depositada para o exequente, e extingue-se por sentença o processo.

Havendo pagamento parcial do executado, a multa de 10% (dez por cento) será incidente sobre o restante do valor. E, a quantia depositada poderá ser desde logo levantada pelo exequente.

Vencidos os 15 (quinze) dias úteis para o pagamento voluntário do executado, poderá o exequente requerer o prosseguimento do processo a fim de que se cumpra a sentença por execução forçada. Cumpre sublinhar que a execução não se inicia *ex officio*, seja por conta do princípio da inércia da jurisdição, seja pela disponibilidade jurídica sobre sua pretensão executória.

O principal *busilis* sobre a penhora on-line é o fato de que o exequente não sabe se o executado tem dinheiro depositado, e, nem muito menos, o local onde esse depósito fora realizado. Assim, para viabilizar o acesso a tais informações preciosas, o Superior Tribunal de Justiça, o Tribunal Superior do Trabalho e o Conselho de Justiça Federal firmaram convênio com o Banco Central do Brasil, por meio do qual os juízes com senhas cadastradas têm acesso, através de *internet*, a um sistema de consultas denominado *Bacenjud*.

Assim poderá obter as informações sobre depósitos bancários do executado realizados em qualquer instituição financeira e localidade do País. E, com isso, o juiz também tem o poder de determinar o bloqueio do valor do crédito executado.

> **Art. 524.** O requerimento previsto no art. 523 será instruído com demonstrativo discriminado e atualizado do crédito, devendo a petição conter:
>
> I – o nome completo, o número de inscrição no Cadastro de Pessoas Físicas ou no Cadastro Nacional da Pessoa Jurídica do exequente e do executado, observado o disposto no art. 319, §§ 1º a 3º;
>
> II – o índice de correção monetária adotado;
>
> III – os juros aplicados e as respectivas taxas;
>
> IV – o termo inicial e o termo final dos juros e da correção monetária utilizados;
>
> V – a periodicidade da capitalização dos juros, se for o caso;
>
> VI – especificação dos eventuais descontos obrigatórios realizados;

VII – indicação dos bens passíveis de penhora, sempre que possível.

§ 1º Quando o valor apontado no demonstrativo aparentemente exceder os limites da condenação, a execução será iniciada pelo valor pretendido, mas a penhora terá por base a importância que o juiz entender adequada.

§ 2º Para a verificação dos cálculos, o juiz poderá valer-se de contabilista do juízo, que terá o prazo máximo de 30 (trinta) dias para efetuá-la, exceto se outro lhe for determinado.

§ 3º Quando a elaboração do demonstrativo depender de dados em poder de terceiros ou do executado, o juiz poderá requisitá-los, sob cominação do crime de desobediência.

§ 4º Quando a complementação do demonstrativo depender de dados adicionais em poder do executado, o juiz poderá, a requerimento do exequente, requisitá-los, fixando prazo de até 30 (trinta) dias para o cumprimento da diligência.

§ 5º Se os dados adicionais a que se refere o § 4º não forem apresentados pelo executado, sem justificativa, no prazo designado, reputar-se-ão corretos os cálculos apresentados pelo exequente apenas com base nos dados de que dispõe.

## COMENTÁRIOS

O artigo em comento traz em detalhes o que deve instruir a petição que irá requerer o cumprimento de sentença. A planilha com o demonstrativo de crédito deverá conter, inclusive amalgamando o que a praxe forense já consagrou, o CPF ou CNPJ (detalhes já exigidos pela Lei do Processo Eletrônico), devendo igualmente indicar o índice de correção monetária adotado; os juros aplicados e suas respectivas taxas, apontar o termo inicial e termo final dos juros e correção monetária; a periodicidade da capitalização dos juros, se for o caso, a especificação dos eventuais descontos obrigatórios realizados e a indicação de bens passíveis de penhora sempre que possível (obedecendo a ordem de preferência de bens para penhora).

Caso o valor apontado na memória de cálculo aparentemente exceder os limites da condenação, a execução será iniciada pelo valor pretendido, mas a penhora terá por base a importância que o juiz entender adequada. Se necessário para a verificação dos cálculos, o juiz poderá valer-se de contabilista do juízo, que terá o prazo máximo de 30 (trinta) dias, para efetuá-la, salvo se outro prazo lhe for determinado.

Caso seja preciso para a elaboração do demonstrativo depender de dados em poder de terceiros ou do executado, o juiz poderá requisitá-los, sob pena de configurar o crime de desobediência.

Também poderá o juiz a requerimento do exequente requisitar dados adicionais em poder do executado para a complementação do demonstrativo, fixando o prazo de 30 (tinta) dias para o cumprimento da diligência.

Se não apresentados pelo executado, sem justificativa, no prazo afixado, reputar-se-ão corretos (presunção relativa) os cálculos apresentados pelo exequente apenas com base nos dados que dispõe.

**Art. 525.** Transcorrido o prazo previsto no art. 523 sem o pagamento voluntário, inicia-se o prazo de 15 (quinze) dias para que o executado, independentemente de penhora ou nova intimação, apresente, nos próprios autos, sua impugnação.

§ 1º Na impugnação, o executado poderá alegar:

I – falta ou nulidade da citação se, na fase de conhecimento, o processo correu à revelia;

II – ilegitimidade de parte;

III – inexequibilidade do título ou inexigibilidade da obrigação;

IV – penhora incorreta ou avaliação errônea;

V – excesso de execução ou cumulação indevida de execuções;

VI – incompetência absoluta ou relativa do juízo da execução;

VII – qualquer causa modificativa ou extintiva da obrigação, como pagamento, novação, compensação, transação ou prescrição, desde que supervenientes à sentença.

§ 2º A alegação de impedimento ou suspeição observará o disposto nos arts. 146 e 148.

§ 3º Aplica-se à impugnação o disposto no art. 229.

§ 4º Quando o executado alegar que o exequente, em excesso de execução, pleiteia quantia superior à resultante da sentença, cumprir-lhe-á declarar de imediato o valor que entende correto, apresentando demonstrativo discriminado e atualizado de seu cálculo.

§ 5º Na hipótese do § 4º, não apontado o valor correto ou não apresentado o demonstrativo, a impugnação será liminarmente rejeitada, se o excesso de execução for o seu único fundamento, ou, se houver outro, a impugnação será processada, mas o juiz não examinará a alegação de excesso de execução.

§ 6º A apresentação de impugnação não impede a prática dos atos executivos, inclusive os de expropriação, podendo o juiz, a requerimento do executado e desde que garantido o juízo com penhora, caução ou depósito suficientes, atribuir-lhe efeito suspensivo, se seus fundamentos forem relevantes e se o prosseguimento da execução for manifestamente suscetível de causar ao executado grave dano de difícil ou incerta reparação.

§ 7º A concessão de efeito suspensivo a que se refere o § 6º não impedirá a efetivação dos atos de substituição, de reforço ou de redução da penhora e de avaliação dos bens

CÓDIGO DE PROCESSO CIVIL COMENTADO • LEI 13.105, DE 16 DE MARÇO DE 2015 **ART. 525**

§ 8º Quando o efeito suspensivo atribuído à impugnação disser respeito apenas a parte do objeto da execução, esta prosseguirá quanto à parte restante.

§ 9º A concessão de efeito suspensivo à impugnação deduzida por um dos executados não suspenderá a execução contra os que não impugnaram, quando o respectivo fundamento disser respeito exclusivamente ao impugnante.

§ 10. Ainda que atribuído efeito suspensivo à impugnação, é lícito ao exequente requerer o prosseguimento da execução, oferecendo e prestando, nos próprios autos, caução suficiente e idônea a ser arbitrada pelo juiz.

§ 11. As questões relativas a fato superveniente ao término do prazo para apresentação da impugnação, assim como aquelas relativas à validade e à adequação da penhora, da avaliação e dos atos executivos subsequentes, podem ser arguidas por simples petição, tendo o executado, em qualquer dos casos, o prazo de 15 (quinze) dias para formular esta arguição, contado da comprovada ciência do fato ou da intimação do ato.

§ 12. Para efeito do disposto no inciso III do § 1º deste artigo, considera-se também inexigível a obrigação reconhecida em título executivo judicial fundado em lei ou ato normativo considerado inconstitucional pelo Supremo Tribunal Federal, ou fundado em aplicação ou interpretação da lei ou do ato normativo tido pelo Supremo Tribunal Federal como incompatível com a Constituição Federal, em controle de constitucionalidade concentrado ou difuso.

§ 13. No caso do § 12, os efeitos da decisão do Supremo Tribunal Federal poderão ser modulados no tempo, em atenção à segurança jurídica.

§ 14. A decisão do Supremo Tribunal Federal referida no § 12 deve ser anterior ao trânsito em julgado da decisão exequenda.

§ 15. Se a decisão referida no § 12 for proferida após o trânsito em julgado da decisão exequenda, caberá ação rescisória, cujo prazo será contado do trânsito em julgado da decisão proferida pelo Supremo Tribunal Federal.

## COMENTÁRIOS

Após o prazo de 15 (quinze) dias úteis para haver o pagamento voluntário pelo executado, inicia-se o prazo também de 15 (quinze) dias para que este, independentemente de penhora ou intimação, apresente, nos próprios autos, sua impugnação. Frise-se que o segundo prazo se inicia imediatamente após o decurso do primeiro prazo (aquele para pagamento voluntário).

A oposição à execução de título executivo judicial realiza-se incidentalmente, no mesmo procedimento em que estão sendo realizados os atos executivos.

Apesar de a impugnação ter inegável função de oposição do executado, realizada no curso da execução da sentença, pode assumir a forma de ação de conhecimento (ainda que incidentalmente). Há que se investigar o conteúdo da impugnação, a fim

353

de identificar a sua natureza jurídico-processual tendo em vista que ela só pode versar sobre as matérias arroladas pelo dispositivo legal.

As matérias que podem ser veiculadas podem ser divididas em: a) inexistência dos pressupostos da própria tutela executiva, como a inexigibilidade do título executivo e a ilegitimidade das partes; b) a validade e adequação dos atos executivos, como assimilável a uma ação que, propriamente, é uma defesa.

A natureza da impugnação constitui a mera decorrência do significado contemporâneo de direito de ação, e foi reafirmado pelo art. 525 do CPC. Assim, a impugnação cinge-se às matérias enumeradas, que foram ampliadas pelo CPC, incluindo-se as seguintes questões: a) cumulação indevida de execução, o que já era matéria passível de arguição nos embargos do devedor, ou seja, na execução fundada em título extrajudicial; b) incompetência absoluta ou relativa do juízo da execução.

Quanto à incompetência absoluta deve ser mantida a regra aplicável à fase de conhecimento. Sendo que a incompetência absoluta pode ser reconhecida de ofício pelo magistrado, dando-se oportunidade para as partes se manifestarem, dentro do chamado contraditório participativo. Já quanto à incompetência relativa esta dependerá de arguição da parte do executado, sob pena de preclusão.

Já no que diz respeito à falta ou nulidade da citação, se o processo correu à revelia, refere-se a um defeito desde que não suprido pelo comparecimento espontâneo do executado. Apesar de que a coisa julgada formada sobre a sentença sana qualquer defeito processual havido na fase de conhecimento, nesse disposto tem-se uma das raras exceções.

É a chamada *querela nullitatis insanabilis* tal conhecida por Piero Calamandrei, que considera inexistente o processo em que não ocorreu a citação, ou em que esta não se faz em conformidade com a lei. Ora, se inexistente é o processo igualmente são inexistentes os atos neste praticados. Por essa razão, a sentença proferida neste processo não pode subsistir, conduzindo à inviabilidade da execução nela baseada.

Quanto à inexigibilidade do título é termo genérico que significa qualquer alegação que possa renegar a força executiva ao título apresentado. São exemplos nesse caso, a existência de recurso com efeito suspensivo, ou o não escoamento do prazo previsto (quinze dias) para o cumprimento voluntário da obrigação contida no título executivo.

Considera-se inexigível o título judicial fundado em lei ou atos normativos declarados inconstitucionais pelo Supremo Tribunal Federal, ou fundado em aplicação ou interpretação da lei ou ato normativo que aquela elevada Corte possa ter considerado como incompatíveis com a Constituição Federal.

Quanto à ilegitimidade das partes é preciso ter cautela ao examinar essa matéria de impugnação do executado. Não é possível abrir novamente a discussão sobre a condição da ação na oportunidade da execução. Ou esta questão já fora expressamente examinada na fase de conhecimento, de ofício ou por alegação específica da parte, ou se tornou indiscutível, em razão da eficácia preclusiva da coisa julgada.

CÓDIGO DE PROCESSO CIVIL COMENTADO • LEI 13.105, DE 16 DE MARÇO DE 2015 — ART. 525

Assim se a fase executiva é apenas a fase final da ação que conduziu à sentença condenatória, o executado apenas poderá arguir a ilegitimidade das partes a partir da relação de adequação entre o requerimento de execução e a sentença condenatória.

A impugnação apenas permite que se refira ao defeito nos polos da fase executiva, a partir do que se fixou na sentença condenatória, ou porque quem requereu a execução não poderia fazê-lo, ou porque o executado não responde pela dívida exequenda.

Quanto ao excesso de execução se dá quando o exequente pleiteia quantia superior ao título; quando recai sobre coisa diversa daquela descrita pelo título; quando se processa de modo diferente do que fora determinado em sentença; quando o credor, sem cumprir a prestação que lhe corresponde, exige o adimplemento da do devedor; se o credor não provar que a condição se realizou.

Desta forma, a impugnação permite ao executado contestar a liquidação realizada pelo credor. E, não se refere apenas a liquidação por cálculos, mas também as outras formas de liquidação (como arbitramento e artigos).

Ressalve-se que o executado ao afirmar que o exequente pleiteia quantia superior à resultante da sentença, deverá declinar, de pronto, o valor que entende como correto, sob pena de rejeição liminar da impugnação. Em verdade, mais que meramente alegar, deverá o executado apresentar a respectiva memória de cálculo, realizando argumentação cabal e hábil a demonstrar o erro do *quantum* exequendo.

O devedor poderá ainda alegar qualquer causa impeditiva, modificativa ou extintiva da obrigação, tais como, pagamento, novação, compensação, transação ou prescrição, desde que superveniente à sentença. Inserem-se nesse dispositivo todas as causas que por algum motivo alteram o conteúdo da obrigação exigida, seja para extingui-la, seja para modificar o seu conteúdo, seja para impedir sua exigibilidade. Trata-se de enumeração exemplificativa, existindo outros casos impeditivos do cumprimento da sentença, como, por exemplo, a falência ou a recuperação judicial do executado comerciante e a declaração de insolvência do devedor civil. O ônus da prova quanto à ocorrência do fato extintivo do direito do exequente fica a cargo do executado impugnante.

As causas impeditivas e modificativas não conduzirão necessariamente à extinção da execução. Mas, o acolhimento de tais alegações poderá prover a paralisação da execução.

Como regra geral, caberá ao demandado apontar, na impugnação toda a matéria que tiver sob pena de preclusão. Mas excepcionalmente, tais matérias podem ser consideradas pela sentença quando relevantes para a decisão da causa. De sorte que as questões posteriores à sentença podem ser alegadas através da impugnação.

Poderá também como preliminar da impugnação alegar impedimento ou suspeição desde que os motivos tenham sido conhecidos após a sentença e durante a fase executiva.

Há a concessão de prazo em dobro para impugnação no caso de litisconsortes que tiverem diferentes procuradores, de escritórios de advocacia distintos, para todas as suas manifestações em qualquer juízo ou tribunal, independentemente de requerimento (ver CPC, art. 229).

É bom salientar que a apresentação de impugnação não impede a prática dos atos executivos, inclusive os de expropriação, podendo o juiz, a requerimento do executado, desde que garantido o juízo com penhora, caução ou depósitos suficientes, atribuir-lhe efeito suspensivo, se seus fundamentos forem relevantes e se o prosseguimento da execução for manifestamente suscetível de causar ao executado grave dano de difícil ou incerta reparação.

Mesmo o efeito suspensivo da impugnação não impedirá a efetivação de atos de substituição, de reforço ou de redução da penhora e de avaliação dos bens. Destacando-se ser possível ainda o efeito suspensivo parcial, quando então a execução prosseguirá normalmente quanto à parte restante.

A estratégia é obrigar o executado a responder pelo valor que se reputa devido, e viabilizar o prosseguimento da execução pelo valor incontroverso, o que é muito positivo e reforça a efetividade processual e a duração razoável do processo.

**Art. 526.** É lícito ao réu, antes de ser intimado para o cumprimento da sentença, comparecer em juízo e oferecer em pagamento o valor que entender devido, apresentando memória discriminada do cálculo.

§ 1º O autor será ouvido no prazo de 5 (cinco) dias, podendo impugnar o valor depositado, sem prejuízo do levantamento do depósito a título de parcela incontroversa.

§ 2º Concluindo o juiz pela insuficiência do depósito, sobre a diferença incidirão multa de dez por cento e honorários advocatícios, também fixados em dez por cento, seguindo-se a execução com penhora e atos subsequentes.

§ 3º Se o autor não se opuser, o juiz declarará satisfeita a obrigação e extinguirá o processo.

## COMENTÁRIOS

Criou-se uma interessante técnica prevendo a possibilidade de o executado comparecer espontaneamente em juízo, para efetuar o pagamento da dívida, extinguindo a obrigação. Pode ocorrer em qualquer momento, até ser formalmente intimado para que efetue o pagamento da dívida no prazo de 15 (quinze) dias.

O devedor poderá comparecer espontaneamente em qualquer momento: após a prolação da sentença condenatória; antes da apresentação do requerimento pelo credor; após a apresentação do requerimento pelo credor; após a prolação do despacho que determina o aperfeiçoamento da intimação do devedor, desde que esta não tenha sido realizada.

O exequente deverá ser ouvido no quinquídio, podendo impugnar o valor depositado, sem prejuízo do levantamento do depósito realizado, a título de parcela incontroversa. Entendendo o juiz pela insuficiência do depósito, sobre a diferença incidirá a multa de 10% (dez por cento) e honorários advocatícios, também na margem de 10% (dez por cento), seguindo-se a execução com a penhora e demais atos subsequentes.

O terceiro parágrafo aponta para a preclusão caso o autor deixe de se manifestar sobre a insuficiência do depósito, impondo-se ao juiz que declare extinta a obrigação e *ipso facto* extinta a execução.

**Art. 527.** Aplicam-se as disposições deste Capítulo ao cumprimento provisório da sentença, no que couber.

### COMENTÁRIOS

As normas processuais dispostas nesse capítulo são aplicáveis ao cumprimento provisório da sentença, no que couber.

Pode o executado, independentemente de impugnação e por mero requerimento nos autos, alegar quaisquer objeções processuais (que questionam a validade do título executivo), bem como defesas materiais que o juiz possa conhecer de ofício (como por exemplo, prescrição e decadência), desde que umas e outras possam ser comprovadas de plano, ou seja, mediante prova documental a ser juntada com a arguição das questões.

O STJ também já decidiu que a exceção de pré-executividade pode ser arguida a qualquer tempo no curso do processo, mesmo depois de julgada a impugnação, desde que não tenha havido explícito pronunciamento jurisdicional sobre a questão que se pretender suscitar.[72]

### CAPÍTULO IV
### DO CUMPRIMENTO DE SENTENÇA QUE RECONHEÇA A EXIGIBILIDADE DE OBRIGAÇÃO DE PRESTAR ALIMENTOS

**Art. 528.** No cumprimento de sentença que condene ao pagamento de prestação alimentícia ou de decisão interlocutória que fixe alimentos, o juiz, a requerimento do exequente, mandará intimar o executado pessoalmente para, em 3 (três) dias, pagar o débito, provar que o fez ou justificar a impossibilidade de efetuá-lo.

§ 1º Caso o executado, no prazo referido no *caput*, não efetue o pagamento, não prove que o efetuou ou não apresente justificativa da impossibilidade de efetuá-lo, o juiz mandará protestar o pronunciamento judicial, aplicando-se, no que couber, o disposto no art. 517 .

§ 2º Somente a comprovação de fato que gere a impossibilidade absoluta de pagar justificará o inadimplemento.

§ 3º Se o executado não pagar ou se a justificativa apresentada não for aceita, o juiz, além de mandar protestar o pronunciamento judicial na forma do § 1º, decretar-lhe-á a prisão pelo prazo de 1 (um) a 3 (três) meses.

---

72. Vide STJ, 1ªT., REsp 667.002/DF, rel. Min. Luiz Fux, j. 12.06.2006, DJ 26.03.2007, p. 206.

§ 4º A prisão será cumprida em regime fechado, devendo o preso ficar separado dos presos comuns.

§ 5º O cumprimento da pena não exime o executado do pagamento das prestações vencidas e vincendas.

§ 6º Paga a prestação alimentícia, o juiz suspenderá o cumprimento da ordem de prisão.

§ 7º O débito alimentar que autoriza a prisão civil do alimentante é o que compreende até as 3 (três) prestações anteriores ao ajuizamento da execução e as que se vencerem no curso do processo.

§ 8º O exequente pode optar por promover o cumprimento da sentença ou decisão desde logo, nos termos do disposto neste Livro, Título II, Capítulo III, caso em que não será admissível a prisão do executado, e, recaindo a penhora em dinheiro, a concessão de efeito suspensivo à impugnação não obsta a que o exequente levante mensalmente a importância da prestação.

§ 9º Além das opções previstas no art. 516, parágrafo único, o exequente pode promover o cumprimento da sentença ou decisão que condena ao pagamento de prestação alimentícia no juízo de seu domicílio.

## COMENTÁRIOS

O CPC promoveu modificações significativas na chamada "execução de alimentos". Inovou na matéria, estabelecendo que a instauração de uma ação só se justifica quando o credor está executando alimentos provisórios ou quando a sentença que os fixou ainda não transitou em julgado, permitindo que a cobrança ocorra dentro dos próprios autos em que a sentença foi proferida, quando a pretensão do credor tiver fundamento no cumprimento definitivo da obrigação de prestar alimentos.

Não se está diante de uma nova ação, mas de mero requerimento apresentado nos próprios autos da ação na qual a obrigação de prestar os alimentos foi fixada, não se exige a apresentação de petição inicial, como também não se justifica nova cobrança de custas processuais.

Assim a nova lei processual prevê que o devedor (executado) deve ser convocado para adimplir a obrigação por meio do aperfeiçoamento da intimação, não da citação, própria das ações judiciais.

É passível de sofrer prisão civil quando o devedor não pagar e nem apresentar justificativa aceitável pelo juiz e agora essa prisão poderá ser de um a três meses e em regime especial.

O CPC pôs fim a uma antiga polêmica: a duração da prisão. Havia até quem entendesse que os prazos aplicáveis em situações distintas, não podendo o prazo exceder a sessenta dias, nos casos de alimentos provisórios e definitivos fixados com base na Lei de Alimentos e devendo ser fixado entre um a três meses nos casos de alimentos provisionais. Também esclareceu em qual regime deve ser cumprida a prisão civil, em regime fechado e em separado dos presos comuns.

Na linha do que já se encontrava consolidado na jurisprudência pátria, o CPC aceita o uso da prisão civil para a cobrança de alimentos pretéritos, entendendo só poder ser utilizada diante das três últimas parcelas vencidas antes da propositura da ação e das parcelas vincenda no seu curso. Aliás, é curial relembrar o enunciado da Súmula 309 do STJ: "O débito alimentar que autoriza a prisão civil do alimentante é o que compreende as três prestações anteriores ao ajuizamento da execução e as que se vencerem no curso do processo".

A propósito, presume-se que, se o credor de alimentos deixa de cobrar o valor que lhe é devido por mais de três meses, a verba alimentar perde a característica da necessariedade, tornando-se incabível a aplicação da prisão civil.

Convém sublinhar que a prisão civil não se faz reger pelas normas atinentes à execução da pena de prisão criminal presentes na Lei de Execuções Penais. A prisão civil tem caráter estritamente coercitivo, de modo que sua aplicação deve ser nortear por tal finalidade. Somente o adimplemento das parcelas vencidas e não pagas e devidas ou então o esgotamento do lapso temporal máximo admitido tem o efeito de autorizar a libertação do devedor. Por fim, cabe destacar que, independente da prisão civil pelo inadimplemento alimentar, o juiz pode mandar protestar a sentença. Quer dizer, o credor poderá inscrever o nome do devedor nos órgãos de proteção ao crédito o que é também, uma forma de coerção para obrigá-lo a adimplir as prestações alimentares devidas.

**Art. 529.** Quando o executado for funcionário público, militar, diretor ou gerente de empresa ou empregado sujeito à legislação do trabalho, o exequente poderá requerer o desconto em folha de pagamento da importância da prestação alimentícia.

§ 1º Ao proferir a decisão, o juiz oficiará à autoridade, à empresa ou ao empregador, determinando, sob pena de crime de desobediência, o desconto a partir da primeira remuneração posterior do executado, a contar do protocolo do ofício.

§ 2º O ofício conterá o nome e o número de inscrição no Cadastro de Pessoas Físicas do exequente e do executado, a importância a ser descontada mensalmente, o tempo de sua duração e a conta na qual deve ser feito o depósito.

§ 3º Sem prejuízo do pagamento dos alimentos vincendos, o débito objeto de execução pode ser descontado dos rendimentos ou rendas do executado, de forma parcelada, nos termos do *caput* deste artigo, contanto que, somado à parcela devida, não ultrapasse cinquenta por cento de seus ganhos líquidos.

## COMENTÁRIOS

Passando o prazo de 15 (quinze) dias para o cumprimento de sentença, e sendo possível e cabível o desconto em folha ou em renda, o requerimento de execução deve indicar o montante a ser descontado, sua periodicidade e o terceiro responsável pelo desconto (seja empregador, pagador, locatário etc.). Expedido o mandado de desconto em folha ou em renda, a ser dirigido ao agente responsável pelo pagamento, onde também deverão constar os nomes do exequente (credor) e executado (devedor), a importância a ser descontada e o tempo de sua duração. Ressalte-se que o ofício deve conter o CPF do exequente e do executado, e a indicação da importância a ser descontada mensalmente, tempo e sua duração, e ainda indicar a conta na qual deve ser feito o depósito.

Observe que o terceiro responsável não tem qualquer discricionariedade para acatá-la ou não, e ainda pode em caso de descumprimento responder por crime de desobediência.

O terceiro parágrafo do artigo em comento ainda aduz que sem prejuízo do pagamento das parcelas vincendas, o débito total objeto da execução pode ser descontado dos rendimentos ou rendas do executado, parceladamente, nos termos do *caput* do art. 529 do CPC, contanto que a soma das parcelas devidas, não ultrapasse aos 50% (cinquenta por cento) de seus ganhos líquidos (impondo assim um limite máximo para desconto em folha ou em renda).

Esclareça-se, por outro lado, que a norma da Lei de Alimentos é anterior à norma do CPC, de sorte que o prazo da prisão civil pode variar entre trinta e noventa dias, e a Lei de Alimentos o limita a sessenta dias. Sendo assim, parece não haver dúvida que o juiz deverá fixar o prazo da prisão entre trinta e noventa dias, conforme prevê expressamente o Novo CPC, por ser lei mais recente.

**Art. 530.** Não cumprida a obrigação, observar-se-á o disposto nos arts. 831 e seguintes.

## COMENTÁRIOS

Se a execução nos moldes dos arts. 528 e 529 não restar adimplida, restará ao credor promover os atos expropriativos através de penhora de tantos bens quantos bastem para o pagamento do principal atualizado acrescido dos juros, das custas e dos honorários advocatícios. Ainda para a realização de créditos alimentares, dispõe o alimentante da forma tradicional da execução por expropriação.

Trata-se de procedimento praticamente idêntico ao usado para a execução da sentença que reconhece a obrigação de pagar quantia, realizando-se através da penhora de bens do devedor e, especialmente, mediante e sua alienação, cujo produto (a soma em dinheiro) que é dirigido ao alimentando.

Doutrinariamente, afirma-se que a execução por expropriação é a que causa menor prejuízo e, por isto, deve preferir a todas as outras. Além de não ser correto supor que a expropriação é a forma executiva que traz menor gravame.

Destaque-se que a forma menos gravosa para o devedor de alimentos é o desconto em folha ou em renda. Mas, quando não há meio idôneo para que a tutela alimentar possa ser utilizada é que se deve cogitar na expropriação ou na prisão civil.

### Art. 531. O disposto neste Capítulo aplica-se aos alimentos definitivos ou provisórios.

§ 1º A execução dos alimentos provisórios, bem como a dos alimentos fixados em sentença ainda não transitada em julgado, se processa em autos apartados.

§ 2º O cumprimento definitivo da obrigação de prestar alimentos será processado nos mesmos autos em que tenha sido proferida a sentença.

## COMENTÁRIOS

Além de apontar a distinção existente entre os alimentos definitivos, provisionais e provisórios, a classificação tem por base a estabilidade ou não da decisão que conceda os alimentos, embora que mesmo os alimentos outorgados em sentença transitada em julgado possam ser revistos e sobrevier alteração no estado de fato ou de direito da causa. Ademais, a jurisdição voluntária em suas decisões não labora a coisa julgada material, mas tão somente a coisa julgada formal.

Cumpre esclarecer que se chama de definitivos os alimentos concedidos por sentença em processo de conhecimento ou fixados em acordo homologado judicialmente. Os alimentos provisionais são outorgados em caráter liminar ou em sentença a partir do regime do processo cautelar (atualmente embutido na tutela de urgência do CPC) ou ainda em liminar antecipatória em qualquer ação em que são cabíveis. Por derradeiro, cogita-se em alimentos provisórios, quando são concedidos provisoriamente, nos termos do art. 4º da Lei de Alimentos (Lei 5.478/68).

Os alimentos provisórios e provisionais serão executados em autos apartados, isto porque a sentença ainda não transitou em julgado. E, atendendo a maior efetividade e celeridade processual, o cumprimento da sentença que condena ao pagamento de alimentos, já transitada em julgado, se dará dentro dos próprios autos. Mas convém destacar que os atos que passam a integrar a fase de cumprimento da sentença na execução de alimentos, iniciam-se pela apresentação e requerimento pelo exequente (credor), depois se dá a intimação do devedor ou executado (em geral, na pessoa de seu advogado, ou então, pessoalmente), pagamento, com fluência de prazo de 3 (três) dias sem manifestação ou apresentação de justificação.

**Art. 532.** Verificada a conduta procrastinatória do executado, o juiz deverá, se for o caso, dar ciência ao Ministério Público dos indícios da prática do crime de abandono material.

## COMENTÁRIOS

Cumpre inicialmente esclarecer que a execução de prestações alimentícias pode se originar em título executivo extrajudicial. Vale rememorar que os alimentos podem ser fixados também em título extrajudicial, através de escritura pública de divórcio, conforme os termos da Lei 11.441/07, possibilitando também a realização de inventário, partilha, separação consensual e divórcio consensual por via administrativa. Portanto, a execução dos alimentos poderá ser por título judicial bem como por título extrajudicial.

Merece destaque a novidade desse artigo, pois aponta para a tipificação do crime de abandono material em face da conduta procrastinatória do executado por dívida de alimentos. Trata-se de crime previsto no art. 244 do Código Penal Brasileiro, em seu capítulo III, que disciplina os crimes contra a assistência familiar.

Ainda aponta o dever do magistrado de dar ciência ao Ministério Público em face dos indícios da prática do crime de abandono material.

**Art. 533.** Quando a indenização por ato ilícito incluir prestação de alimentos, caberá ao executado, a requerimento do exequente, constituir capital cuja renda assegure o pagamento do valor mensal da pensão.

§ 1º O capital a que se refere o *caput*, representado por imóveis ou por direitos reais sobre imóveis suscetíveis de alienação, títulos da dívida pública ou aplicações financeiras em banco oficial, será inalienável e impenhorável enquanto durar a obrigação do executado, além de constituir-se em patrimônio de afetação.

§ 2º O juiz poderá substituir a constituição do capital pela inclusão do exequente em folha de pagamento de pessoa jurídica de notória capacidade econômica ou, a requerimento do executado, por fiança bancária ou garantia real, em valor a ser arbitrado de imediato pelo juiz.

§ 3º Se sobrevier modificação nas condições econômicas, poderá a parte requerer, conforme as circunstâncias, redução ou aumento da prestação.

§ 4º A prestação alimentícia poderá ser fixada tomando por base o salário-mínimo.

§ 5º Finda a obrigação de prestar alimentos, o juiz mandará liberar o capital, cessar o desconto em folha ou cancelar as garantias prestadas.

## COMENTÁRIOS

É verdade que a constituição de capital não representa questão relacionada propriamente ao processo de execução, mas ao processo de conhecimento, uma vez que é onde o mérito foi enfrentado pelo juiz quando prolatou a sentença.

Portanto, não se trata propriamente de medida executiva a ser pleiteada apenas quando da execução da sentença. A constituição de capital tem por fim de garantir o cumprimento de prestações futuras, relacionadas ao dever de prestar alimentos.

O capital constituído será inalienável e impenhorável enquanto durar a obrigação do executado. Mas, evidentemente tal impenhorabilidade não pode ser oposta contra o próprio credor da pensão alimentícia.

É possível a constituição de capital por aplicação financeira antes prevista como em banco oficial, mas com a nova redação, entende-se que poderá ser qualquer instituição bancária, além de imóveis e títulos da dívida pública. A constituição de capital não é obrigatória e poderá ser substituída pela inclusão do beneficiário da prestação em folha de pagamento da entidade de direito público ou da empresa de direito privado de notória capacidade econômica, ou a requerimento do devedor, por fiança bancária ou garantia real, em valor a ser arbitrado de imediato pelo juiz.

Tratando-se de empresa concessionária de serviço público, de reconhecida solvabilidade, é dispensável a constituição de capital, bastando a inclusão do beneficiário da pensão em sua folha de pagamento.

A cautela recomenda a prestação de caução fidejussória, para garantia de recebimento das prestações de quem na causa foi vitorioso. Afastará a constituição de capital quando o executado, seguramente, tiver condições de suportar o cumprimento futuro da obrigação através da inclusão em folha de pagamento.

A possibilidade de alteração do valor da prestação é uma revisão incidental da prestação de alimentos que pode ser pedida tanto pelo exequente quanto pelo executado.

## CAPÍTULO V
### DO CUMPRIMENTO DE SENTENÇA QUE RECONHEÇA A EXIGIBILIDADE DE OBRIGAÇÃO DE PAGAR QUANTIA CERTA PELA FAZENDA PÚBLICA

**Art. 534.** No cumprimento de sentença que impuser à Fazenda Pública o dever de pagar quantia certa, o exequente apresentará demonstrativo discriminado e atualizado do crédito contendo:

I – o nome completo e o número de inscrição no Cadastro de Pessoas Físicas ou no Cadastro Nacional da Pessoa Jurídica do exequente;

II – o índice de correção monetária adotado;

III – os juros aplicados e as respectivas taxas;

IV – o termo inicial e o termo final dos juros e da correção monetária utilizados;

V – a periodicidade da capitalização dos juros, se for o caso;

VI – a especificação dos eventuais descontos obrigatórios realizados.

§ 1º Havendo pluralidade de exequentes, cada um deverá apresentar o seu próprio demonstrativo, aplicando-se à hipótese, se for o caso, o disposto nos §§ 1º e 2º do art. 113.

§ 2º A multa prevista no § 1º do art. 523 não se aplica à Fazenda Pública.

## COMENTÁRIOS

A Fazenda Pública tem seu patrimônio regido por disciplina distinta daquela que trata dos bens particulares, posto que tal patrimônio, em princípio, seja afetado pela finalidade pública, não podendo ser livremente alienado ou onerado (CC, art. 100).

Em razão dessa peculiaridade a ideia da responsabilidade patrimonial dos débitos da Fazenda Pública deve assumir outra feição, já que é totalmente inviável a penhora e a alienação judicial, indiscriminadas de bens públicos.

No texto constitucional, apenas se esquivam do procedimento de precatórios os créditos de pequeno valor (art. 100, § 3º, da CF/88) hoje fixados para a Fazenda Pública federal em sessenta salários mínimos (art. 17, § 1º c/c art. 3º da Lei 10.259/01). Importante salientar que o regime de precatórios se aplica apenas para a condenação de prestação pecuniária devida pela Fazenda Pública, não incluindo, portanto, imposições de fazer, não fazer ou de entrega coisa.

A execução contra a Fazenda Pública pode assentar-se em título executivo judicial ou extrajudicial, conforme esclarece o enunciado da Súmula 279 do STJ: "é cabível execução por título extrajudicial contra a Fazenda Pública". Independentemente do título executivo que sustente a execução contra a Fazenda Pública, ser-lhe-á sempre inaplicável os regimes comuns das execuções de título judicial e extrajudicial, haja vista as particularidades do patrimônio da Fazenda Pública, como a circunstância de o CPC ter edificado disciplina própria para a execução contra a Fazenda Pública.

Do referido artigo, destaca-se a não aplicação da multa de 10% (dez por cento), prevista no § 1º do art. 523, pelo não cumprimento espontâneo da sentença judicial que estabeleceu a obrigação de pagar quantia certa.

Portanto, é característico nessa execução não haver, *ab initio*, qualquer ato de apreensão de bens, o que conduziu a doutrina a negar a natureza de módulo processual executivo.

É certo que nessa execução só terá no polo passivo apenas as pessoas jurídicas de direito público e suas respectivas autarquias. Cabe uma observação de que descabe o regime especial de execução por quantia certa quando a executada for uma empresa

CÓDIGO DE PROCESSO CIVIL COMENTADO • LEI 13.105, DE 16 DE MARÇO DE 2015 ART. 535

pública ou uma sociedade de economia mista, posto que sejam, em verdade, pessoas jurídicas de direito privado.

Também é importante frisar que o mencionado regime especial de execução se refere apenas às execuções por quantia certa, pois as demais execuções como para entrega de coisa, de obrigação de fazer ou não fazer, seguem o regime comum, ainda que a executada seja a Fazenda Pública.

**Art. 535.** A Fazenda Pública será intimada na pessoa de seu representante judicial, por carga, remessa ou meio eletrônico, para, querendo, no prazo de 30 (trinta) dias e nos próprios autos, impugnar a execução, podendo arguir:

I – falta ou nulidade da citação se, na fase de conhecimento, o processo correu à revelia;

II – ilegitimidade de parte;

III – inexequibilidade do título ou inexigibilidade da obrigação;

IV – excesso de execução ou cumulação indevida de execuções;

V – incompetência absoluta ou relativa do juízo da execução;

VI – qualquer causa modificativa ou extintiva da obrigação, como pagamento, novação, compensação, transação ou prescrição, desde que supervenientes ao trânsito em julgado da sentença.

§ 1º A alegação de impedimento ou suspeição observará o disposto nos arts. 146 e 148.

§ 2º Quando se alegar que o exequente, em excesso de execução, pleiteia quantia superior à resultante do título, cumprirá à executada declarar de imediato o valor que entende correto, sob pena de não conhecimento da arguição.

§ 3º Não impugnada a execução ou rejeitadas as arguições da executada:

I – expedir-se-á, por intermédio do presidente do tribunal competente, precatório em favor do exequente, observando-se o disposto na Constituição Federal;

II – por ordem do juiz, dirigida à autoridade na pessoa de quem o ente público foi citado para o processo, o pagamento de obrigação de pequeno valor será realizado no prazo de 2 (dois) meses contado da entrega da requisição, mediante depósito na agência de banco oficial mais próxima da residência do exequente.

§ 4º Tratando-se de impugnação parcial, a parte não questionada pela executada será, desde logo, objeto de cumprimento.

§ 5º Para efeito do disposto no inciso III do *caput* deste artigo, considera-se também inexigível a obrigação reconhecida em título executivo judicial fundado em lei ou ato normativo considerado inconstitucional pelo Supremo Tribunal Federal, ou fundado em aplicação ou interpretação da lei ou do ato normativo tido pelo Supremo Tribunal Federal como incompatível com a Constituição Federal , em controle de constitucionalidade concentrado ou difuso.

§ 6º No caso do § 5º, os efeitos da decisão do Supremo Tribunal Federal poderão ser modulados no tempo, de modo a favorecer a segurança jurídica.

§ 7º A decisão do Supremo Tribunal Federal referida no § 5º deve ter sido proferida antes do trânsito em julgado da decisão exequenda.

§ 8º Se a decisão referida no § 5º for proferida após o trânsito em julgado da decisão exequenda, caberá ação rescisória, cujo prazo será contado do trânsito em julgado da decisão proferida pelo Supremo Tribunal Federal.

## COMENTÁRIOS

O primeiro motivo é a falta ou nulidade da citação, se na fase de conhecimento o processo correu à revelia. Evidentemente trata-se de se preservar e manter o cumprimento do princípio do devido processo legal e ainda o princípio do contraditório, que sem sua escorreita observância não há como cogitar em revelia.

O segundo inciso refere-se à ilegitimidade da parte. A legitimidade decorre da incidência da lei sobre os fatos. Se não são verdadeiros os fatos alegados, a lei não incidiu. A legitimidade afirmada com a base em falsa ou equivocada afirmação do autor não é legitimidade. O exame da legitimidade, como das demais condições da ação, deve levar em conta a realidade e, portanto, não apenas as alegações do autor, mas igualmente as provas produzidas.

A inexigibilidade do título ou inexigibilidade da obrigação que ocorre quando fundada em lei ou atos normativos declarados inconstitucionais pelo STF; quando calcado em interpretação ou aplicação (de lei ou ato normativo) tida por incompatíveis com a Constituição Federal. Assim, havia a possibilidade de recusar a execução da sentença, mesmo sem a prévia manifestação do STF caso apontasse, nos embargos, uma ofensa direta a algum preceito fundamental constante da Constituição vigente.

A cognição na impugnação à execução contra a Fazenda Pública está limitada às matérias expressamente arroladas, portanto, é uma cognição parcial. Posto que não se possa alegar nenhuma matéria estranha e não prevista no dispositivo em comento.

Há excesso de execução quando se verifica que o exequente postula quantia superior à resultante da sentença, cumprir-lhe-á declarar de imediato o valor que entende correto, sob pena de rejeição liminar da impugnação.

Mais do que meramente alegar que o valor executado está errôneo e afirmar qual o que entende correto, deverá o executado apresentar a respectiva memória de cálculo, realizando argumentação hábil de demonstrar o erro do exequente.

Não basta a genérica alegação de excesso de execução e a indicação meramente forma de valor que entende adequado, protestando-se pela prova final do *quantum* efetivamente devido.

Se houver valor incontroverso deve a execução prosseguir imediatamente para satisfação dessa quantia. Eventual efeito suspensivo outorgado aos embargos evidentemente não acarretará a paralisação da execução pelo valor incontroverso.

A indicação de pagamento, a novação, a compensação, a transação e a prescrição constituem uma lista meramente exemplificativa. Mas, é importante frisar que seja essa causa superveniente ao trânsito em julgado da sentença, do contrário, a possibilidade de alegação estaria preclusa em face da coisa julgada ou de sua eficácia preclusiva.

As causas impeditivas ou modificativas não conduzirão obrigatoriamente à extinção da execução, mas pode resultar na paralisar do processo, ou na alteração de seu conteúdo. Naturalmente, as causas extintivas se abarcarem todo o crédito, *ipso facto* extinguem a execução.

Havendo outros motivos de irresignação à execução promovida, além de incompetência do juízo, impedimento ou suspeição, poderá o executado propor embargos. E, seguindo a nova tendência expressa no Novo CPC, tudo será dentro da mesma impugnação. Há flagrantemente uma repugnância processual a formação de autos em apartados.

Permite-se também a alegação dos chamados "fatos novos" em sede de embargos à execução contra a Fazenda Pública. É o caso da decisão de inconstitucionalidade, apesar de superveniente à sentença, afirma uma causa que deveria e poderia ter sido debatida antes da prolação da sentença. Não está em contradição com a previsão constitucional posto que o fato novo em questão modifica seriamente o mérito da causa, dando azo a rescindibilidade da coisa julgada dentro do biênio decadencial.

Lembrando que a coisa julgada encontra fundamento na segurança jurídica e na confiança legítima que sem dúvida é um dos pilares do Estado Constitucional. E, por esta razão pode-se modular no tempo a decretação de inconstitucionalidade feita pelo STF.

No derradeiro parágrafo é prevista a possibilidade de rescisória da decisão exequenda, dentro do biênio decadencial a ser contado do trânsito em julgada da decisão proferida pelo Supremo Tribunal Federal (STF).

Advirta-se por fim que o Supremos Tribunal Federal (STF) declarou inconstitucional o texto do parágrafo 3º, inciso II, do artigo em comento, que trata da obrigatoriedade dos depósitos em bancos públicos. E assim foi decidido porque, nas palavras do Ministro Dias Toffol,i a exclusividade não se justifica. Ele citou resolução do Conselho Nacional de Justiça (CNJ) nesse sentido e jurisprudência do Supremo de que os depósitos judiciais não são recursos públicos e não estão à disposição do estado. São, na verdade, recursos pertencentes aos jurisdicionados.[73]

---

73. Vide ADI 5534 e ADI nº 5492.

## CAPÍTULO VI
### DO CUMPRIMENTO DE SENTENÇA QUE RECONHEÇA A EXIGIBILIDADE DE OBRIGAÇÃO DE FAZER, DE NÃO FAZER OU DE ENTREGAR COISA
#### SEÇÃO I
### DO CUMPRIMENTO DE SENTENÇA QUE RECONHEÇA A EXIGIBILIDADE DE OBRIGAÇÃO DE FAZER OU DE NÃO FAZER

**Art. 536.** No cumprimento de sentença que reconheça a exigibilidade de obrigação de fazer ou de não fazer, o juiz poderá, de ofício ou a requerimento, para a efetivação da tutela específica ou a obtenção de tutela pelo resultado prático equivalente, determinar as medidas necessárias à satisfação do exequente.

§ 1º Para atender ao disposto no *caput*, o juiz poderá determinar, entre outras medidas, a imposição de multa, a busca e apreensão, a remoção de pessoas e coisas, o desfazimento de obras e o impedimento de atividade nociva, podendo, caso necessário, requisitar o auxílio de força policial.

§ 2º O mandado de busca e apreensão de pessoas e coisas será cumprido por 2 (dois) oficiais de justiça, observando-se o disposto no art. 846, §§ 1º a 4º, se houver necessidade de arrombamento.

§ 3º O executado incidirá nas penas de litigância de má-fé quando injustificadamente descumprir a ordem judicial, sem prejuízo de sua responsabilização por crime de desobediência.

§ 4º No cumprimento de sentença que reconheça a exigibilidade de obrigação de fazer ou de não fazer, aplica-se o art. 525, no que couber.

§ 5º O disposto neste artigo aplica-se, no que couber, ao cumprimento de sentença que reconheça deveres de fazer e de não fazer de natureza não obrigacional.

## COMENTÁRIOS

O artigo em comento trata da aplicabilidade da multa cominatória (astreintes) e de demais medidas para galgar a efetiva tutela específica pela qual se pode exigir em juízo em razão do atraso de cumprimento das obrigações. É que pode ser imposta de ofício ou a requerimento da parte sendo destinada a exercer coerção psicológica no executado, no sentido de forçá-lo a cumprir determinada obrigação que poderá ser a entrega de coisa, ou de fazer ou não fazer.

Sobre as medidas necessárias e autorizadas pelo CPC que sejam capazes de induzir o obrigado ao adimplemento de obrigações específicas, tem bastante destaque as multas coercitivas, que são a versão brasileira das astreintes tão conhecidas pelos tribunais franceses e criadas com a mesma finalidade.

CÓDIGO DE PROCESSO CIVIL COMENTADO • LEI 13.105, DE 16 DE MARÇO DE 2015

Tais multas atuam no sistema mediante o agravamento sensível da situação do executado renitente, onerando-o progressivamente, a cada hora que passa, ou a cada dia, mês ou ano, ou a cada ato indevido que venha repetir, mesmo quando com um só ato ele descumprir irremediavelmente o comando judicial.

A lei processual civil em alguns de seus dispositivos legais estabelece expressamente a possibilidade de fixação das astreintes particularmente no cumprimento de obrigações de fazer e não fazer.

Nessas obrigações, a parte demandada tem a oportunidade de cumprir a obrigação espontaneamente, quando citada ou intimada para tal, no prazo fixado pelo juiz, sob pena, de não cumprindo, incidir as astreintes, devidamente arbitrada pelo juiz.

Para atender o comando judicial poderá ainda o juiz determinar a busca e apreensão, a remoção de pessoas e coisas, o desfazimento de obras e impedimento de atividade nociva, podendo, caso necessário, ainda requisitar o auxílio de força policial.

**Art. 537.** A multa independe de requerimento da parte e poderá ser aplicada na fase de conhecimento, em tutela provisória ou na sentença, ou na fase de execução, desde que seja suficiente e compatível com a obrigação e que se determine prazo razoável para cumprimento do preceito.

§ 1º O juiz poderá, de ofício ou a requerimento, modificar o valor ou a periodicidade da multa vincenda ou excluí-la, caso verifique que:

I – se tornou insuficiente ou excessiva;

II – o obrigado demonstrou cumprimento parcial superveniente da obrigação ou justa causa para o descumprimento.

§ 2º O valor da multa será devido ao exequente.

§ 3º A decisão que fixa a multa é passível de cumprimento provisório, devendo ser depositada em juízo, permitido o levantamento do valor após o trânsito em julgado da sentença favorável à parte. (Redação dada pela Lei 13.256, de 2016)

§ 4º A multa será devida desde o dia em que se configurar o descumprimento da decisão e incidirá enquanto não for cumprida a decisão que a tiver cominado.

§ 5º O disposto neste artigo aplica-se, no que couber, ao cumprimento de sentença que reconheça deveres de fazer e de não fazer de natureza não obrigacional.

## COMENTÁRIOS

A multa a que se refere o dispositivo poderá incidir automaticamente na fase de conhecimento, em tutela provisória ou na sentença, ou na fase de execução, desde que seja suficiente e compatível com a obrigação e que se determine prazo razoável para o cumprimento do preceito.

Percebe-se a presença de cláusulas gerais, mais precisamente expressas nos adjetivos "suficiente e compatível" com a obrigação bem como a determinação de "prazo razoável" para o cumprimento do preceito.

O que endossa os poderes do juiz no cumprimento da sentença, utilizando a multa em seu caráter coercitivo.

A extensão de poderes do juiz no cumprimento da sentença o permite não só atuar de ofício ou a requerimento das partes, mas também modular o valor e a periodicidade da multa vincenda, podendo até excluí-la se: tornou-se insuficiente ou excessiva; quando o executado demonstrou cumprimento parcial superveniente da obrigação ou justa causa para seu cumprimento (novamente cláusulas gerais quando se refere à justa causa).

A decisão que fixou a multa pode ser cumprida provisoriamente, devendo ser depositada em juízo, permitido o levantamento do valor após o trânsito em julgado da sentença favorável à parte.

O parágrafo quarto põe fim à polêmica de se saber a partir de quando é devida a multa, esclarecendo que é desde o dia em que se configurar o descumprimento da decisão. Reafirma ainda que é incidente a multa enquanto não for cumprida a decisão que a tiver cominado.

O quinto e último parágrafo estende a aplicação da multa ao cumprimento da sentença que reconheça deveres de fazer e de não fazer de natureza obrigacional.

Para se liberar do risco da multa e mesmo das consequências da mora, o executado tem o direito de promover o pagamento da condenação de imediato, sem sujeitar-se às delongas da baixa dos autos. Podendo assim efetuá-lo diretamente ao exequente ou depositando em juízo.

**SEÇÃO II**

**DO CUMPRIMENTO DE SENTENÇA QUE RECONHEÇA A EXIGIBILIDADE DE OBRIGAÇÃO DE ENTREGAR COISA**

**Art. 538.** Não cumprida a obrigação de entregar coisa no prazo estabelecido na sentença, será expedido mandado de busca e apreensão ou de imissão na posse em favor do credor, conforme se tratar de coisa móvel ou imóvel.

§ 1º A existência de benfeitorias deve ser alegada na fase de conhecimento, em contestação, de forma discriminada e com atribuição, sempre que possível e justificadamente, do respectivo valor.

§ 2º O direito de retenção por benfeitorias deve ser exercido na contestação, na fase de conhecimento.

§ 3º Aplicam-se ao procedimento previsto neste artigo, no que couber, as disposições sobre o cumprimento de obrigação de fazer ou de não fazer.

# COMENTÁRIOS

Não cumprida a obrigação de entregar coisa no prazo fixado na sentença, expedir-se-á o mandado de busca e apreensão (coisa móvel) ou de imissão na posse (coisa imóvel).

A existência de benfeitoria deve ser alegada na fase de cognição, em contestatória de forma detalhada e com atribuição sempre que possível e justificadamente o valor.

Importante ressaltar que somente o possuidor de boa-fé que realiza benfeitorias úteis ou necessárias (significando melhoramentos, obras, despesas, plantações e construções) na coisa deve ser indenizado pelo proprietário da coisa, afinal, a coisa sofreu uma valorização com tais melhoramentos.

Caso o proprietário da coisa não indenize espontaneamente, o possuidor poderá exercer o direito de retenção (conservar, manter) a coisa em seu poder em garantia dessa indenização.

E tal procedimento é aplicável no que couber ao cumprimento de obrigação de fazer ou de não fazer.

## TÍTULO III
## DOS PROCEDIMENTOS ESPECIAIS
## CAPÍTULO I
## DA AÇÃO DE CONSIGNAÇÃO EM PAGAMENTO

**Art. 539.** Nos casos previstos em lei, poderá o devedor ou terceiro requerer, com efeito de pagamento, a consignação da quantia ou da coisa devida.

§ 1º Tratando-se de obrigação em dinheiro, poderá o valor ser depositado em estabelecimento bancário, oficial onde houver, situado no lugar do pagamento, cientificando-se o credor por carta com aviso de recebimento, assinado o prazo de 10 (dez) dias para a manifestação de recusa.

§ 2º Decorrido o prazo do § 1º, contado do retorno do aviso de recebimento, sem a manifestação de recusa, considerar-se-á o devedor liberado da obrigação, ficando à disposição do credor a quantia depositada.

§ 3º Ocorrendo a recusa, manifestada por escrito ao estabelecimento bancário, poderá ser proposta, dentro de 1 (um) mês, a ação de consignação, instruindo-se a inicial com a prova do depósito e da recusa.

§ 4º Não proposta a ação no prazo do § 3º, ficará sem efeito o depósito, podendo levantá-lo o depositante.

## COMENTÁRIOS

A ação de consignação em pagamento é destinada a obter a extinção da obrigação com a consequente liberação do devedor, mediante o depósito do dinheiro ou da coisa, a ser feito pelo próprio devedor ou terceiro, nos casos autorizados por lei, afastando assim a mora do devedor (mora *solvendi*) e constituindo o credor em mora (mora *accipiendi*).

É importante deixar claro que só se pode utilizar desse instituto nos casos expressamente autorizados por lei. A título de exemplo veja-se que os motivos autorizativos constantes do art. 335 do Código Civil.

Tratando-se de obrigação em dinheiro, o devedor tem a opção de depositar a quantia em banco oficial, situado no lugar do pagamento, em conta remunerada, cientificando o credor, por carta com AR, na qual conste que ele tem o prazo de 10 (dez) dias para manifestar sua eventual recusa. Se o credor quedar-se silente, considerar-se-á o devedor liberado da obrigação, ficando à disposição do credor a quantia depositada (consignação extrajudicial).

Havendo a recusa manifestada por escrito, o devedor deverá propor, no prazo de 1 (um) mês, a ação de consignação instruindo-a com a prova do depósito e da recusa.

Se o devedor não propuser a ação no prazo assinalado, o depósito realizado ficará sem o efeito liberatório e o depositante poderá levantá-lo.

> **Art. 540.** Requerer-se-á a consignação no lugar do pagamento, cessando para o devedor, à data do depósito, os juros e os riscos, salvo se a demanda for julgada improcedente.

### COMENTÁRIOS

O art. 540 trata da questão da competência, estabelecendo que a ação será proposta no lugar onde o pagamento da dívida deveria ocorrer, cessando para o devedor, à data do depósito, os juros e os riscos, salvo se a demanda for julgada improcedente ao final.

Já com relação a competência quando a consignação envolvesse a obrigação de entregar coisa, será importante deixar assentado que, nesse caso, o foro competente será o do lugar onde a coisa se encontrar, nos termos do art. 341 do Código Civil.

> **Art. 541.** Tratando-se de prestações sucessivas, consignada uma delas, pode o devedor continuar a depositar, no mesmo processo e sem mais formalidades, as que se forem vencendo, desde que o faça em até 5 (cinco) dias contados da data do respectivo vencimento.

### COMENTÁRIOS

No caso de prestações sucessivas (periódicas), uma vez consignada a primeira prestação, o devedor poderá realizar os demais depósitos vincendos, no mesmo processo, em até 5 (cinco) dias, após o respectivo vencimento.

**Art. 542.** Na petição inicial, o autor requererá:

I – o depósito da quantia ou da coisa devida, a ser efetivado no prazo de 5 (cinco) dias contados do deferimento, ressalvada a hipótese do art. 539, § 3º;

II – a citação do réu para levantar o depósito ou oferecer contestação.

**Parágrafo único.** Não realizado o depósito no prazo do inciso I, o processo será extinto sem resolução do mérito.

## COMENTÁRIOS

Ao propor a ação de consignação em pagamento o autor, além das exigências para toda e qualquer petição inicial (ver CPC, art. 319), deverá requerer: prazo para realizar o depósito da quantia ou da coisa (5 dias, contados do deferimento) e a citação do réu para levantar o depósito ou oferecer resposta.

O parágrafo único, que é inovação, diz o que é obvio: autorizado o depósito, se o requerente não realizá-lo no prazo de 5 (cinco) dias, o processo será extinto sem resolução do mérito

**Art. 543.** Se o objeto da prestação for coisa indeterminada e a escolha couber ao credor, será este citado para exercer o direito dentro de 5 (cinco) dias, se outro prazo não constar de lei ou do contrato, ou para aceitar que o devedor a faça, devendo o juiz, ao despachar a petição inicial, fixar lugar, dia e hora em que se fará a entrega, sob pena de depósito.

## COMENTÁRIOS

O CPC faz prevê que na hipótese de consignação de coisa indeterminada, cuja escolha é do credor, primeiramente o juiz deverá mandar citá-lo para, no prazo de 5 dias (cinco), se outro prazo não constar em lei especial ou no contrato, exercer seu direito.

Não o fazendo, a escolha caberá ao devedor e o juiz designará dia e local para que se faça a entrega que, se não ocorrer, será convertida em depósito.

**Art. 544.** Na contestação, o réu poderá alegar que:

I – não houve recusa ou mora em receber a quantia ou a coisa devida; I

I – foi justa a recusa;

III – o depósito não se efetuou no prazo ou no lugar do pagamento;

IV – o depósito não é integral.

**Parágrafo único.** No caso do inciso IV, a alegação somente será admissível se o réu indicar o montante que entende devido.

## COMENTÁRIOS

O art. 544 lista as matérias que poderão ser arguidas pelo réu em sua contestação, cabendo destacar que, no caso de alegar que a quantia depositada foi realizada a menor, deverá indicar com clareza qual valor correto deveria ter sido depositado.

Significa dizer que não será aceita alegações genéricas, cabendo ao réu precisar, inclusive com quadro demonstrativo, qual é a integralidade de seu crédito, sob pena de não ser conhecida sua irresignação.

> **Art. 545.** Alegada a insuficiência do depósito, é lícito ao autor completá-lo, em 10 (dez) dias, salvo se corresponder a prestação cujo inadimplemento acarrete a rescisão do contrato.
>
> § 1º No caso do *caput*, poderá o réu levantar, desde logo, a quantia ou a coisa depositada, com a consequente liberação parcial do autor, prosseguindo o processo quanto à parcela controvertida.
>
> § 2º A sentença que concluir pela insuficiência do depósito determinará, sempre que possível, o montante devido e valerá como título executivo, facultado ao credor promover-lhe o cumprimento nos mesmos autos, após liquidação, se necessária.

## COMENTÁRIOS

O dispositivo em comento estabelece a possibilidade de o devedor completar a quantia faltante, o que poderá ser feito no prazo de 10 (dez) dias, cujo prazo se inicia de sua intimação para réplica.

Independente de o autor depositar a quantia supostamente faltante, o réu poderá levantar o valor que já se encontra depositado, com a consequente liberação parcial do autor.

Na hipótese de o autor ter se manifestado em réplica, insistindo na correção de seus cálculos e impugnando os do réu, o processo continuará até final sentença que, se concluir pelo acerto do depósito inicialmente realizado, dará a ação por extinta com a liberação do devedor. Se, em contrapartida, o juiz concluir pela insuficiência do depósito determinará, sempre que possível, o montante devido que valerá como título executivo, facultado ao credor promover-lhe o cumprimento nos mesmos autos, após liquidação, se necessária.

> **Art. 546.** Julgado procedente o pedido, o juiz declarará extinta a obrigação e condenará o réu ao pagamento de custas e honorários advocatícios.
>
> **Parágrafo único.** Proceder-se-á do mesmo modo se o credor receber e der quitação.

# COMENTÁRIOS

O art. 546 trata dos efeitos da procedência da ação de consignação, cujo objetivo principal é a extinção da obrigação. Além disso, trata também da verba de sucumbência, quando houver acolhimento do pedido do autor (devedor).

Embora o CPC seja silente, a mesma regra se aplica na situação inversa, isto é, quando o devedor (autor da ação) for o perdedor, deverá arcar com o ônus da sucumbência em favor do credor (réu na ação).

> **Art. 547.** Se ocorrer dúvida sobre quem deva legitimamente receber o pagamento, o autor requererá o depósito e a citação dos possíveis titulares do crédito para provarem o seu direito.

# COMENTÁRIOS

Nenhum segredo no artigo em comento que prevê a hipótese de o devedor ter dúvidas sobre quem legitimamente deva receber a prestação.

Nesse caso, incumbe-lhe requerer a citação de todos os possíveis credores para que os interessados se habilitem no processo e provem a sua titularidade no crédito *sub judice*.

> **Art. 548.** No caso do art. 547:
> I – não comparecendo pretendente algum, converter-se-á o depósito em arrecadação de coisas vagas;
> II – comparecendo apenas um, o juiz decidirá de plano;
> III – comparecendo mais de um, o juiz declarará efetuado o depósito e extinta a obrigação, continuando o processo a correr unicamente entre os presuntivos credores, observado o procedimento comum.

# COMENTÁRIOS

No caso de dúvidas sobre quem deva ser o verdadeiro credor, deverão ser citados os possíveis interessados.

Nesse caso, pode ocorrer de ninguém aparecer. Nessa circunstância, a ação de depósito será convertida em arrecadação de coisas vagas.

Se comparecer apenas um, o juiz decidirá de plano; se, comparecer mais de um, o juiz declarará efetuado o depósito e extinta a obrigação, continuando o processo a correr unicamente entre os possíveis credores, observado o procedimento comum.

> **Art. 549.** Aplica-se o procedimento estabelecido neste Capítulo, no que couber, ao resgate do aforamento.

## COMENTÁRIOS

O legislador do CPC manteve a regra que manda aplicar o procedimento da consignação em pagamento, no que couber, ao resgate do aforamento, figura esta já praticamente extinta em nosso direito.

Só a título de curiosidade, enfiteuse ou aforamento é um direito real sobre coisa alheia que constava no Código Civil de 1916, e que atualmente, está proibido a constituição de novas por expressa determinação do Código Civil de 2002 (ver art. 2.038).

De qualquer forma, enfiteuse é uma espécie de arrendamento perpétuo de terras não cultivadas ou terrenos destinados à edificação, mediante o pagamento de uma pensão ou foro anual, certo ou invariável.

## CAPÍTULO II
## DA AÇÃO DE EXIGIR CONTAS

**Art. 550.** Aquele que afirmar ser titular do direito de exigir contas requererá a citação do réu para que as preste ou ofereça contestação no prazo de 15 (quinze) dias.

§ 1º Na petição inicial, o autor especificará, detalhadamente, as razões pelas quais exige as contas, instruindo-a com documentos comprobatórios dessa necessidade, se existirem.

§ 2º Prestadas as contas, o autor terá 15 (quinze) dias para se manifestar, prosseguindo-se o processo na forma do Capítulo X do Título I deste Livro.

§ 3º A impugnação das contas apresentadas pelo réu deverá ser fundamentada e específica, com referência expressa ao lançamento questionado.

§ 4º Se o réu não contestar o pedido, observar-se-á o disposto no art. 355.

§ 5º A decisão que julgar procedente o pedido condenará o réu a prestar as contas no prazo de 15 (quinze) dias, sob pena de não lhe ser lícito impugnar as que o autor apresentar.

§ 6º Se o réu apresentar as contas no prazo previsto no § 5º, seguir-se-á o procedimento do § 2º, caso contrário, o autor apresentá-las-á no prazo de 15 (quinze) dias, podendo o juiz determinar a realização de exame pericial, se necessário.

## COMENTÁRIOS

A antiga "ação de prestação de contas" ganha outro nome no Novo CPC e passa as ser "ação de exigir contas" reservando esse direito exclusivamente àqueles que afirmarem serem credores do direito de exigi-las.

Pela sistemática adotada pelo legislador do novel codex, só tem legitimidade para propositura deste tipo de ação aquele que for credor. Quer dizer, não mais se refere à ação para prestar contas, ajuizada por quem tem o dever de prestá-las, mas apenas à ação para exigir contas.

O § 5º, enuncia que "a decisão que julgar procedente o pedido condenará o réu a prestar as contas no prazo de 15 (quinze) dias, sob pena de não lhe ser lícito impugnar as que o autor apresentar". Isto significa dizer que é um tipo de ação cominatória e, caso o réu não apresente contestação no prazo legalmente estabelecido, perderá o direito de impugnar as contas apresentadas pelo autor da ação.

No mais, sem nenhuma grande inovação, a não ser a alteração dos prazos que agora uniformemente passam a ser de 15 (quinze) dias, seja para a primeira resposta do réu, seja para o autor se manifestar sobre as contas apresentadas.

**Art. 551.** As contas do réu serão apresentadas na forma adequada, especificando-se as receitas, a aplicação das despesas e os investimentos, se houver.

§ 1º Havendo impugnação específica e fundamentada pelo autor, o juiz estabelecerá prazo razoável para que o réu apresente os documentos justificativos dos lançamentos individualmente impugnados.

§ 2º As contas do autor, para os fins do art. 550, § 5º, serão apresentadas na forma adequada, já instruídas com os documentos justificativos, especificando-se as receitas, a aplicação das despesas e os investimentos, se houver, bem como o respectivo saldo.

## COMENTÁRIOS

O CPC explicita quais os elementos que devem constar da petição de prestação de contas, afastando a exigência rígida que existia ao tempo do antigo CPC/73 de que a prestação de contas deveria ser realizada na forma mercantil.

Pela sistemática prevista no art. 551, o que importa é que as contas do réu sejam apresentadas na forma adequada, especificando-se as receitas, a aplicação das despesas e os investimentos, de sorte que possa ser aferida a sua regularidade por qualquer pessoa.

Se houver impugnação, deverá ser específica e devidamente fundamentada pelo impugnante, não se aceitando impugnações genéricas. Recebida a impugnação o juiz estabelecerá prazo razoável para que o réu apresente os documentos justificativos dos lançamentos individualmente impugnados.

**Art. 552.** A sentença apurará o saldo e constituirá título executivo judicial.

## COMENTÁRIOS

A sentença que apurar o saldo das contas prestadas (segunda fase da ação de prestação de contas) é título executivo judicial e, como tal, passível de execução forçada.

Este saldo pode ser favorável ao autor ou ao réu o que faz com que esta ação tenha também o eventual caráter condenatório com relação ao saldo existente, revelando aí, mais uma vez o seu caráter de ação dúplice.

**Art. 553.** As contas do inventariante, do tutor, do curador, do depositário e de qualquer outro administrador serão prestadas em apenso aos autos do processo em que tiver sido nomeado.

**Parágrafo único.** Se qualquer dos referidos no *caput* for condenado a pagar o saldo e não o fizer no prazo legal, o juiz poderá destituí-lo, sequestrar os bens sob sua guarda, glosar o prêmio ou a gratificação a que teria direito e determinar as medidas executivas necessárias à recomposição do prejuízo.

## COMENTÁRIOS

O art. 553 do CPC prevê as hipóteses de pessoas que estejam administrando bens de terceiros que, nessa condição, podem ser obrigados a prestar contas de suas atividades ou dos resultados de sua administração.

É o caso do inventariante, do tutor, do curador, do depositário e de qualquer outro administrador cujas contas serão prestadas em apenso aos autos do processo em que tiver sido nomeado.

Apuradas as contas, se qualquer dos referidos no *caput* for condenado a pagar o saldo e não o fizer no prazo legal, o juiz poderá destituí-lo, sequestrar os bens sob sua guarda, glosar o prêmio ou a gratificação a que teria direito e determinar as medidas executivas necessárias à recomposição do prejuízo.

## CAPÍTULO III
### DAS AÇÕES POSSESSÓRIAS
#### SEÇÃO I
#### DISPOSIÇÕES GERAIS

**Art. 554.** A propositura de uma ação possessória em vez de outra não obstará a que o juiz conheça do pedido e outorgue a proteção legal correspondente àquela cujos pressupostos estejam provados.

§ 1º No caso de ação possessória em que figure no polo passivo grande número de pessoas, serão feitas a citação pessoal dos ocupantes que forem encontrados no local e a citação por edital dos demais, determinando-se, ainda, a intimação do Ministério Público e, se envolver pessoas em situação de hipossuficiência econômica, da Defensoria Pública.

§ 2º Para fim da citação pessoal prevista no § 1º, o oficial de justiça procurará os ocupantes no local por uma vez, citando-se por edital os que não forem encontrados.

§ 3º O juiz deverá determinar que se dê ampla publicidade da existência da ação prevista no § 1º e dos respectivos prazos processuais, podendo, para tanto, valer-se de anúncios em jornal ou rádio locais, da publicação de cartazes na região do conflito e de outros meios.

## COMENTÁRIOS

A posse, como estado de fato reconhecido pelo ordenamento jurídico pátrio, merece proteção, através das ações específicas. Protege-se a posse contra qualquer ato que signifique ameaça ou violação da relação entre a pessoa e a coisa possuída.

O *caput* do art. 554 cria, por assim dizer, a fungibilidade das ações possessórias, tendo em vista estabelecer que o juiz está autorizado a conhecer do pedido de proteção possessória, ainda que a ação tenha sido proposta de maneira errônea. É o caso, por exemplo, de propositura de uma ação de manutenção na posse quando deveria ter sido de reintegração na posse.

Advirta-se que a fungibilidade só pode ocorrer entra as ações possessórias chamadas de típicas, quais sejam, ação de reintegração de posse, manutenção da posse, e o interdito proibitório.

Justifica-se tal medida porque a dinâmica dos fatos quando envolve ameaças de invasão de propriedade é de grande mutação. Aquilo que hoje seria apenas uma ameaça e, portanto, justificaria o ingresso em juízo com uma ação de interdito proibitório, pode ser amanhã uma invasão consumada, justificando um pedido de reintegração.

Os parágrafos são novidades que agora se encontram positivadas em lei e vem em reforço ao que já se fazia na prática forense, de sorte que merece elogios o legislador do *novel codex*.

**Art. 555.** É lícito ao autor cumular ao pedido possessório o de:

I – condenação em perdas e danos;

II – indenização dos frutos.

**Parágrafo único.** Pode o autor requerer, ainda, imposição de medida necessária e adequada para:

I – evitar nova turbação ou esbulho;

II – cumprir-se a tutela provisória ou final.

## COMENTÁRIOS

Nada obsta que o autor ingresse com uma ação de reintegração de posse e na mesma ação faça, não só o pedido de reintegração, mas também o pedido de indenização pelas perdas e danos decorrente do esbulho.

Ademais, o CPC prevê no parágrafo único a possibilidade de, independente dos pedidos cumulados tratados no *caput*, que o autor também requeira, no mesmo processo, medidas de proteção quanto a evitar novas turbações ou esbulhos, bem como exigir o cumprimento do que tenha sido concedido como tutela provisória ou definitiva.

**Art. 556.** É lícito ao réu, na contestação, alegando que foi o ofendido em sua posse, demandar a proteção possessória e a indenização pelos prejuízos resultantes da turbação ou do esbulho cometido pelo autor.

## COMENTÁRIOS

Neste artigo o CPC reafirma o caráter dúplice das ações possessórias, tendo em vista que permite ao réu fazer pedido a seu favor na contestação, sem a necessidade e de reconvenção.

Tal permissivo ocorre em face da necessidade de tratamento diferenciado para a proteção possessória que exige maior celeridade da justiça por suas peculiaridades. Não é nada absurdo que o réu se sinta ameaçado, turbado ou esbulhado pelo autor, razão porque pode ele requerer a proteção possessória, sem prejuízo da indenização correspondente aos danos sofrido por causa da turbação ou esbulho cometido pelo autor da ação.

É preciso rememorar que protege-se a posse por si mesma, uma vez que o possuidor, pelo só fato de o ser possuidor, tem mais direito do aquele que não é o possuidor. Dessa forma, protege-se a posse, na presunção de que o possuidor é o proprietário aparente da coisa.

> **Art. 557.** Na pendência de ação possessória é vedado, tanto ao autor quanto ao réu, propor ação de reconhecimento do domínio, exceto se a pretensão for deduzida em face de terceira pessoa.
>
> **Parágrafo único.** Não obsta à manutenção ou à reintegração de posse a alegação de propriedade ou de outro direito sobre a coisa.

## COMENTÁRIOS

Na pendência da ação possessória, nenhuma das partes pode intentar ação reivindicatória. Isso se justifica porque as ações possessórias como o próprio nome diz, decorrem do direito de posse; enquanto que a ação reivindicatória se fundamenta no direito de propriedade (domínio).

Aliás, o próprio Código Civil, em seu art. 1.210, § 2º, expressamente diz: "Não obsta à manutenção ou reintegração na posse a alegação de propriedade, ou de outro direito sobre a coisa".

> **Art. 558.** Regem o procedimento de manutenção e de reintegração de posse as normas da Seção II deste Capítulo quando a ação for proposta dentro de ano e dia da turbação ou do esbulho afirmado na petição inicial.
>
> **Parágrafo único.** Passado o prazo referido no *caput*, será comum o procedimento, não perdendo, contudo, o caráter possessório.

## COMENTÁRIOS

O CPC mantém a dicotomia entre posse nova e posse velha, cumprindo esclarecer que posse nova é aquela que tem menos de ano e dia. Se a posse tiver tempo superior a isso, será considerada posse velha.

O tratamento é diferenciado e muito importante do ponto de vista processual porque se a posse for nova (menos de ano e dia), o procedimento será aquele constante desse capítulo e o autor poderá obter a reintegração através de *liminar inaudita altera parte*, de forma quase automática. Se de outro lado, a posse for velha (mais de ano e dia) o procedimento será o comum e o autor somente irá conseguir a reintegração liminar se preencher os requisitos da tutela de urgência.

> **Art. 559.** Se o réu provar, em qualquer tempo, que o autor provisoriamente mantido ou reintegrado na posse carece de idoneidade financeira para, no caso de sucumbência, responder por perdas e danos, o juiz designar-lhe-á o prazo de 5 (cinco) dias para requerer caução, real ou fidejussória, sob pena de ser depositada a coisa litigiosa, ressalvada a impossibilidade da parte economicamente hipossuficiente.

### COMENTÁRIOS

O art. 559 do CPC estabelece que o réu pode, em qualquer momento processual, tentar provar em juízo que o autor, provisoriamente mantido ou reintegrado, não tem condições financeira para, no caso de perder a ação, arcar com as verbas atinente à indenização por perdas e danos.

Provado pelo réu a carência financeira do autor, o juiz deverá assinar o prazo de 5 (cinco) dias para que ele requeira caução, real ou fidejussória, sob pena de ser depositada a coisa litigiosa, ressalvada a impossibilidade da parte economicamente hipossuficiente.

### SEÇÃO II
### DA MANUTENÇÃO E DA REINTEGRAÇÃO DE POSSE

> **Art. 560.** O possuidor tem direito a ser mantido na posse em caso de turbação e reintegrado em caso de esbulho.

### COMENTÁRIOS

A nossa lei dos ritos repete, por assim dizer, o que consta no Código Civil, art. 1.210, *caput*, que tem a seguinte redação: "O possuidor tem direito a ser mantido na posse em caso de turbação, restituído no de esbulho, e segurado de violência iminente, se tiver justo receio de ser molestado".

Cumpre esclarecer que no caso de turbação o possuidor ainda não perdeu a posse, mas se sente tolhido em poder usufruir plenamente o seu direito em face de agressão de terceiro. Já o esbulho é mais grave pois significa a perda total ou parcial da posse.

De toda sorte a previsão tem a ver com a legitimidade ativa e passiva e com o interesse de agir daquele que propõe uma ação possessória.

**Art. 561.** Incumbe ao autor provar:

I – a sua posse;

II – a turbação ou o esbulho praticado pelo réu;

III – a data da turbação ou do esbulho;

IV – a continuação da posse, embora turbada, na ação de manutenção, ou a perda da posse, na ação de reintegração.

## COMENTÁRIOS

Se o autor pretende obter a reintegração ou manutenção liminar, sem a oitiva da parte contrária, deverá provar de maneira clara e contundente: a sua posse; a turbação ou o esbulho praticado pelo réu; a data da turbação ou do esbulho; e, a continuação da posse, embora turbada, na ação de manutenção, ou a perda da posse, na ação de reintegração.

Quer dizer, se o autor não provar de maneira robusta esses fatos, certamente o juiz não lhe concederá a liminar, determinando a realização de audiência de justificação prévia.

**Art. 562.** Estando a petição inicial devidamente instruída, o juiz deferirá, sem ouvir o réu, a expedição do mandado liminar de manutenção ou de reintegração, caso contrário, determinará que o autor justifique previamente o alegado, citando-se o réu para comparecer à audiência que for designada.

**Parágrafo único.** Contra as pessoas jurídicas de direito público não será deferida a manutenção ou a reintegração liminar sem prévia audiência dos respectivos representantes judiciais.

## COMENTÁRIOS

Diz a nossa lei dos ritos que "estando a petição inicial devidamente instruída, o juiz deferirá, sem ouvir o réu, a expedição do mandado liminar de manutenção ou de reintegração; caso contrário, determinará que o autor justifique previamente o alegado, citando-se o réu para comparecer à audiência que for designada".

Quer dizer, se o autor provar sua posse anterior e que o esbulho ou turbação ocorreu a menos de ano e dia, certamente obterá uma liminar que lhe dará direito de imediatamente se ver reintegrado, sem a oitiva da parte contrária, isto é, *inaudita altera parte*.

Na eventualidade de o juiz não se convencer quanto à concessão da liminar, e se o autor tiver expressamente requerido, designará uma audiência na qual o autor deverá provar e justificar todo o alegado. Dessa audiência o réu será citado e dela poderá participar, inclusive inquirindo as testemunhas do autor.

No parágrafo único, o legislador, partindo da presunção de que as pessoas jurídicas de direito público agem dentro do princípio da legalidade, impôs ao magistrado o dever de primeiro ouvir o ente público para depois analisar se é o caso ou não de concessão de liminar.

CÓDIGO DE PROCESSO CIVIL COMENTADO • LEI 13.105, DE 16 DE MARÇO DE 2015 | ART. 565

Nesse caso, a proteção é a favor da administração pública direta, isto é, União, Estados, Municípios e o Distrito Federal, incluída suas respectivas autarquias. Não se incluem nesse rol as empresas públicas, nem as concessionárias ou permissionárias de serviços públicos, tendo em vista que estas são pessoas jurídicas de direito privado.

**Art. 563.** Considerada suficiente a justificação, o juiz fará logo expedir mandado de manutenção ou de reintegração.

### COMENTÁRIOS

O art. 563 do CPC em nada inova em relação ao se antecessor ao prever que o juiz deverá, tão logo provada o direito do requerente, mandar expedir o mandado de manutenção ou de reintegração, conforme o caso.

Quer dizer, se na audiência de justificação o juiz se convencer que todos os requisitos inerentes à tutela possessória estão presentes, deverá mandar expedir, desde logo, o mandado liminar de manutenção ou de reintegração na posse.

**Art. 564.** Concedido ou não o mandado liminar de manutenção ou de reintegração, o autor promoverá, nos 5 (cinco) dias subsequentes, a citação do réu para, querendo, contestar a ação no prazo de 15 (quinze) dias.

**Parágrafo único.** Quando for ordenada a justificação prévia, o prazo para contestar será contado da intimação da decisão que deferir ou não a medida liminar.

### COMENTÁRIOS

O art. 564 determina que, concedido ou não o mandado liminar de manutenção ou de reintegração, o autor deverá promover, nos 5 (cinco) dias subsequentes, a citação do réu para, querendo, contestar a ação no prazo de 15 (quinze) dias.

A novidade é o estabelecimento do prazo de 15 (quinze) dias para o réu contestar. Na legislação anterior não existia esse prazo, embora isso não fosse problema já que na praxe forense era utilizado o prazo geral de contestação que é exatamente de 15 dias.

O parágrafo único estabelece a partir de qual momento conta-se o prazo para contestação quando for o caso de realização de audiência de justificação prévia. Nesse caso, o prazo para contestar será contado da intimação da decisão que deferir ou não a medida liminar.

**Art. 565.** No litígio coletivo pela posse de imóvel, quando o esbulho ou a turbação afirmado na petição inicial houver ocorrido há mais de ano e dia, o juiz, antes de apreciar o pedido de concessão da medida liminar, deverá designar audiência de mediação, a realizar-se em até 30 (trinta) dias, que observará o disposto nos §§ 2º e 4º.

§ 1º Concedida a liminar, se essa não for executada no prazo de 1 (um) ano, a contar da data de distribuição, caberá ao juiz designar audiência de mediação, nos termos dos §§ 2º a 4º deste artigo.

§ 2º O Ministério Público será intimado para comparecer à audiência, e a Defensoria Pública será intimada sempre que houver parte beneficiária de gratuidade da justiça.

§ 3º O juiz poderá comparecer à área objeto do litígio quando sua presença se fizer necessária à efetivação da tutela jurisdicional.

§ 4º Os órgãos responsáveis pela política agrária e pela política urbana da União, de Estado ou do Distrito Federal e de Município onde se situe a área objeto do litígio poderão ser intimados para a audiência, a fim de se manifestarem sobre seu interesse no processo e sobre a existência de possibilidade de solução para o conflito possessório.

§ 5º Aplica-se o disposto neste artigo ao litígio sobre propriedade de imóvel.

## COMENTÁRIOS

Este art. 565 do CPC é uma novidade e representa a absorção pela nossa lei processual daquilo que comumente acontece nos procedimentos de reintegração de posse em áreas ocupadas coletivamente nos grandes centros urbanos.

É salutar que o legislador tenha adotado essas medidas que, em último caso, servirão para uniformizar o entendimento sobre a matéria e evitar decisões que não levam em conta os aspectos sociais e econômicos que, normalmente, cercam a questão das ocupações irregulares de terras nas áreas rurais e nos espaços urbanos.

Importantíssima a imposição contida no *caput* do art. 565 de que o juiz, nas ações de posse nova, antes mesmo de apreciar se cabível ou não a concessão de liminar, com a intimação do Ministério Público e da Defensoria Pública para participarem, além de também poder mandar intimar os órgãos responsáveis pela política agrária e pela política urbana da União, de Estado ou do Distrito Federal e de Município onde se situe a área objeto do litígio a fim de se manifestarem sobre seu interesse no processo e sobre a existência de possibilidade de solução para o conflito possessório.

### Art. 566. Aplica-se, quanto ao mais, o procedimento comum.

## COMENTÁRIOS

A inovação neste artigo é apenas semântica, pois concedida ou não a liminar, o processo deve prosseguir pelo procedimento comum.

Quer dizer, na falta de regulação específica nesta seção, tanto o juiz quanto às partes deverão utilizar o regramento do "procedimento é comum", que é regra geral do nosso sistema processual.

## SEÇÃO III
## DO INTERDITO PROIBITÓRIO

**Art. 567.** O possuidor direto ou indireto que tenha justo receio de ser molestado na posse poderá requerer ao juiz que o segure da turbação ou esbulho iminente, mediante mandado proibitório em que se comine ao réu determinada pena pecuniária caso transgrida o preceito.

### COMENTÁRIOS

Nos termos do art. 567 do Código de Processo Civil, o possuidor, que tenha justo receio de ser molestado na posse, poderá impetrar ao Juiz que o segure da turbação ou esbulho iminente, mediante mandado proibitório, em que se comine ao réu determinada pena pecuniária, caso transgrida o preceito.

Para isso, deverá demonstrar nos autos que preenche todos os requisitos necessários para procedência da interdito proibitório, quais sejam: a posse anterior, a ameaça da turbação ou esbulho e o justo receio de ser efetivada a ameaça. Preenchidos esses requisitos, deverá o magistrado conceder a ordem protetiva.

É preciso ter em mente que a natureza deste tipo de ação é claramente preventiva, isto é, tem como objetivo impedir que a ameaça vire uma turbação e, subsequentemente, em esbulho. Assim, o interdito proibitório, para cumprir com a sua função inibitória, deverá prever uma pena pecuniária para o caso de descumprimento à ordem judicial pelo réu.

Embora seja o juiz quem vai fixar o valor da multa, entendemos que o autor deve indicar na petição inicial qual deva ser esse valor.

**Art. 568.** Aplica-se ao interdito proibitório o disposto na Seção II deste Capítulo.

### COMENTÁRIOS

Tendo em vista que os interditos proibitórios foram colocados numa seção própria, isto é, separado dos procedimentos quanto à manutenção e reintegração de posse, o legislador manda aplicar, no que couber, aquele mesmo procedimento neste tipo de ação.

Naturalmente não se aplicam aquelas disposições que sejam incompatíveis com o instituto *sub oculum* como, por exemplo, a exigência de comprovação de posse nova, aquela de menos de ano e dia, isto porque não há nenhum sentido em supor que o autor tenha esperado mais de ano e dia para ingressar com ação que visa coibir uma ameaça.

# CAPÍTULO IV
## DA AÇÃO DE DIVISÃO E DA DEMARCAÇÃO DE TERRAS PARTICULARES
### SEÇÃO I
### DISPOSIÇÕES GERAIS

**Art. 569.** Cabe:

I – ao proprietário a ação de demarcação, para obrigar o seu confinante a estremar os respectivos prédios, fixando-se novos limites entre eles ou aviventando-se os já apagados;

II – ao condômino a ação de divisão, para obrigar os demais consortes a estremar os quinhões.

## COMENTÁRIOS

A ação de demarcação de terras particulares é aquela que tem por objetivo fixar os limites e delimitar a linha divisória entre dois terrenos, e dela pode se servir o proprietário para obrigar o seu vizinho a estremar os respectivos lotes, fixando-se novos limites entre eles ou aviventando-se os que já tenham sido apagados.

Já a ação de divisão de terras presta-se ao condômino para obrigar os demais consortes a estremar os seus respectivos quinhões.

São ações que só têm sentido se houver uma litigiosidade entre os confrontantes ou condôminos, tendo em vista que é perfeitamente possível aos interessados promoverem a demarcação/divisão de comum acordo.

Os fundamentos da ação demarcatória encontram-se no Código Civil que estabelece no art. 1.297 que o "proprietário tem direito a cercar, murar, valar ou tapar de qualquer modo o seu prédio, urbano ou rural, e pode constranger o seu confinante a proceder com ele à demarcação entre os dois prédios, a aviventar rumos apagados e a renovar marcos destruído ou arruinado, repartindo-se proporcionalmente entre os interessados as respectivas despesas".

É importante assinalar que este tipo de ação não é atingida pela prescrição por referir-se a uma pretensão lastreada no domínio que, por sua vez, é imprescritível. Isto parece claro porque o tempo não pode ter o condão de excluir o direito do proprietário ou condômino de extremar claramente o seu imóvel ou de individualizar o seu quinhão.

**Art. 570.** É lícita a cumulação dessas ações, caso em que deverá processar-se primeiramente a demarcação total ou parcial da coisa comum, citando-se os confinantes e os condôminos.

## COMENTÁRIOS

Parece contraditório falar que se pode cumular as ações de demarcação e de divisão já que cada uma delas tem fundamentos diferente. Conforme vimos acima, a demarcação serve para que o proprietário obrigue seu vizinho a participar da demarcação de suas respectivas propriedades; enquanto que a ação de divisão presta-se a demarcar as quotas parte de cada um dos condôminos de coisa indivisa.

Então pergunta-se: como conciliar estas duas ações já que totalmente incompatíveis entre si? A única explicação cabível é aquela que nos fornece Humberto Theodoro Junior ao dizer que a única cumulação admissível seria aquela sucessiva, isto é, primeiro resolve-se a questão da demarcação, para depois passar-se ao trabalho divisório.[74] Isto é, primeiro temos de um lado os condôminos contra o vizinho (ação de demarcação) e, depois da demarcação os condôminos entre si (ação de divisão).

**Art. 571.** A demarcação e a divisão poderão ser realizadas por escritura pública, desde que maiores, capazes e concordes todos os interessados, observando-se, no que couber, os dispositivos deste Capítulo.

### COMENTÁRIOS

O art. 571 traz em seu bojo uma grande inovação ao permitir, com acerto, que as partes possam promover a demarcação e a divisão extrajudicialmente, mediante a lavratura de escritura pública.

Naturalmente que para fazer isso é preciso que as partes sejam maiores e capazes e, além disso, estejam todos de comum acordo.

Em resumo: nada impede que os proprietários vizinhos, de comum acordo, procurem os meios para estremar os respectivos terrenos, fixando-se novos limites entre eles ou aviventando-se os já apagados. Da mesma forma, podem os condôminos promover a divisão para individualizar seus respectivos quinhões de maneira espontânea.

Nestas circunstâncias, poderão oficializar a demarcação/divisão através de escritura pública lavrada em cartório de notas.

**Art. 572.** Fixados os marcos da linha de demarcação, os confinantes considerar-se-ão terceiros quanto ao processo divisório, ficando-lhes, porém, ressalvado o direito de vindicar os terrenos de que se julguem despojados por invasão das linhas limítrofes constitutivas do perímetro ou de reclamar indenização correspondente ao seu valor.

§ 1º No caso do *caput*, serão citados para a ação todos os condôminos, se a sentença homologatória da divisão ainda não houver transitado em julgado, e todos os quinhoeiros dos terrenos vindicados, se a ação for proposta posteriormente.

---

74. THEODORO JUNIOR, Humberto. *Terras particulares*. Demarcação, Divisão, Tapumes. 4ª ed. São Paulo: Saraiva, 1999, p. 223.

§ 2º Neste último caso, a sentença que julga procedente a ação, condenando a restituir os terrenos ou a pagar a indenização, valerá como título executivo em favor dos quinhoeiros para haverem dos outros condôminos que forem parte na divisão ou de seus sucessores a título universal, na proporção que lhes tocar, a composição pecuniária do desfalque sofrido.

## COMENTÁRIOS

Fixados os marcos da linha de demarcação, os confinantes considerar-se-ão terceiros quanto ao processo divisório, ficando-lhes, porém, ressalvado o direito de vindicar os terrenos de que se julguem despojados por invasão das linhas limítrofes constitutivas do perímetro ou de reclamar indenização correspondente ao seu valor. Nada mais obvio, pois o vizinho não é parte, mas pode sofrer invasão em sua área o que o torna terceiro interessado e, nessa condição, está legitimado a reivindicar as partes de terras que tenham sido invadidas na demarcação ou eventuais perdas e danos.

Diz o § 1º. que no caso do *caput*, serão citados para a ação todos os condôminos, se a sentença homologatória da divisão ainda não houver transitado em julgado, e todos os quinhoeiros dos terrenos vindicados, se a ação for proposta posteriormente.

Já o § 2º. Estabelece que a sentença que julgar procedente a ação, condenando a restituir os terrenos ou a pagar a indenização, valerá como título executivo em favor dos quinhoeiros para haverem dos outros condôminos que forem parte na divisão ou de seus sucessores a título universal, na proporção que lhes tocar, a composição pecuniária do desfalque sofrido.

**Art. 573.** Tratando-se de imóvel georreferenciado, com averbação no registro de imóveis, pode o juiz dispensar a realização de prova pericial.

## COMENTÁRIOS

É inovadora a previsão constante do art. 573 que permite ao juiz dispensar a realização da prova pericial, se o imóvel estiver georreferenciado, com averbação junto ao cartório de registro de imóveis.

Tem muita lógica essa dispensa que colabora para a efetividade e celeridade processual tendo em vista que o georreferenciamento consiste no mecanismo pelo qual se determina os limites do imóvel através de coordenadas georreferenciadas ao Sistema Geodésico Brasileiro e com precisão posicional estabelecida em ato normativo e manual técnico, expedido pelo INCRA, realizadas por um profissional habilitado e credenciado pelo INCRA e com a devida Anotação de Responsabilidade Técnica – ART.

Cumpre esclarecer que no Brasil, a Lei 10.267/01 torna obrigatório o georreferenciamento do imóvel na escritura para alteração nas matrículas, como mudança de titularidade, remembramento, desmembramento, parcelamento, modificação de área e alterações relativas a aspectos ambientais, respeitando os prazos previstos. A mesma

CÓDIGO DE PROCESSO CIVIL COMENTADO • LEI 13.105, DE 16 DE MARÇO DE 2015 **ART. 576**

lei criou o Cadastro Nacional de Imóveis Rurais – CNIR, que terá base comum de informações, gerenciada conjuntamente pelo INCRA e pela Secretaria da Receita Federal, produzida e compartilhada pelas diversas instituições públicas federais e estaduais produtoras e usuárias de informações sobre o meio rural brasileiro.

## SEÇÃO II
### DA DEMARCAÇÃO

**Art. 574.** Na petição inicial, instruída com os títulos da propriedade, designar-se-á o imóvel pela situação e pela denominação, descrever-se-ão os limites por constituir, aviventar ou renovar e nomear-se-ão todos os confinantes da linha demarcanda.

### COMENTÁRIOS

No art. 574 do CPC o legislador explicita quais são os requisitos específicos que deve conter a petição inicial neste tipo de ação. Isto é, além dos requisitos exigidos nos artigos 319 e 320 do CPC, o autor deverá atender ao que determina o artigo em comento.

Diz o legislador que a petição inicial deverá ser instruída com os títulos da propriedade, designar-se-á o imóvel pela situação e pela denominação, descrever-se-ão os limites por constituir, aviventar ou renovar e nomear-se-ão todos os confinantes das linhas demarcatórias.

**Art. 575.** Qualquer condômino é parte legítima para promover a demarcação do imóvel comum, requerendo a intimação dos demais para, querendo, intervir no processo.

### COMENTÁRIOS

O art. 575 do CPC, apenas com uma pequena mudança de linguagem, promove uma grande inovação. Diferentemente do CPC/73 que tratava os demais condôminos como litisconsortes, o atual CPC preferiu tratá-los como interessados.

O artigo trata da legitimidade de qualquer dos condôminos para promover a ação que vise a demarcação do imóvel comum, devendo requerer a intimação dos demais que, nesse caso, não terão a obrigação de comparecer ao processo, mas a faculdade de o fazer.

Quer dizer, promovida a ação, os demais condôminos poderão quedar-se silente e deixar o processo seguir sem dele participar.

**Art. 576.** A citação dos réus será feita por correio, observado o disposto no art. 247.

**Parágrafo único.** Será publicado edital, nos termos do inciso III do art. 259.

## COMENTÁRIOS

O art. 576 disciplina a citação dos réus, determinando que a mesma será feita pelo correio, respeitando-se o disposto no art. 247 (trata das exceções).

Além disso, prescreve o parágrafo único que os terceiros eventualmente interessados ou desconhecidos serão intimados por edital.

**Art. 577.** Feitas as citações, terão os réus o prazo comum de 15 (quinze) dias para contestar.

## COMENTÁRIOS

O art. 577 do não traz nenhuma novidade tendo em vista que o prazo geral para contestação já é de 15 (quinze) dias.

A única coisa que cabe destacar é que o prazo comum significa dizer que é o mesmo prazo para todos os réus e eventuais interessados e que esse prazo deve ser contado em dias úteis.

**Art. 578.** Após o prazo de resposta do réu, observar-se-á o procedimento comum.

## COMENTÁRIOS

O novel legislador mantém o espírito do que constava no CPC revogado, mas altera sua redação para estabelecer que após o prazo para contestação o processo seguirá até final de seu tramite pelo procedimento comum.

Diz ainda o artigo em comento que após o prazo para resposta do réu, com apresentação de contestação ou não, o processo seguirá a tramitação pelo rito do procedimento comum.

**Art. 579.** Antes de proferir a sentença, o juiz nomeará um ou mais peritos para levantar o traçado da linha demarcanda.

## COMENTÁRIOS

O art. 579 fixa a obrigatoriedade de o juiz, antes de proferir a sentença, nomear um ou mais peritos para levantar o traçado da linha demarcanda.

Evidentemente que cabe exceções porque como já vimos poderá ser dispensada a prova pericial, em se tratando de imóvel georreferenciado. Também nada impede que as partes tenham apresentados laudos de seus assistentes técnicos e que o juiz possa decidir com base nesses pareceres.

# CÓDIGO DE PROCESSO CIVIL COMENTADO • LEI 13.105, DE 16 DE MARÇO DE 2015 — ART. 582

**Art. 580.** Concluídos os estudos, os peritos apresentarão minucioso laudo sobre o traçado da linha demarcanda, considerando os títulos, os marcos, os rumos, a fama da vizinhança, as informações de antigos moradores do lugar e outros elementos que coligirem.

## COMENTÁRIOS

O art. 580 estabelece o que deve constar do laudo pericial, nas ações de demarcação de terras.

Assim, diz o CPC que concluídos os estudos, os peritos apresentarão minucioso laudo sobre o traçado da linha demarcanda, considerando os títulos, os marcos, os rumos, a fama da vizinhança, as informações de antigos moradores do lugar e outros elementos que coligirem.

**Art. 581.** A sentença que julgar procedente o pedido determinará o traçado da linha demarcanda.

**Parágrafo único.** A sentença proferida na ação demarcatória determinará a restituição da área invadida, se houver, declarando o domínio ou a posse do prejudicado, ou ambos.

## COMENTÁRIOS

Nenhuma novidade no *caput* do art. 581 ao estabelecer que a sentença que julgar procedente o pedido, determinará o traçado da linha demarcanda.

Já o parágrafo único inova ao estabelecer que a sentença proferida na ação demarcatória determinará a restituição da área invadida, se houver, declarando o domínio ou a posse do prejudicado, ou ambos.

**Art. 582.** Transitada em julgado a sentença, o perito efetuará a demarcação e colocará os marcos necessários.

**Parágrafo único.** Todas as operações serão consignadas em planta e memorial descritivo com as referências convenientes para a identificação, em qualquer tempo, dos pontos assinalados, observada a legislação especial que dispõe sobre a identificação do imóvel rural.

## COMENTÁRIOS

Nenhuma novidade no dispositivo em comento que fixa os deveres do perito que, após transitada em julgado a sentença, deverá efetuar a demarcação da área e colocar todos os marcos necessários à perfeita identificação do imóvel que foi objeto da ação.

Assim, deverá o perito, cumprindo a decisão que definiu o traçado da linha demarcanda, efetuar a demarcação, colocando os marcos necessários, consignando tais informações em planta e memorial descritivo, para que se tenha por identificado o bem imóvel.

**Art. 583.** As plantas serão acompanhadas das cadernetas de operações de campo e do memorial descritivo, que conterá:

I – o ponto de partida, os rumos seguidos e a aviventação dos antigos com os respectivos cálculos;

II – os acidentes encontrados, as cercas, os valos, os marcos antigos, os córregos, os rios, as lagoas e outros;

III – a indicação minuciosa dos novos marcos cravados, dos antigos aproveitados, das culturas existentes e da sua produção anual;

IV – a composição geológica dos terrenos, bem como a qualidade e a extensão dos campos, das matas e das capoeiras;

V – as vias de comunicação;

VI – as distâncias a pontos de referência, tais como rodovias federais e estaduais, ferrovias, portos, aglomerações urbanas e polos comerciais;

VII – a indicação de tudo o mais que for útil para o levantamento da linha ou para a identificação da linha já levantada.

### COMENTÁRIOS

O art. 583 do CPC estabelece que as plantas serão acompanhadas das cadernetas de operações de campo e do memorial descritivo, que conterá, dentre outras informações, o ponto de partida, os rumos seguidos e a aviventação dos antigos com os respectivos cálculos, bem como os acidentes geográficos encontrados, as cercas, os valos, os marcos antigos, os córregos, os rios, as lagoas, dentre outros.

**Art. 584.** É obrigatória a colocação de marcos tanto na estação inicial, dita marco primordial, quanto nos vértices dos ângulos, salvo se algum desses últimos pontos for assinalado por acidentes naturais de difícil remoção ou destruição.

### COMENTÁRIOS

O art. 584 diz ser obrigatória a colocação de marco inicial, chamado de marco primordial, além dos marcos nos vértices dos ângulos, a não ser que algum desses últimos pontos sejam assinalados por acidentes naturais de difícil remoção ou destruição.

**Art. 585.** A linha será percorrida pelos peritos, que examinarão os marcos e os rumos, consignando em relatório escrito a exatidão do memorial e da planta apresentados pelo agrimensor ou as divergências porventura encontradas.

# CÓDIGO DE PROCESSO CIVIL COMENTADO • LEI 13.105, DE 16 DE MARÇO DE 2015    ART. 588

## COMENTÁRIOS

O art. 585 diz o que os peritos devem fazer estabelecendo que eles deverão percorrer a linha demarcatória e, além disso, deverão examinar os marcos e os rumos, de tudo fazendo um relatório escrito no qual atestarão inclusive a exatidão do memorial e da planta apresentados pelo agrimensor ou as divergências porventura encontradas.

**Art. 586.** Juntado aos autos o relatório dos peritos, o juiz determinará que as partes se manifestem sobre ele no prazo comum de 15 (quinze) dias.

**Parágrafo único.** Executadas as correções e as retificações que o juiz determinar, lavrar-se-á, em seguida, o auto de demarcação em que os limites demarcandos serão minuciosamente descritos de acordo com o memorial e a planta.

## COMENTÁRIOS

Estabelece a norma que, após a juntada aos autos o relatório dos peritos, o juiz determinará que as partes se manifestem sobre ele no prazo comum de 15 (quinze) dias.

Depois disso o juiz irá verificar da pertinência quanto as manifestações apresentadas e mandará fazer as correções e as retificações que entenda necessárias. Após isso, lavrar-se-á o auto de demarcação em que os limites demarcandos serão minuciosamente descritos de acordo com o memorial e a planta.

**Art. 587.** Assinado o auto pelo juiz e pelos peritos, será proferida a sentença homologatória da demarcação.

## COMENTÁRIOS

O art. 587 encerra essa secção consignando que depois de assinado o auto pelo juiz e pelos peritos, será proferida a sentença homologatória da demarcação.

### SEÇÃO III
### DA DIVISÃO

**Art. 588.** A petição inicial será instruída com os títulos de domínio do promovente e conterá:

I – a indicação da origem da comunhão e a denominação, a situação, os limites e as características do imóvel;

II – o nome, o estado civil, a profissão e a residência de todos os condôminos, especificando-se os estabelecidos no imóvel com benfeitorias e culturas;

393

III – as benfeitorias comuns.

## COMENTÁRIOS

Importante destacar por primeiro que o direito de demarcação da coisa comum pode ser exercido por qualquer dos condôminos. A esse direito os demais condôminos não podem se opor, a não ser que possam alegar que eles, em comum acordo, ajustaram a indivisão do imóvel pelo tempo que a lei autoriza (ver CC, art. 1.320, § 1º).

A ação de divisão pressupõe a existência de mais de um proprietário para um imóvel passível de divisão. Esta ação tem por finalidade desfazer o estado de unidade do bem imóvel entre os condôminos.

Para isso o art. 588 fixa os requisito específicos que deverão constar da petição inicial na ação de divisão, estabelecendo que a mesma deverá ser instruída com os títulos de domínio do promovente e conterá a indicação da origem da comunhão e a denominação, a situação, os limites e as características do imóvel, além dos nomes e qualificações de todos os condôminos, especificando-se os estabelecidos no imóvel com benfeitorias e culturas, além das benfeitorias comuns que tenha sido realizadas no imóvel.

Além desses requisitos, é preciso não esquecer que também deverá o promovente atender aos requisitos gerais para toda e qualquer petição inicial, que são aqueles constantes do art. 319 do CPC.

> **Art. 589.** Feitas as citações como preceitua o art. 576, prosseguir-se-á na forma dos arts. 577 e 578.

## COMENTÁRIOS

Depois de realizadas as citações dos condôminos pelo correio, com aviso de recebimento e, por edital dos terceiros eventualmente interessados ou desconhecidos, a ação prosseguirá com o prazo comum de 15 (quinze) dias para eventuais contestações.

Depois das citações realizadas, a ação prosseguirá pelo procedimento comum.

> **Art. 590.** O juiz nomeará um ou mais peritos para promover a medição do imóvel e as operações de divisão, observada a legislação especial que dispõe sobre a identificação do imóvel rural.
>
> **Parágrafo único.** O perito deverá indicar as vias de comunicação existentes, as construções e as benfeitorias, com a indicação dos seus valores e dos respectivos proprietários e ocupantes, as águas principais que banham o imóvel e quaisquer outras informações que possam concorrer para facilitar a partilha.

# COMENTÁRIOS

O art. 590 do CPC estabelece que o juiz nomeará um ou mais peritos para promover a medição do imóvel e as operações de divisão, observada a legislação especial que dispõe sobre a identificação do imóvel rural.

Já o parágrafo único explicita que o perito deverá indicar as vias de comunicação existentes, as construções e as benfeitorias, com a indicação dos seus valores e dos respectivos proprietários e ocupantes, as águas principais que banham o imóvel e quaisquer outras informações que possam concorrer para facilitar a partilha.

> **Art. 591.** Todos os condôminos serão intimados a apresentar, dentro de 10 (dez) dias, os seus títulos, se ainda não o tiverem feito, e a formular os seus pedidos sobre a constituição dos quinhões.

## COMENTÁRIOS

A redação do art. 591 do *novel codex* estabelece que todos os condôminos serão intimados a apresentar, dentro do prazo comum de 10 (dez) dias, os seus títulos, se ainda não o tiverem feito, e a formular os seus pedidos sobre a constituição dos quinhões.

> **Art. 592.** O juiz ouvirá as partes no prazo comum de 15 (quinze) dias.
>
> § 1º Não havendo impugnação, o juiz determinará a divisão geodésica do imóvel.
>
> § 2º Havendo impugnação, o juiz proferirá, no prazo de 10 (dez) dias, decisão sobre os pedidos e os títulos que devam ser atendidos na formação dos quinhões.

## COMENTÁRIOS

Após os interessados apresentarem seus títulos e formularem os seus pedidos sobre a constituição dos quinhões, o juiz ouvirá as partes no prazo comum de 15 (quinze) dias.

Não havendo impugnação, o juiz determinará a divisão geodésica do imóvel. Em caso contrário, o juiz proferirá, no prazo de 10 (dez) dias, decisão sobre os pedidos e os títulos que devam ser atendidos na formação dos quinhões.

> **Art. 593.** Se qualquer linha do perímetro atingir benfeitorias permanentes dos confinantes feitas há mais de 1 (um) ano, serão elas respeitadas, bem como os terrenos onde estiverem, os quais não se computarão na área dividenda.

## COMENTÁRIOS

O art. 593 procura proteger aqueles que tenham realizado benfeitorias no imóvel objeto da ação de divisão. Tais disposições têm como finalidade evitar que sejam instauradas lides paralelas em face de eventuais condôminos prejudicados.

Por isso, estabelece a lei que se qualquer linha do perímetro atingir benfeitorias permanentes dos confinantes feitas há mais de 1 (um) ano, serão elas respeitadas, bem como os terrenos onde estiverem, os quais não se computarão na área dividenda.

> **Art. 594.** Os confinantes do imóvel dividendo podem demandar a restituição dos terrenos que lhes tenham sido usurpados.
>
> § 1º Serão citados para a ação todos os condôminos, se a sentença homologatória da divisão ainda não houver transitado em julgado, e todos os quinhoeiros dos terrenos vindicados, se a ação for proposta posteriormente.
>
> § 2º Nesse último caso terão os quinhoeiros o direito, pela mesma sentença que os obrigar à restituição, a haver dos outros condôminos do processo divisório ou de seus sucessores a título universal a composição pecuniária proporcional ao desfalque sofrido.

## COMENTÁRIOS

O art. 594 procura garantir o direito do proprietário lindeiro de poder reivindicar a restituição dos terrenos que lhes tenham sido usurpados em razão da ação de divisão.

Os parágrafos fixam as diretrizes processuais a ser seguida, fixando duas orientações: se a sentença homologatória da divisão ainda não tiver transitado em julgado, todos os condôminos deverão ser citados; em contrapartida, se já tiver ocorrido o trânsito em julgado, todos os quinhoeiros dos terrenos vindicados deverão ser chamados a responder aos termos da ação. Nesse último caso, terão os quinhoeiros o direito, pela mesma sentença que os obrigar à restituição, a haver dos outros condôminos do processo divisório ou de seus sucessores a título universal a composição pecuniária proporcional ao desfalque sofrido.

> **Art. 595.** Os peritos proporão, em laudo fundamentado, a forma da divisão, devendo consultar, quanto possível, a comodidade das partes, respeitar, para adjudicação a cada condômino, a preferência dos terrenos contíguos às suas residências e benfeitorias e evitar o retalhamento dos quinhões em glebas separadas.

## COMENTÁRIOS

O art. 595 do CPC, fixa orientação para os peritos, no tocante as regras técnicas a serem observada, com o intuito de fixar um padrão para a elaboração dos laudos.

Assim, diz o CPC que os peritos proporão, em laudo fundamentado, a forma da divisão, devendo consultar, quanto possível, a comodidade das partes, respeitar, para adjudicação a cada condômino, a preferência dos terrenos contíguos às suas residências e benfeitorias e evitar o retalhamento dos quinhões em glebas separadas.

**Art. 596.** Ouvidas as partes, no prazo comum de 15 (quinze) dias, sobre o cálculo e o plano da divisão, o juiz deliberará a partilha.

**Parágrafo único.** Em cumprimento dessa decisão, o perito procederá à demarcação dos quinhões, observando, além do disposto nos arts. 584 e 585, as seguintes regras:

I – as benfeitorias comuns que não comportarem divisão cômoda serão adjudicadas a um dos condôminos mediante compensação;

II – instituir-se-ão as servidões que forem indispensáveis em favor de uns quinhões sobre os outros, incluindo o respectivo valor no orçamento para que, não se tratando de servidões naturais, seja compensado o condômino aquinhoado com o prédio serviente;

III – as benfeitorias particulares dos condôminos que excederem à área a que têm direito serão adjudicadas ao quinhoeiro vizinho mediante reposição;

IV – se outra coisa não acordarem as partes, as compensações e as reposições serão feitas em dinheiro.

### COMENTÁRIOS

O art. 596 fixa as regras a serem obedecidas no processo de divisão, impondo ao juiz que, antes de deliberar sobre a partilha, ouça as partes envolvidas, no prazo comum de 15 (quinze) dias, sobre o cálculo e o plano da divisão.

Já o parágrafo único fixa as regras técnicas que devem orientar o trabalho do perito que, ao proceder a demarcação dos quinhões, dentre outras providências, deverá fixar os marcos divisórios de maneira clara e conferir a exatidão do memorial descritivo.

**Art. 597.** Terminados os trabalhos e desenhados na planta os quinhões e as servidões aparentes, o perito organizará o memorial descritivo.

§ 1º Cumprido o disposto no art. 586 , o escrivão, em seguida, lavrará o auto de divisão, acompanhado de uma folha de pagamento para cada condômino.

§ 2º Assinado o auto pelo juiz e pelo perito, será proferida sentença homologatória da divisão.

§ 3º O auto conterá:

I – a confinação e a extensão superficial do imóvel;

II – a classificação das terras com o cálculo das áreas de cada consorte e com a respectiva avaliação ou, quando a homogeneidade das terras não determinar diversidade de valores, a avaliação do imóvel na sua integridade;

III – o valor e a quantidade geométrica que couber a cada condômino, declarando-se as reduções e as compensações resultantes da diversidade de valores das glebas componentes de cada quinhão.

§ 4º Cada folha de pagamento conterá:

I – a descrição das linhas divisórias do quinhão, mencionadas as confinantes;

II – a relação das benfeitorias e das culturas do próprio quinhoeiro e das que lhe foram adjudicadas por serem comuns ou mediante compensação;

III – a declaração das servidões instituídas, especificados os lugares, a extensão e o modo de exercício.

## COMENTÁRIOS

O art. 597 fixa as regras para a finalização da ação de divisão, consignando que terminados os trabalhos e desenhados na planta os quinhões e as servidões aparentes, o perito organizará o memorial descritivo.

Depois das partes se manifestarem, no prazo comum de 15 (quinze) dias, e do juiz resolver eventuais impugnações e determinar as correções necessárias, o escrivão lavrará o auto de divisão, acompanhado de uma folha de pagamento para cada condômino.

Assinado o auto pelo juiz e pelo perito, será proferida sentença homologatória da divisão, que conterá: a confinação e a extensão superficial do imóvel; a classificação das terras com o cálculo das áreas de cada consorte e com a respectiva avaliação ou, quando a homogeneidade das terras não determinar diversidade de valores, a avaliação do imóvel na sua integridade; e, o valor e a quantidade geométrica que couber a cada condômino, declarando-se as reduções e as compensações resultantes da diversidade de valores das glebas componentes de cada quinhão.

Além disso, cada folha de pagamento conterá: a descrição das linhas divisórias do quinhão, mencionadas as confinantes; a relação das benfeitorias e das culturas do próprio quinhoeiro e das que lhe foram adjudicadas por serem comuns ou mediante compensação e a declaração das servidões instituídas, especificados os lugares, a extensão e o modo de exercício.

**Art. 598.** Aplica-se às divisões o disposto nos arts. 575 a 578.

## COMENTÁRIOS

Finalizando essa seção dispõe o CPC que se aplica às divisões, no que couber, as disposições contidas nos arts. 575 a 578 do presente *codex* que trata da ação de demarcação.

## CAPÍTULO V
## DA AÇÃO DE DISSOLUÇÃO PARCIAL DE SOCIEDADE

**Art. 599.** A ação de dissolução parcial de sociedade pode ter por objeto:

I – a resolução da sociedade empresária contratual ou simples em relação ao sócio falecido, excluído ou que exerceu o direito de retirada ou recesso; e

II – a apuração dos haveres do sócio falecido, excluído ou que exerceu o direito de retirada ou recesso; ou

III – somente a resolução ou a apuração de haveres.

§ 1º A petição inicial será necessariamente instruída com o contrato social consolidado.

§ 2º A ação de dissolução parcial de sociedade pode ter também por objeto a sociedade anônima de capital fechado quando demonstrado, por acionista ou acionistas que representem cinco por cento ou mais do capital social, que não pode preencher o seu fim.

### COMENTÁRIOS

O art. 599 do CPC estabelece as regras para a promoção da ação de dissolução parcial de sociedade.

É importante o disciplinamento dessa matéria, porquanto presente na vida social e que, por não ter regramento específico, era objeto das mais serias controvérsias.

Assim, o artigo em comento inaugura o capítulo elencando que essa ação pode ter por objeto: a resolução da sociedade empresária contratual ou simples em relação ao sócio falecido, excluído ou que exerceu o direito de retirada ou recesso; a apuração dos haveres do sócio falecido, excluído ou que exerceu o direito de retirada ou recesso; ou ainda, pode ser manejada apenas e tão somente para a resolução ou a apuração de haveres.

Além dos requisitos normais para qualquer ação, neste tipo de ação a petição inicial será necessariamente instruída com o contrato social consolidado. Diz ainda o artigo em comento que a ação de dissolução parcial de sociedade pode ter também por objeto a sociedade anônima de capital fechado quando demonstrado, por acionista ou acionistas que representem 5% (cinco por cento) ou mais do capital social, que não pode preencher o seu fim.

É importante destacar que o instituto permite que a sociedade continue existindo no caso de um ou alguns sócios exercerem o seu direito de se retirarem da sociedade, serem excluídos ou mesmo que algum venha a falecer, de sorte que esta ação irá desfazer o vínculo societário apenas em relação àquele que se retirou, foi excluído ou faleceu (ver CC, arts. 1.028 a 1.032).

**Art. 600.** A ação pode ser proposta:

I – pelo espólio do sócio falecido, quando a totalidade dos sucessores não ingressar na sociedade;

II – pelos sucessores, após concluída a partilha do sócio falecido;

III – pela sociedade, se os sócios sobreviventes não admitirem o ingresso do espólio ou dos sucessores do falecido na sociedade, quando esse direito decorrer do contrato social;

IV – pelo sócio que exerceu o direito de retirada ou recesso, se não tiver sido providenciada, pelos demais sócios, a alteração contratual consensual formalizando o desligamento, depois de transcorridos 10 (dez) dias do exercício do direito;

V – pela sociedade, nos casos em que a lei não autoriza a exclusão extrajudicial; ou

VI – pelo sócio excluído.

**Parágrafo único.** O cônjuge ou companheiro do sócio cujo casamento, união estável ou convivência terminou poderá requerer a apuração de seus haveres na sociedade, que serão pagos à conta da quota social titulada por este sócio.

## COMENTÁRIOS

O artigo *sub oculum* trata da legitimidade ativa daqueles que podem propor a ação para dissolução parcial da sociedade, cumprindo destacar o que consta no parágrafo único ao permitir que o cônjuge ou companheiro do sócio cujo casamento, união estável ou convivência terminou possa promover esse tipo de ação para apuração de seus haveres na sociedade, que serão pagos e abatidos da conta da quota social titulada por este sócio.

**Art. 601.** Os sócios e a sociedade serão citados para, no prazo de 15 (quinze) dias, concordar com o pedido ou apresentar contestação.

**Parágrafo único.** A sociedade não será citada se todos os seus sócios o forem, mas ficará sujeita aos efeitos da decisão e à coisa julgada.

## COMENTÁRIOS

O art. 601 trata daqueles que devem ser citados, estabelecendo que todos os sócios deverão ser citados para, no prazo de 15 (quinze) dias, concordar com o pedido ou eventualmente apresentar contestação.

Não há necessidade de citação da sociedade se todos os sócios forem citados, mas ela ficará sujeita aos efeitos da decisão e à coisa julgada.

Vale lembrar que a personalidade da sociedade não se confunde com a dos sócios, de sorte que ela também terá legitimidade para contestar o pedido dos eventuais interessados.

## Art. 602.
A sociedade poderá formular pedido de indenização compensável com o valor dos haveres a apurar.

### COMENTÁRIOS

Na ação de dissolução de sociedade cumulada com apuração de haveres, a sociedade poderá formular pedido de indenização compensável com o valor dos haveres a serem apurados.

Entendemos que esse pedido pode ser feito por simples petição que, se procedente, será compensável com o valor dos haveres apurados. Advirta-se, contudo, que alguns autores entendem que deve ser feita através de reconvenção.

Para entender melhor a questão cumpre esclarecer que se a sociedade apenas formula pedido de indenização a questão é de pedido que poderíamos chamar de contraposto, portanto, condicionado à possibilidade de existência de valores a serem apurados em favor do sócio retirante. Quer dizer, a compensação pretendida ficará sujeita à existência de eventuais haveres a serem apurados a favor do sócio retirante.

## Art. 603.
Havendo manifestação expressa e unânime pela concordância da dissolução, o juiz a decretará, passando-se imediatamente à fase de liquidação.

§ 1º Na hipótese prevista no *caput*, não haverá condenação em honorários advocatícios de nenhuma das partes, e as custas serão rateadas segundo a participação das partes no capital social.

§ 2º Havendo contestação, observar-se-á o procedimento comum, mas a liquidação da sentença seguirá o disposto neste Capítulo.

### COMENTÁRIOS

O art. 603 disciplina o procedimento e prevê a possibilidade de resolução amigável do conflito, desde que haja manifestação expressa e unânime de todos os sócios, optando pela dissolução, caso em que o juiz a decretará, passando-se imediatamente à fase de liquidação. Nesse caso, não há falar-se em condenação em honorários advocatícios, devendo as custas serem rateadas na proporção da participação de cada um no capital social.

Se não houver concordância com a dissolução e apresentada contestação, observar-se-á o procedimento comum, mas a liquidação da sentença seguirá o disposto neste Capítulo.

## Art. 604.
Para apuração dos haveres, o juiz:

I – fixará a data da resolução da sociedade;

II – definirá o critério de apuração dos haveres à vista do disposto no contrato social; e

III – nomeará o perito.

§ 1º O juiz determinará à sociedade ou aos sócios que nela permanecerem que depositem em juízo a parte incontroversa dos haveres devidos.

§ 2º O depósito poderá ser, desde logo, levantando pelo ex-sócio, pelo espólio ou pelos sucessores.

§ 3º Se o contrato social estabelecer o pagamento dos haveres, será observado o que nele se dispôs no depósito judicial da parte incontroversa.

## COMENTÁRIOS

O art. 604 fixa os critérios pelo qual o juiz deve se orientar para proceder a apuração dos haveres.

É importante destacar que, independentemente dos valores a serem apurados, se houver valores incontroversos apresentados pelos sócios permanecentes ou pela sociedade na contestação, o magistrado determinará que tais valores sejam depositados a conta do juízo ficando à disposição para ser levantando pelo ex-sócio, pelo espólio ou pelos sucessores.

Diz ainda o artigo em comento que se o contrato social estabelecer o pagamento dos haveres, será observado o que nele se dispôs no depósito judicial da parte incontroversa (§ 3º).

**Art. 605.** A data da resolução da sociedade será:

I – no caso de falecimento do sócio, a do óbito;

II – na retirada imotivada, o sexagésimo dia seguinte ao do recebimento, pela sociedade, da notificação do sócio retirante;

III – no recesso, o dia do recebimento, pela sociedade, da notificação do sócio dissidente;

IV – na retirada por justa causa de sociedade por prazo determinado e na exclusão judicial de sócio, a do trânsito em julgado da decisão que dissolver a sociedade; e

V – na exclusão extrajudicial, a data da assembleia ou da reunião de sócios que a tiver deliberado.

## COMENTÁRIOS

O art. 605 cuida dos critérios para determinação da data da resolução da sociedade, conforme seja o motivo da dissolução.

Se a dissolução ocorre em face de falecimento de algum sócio, a data a ser considerada será a do óbito; na retirada imotivada, o sexagésimo dia seguinte ao do recebimento, pela sociedade, da notificação do sócio retirante; no recesso, o dia do recebimento, pela sociedade, da notificação do sócio dissidente; na retirada por justa causa de sociedade por prazo determinado e na exclusão judicial de sócio, a do trânsito em julgado da decisão que dissolver a sociedade; e na exclusão extrajudicial, a data da assembleia ou da reunião de sócios que a tiver deliberado.

**Art. 606.** Em caso de omissão do contrato social, o juiz definirá, como critério de apuração de haveres, o valor patrimonial apurado em balanço de determinação, tomando-se por referência a data da resolução e avaliando-se bens e direitos do ativo, tangíveis e intangíveis, a preço de saída, além do passivo também a ser apurado de igual forma.

**Parágrafo único.** Em todos os casos em que seja necessária a realização de perícia, a nomeação do perito recairá preferencialmente sobre especialista em avaliação de sociedades.

### COMENTÁRIOS

O art. 606 é autoexplicativo e fixa as regras para apuração dos haveres no caso de haver omissão no contrato social.

Nesse caso, o juiz nomeará perito, preferencialmente com conhecimento específico sobre a área societária que, no seu laudo, deverá observar as diretrizes fixadas no *caput*.

**Art. 607.** A data da resolução e o critério de apuração de haveres podem ser revistos pelo juiz, a pedido da parte, a qualquer tempo antes do início da perícia.

### COMENTÁRIOS

Na linha do processo participativo, o art. 607 autoriza o juiz a rever a data da resolução e os critérios para apuração dos haveres, desde que a parte requeira antes do início da perícia.

**Art. 608.** Até a data da resolução, integram o valor devido ao ex-sócio, ao espólio ou aos sucessores a participação nos lucros ou os juros sobre o capital próprio declarados pela sociedade e, se for o caso, a remuneração como administrador.

**Parágrafo único.** Após a data da resolução, o ex-sócio, o espólio ou os sucessores terão direito apenas à correção monetária dos valores apurados e aos juros contratuais ou legais.

### COMENTÁRIOS

O art. 608 apenas disciplina o que integra os valores apurados como devidos ao ex-sócio, ao espólio ou aos sucessores, fixando duas diretrizes: até a data da resolução eles participação nos lucros e nos juros sobre o capital próprio declarado pela sociedade e, se for o caso, a remuneração como administrador; após a data da resolução, eles somente terão direito à correção monetária dos valores apurados e aos juros contratuais ou legais.

**Art. 609.** Uma vez apurados, os haveres do sócio retirante serão pagos conforme disciplinar o contrato social e, no silêncio deste, nos termos do § 2º do art. 1.031 da Lei no 10.406, de 10 de janeiro de 2002 (Código Civil).

### COMENTÁRIOS

Reforçando a autonomia da vontade das partes integrantes da sociedade, o Novo CPC estabelece que os valores apurados a serem pagos ao sócio retirante, deverá ser realizado conforme estabeleça o contrato social.

Se não houver previsão contratual para a dissolução e apuração de haveres da sociedade, serão utilizados os critérios estabelecidos no Código Civil (art. 1.031).[75]

### CAPÍTULO VI
### DO INVENTÁRIO E DA PARTILHA
### SEÇÃO I
### DISPOSIÇÕES GERAIS

**Art. 610.** Havendo testamento ou interessado incapaz, proceder-se-á ao inventário judicial.

§ 1º Se todos forem capazes e concordes, o inventário e a partilha poderão ser feitos por escritura pública, a qual constituirá documento hábil para qualquer ato de registro, bem como para levantamento de importância depositada em instituições financeiras.

§ 2º O tabelião somente lavrará a escritura pública se todas as partes interessadas estiverem assistidas por advogado ou por defensor público, cuja qualificação e assinatura constarão do ato notarial.

### COMENTÁRIOS

Inventário é o procedimento (judicial ou administrativo) pelo qual são relacionados e arrecadados todos os bens, direitos e obrigações do *de cujus* que, após o pagamento das dívidas e dos impostos, se houver saldo remanescente, será repartido entre seus herdeiros legítimos ou testamentários.

---

75. CC, Art. 1.031. Nos casos em que a sociedade se resolver em relação a um sócio, o valor da sua quota, considerada pelo montante efetivamente realizado, liquidar-se-á, salvo disposição contratual em contrário, com base na situação patrimonial da sociedade, à data da resolução, verificada em balanço especialmente levantado.
§ 1º O capital social sofrerá a correspondente redução, salvo se os demais sócios suprirem o valor da quota.
§ 2º A quota liquidada será paga em dinheiro, no prazo de noventa dias, a partir da liquidação, salvo acordo, ou estipulação contratual em contrário.

CÓDIGO DE PROCESSO CIVIL COMENTADO • LEI 13.105, DE 16 DE MARÇO DE 2015 • **ART. 610**

O CPC mantém a regra quanto a existência de dois tipos de inventários (administrativo ou judicial) estabelecendo a obrigatoriedade de procedimento judicial se houver interesse de incapaz ou se o falecido tiver deixado testamento. Embora a lei não fale de maneira expressa, aplicar-se-á também esse procedimento quando as partes não estejam concordes.

Apesar do Código de Processo Civil expressamente dizer que o inventário judicial é obrigatório se houver testamento, ou ainda, se houver menor ou incapaz entre os herdeiros, o CNJ, através da Resolução nº 571,[76] de 26.8.2024, flexibilizou a norma para permitir que estes tipos de inventários possam ser realizados de forma extrajudicial em determinadas situações, discriminadas nos arts. 12-A e 12-B, *in verbis*:

a) Art. 12-A. O inventário poderá ser realizado por escritura pública, ainda que inclua interessado menor ou incapaz, desde que o pagamento do seu quinhão hereditário ou de sua meação ocorra em parte ideal em cada um dos bens inventariados e haja manifestação favorável do Ministério Público.

b) Art. 12-B. É autorizado o inventário e a partilha consensuais promovidos extrajudicialmente por escritura pública, ainda que o autor da herança tenha deixando testamento, desde que obedecidos os seguintes requisitos:

I – os interessados estejam todos representados por advogado devidamente habilitado;

II – exista expressa autorização do juízo sucessório competente em ação de abertura e cumprimento de testamento válido e eficaz, em sentença transitada em julgado;

III – todos os interessados sejam capazes e concordes;

IV – no caso de haver interessados menores ou incapazes, sejam também observadas as exigências do art. 12-A desta Resolução;

V – nos casos de testamento invalidado, revogado, rompido ou caduco, a invalidade ou ineficácia tenha sido reconhecida por sentença judicial transitada em julgado na ação de abertura e cumprimento de testamento.

É importante registrar que o inventário judicial é a forma mais tradicional de inventário e que se processará de forma solene pelo rito especial, nos termos do que estabelece a nossa lei dos ritos.

Por outro lado, se todos os herdeiros forem capazes e estiverem de acordo com a partilha dos bens, o inventário poderá ser realizado mediante escritura pública lavrada em cartório de notas de qualquer circunscrição do país. Esta é a forma mais simples, ágil e econômica de realizar o inventário, pois permite que na sua realização todos os

---

76. Altera a Resolução CNJ nº 35/2007, que disciplina a lavratura dos atos notariais relacionados a inventário, partilha, separação consensual, divórcio consensual e extinção consensual de união estável por via administrativa.

405

herdeiros estejam representados por um único advogado (o que significa economia); pode ser realizado em qualquer cartório de notas do país (independente de competência);[77] e, qualquer dos herdeiros pode ser nomeado inventariante.

Quanto ao procedimento, depois de apresentado o plano de partilha pelo advogado dos interessados o cartório conferirá os valores dos bens, calculará o imposto e depois de devidamente pago, lavrará uma escritura pública que discriminará os bens, atribuirá a cada herdeiro sua quota parte.

Advirta-se que a escritura pública terá a mesma força da sentença judicial, e será o instrumento hábil para promover a transferência dos bens do nome do *de cujus* para os nomes dos respectivos herdeiros, sendo o documento hábil para qualquer ato de registro, bem como para levantamento de importância depositada em instituições financeiras.

**Art. 611.** O processo de inventário e de partilha deve ser instaurado dentro de 2 (dois) meses, a contar da abertura da sucessão, ultimando-se nos 12 (doze) meses subsequentes, podendo o juiz prorrogar esses prazos, de ofício ou a requerimento de parte.

## COMENTÁRIOS

O art. 611 trata do prazo para abertura do processo de inventário judicial, fixando o prazo de 2 (dois) meses, a contar da abertura da sucessão, para que os herdeiros tomem as providências necessárias. O Código Civil, em seu artigo 1.796, fixa esse prazo em 30 (trinta) dias, porém deve prevalecer o prazo estipulado no Novo CPC por ser lei mais nova. Aliás, o legislador "dormiu no ponto", pois poderia ter revogado referido artigo.

O CPC fixa ainda um prazo para finalização do inventário, que é de 12 (doze) meses, contados da abertura do processo, podendo o juiz prorrogar esse prazo, de ofício ou a requerimento de parte.

**Art. 612.** O juiz decidirá todas as questões de direito desde que os fatos relevantes estejam provados por documento, só remetendo para as vias ordinárias as questões que dependerem de outras provas.

## COMENTÁRIOS

O art. 612 do CPC impõe ao juiz do inventário que decida todas as questões de direito relativa ao inventário dentro do próprio processo, desde que os fatos relevantes estejam provados por documento, só remetendo para as vias ordinárias as questões que dependerem de outras provas.

---

77. Nesse sentido ver a Res. 35 do CNJ (que disciplina a aplicação da Lei 11.441/07 pelos serviços notariais e de registro), especialmente o art. 1º: Para a lavratura dos atos notariais de que trata a Lei no 11.441107, é livre a escolha do tabelião de notas, não se aplicando as regras de competência do Código de Processo Civil.

Como regra, todas as questões atinentes ao inventário devem ser decididas dentro do próprio processo de inventário. Somente se remeterá as partes para as "vias ordinárias" quando as questões levantadas demandarem produção de provas.

**Art. 613.** Até que o inventariante preste o compromisso, continuará o espólio na posse do administrador provisório.

### COMENTÁRIOS

O art. 613. sem nada inovar, estabelece que enquanto não houver inventariante regularmente empossado o espólio continuará na posse do administrador provisório.

Esse administrador provisório, comumente, é o cônjuge sobrevivente, visto que detém a posse direta e a administração dos bens hereditários. Outras vezes é algum dos filhos da pessoa falecida.

**Art. 614.** O administrador provisório representa ativa e passivamente o espólio, é obrigado a trazer ao acervo os frutos que desde a abertura da sucessão percebeu, tem direito ao reembolso das despesas necessárias e úteis que fez e responde pelo dano a que, por dolo ou culpa, der causa.

### COMENTÁRIOS

O art. 614 complementa a regra do artigo anterior e também nada inova ao fixar os deveres do administrador provisório que, além de representar ativa e passivamente o espólio, será obrigado a trazer ao acervo os frutos que desde a abertura da sucessão percebeu, e responde pelo dano a que, por dolo ou culpa, der causa.

De outro lado, o administrador tem, por óbvio, direito ao reembolso das despesas necessárias e úteis que realizou para conservação do patrimônio deixado pelo *de cujus*.

### SEÇÃO II
### DA LEGITIMIDADE PARA REQUERER O INVENTÁRIO

**Art. 615.** O requerimento de inventário e de partilha incumbe a quem estiver na posse e na administração do espólio, no prazo estabelecido no art. 611.

**Parágrafo único.** O requerimento será instruído com a certidão de óbito do autor da herança.

### COMENTÁRIOS

Quem estiver na posse e na administração do espólio, tem legitimidade para pedir a abertura do inventário judicial, no prazo estabelecido no art. 611, que é de 2 (dois) meses.

Além de outros documentos, o requerimento para abertura do inventário deverá ser instruído com a certidão de óbito do falecido.

**Art. 616.** Têm, contudo, legitimidade concorrente:

I – o cônjuge ou companheiro supérstite;

II – o herdeiro;

III – o legatário;

IV – o testamenteiro;

V – o cessionário do herdeiro ou do legatário;

VI – o credor do herdeiro, do legatário ou do autor da herança;

VII – o Ministério Público, havendo herdeiros incapazes;

VIII – a Fazenda Pública, quando tiver interesse;

IX – o administrador judicial da falência do herdeiro, do legatário, do autor da herança ou do cônjuge ou companheiro supérstite.

## COMENTÁRIOS

O art. 616 trata dos legitimados a pedir a abertura do processo judicial de inventário e, dentre estes cabe destacar a inclusão do companheiro que agora se equipara a cônjuge (inciso I) e, a o administrador judicial da falência, também como legitimado (inciso IX).

Veja-se que as pessoas que não estejam na posse ou administração do espólio tem legitimidade concorrente para requerer a abertura do inventário.

### SEÇÃO III
### DO INVENTARIANTE E DAS PRIMEIRAS DECLARAÇÕES

**Art. 617.** O juiz nomeará inventariante na seguinte ordem:

I – o cônjuge ou companheiro sobrevivente, desde que estivesse convivendo com o outro ao tempo da morte deste;

II – o herdeiro que se achar na posse e na administração do espólio, se não houver cônjuge ou companheiro sobrevivente ou se estes não puderem ser nomeados;

III – qualquer herdeiro, quando nenhum deles estiver na posse e na administração do espólio;

IV – o herdeiro menor, por seu representante legal;

V – o testamenteiro, se lhe tiver sido confiada a administração do espólio ou se toda a herança estiver distribuída em legados;

VI – o cessionário do herdeiro ou do legatário;

VII – o inventariante judicial, se houver;

VIII – pessoa estranha idônea, quando não houver inventariante judicial.

**Parágrafo único.** O inventariante, intimado da nomeação, prestará, dentro de 5 (cinco) dias, o compromisso de bem e fielmente desempenhar a função.

## COMENTÁRIOS

Cumpre anotar que do início até o final do processo de inventário, a administração da herança ficará a cargo do inventariante, que será nomeado pelo juiz tendo em conta ordem preferencial estabelecida no artigo em comento. Essa ordem deve ser respeitada porque a lei estabeleceu uma preferência, porém não é absoluta, podendo ser alterada por motivos justificados ou mesmo por comum acordo entre as partes.

O primeiro da lista é o cônjuge ou companheiro sobrevivente, contudo isso só será possível se convivia com o *de cujus* à época de sua morte. Depois vem o herdeiro que estava na posse e administração do espólio que pode ser nomeado na falta do cônjuge ou companheiros, ou ainda, quando ele não puder ou não quiser assumir o encargo.

Daí segue-se os demais legitimados, que são: qualquer herdeiro, quando nenhum deles estiver na posse e na administração do espólio; o herdeiro menor, por seu representante legal; o testamenteiro, se lhe tiver sido confiada a administração do espólio ou se toda a herança estiver distribuída em legados; o cessionário do herdeiro ou do legatário; o inventariante judicial, se houver; e, por fim, pessoa estranha idônea, quando não houver inventariante judicial (inventariante dativo).

Cabe destacar como novidade a inclusão de duas novas classes de legitimados: a previsão do herdeiro menor, por seu representante legal (inciso IV); e, o cessionário do herdeiro ou legatário (inciso VI).

**Art. 618.** Incumbe ao inventariante:

I – representar o espólio ativa e passivamente, em juízo ou fora dele, observando-se, quanto ao dativo, o disposto no art. 75, § 1º;

II – administrar o espólio, velando-lhe os bens com a mesma diligência que teria se seus fossem;

III – prestar as primeiras e as últimas declarações pessoalmente ou por procurador com poderes especiais;

IV – exibir em cartório, a qualquer tempo, para exame das partes, os documentos relativos ao espólio;

V – juntar aos autos certidão do testamento, se houver;

VI – trazer à colação os bens recebidos pelo herdeiro ausente, renunciante ou excluído;

VII – prestar contas de sua gestão ao deixar o cargo ou sempre que o juiz lhe determinar;

VIII – requerer a declaração de insolvência.

## COMENTÁRIOS

O art. 618 trata das incumbências do inventariante cabendo destacar que ele será responsável pela representação ativa e passiva do espólio, em juízo ou fora dele, bem como pela administração dos bens constantes da herança.

As funções do inventariante assemelham-se às do administrador judicial e irá perdurar até que seja encerrado o inventário.

Depois de nomeado, o inventariante passa a ter uma série de responsabilidades, todas elas elencadas no artigo em comento que deve ser lido em conjunto com o art. 619 que complementa o rol.

**Art. 619.** Incumbe ainda ao inventariante, ouvidos os interessados e com autorização do juiz:

I – alienar bens de qualquer espécie;

II – transigir em juízo ou fora dele;

III – pagar dívidas do espólio;

IV – fazer as despesas necessárias para a conservação e o melhoramento dos bens do espólio.

## COMENTÁRIOS

Diz o art. 619 que também será incumbência do inventariante, ouvidos os interessados e com autorização do juiz: alienar bens de qualquer espécie; transigir em juízo ou fora dele; pagar dívidas do espólio; e, fazer as despesas necessárias para a conservação e o melhoramento dos bens do espólio.

Quaisquer dessas providências somente podem ser tomadas pelo inventariante se todos os interessados manifestarem sua concordância e o juiz tenha autorizado. Isso porque todos os atos relacionados importam, numa certa medida, ato de disposição patrimonial.

Assim, se for necessário a prática dos atos listados, todos os herdeiros e interessados deverão se manifestar para depois o juiz decidir se autoriza ou não a prática do ato.

**Art. 620.** Dentro de 20 (vinte) dias contados da data em que prestou o compromisso, o inventariante fará as primeiras declarações, das quais se lavrará termo circunstanciado, assinado pelo juiz, pelo escrivão e pelo inventariante, no qual serão exarados:

I – o nome, o estado, a idade e o domicílio do autor da herança, o dia e o lugar em que faleceu e se deixou testamento;

# CÓDIGO DE PROCESSO CIVIL COMENTADO • LEI 13.105, DE 16 DE MARÇO DE 2015 — ART. 620

II – o nome, o estado, a idade, o endereço eletrônico e a residência dos herdeiros e, havendo cônjuge ou companheiro supérstite, além dos respectivos dados pessoais, o regime de bens do casamento ou da união estável;

III – a qualidade dos herdeiros e o grau de parentesco com o inventariado;

IV – a relação completa e individualizada de todos os bens do espólio, inclusive aqueles que devem ser conferidos à colação, e dos bens alheios que nele forem encontrados, descrevendo-se:

a) os imóveis, com as suas especificações, nomeadamente local em que se encontram, extensão da área, limites, confrontações, benfeitorias, origem dos títulos, números das matrículas e ônus que os gravam;

b) os móveis, com os sinais característicos;

c) os semoventes, seu número, suas espécies, suas marcas e seus sinais distintivos;

d) o dinheiro, as joias, os objetos de ouro e prata e as pedras preciosas, declarando-se-lhes especificadamente a qualidade, o peso e a importância;

e) os títulos da dívida pública, bem como as ações, as quotas e os títulos de sociedade, mencionando-se-lhes o número, o valor e a data;

f) as dívidas ativas e passivas, indicando-se-lhes as datas, os títulos, a origem da obrigação e os nomes dos credores e dos devedores;

g) direitos e ações;

h) o valor corrente de cada um dos bens do espólio.

§ 1º O juiz determinará que se proceda:

I – ao balanço do estabelecimento, se o autor da herança era empresário individual;

II – à apuração de haveres, se o autor da herança era sócio de sociedade que não anônima.

§ 2º As declarações podem ser prestadas mediante petição, firmada por procurador com poderes especiais, à qual o termo se reportará.

## COMENTÁRIOS

Agora, o CPC trata das primeiras declarações, que deverão ser prestadas no prazo de 20 (vinte) dias, contados da data do compromisso do inventariante.

As "primeiras declarações" representa um ato através do qual o inventariante apresenta em juízo, dentre outras informações, a lista de todos os bens, direito e obrigações do falecido que é do seu conhecimento naquele momento. Esta lista que irá orientar o andamento do processo até seu final poderá ser contraditada pelos demais herdeiros ou interessados, bem como complementada.

O art. 620 traz uma novidade interessante que é o permissivo para que as primeiras declarações possam ser prestadas através de petição, assinada pelo advogado do inventariante, desde que tenha procuração com poderes especiais, à qual o termo se reportará.

**Art. 621.** Só se pode arguir sonegação ao inventariante depois de encerrada a descrição dos bens, com a declaração, por ele feita, de não existirem outros por inventariar.

COMENTÁRIOS

O art. 621 estabelece o momento a partir do qual os demais herdeiros e interessados podem arguir sonegação do inventariante. Este, por uma questão de lógica, é o momento seguinte à apresentação das primeiras declarações, na qual o inventariante tenha deixado consignado que, além daqueles bens listados, não existem nenhum outros por inventariar.

Sonegar é ocultar de forma dolosa bens do espólio que deveriam ser levados ao inventário ou à colação, cuja pena para o sonegador é a perda do direito de participação na partilha desse bem (ver CC, art. 1.992).

É importante esclarecer que qualquer herdeiro que tenha bens em seu poder ou saiba da existência de bens em mãos de terceiros deve fazer essa indicação no inventário. Se não o fizer será considerado sonegador.

**Art. 622.** O inventariante será removido de ofício ou a requerimento:

I – se não prestar, no prazo legal, as primeiras ou as últimas declarações;

II – se não der ao inventário andamento regular, se suscitar dúvidas infundadas ou se praticar atos meramente protelatórios;

III – se, por culpa sua, bens do espólio se deteriorarem, forem dilapidados ou sofrerem dano;

IV – se não defender o espólio nas ações em que for citado, se deixar de cobrar dívidas ativas ou se não promover as medidas necessárias para evitar o perecimento de direitos;

V – se não prestar contas ou se as que prestar não forem julgadas boas;

VI – se sonegar, ocultar ou desviar bens do espólio.

COMENTÁRIOS

O art. 622 do CPC deixa claro que o juiz pode, a requerimento da parte ou mesmo de ofício, remover o inventariante s ele incidir em algumas das condutas elencadas nos seis incisos deste artigo.

Importante destacar que as hipóteses indicadas para remoção são exemplificativas, tendo em vista que é possível a remoção, por exemplo, por divergência ou animosidade entre as partes.

Só a título de curiosidade remoção e destituição são coisas diferentes, embora em ambos os casos o inventariante possa perder o cargo. Remoção ocorrerá nas situações acima elencadas. Já a destituição ocorrerá por fato alheio ao processo de inventário que possa, de alguma forma, comprometer a confiança que deve ser depositada no inventariante como, por exemplo, uma condenação criminal.

**Art. 623.** Requerida a remoção com fundamento em qualquer dos incisos do art. 622, será intimado o inventariante para, no prazo de 15 (quinze) dias, defender-se e produzir provas.

**Parágrafo único.** O incidente da remoção correrá em apenso aos autos do inventário.

## COMENTÁRIOS

No caso de remoção, o juiz, antes de decidir, deverá garantir o devido processo legal e o contraditório oportunizando ao inventariante a possibilidade de apresentar eventuais justificativas ou explicações.

Assim, requerida a remoção com fundamento em qualquer um dos incisos do art. 622, o inventariante será intimado para, no prazo de 15 (quinze) dias, defender-se e produzir provas.

Este é um incidente que será processado em autos apartados, anexo aos autos do inventário.

**Art. 624.** Decorrido o prazo, com a defesa do inventariante ou sem ela, o juiz decidirá.

**Parágrafo único.** Se remover o inventariante, o juiz nomeará outro, observada a ordem estabelecida no art. 617.

## COMENTÁRIOS

Explicita o art. 624 que, decorrido o prazo, com a defesa do inventariante ou sem ela, o juiz decidirá.

Se ele decidir pela remoção, deverá nomear outro inventariante, observando a ordem estabelecida no art. 617.

Da decisão proferida, seja ela mantendo ou removendo o inventariante, caberá agravo de instrumento (ver CPC, art. 1.015, parágrafo único).

**Art. 625.** O inventariante removido entregará imediatamente ao substituto os bens do espólio e, caso deixe de fazê-lo, será compelido mediante mandado de busca e apreensão ou de imissão na posse, conforme se tratar de bem móvel ou imóvel, sem prejuízo da multa a ser fixada pelo juiz em montante não superior a três por cento do valor dos bens inventariados.

## COMENTÁRIOS

O art. 625 estabelece que é dever do inventariante removido, entregar imediatamente ao substituto todos os bens do espólio. Caso deixe de fazê-lo, será compelido mediante mandado de busca e apreensão ou de imissão na posse, conforme se tratar de bem móvel ou imóvel

Muito importante é a previsão de que o juiz poderá aplicar multa ao faltoso em valor não superior a 3% (três por cento) do valor dos bens inventariados. Naturalmente isso colabora para que o inventariante procure ter uma atuação escorreita, para não correr o risco de se ver apenado pecuniariamente.

## SEÇÃO IV
## DAS CITAÇÕES E DAS IMPUGNAÇÕES

**Art. 626.** Feitas as primeiras declarações, o juiz mandará citar, para os termos do inventário e da partilha, o cônjuge, o companheiro, os herdeiros e os legatários e intimar a Fazenda Pública, o Ministério Público, se houver herdeiro incapaz ou ausente, e o testamenteiro, se houver testamento.

§ 1º O cônjuge ou o companheiro, os herdeiros e os legatários serão citados pelo correio, observado o disposto no art. 247, sendo, ainda, publicado edital, nos termos do inciso III do art. 259 .

§ 2º Das primeiras declarações extrair-se-ão tantas cópias quantas forem as partes.

§ 3º A citação será acompanhada de cópia das primeiras declarações.

§ 4º Incumbe ao escrivão remeter cópias à Fazenda Pública, ao Ministério Público, ao testamenteiro, se houver, e ao advogado, se a parte já estiver representada nos autos.

## COMENTÁRIOS

O art. 626 estabelece a obrigatoriedade de o juiz, logo após a apresentação das primeiras declarações, mandar citar, para os termos do inventário e da partilha, todos os possíveis interessados.

A ideia é que o cônjuge, o companheiro, os herdeiros e os legatários, a Fazenda Pública, ou mesmo o Ministério Público, se houver herdeiro incapaz ou ausente, e o

# CÓDIGO DE PROCESSO CIVIL COMENTADO • LEI 13.105, DE 16 DE MARÇO DE 2015 — ART. 627

testamenteiro, se houver testamento, compareça ao processo e digam de eventuais divergências ou concordâncias com o que foi apresentado pelo inventariante.

As citações serão feitas preferencialmente pelo correio e deverão ser acompanhadas de cópia das primeiras declarações.

Incumbe ao escrivão remeter cópias à Fazenda Pública, ao Ministério Público, ao testamenteiro, se houver, e ao advogado, se a parte já estiver representada nos autos.

**Art. 627.** Concluídas as citações, abrir-se-á vista às partes, em cartório e pelo prazo comum de 15 (quinze) dias, para que se manifestem sobre as primeiras declarações, incumbindo às partes:

I – arguir erros, omissões e sonegação de bens;

II – reclamar contra a nomeação de inventariante

III – contestar a qualidade de quem foi incluído no título de herdeiro.

§ 1º Julgando procedente a impugnação referida no inciso I, o juiz mandará retificar as primeiras declarações.

§ 2º Se acolher o pedido de que trata o inciso II, o juiz nomeará outro inventariante, observada a preferência legal.

§ 3º Verificando que a disputa sobre a qualidade de herdeiro a que alude o inciso III demanda produção de provas que não a documental, o juiz remeterá a parte às vias ordinárias e sobrestará, até o julgamento da ação, a entrega do quinhão que na partilha couber ao herdeiro admitido.

## COMENTÁRIOS

Agora o CPC trata de assegurar o direito de defesa para todos os interessados no inventário, que se abre após a conclusão das citações e intimações.

Terminadas todas as citações, deve o juiz mandar intimar todos os interessados para se manifestarem, no prazo comum de 15 (quinze) dias, contados da data da intimação pela imprensa. É nesse momento que os interessados deverão arguir eventuais erros, omissões e sonegação de bens constantes das primeiras declarações. Poderão também, neste mesmo momento, reclamar contra a nomeação de inventariante e, ainda, contestar a qualidade de quem foi incluído no inventário como herdeiro.

Se houver qualquer espécie de reclamação, o juiz abrirá prazo para que o inventariante apresente sua defesa e em seguida decidirá.

Se o juiz acolher a alegação de erros, omissões ou sonegação de bens mandará o inventariante retificar as primeiras declarações. De outro lado se acolher a impugnação à nomeação do inventariante, nomeará outro, sendo observada a preferência legal.

Havendo disputa sobre a qualidade de herdeiro a que alude o inciso III, se houver necessidade de produção de provas que não a documental, o juiz remeterá a parte às

415

vias ordinárias e reservará, até o julgamento final da ação, o quinhão que na partilha couber ao suposto herdeiro.

**Art. 628.** Aquele que se julgar preterido poderá demandar sua admissão no inventário, requerendo-a antes da partilha.

§ 1º Ouvidas as partes no prazo de 15 (quinze) dias, o juiz decidirá.

§ 2º Se para solução da questão for necessária a produção de provas que não a documental, o juiz remeterá o requerente às vias ordinárias, mandando reservar, em poder do inventariante, o quinhão do herdeiro excluído até que se decida o litígio.

## COMENTÁRIOS

Se algum dos herdeiros legítimos ou testamentários ou mesmo os legatários forem preteridos, poderão postular sua inclusão no inventário, a qualquer tempo, antes da partilha. Quer dizer, se alguém que, se sentido herdeiro, não foi incluído como tal nas primeiras declarações, terá a oportunidade de requerer sua habilitação.

Assim, aquele que se considerar herdeiro pedirá ao juiz sua habilitação no inventário, instruindo a petição com os documentos que comprovam a sua condição de herdeiro.

Recebida a petição de habilitação na herança o juiz mandará intimar todas as partes para, no prazo comum de 15 (quinze) dias se manifestarem. Depois disso, os autos serão conclusos ao juiz para decisão.

Se o juiz entender que a qualidade de herdeiros do reivindicante é controvertida e se faz necessária a produção de outras provas que não as documentais, mandará o requerente para as vias ordinárias e, no mesmo ato, determinará a reserva, em poder do inventariante, do quinhão cabível ao suposto herdeiro, até que se decida o litígio.

Não confundir "habilitação no inventário" com a "petição de herança" que é uma ação autônoma, cabível somente para inventário já encerrado (ver CC, art. 1.824).

**Art. 629.** A Fazenda Pública, no prazo de 15 (quinze) dias, após a vista de que trata o art. 627, informará ao juízo, de acordo com os dados que constam de seu cadastro imobiliário, o valor dos bens de raiz descritos nas primeiras declarações.

## COMENTÁRIOS

O art. 629 estatui prazo para que a Fazenda Pública possa comparecer nos autos e apresentar os dados que constam de seu cadastro imobiliário, informando o valor dos bens de raiz que foram descritos nas primeiras declarações, constante no cadastro imobiliário.

O prazo para essa manifestação é de 15 (quinze) dias, contudo, esse prazo não é preclusivo, sendo certo que o juiz poderá prorrogá-lo ou aceitar outro sugerido pela fazenda Pública.

## SEÇÃO V
### DA AVALIAÇÃO E DO CÁLCULO DO IMPOSTO

**Art. 630.** Findo o prazo previsto no art. 627 sem impugnação ou decidida a impugnação que houver sido oposta, o juiz nomeará, se for o caso, perito para avaliar os bens do espólio, se não houver na comarca avaliador judicial. **Parágrafo único.** Na hipótese prevista no art. 620, § 1º, o juiz nomeará perito para avaliação das quotas sociais ou apuração dos haveres.

### COMENTÁRIOS

Encerrada a fase de apresentação das primeiras declarações e depois de decididas eventuais impugnações o juiz nomeará, se for o caso, perito para avaliar os bens do espólio, se não houver na comarca avaliador judicial. Quando envolver estabelecimento comercial, o juiz nomeará perito para avaliação das quotas sociais ou apuração dos haveres, conforme seja o caso.

A ideia do legislador é garantir a igualdade de quinhões na partilha, de sorte que o juiz poderá determinar rigor na avaliação dos bens da herança, se dúvidas restar sobre seus valores.

**Art. 631.** Ao avaliar os bens do espólio, o perito observará, no que for aplicável, o disposto nos arts. 872 e 873.

### COMENTÁRIOS

O art. 631 manda que o perito, ao avaliar os bens do espólio, observe as disposições que tratam da avaliação de bens expropriados do devedor e submetidos à execução (ver CPC, arts. 872 e 873).

**Art. 632.** Não se expedirá carta precatória para a avaliação de bens situados fora da comarca onde corre o inventário se eles forem de pequeno valor ou perfeitamente conhecidos do perito nomeado.

### COMENTÁRIOS

O art. 632 na defesa da celeridade e da economia processual determina que não se expeça carta precatória para a avaliação de bens situados fora da comarca onde corre o inventário se eles forem de pequeno valor ou perfeitamente conhecidos do perito nomeado.

Naturalmente a decisão de expedição ou não da carta precatória, dependerá do bom senso do juiz que decidirá o que é de "pequeno valor" ou mesmo aceitará a arguição de que o bem a ser avaliado é "do conhecimento do perito", de sorte a acolher a tese da dispensabilidade de expedição de carta precatória.

> **Art. 633.** Sendo capazes todas as partes, não se procederá à avaliação se a Fazenda Pública, intimada pessoalmente, concordar de forma expressa com o valor atribuído, nas primeiras declarações, aos bens do espólio.

## COMENTÁRIOS

Nada impede que a Fazenda Pública, depois de intimada pessoalmente, concorde expressamente com os valores dos bens do espólio, atribuído pelo inventariante nas primeiras declarações.

Se isso acontecer e todas as partes sendo capazes, não haverá necessidade de determinação de avaliação.

> **Art. 634.** Se os herdeiros concordarem com o valor dos bens declarados pela Fazenda Pública, a avaliação cingir-se-á aos demais.

## COMENTÁRIOS

Na eventualidade de todos os herdeiros concordarem com os valores atribuídos aos bens pela Fazenda Pública, a avaliação, se ainda necessária, recairá apenas sobre aqueles bens sobre os quais restar controvérsias.

O art. 634 complementa o art. 633 e segue o princípio da celeridade processual, pois se a Fazenda Pública, com base nos seus dados cadastrais, atribuir valores aos bens diferentes daqueles apresentados nas primeiras declarações e sobre os quais os herdeiros manifestem concordância, o inventário terá um andamento mais célere, já que não haverá necessidade de avaliação pericial.

> **Art. 635.** Entregue o laudo de avaliação, o juiz mandará que as partes se manifestem no prazo de 15 (quinze) dias, que correrá em cartório.
>
> § 1º Versando a impugnação sobre o valor dado pelo perito, o juiz a decidirá de plano, à vista do que constar dos autos.
>
> § 2º Julgando procedente a impugnação, o juiz determinará que o perito retifique a avaliação, observando os fundamentos da decisão.

## COMENTÁRIOS

Entregue o laudo de avaliação, pelo perito ou avaliador judicial, abre-se mais uma fase do contraditório, oportunizando-se as partes interessadas que, no prazo comum de

15 (quinze) dias, apresentem suas eventuais impugnações. Diz ainda o art. 635 que se a impugnação versar apenas sobre o valor atribuído aos bens pelo perito ou avaliador judicial, o juiz a decidirá de plano, à vista dos elementos que constem dos autos. Se o juiz acolher a impugnação, determinará que o perito retifique a avaliação, observando os fundamentos da decisão.

**Art. 636.** Aceito o laudo ou resolvidas as impugnações suscitadas a seu respeito, lavrar-se-á em seguida o termo de últimas declarações, no qual o inventariante poderá emendar, aditar ou completar as primeiras.

### COMENTÁRIOS

O art. 636 trata do encerramento de mais uma fase do inventário – da avaliação dos bens do espólio. Fase essa que é de suma importância, pois será em face dela que se recolherá o ITCMD e também servirá de base para o rateio dos quinhões hereditários.

Aceito unanimemente o laudo, tácita ou expressamente ou resolvidas as impugnações suscitadas a seu respeito, será encerrada essa fase do inventário com a lavratura do termo de últimas declarações, no qual o inventariante poderá emendar, aditar ou completar as primeiras.

**Art. 637.** Ouvidas as partes sobre as últimas declarações no prazo comum de 15 (quinze) dias, proceder-se-á ao cálculo do tributo.

### COMENTÁRIOS

Em respeito ao princípio do contraditório estabelece o art. 637 que as partes devem ser ouvidas sobre as últimas declarações, no prazo comum de 15 (quinze) dias, para eventuais impugnações.

Não havendo impugnações ou depois de resolvidas as que forem apresentadas, o juiz mandará os autos ao contador para que se proceda ao cálculo do tributo a ser recolhido ao Estado.

**Art. 638.** Feito o cálculo, sobre ele serão ouvidas todas as partes no prazo comum de 5 (cinco) dias, que correrá em cartório, e, em seguida, a Fazenda Pública.

§ 1º Se acolher eventual impugnação, o juiz ordenará nova remessa dos autos ao contabilista, determinando as alterações que devam ser feitas no cálculo.

§ 2º Cumprido o despacho, o juiz julgará o cálculo do tributo.

## COMENTÁRIOS

Diz o art. 638 que, depois de apresentados os cálculos pelo contador do juízo, sobre ele serão ouvidas todas as partes no prazo comum de 5 (cinco) dias.

Se todas as partes concordarem com os cálculos apresentados, o juiz mandará abrir vistas para a Fazenda Pública. Havendo impugnações, antes de abrir vistas para a Fazenda Pública, deverá o juiz primeiro decidi-las e se acolher eventual impugnação, deverá ordenar nova remessa dos autos ao contabilista, determinando as alterações que devam ser feitas no cálculo.

Cumpridas todas essas formalidades o juiz julgará o cálculo do imposto de transmissão *causa mortis*.

### SEÇÃO VI
### DAS COLAÇÕES

**Art. 639.** No prazo estabelecido no art. 627 , o herdeiro obrigado à colação conferirá por termo nos autos ou por petição à qual o termo se reportará os bens que recebeu ou, se já não os possuir, trar-lhes-á o valor.

**Parágrafo único.** Os bens a serem conferidos na partilha, assim como as acessões e as benfeitorias que o donatário fez, calcular-se-ão pelo valor que tiverem ao tempo da abertura da sucessão.

### COMENTÁRIOS

Cumpre esclarecer que colação é o ato pelo qual o descendente do *de cujus* traz para o inventário o bem que lhe foi doado por ele ainda em vida, visando com isso igualar a legítima (ver CC, art. 2.002).

Isto se justifica porque as doações de ascendentes para descendentes acabam por significar uma antecipação daquilo que o herdeiro receberia por direito de herança no caso da futura morte do doador (ver CC, art. 544). Este instituto busca igualar a participação dos herdeiros na sucessão do *de cujus* obrigando aquele que recebeu algo antecipadamente a trazê-lo para o inventário de sorte a serem somados aos demais bens e assim garantir que a partilha contemple todos igualitariamente (ver CC, art. 2.003).

A colação deve ser feita com os próprios bens doados (*in natura*) e na sua eventual falta pelo valor do bem correspondente ao tempo da doação (ficta ou por imputação).

O valor do bem que vai constar do inventário será aquele que lhe puder ser atribuído à época da abertura da sucessão, descontado os valores referentes às acessões e as benfeitorias que o donatário fez, pois estas lhe pertencem de pleno direito.

Importante deixar consignado que não trazer à colação os bens doados aos descendentes configura sonegação.

# CÓDIGO DE PROCESSO CIVIL COMENTADO • LEI 13.105, DE 16 DE MARÇO DE 2015 — ART. 641

**Art. 640.** O herdeiro que renunciou à herança ou o que dela foi excluído não se exime, pelo fato da renúncia ou da exclusão, de conferir, para o efeito de repor a parte inoficiosa, as liberalidades que obteve do doador.

§ 1º É lícito ao donatário escolher, dentre os bens doados, tantos quantos bastem para perfazer a legítima e a metade disponível, entrando na partilha o excedente para ser dividido entre os demais herdeiros.

§ 2º Se a parte inoficiosa da doação recair sobre bem imóvel que não comporte divisão cômoda, o juiz determinará que sobre ela se proceda a licitação entre os herdeiros.

§ 3º O donatário poderá concorrer na licitação referida no § 2º e, em igualdade de condições, terá preferência sobre os herdeiros.

## COMENTÁRIOS

O art. 640 complementa as regras atinentes à colação e está em perfeita consonância com o previsto no art. 2.008 do Código Civil.

O herdeiro que renunciou à herança (ver CC, arts. 1.806 a 1.813) ou o que dela foi excluído (ver CC, arts. 1.814 a 1.818) não está isento de trazer a colação os bens recebidos em doação, pois tais bens poderão suplantar o valor de sua quota parte, representando a parte inoficiosa.

Importante esclarecer que a renúncia de herdeiro é ato formal que deve ser feita por escritura pública (ver CC, art. 1806). Outra coisa que devemos destacar é que a renúncia não pode ser parcial, nem sob condição ou a termo (ver CC, art. 1808).

Devemos ainda deixar consignado que a renúncia não pode prejudicar credores (ver CC, art. 1.813).

**Art. 641.** Se o herdeiro negar o recebimento dos bens ou a obrigação de os conferir, o juiz, ouvidas as partes no prazo comum de 15 (quinze) dias, decidirá à vista das alegações e das provas produzidas.

§ 1º Declarada improcedente a oposição, se o herdeiro, no prazo improrrogável de 15 (quinze) dias, não proceder à conferência, o juiz mandará sequestrar-lhe, para serem inventariados e partilhados, os bens sujeitos à colação ou imputar ao seu quinhão hereditário o valor deles, se já não os possuir.

§ 2º Se a matéria exigir dilação probatória diversa da documental, o juiz remeterá as partes às vias ordinárias, não podendo o herdeiro receber o seu quinhão hereditário, enquanto pender a demanda, sem prestar caução correspondente ao valor dos bens sobre os quais versar a conferência.

421

## COMENTÁRIOS

Na eventual hipótese de o herdeiro ter peticionado negando o recebimento dos bens ou a obrigação de trazê-los à colação, o juiz deverá mandar ouvir as partes interessadas, no prazo comum de 15 (quinze) dias, decidindo em seguida à vista das alegações e das provas produzidas nos autos.

Julgada improcedente a oposição, o herdeiro terá o prazo improrrogável de 15 (quinze) dias, para trazer o bem ao inventário. Se não o fizer, o juiz mandará sequestrar-lhe, para serem inventariados e partilhados, os bens sujeitos à colação ou imputar ao seu quinhão hereditário o valor deles, se já não os possuir.

Se o juiz entender que a matéria suscitada exige a realização de outras provas que não a documental, mandará as partes para as vias ordinárias e, enquanto não for resolvida a questão, o herdeiro não poderá receber o seu quinhão hereditário, a não ser que preste caução correspondente ao valor dos bens sobre os quais versar a conferência.

## SEÇÃO VII
## DO PAGAMENTO DAS DÍVIDAS

**Art. 642.** Antes da partilha, poderão os credores do espólio requerer ao juízo do inventário o pagamento das dívidas vencidas e exigíveis.

§ 1º A petição, acompanhada de prova literal da dívida, será distribuída por dependência e autuada em apenso aos autos do processo de inventário.

§ 2º Concordando as partes com o pedido, o juiz, ao declarar habilitado o credor, mandará que se faça a separação de dinheiro ou, em sua falta, de bens suficientes para o pagamento.

§ 3º Separados os bens, tantos quantos forem necessários para o pagamento dos credores habilitados, o juiz mandará aliená-los, observando-se as disposições deste Código relativas à expropriação.

§ 4º Se o credor requerer que, em vez de dinheiro, lhe sejam adjudicados, para o seu pagamento, os bens já reservados, o juiz deferir-lhe-á o pedido, concordando todas as partes.

§ 5º Os donatários serão chamados a pronunciar-se sobre a aprovação das dívidas, sempre que haja possibilidade de resultar delas a redução das liberalidades.

## COMENTÁRIOS

O inventário envolve não só os bens e direitos deixados pelo *de cujus*, mas também as obrigações por ele assumidas em vida. Assim podemos afirmar que embora os herdeiros não herdem as dívidas do falecido, terão que cumprir as obrigações que ele tenha assumido em vida de sorte que somente receberão alguma coisa de herança, depois do pagamento das dívidas que o falecido deixou.

A lógica está naquilo que já estudamos no direito das obrigações que claramente estipula que os bens do devedor são a garantia de recebimento dos credores (ver CC, art. 391). Se o devedor vem a morrer, isto não significa que suas dívidas tenham morrido juntamente com ele. Os credores continuam com direito de recebimento de seus créditos e poderão cobrar do espólio o que era devido pelo falecido, cabendo ao inventariante fazer o pagamento.

Como as obrigações são do falecido e não dos herdeiros, prevê o nosso Código Civil que eles não responderão por encargos superiores às forças da herança (ver CC, art. 1.792). Quer dizer, serão feitos os pagamentos com os valores que forem arrecadados a partir dos bens que foram deixados pelo *de cujus*. Se os bens não forem suficientes para quitar todos os débitos, deverá ser declarada a insolvência e os credores remanescentes ficarão a ver navios.

O credor deverá requerer sua habilitação no inventário, instruindo a petição com documento hábil à comprovação de seu crédito.

Se as partes concordarem o juiz homologará a habilitação e mandará que se faça a separação de dinheiro ou, em sua falta, de bens suficientes para o pagamento.

O credor tem a opção de pedir que lhe sejam adjudicados bens do espólio no valor do crédito habilitado. Se houver concordância de todas as partes, o juiz deferirá o pedido.

Como novidade, prevê o § 5º que os donatários serão chamados a pronunciar-se sobre a aprovação das dívidas, sempre que haja possibilidade de resultar delas a redução das liberalidades.

**Art. 643.** Não havendo concordância de todas as partes sobre o pedido de pagamento feito pelo credor, será o pedido remetido às vias ordinárias.

**Parágrafo único.** O juiz mandará, porém, reservar, em poder do inventariante, bens suficientes para pagar o credor quando a dívida constar de documento que comprove suficientemente a obrigação e a impugnação não se fundar em quitação.

### COMENTÁRIOS

Se houver divergências com relação ao crédito que se pretende habilitar, isto é, se não houver a concordância e o consentimento de todos os herdeiros, o credor terá que se utilizar das vias ordinárias para proceder tal cobrança.

Nesse caso o juiz mandará reservar bens suficientes para adimplir o crédito impugnado se os documentos apresentados forem de suficiente credibilidade e a impugnação dos herdeiros não se fundar em quitação.

**Art. 644.** O credor de dívida líquida e certa, ainda não vencida, pode reque-rer habilitação no inventário.

**Parágrafo único.** Concordando as partes com o pedido referido no *caput*, o juiz, ao julgar habilitado o crédito, mandará que se faça separação de bens para o futuro pagamento.

## COMENTÁRIOS

Vale advertir que até mesmo o credor com dívida a vencer pode se habilitar no inventário, desde que a dívida seja líquida e certa.

Obviamente que este pagamento somente poderá ser realizado se todas as partes interessadas manifestarem sua concordância, isto porque, dívida não vencida é dívida não exigível. Nesse caso, a exigibilidade da dívida fica superada pela concordância dos interessados.

**Art. 645.** O legatário é parte legítima para manifestar-se sobre as dívidas do espólio:

I – quando toda a herança for dividida em legados;

II – quando o reconhecimento das dívidas importar redução dos legados.

## COMENTÁRIOS

O art. 645 trata da legitimidade do herdeiro legatário, considerando-o parte legí-tima para manifestar-se sobre as dívidas do espólio.

Tal medida se justifica, pois o herdeiro de um legado pode ser prejudicado pela cobrança de dívidas e sofrer uma redução do seu legado ou até mesmo perdê-lo.

**Art. 646.** Sem prejuízo do disposto no art. 860, é lícito aos herdeiros, ao separarem bens para o pagamento de dívidas, autorizar que o inventariante os indique à penhora no processo em que o espólio for executado.

## COMENTÁRIOS

O art. 646 abre a possibilidade de os herdeiros autorizarem o inventariante a indi-car bens do espólio à penhora em processo que esteja em tramitação, no qual o espólio esteja sendo executado.

### SEÇÃO VIII
### DA PARTILHA

**Art. 647.** Cumprido o disposto no art. 642, § 3º, o juiz facultará às partes que, no prazo comum de 15 (quinze) dias, formulem o pedido de quinhão e, em seguida, proferirá a decisão de deliberação da partilha, resolvendo os pedidos das partes e designando os bens que devam constituir quinhão de cada herdeiro e legatário.

**Parágrafo único.** O juiz poderá, em decisão fundamentada, deferir antecipadamente a qualquer dos herdeiros o exercício dos direitos de usar e de fruir de determinado bem, com a condição de que, ao término do inventário, tal bem integre a cota desse herdeiro, cabendo a este, desde o deferimento, todos os ônus e bônus decorrentes do exercício daqueles direitos.

### COMENTÁRIOS

A partilha é o ato culminante do processo de inventário significando o fim da comunhão entre os herdeiros com a atribuição a cada um dos seus respectivos quinhões.

Após a realização do pagamento das dívidas do espólio, inicia-se esta nova fase do processo de inventário, na qual é facultado às partes, no prazo comum de 15 (quinze) dias, fazerem os respectivos pedidos de quinhão. Em seguida o juiz proferirá a decisão de deliberação da partilha, resolvendo os pedidos das partes e designando os bens que devam constituir quinhão de cada herdeiro e legatário.

A novidade fica por conta do parágrafo único que cria o permissivo pelo qual o juiz poderá, em decisão fundamentada, deferir antecipadamente a qualquer dos herdeiros o exercício dos direitos de usar e de fruir de determinado bem, com a condição de que, ao término do inventário, tal bem integre a cota desse herdeiro, cabendo a este, desde o deferimento, todos os ônus e bônus decorrentes do exercício daqueles direitos.

**Art. 648.** Na partilha, serão observadas as seguintes regras:

I – a máxima igualdade possível quanto ao valor, à natureza e à qualidade dos bens;

II – a prevenção de litígios futuros;

III – a máxima comodidade dos coerdeiros, do cônjuge ou do companheiro, se for o caso.

### COMENTÁRIOS

O art. 648 contempla aquilo que a doutrina e a jurisprudência já vinham adotando de longa data, regulamentando alguns importantes princípios norteadores da partilha.

Quer dizer, na partilha, o juiz deverá ter em conta a máxima igualdade possível quanto ao valor, à natureza e à qualidade dos bens. Deverá evitar ao máximo a formação de condomínio e assim prevenir futuros litígios.

Por fim, deverá observar a máxima comodidade dos coerdeiros, e da meação do cônjuge ou do companheiro, se existir.

**Art. 649.** Os bens insuscetíveis de divisão cômoda que não couberem na parte do cônjuge ou companheiro supérstite ou no quinhão de um só herdeiro serão licitados entre os interessados ou vendidos judicialmente, partilhando-se o valor apurado, salvo se houver acordo para que sejam adjudicados a todos.

## COMENTÁRIOS

O art. 649 também é novidade e prevê a hipótese de, em se tratando de bens insuscetíveis de divisão cômoda que não couberem na parte do cônjuge ou companheiro supérstite ou no quinhão de um só herdeiro, serem licitados entre os interessados ou vendidos judicialmente, partilhando-se o valor apurado, salvo se houver acordo para que sejam adjudicados a todos.

Contudo devemos advertir que não se fará a venda judicial se o cônjuge sobrevivente ou qualquer um dos herdeiros requererem lhes seja adjudicado o bem, repondo aos outros, em dinheiro, a diferença, após avaliação atualizada, conforme já previa o nosso Código Civil (ver art. 2019).

Por óbvio que havendo a adjudicação conjunta irá se criar um condomínio entre os adjudicantes.

**Art. 650.** Se um dos interessados for nascituro, o quinhão que lhe caberá será reservado em poder do inventariante até o seu nascimento.

## COMENTÁRIOS

Importante a previsão contida no art. 650 que prevê a hipótese de preservação dos bens cabível ao nascituro no inventário que, após a realização da partilha, ficarão reservados em poder do inventariante até o seu nascimento com vida.

Lembrando que nascituro é o feto que está por nascer e que ainda não tem personalidade. Assim, essa norma vem em prestígio ao direito material tendo em vista que o Código Civil já previa que estão legitimados para a sucessão as pessoas já concebidas no momento da abertura da sucessão (ver CC, 1.798).

O CPC apenas regulamenta a questão da guarda do quinhão que caberá ao nascituro que, nesse caso, ficará sob a guarda do inventariante até o nascimento do feto com vida.

**Art. 651.** O partidor organizará o esboço da partilha de acordo com a decisão judicial, observando nos pagamentos a seguinte ordem:

I – dívidas atendidas;

II – meação do cônjuge;

III – meação disponível;

IV – quinhões hereditários, a começar pelo coerdeiro mais velho.

## COMENTÁRIOS

É importante rememorar que, nesta fase final do inventário, o juiz facultará as partes à apresentação do plano de partilha e se todos estiverem de acordo homologará a partilha amigável.

Se não houver acordo entre as partes o juiz mandará o processo ao partidor que apresentará um plano de partilha no qual, além de obedecer a decisão judicial, deverá observar nos pagamentos a seguinte ordem: dívidas atendidas; meação do cônjuge; meação disponível; e, quinhões hereditários, a começar pelo coerdeiro mais velho.

Lembrando que partidor é um funcionário do juízo e que lhe compete organizar o projeto de partilha dos bens a partir da decisão deliberatória prevista no art. 647, obedecidos aos critérios acima enumerados.

**Art. 652.** Feito o esboço, as partes manifestar-se-ão sobre esse no prazo comum de 15 (quinze) dias, e, resolvidas as reclamações, a partilha será lançada nos autos.

## COMENTÁRIOS

Feito o plano de partilha pelo partidor, em respeito ao princípio do contraditório, o juiz mandará ouvir as partes, no prazo comum de 15 (quinze) dias. Se o juiz acolher um ou alguns dos inconformismos das partes com o esboço de partilha apresentado, mandará os autos de volta ao partidor para que se processe novo esboço.

Resolvidas todas as impugnações e apresentado o esboço final de partilha, a mesma será lançada aos autos.

**Art. 653.** A partilha constará:

I – de auto de orçamento, que mencionará:

*a)* os nomes do autor da herança, do inventariante, do cônjuge ou companheiro supérstite, dos herdeiros, dos legatários e dos credores admitidos;

*b)* o ativo, o passivo e o líquido partível, com as necessárias especificações;

*c)* o valor de cada quinhão;

II – de folha de pagamento para cada parte, declarando a quota a pagar-lhe, a razão do pagamento e a relação dos bens que lhe compõem o quinhão, as características que os individualizam e os ônus que os gravam.

**Parágrafo único.** O auto e cada uma das folhas serão assinados pelo juiz e pelo escrivão.

## COMENTÁRIOS

Cumpre esclarecer inicialmente que "auto de orçamento" é mais conhecido como auto de partilha, ou seja, o documento que será elaborado de acordo com o previsto neste artigo.

Assim, o art. 653 estabelece que a partilha constará de duas partes: auto de orçamento (lista dos bens a serem partilhados) e folha de pagamento (atribuição dos quinhões de cada um dos herdeiros), explicitando o que deve contar em cada uma delas.

Advirta-se ainda que se algum herdeiro não foi incluído na partilha depois de homologada e transitada em julgado, deverá mover a ação de petição de herança para fazer valer seus direitos.

> **Art. 654.** Pago o imposto de transmissão a título de morte e juntada aos autos certidão ou informação negativa de dívida para com a Fazenda Pública, o juiz julgará por sentença a partilha.
>
> **Parágrafo único.** A existência de dívida para com a Fazenda Pública não impedirá o julgamento da partilha, desde que o seu pagamento esteja devidamente garantido.

## COMENTÁRIOS

Depois de realizado o pagamento do imposto de transmissão *causa mortis* e juntada aos autos certidão ou informação negativa de dívida para com a Fazenda Pública, o juiz a julgará por sentença a partilha.

O parágrafo único do artigo *sub oculum* é novidade e prevê a hipótese de o juiz proferir julgamento, mesmo na eventual pendência de débito com a Fazenda Pública, desde que o seu pagamento esteja devidamente garantido.

> **Art. 655.** Transitada em julgado a sentença mencionada no art. 654, receberá o herdeiro os bens que lhe tocarem e um formal de partilha, do qual constarão as seguintes peças:
>
> I – termo de inventariante e título de herdeiros;
>
> II – avaliação dos bens que constituíram o quinhão do herdeiro;
>
> III – pagamento do quinhão hereditário;
>
> IV – quitação dos impostos;
>
> V – sentença.
>
> **Parágrafo único.** O formal de partilha poderá ser substituído por certidão de pagamento do quinhão hereditário quando esse não exceder a 5 (cinco) vezes o salário-mínimo, caso em que se transcreverá nela a sentença de partilha transitada em julgado.

## COMENTÁRIOS

Transitada em julgado a sentença que julgou a partilha, o cartório do juízo expedirá o formal de partilha que é o instrumento hábil à transferência dos bens para o nome dos respectivos herdeiros.

Com a partilha encerra-se o inventário e faz desaparecer a figura do espólio, bem como acaba com o condomínio formado entre os herdeiros com a morte do *de cujus* (ver CC, art. 1.791, parágrafo único).

Quer dizer, o art. 655 trata dos requisitos do formal de partilha a ser entregue a cada um dos herdeiros.

**Art. 656.** A partilha, mesmo depois de transitada em julgado a sentença, pode ser emendada nos mesmos autos do inventário, convindo todas as partes, quando tenha havido erro de fato na descrição dos bens, podendo o juiz, de ofício ou a requerimento da parte, a qualquer tempo, corrigir-lhe as inexatidões materiais.

### COMENTÁRIOS

O art. 656 traz em seu bojo o permissivo de correção da sentença proferida no inventário, mesmo depois de transitada em julgado a sentença, podendo ser emendada nos mesmos autos em que proferida desde que, convindo a todas as partes, quando tenha havido erro de fato na descrição dos bens, podendo o juiz, de ofício ou a requerimento da parte, a qualquer tempo, corrigir-lhe as inexatidões materiais.

A parte final do presente artigo seria perfeitamente dispensável em face da autorização legislativa já constante do art. 494 do CPC.

**Art. 657.** A partilha amigável, lavrada em instrumento público, reduzida a termo nos autos do inventário ou constante de escrito particular homologado pelo juiz, pode ser anulada por dolo, coação, erro essencial ou intervenção de incapaz, observado o disposto no § 4º do art. 966.

**Parágrafo único.** O direito à anulação de partilha amigável extingue-se em 1 (um) ano, contado esse prazo:

I – no caso de coação, do dia em que ela cessou;

II – no caso de erro ou dolo, do dia em que se realizou o ato;

III – quanto ao incapaz, do dia em que cessar a incapacidade.

### COMENTÁRIOS

O art. 657 trata da possibilidade de anulação da partilha amigável, lavrada em instrumento público, reduzida a termo nos autos do inventário ou constante de escrito particular homologado pelo juiz, em razão de dolo, coação, erro essencial ou intervenção de incapaz.

O parágrafo único estabelece o prazo decadencial de 1 (um) ano, para que o eventual interessado na anulação de partilha amigável possa provocar o juízo, contado esse prazo: no caso de coação, do dia em que ela cessou; no caso de erro ou dolo, do dia em que se realizou o ato e, quando se referir ao incapaz, do dia em que cessar a incapacidade.

É importante registrar que na eventual recusa do magistrado em rever a decisão, caberá a parte interessada ingressar com ação anulatória do inventário nos termos do art. 966, § 4º, do Novo CPC.

> **Art. 658.** É rescindível a partilha julgada por sentença:
>
> I – nos casos mencionados no art. 657;
>
> II – se feita com preterição de formalidades legais;
>
> III – se preteriu herdeiro ou incluiu quem não o seja.

## COMENTÁRIOS

O art. 658 trata não mais da ação anulatória, mas da ação rescisória, prescrevendo que é cabível, nos casos mencionados no art. 657 (dolo, coação, erro essencial ou intervenção de incapaz); se foi proferida com preterição de formalidades legais; ou ainda, se preteriu herdeiro ou incluiu quem não o seja.

Não se confunda a previsão legislativa do presente artigo com o que foi comentado no artigo anterior. Naquele a preocupação do legislador é com a desconstituição de sentença homologatória de partilha amigável; neste a preocupação é outra qual seja, a sentença que julga a partilha.

### SEÇÃO IX
### DO ARROLAMENTO

> **Art. 659.** A partilha amigável, celebrada entre partes capazes, nos termos da lei, será homologada de plano pelo juiz, com observância dos arts. 660 a 663.
>
> § 1º O disposto neste artigo aplica-se, também, ao pedido de adjudicação, quando houver herdeiro único.
>
> § 2º Transitada em julgado a sentença de homologação de partilha ou de adjudicação, será lavrado o formal de partilha ou elaborada a carta de adjudicação e, em seguida, serão expedidos os alvarás referentes aos bens e às rendas por ele abrangidos, intimando-se o fisco para lançamento administrativo do imposto de transmissão e de outros tributos porventura incidentes, conforme dispuser a legislação tributária, nos termos do § 2º do art. 662.

## COMENTÁRIOS

Devemos esclarecer inicialmente que o previsto no art. 659 é na atualidade, de pouca ou nenhuma utilidade, explica-se: se as partes são capazes e estiverem de acordo com a partilha dos bens, poderão realizar o inventário extrajudicial, mediante escritura pública, nos termos previstos no art. 610, § 1º do Novo CPC.

Não há nenhuma lógica na manutenção do presente dispositivo já que a partilha amigável a ser realizada judicialmente, demandará custos e tempo muito acima da realização do mesmo inventário em cartório.

De toda sorte, este tipo de inventário pode ser utilizado quando todos os herdeiros são capazes e estão concordes com a forma como deva ser partilhado os bens. A forma é simplificada, pois basta os interessados apresentarem o plano de partilha e, desde que comprovada a quitação dos tributos, o juiz homologará de plano e sem maiores problemas.

Esta forma de inventário também pode ser utilizada quando existe apenas um único herdeiro que requer a adjudicação dos bens que lhes foram deixados por herança.

Importante a previsão contida no § 2º permitindo o pagamento dos tributos administrativamente.

**Art. 660.** Na petição de inventário, que se processará na forma de arrolamento sumário, independentemente da lavratura de termos de qualquer espécie, os herdeiros:

I – requererão ao juiz a nomeação do inventariante que designarem;

II – declararão os títulos dos herdeiros e os bens do espólio, observado o disposto no art. 630;

III – atribuirão valor aos bens do espólio, para fins de partilha.

## COMENTÁRIOS

O art. 660 disciplina os requisitos que devem constar na petição inicial desse tipo de inventário, chamado de "arrolamento sumário".

Quer dizer, se todos os todos os herdeiros são maiores e capazes e, se além disso, estão de pleno acordo com a partilha dos bens, podem livremente indicarem o inventariante, bem como a declaração dos títulos dos herdeiros e dos bens do espólio, assim como atribuirão valor aos bens do espólio para efeito da partilha amigável.

**Art. 661.** Ressalvada a hipótese prevista no parágrafo único do art. 663, não se procederá à avaliação dos bens do espólio para nenhuma finalidade.

## COMENTÁRIOS

O art. 661 dispensa a avaliação dos bens, exceto se houver habilitação de credores. Essa dispensa de avaliação se coaduna com o procedimento aqui regulado que se pretende seja célere.

Tem toda uma lógica porque se todos os herdeiros são maiores e capazes e, além disso, estão de pleno acordo com a partilha, é de se presumir que não haverá risco de prejuízos para nenhum dos interessados de sorte ser razoável a dispensa de avaliação dos bens do espólio.

**Art. 662.** No arrolamento, não serão conhecidas ou apreciadas questões relativas ao lançamento, ao pagamento ou à quitação de taxas judiciárias e de tributos incidentes sobre a transmissão da propriedade dos bens do espólio.

§ 1º A taxa judiciária, se devida, será calculada com base no valor atribuído pelos herdeiros, cabendo ao fisco, se apurar em processo administrativo valor diverso do estimado, exigir a eventual diferença pelos meios adequados ao lançamento de créditos tributários em geral.

§ 2º O imposto de transmissão será objeto de lançamento administrativo, conforme dispuser a legislação tributária, não ficando as autoridades fazendárias adstritas aos valores dos bens do espólio atribuídos pelos herdeiros.

## COMENTÁRIOS

O art. 662 estabelece que não serão apreciadas questões relativas aos tributos incidentes que, independente disso, poderá ser exigido pelo fisco em processo administrativo próprio e, na eventualidade de não pagamento, ser processado através de execução fiscal.

Quer dizer, os valores declarados pelo inventariante relativos aos bens do espólio não impedem que as autoridades fazendárias possam questionar, porém isso não será feito no processo de inventário, mas em processo administrativo próprio.

**Art. 663.** A existência de credores do espólio não impedirá a homologação da partilha ou da adjudicação, se forem reservados bens suficientes para o pagamento da dívida.

**Parágrafo único.** A reserva de bens será realizada pelo valor estimado pelas partes, salvo se o credor, regularmente notificado, impugnar a estimativa, caso em que se promoverá a avaliação dos bens a serem reservados.

## COMENTÁRIOS

No presente artigo o legislado fez consignar que não obsta a homologação da partilha ou da adjudicação, o fato de existirem credores do espólio, desde que sejam reservados bens suficientes para o pagamento da dívida.

# CÓDIGO DE PROCESSO CIVIL COMENTADO • LEI 13.105, DE 16 DE MARÇO DE 2015 — ART. 665

A reserva de bens será realizada pelo valor estimado pelas partes, salvo se o credor, regularmente notificado, impugnar a estimativa, caso em que se promoverá a avaliação dos bens a serem reservados.

**Art. 664.** Quando o valor dos bens do espólio for igual ou inferior a 1.000 (mil) salários-mínimos, o inventário processar-se-á na forma de arrolamento, cabendo ao inventariante nomeado, independentemente de assinatura de termo de compromisso, apresentar, com suas declarações, a atribuição de valor aos bens do espólio e o plano da partilha.

§ 1º Se qualquer das partes ou o Ministério Público impugnar a estimativa, o juiz nomeará avaliador, que oferecerá laudo em 10 (dez) dias.

§ 2º Apresentado o laudo, o juiz, em audiência que designar, deliberará sobre a partilha, decidindo de plano todas as reclamações e mandando pagar as dívidas não impugnadas.

§ 3º Lavrar-se-á de tudo um só termo, assinado pelo juiz, pelo inventariante e pelas partes presentes ou por seus advogados.

§ 4º Aplicam-se a essa espécie de arrolamento, no que couber, as disposições do art. 672, relativamente ao lançamento, ao pagamento e à quitação da taxa judiciária e do imposto sobre a transmissão da propriedade dos bens do espólio.

§ 5º Provada a quitação dos tributos relativos aos bens do espólio e às suas rendas, o juiz julgará a partilha.

## COMENTÁRIOS

O art. 664 trata daquilo que a doutrina chama de "arrolamento comum". É o inventário de bens cujo valor não seja superior a 1.000 (mil) salários mínimos.

Nesse caso, diz o Código de Processo Civil que o inventariante nomeado, independentemente da assinatura de termo de compromisso, apresentará, com suas declarações, a atribuição do valor dos bens do espólio e o plano da partilha.

Se houver impugnação dos valores apresentados pelo inventariante, o juiz nomeará um avaliador que oferecerá laudo em 10 (dez) dias. Apresentado o laudo, o juiz, em audiência que designar, deliberará sobre a partilha, decidindo de plano todas as reclamações e mandando pagar as dívidas não impugnadas.

Provada a quitação dos tributos relativos aos bens do espólio e às suas rendas, o juiz julgará a partilha.

**Art. 665.** O inventário processar-se-á também na forma do art. 664, ainda que haja interessado incapaz, desde que concordem todas as partes e o Ministério Público.

433

## COMENTÁRIOS

O art. 665 é novidade, porém, se limita a afirmar aquilo que a doutrina sempre defendeu, ou seja, que nesta espécie de inventário por arrolamento, o que autoriza a sua utilização é o valor dos bens do espólio, pouco importando se há ou não interesses de incapazes.[78]

Sendo assim, o procedimento do arrolamento comum poderá ser adotado, e mesmo existindo a independentemente presença do herdeiro incapaz isso não representa óbice. Contudo, é necessário que o valor dos bens do espólio esteja de acordo com os limites legalmente estabelecidos e que os interesses do herdeiro incapaz estejam protegidos, com aval do Ministério Público.

**Art. 666.** Independerá de inventário ou de arrolamento o pagamento dos valores previstos na Lei no 6.858, de 24 de novembro de 1980.

## COMENTÁRIOS

O art. 666 fala da dispensabilidade de inventário quando a herança envolver somente valores atinentes a Fundo de Garantia do Tempo de Serviço; do Fundo de Participação PIS-PASEP e as restituições do Imposto de Renda, bem como a valores depositados em conta corrente, conta poupança ou outros investimentos desde que de pequeno valor.[79]

É aquilo que na prática forense chamamos de "alvará judicial" que também é muito utilizado para realizar a venda e transferência de um único veículo, além de outros bens de pequeno valor deixados pelo *de cujus*.

Importante ainda consignar que ao peticionar a parte deve anexar à sua petição todos os documentos necessários à comprovação do que está sendo requerido, bem como a prova de sua legitimidade e, havendo outros herdeiros, a autorização de todos eles atestando que concordam com a representação através do requerente. Nesse caso, a procuração para o advogado deve ser assinada por todos os interessados.

**Art. 667.** Aplicam-se subsidiariamente a esta Seção as disposições das Seções VII e VIII deste Capítulo.

## COMENTÁRIOS

O art. 667 manda aplicar, subsidiariamente a esta Seção, as disposições das Seções VII e VIII deste Capítulo o que dispensa comentários.

---

78. Nesse sentido ver nossa obra *Lições de direito civil – família e sucessões*, v. 5, p. 235.

79. Se dúvidas ainda restar, remetemos o leitor ao que consta na Lei 6.858/80, especialmente os seus arts. 1º e 2º.

# SEÇÃO X
## DISPOSIÇÕES COMUNS A TODAS AS SEÇÕES

**Art. 668.** Cessa a eficácia da tutela provisória prevista nas Seções deste Capítulo:

I – se a ação não for proposta em 30 (trinta) dias contados da data em que da decisão foi intimado o impugnante, o herdeiro excluído ou o credor não admitido;

II – se o juiz extinguir o processo de inventário com ou sem resolução de mérito.

## COMENTÁRIOS

O art. 668 inaugura essa seção que trata das disposições finais aplicáveis aos processos de inventário e partilha, estabelecendo que cessará os efeitos da tutela provisória eventualmente concedida nos autos do inventário no caso de a ação não ser proposta no prazo de 30 (trinta dias) contados da data da intimação da decisão concessiva. Também no caso de o juiz extinguir o processo de inventário com ou sem resolução de mérito.

Justifica-se ambas as previsões porque sendo a tutela provisória uma medida de salvaguarda de direitos, a não propositura da ação principal no prazo previsto implica dizer que a parte beneficiária já não mais teria interesse. Da mesma forma se o processo for extinto, não haverá mais que se falar em manutenção dessa salvaguarda.

Cumpre ainda anotar que essas tutelas provisórias aqui tratadas são aquelas concedidas referentes à reserva de quinhões e créditos de possíveis herdeiros excluídos ou credores não admitidos no inventário do espólio.

**Art. 669.** São sujeitos à sobrepartilha os bens:

I – sonegados;

II – da herança descobertos após a partilha;

III – litigiosos, assim como os de liquidação difícil ou morosa;

IV – situados em lugar remoto da sede do juízo onde se processa o inventário.

**Parágrafo único.** Os bens mencionados nos incisos III e IV serão reservados à sobrepartilha sob a guarda e a administração do mesmo ou de diverso inventariante, a consentimento da maioria dos herdeiros.

## COMENTÁRIOS

Pode ocorrer de, mesmo depois de encerrado o inventário e expedido o formal de partilha, aparecer bens do *de cujus* que não eram conhecidos dos herdeiros e, portanto, não foram relacionados e partilhados no inventário já findo, assim como, por exemplo, aqueles eventualmente sonegados (CC, art. 2.022).[80]

Pode também ocorrer de mesmo os bens sendo conhecidos, por uma questão de comodidade e conveniências dos herdeiros, optem eles por deixar para partilhar depois, tendo em vista que o próprio Código Civil autoriza, especialmente se os bens encontram-se em lugar longe de onde se processa o inventário; ou se pende sobre eles algum litígio; ou ainda, se os bens são de liquidação morosa ou difícil (CC, art. 2.021).[81]

Quer dizer, aqueles bens que não puderam ser regularmente partilhados no inventário poderão ficar reservados para serem partilhados a posteriori e nesse caso, deverão ficar sob a guarda e administração do mesmo inventariante ou de outra pessoa desde que haja consenso da maioria dos herdeiros.

**Art. 670.** Na sobrepartilha dos bens, observar-se-á o processo de inventário e de partilha.

**Parágrafo único.** A sobrepartilha correrá nos autos do inventário do autor da herança.

## COMENTÁRIOS

Se houver necessidade de sobrepartilha, não será necessário abrir um novo processo de inventário, pois bastará pedir o desarquivamento do inventário já realizado e nele mesmo far-se-á a nova partilha referente aos bens que não constaram da primeira partilha.

Vale alertar para o fato de que nada obsta seja processada a sobrepartilha por escritura pública, mesmo nos casos em que o inventário tenha sido processado judicialmente, bastando para isso que todos os herdeiros sejam capazes e estejam de comum acordo sobre a nova partilha dos bens.

**Art. 671.** O juiz nomeará curador especial:

I – ao ausente, se não o tiver;

II – ao incapaz, se concorrer na partilha com o seu representante, desde que exista colisão de interesses.

---

80. CC, Art. 2.022. Ficam sujeitos a sobrepartilha os bens sonegados e quaisquer outros bens da herança de que se tiver ciência após a partilha.

81. CC, Art. 2.021. Quando parte da herança consistir em bens remotos do lugar do inventário, litigiosos, ou de liquidação morosa ou difícil, poderá proceder-se, no prazo legal, à partilha dos outros, reservando-se aqueles para uma ou mais sobrepartilhas, sob a guarda e a administração do mesmo ou diverso inventariante, e consentimento da maioria dos herdeiros.

## COMENTÁRIOS

O art. 671 explicita os casos em que o juiz deverá nomear curador especial que são duas: ao ausente, se não o tiver; e, ao incapaz, se concorrer na partilha com o seu representante, desde que possa existir colisão de interesses.

O artigo em comento até poderia ser dispensado tendo em vista o que consta do artigo 72 desse mesmo *codex*, que autoriza, em seu inciso I, a nomeação de curador ao incapaz, se não possuir representante legal ou se os interesses deste colidirem com os do representante, enquanto durar a incapacidade.

**Art. 672.** É lícita a cumulação de inventários para a partilha de heranças de pessoas diversas quando houver:

I – identidade de pessoas entre as quais devam ser repartidos os bens;

II – heranças deixadas pelos dois cônjuges ou companheiros;

III – dependência de uma das partilhas em relação à outra.

**Parágrafo único.** No caso previsto no inciso III, se a dependência for parcial, por haver outros bens, o juiz pode ordenar a tramitação separada, se melhor convier ao interesse das partes ou à celeridade processual.

## COMENTÁRIOS

Agora o legislador trata das possibilidades de cumulação de inventário de pessoas diversas em um mesmo processo, trazendo uma novidade que é a possibilidade de abertura de inventário conjunto quando envolver a morte simultânea dos cônjuges ou companheiros, pois isso não constava da legislação anterior.

Assim, é possível a cumulação de inventários para a partilha de heranças de pessoas diversas quando houver: identidade de pessoas entre as quais devam ser repartidos os bens; heranças deixadas pelos dois cônjuges ou companheiros; dependência de uma das partilhas em relação à outra.

A novidade interessante é o que consta do parágrafo único que deixa ao arbítrio do juiz ordenar a tramitação em separado, no caso previsto no inciso III, se a dependência for parcial, e melhor convier ao interesse das partes ou à celeridade processual.

**Art. 673.** No caso previsto no art. 672, inciso II, prevalecerão as primeiras declarações, assim como o laudo de avaliação, salvo se alterado o valor dos bens.

## COMENTÁRIOS

O art. 673 se aplica apenas à hipótese de inventário dos bens deixados pelo casal (cônjuges ou companheiros), prevendo que, prevalecerão as primeiras declarações, assim como o laudo de avaliação, salvo se alterado o valor dos bens, o que colabora para celeridade e economia processual.

Importante esclarecer que trata-se de primeiras declarações e o laudo de avaliação dos bens apresentados para a partilha do autor da herança premorto que poderão ser aproveitados para a partilha dos bens do cônjuge ou companheiro supérstite.

## CAPÍTULO VII
### DOS EMBARGOS DE TERCEIRO

**Art. 674.** Quem, não sendo parte no processo, sofrer constrição ou ameaça de constrição sobre bens que possua ou sobre os quais tenha direito incompatível com o ato constritivo, poderá requerer seu desfazimento ou sua inibição por meio de embargos de terceiro.

§ 1º Os embargos podem ser de terceiro proprietário, inclusive fiduciário, ou possuidor.

§ 2º Considera-se terceiro, para ajuizamento dos embargos:

I – o cônjuge ou companheiro, quando defende a posse de bens próprios ou de sua meação, ressalvado o disposto no art. 843;

II – o adquirente de bens cuja constrição decorreu de decisão que declara a ineficácia da alienação realizada em fraude à execução;

III – quem sofre constrição judicial de seus bens por força de desconsideração da personalidade jurídica, de cujo incidente não fez parte;

IV – o credor com garantia real para obstar expropriação judicial do objeto de direito real de garantia, caso não tenha sido intimado, nos termos legais dos atos expropriatórios respectivos.

## COMENTÁRIOS

Os embargos de terceiros é uma ação que tem como escopo a proteção daquele proprietário ou possuidor que, não sendo parte num determinado processo, esteja correndo o risco de perder a posse/propriedade por determinação judicial em casos como o de penhora, depósito, arresto, sequestro, alienação judicial, arrecadação, arrolamento, inventário e partilha.

Os embargos de terceiros é uma ação autônoma, ainda que incidental, que apenas visa proteger o bem que é de terceiro, estranho à lide, na qual foi proferida decisão constritiva. Deve, portanto, ser distribuída por dependência da ação principal e a ela ser apensada.

Ao tratar dos legitimados a manejar os embargos de terceiro o legislador do *novel codex* trouxe duas interessantes novidades, constante dos incisos II e III, vejamos: a possibilidade de propositura desse tipo de ação pelo adquirente de bens cuja constrição decorreu de decisão que declara a ineficácia da alienação realizada em fraude à execução;[82] e também, para aquele que sofre constrição judicial de seus bens por força de desconsideração da personalidade jurídica, porém, nesse último caso, apenas é cabível se o prejudicado não fez parte do incidente (ver arts. 133 a 137 do CPC).

Importante ainda consignar que a súmula 84 do STJ concede, por assim dizer, o mesmo direito ao promitente comprador de imóveis, mesmo que o contrato não esteja registrado.

> **Art. 675.** Os embargos podem ser opostos a qualquer tempo no processo de conhecimento enquanto não transitada em julgado a sentença e, no cumprimento de sentença ou no processo de execução, até 5 (cinco) dias depois da adjudicação, da alienação por iniciativa particular ou da arrematação, mas sempre antes da assinatura da respectiva carta.
>
> **Parágrafo único.** Caso identifique a existência de terceiro titular de interesse em embargar o ato, o juiz mandará intimá-lo pessoalmente.

### COMENTÁRIOS

O art. 675 inova na redação ao incluir o cumprimento de sentença no *caput* e também no conteúdo, ao prever no parágrafo único a possibilidade de o juiz mandar intimar pessoalmente um possível terceiro interessado em embargar o ato.

No processo de conhecimento os embargos podem ser opostos a qualquer tempo, enquanto não transitada em julgado a sentença. Já no processo de execução ou cumprimento de sentença o prazo final para interposição dos embargos de terceiro é de 5 (cinco) dias, contados da adjudicação, da alienação por iniciativa particular ou da arrematação, mas sempre antes da assinatura da respectiva carta.

> **Art. 676.** Os embargos serão distribuídos por dependência ao juízo que ordenou a constrição e autuados em apartado.
>
> **Parágrafo único.** Nos casos de ato de constrição realizado por carta, os embargos serão oferecidos no juízo deprecado, salvo se indicado pelo juízo deprecante o bem constrito ou se já devolvida a carta.

### COMENTÁRIOS

No artigo em comento o legislador estabelece que ação de embargos de terceiros será distribuída por dependência ao juízo que ordenou a constrição e serão autuados em apartado.

---

82. STJ – Súmula 195: Em embargos de terceiro não se anula ato jurídico, por fraude contra credores.

O parágrafo único é novidade que merece elogios por regular a competência quando a constrição resultar de carta precatória, caso em que os embargos serão oferecidos no juízo deprecado, salvo se indicado pelo juízo deprecante o bem constrito ou se já devolvida a carta.

**Art. 677.** Na petição inicial, o embargante fará a prova sumária de sua posse ou de seu domínio e da qualidade de terceiro, oferecendo documentos e rol de testemunhas.

§ 1º É facultada a prova da posse em audiência preliminar designada pelo juiz.

§ 2º O possuidor direto pode alegar, além da sua posse, o domínio alheio.

§ 3º A citação será pessoal, se o embargado não tiver procurador constituído nos autos da ação principal.

§ 4º Será legitimado passivo o sujeito a quem o ato de constrição aproveita, assim como o será seu adversário no processo principal quando for sua a indicação do bem para a constrição judicial.

### COMENTÁRIOS

Além dos requisitos comuns a toda e qualquer petição inicial (ver CPC, art. 319), nos embargos de terceiro o embargante deverá fazer a prova sumária de sua posse ou de seu domínio e da qualidade de terceiro, oferecendo, desde logo, documentos e rol de testemunhas.

Como a posse é um estado de fato, autoriza o artigo em comento que esse fato possa ser provado em audiência preliminar a ser designada pelo juiz da causa.

A novidade fica por conta do estatuído no § 4º que atribui legitimidade passiva ao sujeito a quem o ato de constrição aproveita, assim como o será seu adversário no processo principal quando for sua a indicação do bem para a constrição judicial.

**Art. 678.** A decisão que reconhecer suficientemente provado o domínio ou a posse determinará a suspensão das medidas constritivas sobre os bens litigiosos objeto dos embargos, bem como a manutenção ou a reintegração provisória da posse, se o embargante a houver requerido.

**Parágrafo único.** O juiz poderá condicionar a ordem de manutenção ou de reintegração provisória de posse à prestação de caução pelo requerente, ressalvada a impossibilidade da parte economicamente hipossuficiente.

### COMENTÁRIOS

Se o juiz reconhecer suficientemente provado o domínio ou a posse do bem constrito, determinará a suspensão das medidas constritivas sobre os bens litigiosos objeto dos embargos, bem como a manutenção ou a reintegração provisória da posse, se o embargante a houver requerido.

É importante destacar que a essa suspensão não é sobre a matéria objeto do processo principal, mas sobre a constrição colocada sobre aquele determinado bem desse terceiro que não está envolvido na demanda judicial que seguirá normalmente.

O art. 678 traz ainda uma inovação representada pela inclusão do parágrafo único que prevê a possibilidade de o juiz condicionar a ordem de manutenção ou de reintegração provisória de posse à prestação de caução pelo requerente, ressalvada a impossibilidade da parte economicamente hipossuficiente.

**Art. 679.** Os embargos poderão ser contestados no prazo de 15 (quinze) dias, findo o qual se seguirá o procedimento comum.

### COMENTÁRIOS

Em nome do princípio do contraditório e da ampla defesa o art. 679 estabelece que o prazo para apresentação de contestação é de 15 (quinze) dias.

Vamos rememorar que na sistemática adotada pelo *novel codex*, a defesa do réu deve ser feita em peça única. Sendo assim, podemos afirmar que se o réu tiver algum direito a manejar contra o embargante, deverá fazê-lo em reconvenção neste mesmo momento processual.

**Art. 680.** Contra os embargos do credor com garantia real, o embargado somente poderá alegar que:

I – o devedor comum é insolvente;

II – o título é nulo ou não obriga a terceiro;

III – outra é a coisa dada em garantia.

### COMENTÁRIOS

O contido no presente artigo trata-se, a bem de verdade, de uma exceção à regra, tendo em vista que o embargado, assim como qualquer sujeito passivo, pode alegar toda e qualquer matéria em sua defesa.

Quer dizer, nos casos em que os embargos forem manejados pelo credor que tenha garantia real, tais como o credor hipotecário, pignoratício ou anticrético, o embargado fica limitado em sua defesa, só podendo alegar: que o devedor comum é insolvente; que o título é nulo ou não obriga a terceiro; e, que outra é a coisa dada em garantia.

Contudo é importante esclarecer que isso se justifica em face da segurança jurídica que cerca os negócios realizados com garantia real.

**Art. 681.** Acolhido o pedido inicial, o ato de constrição judicial indevida será cancelado, com o reconhecimento do domínio, da manutenção da posse ou da reintegração definitiva do bem ou do direito ao embargante.

## COMENTÁRIOS

O art. 681 apenas reafirma aquilo que é óbvio, ou seja, reconhecida a procedência dos embargos, o ato de constrição judicial indevida será cancelado, com o reconhecimento do domínio, da manutenção da posse ou da reintegração definitiva do bem ou do direito ao embargante.

Quer dizer, a sentença que julga os embargos de terceiro diz respeito, exatamente à legalidade ou ilegalidade do ato de constrição, não interferindo no mérito da execução.

Apenas como registro, nos embargos de terceiro, quem deu causa à constrição indevida deve arcar com os honorários advocatícios" (ver Súmula 303 do STJ).

## CAPÍTULO VIII
### DA OPOSIÇÃO

**Art. 682.** Quem pretender, no todo ou em parte, a coisa ou o direito sobre que controvertem autor e réu poderá, até ser proferida a sentença, oferecer oposição contra ambos.

## COMENTÁRIOS

A oposição não é mais tecnicamente uma modalidade de intervenção de terceiro, tendo em vista que foi incluída no título que trata dos procedimentos especiais.

É uma típica ação incidental manejada por terceiro visando excluir coisa ou direito seu que esteja sendo disputado pelas partes litigantes. Assim, estando pendente uma causa entre duas ou mais pessoas, pode um terceiro intervir nela como opoente para fazer valer direito próprio, total ou parcialmente incompatível com a pretensão deduzida no confronto de ambas as partes.

**Art. 683.** O opoente deduzirá o pedido em observação aos requisitos exigidos para propositura da ação.

**Parágrafo único.** Distribuída a oposição por dependência, serão os opostos citados, na pessoa de seus respectivos advogados, para contestar o pedido no prazo comum de 15 (quinze) dias.

## COMENTÁRIOS

O art. 683 trata no seu *caput* dos requisitos exigidos para a petição inicial. Vale lembrar que a oposição de terceiro é uma verdadeira ação e deve atender os requisitos de qualquer petição inicial (ver art. 319 do *novel codex*), sob pena de inépcia.

CÓDIGO DE PROCESSO CIVIL COMENTADO • LEI 13.105, DE 16 DE MARÇO DE 2015 **ART. 687**

Como a ação é distribuída por dependência, deverá ser dirigida ao juiz da ação principal e o seu processamento será em autos apartados.

Embora seja uma verdadeira ação, a citação dos opostos (autor e réu da ação principal), deverá ser realizada através de seus respectivos advogados, para apresentar contestação no prazo comum de 15 (quinze) dias (neste caso, não se aplica o prazo em dobro).

**Art. 684.** Se um dos opostos reconhecer a procedência do pedido, contra o outro prosseguirá o opoente.

### COMENTÁRIOS

Sem nenhuma novidade o art. 684 preceitua que se um dos opostos reconhecer a procedência do pedido, a ação prosseguirá contra o outro opoente.

**Art. 685.** Admitido o processamento, a oposição será apensada aos autos e tramitará simultaneamente à ação originária, sendo ambas julgadas pela mesma sentença.

**Parágrafo único.** Se a oposição for proposta após o início da audiência de instrução, o juiz suspenderá o curso do processo ao fim da produção das provas, salvo se concluir que a unidade da instrução atende melhor ao princípio da duração razoável do processo.

### COMENTÁRIOS

Importante inovação agasalha o art. 685 ao prever em seu parágrafo único que se a oposição for interposta após o início da audiência de instrução, o juiz suspenderá o curso do processo ao fim da produção das provas, salvo se concluir que a unidade da instrução atende melhor ao princípio da duração razoável do processo.

**Art. 686.** Cabendo ao juiz decidir simultaneamente a ação originária e a oposição, desta conhecerá em primeiro lugar.

### COMENTÁRIOS

O art. 686 complemento o artigo anterior ao estabelecer uma ordem de julgamento que é bastante lógica: primeiro será julgada a oposição e em seguida a ação principal.

### CAPÍTULO IX
#### DA HABILITAÇÃO

**Art. 687.** A habilitação ocorre quando, por falecimento de qualquer das partes, os interessados houverem de suceder-lhe no processo.

## COMENTÁRIOS

Cumpre esclarecer que a habilitação somente é cabível se o autor ou o réu falecerem no curso do processo. Trata-se de uma verdadeira sucessão processual já que o espólio ou os herdeiros irão a juízo, ingressando em autos já existentes, para defender direitos próprios adquiridos em face do falecimento do titular da ação.

É importante consignar que isto só vale para ações que versem sobre direitos e interesses que sejam transmissíveis. Algumas ações são de caráter pessoalíssimo e, por conseguinte, se extinguem com a morte do titular.

**Art. 688.** A habilitação pode ser requerida:

I – pela parte, em relação aos sucessores do falecido;

II – pelos sucessores do falecido, em relação à parte.

## COMENTÁRIOS

O art. 688 também em nada inova e trata da legitimidade daqueles que poderão requerer a habilitação estabelecendo que pode ser requerida pela parte, em relação aos sucessores do falecido ou pelos sucessores do falecido, em relação à parte.

Quer dizer, tanto a parte litigante pode requerer que o espólio ou os herdeiros sejam chamados a suceder o falecido, quanto o espólio ou os herdeiros podem tomar a iniciativa de requerer a sua habilitação em substituição ao *de cujus*.

**Art. 689.** Proceder-se-á à habilitação nos autos do processo principal, na instância em que estiver, suspendendo-se, a partir de então, o processo.

## COMENTÁRIOS

O art. 689 estabelece que a habilitação proceder-se-á nos autos do processo principal, na instância em que estiver, suspendendo-se, a partir de então, o processo.

Só a título de esclarecimento, apesar das formalidades estabelecida pelo legislador para a habilitação, na sistemática da prática forense atual, a habilitação é feita por simples petição nos autos, isto e, sem a necessidade de um processo formal.

**Art. 690.** Recebida a petição, o juiz ordenará a citação dos requeridos para se pronunciarem no prazo de 5 (cinco) dias.

**Parágrafo único.** A citação será pessoal, se a parte não tiver procurador constituído nos autos.

# COMENTÁRIOS

Diz o art. 690 que após recebida a petição inicial, o juiz deverá citar o requerido para eventual contestação cujo prazo será de 5 (cinco) dias.

A citação será feita na pessoa do advogado constituído nos autos quando a habilitação for requerida pelo espólio ou sucessores. Se a iniciativa for da parte, a citação dos herdeiros ou sucessores deverá ser pessoal, se eles ainda não tiverem procurador constituído nos autos.

**Art. 691.** O juiz decidirá o pedido de habilitação imediatamente, salvo se este for impugnado e houver necessidade de dilação probatória diversa da documental, caso em que determinará que o pedido seja autuado em apartado e disporá sobre a instrução.

## COMENTÁRIOS

O art. 691 prevê a possibilidade de o juiz decidir o pedido de habilitação imediatamente, a não ser nos casos em que haja impugnação e houver necessidade de dilação probatória diversa da documental, caso em que determinará que o pedido seja autuado em apartado e disporá sobre a instrução.

**Art. 692.** Transitada em julgado a sentença de habilitação, o processo principal retomará o seu curso, e cópia da sentença será juntada aos autos respectivos.

## COMENTÁRIOS

O art. 692 trata do procedimento depois de transitada em julgado a sentença de habilitação, estabelecendo que o processo principal retomará o seu curso regular, e cópia da sentença será juntada aos autos respectivos.

## CAPÍTULO X
## DAS AÇÕES DE FAMÍLIA

**Art. 693.** As normas deste Capítulo aplicam-se aos processos contenciosos de divórcio, separação, reconhecimento e extinção de união estável, guarda, visitação e filiação.

**Parágrafo único.** A ação de alimentos e a que versar sobre interesse de criança ou de adolescente observarão o procedimento previsto em legislação específica, aplicando-se, no que couber, as disposições deste Capítulo.

## COMENTÁRIOS

O CPC inova ao criar um capítulo específico para tratar das "ações de família" no qual unifica os procedimentos com relação às ações contenciosas de divórcio, separação, reconhecimento e extinção de união estável, guarda, visitação e filiação.

Diz ainda o parágrafo único do art. 693 que a ação de alimentos e a que versar sobre interesse de criança ou de adolescente observará o procedimento previsto em legislação específica, aplicando-se, no que couber, as disposições deste Capítulo. Nesse sentido ver a Lei 5.478/68 (alimentos) e a Lei 8.069/90 (ECA).

Cumpre esclarecer que esse procedimento será observado sempre que não houver acordo entre as partes (contencioso) porque se as partes estiverem de acordo o procedimento a ser observado será aquele disciplinado nos arts. 731 a 734 do CPC (procedimento de jurisdição voluntária).

**Art. 694.** Nas ações de família, todos os esforços serão empreendidos para a solução consensual da controvérsia, devendo o juiz dispor do auxílio de profissionais de outras áreas de conhecimento para a mediação e conciliação.

**Parágrafo único.** A requerimento das partes, o juiz pode determinar a suspensão do processo enquanto os litigantes se submetem a mediação extrajudicial ou a atendimento multidisciplinar.

## COMENTÁRIOS

Na busca de ampliar a possibilidade de soluções alternativas de conflito, o art. 694 estabelece que todos os esforços deverão ser empreendidos para a solução consensual da controvérsia, devendo o juiz dispor do auxílio de profissionais de outras áreas de conhecimento para a mediação e conciliação.

Diz ainda o parágrafo único que a requerimento das partes, o juiz pode determinar a suspensão do processo enquanto os litigantes se submetem a mediação extrajudicial ou a atendimento multidisciplinar.

Embora o *caput* tenha se referido à "mediação" e "conciliação" quer nos parecer que deveria apenas se referir à mediação na exata medida em que, nos termos do § 3º do art. 165, "O mediador, que atuará preferencialmente nos casos em que houver vínculo anterior entre as partes, auxiliará aos interessados a compreender as questões e os interesses em conflito, de modo que eles possam, pelo restabelecimento da comunicação, identificar, por si próprios, soluções consensuais que gerem benefícios mútuos".

Quer dizer, na mediação, o objetivo principal é restabelecer o diálogo entre as partes, para com isso auxiliá-las na decisão que melhor solucione o conflito.

**Art. 695.** Recebida a petição inicial e, se for o caso, tomadas as providências referentes à tutela provisória, o juiz ordenará a citação do réu para comparecer à audiência de mediação e conciliação, observado o disposto no art. 694.

§ 1º O mandado de citação conterá apenas os dados necessários à audiência e deverá estar desacompanhado de cópia da petição inicial, assegurado ao réu o direito de examinar seu conteúdo a qualquer tempo.

§ 2º A citação ocorrerá com antecedência mínima de 15 (quinze) dias da data designada para a audiência.

§ 3º A citação será feita na pessoa do réu.

§ 4º Na audiência, as partes deverão estar acompanhadas de seus advogados ou de defensores públicos.

## COMENTÁRIOS

O art. 695 disciplina o procedimento depois de protocolada a petição inicial nas ações de família.

Recebida a petição inicial, o juiz verificará se há pedido referente à tutela provisória, decidindo-a e, em seguida, mandará citar o réu para comparecer à audiência de mediação e conciliação, observado o disposto no art. 694.

A citação, que será realizada preferencialmente pelo correio, constará de mandado sem cópia da petição inicial. Essa providência é importante porque o réu não tendo conhecimento prévio do teor da petição inicial, poderá mais facilmente se dispor à composição amigável na audiência de conciliação e mediação, cuja data já constará do mandado.

Isso não fere o direito de defesa do réu porque o mesmo ou seu advogado constituído poderá examinar os autos no cartório e assim se inteirar do conteúdo da petição inicial a qualquer tempo.

A citação deverá ser realizada com antecedência mínima de 15 (quinze) dias da data designada para a audiência e as partes deverão comparecer acompanhadas de seus respectivos advogados ou de defensor público.

**Art. 696.** A audiência de mediação e conciliação poderá dividir-se em tantas sessões quantas sejam necessárias para viabilizar a solução consensual, sem prejuízo de providências jurisdicionais para evitar o perecimento do direito.

## COMENTÁRIOS

Na busca de ampliar as possibilidades de composição amigável, o art. 696 permite a realização da audiência de mediação e conciliação de forma continuada, isto é, em tantas sessões quantas sejam necessárias para viabilizar a solução consensual, sem prejuízo das providências jurisdicionais para evitar o perecimento do direito.

**Art. 697.** Não realizado o acordo, passarão a incidir, a partir de então, as normas do procedimento comum, observado o art. 335.

## COMENTÁRIOS

Esgotados todos os esforços para uma solução amigável para o conflito, a alternativa agora é a realização de todos os atos necessários ao julgamento da causa que deverá obedecer às normas do procedimento comum, começando pela abertura de prazo para que o réu apresente sua contestação, obedecidos os prazos do art. 335.

**Art. 698.** Nas ações de família, o Ministério Público somente intervirá quando houver interesse de incapaz e deverá ser ouvido previamente à homologação de acordo.

**Parágrafo único.** O Ministério Público intervirá, quando não for parte, nas ações de família em que figure como parte vítima de violência doméstica e familiar, nos termos da Lei 11.340, de 7 de agosto de 2006 (Lei Maria da Penha). (Incluído pela Lei nº 13.894, de 2019)

## COMENTÁRIOS

O Ministério Público, como fiscal da ordem jurídica, somente será chamado a atuar nas ações de família quando houver interesse de incapaz e deverá ser ouvido previamente à homologação de qualquer acordo, harmonizando-se com o que prescreve o art. 178, II deste código.

Houve recentemente uma alteração legislativa que incluiu o parágrafo único criando a obrigatoriedade de chamamento do Ministério Público nas ações de família em que figure como parte vítima de violência doméstica.

Se o MP não for intimado para participar do processo isso poderá gerar nulidade que atingirá todos os atos processuais desde o momento em que ele deveria participar, nos termos do artigo 279. Contudo, essa nulidade não será declarada se o próprio Ministério Público se manifestar informando que não houve prejuízo, como estatui o parágrafo segundo, do já citado art. 279 do CPC.

# CÓDIGO DE PROCESSO CIVIL COMENTADO • LEI 13.105, DE 16 DE MARÇO DE 2015

**ART. 699-A**

**Art. 699.** Quando o processo envolver discussão sobre fato relacionado a abuso ou a alienação parental, o juiz, ao tomar o depoimento do incapaz, deverá estar acompanhado por especialista.

## COMENTÁRIOS

Importante a previsão contida no art. 699 ao impor ao juiz o dever de se fazer acompanhar por especialista na oitiva de incapaz, quando o processo versar sobre abuso ou a alienação parental.

Isso é de suma importância porque o juiz é perito em direito, porém não o é em relação às ciências sociais como, por exemplo, a psicologia que poderá fornecer subsídios fundamentais para a perfeita compreensão da controvérsia e para o encaminhamento de soluções que minimizem o problema.

**Art. 699-A.** Nas ações de guarda, antes de iniciada a audiência de mediação e conciliação de que trata o art. 695 deste Código, o juiz indagará às partes e ao Ministério Público se há risco de violência doméstica ou familiar, fixando o prazo de 5 (cinco) dias para a apresentação de prova ou de indícios pertinentes. (Incluído pela Lei nº 14.713, de 2023)

## COMENTÁRIOS

A mesma Lei que acresceu ao Código de Processo Civil este artigo 699-A também alterou o Código Civil para nele fazer constar no § 2º do art. 1.584, o seguinte: "Quando não houver acordo entre a mãe e o pai quanto à guarda do filho, encontrando-se ambos os genitores aptos a exercer o poder familiar, será aplicada a guarda compartilhada, salvo se um dos genitores declarar ao magistrado que não deseja a guarda da criança ou do adolescente ou quando houver elementos que evidenciem a probabilidade de risco de violência doméstica ou familiar".

Estas duas alterações legislativa tiveram como objetivo manter a guarda compartilhada como regra, porém abre a possibilidade de o magistrado não acolher esta modalidade de guarda, para os casos que houver indícios que evidencie, a possibilidade de risco de violência doméstica ou familiar.

A ideia principal do legislador foi a proteção da criança ou adolescente ao criar essa regra de que impõe ao magistrado o dever de questionar as partes e o Ministério Público quanto ao eventual risco de violência doméstica, oportunizando aos interessados a realização das provas ou indícios necessários quanto à comprovação dos riscos de violência doméstica ou familiar.

# CAPÍTULO XI
## DA AÇÃO MONITÓRIA

**Art. 700.** A ação monitória pode ser proposta por aquele que afirmar, com base em prova escrita sem eficácia de título executivo, ter direito de exigir do devedor capaz:

I – o pagamento de quantia em dinheiro;

II – a entrega de coisa fungível ou infungível ou de bem móvel ou imóvel;

III – o adimplemento de obrigação de fazer ou de não fazer.

§ 1º A prova escrita pode consistir em prova oral documentada, produzida antecipadamente nos termos do art. 381.

§ 2º Na petição inicial, incumbe ao autor explicitar, conforme o caso:

I – a importância devida, instruindo-a com memória de cálculo;

II – o valor atual da coisa reclamada;

III – o conteúdo patrimonial em discussão ou o proveito econômico perseguido.

§ 3º O valor da causa deverá corresponder à importância prevista no § 2º, incisos I a III.

§ 4º Além das hipóteses do art. 330, a petição inicial será indeferida quando não atendido o disposto no § 2º deste artigo.

§ 5º Havendo dúvida quanto à idoneidade de prova documental apresentada pelo autor, o juiz intimá-lo-á para, querendo, emendar a petição inicial, adaptando-a ao procedimento comum.

§ 6º É admissível ação monitória em face da Fazenda Pública.

§ 7º Na ação monitória, admite-se citação por qualquer dos meios permitidos para o procedimento comum.

## COMENTÁRIOS

O CPC ampliou substancialmente o cabimento da ação monitória para contemplar hipóteses como a entrega de coisa infungível ou de bem imóvel, além do adimplemento de obrigação de fazer ou de não fazer.

Vale rememorar que no CPC/73 a ação monitória só era cabível para o pagamento de soma em dinheiro, para entrega de coisa fungível ou de determinado bem móvel.

Ademais, o CPC admite que a prova escrita seja aquela prova oral obtida e documentada através da ação de produção antecipada de prova (ver CPC, art. 381).

Incumbe ao autor, além dos requisitos de qualquer petição inicial (ver CPC, art. 319), explicitar, conforme o caso: a importância devida, instruindo-a com o demonstrativo de cálculo, quando se tratar de quantia em dinheiro; do valor atual da coisa reclamada, quando se tratar de coisa fungível ou infungível; e, do conteúdo patrimonial em discussão ou o proveito econômico perseguido. Não atendido estas disposições, a petição inicial poderá ser indeferida.

O valor da causa deverá corresponder ao valor da quantia pleiteada ou do objeto perseguido, conforme seja o caso.

Além de possibilidade de o juiz determinar a emenda ou aditamento da petição inicial quando ela não preencher outros requisitos (ver CPC, art. 321), prevê ainda o artigo em comento que havendo dúvida quanto à idoneidade de prova documental apresentada pelo autor, o juiz deverá mandar intimá-lo-á para, querendo, emendar a petição inicial, adaptando-a ao procedimento comum. Isso é de grande importância porque permite o aproveitamento dos atos processuais e se harmoniza com a economia e celeridade processual.

O § 6º consolida entendimento jurisprudencial deixando assentado que é admissível ação monitória em face da Fazenda Pública, nos termos da súmula 339 do STJ.

Advirta-se por fim que o e-mail pode ser usado como prova para fundamentar ação monitória, desde que o magistrado se convença da veracidade das informações e que a validade da correspondência eletrônica seja verificada com os demais elementos apresentados pelo autor da cobrança.[83]

> **Art. 701.** Sendo evidente o direito do autor, o juiz deferirá a expedição de mandado de pagamento, de entrega de coisa ou para execução de obrigação de fazer ou de não fazer, concedendo ao réu prazo de 15 (quinze) dias para o cumprimento e o pagamento de honorários advocatícios de cinco por cento do valor atribuído à causa.
>
> § 1º O réu será isento do pagamento de custas processuais se cumprir o mandado no prazo.
>
> § 2º Constituir-se-á de pleno direito o título executivo judicial, independentemente de qualquer formalidade, se não realizado o pagamento e não apresentados os embargos previstos no art. 702, observando-se, no que couber, o Título II do Livro I da Parte Especial.
>
> § 3º É cabível ação rescisória da decisão prevista no *caput* quando ocorrer a hipótese do § 2º.
>
> § 4º Sendo a ré Fazenda Pública, não apresentados os embargos previstos no art. 702, aplicar-se-á o disposto no art. 496 , observando-se, a seguir, no que couber, o Título II do Livro I da Parte Especial.
>
> § 5º Aplica-se à ação monitória, no que couber, o art. 916.

---

83.  STJ, REsp 1381603, relator Ministro Luis Felipe Salomão, 4ª Turma.

## COMENTÁRIOS

O art. 701 disciplina a concessão do mandado monitório pelo juiz, estabelecendo o prazo de 15 (quinze) dias para cumprimento voluntário, com honorários advocatícios de 5% (cinco por cento) do valor atribuído à causa.

Se o réu não pagar nem contestar o pedido através dos embargos monitório, constituir-se-á de pleno direito o título executivo judicial, independentemente de qualquer outra formalidade, prosseguindo a ação como execução por título extrajudicial, no que couber.

Na ação monitória é possível ao réu, no prazo para apresentação de embargos, requerer parcelamento do pagamento em 6 (seis) parcelas mensais, desde que deposite como uma espécie de entrada o equivalente a 30% (trinta por cento) do valor da execução, acrescido de custas e honorários advocatícios (ver CPC, art. 916).

Cabe ainda advertir que, tratando-se da Fazenda Pública como ré, a expedição do mandado monitório pela não apresentação dos embargos, só poderão ser executados depois de apreciação da decisão em segundo grau, em face da exigência de remessa necessária (ver CPC, art. 496).

**Art. 702.** Independentemente de prévia segurança do juízo, o réu poderá opor, nos próprios autos, no prazo previsto no art. 701 , embargos à ação monitória.

§ 1º Os embargos podem se fundar em matéria passível de alegação como defesa no procedimento comum.

§ 2º Quando o réu alegar que o autor pleiteia quantia superior à devida, cumprir-lhe-á declarar de imediato o valor que entende correto, apresentando demonstrativo discriminado e atualizado da dívida.

§ 3º Não apontado o valor correto ou não apresentado o demonstrativo, os embargos serão liminarmente rejeitados, se esse for o seu único fundamento, e, se houver outro fundamento, os embargos serão processados, mas o juiz deixará de examinar a alegação de excesso.

§ 4º A oposição dos embargos suspende a eficácia da decisão referida no *caput* do art. 701 até o julgamento em primeiro grau.

§ 5º O autor será intimado para responder aos embargos no prazo de 15 (quinze) dias.

§ 6º Na ação monitória admite-se a reconvenção, sendo vedado o oferecimento de reconvenção à reconvenção.

§ 7º A critério do juiz, os embargos serão autuados em apartado, se parciais, constituindo-se de pleno direito o título executivo judicial em relação à parcela incontroversa.

§ 8º Rejeitados os embargos, constituir-se-á de pleno direito o título executivo judicial, prosseguindo-se o processo em observância ao disposto no Título II do Livro I da Parte Especial, no que for cabível.

§ 9º Cabe apelação contra a sentença que acolhe ou rejeita os embargos.

§ 10. O juiz condenará o autor de ação monitória proposta indevidamente e de má-fé ao pagamento, em favor do réu, de multa de até dez por cento sobre o valor da causa.

§ 11. O juiz condenará o réu que de má-fé opuser embargos à ação monitória ao pagamento de multa de até dez por cento sobre o valor atribuído à causa, em favor do autor.

## COMENTÁRIOS

O art. 702 trata dos embargos monitórios que poderá ser interposto no prazo de 15 (quinze) dias, independentemente de prévia segurança do juízo. Nos embargos o réu poderá alegar qualquer matéria em sua defesa, porém se alegar que o autor pleiteia quantia superior à devida, cumprir-lhe-á declarar de imediato o valor que entende correto, apresentando demonstrativo discriminado e atualizado da dívida, sob pena de rejeição liminar dos embargos.

Se o réu alegar excesso de execução, mas não apresentar os valores que entenda devido, e além dessa divergência apresentar outros argumentos de defesa, o juiz somente conhecerá dos outros argumentos, estando dispensado de apreciar a alegação de excesso de execução.

A oposição dos embargos pelo réu impede que seja expedido o mandado monitório, logo não há falar-se em execução, enquanto não ocorrer o julgamento do processo em primeiro grau.

Prevê o § 5º que o autor será intimado para responder aos embargos no prazo de 15 (quinze) dias.

Nos embargos o réu pode impugnar somente parte do débito ou a totalidade. Se for parcial, os embargos poderão ser autuados em apartado; se parciais, constituir-se-á de pleno direito o título executivo judicial em relação à parcela incontroversa.

Depois de regular tramitação, se os embargos forem rejeitados, constituir-se-á de pleno direito o título executivo judicial. Apesar de falar em "título executivo judicial", o artigo em comento manda aplicar no cumprimento de sentença as regras atinentes à execução por título extrajudicial, no que for cabível.

A sentença proferida nos embargos monitórios, acolhendo ou rejeitando o mesmo desafia o recurso de apelação.

Os dois últimos parágrafos tratam da penalidade a ser imposto ao autor ou réu que tenha agido de má-fé, que poderá ser apenado no importe de até 10% (dez por cento) do valor da causa, a ser revertida a favor da parte contrária.

## CAPÍTULO XII
## DA HOMOLOGAÇÃO DO PENHOR LEGAL

**Art. 703.** Tomado o penhor legal nos casos previstos em lei, requererá o credor, ato contínuo, a homologação.

§ 1º Na petição inicial, instruída com o contrato de locação ou a conta pormenorizada das despesas, a tabela dos preços e a relação dos objetos retidos, o credor pedirá a citação do devedor para pagar ou contestar na audiência preliminar que for designada.

§ 2º A homologação do penhor legal poderá ser promovida pela via extrajudicial mediante requerimento, que conterá os requisitos previstos no § 1º deste artigo, do credor a notário de sua livre escolha.

§ 3º Recebido o requerimento, o notário promoverá a notificação extrajudicial do devedor para, no prazo de 5 (cinco) dias, pagar o débito ou impugnar sua cobrança, alegando por escrito uma das causas previstas no art. 704 , hipótese em que o procedimento será encaminhado ao juízo competente para decisão.

§ 4º Transcorrido o prazo sem manifestação do devedor, o notário formalizará a homologação do penhor legal por escritura pública.

### COMENTÁRIOS

O art. 703 disciplina essa figura inusitada da "homologação do penhor legal" como uma das ações disciplinada nos procedimentos especiais.

Há uma importante inovação, ao prevê além do procedimento judicial, a possibilidade de o mesmo se realizar pela via extrajudicial, mediante requerimento ao notário da preferência do credor que, ato continuo, promoverá a notificação extrajudicial do devedor para, no prazo de 5 (cinco) dias, pagar o débito ou impugnar a sua cobrança. Transcorrido o prazo sem manifestação do devedor, o notário formalizará a homologação do penhor legal por escritura pública.

Na petição inicial (procedimento judicial) ou no requerimento (procedimento extrajudicial), o autor deverá instruir seu pedido com o contrato de locação ou a conta pormenorizada das despesas, a tabela dos preços e a relação dos objetos retidos, e pedirá a citação (processo judicial) ou a notificação (procedimento extrajudicial) do devedor para pagar ou contestar na audiência preliminar que for designada.

Cumpre esclarecer que a lei confere ao credor de alguns contratos bilaterais a faculdade de converter determinadas obrigações em penhor e assim ter maiores garantias de recebimentos de seus créditos. Nesse sentido o Código Civil, estabelece no art. 1.467 que são credores pignoratícios, independentemente de convenção: os hospedeiros, ou fornecedores de pousada ou alimento, sobre as bagagens, móveis, joias ou dinheiro que os seus consumidores ou fregueses tiverem consigo nas respectivas casas ou estabelecimentos, pelas despesas ou consumo que aí tiverem feito; e, o dono do prédio rústico ou urbano, sobre os bens móveis que o rendeiro ou inquilino tiver guarnecendo o mesmo prédio, pelos aluguéis ou rendas.

**Art. 704.** A defesa só pode consistir em:

I – nulidade do processo;

II – extinção da obrigação;

III – não estar a dívida compreendida entre as previstas em lei ou não estarem os bens sujeitos a penhor legal;

IV – alegação de haver sido ofertada caução idônea, rejeitada pelo credor.

### COMENTÁRIOS

O art. 704 disciplina quais os meios de defesa admissível neste tipo de procedimento, cujas matérias explicita.

A novidade é a inclusão do inciso IV para contemplar a hipótese de o réu poder alegar haver sido ofertada caução idônea, rejeitada pelo credor.

**Art. 705.** A partir da audiência preliminar, observar-se-á o procedimento comum.

### COMENTÁRIOS

O art. 705 prevê a hipótese de realização de audiência preliminar, a partir da qual, observar-se-á o procedimento comum.

Quer dizer, realizada a audiência preliminar e não obtida a conciliação das partes, o processo seguirá em frente, agora pelo procedimento comum.

**Art. 706.** Homologado judicialmente o penhor legal, consolidar-se-á a posse do autor sobre o objeto.

§ 1º Negada a homologação, o objeto será entregue ao réu, ressalvado ao autor o direito de cobrar a dívida pelo procedimento comum, salvo se acolhida a alegação de extinção da obrigação.

§ 2º Contra a sentença caberá apelação, e, na pendência de recurso, poderá o relator ordenar que a coisa permaneça depositada ou em poder do autor.

### COMENTÁRIOS

O art. 706 encerra esse capítulo prevendo que após a homologação judicial do penhor legal, consolidar-se-á a posse do autor sobre o objeto.

Em contrapartida, se for negada a homologação, o objeto será entregue ao réu, ressalvado ao autor o direito de cobrar a dívida pelo procedimento comum, salvo se acolhida a alegação de extinção da obrigação.

Qualquer que seja a decisão, o recurso cabível é a apelação, e, na pendência de recurso, poderá o relator ordenar que a coisa permaneça depositada em poder do autor.

## CAPÍTULO XIII
### DA REGULAÇÃO DE AVARIA GROSSA

**Art. 707.** Quando inexistir consenso acerca da nomeação de um regulador de avarias, o juiz de direito da comarca do primeiro porto onde o navio houver chegado, provocado por qualquer parte interessada, nomeará um de notório conhecimento.

### COMENTÁRIOS

É importante esclarecer inicialmente que a ideia de avarias deve estar associada a danos e pode ser classificada como avarias grossas (ou comuns) que são aquelas sofridas pelo navio ou carga conjuntamente e ocorridas durante a viagem; e, as avarias simples (ou particulares) que são aquelas ocorridas com o navio ou carga separadamente, ocorrida com a embarcação parada, durante o embarque, desembarque ou mesmo quando a carga esteja em terra.

De qualquer forma, o artigo em comento trata da nomeação de um regulador de avarias quando não existir consenso entre as partes, estabelecendo que o juiz de direito da comarca do primeiro porto onde o navio houver chegado provocado por qualquer parte interessada, nomeará um perito de notório conhecimento sobre a matéria.

**Art. 708.** O regulador declarará justificadamente se os danos são passíveis de rateio na forma de avaria grossa e exigirá das partes envolvidas a apresentação de garantias idôneas para que possam ser liberadas as cargas aos consignatários.

§ 1º A parte que não concordar com o regulador quanto à declaração de abertura da avaria grossa deverá justificar suas razões ao juiz, que decidirá no prazo de 10 (dez) dias.

§ 2º Se o consignatário não apresentar garantia idônea a critério do regulador, este fixará o valor da contribuição provisória com base nos fatos narrados e nos documentos que instruírem a petição inicial, que deverá ser caucionado sob a forma de depósito judicial ou de garantia bancária.

§ 3º Recusando-se o consignatário a prestar caução, o regulador requererá ao juiz a alienação judicial de sua carga na forma dos arts. 879 a 903.

# CÓDIGO DE PROCESSO CIVIL COMENTADO • LEI 13.105, DE 16 DE MARÇO DE 2015 — ART. 710

§ 4º É permitido o levantamento, por alvará, das quantias necessárias ao pagamento das despesas da alienação a serem arcadas pelo consignatário, mantendo-se o saldo remanescente em depósito judicial até o encerramento da regulação.

## COMENTÁRIOS

O art. 708 trata dos procedimentos que deverá ser adotado pelo regulador antes da liberação da carga aos consignatários.

Diz o § 1º que a parte que não concordar com o regulador quanto à declaração de abertura da avaria grossa deverá justificar suas razões ao juiz, que decidirá no prazo de 10 (dez) dias.

Já o § 2º estabelece que se o consignatário não apresentar garantia idônea a critério do regulador, este fixará o valor da contribuição provisória com base nos fatos narrados e nos documentos que instruírem a petição inicial, que deverá ser caucionado sob a forma de depósito judicial ou de garantia bancária.

Os demais parágrafos cuidam dos procedimentos quando houver recusa do consignatário a prestar caução, e da permissão de levantamento, por alvará, das quantias necessárias ao pagamento das despesas da alienação a serem arcadas pelo consignatário, mantendo-se o saldo remanescente em depósito judicial até o encerramento da regulação.

**Art. 709.** As partes deverão apresentar nos autos os documentos necessários à regulação da avaria grossa em prazo razoável a ser fixado pelo regulador.

## COMENTÁRIOS

O art. 709 autoriza que o regulador fixe um prazo para que as partes apresentem nos autos os documentos necessários à regulação da avaria grossa, prazo este que deverá ser razoável.

**Art. 710.** O regulador apresentará o regulamento da avaria grossa no prazo de até 12 (doze) meses, contado da data da entrega dos documentos nos autos pelas partes, podendo o prazo ser estendido a critério do juiz.

§ 1º Oferecido o regulamento da avaria grossa, dele terão vista as partes pelo prazo comum de 15 (quinze) dias, e, não havendo impugnação, o regulamento será homologado por sentença.

§ 2º Havendo impugnação ao regulamento, o juiz decidirá no prazo de 10 (dez) dias, após a oitiva do regulador.

## COMENTÁRIOS

O art. 710 estabelece o prazo máximo de até 12 (doze) meses para que o regulador apresente o regulamento da avaria grossa no prazo que poderá ser prorrogado a critério do juiz.

As partes poderão se manifestar após a apresentação do regulamento, no prazo comum de 15 (quinze) dias, e, não havendo impugnação, o regulamento será homologado por sentença. Se houver impugnação ao regulamento, o juiz decidirá no prazo de 10 (dez) dias, após a oitiva do regulador.

**Art. 711.** Aplicam-se ao regulador de avarias os arts. 156 a 158, no que couber.

## COMENTÁRIOS

Encerrando este capítulo, o art. 711 manda aplicar às avarias, no que couber, as disposições dos arts. 156 a 158 (regras que orientam o trabalho dos peritos).

## CAPÍTULO XIV
## DA RESTAURAÇÃO DE AUTOS

**Art. 712.** Verificado o desaparecimento dos autos, eletrônicos ou não, pode o juiz, de ofício, qualquer das partes ou o Ministério Público, se for o caso, promover-lhes a restauração.

**Parágrafo único.** Havendo autos suplementares, nesses prosseguirá o processo.

## COMENTÁRIOS

A restauração de autos pode ter por objeto autos físicos ou eletrônicos, embora seja mais comum referir-se a autos físicos. Isso porque em sendo autos eletrônicos é bem mais difícil se perder o todo ou parte em face da possibilidade de ser utilizado o sistema de "backup".

De toda sorte o art. 712 trata da legitimidade daqueles que podem tomar a iniciativa de restaurar autos que tenha desaparecido. Assim, pode tomar a iniciativa o próprio juiz, de ofício, ou qualquer das partes, além do Ministério Público, se for o caso dele intervir no processo.

O parágrafo único diz ser dispensável a restauração dos autos se houver autos suplementares, porque nesse o processo poderá prosseguir.

**Art. 713.** Na petição inicial, declarará a parte o estado do processo ao tempo do desaparecimento dos autos, oferecendo:

# CÓDIGO DE PROCESSO CIVIL COMENTADO • LEI 13.105, DE 16 DE MARÇO DE 2015 — ART. 715

I – certidões dos atos constantes do protocolo de audiências do cartório por onde haja corrido o processo;

II – cópia das peças que tenha em seu poder;

III – qualquer outro documento que facilite a restauração.

## COMENTÁRIOS

O art. 713 trata das informações e documentos que deverá instruir a petição inicial.

Sendo assim, a parte declarará em que estado se encontrava o processo quando do desaparecimento e, ao mesmo tempo, oferecerá as certidões dos atos constantes do protocolo de audiências do cartório por onde haja corrido o processo; as cópias das peças que tenha em seu poder; bem como qualquer outro documento que possa facilitar a restauração.

**Art. 714.** A parte contrária será citada para contestar o pedido no prazo de 5 (cinco) dias, cabendo-lhe exibir as cópias, as contrafés e as reproduções dos atos e dos documentos que estiverem em seu poder.

§ 1º Se a parte concordar com a restauração, lavrar-se-á o auto que, assinado pelas partes e homologado pelo juiz, suprirá o processo desaparecido.

§ 2º Se a parte não contestar ou se a concordância for parcial, observar-se-á o procedimento comum.

## COMENTÁRIOS

O art. 714 disciplina os aspectos atinentes à citação da parte contrária, bem como o que lhe caberá fazer com relação à restauração do processo.

Se a parte concordar com a restauração, lavrar-se-á o auto que, assinado pelas partes e homologado pelo juiz, suprirá o processo desaparecido.

Se de outro lado ocorrer a revelia ou se o réu concordar parcialmente, observar-se-á o procedimento comum.

**Art. 715.** Se a perda dos autos tiver ocorrido depois da produção das provas em audiência, o juiz, se necessário, mandará repeti-las.

§ 1º Serão reinquiridas as mesmas testemunhas, que, em caso de impossibilidade, poderão ser substituídas de ofício ou a requerimento.

§ 2º Não havendo certidão ou cópia do laudo, far-se-á nova perícia, sempre que possível pelo mesmo perito.

§ 3º Não havendo certidão de documentos, esses serão reconstituídos mediante cópias ou, na falta dessas, pelos meios ordinários de prova.

459

§ 4º Os serventuários e os auxiliares da justiça não podem eximir-se de depor como testemunhas a respeito de atos que tenham praticado ou assistido.

§ 5º Se o juiz houver proferido sentença da qual ele próprio ou o escrivão possua cópia, esta será juntada aos autos e terá a mesma autoridade da original.

## COMENTÁRIOS

O art. 715 trata da necessidade de realização, ou não, de repetição das provas já realizadas.

Se for necessário repetir a audiência, serão reinquiridas as mesmas testemunhas que, em caso de impossibilidade, poderão ser substituídas de ofício ou a requerimento da parte.

Os demais parágrafos regulam o refazimento da prova pericial, se necessário, assim como a restauração da prova documental.

Por fim, se o juiz houver proferido sentença da qual ele próprio ou o escrivão possua cópia, esta será juntada aos autos e terá a mesma autoridade da original.

**Art. 716.** Julgada a restauração, seguirá o processo os seus termos.

**Parágrafo único.** Aparecendo os autos originais, neles se prosseguirá, sendo-lhes apensados os autos da restauração.

## COMENTÁRIOS

O art. 716 trata do encerramento do procedimento, que se dará por sentença e após o processo seguirá até seus termos finais.

Trata o parágrafo único da hipótese de reaparecimento dos autos originais e, se isso ocorrer, neles se prosseguirá, sendo-lhes apensados os autos da restauração.

**Art. 717.** Se o desaparecimento dos autos tiver ocorrido no tribunal, o processo de restauração será distribuído, sempre que possível, ao relator do processo.

§ 1º A restauração far-se-á no juízo de origem quanto aos atos nele realizados.

§ 2º Remetidos os autos ao tribunal, nele completar-se-á a restauração e proceder-se-á ao julgamento.

## COMENTÁRIOS

O art. 717 do CPC disciplinado a matéria quando os autos tiverem desaparecido no tribunal, fixando a diretriz de que o processo de restauração será distribuído, preferencialmente ao relator do processo, sempre que possível.

# CÓDIGO DE PROCESSO CIVIL COMENTADO • LEI 13.105, DE 16 DE MARÇO DE 2015 | ART. 719

**Art. 718.** Quem houver dado causa ao desaparecimento dos autos responderá pelas custas da restauração e pelos honorários de advogado, sem prejuízo da responsabilidade civil ou penal em que incorrer.

## COMENTÁRIOS

O art. 718 fixa as regras para responsabilização daquele que deu causa ao desaparecimento dos autos, estabelecendo que responderá pelas custas da restauração e pelos honorários de advogado, sem prejuízo da responsabilidade civil ou penal em que incorrer.

Importante que o legislador tenha feito constar a possibilidade de aplicação de sanções civis, mas especialmente as sanções criminais (ver CP, art. 356).

## CAPÍTULO XV
### DOS PROCEDIMENTOS DE JURISDIÇÃO VOLUNTÁRIA
### SEÇÃO I
### DISPOSIÇÕES GERAIS

**Art. 719.** Quando este Código não estabelecer procedimento especial, regem os procedimentos de jurisdição voluntária as disposições constantes desta Seção.

## COMENTÁRIOS

Inaugurando este capítulo o art. 719 do CPC fixa a diretriz de que prevalecerá a aplicação da lei especial em detrimento da lei geral, ou seja, aplica-se as disposições dessa seção, se não houver um procedimento específico regulado no Código de Processo Civil.

Cumpre esclarecer que a jurisdição voluntária está mais para uma atividade administrativa do que para uma atividade jurisdicional. A atividade do juiz vai se limitar a fiscalizar e averiguar a legalidade do procedimento requerido e, estando em ordem, proferir decisão homologatória da vontade dos particulares. Quer dizer, não há litígio a ser resolvido, mas sim uma vontade manifestada por interessados que necessita de uma chancela do Estado para ter força de coisa julgada.

Advirta-se, contudo, que apesar desse nosso entendimento há doutrinadores que entendem que o Novo CPC recepcionou a doutrina defendida pela corrente "jurisdicionalista", entendendo que a jurisdição voluntária reveste-se de feição jurisdicional, pois a existência de lide não é fator determinante da sua natureza; existem partes, no sentido processual do termo; o Estado age como terceiro imparcial; e, finalmente, há coisa julgada.[84]

---

84. Ver nossa obra *Lições de Processo Civil*, v. 2, p. 324.

**Art. 720.** O procedimento terá início por provocação do interessado, do Ministério Público ou da Defensoria Pública, cabendo-lhes formular o pedido devidamente instruído com os documentos necessários e com a indicação da providência judicial.

## COMENTÁRIOS

Agora o legislador trata dos legitimados para requerer a instauração do procedimento de jurisdição voluntária, inovando ao incluir a Defensoria Pública no rol dos que tem legitimidade.

A norma em comento reforça o princípio dispositivo, deixando às partes a iniciativa de provocação da jurisdição.

**Art. 721.** Serão citados todos os interessados, bem como intimado o Ministério Público, nos casos do art. 178, para que se manifestem, querendo, no prazo de 15 (quinze) dias.

## COMENTÁRIOS

O art. 721 estabelece que serão citados todos os interessados, bem como intimado o Ministério Público, nos casos em que tiver que agir como fiscal da lei, para que se manifestem, querendo, no prazo comum de 15 (quinze) dias.

**Art. 722.** A Fazenda Pública será sempre ouvida nos casos em que tiver interesse.

## COMENTÁRIOS

O art. 722 reforça a obrigatoriedade de oitiva da Fazenda Pública nos casos em que a mesma tiver interesse.

Entendemos que essa norma seria perfeitamente dispensável tendo em vista o que consta do art. 721 quando estatui que "serão citados todos os interessados", já estaria a contemplar a Fazenda Pública quando for do seu interesse.

**Art. 723.** O juiz decidirá o pedido no prazo de 10 (dez) dias.

**Parágrafo único.** O juiz não é obrigado a observar critério de legalidade estrita, podendo adotar em cada caso a solução que considerar mais conveniente ou oportuna.

## COMENTÁRIOS

O art. 723 estabelece prazo para o juiz decidir, fixando este em 10 (dez) dias. Naturalmente que este prazo será contado depois de os autos estarem devidamente instruído.

CÓDIGO DE PROCESSO CIVIL COMENTADO • LEI 13.105, DE 16 DE MARÇO DE 2015 — ART. 725

Autoriza a nossa lei dos ritos que o juiz possa flexibilizar a aplicação da norma legal, não ficando obrigado a observar o critério de legalidade estrita, podendo adotar em cada caso a solução que considerar mais conveniente ou oportuna para o caso posto sub judice, o que é muito salutar.

**Art. 724.** Da sentença caberá apelação.

## COMENTÁRIOS

Outra previsão completamente desnecessária é a contida no art. 724. Sabe-se que a regra geral é de que contra qualquer sentença, cabe o recurso de apelação (ver CPC, art. 1.009, *caput*).

**Art. 725.** Processar-se-á na forma estabelecida nesta Seção o pedido de:

I – emancipação;

II – sub-rogação;

III – alienação, arrendamento ou oneração de bens de crianças ou adolescentes, de órfãos e de interditos;

IV – alienação, locação e administração da coisa comum;

V – alienação de quinhão em coisa comum;

VI – extinção de usufruto, quando não decorrer da morte do usufrutuário, do termo da sua duração ou da consolidação, e de fideicomisso, quando decorrer de renúncia ou quando ocorrer antes do evento que caracterizar a condição resolutória;

VII – expedição de alvará judicial;

VIII – homologação de autocomposição extrajudicial, de qualquer natureza ou valor.

**Parágrafo único.** As normas desta Seção aplicam-se, no que couber, aos procedimentos regulados nas seções seguintes.

## COMENTÁRIOS

O art. 725 relaciona quais os pedidos que deverão ser processado segundo as normas estabelecidas nesta Seção, com a inclusão do alvará judicial entre os procedimentos (inciso VII), tendo em vista ser uma prática forense de muito uso, mas que não encontrava expressa previsão no CPC/73.

Outra inclusão que merece elogios é a homologação de autocomposição extrajudicial, de qualquer natureza ou valor (inciso VIII). Nesse caso, qualquer acordo extrajudicial poderá ser homologado e assim virar título executivo judicial, nos termos do art. 515, III.

463

O parágrafo único manda aplicar as normas desta Seção, no que couber, aos procedimentos regulados nas seções seguintes que trata dos procedimentos específicos, regulados nos arts. 726 a 770 deste código.

## SEÇÃO II
## DA NOTIFICAÇÃO E DA INTERPELAÇÃO

**Art. 726.** Quem tiver interesse em manifestar formalmente sua vontade a outrem sobre assunto juridicamente relevante poderá notificar pessoas participantes da mesma relação jurídica para dar-lhes ciência de seu propósito.

§ 1º Se a pretensão for a de dar conhecimento geral ao público, mediante edital, o juiz só a deferirá se a tiver por fundada e necessária ao resguardo de direito.

§ 2º Aplica-se o disposto nesta Seção, no que couber, ao protesto judicial.

### COMENTÁRIOS

A notificação e interpelação reguladas no art. 726 do CPC, era no passado um procedimento cautelar. Agora, acertadamente, foram incluídas como procedimento de jurisdição voluntária.

Este instituto é muito utilizado extrajudicialmente através das várias formas de notificação possíveis de ocorrer na vida prática, especialmente aquelas realizadas pelos cartórios de títulos e documentos, com a finalidade de constituir o devedor em mora.

Aliás, raras vezes se recorre ao judiciário para a realização de notificações ou interpelações, mas o legislador preferiu manter a previsão de realização destes atos através da justiça.

O parágrafo segundo, visando maior estabilidade social, deixa ao critério do juiz aferir da oportunidade e legalidade da manifestação dirigida ao público em geral através de edital.

**Art. 727.** Também poderá o interessado interpelar o requerido, no caso do art. 726, para que faça ou deixe de fazer o que o requerente entenda ser de seu direito.

### COMENTÁRIOS

A previsão contida nesse artigo reforça o que foi dito acima, pois esta notificação para que alguém faça ou deixe de fazer alguma coisa é a típica "notificação premonitória" indispensável para alguns procedimentos judiciais como, por exemplo, o despejo por denúncia vazia (ver Lei 8.245/91, art. 59, § 1º, inciso VIII) ou a interpelação para constituição em mora (ver CC, art. 397, parágrafo único).

# CÓDIGO DE PROCESSO CIVIL COMENTADO • LEI 13.105, DE 16 DE MARÇO DE 2015 — ART. 730

**Art. 728.** O requerido será previamente ouvido antes do deferimento da notificação ou do respectivo edital:

I – se houver suspeita de que o requerente, por meio da notificação ou do edital, pretende alcançar fim ilícito;

II – se tiver sido requerida a averbação da notificação em registro público.

## COMENTÁRIOS

O art. 728 exige o prévio contraditório antes de o juiz deferir a notificação ou a publicação do edital, cuja finalidade é evitar o mau uso do instituto.

Quer dizer, antes de deferir a notificação o juiz ouvirá o requerido especialmente se houver suspeita de que o requerente pretende alcançar fim ilícito com a medida ou se tiver sido requerido a averbação da notificação em registro púbico.

**Art. 729.** Deferida e realizada a notificação ou interpelação, os autos serão entregues ao requerente.

## COMENTÁRIOS

O art. 729 do *novel codex* estabelece que findo o procedimento, os autos serão entregues ao requerente, naturalmente se os autos forem físicos.

Veja-se que o encerramento do procedimento ocorre com a entrega dos autos ao interessado o que prova a inexistência de conflito a ser resolvido neste tipo de ação. A ordem do juiz mandando entregar os autos não é sentença, mas simples ato administrativo sem nenhuma carga decisória.

## SEÇÃO III
## DA ALIENAÇÃO JUDICIAL

**Art. 730.** Nos casos expressos em lei, não havendo acordo entre os interessados sobre o modo como se deve realizar a alienação do bem, o juiz, de ofício ou a requerimento dos interessados ou do depositário, mandará aliená-lo em leilão, observando-se o disposto na Seção I deste Capítulo e, no que couber, o disposto nos arts. 879 a 903.

## COMENTÁRIOS

O art. 730 trata da alienação judicial de bens nos casos expressos em lei, quando não houver acordo entre os interessados sobre o modo como se deve realizar a alienação do bem.

Nesse caso o juiz, de ofício ou a requerimento dos interessados ou mesmo do depositário, mandará alienar o bem em leilão, observando-se o disposto na Seção I deste Capítulo e as demais regras atinentes à realização de leilão previsto neste código, especialmente o disposto nos arts. 879 a 903.

## SEÇÃO IV
### DO DIVÓRCIO E DA SEPARAÇÃO CONSENSUAIS, DA EXTINÇÃO CONSENSUAL DE UNIÃO ESTÁVEL E DA ALTERAÇÃO DO REGIME DE BENS DO MATRIMÔNIO

**Art. 731.** A homologação do divórcio ou da separação consensuais, observados os requisitos legais, poderá ser requerida em petição assinada por ambos os cônjuges, da qual constarão:

I – as disposições relativas à descrição e à partilha dos bens comuns;

II – as disposições relativas à pensão alimentícia entre os cônjuges;

III – o acordo relativo à guarda dos filhos incapazes e ao regime de visitas; e

IV – o valor da contribuição para criar e educar os filhos.

**Parágrafo único.** Se os cônjuges não acordarem sobre a partilha dos bens, far-se-á esta depois de homologado o divórcio, na forma estabelecida nos arts. 647 a 658.

### COMENTÁRIOS

Agora o legislador trata da homologação judicial do divórcio e da separação consensuais, que deverá ser requerida através de petição assinada pelo advogado e por ambos os cônjuges.

Além disso, a petição deverá ainda conter as disposições relativas à descrição e à partilha dos bens comuns do casal; as disposições relativas à pensão alimentícia entre os cônjuges; o acordo relativo à guarda dos filhos incapazes e ao regime de visitas; e o valor da contribuição para criar e educar os filhos.

Apresentada a petição nestas condições e tendo o Ministério Público dado seu aval, o juiz homologará sem problema o acordo.

Pela dicção do parágrafo único permite-se que os cônjuges realizem a partilha dos bens, em momento posterior.

Muitas críticas forem dirigidas ao legislador do *novel codex* tendo em vista a quase unanimidade da doutrina e da jurisprudência que considera não mais existir, no nosso ordenamento jurídico, a figura da separação judicial depois da Emenda Constitucional 66.

O principal argumento a favor dessa tese é que a separação, de fato ou judicial, era um estágio para a obtenção do divórcio. Se agora é possível pedir o divórcio sem nenhuma exigência de separação prévia (legal ou fática), tal instituto restaria uma inutilidade.

Encerando essa polêmica, o Supremo Tribunal Federal (STF) fixou a tese de que "após a promulgação da EC nº 66/2010, a separação judicial não é mais requisito para o divórcio nem subsiste como figura autônoma no ordenamento jurídico. Sem prejuízo, preserva-se o estado civil das pessoas que já estão separadas, por decisão judicial ou escritura pública, por se tratar de ato jurídico perfeito (art. 5º, XXXVI, da CF)".

Significa dizer que as normas do Código Civil e do Código de Processo Civil que tratam da separação judicial perderam a validade com a entrada em vigor da Emenda Constitucional (EC) 66/2010. Segundo a decisão, depois que essa exigência foi retirada da Constituição Federal, a efetivação do divórcio deixou de ter qualquer requisito, a não ser a vontade dos cônjuges.

Essa decisão foi proferida em julgamento do "Tema 1053", no sistema de caso repetitivo, o que vincula todos os magistrados brasileiro.[85]

**Art. 732.** As disposições relativas ao processo de homologação judicial de divórcio ou de separação consensuais aplicam-se, no que couber, ao processo de homologação da extinção consensual de união estável.

## COMENTÁRIOS

Salutar a inovação representada pelo art. 732 que equipara a união estável ao casamento para efeitos do pedido de homologação judicial de sua extinção consensual.

Assim o legislador positiva aquilo que a prática forense já de longa data havia consagrado.

**Art. 733.** O divórcio consensual, a separação consensual e a extinção consensual de união estável, não havendo nascituro ou filhos incapazes e observados os requisitos legais, poderão ser realizados por escritura pública, da qual constarão as disposições de que trata o art. 731.

§ 1º A escritura não depende de homologação judicial e constitui título hábil para qualquer ato de registro, bem como para levantamento de importância depositada em instituições financeiras.

§ 2º O tabelião somente lavrará a escritura se os interessados estiverem assistidos por advogado ou por defensor público, cuja qualificação e assinatura constarão do ato notarial.

---

85. (STF, Leading Case: RE 1167478-RJ, Relator: Ministro Luiz Fux, Data de Julgamento: 08/11/2023, Tribunal Pleno, Data de Publicação: 08/03/2024).

## COMENTÁRIOS

O art. 733 mantém a possibilidade de as partes optarem por realizar extrajudicialmente os atos necessários à realização do divórcio consensual e da separação consensual com a inclusão da possibilidade de fazer-se também por esta forma a extinção consensual de união estável.

Vejam que o artigo diz claramente que esse procedimento extrajudicial só pode ser utilizado pelo casal nos casos em que não haja filhos menores ou incapazes. Apesar dessa disposição legal o CNJ decidiu que é perfeitamente possível o divórcio ou a extinção da união estável extrajudicial mesmo com a existência de filhos menores ou incapazes, sendo que a única exigência é que as questões atinentes à guarda, visitação e alimentos já tenham sido solucionados anteriormente no âmbito judicial.[86]

A escritura pública não depende de homologação judicial e constitui título hábil para qualquer ato de registro, bem como para levantamento de importância depositada em instituições financeiras.

Para que as partes utilizem desse procedimento é indispensável a assistência por advogado ou defensor público, cuja qualificação e assinatura constarão do ato notarial.

**Art. 734.** A alteração do regime de bens do casamento, observados os requisitos legais, poderá ser requerida, motivadamente, em petição assinada por ambos os cônjuges, na qual serão expostas as razões que justificam a alteração, ressalvados os direitos de terceiros.

§ 1º Ao receber a petição inicial, o juiz determinará a intimação do Ministério Público e a publicação de edital que divulgue a pretendida alteração de bens, somente podendo decidir depois de decorrido o prazo de 30 (trinta) dias da publicação do edital.

§ 2º Os cônjuges, na petição inicial ou em petição avulsa, podem propor ao juiz meio alternativo de divulgação da alteração do regime de bens, a fim de resguardar direitos de terceiros.

§ 3º Após o trânsito em julgado da sentença, serão expedidos mandados de averbação aos cartórios de registro civil e de imóveis e, caso qualquer dos cônjuges seja empresário, ao Registro Público de Empresas Mercantis e Atividades Afins.

## COMENTÁRIOS

O art. 734 é uma novidade e regula a alteração do regime de bens do casamento que poderá ser requerida, motivadamente, em petição assinada por ambos os cônjuges,

---

86. CNJ, Resolução 571 de 20 de agosto de 2024.

# CÓDIGO DE PROCESSO CIVIL COMENTADO • LEI 13.105, DE 16 DE MARÇO DE 2015
## ART. 735

na qual serão expostas as razões que justificam a alteração, ressalvados os direitos de terceiros.

A norma vem regular a previsão já contida no direito material tendo em vista que o Código Civil criou essa possibilidade de as partes poderem alterar o regime de bens na constância do casamento (ver art. 1.639, § 2º).

Para evitar fraudes, o legislador fez prever não só a participação do Ministério Público, que atuará como fiscal da ordem jurídica, como também fez a exigência de ampla divulgação do pretendido pelos cônjuges com a publicação de edital que divulgue a pretendida alteração de bens, somente podendo decidir depois de decorrido o prazo de 30 (trinta) dias da publicação do edital.

Após regular tramitação e transitado em julgado da sentença, serão expedidos mandados de averbação aos cartórios de registro civil e de imóveis e, caso qualquer dos cônjuges seja empresário, ao Registro Público de Empresas Mercantis e Atividades Afins.

## SEÇÃO V
## DOS TESTAMENTOS E DOS CODICILOS

**Art. 735.** Recebendo testamento cerrado, o juiz, se não achar vício externo que o torne suspeito de nulidade ou falsidade, o abrirá e mandará que o escrivão o leia em presença do apresentante.

§ 1º Do termo de abertura constarão o nome do apresentante e como ele obteve o testamento, a data e o lugar do falecimento do testador, com as respectivas provas, e qualquer circunstância digna de nota.

§ 2º Depois de ouvido o Ministério Público, não havendo dúvidas a serem esclarecidas, o juiz mandará registrar, arquivar e cumprir o testamento.

§ 3º Feito o registro, será intimado o testamenteiro para assinar o termo da testamentária.

§ 4º Se não houver testamenteiro nomeado ou se ele estiver ausente ou não aceitar o encargo, o juiz nomeará testamenteiro dativo, observando-se a preferência legal.

§ 5º O testamenteiro deverá cumprir as disposições testamentárias e prestar contas em juízo do que recebeu e despendeu, observando-se o disposto em lei.

## COMENTÁRIOS

O art. 735 mantém praticamente as mesmas regras, com relação ao procedimento para abertura e leitura do testamento cerrado.

Cumpre esclarecer que o testamento, enquanto ato de última vontade do *de cujus*, deve ser fielmente cumprido. Por isso, a lei coloca sob a fiscalização do estado juiz a verificação de sua regularidade bem como o seu cumprimento.

## Art. 736.

**Art. 736.** Qualquer interessado, exibindo o traslado ou a certidão de testamento público, poderá requerer ao juiz que ordene o seu cumprimento, observando-se, no que couber, o disposto nos parágrafos do art. 735.

### COMENTÁRIOS

Testamento público nos termos do Código Civil é aquele lavrado por tabelião, ou por seu substituto legal, em seu livro de notas, de acordo com as declarações do testador, que deverá ser lido em voz alta pelo tabelião ao testador e a duas testemunhas (ver CC, art. 1.864).

Nesse artigo o legislador fixa a regra pela qual qualquer interessado, exibindo o traslado ou a certidão de testamento público, poderá requerer ao juiz que ordene o seu cumprimento.

**Art. 737.** A publicação do testamento particular poderá ser requerida, depois da morte do testador, pelo herdeiro, pelo legatário ou pelo testamenteiro, bem como pelo terceiro detentor do testamento, se impossibilitado de entregá-lo a algum dos outros legitimados para requerê-la.

§ 1º Serão intimados os herdeiros que não tiverem requerido a publicação do testamento.

§ 2º Verificando a presença dos requisitos da lei, ouvido o Ministério Público, o juiz confirmará o testamento.

§ 3º Aplica-se o disposto neste artigo ao codicilo e aos testamentos marítimo, aeronáutico, militar e nuncupativo.

§ 4º Observar-se-á, no cumprimento do testamento, o disposto nos parágrafos do art. 735.

### COMENTÁRIOS

O art. 737 regula o procedimento para a validação do testamento particular que poderá ser requerida, depois da morte do testador, pelo herdeiro, pelo legatário ou pelo testamenteiro, bem como pelo terceiro detentor do testamento, se impossibilitado de entregá-lo a algum dos outros legitimados para requerê-la.

Embora o *caput* não seja nenhuma novidade, os parágrafos trazem importantes novidades como, por exemplo, a possibilidade de instauração do contraditório, pois serão intimados os herdeiros que não tiverem requerido a publicação do testamento.

Além disso, o Ministério Público poderá ser chamado se assim entender o juiz, para só depois disso confirmar o testamento.

Essas mesmas regras devem ser aplicadas aos codicilos e aos testamentos marítimo, aeronáutico, militar e nuncupativo.

# SEÇÃO VI
## DA HERANÇA JACENTE

**Art. 738.** Nos casos em que a lei considere jacente a herança, o juiz em cuja comarca tiver domicílio o falecido procederá imediatamente à arrecadação dos respectivos bens.

### COMENTÁRIOS

O art. 738 estabelece que nos casos em que a lei considere jacente a herança, o juiz em cuja comarca tiver domicílio o falecido procederá imediatamente à arrecadação dos respectivos bens.

Herança jacente é aquela em não há nenhum herdeiro conhecido do falecido, ou que mesmo havendo herdeiros, estes tenham renunciado à herança.

**Art. 739.** A herança jacente ficará sob a guarda, a conservação e a administração de um curador até a respectiva entrega ao sucessor legalmente habilitado ou até a declaração de vacância.

§ 1º Incumbe ao curador:

I – representar a herança em juízo ou fora dele, com intervenção do Ministério Público;

II – ter em boa guarda e conservação os bens arrecadados e promover a arrecadação de outros porventura existentes;

III – executar as medidas conservatórias dos direitos da herança;

IV – apresentar mensalmente ao juiz balancete da receita e da despesa;

V – prestar contas ao final de sua gestão.

§ 2º Aplica-se ao curador o disposto nos arts. 159 a 161.

### COMENTÁRIOS

Em perfeita sintonia com a lei material, o CPC estabelece que os bens da herança, depois de arrecadados, ficarão sob os cuidados e administração de um curador especialmente nomeado para esse fim, cujo objetivo é a preservação desses bens para futura entrega aos sucessores, se eles aparecerem (ver CC, art. 1.819).

**Art. 740.** O juiz ordenará que o oficial de justiça, acompanhado do escrivão ou do chefe de secretaria e do curador, arrole os bens e descreva-os em auto circunstanciado.

§ 1º Não podendo comparecer ao local, o juiz requisitará à autoridade policial que proceda à arrecadação e ao arrolamento dos bens, com 2 (duas) testemunhas, que assistirão às diligências.

§ 2º Não estando ainda nomeado o curador, o juiz designará depositário e lhe entregará os bens, mediante simples termo nos autos, depois de compromissado.

§ 3º Durante a arrecadação, o juiz ou a autoridade policial inquirirá os moradores da casa e da vizinhança sobre a qualificação do falecido, o paradeiro de seus sucessores e a existência de outros bens, lavrando-se de tudo auto de inquirição e informação.

§ 4º O juiz examinará reservadamente os papéis, as cartas missivas e os livros domésticos e, verificando que não apresentam interesse, mandará empacotá-los e lacrá-los para serem assim entregues aos sucessores do falecido ou queimados quando os bens forem declarados vacantes.

§ 5º Se constar ao juiz a existência de bens em outra comarca, mandará expedir carta precatória a fim de serem arrecadados.

§ 6º Não se fará a arrecadação, ou essa será suspensa, quando, iniciada, apresentarem-se para reclamar os bens o cônjuge ou companheiro, o herdeiro ou o testamenteiro notoriamente reconhecido e não houver oposição motivada do curador, de qualquer interessado, do Ministério Público ou do representante da Fazenda Pública.

## COMENTÁRIOS

O artigo em comento disciplina os procedimentos para a correta aferição dos bens que foram deixados pelo falecido, na própria comarca ou mesmo em outras, providências que serão tomadas pelo oficial de justiça ou autoridade policial, conforme o caso.

Não se fará a arrecadação, ou essa será suspensa quando, iniciada, apresentarem-se para reclamar os bens o cônjuge ou companheiro, o herdeiro ou o testamenteiro notoriamente reconhecido e não houver oposição motivada do curador, de qualquer interessado, do Ministério Público ou do representante da Fazenda Pública.

**Art. 741.** Ultimada a arrecadação, o juiz mandará expedir edital, que será publicado na rede mundial de computadores, no sítio do tribunal a que estiver vinculado o juízo e na plataforma de editais do Conselho Nacional de Justiça, onde permanecerá por 3 (três) meses, ou, não havendo sítio, no órgão oficial e na imprensa da comarca, por 3 (três) vezes com intervalos de 1 (um) mês, para que os sucessores do falecido venham a habilitar-se no prazo de 6 (seis) meses contado da primeira publicação.

§ 1º Verificada a existência de sucessor ou de testamenteiro em lugar certo, far-se-á a sua citação, sem prejuízo do edital.

§ 2º Quando o falecido for estrangeiro, será também comunicado o fato à autoridade consular.

# CÓDIGO DE PROCESSO CIVIL COMENTADO • LEI 13.105, DE 16 DE MARÇO DE 2015 — ART. 742

§ 3º Julgada a habilitação do herdeiro, reconhecida a qualidade do testamenteiro ou provada a identidade do cônjuge ou companheiro, a arrecadação converter-se-á em inventário.

§ 4º Os credores da herança poderão habilitar-se como nos inventários ou propor a ação de cobrança.

## COMENTÁRIOS

O art. 741 não representa nenhuma novidade, destinando-se apenas a regular a publicidade que deve ser feita de forma ampla, inclusive com os meios modernos de internet, tudo com a finalidade de tentar encontrar algum herdeiro ou interessado na herança, antes que seja declarada vacante.

É perfeitamente possível a existência de herdeiros hábeis para suceder que podem estar em local incerto e não sabido, ou cujos domicílios sejam desconhecidos, razão pela qual se justifica a ampla divulgação do falecimento do autor da herança.

**Art. 742.** O juiz poderá autorizar a alienação:

I – de bens móveis, se forem de conservação difícil ou dispendiosa;

II – de semoventes, quando não empregados na exploração de alguma indústria;

III – de títulos e papéis de crédito, havendo fundado receio de depreciação;

IV – de ações de sociedade quando, reclamada a integralização, não dispuser a herança de dinheiro para o pagamento;

V – de bens imóveis:

a) se ameaçarem ruína, não convindo a reparação;

b) se estiverem hipotecados e vencer-se a dívida, não havendo dinheiro para o pagamento.

§ 1º Não se procederá, entretanto, à venda se a Fazenda Pública ou o habilitando adiantar a importância para as despesas.

§ 2º Os bens com valor de afeição, como retratos, objetos de uso pessoal, livros e obras de arte, só serão alienados depois de declarada a vacância da herança.

## COMENTÁRIOS

Sem nenhuma novidade o art. 742 se limita a regular as hipóteses de alienação antecipada de bens da herança, tudo com a finalidade de evitar deterioração ou mesmo perda dos bens que compõe o acervo hereditário.

Contudo fez o legislador uma ressalva: os bens com valor de afeição, como retratos, objetos de uso pessoal, livros e obras de arte, só serão alienados depois de declarada a vacância da herança.

**Art. 743.** Passado 1 (um) ano da primeira publicação do edital e não havendo herdeiro habilitado nem habilitação pendente, será a herança declarada vacante.

§ 1º Pendendo habilitação, a vacância será declarada pela mesma sentença que a julgar improcedente, aguardando-se, no caso de serem diversas as habilitações, o julgamento da última.

§ 2º Transitada em julgado a sentença que declarou a vacância, o cônjuge, o companheiro, os herdeiros e os credores só poderão reclamar o seu direito por ação direta.

## COMENTÁRIOS

Todos os artigos anteriores cuidaram da jacência impondo ao Estado o dever de arrecadar todos os bens com a finalidade de protegê-los e entregá-los aos herdeiros que, porventura, venham a ser habilitados.

Não vindo a ocorrer nenhuma habilitação, o juiz estará autorizado a declarar a vacância, com a subsequente entrega do patrimônio ao Poder Público.

A sentença que converte a herança jacente em vacante é declaratória de inexistência de titular da herança, com a consequente transferência do acervo hereditário ao Poder Público.

Quer dizer, significa que depois de realizadas todas as diligências para localização de parentes sucessíveis, a justiça concluiu que não há cônjuge ou companheiros sobrevivente, nem algum outro parente sucessível, de sorte que esta será entregue ao Município ou ao Distrito Federal, se localizada nas respectivas circunscrições, ou à União, quando situada em território federal (ver CC, art. 1.844).

## SEÇÃO VII
### DOS BENS DOS AUSENTES

**Art. 744.** Declarada a ausência nos casos previstos em lei, o juiz mandará arrecadar os bens do ausente e nomear-lhes-á curador na forma estabelecida na Seção VI, observando-se o disposto em lei.

## COMENTÁRIOS

O art. 744 regula a declarada de ausência e a arrecadação dos bens do ausente impondo ao juiz nomear-lhes-á curador na forma estabelecida na Seção VI, observando-se o disposto em lei.

Ausente é a pessoa que desaparece do seu domicílio sem deixar representante a quem caiba administrar-lhe os bens, ou deixando mandatário que não queira ou não possa continuar a exercer o mandato (ver CC, art. 22).

Nesse caso qualquer interessado poderá manejar a ação apropriada para a declaração de ausência. Declarada a ausência, o juiz mandará arrecadar os bens do ausente e, ao mesmo tempo, nomeará curador que ficará responsável pela guarda, conservação e administração dos bens do ausente.

**Art. 745.** Feita a arrecadação, o juiz mandará publicar editais na rede mundial de computadores, no sítio do tribunal a que estiver vinculado e na plataforma de editais do Conselho Nacional de Justiça, onde permanecerá por 1 (um) ano, ou, não havendo sítio, no órgão oficial e na imprensa da comarca, durante 1 (um) ano, reproduzida de 2 (dois) em 2 (dois) meses, anunciando a arrecadação e chamando o ausente a entrar na posse de seus bens.

§ 1º Findo o prazo previsto no edital, poderão os interessados requerer a abertura da sucessão provisória, observando-se o disposto em lei.

§ 2º O interessado, ao requerer a abertura da sucessão provisória, pedirá a citação pessoal dos herdeiros presentes e do curador e, por editais, a dos ausentes para requererem habilitação, na forma dos arts. 689 a 692.

§ 3º Presentes os requisitos legais, poderá ser requerida a conversão da sucessão provisória em definitiva.

§ 4º Regressando o ausente ou algum de seus descendentes ou ascendentes para requerer ao juiz a entrega de bens, serão citados para contestar o pedido os sucessores provisórios ou definitivos, o Ministério Público e o representante da Fazenda Pública, seguindo-se o procedimento comum.

## COMENTÁRIOS

Depois de feita a arrecadação dos bens, o juiz mandará publicar editais na rede mundial de computadores, no sítio do tribunal a que estiver vinculado e na plataforma de editais do Conselho Nacional de Justiça, onde permanecerá por 1 (um) ano, ou, não havendo sítio, no órgão oficial e na imprensa da comarca, durante 1 (um) ano, reproduzida de 2 (dois) em 2 (dois) meses, anunciando a arrecadação e chamando o ausente a entrar na posse de seus bens.

Fora isso, não há novidade nenhuma a não ser a previsão lógica de que o edital será publicado na rede mundial de computadores como forma de dar a mais ampla divulgação aos procedimentos que estão sendo adotados.

### SEÇÃO VIII
### DAS COISAS VAGAS

**Art. 746.** Recebendo do descobridor coisa alheia perdida, o juiz mandará lavrar o respectivo auto, do qual constará a descrição do bem e as declarações do descobridor.

§ 1º Recebida a coisa por autoridade policial, esta a remeterá em seguida ao juízo competente.

§ 2º Depositada a coisa, o juiz mandará publicar edital na rede mundial de computadores, no sítio do tribunal a que estiver vinculado e na plataforma de editais do Conselho Nacional de Justiça ou, não havendo sítio, no órgão oficial e na imprensa da comarca, para que o dono ou o legítimo possuidor a reclame, salvo se se tratar de coisa de pequeno valor e não for possível a publicação no sítio do tribunal, caso em que o edital será apenas afixado no átrio do edifício do fórum.

§ 3º Observar-se-á, quanto ao mais, o disposto em lei.

## COMENTÁRIOS

O art. 746 disciplina o procedimento com relação às coisas vagas com a finalidade de tentar encontrar o seu verdadeiro proprietário ou possuidor, regulando a matéria constante do Código Civil (ver arts. 1.233 a 1.237).

Quer dizer, trata-se de procedimento que visa regulamentar a forma pela qual se deva processar o achado de coisas e a procura por seu legítimo dono ou possuidor. Advirta-se que a pessoa que encontra coisa alheia deve entregá-la ao dono ou legítimo possuidor. Caso não saiba quem é o proprietário ou possuidor, deverá entregar a coisa achada à autoridade competente.

Assim, o CPC estabelece as regras visando o cumprimento do dever de restituição da coisa alheia perdida e que tenha sido encontrada.

## SEÇÃO IX
## DA INTERDIÇÃO

**Art. 747.** A interdição pode ser promovida:

I – pelo cônjuge ou companheiro;

II – pelos parentes ou tutores;

III – pelo representante da entidade em que se encontra abrigado o interditando;

IV – pelo Ministério Público.

**Parágrafo único.** A legitimidade deverá ser comprovada por documentação que acompanhe a petição inicial.

## COMENTÁRIOS

O art. 747 atribuiu novo nome àquilo que era chamado de "curatela dos interditos" na legislação anterior, adaptando a nomenclatura à realidade usual no meio forense.

Trata-se, a bem da verdade, dos legitimados a promoverem a interdição com a novidade de que isso pode ser realizado também pelo representante da entidade em que se encontre abrigado o interditando.

Assim, são legitimados para propositura da ação de interdição os pais, os tutores, o cônjuge e quaisquer outros parentes e, excepcionalmente, o Ministério Público nos termos do artigo seguinte.

Quando da propositura da ação, o requerente deverá provar documentalmente a sua legitimidade, sob pena de indeferimento do pleito.

Importante ressaltar que, em 06 de julho de 2015, foi promulgado o Estatuto da Pessoa com Deficiência (Lei 13.146/15). Esse diploma legal alterou principalmente o art. 3º do Código Civil, revogando os seus incisos de I a III. Além disso, também alterou o art. 4º do mesmo Código Civil, retirando do rol dos relativamente incapazes os que, por deficiência mental tenham o discernimento reduzido, e os excepcionais, sem desenvolvimento mental completo. Desse modo, a deficiência, a princípio, não afeta a plena capacidade civil da pessoa.

**Art. 748.** O Ministério Público só promoverá interdição em caso de doença mental grave:

I – se as pessoas designadas nos incisos I, II e III do art. 747 não existirem ou não promoverem a interdição;

II – se, existindo, forem incapazes as pessoas mencionadas nos incisos I e II do art. 747.

### COMENTÁRIOS

O Ministério Público também tem legitimidade, porém podemos dizer que é concorrente e subsidiária tendo em vista que somente poderá promover a interdição nos casos que envolva pessoa com doença mental grave; se não existirem os parentes ou tutor na forma acima mencionada ou ainda nos casos em que, mesmo existindo aquelas pessoas, as mesmas sejam incapazes.

**Art. 749.** Incumbe ao autor, na petição inicial, especificar os fatos que demonstram a incapacidade do interditando para administrar seus bens e, se for o caso, para praticar atos da vida civil, bem como o momento em que a incapacidade se revelou.

**Parágrafo único.** Justificada a urgência, o juiz pode nomear curador provisório ao interditando para a prática de determinados atos.

### COMENTÁRIOS

O art. 749 elenca quais são os demais requisitos que a petição inicial deve preencher, devendo o peticionário especificar claramente quais os fatos provam a incapacidade do interditando para administrar seus bens e, se for o caso, para praticar atos da vida civil, bem como o momento em que a incapacidade se revelou.

O parágrafo único, embora seja uma novidade legislativa, contempla aquilo que na prática forense é usual, a possibilidade de o juiz nomear, liminarmente, curador provisório ao interditando para a prática de determinados atos ou mesmo de todos os atos, enquanto não se finaliza o processo.

**Art. 750.** O requerente deverá juntar laudo médico para fazer prova de suas alegações ou informar a impossibilidade de fazê-lo.

## COMENTÁRIOS

O art. 750 é novidade e contempla mais uma exigência, exigindo do requerente que apresente laudo médico para fazer prova de suas alegações ou informar a impossibilidade de fazê-lo.

Esse artigo seria perfeitamente dispensável tendo em vista que a previsão do anterior que exige do requerente a demonstração dos fatos que justificam a interdição, o que implica dizer que não basta tão somente alegar, mas provar os fatos invocados.

**Art. 751.** O interditando será citado para, em dia designado, comparecer perante o juiz, que o entrevistará minuciosamente acerca de sua vida, negócios, bens, vontades, preferências e laços familiares e afetivos e sobre o que mais lhe parecer necessário para convencimento quanto à sua capacidade para praticar atos da vida civil, devendo ser reduzidas a termo as perguntas e respostas.

§ 1º Não podendo o interditando deslocar-se, o juiz o ouvirá no local onde estiver.

§ 2º A entrevista poderá ser acompanhada por especialista.

§ 3º Durante a entrevista, é assegurado o emprego de recursos tecnológicos capazes de permitir ou de auxiliar o interditando a expressar suas vontades e preferências e a responder às perguntas formuladas.

§ 4º A critério do juiz, poderá ser requisitada a oitiva de parentes e de pessoas próximas.

## COMENTÁRIOS

No *caput* assim como nos parágrafos do artigo em comento o legislador explicita aquilo que a pratica judiciária já consagrou, pois os juízes usualmente já fazem o que está previsto agora em lei.

CÓDIGO DE PROCESSO CIVIL COMENTADO • LEI 13.105, DE 16 DE MARÇO DE 2015 — **ART. 753**

Novidade interessante é a previsão do § 3º, permitindo a utilização de todo e qualquer recurso tecnológico para auxiliar o interditando expressar suas vontades e preferências e a responder às perguntas formuladas de sorte que o juiz possa melhor aferir as reais condições daquele que se pretende interditar. Ainda na linha da busca da verdade real, prevê o CPC que, a critério do juiz, poderá ser requisitada a oitiva de parentes e de pessoas próximas.

**Art. 752.** Dentro do prazo de 15 (quinze) dias contado da entrevista, o interditando poderá impugnar o pedido.

§ 1º O Ministério Público intervirá como fiscal da ordem jurídica.

§ 2º O interditando poderá constituir advogado, e, caso não o faça, deverá ser nomeado curador especial.

§ 3º Caso o interditando não constitua advogado, o seu cônjuge, companheiro ou qualquer parente sucessível poderá intervir como assistente.

### COMENTÁRIOS

O interditando poderá impugnar o pedido de interdição e seu prazo será de 15 (quinze) dias, contado da audiência que o entrevistou. Para isso, deverá constituir advogado, e, caso não o puder, deverá o juiz nomear curador especial.

O Ministério Público intervirá como fiscal da ordem jurídica, isto é, como custos legis, não sendo sua função representar o interditando.

Diz ainda o Novo CPC que, caso o interditando não constitua advogado, o seu cônjuge, companheiro ou qualquer parente sucessível poderá intervir no processo como assistente.

**Art. 753.** Decorrido o prazo previsto no art. 752, o juiz determinará a produção de prova pericial para avaliação da capacidade do interditando para praticar atos da vida civil.

§ 1º A perícia pode ser realizada por equipe composta por expertos com formação multidisciplinar.

§ 2º O laudo pericial indicará especificamente, se for o caso, os atos para os quais haverá necessidade de curatela.

### COMENTÁRIOS

O art. 753 disciplina a produção da prova pericial para atestar incapacidade do interditando para praticar atos da vida civil.

Os dois parágrafos são novidades e preveem a hipótese de a perícia ser realizada por equipe composta por expertos com formação multidisciplinar.

Além disso, o laudo pericial deverá indicar especificadamente, se for o caso, os atos para os quais haverá necessidade de curatela.

**Art. 754.** Apresentado o laudo, produzidas as demais provas e ouvidos os interessados, o juiz proferirá sentença.

## COMENTÁRIOS

Sem nenhuma novidade a norma contida no art. 754, prevendo que depois de apresentado o laudo, produzidas as demais provas e ouvidos os interessados, o juiz proferirá sentença.

**Art. 755.** Na sentença que decretar a interdição, o juiz:

I – nomeará curador, que poderá ser o requerente da interdição, e fixará os limites da curatela, segundo o estado e o desenvolvimento mental do interdito;

II – considerará as características pessoais do interdito, observando suas potencialidades, habilidades, vontades e preferências.

§ 1º A curatela deve ser atribuída a quem melhor possa atender aos interesses do curatelado.

§ 2º Havendo, ao tempo da interdição, pessoa incapaz sob a guarda e a responsabilidade do interdito, o juiz atribuirá a curatela a quem melhor puder atender aos interesses do interdito e do incapaz.

§ 3º A sentença de interdição será inscrita no registro de pessoas naturais e imediatamente publicada na rede mundial de computadores, no sítio do tribunal a que estiver vinculado o juízo e na plataforma de editais do Conselho Nacional de Justiça, onde permanecerá por 6 (seis) meses, na imprensa local, 1 (uma) vez, e no órgão oficial, por 3 (três) vezes, com intervalo de 10 (dez) dias, constando do edital os nomes do interdito e do curador, a causa da interdição, os limites da curatela e, não sendo total a interdição, os atos que o interdito poderá praticar autonomamente.

## COMENTÁRIOS

O art. 755 disciplina de maneira minudente o que deve conter a sentença que decretar a interdição, devendo o juiz, ao nomear curador, que poderá ser o próprio requerente da interdição; fixará os limites da curatela, segundo o estado e o desenvolvimento mental do interdito.

Deverá ainda o juiz levar em consideração as características pessoais do interdito, observando suas potencialidades, habilidades, vontades e preferências, de sorte a nomear-lhe alguém que melhor possa atender aos interesses do curatelado.

CÓDIGO DE PROCESSO CIVIL COMENTADO • LEI 13.105, DE 16 DE MARÇO DE 2015 | ART. 757

Diz ainda o § 2º que havendo, ao tempo da interdição, pessoa incapaz sob a guarda e a responsabilidade do interdito, o juiz atribuirá a curatela a quem melhor puder atender aos interesses do interdito e do incapaz.

Por fim o § 3º cuida das formalidades de registro e divulgação da sentença de interdição que, dentre outras medidas, será inscrita no registro de pessoas naturais.

**Art. 756.** Levantar-se-á a curatela quando cessar a causa que a determinou.

§ 1º O pedido de levantamento da curatela poderá ser feito pelo interdito, pelo curador ou pelo Ministério Público e será apensado aos autos da interdição.

§ 2º O juiz nomeará perito ou equipe multidisciplinar para proceder ao exame do interdito e designará audiência de instrução e julgamento após a apresentação do laudo.

§ 3º Acolhido o pedido, o juiz decretará o levantamento da interdição e determinará a publicação da sentença, após o trânsito em julgado, na forma do art. 755, § 3º, ou, não sendo possível, na imprensa local e no órgão oficial, por 3 (três) vezes, com intervalo de 10 (dez) dias, seguindo-se a averbação no registro de pessoas naturais.

§ 4º A interdição poderá ser levantada parcialmente quando demonstrada a capacidade do interdito para praticar alguns atos da vida civil.

### COMENTÁRIOS

Como os motivos que justificam a interdição de qualquer pessoa podem ser definitivos ou passageiros, o art. 756 trata das hipóteses que justificam seja levantada a curatela.

Esse pedido pode ser feito pelo próprio interdito, pelo seu curador ou pelo Ministério Público e será apensado aos autos da interdição.

Vale rememorar que a interdição não tem caráter permanente, podendo ser revista a qualquer tempo, especialmente quando cessar a causa que a determinou. Nesse caso, o pedido de levantamento da curatela poderá ser feito pelo próprio interdito, pelo seu curador ou mesmo pelo Ministério Público e será processado em autos apenso aos autos da ação de interdição

**Art. 757.** A autoridade do curador estende-se à pessoa e aos bens do incapaz que se encontrar sob a guarda e a responsabilidade do curatelado ao tempo da interdição, salvo se o juiz considerar outra solução como mais conveniente aos interesses do incapaz.

## COMENTÁRIOS

O art. 757 trata da autoridade do curador que, *in casu*, estende-se à pessoa e aos bens do incapaz que se encontrar sob a guarda e a responsabilidade do curatelado ao tempo da interdição, salvo se o juiz considerar outra solução como mais conveniente aos interesses do incapaz.

**Art. 758.** O curador deverá buscar tratamento e apoio apropriados à conquista da autonomia pelo interdito.

## COMENTÁRIOS

Encerrando essa seção, o art. 758 impõe mais um ônus para o curador que deverá buscar tratamento e apoio apropriados para que o interditado possa ter expectativa de melhora e assim recuperar sua autonomia.

## SEÇÃO X
## DISPOSIÇÕES COMUNS À TUTELA E À CURATELA

**Art. 759.** O tutor ou o curador será intimado a prestar compromisso no prazo de 5 (cinco) dias contado da:

I – nomeação feita em conformidade com a lei;

II – intimação do despacho que mandar cumprir o testamento ou o instrumento público que o houver instituído.

§ 1º O tutor ou o curador prestará o compromisso por termo em livro rubricado pelo juiz.

§ 2º Prestado o compromisso, o tutor ou o curador assume a administração dos bens do tutelado ou do interditado.

## COMENTÁRIOS

O art. 759 estabelece as regras que devem ser seguidas quando da nomeação do tutor ou o curador, porém, não traz nenhuma novidade digna de registro ou comentários.

**Art. 760.** O tutor ou o curador poderá eximir-se do encargo apresentando escusa ao juiz no prazo de 5 (cinco) dias contado:

I – antes de aceitar o encargo, da intimação para prestar compromisso;

II – depois de entrar em exercício, do dia em que sobrevier o motivo da escusa.

§ 1º Não sendo requerida a escusa no prazo estabelecido neste artigo, considerar-se-á renunciado o direito de alegá-la.

# CÓDIGO DE PROCESSO CIVIL COMENTADO • LEI 13.105, DE 16 DE MARÇO DE 2015 — ART. 761

§ 2º O juiz decidirá de plano o pedido de escusa, e, não o admitindo, exercerá o nomeado a tutela ou a curatela enquanto não for dispensado por sentença transitada em julgado.

## COMENTÁRIOS

Agora o *codex* trata da escusa do tutor ou do curador estabelecendo que o mesmo terá o prazo de 5 (cinco) dias para requerer sua exoneração ao juiz, prazo este que deve ser contado: antes de aceitar o encargo, da intimação para prestar compromisso; e, depois de entrar em exercício, do dia em que sobrevier o motivo da escusa.

Diz o § 1º que, não sendo requerida a escusa no prazo de 5 (cinco) dias, considerar-se-á que o tutor ou curador renunciou ao direito de alegá-la. É importante registrar o Código Civil, no seu art. 1.738, apresenta prazo diferente, qual seja 10 (dez) dias, porém deve prevalecer a norma mais recente, logo, o prazo do Novo CPC.

Se houver pedido de escusa, o juiz decidirá de plano e, se não o admitir, o nomeado continuará a exercer a tutela ou a curatela enquanto não for dispensado por sentença transitada em julgado. Significa dizer que mesmo tendo sido negada a escusa e o interessado tenha recorrido da decisão, o recurso não terá efeito suspensivo.

É importante consignar que a tutela e a curatela são imposições legais e deve ser exercida como uma espécie de delegação conferida pelo Estado, logo, seu cumprimento é obrigatório, admitindo-se tão somente as escusas expressamente previstas no Código Civil, em seu art. 1.736, quais sejam: as mulheres casadas; as pessoas maiores de sessenta anos; quem tiver mais de três filhos sob sua própria guarda; o impossibilitado por enfermidade; pessoa que resida longe do lugar onde deve exercer a tutela; aqueles que já exercem outra cutela ou curatela e, finalmente, os militares em serviço.

**Art. 761.** Incumbe ao Ministério Público ou a quem tenha legítimo interesse requerer, nos casos previstos em lei, a remoção do tutor ou do curador.

**Parágrafo único.** O tutor ou o curador será citado para contestar a arguição no prazo de 5 (cinco) dias, findo o qual observar-se-á o procedimento comum.

## COMENTÁRIOS

O art. 761 melhor sistematizou a questão atinente à legitimidade daqueles que podem requerer a remoção do tutor ou curador, bem como disciplinou a forma de defesa daquele de quem se pede a remoção.

Havendo contestação, cujo prazo é de 5 (cinco) dias, o processo segue o rito do procedimento comum.

**Art. 762.** Em caso de extrema gravidade, o juiz poderá suspender o tutor ou o curador do exercício de suas funções, nomeando substituto interino.

## COMENTÁRIOS

A regra é que o tutor ou o curador somente sejam removidos depois de lhes oportunizar o contraditório, nos termos do artigo anterior.

Contudo permite o artigo em comento que o juiz suspenda o exercício das funções de tutor ou o curador, em caso de extrema gravidade, nomeando substituto interino. É como se fosse uma medida cautelar.

**Art. 763.** Cessando as funções do tutor ou do curador pelo decurso do prazo em que era obrigado a servir, ser-lhe-á lícito requerer a exoneração do encargo.

§ 1º Caso o tutor ou o curador não requeira a exoneração do encargo dentro dos 10 (dez) dias seguintes à expiração do termo, entender-se-á reconduzido, salvo se o juiz o dispensar.

§ 2º Cessada a tutela ou a curatela, é indispensável a prestação de contas pelo tutor ou pelo curador, na forma da lei civil.

## COMENTÁRIOS

Quando a tutela ou curatela for fixada por prazo determinado, o seu término não é automático, cabendo ao tutor ou ao curador requerer expressamente, no prazo de 10 (dez) dias, a sua exoneração do encargo, sob pena de ser reconduzido automaticamente, a não ser que o juiz venha a dispensá-lo espontaneamente.

Qualquer que seja o motivo pelo qual cessa a tutela ou a curatela é obrigatória a prestação de contas pelo tutor ou pelo curador, na forma da lei civil, isto é, de forma contábil.

### SEÇÃO XI
### DA ORGANIZAÇÃO E DA FISCALIZAÇÃO DAS FUNDAÇÕES

**Art. 764.** O juiz decidirá sobre a aprovação do estatuto das fundações e de suas alterações sempre que o requeira o interessado, quando:

I – ela for negada previamente pelo Ministério Público ou por este forem exigidas modificações com as quais o interessado não concorde;

II – o interessado discordar do estatuto elaborado pelo Ministério Público.

§ 1º O estatuto das fundações deve observar o disposto na Lei 10.406, de 10 de janeiro de 2002 (Código Civil).

# CÓDIGO DE PROCESSO CIVIL COMENTADO • LEI 13.105, DE 16 DE MARÇO DE 2015 — ART. 766

§ 2º Antes de suprir a aprovação, o juiz poderá mandar fazer no estatuto modificações a fim de adaptá-lo ao objetivo do instituidor.

## COMENTÁRIOS

O art. 764 regula o tratamento dispensado às fundações no que diz respeito ao seu estatuto, registro e funcionamento, permitindo ao interessado questionar em juízo as decisões do Ministério Público sobre estas questões.

A forma de constituição desse tipo de instituição está regulamentada no Código Civil que estabelece regras não só para a criação de fundações quanto para sua administração e funcionamento que ficará a todo tempo sob o controle judicial e fiscalização do Ministério Público (ver CC, arts. 62 a 69).

Nessa linha de proceder o CPC estabelece que o juiz decidirá sobre a aprovação do estatuto das fundações e de suas alterações sempre que o requeira o interessado, quando ela for negada previamente pelo Ministério Público ou por este forem exigidas modificações com as quais o interessado não concorde; ou ainda, quando o interessado discordar do estatuto elaborado pelo Ministério Público.

**Art. 765.** Qualquer interessado ou o Ministério Público promoverá em juízo a extinção da fundação quando:

I – se tornar ilícito o seu objeto;

II – for impossível a sua manutenção;

III – vencer o prazo de sua existência.

## COMENTÁRIOS

O art. 765 trata daqueles que estão legitimados a requerer em juízo a extinção da fundação quando: se tornar ilícito o seu objeto; for impossível a sua manutenção; ou, vencer o prazo de sua existência.

Interessante trazer a lume o Enunciado 189 da FPPC: O art. 765 deve ser interpretado em consonância com o art. 69 do Código Civil, para admitir a extinção da fundação quando inútil a finalidade a que visa.

### SEÇÃO XII
### DA RATIFICAÇÃO DOS PROTESTOS MARÍTIMOS
### E DOS PROCESSOS TESTEMUNHÁVEIS FORMADOS A BORDO

**Art. 766.** Todos os protestos e os processos testemunháveis formados a bordo e lançados no livro Diário da Navegação deverão ser apresentados pelo comandante ao juiz de direito do primeiro porto, nas primeiras 24 (vinte e quatro) horas de chegada da embarcação, para sua ratificação judicial.

## COMENTÁRIOS

Essa figura embora seja uma novidade no atual CPC, deve ser compreendida dentro do contexto do CPC de 1939 que regulava a matéria nos seus nos artigos 725 a 729, assim como já registramos quando tratamos da "regulação de avarias".

Esse é um procedimento que busca contextualizar os fatos testemunháveis ocorridos a bordo de navios, visando dar publicidade aos fatos que estejam registrados no diário de navegação.

Este instituto tem a finalidade de formar prova, que será oportunamente deduzida em juízo, motivo pelo qual é instituto de direito processual e não de direito material.

> **Art. 767.** A petição inicial conterá a transcrição dos termos lançados no livro Diário da Navegação e deverá ser instruída com cópias das páginas que contenham os termos que serão ratificados, dos documentos de identificação do comandante e das testemunhas arroladas, do rol de tripulantes, do documento de registro da embarcação e, quando for o caso, do manifesto das cargas sinistradas e a qualificação de seus consignatários, traduzidos, quando for o caso, de forma livre para o português.

## COMENTÁRIOS

O art. 767 fixa as diretrizes que devem ser atendidas pela petição inicial, assim também com relação às pessoas que devem ser chamadas a testemunhar, além da apresentação de diversos documentos que devem ser traduzidos, podendo ser de forma livre.

É importante esclarecer que com relação à tradução dos documentos que devem acompanhar a inicial, a norma permite que sejam traduzidos de forma livre, isto é, sem as formalidades normalmente exigidas.

> **Art. 768.** A petição inicial deverá ser distribuída com urgência e encaminhada ao juiz, que ouvirá, sob compromisso a ser prestado no mesmo dia, o comandante e as testemunhas em número mínimo de 2 (duas) e máximo de 4 (quatro), que deverão comparecer ao ato independentemente de intimação.
>
> § 1º Tratando-se de estrangeiros que não dominem a língua portuguesa, o autor deverá fazer-se acompanhar por tradutor, que prestará compromisso em audiência.
>
> § 2º Caso o autor não se faça acompanhar por tradutor, o juiz deverá nomear outro que preste compromisso em audiência.

## COMENTÁRIOS

O art. 768 trata da distribuição e da urgência com que devem ser ouvidas as testemunhas e o comandante, que deverão comparecer em audiência independente de intimação

Tratando-se de estrangeiros que não dominem a língua portuguesa, o autor deverá fazer-se acompanhar por tradutor, que prestará compromisso em audiência. Caso o autor não se faça acompanhar por tradutor, o juiz deverá nomear outro que preste compromisso em audiência.

**Art. 769.** Aberta a audiência, o juiz mandará apregoar os consignatários das cargas indicados na petição inicial e outros eventuais interessados, nomeando para os ausentes curador para o ato.

## COMENTÁRIOS

O art. 769 disciplina a abertura da audiência, na qual o juiz mandará apregoar os consignatários das cargas indicados na petição inicial e outros eventuais interessados, nomeando curador para representar os ausentes naquele ato específico.

**Art. 770.** Inquiridos o comandante e as testemunhas, o juiz, convencido da veracidade dos termos lançados no Diário da Navegação, em audiência, ratificará por sentença o protesto ou o processo testemunhável lavrado a bordo, dispensado o relatório.

**Parágrafo único.** Independentemente do trânsito em julgado, o juiz determinará a entrega dos autos ao autor ou ao seu advogado, mediante a apresentação de traslado.

## COMENTÁRIOS

O art. 770 finaliza esta seção disciplinando o procedimento para inquirição do comandante e das testemunhas, e para prolação de sentença pelo juiz.

Cumpre assinalar que a decisão é homologatória e o juiz apenas declarará o que está lançado no Diário de Navegação, bem como confirmará que as testemunhas e o capitão compareceram em Juízo e ratificaram o que foi lançado no livro.

# LIVRO II
## DO PROCESSO DE EXECUÇÃO[87]
### TÍTULO I
### DA EXECUÇÃO EM GERAL
#### CAPÍTULO I
#### DISPOSIÇÕES GERAIS

**Art. 771.** Este Livro regula o procedimento da execução fundada em título extrajudicial, e suas disposições aplicam-se, também, no que couber, aos procedimentos especiais de execução, aos atos executivos realizados no procedimento de cumprimento de sentença, bem como aos efeitos de atos ou fatos processuais a que a lei atribuir força executiva.

**Parágrafo único.** Aplicam-se subsidiariamente à execução as disposições do Livro I da Parte Especial.

### COMENTÁRIOS

As regras atinentes à execução lastreada em título extrajudicial aplicam-se também no que couber aos procedimentos especiais de execução, aos atos executivos realizados em cumprimento de sentença, bem como aos efeitos de atos ou fatos processuais a que a lei atribuir força executiva.

A subsidiariedade indica que, existindo norma especial, não se aplicará a disposição geral.

**Art. 772.** O juiz pode, em qualquer momento do processo:

I – ordenar o comparecimento das partes;

II – advertir o executado de que seu procedimento constitui ato atentatório à dignidade da justiça;

III – determinar que sujeitos indicados pelo exequente forneçam informações em geral relacionadas ao objeto da execução, tais como documentos e dados que tenham em seu poder, assinando-lhes prazo razoável.

### COMENTÁRIOS

Os poderes do juiz no processo de execução correspondem aos de diretor do processo e, portanto, poderá ordenar comparecimento das partes e advertir o executado que o seu procedimento configura ato atentatório à dignidade da justiça.

---

87. Nos comentários dos arts. 771 a 925 contei com a colaboração das ilustres professoras Gisele Leite e Denise Heuseler.

# CÓDIGO DE PROCESSO CIVIL COMENTADO • LEI 13.105, DE 16 DE MARÇO DE 2015 — ART. 774

Também poderá ordenar aos sujeitos indicados pelo exequente que forneçam dados, documentos e informações em geral vinculadas ao objeto da execução, assinando-lhes prazo razoável.

**Art. 773.** O juiz poderá, de ofício ou a requerimento, determinar as medidas necessárias ao cumprimento da ordem de entrega de documentos e dados.

**Parágrafo único.** Quando, em decorrência do disposto neste artigo, o juízo receber dados sigilosos para os fins da execução, o juiz adotará as medidas necessárias para assegurar a confidencialidade.

## COMENTÁRIOS

De acordo com o princípio da tipicidade das medidas executivas, a esfera jurídica do executado somente poderá ser afetada por formas executivas taxativamente estipuladas pela norma jurídica.

Trata-se de princípio que existe para satisfazer a exigência de garantir a intangibilidade da esfera da autonomia do executado, que somente poderá ser infringida pelos mecanismos executivos expressamente previstos em lei. O critério para saber quais as medidas executivas a serem realizadas (coercitivas ou sub-rogatórias) deve ser resolvido em atenção ao objeto da execução (dar ou fazer infungível) e não à decisão com base na qual se realiza a execução.

O juiz, em crescentes oportunidades, poderá realizar atos cognitivos e executivos na mesma relação jurídico-processual, sendo que tais atos executivos não dependem necessariamente, de cognição exauriente e definitiva.

Afora isto, as medidas executivas que antes eram delimitadas de forma taxativa pela lei processual, já não o são, atualmente, de modo exclusivo.

Os poderes do juiz para o êxito da tutela executiva se traduzem em cláusula geral e, portanto, caso venha ter acesso a dados sigilosos, deverá o juiz, adotar as necessárias medidas para garantir a confidencialidade e preservar a privacidade do executado.

**Art. 774.** Considera-se atentatória à dignidade da justiça a conduta comissiva ou omissiva do executado que:

I – frauda a execução;

II – se opõe maliciosamente à execução, empregando ardis e meios artificiosos;

III – dificulta ou embaraça a realização da penhora;

IV – resiste injustificadamente às ordens judiciais;

V – intimado, não indica ao juiz quais são e onde estão os bens sujeitos à penhora e os respectivos valores, nem exibe prova de sua propriedade e, se for o caso, certidão negativa de ônus.

489

**Parágrafo único.** Nos casos previstos neste artigo, o juiz fixará multa em montante não superior a vinte por cento do valor atualizado do débito em execução, a qual será revertida em proveito do exequente, exigível nos próprios autos do processo, sem prejuízo de outras sanções de natureza processual ou material.

## COMENTÁRIOS

A fraude à execução, a maliciosa oposição à execução, a resistência às ordens judiciais, a não indicação de bens à penhora, a ocultação de bens e de seus respectivos valores, tudo isso constituem atos atentatórios à dignidade da justiça e são puníveis com multa não superior a 20% (vinte por cento) sobre o montante do débito atualizado. Sendo tal multa revertida em favor do exequente e também exigível nos próprios autos do processo de execução.

Geralmente o Superior Tribunal de Justiça se nega a examinar em sede de recurso especial a existência ou não de ato atentatório à dignidade da justiça, posto que haveria, dessa forma, um revolvimento da matéria fática. Ademais, a simples pretensão de reexame de prova não enseja recurso especial.

**Art. 775.** O exequente tem o direito de desistir de toda a execução ou de apenas alguma medida executiva.

**Parágrafo único.** Na desistência da execução, observar-se-á o seguinte:

I – serão extintos a impugnação e os embargos que versarem apenas sobre questões processuais, pagando o exequente as custas processuais e os honorários advocatícios;

II – nos demais casos, a extinção dependerá da concordância do impugnante ou do embargante.

## COMENTÁRIOS

A desistência da execução ou de alguma das medidas executivas cabíveis não significa renúncia ao direito de executar. Não implica em renúncia aos valores expressos e contemplados no título executivo.

A desistência da execução antes do oferecimento de embargos independe de aceitação do executado, tendo em vista que a execução se realiza no interesse do exequente.

Nada impede que o exequente desista da execução apenas em razão de um ou outro executado, havendo pluralidade de executados, persistindo normalmente a execução contra os demais.

**Art. 776.** O exequente ressarcirá ao executado os danos que este sofreu, quando a sentença, transitada em julgado, declarar inexistente, no todo ou em parte, a obrigação que ensejou a execução.

# CÓDIGO DE PROCESSO CIVIL COMENTADO • LEI 13.105, DE 16 DE MARÇO DE 2015 — ART. 778

## COMENTÁRIOS

A responsabilidade do exequente é objetiva, sendo irrelevante a existência de dolo ou culpa de sua parte.

Terá o executado, bem como terceiro, que provar os danos sofridos e também o nexo de causalidade.

**Art. 777.** A cobrança de multas ou de indenizações decorrentes de litigância de má-fé ou de prática de ato atentatório à dignidade da justiça será promovida nos próprios autos do processo.

## COMENTÁRIOS

A execução dos valores atinentes às multas e indenizações decorrentes de litigância de má-fé será promovida também no próprio processo de execução. Não mais se mencionando ser em autos apensos. Sendo o credor o exequente, a execução se dará por expropriação; sendo o credor, o executado, por meio de compensação.

Todavia, se a execução principal não for por quantia certa, mas tendo como objetivo uma obrigação de fazer ou não fazer, ou a entrega de coisa, a referida execução da multa ou indenização ocorrerá sempre por expropriação.

## CAPÍTULO II
## DAS PARTES

**Art. 778.** Pode promover a execução forçada o credor a quem a lei confere título executivo.

§ 1º Podem promover a execução forçada ou nela prosseguir, em sucessão ao exequente originário:

I – o Ministério Público, nos casos previstos em lei;

II – o espólio, os herdeiros ou os sucessores do credor, sempre que, por morte deste, lhes for transmitido o direito resultante do título executivo;

III – o cessionário, quando o direito resultante do título executivo lhe for transferido por ato entre vivos;

IV – o sub-rogado, nos casos de sub-rogação legal ou convencional.

§ 2º A sucessão prevista no § 1º independe de consentimento do executado.

## COMENTÁRIOS

Partes ou litigantes no processo de execução correspondem a quem pede e em face de quem se pede a tutela jurisdicional executiva. Não é demais lembrar que a denominação de credor e devedor corresponde aos conceitos subjetivos relacionados ao direito material e, como tais, não devem ser usados para designar o exequente (autor) e o executado (réu).

Na medida em que a incerteza que é inerente ao litígio judicial e, ainda, que tal característica seja esmaecida em razão da presunção de certeza da obrigação consubstanciada no título executivo, a presunção poderá ser ilidida seja no próprio bojo do processo de execução, na defesa do executado ou pela objeção de pré-executividade.

A legitimidade ativa pertence àquele que figura na qualidade de credor no título executivo e que poderá propor a execução forçada. Por outro lado, aqueles que não o têm, devem propor ação de conhecimento visando à condenação ao pagamento de quantia, formando-se a partir daí o título executivo judicial que é passível de cumprimento de sentença, na fase subsequente à cognição.

O Ministério Púbico poderá requerer o cumprimento de sentença e também nos casos em que possua título executivo extrajudicial. A ilegitimidade ativa para a execução poderá ser apontada por objeção de pré-executividade.

O credor solidário (apesar de não ter participado do processo), mas que se beneficiou da coisa julgada favorável, possui também título executivo em face do devedor condenado, desde que a sentença tenha sido baseada apenas em questões comuns a todos os credores solidários e não em circunstância pessoal que se refira somente ao demandante vencedor.

O credor estranho ao processo, portanto, um terceiro pode promover a execução invocando a coisa julgada favorável formada inter *alios*.

> **Art. 779.** A execução pode ser promovida contra:
>
> I – o devedor, reconhecido como tal no título executivo;
>
> II – o espólio, os herdeiros ou os sucessores do devedor;
>
> III – o novo devedor que assumiu, com o consentimento do credor, a obrigação resultante do título executivo;
>
> IV – o fiador do débito constante em título extrajudicial;
>
> V – o responsável titular do bem vinculado por garantia real ao pagamento do débito;
>
> VI – o responsável tributário, assim definido em lei.

## COMENTÁRIOS

A legitimidade passiva pertence àquele que é indicado como devedor no título executivo e é passível de sofrer a execução. O espólio, os herdeiros e sucessores do indigitado devedor estão sujeitos à execução, mas na medida e dentro das forças da herança.

Aquele que assumir a dívida registrada em título executivo também possui o patrimônio sujeito à expropriação.

Há de se diferenciar fiador judicial do fiador convencional. Fiador judicial é aquele que garante a favor de um dos litigantes eventual obrigação oriunda do processo.

Desta forma, apenas o fiador judicial submete-se à execução forçada inerentemente de prévia condenação.

Os demais fiadores (convencional e o legal) só terão legitimidade passiva caso tenham sido demandados na ação condenatória, e tendo se formado o título executivo judicial, ou ainda, caso constem no título extrajudicial.

Portanto, o fiador que não participou da relação jurídica processual não responderá pela execução do julgado, conforme expressamente previsto no art. 513, § 5º. que positivou orientação jurisprudencial constante da Súmula 268 do STJ.

A responsabilidade tributária é assunto de direito material previsto nos arts. 128 ao 135 do CTN. Existe a indicação nominal do devedor ou do responsável tributário na certidão de dívida ativa que aponta a legitimidade passiva para a execução.

Caso não conste o nome do responsável tributário na referida certidão, poderá o exequente requerer o redirecionamento da execução.

**Art. 780.** O exequente pode cumular várias execuções, ainda que fundadas em títulos diferentes, quando o executado for o mesmo e desde que para todas elas seja competente o mesmo juízo e idêntico o procedimento.

## COMENTÁRIOS

É possível haver cumulação de execuções dentro do mesmo processo, apesar de fundadas em títulos executivos diferentes, desde que ocorram a identidade de partes, juízo e forma do processo. Assim, conforme informa o enunciado da Súmula 27 do STJ pode a execução fundar-se em mais de um título extrajudicial relativo ao mesmo negócio.

Não desautoriza a cumulação de execuções o fato de constarem pessoas diferentes na qualidade de avalistas nos títulos executivos apresentados. Desde que o devedor seja efetivamente um só, é mantida a unidade processual. Será inviável a cumulação de execuções caso exista técnicas processuais distintas para a obtenção da tutela jurisdicional executiva. Poderá o magistrado examinar de ofício os requisitos autorizantes da cumulação de execução e, neste momento, oportunizar a manifestação das partes.

### CAPÍTULO III
### DA COMPETÊNCIA

**Art. 781.** A execução fundada em título extrajudicial será processada perante o juízo competente, observando-se o seguinte:

I – a execução poderá ser proposta no foro de domicílio do executado, de eleição constante do título ou, ainda, de situação dos bens a ela sujeitos;

II – tendo mais de um domicílio, o executado poderá ser demandado no foro de qualquer deles;

III – sendo incerto ou desconhecido o domicílio do executado, a execução poderá ser proposta no lugar onde for encontrado ou no foro de domicílio do exequente;

IV – havendo mais de um devedor, com diferentes domicílios, a execução será proposta no foro de qualquer deles, à escolha do exequente;

V – a execução poderá ser proposta no foro do lugar em que se praticou o ato ou em que ocorreu o fato que deu origem ao título, mesmo que nele não mais resida o executado.

## COMENTÁRIOS

A execução baseada no título extrajudicial é processada perante o juízo competente, considerando-se as seguintes hipóteses principais: o foro do domicílio do executado, o foro de eleição constante do título executivo ou do contrato e, por derradeiro, o foro da situação dos bens sujeitos ao processo executivo. Além dessas três hipóteses que consideramos as mais comuns, os demais parágrafos do artigo em comento tratam de outras hipóteses de foros também competentes.

Em regra, a fixação da competência do processo executivo corresponde aos casos de competência territorial, portanto, se sujeitam às regras da competência relativa.

Porém, se o título executivo envolver direito real, o foro da situação do bem pode ser observado.

**Art. 782.** Não dispondo a lei de modo diverso, o juiz determinará os atos executivos, e o oficial de justiça os cumprirá.

§ 1º O oficial de justiça poderá cumprir os atos executivos determinados pelo juiz também nas comarcas contíguas, de fácil comunicação, e nas que se situem na mesma região metropolitana.

§ 2º Sempre que, para efetivar a execução, for necessário o emprego de força policial, o juiz a requisitará.

§ 3º A requerimento da parte, o juiz pode determinar a inclusão do nome do executado em cadastros de inadimplentes.

§ 4º A inscrição será cancelada imediatamente se for efetuado o pagamento, se for garantida a execução ou se a execução for extinta por qualquer outro motivo.

§ 5º O disposto nos §§ 3º e 4º aplica-se à execução definitiva de título judicial.

## COMENTÁRIOS

Os atos executivos são, em suma, atos jurisdicionais e são ordenados pelo juiz e realizados em geral por oficiais de justiça, salvo disposição em contrário.

Também poderá o oficial de justiça cumprir atos executivos nas comarcas vizinhas, de fácil comunicação, e nas que se situem dentro da mesma região metropolitana.

Poderá o juiz requisitar o emprego da força policial no sentido de efetivar a execução.

Uma importante medida coercitiva foi codificada e positivada pelo Novo CPC, que é a possibilidade de, a requerimento da parte interessada, o juiz determinar a negativação do nome do executado, inscrevendo-lhe no cadastro de inadimplentes.

Uma vez efetuado o pagamento voluntário, ou garantida a execução, ou sendo esta extinta por qualquer motivo, a referida negativação terá sua inscrição cancelada imediatamente.

Os parágrafos terceiro e quarto também são aplicáveis ao cumprimento de sentença.

## CAPÍTULO IV
## DOS REQUISITOS NECESSÁRIOS PARA REALIZAR QUALQUER EXECUÇÃO
### SEÇÃO I
### DO TÍTULO EXECUTIVO

**Art. 783.** A execução para cobrança de crédito fundar-se-á sempre em título de obrigação certa, líquida e exigível.

## COMENTÁRIOS

Os títulos executivos constituem uma temática fundamental para o entendimento e estudo do processo de execução. Os títulos executivos permitem ao juiz partir da premissa de que existe um razoável nível de certeza no direito afirmado pelo exequente e, que se encontra comprovado através do título.

O título executivo extrajudicial é um daqueles documentos em relação aos quais a lei atribuiu uma certeza tão grande quanto à da decisão judicial. Para Cândido Rangel Dinamarco, a certeza deve ser entendida como a necessária definição dos elementos subjetivos (sujeitos) e objetivos (natureza e individualização do objeto) do direito exequendo representado no título executivo.

A certeza, portanto, teria por finalidade identificar os legitimados ativos e passivos na execução, precisar a espécie de execução – quantia certa, fazer, não fazer, entrega de coisa e determinar sobre qual bem se farão incidir os atos executivos.

Há de se entender que o título executivo é o requisito de toda e qualquer execução. Lembrando que o fato de se exigir certeza, liquidez e exigibilidade dizem respeito à obrigação e não ao título.

A certeza não precisa ser absoluta e nem concreta. Refere-se à certeza abstrata. Significando que o exequente deverá demonstrar se estão expostos naquele título a natureza da obrigação, suas espécies e os seus elementos.

A obrigação é certa quando não existe controvérsia quanto à existência do crédito. A certeza decorre naturalmente da perfeição formal do título.

Em resumo, se o título executivo estiver formalmente perfeito, representará como certo o crédito nele contido. Então, já se definiu, por exemplo, que a obrigação é de pagar quantia ou que a obrigação é de entregar coisa.

A liquidez se refere somente às obrigações fungíveis. Na liquidez, o que se especifica é a quantidade (e excepcionalmente a qualidade) dos bens que devem ser entregues ao credor.

A liquidez não é a determinação, mas sim, a mera determinabilidade de fixação do quantum devido, ou seja, do quanto se deve ou o que se deve. Não é indispensável que o título indique com precisão o quantum devido, mas que contenha elementos que possibilitem tal fixação.

O objetivo da liquidez é definir o *quantum debeatur*, ou seja, do quanto deve ser pago com base naquela obrigação. Trata-se da definição do valor devido e excepcionalmente, segundo alguns doutrinadores, da definição da qualidade da obrigação a ser cumprida.

A obrigação é considerada líquida quando é determinado o valor e a natureza que se deve. O crédito é certo quando se sabe o que se deve; enquanto que será líquido quando se sabe o quanto e o que se deve.

Há de se sublinhar que a obrigação não deixa de ser líquida por não apontar o montante final da dívida, desde que se possa, pelos elementos contidos no título, e por simples cálculo aritmético para chegar ao valor final devido. A obrigação contida no título extrajudicial tem que ser sempre líquida para ensejar a execução, já que não existe liquidação de título extrajudicial.

A exigibilidade pressupõe que a obrigação não esteja sujeita a nenhum termo ou condição. Não estando igualmente prescrita. Basta ocorrer o vencimento para que a dívida seja exigível.

Entende-se por exigibilidade a inexistência de impedimento à eficácia atual da obrigação, que resulta do seu inadimplemento e da ausência de termo, condição ou contraprestação. A prova de exigibilidade dá-se geralmente pelo simples transcurso temporal do vencimento ou da inexistência de termo ou condição.

A exigibilidade não é um elemento intrínseco do título executivo, dependendo para existir de atos que não compõem o objeto do título, no plano do interesse agir.

Desta forma, a exigibilidade refere-se à necessidade ao passo que a liquidez e a certeza referem-se à adequação.

Enfim, a exigibilidade surge com o vencimento da obrigação. O inadimplemento não se refere ao vencimento, mas ao descumprimento da obrigação. As duas situações surgem praticamente ao mesmo tempo, mas são situações distintas. Primeiramente ocorre a exigibilidade da obrigação e depois o seu inadimplemento.

É por isso que alguns doutrinadores alegam que esse inadimplemento é o elemento material ou prático da execução. Enfim, são esses os requisitos necessários para a execução: certeza, liquidez e exigibilidade da obrigação e o inadimplemento.

É possível identificar a necessidade de dois requisitos para a realização de qualquer execução: o requisito formal que corresponde à existência de um título executivo que confere liquidez e certeza à obrigação inadimplida; e o requisito material ou prático que corresponde ao inadimplemento da obrigação (que dá origem à exigibilidade da obrigação).

**Art. 784.** São títulos executivos extrajudiciais:

I – a letra de câmbio, a nota promissória, a duplicata, a debênture e o cheque;

II – a escritura pública ou outro documento público assinado pelo devedor;

III – o documento particular assinado pelo devedor e por 2 (duas) testemunhas;

IV – o instrumento de transação referendado pelo Ministério Público, pela Defensoria Pública, pela Advocacia Pública, pelos advogados dos transatores ou por conciliador ou mediador credenciado por tribunal;

V – o contrato garantido por hipoteca, penhor, anticrese ou outro direito real de garantia e aquele garantido por caução;

VI – o contrato de seguro de vida em caso de morte;

VII – o crédito decorrente de foro e laudêmio;

VIII – o crédito, documentalmente comprovado, decorrente de aluguel de imóvel, bem como de encargos acessórios, tais como taxas e despesas de condomínio;

IX – a certidão de dívida ativa da Fazenda Pública da União, dos Estados, do Distrito Federal e dos Municípios, correspondente aos créditos inscritos na forma da lei;

X – o crédito referente às contribuições ordinárias ou extraordinárias de condomínio edilício, previstas na respectiva convenção ou aprovadas em assembleia geral, desde que documentalmente comprovadas;

XI – a certidão expedida por serventia notarial ou de registro relativa a valores de emolumentos e demais despesas devidas pelos atos por ela praticados, fixados nas tabelas estabelecidas em lei;

XI-A – o contrato de contragarantia ou qualquer outro instrumento que materialize o direito de ressarcimento da seguradora contra tomadores de seguro-garantia e seus garantidores; (Incluído pela Lei nº 14.711, de 2023)

XII – todos os demais títulos aos quais, por disposição expressa, a lei atribuir força executiva.

§ 1º A propositura de qualquer ação relativa a débito constante de título executivo não inibe o credor de promover-lhe a execução.

§ 2º Os títulos executivos extrajudiciais oriundos de país estrangeiro não dependem de homologação para serem executados.

§ 3º O título estrangeiro só terá eficácia executiva quando satisfeitos os requisitos de formação exigidos pela lei do lugar de sua celebração e quando o Brasil for indicado como o lugar de cumprimento da obrigação.

§ 4º Nos títulos executivos constituídos ou atestados por meio eletrônico, é admitida qualquer modalidade de assinatura eletrônica prevista em lei, dispensada a assinatura de testemunhas quando sua integridade for conferida por provedor de assinatura. (Incluído pela Lei nº 14.620, de 2023)

## COMENTÁRIOS

Somente os títulos indicados pela lei é que fornece a base para o processo de execução. A lei enumera *numerus clausus* os títulos extrajudiciais constantes. Assim somente os títulos listados é que autorizam a prática de atos de soberania e de vigorosa invasão na esfera patrimonial do devedor (*solvens*), razão pela qual não podem os particulares produzirem, de acordo com suas vontades, uma fonte de autos autoritário-judiciais.[88]

A letra de câmbio é ordem de pagamento que o sacador dirige ao sacado para que este pague a importância consignada a um terceiro chamado de tomador. O sacador cria a letra, também chamado de dador, ele saca o título, dando ordem ao sacado, na qual se consigna o valor a pagar e o dia do vencimento.

A nota promissória é uma promessa de pagamento, conforme enfatiza o art. 54 do Decreto 2.044/08. É título cambial à semelhança da letra de câmbio. Porém se distingue da letra de câmbio por conter uma promessa ao invés de uma ordem.

Duplicata como título de crédito emerge de compra e venda mercantil ou da prestação de serviços, conforme dispõem os arts. 2º e 20 da Lei 5.474/68.

Debênture são títulos de crédito emitidos pelas sociedades anônimas, em decorrência de empréstimos por elas obtidos junto ao público. Os titulares de tais debêntures são, portanto, credores das sociedades anônimas emissoras.

---

88. Vide STJ, 1ª Turma, REsp 700.114, rel. Min. Luiz Fux, j. 27.03.2007, DJ 14.05.2007, p. 251.

Cheque é um título contendo uma ordem de pagamento à vista, passada em favor próprio ou de terceiros. Apesar de ser simples meio de pagamento, o cheque pode transformar-se em título de crédito quando posto a circular por meio de endosso.

A cédula de crédito rural (art. 41, Decreto-Lei 167/67) e a cédula de crédito industrial (art. 41, Decreto-Lei 413/69) também são considerados títulos executivos extrajudiciais.

Quanto ao inciso II por documento público assinado pelo devedor significa todo documento produzido por autoridade, ou em sua presença, com a respectiva chancela, desde que tenha competência para tanto.

Já quanto ao documento particular, as duas testemunhas ao assinarem conferem força executiva e não precisam estar presentes ao ato de formação do documento, podendo assiná-lo posteriormente.

O instrumento de confissão de dívida, ainda que originário de contrato de abertura de crédito, constitui título executivo extrajudicial (Súmula 300 do STJ). O instrumento de transação referendado pelo Ministério Público, pela Defensoria Pública ou pelos advogados dos transatores é título executivo extrajudicial.

Os contratos garantidos por hipoteca, penhor, anticrese e caução são títulos executivos extrajudiciais independentemente de preencherem os requisitos previstos no art. 784, inciso III. A hipoteca, o penhor e a anticrese obedecem à forma prevista em direito civil (*ex vi* os arts. 1.227, 1.424, 1.432 e 1.492 do Código Civil).

O contrato de seguro de vida não se submete às exigências da lei processual, para que se revista de eficácia executiva extrajudicial. A prova do contrato faz-se com a exibição da apólice ou do bilhete de seguro. Na ausência de qualquer deles, serve como título executivo qualquer documento comprobatório do pagamento do respectivo prêmio (ver CC, art. 758).

O foro e o laudêmio concernem à enfiteuse que pode ser pública ou privada. A enfiteuse fora prevista originalmente no Código Civil de 1916 e não fora repetida no Código Civil de 2002 tendo, contudo, conservado as já existentes. Em seu lugar, surgiu o direito de superfície.

O contrato de locação constitui um título executivo extrajudicial independentemente de preenchidos os requisitos previstos na lei processual. Basta que venha assinado pelos contratantes.

Os créditos dos auxiliares da justiça são apenas os aprovados pela decisão judicial. Cabe observar que a decisão judicial apenas certifica a participação do auxiliar no processo e seu direito ao crédito. Caso a decisão judicial aponte o valor exato devido a título de honorários, será reconhecidamente um título executivo judicial.

A certidão de dívida ativa (CDA) é formada unilateralmente pela Fazenda Pública a partir do termo de inscrição de dívida ativa (art. 202 do CTN, e 2º, e os parágrafos quinto e sexto, Lei 6.830/80) e serve como título executivo extrajudicial para execução fiscal.

Inovou o novo CPC ao incluir entre os títulos extrajudiciais as contribuições ordinárias e extraordinárias de condomínio edilício desde que previstas na convenção ou aprovadas em assembleia geral e documentalmente comprovadas.

Os demais títulos como, por exemplo, o contrato de câmbio de compra conforme o art. 75 da Lei 4.728/65; termo de ajustamento de conduta (art. 5º, sexto parágrafo, a Lei 7.347/85); contrato escrito de honorários advocatícios (art. 24 da Lei 8.906/94); compromisso de ajustamento de conduta (art. 211, Lei 8.069/90); a certidão de maior proposta (art. 142, sexto parágrafo, III, da Lei 11.101/05); letra de arrendamento mercantil (Lei 11.822/08) e a letra financeira (art. 38 e seguintes da Lei 12.249/10).

É importante esclarecer existem muitos títulos formados por leis extravagantes como créditos da OAB contra os inscritos (Lei 8.906/94, art. 46), cédulas de crédito rural, cédulas de crédito industrial, cédulas de exportação (Lei 6.313/75), cédulas de crédito comercial (Lei 6.840/80), cédula hipotecária (Dec. 70/66, cédula de produto rural (Lei 8.929/90), decisão do plenário do CADE impondo multa ou obrigação de fazer ou não fazer (Lei 8.884/94, Lei 12.529/11), honorários do árbitro no compromisso arbitral (Lei 9.307/96) e prêmios dos contratos de seguro previstos na Lei do Sistema Nacional dos Seguros Privados (Decreto-lei 73/66, art. 27), dentre outros.

**Art. 785.** A existência de título executivo extrajudicial não impede a parte de optar pelo processo de conhecimento, a fim de obter título executivo judicial.

## COMENTÁRIOS

Eis outra inovação do atual CPC ao prever que apesar de haver o título executivo extrajudicial, o exequente poderá optar pelo processo de conhecimento para obter o título executivo judicial e, enfim, prosseguir na fase cumprimento de sentença para satisfazer seu direito de receber o crédito.

Importante esta previsão legal porque o credor pode eventualmente ter dúvidas quanto ao título e assim possa escolher o procedimento comum, ainda que mais demorado, porém mais seguro.

## SEÇÃO II
### DA EXIGIBILIDADE DA OBRIGAÇÃO

**Art. 786.** A execução pode ser instaurada caso o devedor não satisfaça a obrigação certa, líquida e exigível consubstanciada em título executivo.

**Parágrafo único.** A necessidade de simples operações aritméticas para apurar o crédito exequendo não retira a liquidez da obrigação constante do título.

## COMENTÁRIOS

A obrigação que deve ser retratada no título executivo deve ser certa, líquida e exigível para que possa dar lugar à execução forçada. Por certa se entende que a obrigação é existente; por líquida é quando se sabe o *quantum*, refere-se ao seu objeto; e, por exigível entende-se a obrigação é atual e que pode ser imediatamente exigida. Em regra, a obrigação é exigível quando já se encontra em mora o devedor.

Desde que haja os elementos para a realização do cálculo aritmético ou de simples operações, a fim de apurar o crédito exequendo, tal situação não acarreta iliquidez.

**Art. 787.** Se o devedor não for obrigado a satisfazer sua prestação senão mediante a contraprestação do credor, este deverá provar que a adimpliu ao requerer a execução, sob pena de extinção do processo.

**Parágrafo único.** O executado poderá eximir-se da obrigação, depositando em juízo a prestação ou a coisa, caso em que o juiz não permitirá que o credor a receba sem cumprir a contraprestação que lhe tocar.

## COMENTÁRIOS

Os contratos sinalagmáticos ou bilaterais são aqueles em que ambos os parceiros contratuais devem prestar, cada um dos contratantes assume o dever de prestar para que então o outro também preste. É o famoso e popular "toma lá, dá cá".

O sinalagma pode ser de prestações sucessivas ou de prestações simultâneas. E, o artigo em comento abarca as duas hipóteses.

Cabe ao exequente provar que adimpliu devidamente a sua prestação ou que assegura o seu cumprimento futuro com a petição inicial.

Se o exequente, sem cumprir o que lhe cabe, ou sem assegurar o seu cumprimento vier postular a contraprestação do executado, ocorre excesso de execução que pode ser suscitado em embargos à execução, se o contrato for o título extrajudicial embasador da execução.

O executado poderá exonerar-se da obrigação depositando em juízo a prestação ou a coisa. O juiz suspenderá a execução a partir daí, não permitindo que o exequente receba a prestação ou a coisa sem antes cumprir a contraprestação que lhe tocar.

A parte que ocasionou o processo deverá arcar com as despesas processuais. E, se o inadimplemento do exequente fora causado pela injusta ausência de contraprestação pelo executado, terá que ser responsabilizado pelas despesas processuais.

**Art. 788.** O credor não poderá iniciar a execução ou nela prosseguir se o devedor cumprir a obrigação, mas poderá recusar o recebimento da prestação se ela não corresponder ao direito ou à obrigação estabelecidos no título executivo, caso em que poderá requerer a execução forçada, ressalvado ao devedor o direito de embargá-la.

## COMENTÁRIOS

Evidentemente o credor não poderá iniciar a execução, ou nela prosseguir, caso seu devedor adimplir a obrigação. O adimplemento corresponde à realização pelo devedor da prestação concretamente devida de maneira satisfatória, com observância da boa-fé objetiva e os deveres que lhe são inerentes e naturais por todos os participantes do processo obrigacional.

O adimplemento insatisfatório ocorre quando um ou alguns dos deveres anexos e instrumentais do procedimento obrigacional, e derivados da boa-fé objetiva são violados.

Frise-se que a violação positiva da boa-fé acarreta a violação contratual. A violação contratual se configura quando a prestação é realizada, porém de maneira diversa daquela que legitimamente era esperada e pactuada. Assim, o devedor presta algo que não corresponde corretamente ao direito ou à obrigação.

Em ambos os casos, poderá o credor recusar o recebimento da prestação, requerendo desde logo a tutela jurisdicional objetivando o adimplemento ou a reparação pelos danos eventualmente suportados.

Desta forma, tanto o adimplemento insatisfatório como a violação positiva do contrato não impedem a busca da tutela jurisdicional do direito, tanto para haver o escorreito adimplemento como para a reparação de danos patrimoniais e extrapatrimoniais causados.

## CAPÍTULO V
## DA RESPONSABILIDADE PATRIMONIAL

**Art. 789.** O devedor responde com todos os seus bens presentes e futuros para o cumprimento de suas obrigações, salvo as restrições estabelecidas em lei.

## COMENTÁRIOS

A responsabilidade patrimonial é indiscutivelmente um relevante instituto de direito processual e é compreendido como a possibilidade de sujeição de um determinado patrimônio à satisfação do direito substancial do credor. Lembrando que a obrigação é instituto de direito material, mas particularmente, direito civil, representado por uma situação jurídica onde há vínculo jurídico, que une sujeitos, para o cumprimento de uma prestação de dar, de fazer ou não fazer.

Contraída a obrigação, o devedor deve satisfazer ao credor, e quando isso não ocorre voluntariamente, surge a dívida ou débito que é instituto de direito material.

A responsabilidade patrimonial surge quando a dívida não é satisfeita voluntariamente, ou seja, pelo inadimplemento, daí surgindo a possibilidade de sujeição do patrimônio do devedor (em geral) para assegurar a satisfação do direito do credor na execução.

Cogita-se então, em bens passados, que não estão mais no patrimônio do executado no momento da propositura da demanda, mas que respondem ainda assim por suas obrigações, sempre que tiver ocorrido a alienação em fraude, além dos bens futuros, adquiridos após a constituição da dívida e mesmo após a propositura da execução.

Outra forma de apontar exatamente o mesmo é entender-se por "bens presentes" aqueles existentes contemporâneos ao surgimento da dívida, e bens futuros referem--se a todos os que forem adquiridos até a satisfação do direito do credor, salvo os bens alienados nesse período sem fraude.

**Art. 790.** São sujeitos à execução os bens:

I – do sucessor a título singular, tratando-se de execução fundada em direito real ou obrigação reipersecutória;

II – do sócio, nos termos da lei;

III – do devedor, ainda que em poder de terceiros;

IV – do cônjuge ou companheiro, nos casos em que seus bens próprios ou de sua meação respondem pela dívida;

V – alienados ou gravados com ônus real em fraude à execução;

VI – cuja alienação ou gravação com ônus real tenha sido anulada em razão do reconhecimento, em ação autônoma, de fraude contra credores;

VII – do responsável, nos casos de desconsideração da personalidade jurídica.

## COMENTÁRIOS

Trata o dispositivo legal da responsabilidade patrimonial secundária, ou seja, da responsabilidade do sujeito que não é devedor.

Não se entende a manutenção do inciso III, que, não traduz a hipótese de responsabilidade patrimonial secundária. Afinal, é o próprio dispositivo que afirma a responsabilidade do devedor, de forma a consagrar a hipótese de responsabilidade patrimonial primária.

As novidades mais significativas ficam por conta dos incisos VI e VII do artigo em comento, ao preverem duas novas hipóteses de responsabilidade patrimonial secundária.

No inciso VI vem a previsão da sujeição de bens cuja alienação ou gravação com ônus real tenha sido anulada em razão do reconhecimento, em ação própria, de fraude contra credores. Como se pode notar do dispositivo legal, o legislador consagra o entendimento de ser o ato de fraude contra credores anulável, preferindo parcela da doutrina que entende o previsto no Código Civil em detrimento de outra corrente doutrinária que entende ser o ato ineficaz. E no inciso VII está prevista a responsabilidade patrimonial secundária do responsável, nos casos de desconsideração da personalidade jurídica.

Cumpre esclarecer por fim que a desconsideração da personalidade jurídica empresária pode ser pedida a qualquer tempo do processo e será realizada incidentalmente na própria execução, dispensando-se o ingresso de demanda autônoma de natureza constitutiva negativa, que tornaria muito demorada, complexa.

**Art. 791.** Se a execução tiver por objeto obrigação de que seja sujeito passivo o proprietário de terreno submetido ao regime do direito de superfície, ou o superficiário, responderá pela dívida, exclusivamente, o direito real do qual é titular o executado, recaindo a penhora ou outros atos de constrição exclusivamente sobre o terreno, no primeiro caso, ou sobre a construção ou a plantação, no segundo caso.

§ 1º Os atos de constrição a que se refere o *caput* serão averbados separadamente na matrícula do imóvel, com a identificação do executado, do valor do crédito e do objeto sobre o qual recai o gravame, devendo o oficial destacar o bem que responde pela dívida, se o terreno, a construção ou a plantação, de modo a assegurar a publicidade da responsabilidade patrimonial de cada um deles pelas dívidas e pelas obrigações que a eles estão vinculadas.

§ 2º Aplica-se, no que couber, o disposto neste artigo à enfiteuse, à concessão de uso especial para fins de moradia e à concessão de direito real de uso.

## COMENTÁRIOS

Temos aqui uma importante novidade. No *caput* está estabelecido que, se a execução tiver como objeto obrigação que seja o devedor o proprietário de terreno submetido ao regime do direito de superfície, ou o superficiário, responderá pela dívida, exclusivamente, o direito real do qual é o titular o executado, recaindo a penhora ou outros atos de constrição exclusivamente sobre o terreno, no primeiro caso, ou sobre a construção ou plantação, no segundo.

No parágrafo primeiro do artigo em comento, o legislador fez prevê que os atos de constrição serão averbados separadamente na matrícula do imóvel no Registro de Imóveis, com a identificação do executado, do valor do débito e do objeto sobre qual recai o gravame, devendo o Oficial destacar o bem que responde pela dívida, se o terreno ou a construção ou a plantação, de modo assegurar a publicidade da responsabilidade patrimonial de cada um deles pelas dívidas e obrigações a que eles estão vinculadas.

O segundo parágrafo manda aplicar, no que couber, o disposto neste artigo à enfiteuse, à concessão de uso especial para fins de moradia e à concessão de direito real de uso. Esta previsão se assenta no fato de que os institutos mencionados são muito semelhantes à superfície.

**Art. 792.** A alienação ou a oneração de bem é considerada fraude à execução:

I – quando sobre o bem pender ação fundada em direito real ou com pretensão reipersecutória, desde que a pendência do processo tenha sido averbada no respectivo registro público, se houver;

II – quando tiver sido averbada, no registro do bem, a pendência do processo de execução, na forma do art. 828 ;

III – quando tiver sido averbado, no registro do bem, hipoteca judiciária ou outro ato de constrição judicial originário do processo onde foi arguida a fraude;

IV – quando, ao tempo da alienação ou da oneração, tramitava contra o devedor ação capaz de reduzi-lo à insolvência;

V – nos demais casos expressos em lei.

§ 1º A alienação em fraude à execução é ineficaz em relação ao exequente.

§ 2º No caso de aquisição de bem não sujeito a registro, o terceiro adquirente tem o ônus de provar que adotou as cautelas necessárias para a aquisição, mediante a exibição das certidões pertinentes, obtidas no domicílio do vendedor e no local onde se encontra o bem.

§ 3º Nos casos de desconsideração da personalidade jurídica, a fraude à execução verifica-se a partir da citação da parte cuja personalidade se pretende desconsiderar.

§ 4º Antes de declarar a fraude à execução, o juiz deverá intimar o terceiro adquirente, que, se quiser, poderá opor embargos de terceiro, no prazo de 15 (quinze) dias.

### COMENTÁRIOS

A fraude à execução é considerada ato atentatório à dignidade da justiça e apenado, nas execuções por quantia certa, com a aplicação de multa que poderá atingir até 20% (vinte por cento) sobre o débito exequendo.

Importante característica da fraude à execução é a dispensa de prova do elemento subjetivo do *consilium fraudis*, pouco importando se havia ciência ou não de que o ato levaria o devedor à insolvência. Nesse caso, a intenção fraudulenta é presumida, mas a prova do *eventus damni* é indispensável.

O reconhecimento da fraude à execução terá caráter declaratório com eficácia *ex tunc*, retroagindo até o momento em que a fraude ocorreu.

A configuração da fraude à execução é reconhecidamente um ato de desrespeito à própria função jurisdicional do Estado-juiz, demanda a ciência do devedor da existência de ação judicial capaz de leva-lo à insolvência a depender da subtração patrimonial.

A necessidade de citação do demandado em ação judicial dá-se em razão da necessidade de que tenha ciência da demanda judicial. Dessa forma, apesar de não ser a regra geral, pode o credor provar que, apesar da inexistência da citação, o demandado já tinha ciência inequívoca da existência da ação, quando então se poderá configurar a fraude à execução.

Ao exequente erigiu-se o ônus de promover a averbação da constrição judicial sobre os bens, seja no registro de imóveis, no Detran, na Junta Comercial e etc. Note-se que o terceiro adquirente terá o ônus de provar que adotou as cautelas necessárias para a aquisição mediante a exibição de certidões pertinentes, obtidas no domicílio do vendedor.

O termo inicial da fraude à execução quando ocorrer a desconsideração da personalidade jurídica é a partir da citação da parte cuja personalidade se pretende desconsiderar, contrariando expressamente o que consta no art. 137 do CPC, que prevê fraude à execução apenas após a decisão que desconsiderou a personalidade jurídica.

O legislador parece ter considerado como presunção absoluta de ciência dos sócios da existência da ação movida contra a sociedade. Acredito que teria sido mais adequado trabalhar com uma presunção relativa, ou ainda, prever a citação não da parte cuja personalidade se pretenda desconsiderar, mas dos terceiros que serão atingidos por tal decisão.

Assim, cientes os sócios ou a sociedade empresarial nas hipóteses de desconsideração inversa, já se poderia presumir a fraude à execução.

Contrariando a vigente praxe forense, o quarto parágrafo prevê que, antes de ser declarada a fraude à execução, o juiz deverá intimar o terceiro adquirente, que, se quiser, poderá opor embargos de terceiro no prazo de 15 (quinze) dias úteis.

**Art. 793.** O exequente que estiver, por direito de retenção, na posse de coisa pertencente ao devedor não poderá promover a execução sobre outros bens senão depois de excutida a coisa que se achar em seu poder.

## COMENTÁRIOS

Quando o exequente que estiver, por direito de retenção, na posse de coisa pertencente ao executado tem de indicar à penhora na petição inicial a coisa retida. E, nesse caso se altera a ordem preferencial para penhora prevista na lei processual, posto que tende a recair a penhora sobre a coisa retida.

Ter direito de retenção equivale a ter o poder de conservar a coisa, já detida anteriormente de forma legítima para além do momento em que se deveria restituí-la em face da existência de crédito contra o seu dono.

O credor pignoratício tem direito de retenção, assim como o locatário, pelo valor de benfeitorias necessárias, ainda que não autorizadas e ainda, das benfeitorias úteis desde que consentidas pelo locador, o depositário, o mandatário, o transportador, o endossatário pignoratício, e ainda o possuidor de boa-fé (nesse caso subjetiva) pelo valor das benfeitorias. Também já se admitiu que caucionante de título de crédito também tenha direito de retenção, desde que permaneça com os títulos.

A discussão a respeito da culpa de eventual perecimento da coisa retida e sobre direitos à compensação deve ocorrer nos embargos à execução.

**Art. 794.** O fiador, quando executado, tem o direito de exigir que primeiro sejam executados os bens do devedor situados na mesma comarca, livres e desembargados, indicando-os pormenorizadamente à penhora.

§ 1º Os bens do fiador ficarão sujeitos à execução se os do devedor, situados na mesma comarca que os seus, forem insuficientes à satisfação do direito do credor.

§ 2º O fiador que pagar a dívida poderá executar o afiançado nos autos do mesmo processo.

§ 3º O disposto no *caput* não se aplica se o fiador houver renunciado ao benefício de ordem.

## COMENTÁRIOS

O fiador pode exercer o *beneficium excussionis personalis* ou benefício de ordem desde que a ele aproveite essa *benesse*. Assim, o fiador na locação não responde por obrigações resultantes de aditamento ao qual não anuiu (Súmula 214 do STJ). O avalista não goza do benefício de ordem, porque constitui devedor principal.

Pagando a dívida, automaticamente, sub-roga-se o fiador nos direitos do exequente, podendo executar o afiançado nos autos do mesmo processo. Basta requerer, por simples petição, a execução contra o afiançado nos mesmos autos em que se realizou o pagamento ao credor, independentemente da propositura de nova ação de execução.

**Art. 795.** Os bens particulares dos sócios não respondem pelas dívidas da sociedade, senão nos casos previstos em lei.

§ 1º O sócio réu, quando responsável pelo pagamento da dívida da sociedade, tem o direito de exigir que primeiro sejam excutidos os bens da sociedade.

§ 2º Incumbe ao sócio que alegar o benefício do § 1º nomear quantos bens da sociedade situados na mesma comarca, livres e desembargados, bastem para pagar o débito.

§ 3º O sócio que pagar a dívida poderá executar a sociedade nos autos do mesmo processo.

§ 4º Para a desconsideração da personalidade jurídica é obrigatória a observância do incidente previsto neste Código.

## COMENTÁRIOS

A responsabilidade primária pelas dívidas da sociedade empresária é naturalmente da própria sociedade e somente excepcionalmente responderão seus sócios por tais dívidas com seus próprios patrimônios. Tal aspecto é uma das consequências da personalidade jurídica da própria sociedade, que não se confunde com a de seus sócios.

Outra situação em que o sócio poderá vir a responder pelas dívidas da sociedade empresária se dá quando ocorre a desconsideração da personalidade jurídica ou *disregard doctrine* consagrada no Código Civil (ver art. 50), mas anteriormente já prevista na lei consumerista (ver CDC, art. 28).

Há o entendimento de que havendo a desconsideração da personalidade jurídica da sociedade empresarial, o sócio se torna seu litisconsorte passivo é reafirmado por decisões do STJ ao apontar a citação do sócio e sua integração à relação jurídica processual executiva, bem como a inadmissão dos embargos de terceiro, reforçando o cabimento dos embargos à execução como via adequada dos sócios diante da desconsideração da personalidade jurídica.

Por fim, é importante consignar que qualquer que seja a razão para responsabilizar secundariamente o sócio, haverá a possibilidade do exercício do direito do benefício de ordem, podendo o sócio indicar primeiro os bens da sociedade para que respondam à satisfação da dívida antes que seus bens sejam atingidos.

Ademais, o sócio que pagar a dívida poderá executar a sociedade nos autos do mesmo processo, isto é, sem a necessidade de propositura de nova execução.

**Art. 796.** O espólio responde pelas dívidas do falecido, mas, feita a partilha, cada herdeiro responde por elas dentro das forças da herança e na proporção da parte que lhe coube.

## COMENTÁRIOS

O espólio responde pelas dívidas transmissíveis do falecido, porém, uma vez feita a partilha, cada herdeiro responde pelas dívidas, dentro da força de sua herança, ou seja, na proporção da parte que lhe coube na partilha do inventário.

A responsabilidade do herdeiro é *intra vires hereditaris*, sempre proporcional ao quinhão herdado. Incumbe ao herdeiro provar o excesso, salvo se houver inventário que o escuse, demonstrando o valor dos bens efetivamente herdados,

Quanto às dívidas intransmissíveis, estas não serão suportadas pelo espólio, e forçosamente nem pelos herdeiros.

# TÍTULO II
## DAS DIVERSAS ESPÉCIES DE EXECUÇÃO
### CAPÍTULO I
### DISPOSIÇÕES GERAIS

**Art. 797.** Ressalvado o caso de insolvência do devedor, em que tem lugar o concurso universal, realiza-se a execução no interesse do exequente que adquire, pela penhora, o direito de preferência sobre os bens penhorados. Parágrafo único. Recaindo mais de uma penhora sobre o mesmo bem, cada exequente conservará o seu título de preferência.

**Parágrafo único.** Recaindo mais de uma penhora sobre o mesmo bem, cada exequente conservará o seu título de preferência.

## COMENTÁRIOS

É sabido que a execução se realiza no interesse do exequente que inclusive, se quiser, poderá desta desistir. Em sendo o executado solvente, entre os credores quirografários prefere aquele que primeiro penhorou o bem. Em caso de insolvência, a regra é por concurso de credores. A jurisprudência é pacífica em outorgar preferência igualmente ao credor que primeiro efetivou arresto.

Assim, o arresto assegura ao credor que o efetiva, providenciando o devido registro, o direito de preferência em relação ao credor que posteriormente penhorou o mesmo imóvel.

Mas observa-se que pouco importa quem primeiro registrou a penhora, pois a preferência advém de sua realização e, não propriamente de seu registro. A penhora e o arresto outorgam direito de preferência sobre o bem constrito, apenas se não há título legal de preferência (ver CC, art. 957). Os títulos legais de preferência são os privilégios e os direitos reais. Havendo privilégio ou direito real sobe a coisa, esses preferem à constrição.

Para melhor entender o tema sugerimos a leitura dos arts. 959, 964 e 965 do Código Civil, dos arts. 186, 187 do CTN e dos arts. 29 e 30 da Lei 6.830/80 que preveem títulos legais de preferência. E ainda, os arts. 961 e 962 do Código Civil que disciplinam os eventuais conflitos entre as preferências.

Para que ocorra o concurso fiscal de preferência é imprescindível que todos os credores tenham ajuizados as respectivas execuções.

**Art. 798.** Ao propor a execução, incumbe ao exequente:

I – instruir a petição inicial com:

a) o título executivo extrajudicial;

*b)* o demonstrativo do débito atualizado até a data de propositura da ação, quando se tratar de execução por quantia certa;

*c)* a prova de que se verificou a condição ou ocorreu o termo, se for o caso;

*d)* a prova, se for o caso, de que adimpliu a contraprestação que lhe corresponde ou que lhe assegura o cumprimento, se o executado não for obrigado a satisfazer a sua prestação senão mediante a contraprestação do exequente;

II – indicar:

*a)* a espécie de execução de sua preferência, quando por mais de um modo puder ser realizada;

*b)* os nomes completos do exequente e do executado e seus números de inscrição no Cadastro de Pessoas Físicas ou no Cadastro Nacional da Pessoa Jurídica;

*c)* os bens suscetíveis de penhora, sempre que possível.

**Parágrafo único.** O demonstrativo do débito deverá conter:

I – o índice de correção monetária adotado;

II – a taxa de juros aplicada;

III – os termos inicial e final de incidência do índice de correção monetária e da taxa de juros utilizados;

IV – a periodicidade da capitalização dos juros, se for o caso;

V – a especificação de desconto obrigatório realizado.

### COMENTÁRIOS

Naturalmente, a execução se inicia mediante a iniciativa da parte e exige-se que o exequente instrua a petição inicial conforme o tipo de execução. Tem o exequente, na qualidade de credor, o ônus de identificar as partes, declinar os fatos e os fundamentos jurídicos de seu pedido e formular o pedido. Assim, indica a causa de pedir, apontando a obrigação que é consubstanciada pelo título executivo e ainda apontando o inadimplemento.

A técnica processual executiva impõe ao exequente o ônus de indicar como prefere a realização do direito documentado no título executivo, sendo possível a execução por duas ou mais meios diferentes. Se existe apenas uma única técnica processual prevista para a espécie, será desnecessária a dita indicação pelo exequente.

Não poderá o juiz acolher, contudo, o meio mais gravoso para o executado, exceto se constituir o único meio capaz de realizar de maneira idônea o direito de crédito do exequente.

Na medida em que o título executivo outorga presunção de certeza à obrigação, basta apresentação do mesmo na forma original. Nada impede que as prestações exequendas estejam documentadas em títulos distintos (Vide Súmula 27 do STJ).

# CÓDIGO DE PROCESSO CIVIL COMENTADO • LEI 13.105, DE 16 DE MARÇO DE 2015 — ART. 799

A instrução da petição inicial deve ser feita com o título em seu original e se justifica a cautela porque, de regra, o título extrajudicial pode circular. Não se verificando, contudo, a possibilidade de circulação de título (como por exemplo, a sentença arbitral, sentença penal condenatória, contrato hipotecário etc.).

O demonstrativo de débito atualizado até a data de propositura da ação também deverá acompanhar a exordial, salvo no caso de execução fiscal. O parágrafo único do artigo *sub oculum* é novidade ao explicitar quais os requisitos que devem constar do demonstrativo de débito.

A parte tem direito à emenda de petição inicial no processo de execução. É vedado ao juiz indeferi-la de plano. Mesmo a insuficiência da planilha de demonstração de débito atualizado quando apresentada pelo credor instruindo a exordial, somente enseja a extinção da execução após o descumprimento da determinação do julgador referente à correção da irregularidade constatada. O suprimento da eventual irregularidade é possível ainda que já opostos os embargos de devedor, em razão do princípio da instrumentalidade do processo.

**Art. 799.** Incumbe ainda ao exequente:

I – requerer a intimação do credor pignoratício, hipotecário, anticrético ou fiduciário, quando a penhora recair sobre bens gravados por penhor, hipoteca, anticrese ou alienação fiduciária;

II – requerer a intimação do titular de usufruto, uso ou habitação, quando a penhora recair sobre bem gravado por usufruto, uso ou habitação;

III – requerer a intimação do promitente comprador, quando a penhora recair sobre bem em relação ao qual haja promessa de compra e venda registrada;

IV – requerer a intimação do promitente vendedor, quando a penhora recair sobre direito aquisitivo derivado de promessa de compra e venda registrada;

V – requerer a intimação do superficiário, enfiteuta ou concessionário, em caso de direito de superfície, enfiteuse, concessão de uso especial para fins de moradia ou concessão de direito real de uso, quando a penhora recair sobre imóvel submetido ao regime do direito de superfície, enfiteuse ou concessão;

VI – requerer a intimação do proprietário de terreno com regime de direito de superfície, enfiteuse, concessão de uso especial para fins de moradia ou concessão de direito real de uso, quando a penhora recair sobre direitos do superficiário, do enfiteuta ou do concessionário;

VII – requerer a intimação da sociedade, no caso de penhora de quota social ou de ação de sociedade anônima fechada, para o fim previsto no art. 876, § 7º;

VIII – pleitear, se for o caso, medidas urgentes;

IX – proceder à averbação em registro público do ato de propositura da execução e dos atos de constrição realizados, para conhecimento de terceiros.

511

X – requerer a intimação do titular da construção-base, bem como, se for o caso, do titular de lajes anteriores, quando a penhora recair sobre o direito real de laje; (Incluído pela Lei 13.465, de 2017)

XI – requerer a intimação do titular das lajes, quando a penhora recair sobre a construção-base. (Incluído pela Lei 13.465, de 2017)

## COMENTÁRIOS

Recaindo a penhora sobre bem gravado pelo penhor, hipoteca, anticrese ou ainda usufruto tem o exequente de requerer a intimação do credor pignoratício, hipotecário, anticrético ou usufrutuário, bem como do titular da construção-base e do titular das lajes. A intimação poderá ser requerida na exordial ou em momento posterior, por mero requerimento nos autos.

A adjudicação, venda por iniciativa particular ou arrematação realizada sem a prévia intimação do credor pignoratício, hipotecário, anticrético ou usufrutuário é ineficaz perante esse.

Pode o exequente pedir independentemente de processo próprio, seja em tutela de evidência ou de urgência, requerer na petição inicial os possíveis interessados juridicamente, ou seja, promitente vendedor, superficiário, enfiteuta ou concessionário para que tome ciência do processo de execução. Tem o exequente de provar que adimpliu a contraprestação que lhe correspondia, ou que lhe assegura o cumprimento, se o executado não for obrigado de satisfazer a sua prestação senão mediante a contraprestação do exequente. Ausente a prova nesse sentido, carecerá de exigibilidade a obrigação, tendo a execução de ser extinta.

Reafirma-se ao exequente o ônus de registrar os atos de constrição patrimonial no registro público competente para o conhecimento de terceiros.

**Art. 800.** Nas obrigações alternativas, quando a escolha couber ao devedor, esse será citado para exercer a opção e realizar a prestação dentro de 10 (dez) dias, se outro prazo não lhe foi determinado em lei ou em contrato.

§ 1º Devolver-se-á ao credor a opção, se o devedor não a exercer no prazo determinado.

§ 2º A escolha será indicada na petição inicial da execução quando couber ao credor exercê-la.

## COMENTÁRIOS

A obrigação será alternativa quando apesar de haver unidade de vínculo obrigacional e pluralidade de prestações, o devedor se libera mediante o adimplemento de uma só delas (ver CC, arts. 252 ao 256).

Existirão obrigações facultativas quando houver unidade de vínculo obrigacional e unidade de prestação, reservando-se ao devedor, porém, a faculdade de substituir a prestação devida por outra.

Ambas as espécies atraem a aplicação do artigo em comento, porque nos dois casos, o que se almeja é a proteção do direito de escolha.

Nas obrigações alternativas a escolha cabe ao devedor, se outra coisa não se estipulou. Já nas obrigações facultativas a escolha cabe sempre ao devedor. Mas, sendo a obrigação alternativa e tocando ao exequente o direito de escolha, esse já deve decliná-la desde logo na peça exordial. Não o fazendo, entende-se que qualquer das prestações lhe satisfaz o interesse.

Se a escolha pertence ao executado, será citado para exercer o direito de escolha e realizar a prestação no prazo devido. Não realizando a escolha tempestivamente, cumpre intimar o exequente para que aponte qual é a prestação que melhor atende ao seu interesse. Persistindo a omissão por parte do executado, desaparecerá o direito à escolha.

O prazo para realização da prestação depende do que está estabelecido em lei ou no contrato. Mas *in albis*, a prestação deverá ser realizada no prazo de 10 (dez) dias. O prazo será o mesmo se a prestação for de entrega de coisa.

Sendo obrigação de fazer ou não fazer, o prazo será aquele indicado no título executivo, o assinado pelo juiz ou o subsidiário de 10 (dez) dias.

**Art. 801.** Verificando que a petição inicial está incompleta ou que não está acompanhada dos documentos indispensáveis à propositura da execução, o juiz determinará que o exequente a corrija, no prazo de 15 (quinze) dias, sob pena de indeferimento.

### COMENTÁRIOS

O exequente tem direito à emenda da petição inicial no processo de execução. Sublinhe-se que todo o novo *codex* enfatizou a maior sanabilidade que possível dos feitos processuais, em atenção à duração razoável do processo, a efetividade processual e, ainda, em homenagem a garantia do acesso à justiça.

Assim, o indeferimento da petição inicial que esteja irregular ou incompleta sem a oportunidade para regularização descumpre a ideia de contraditório participativo e o dever de diálogo que o magistrado deve ter além da colaboração no processo civil.

Igualmente tem o embargante o direito à emenda da petição inicial em caso de irregularidades ou incompletudes na exordial. A decisão que indefere a petição inicial, sem dar azo a sua regularização, descumpre o dever jurisdicional de diálogo e ainda a indispensável paridade de armas no processo civil prevista constitucionalmente.

**Art. 802.** Na execução, o despacho que ordena a citação, desde que realizada em observância ao disposto no § 2º do art. 240, interrompe a prescrição, ainda que proferido por juízo incompetente.

**Parágrafo único.** A interrupção da prescrição retroagirá à data de propositura da ação.

## COMENTÁRIOS

O prazo para o exercício da pretensão executiva é o mesmo prazo para o exercício da pretensão à condenação (Súmula 150 do STF).[89]

A interrupção da prescrição ocorre com a citação do executado, retroagindo à data da propositura da demanda (mesmo por juízo incompetente). E a demora na citação por motivos inerentes ao mecanismo da Justiça não justifica o acolhimento da arguição de prescrição ou decadência (Súmula 106 do STJ).[90]

**Art. 803.** É nula a execução se:

I – o título executivo extrajudicial não corresponder a obrigação certa, líquida e exigível;

II – o executado não for regularmente citado;

III – for instaurada antes de se verificar a condição ou de ocorrer o termo.

**Parágrafo único.** A nulidade de que cuida este artigo será pronunciada pelo juiz, de ofício ou a requerimento da parte, independentemente de embargos à execução.

## COMENTÁRIOS

A execução será nula quando se baseia em título executivo que não corresponda a uma obrigação certa, líquida e exigível. A rigor, a execução se for instaurada antes de se verificar condição ou termo, também será nula posto que seja inexigível a obrigação documentada no título executivo.

Será igualmente nula quando o executado não for regulamente citado. E a nulidade ora em comento pode ser alegada a qualquer tempo, seja por meio da objeção de pré-executividade ou por embargos à execução, não estando sujeita a preclusão temporal.

---

89. STF – Súmula 150: "Prescreve a execução no mesmo prazo de prescrição da ação".

90. STJ – Súmula 106: "Proposta a ação no prazo fixado para o seu exercício, a demora na citação, por motivos inerentes ao mecanismo da justiça, não justifica o acolhimento da arguição de prescrição ou decadência".

O juiz também poderá reconhecer de ofício a nulidade inerentemente aos embargos à execução. O acolhimento de alegação de execução impõe *ipso facto* a extinção do processo de execução.

**Art. 804.** A alienação de bem gravado por penhor, hipoteca ou anticrese será ineficaz em relação ao credor pignoratício, hipotecário ou anticrético não intimado.

§ 1º A alienação de bem objeto de promessa de compra e venda ou de cessão registrada será ineficaz em relação ao promitente comprador ou ao cessionário não intimado.

§ 2º A alienação de bem sobre o qual tenha sido instituído direito de superfície, seja do solo, da plantação ou da construção, será ineficaz em relação ao concedente ou ao concessionário não intimado.

§ 3º A alienação de direito aquisitivo de bem objeto de promessa de venda, de promessa de cessão ou de alienação fiduciária será ineficaz em relação ao promitente vendedor, ao promitente cedente ou ao proprietário fiduciário não intimado.

§ 4º A alienação de imóvel sobre o qual tenha sido instituída enfiteuse, concessão de uso especial para fins de moradia ou concessão de direito real de uso será ineficaz em relação ao enfiteuta ou ao concessionário não intimado.

§ 5º A alienação de direitos do enfiteuta, do concessionário de direito real de uso ou do concessionário de uso especial para fins de moradia será ineficaz em relação ao proprietário do respectivo imóvel não intimado.

§ 6º A alienação de bem sobre o qual tenha sido instituído usufruto, uso ou habitação será ineficaz em relação ao titular desses direitos reais não intimado.

## COMENTÁRIOS

Há de se observar que não se confunde a intimação prevista neste artigo com a intimação aludida no art. 889 do CPC.

Caso as pessoas elencadas no dispositivo em comento não venham a ser intimadas, e o bem penhorado venha a ser adjudicado, o ato expropriatório lhes será ineficaz, nada impedindo que, além disso, seja ajuizada a ação com o fim de se desconstituir a alienação viciada.[91]

É interessante destacar a novidade que representa o rol de legitimados previstos nos parágrafos, aos quais se aplicam o mesmo regime jurídico disciplinado no *caput*.

---

91. Vide STJ, REsp 55.016 – MG, Terceira Turma, j. 15.10.1996, relator Min. Menezes Direito.

Aqueles que deveriam ser intimados, mas não o foram, podem opor embargos de terceiro.

**Art. 805.** Quando por vários meios o exequente puder promover a execução, o juiz mandará que se faça pelo modo menos gravoso para o executado.

**Parágrafo único.** Ao executado que alegar ser a medida executiva mais gravosa incumbe indicar outros meios mais eficazes e menos onerosos, sob pena de manutenção dos atos executivos já determinados.

## COMENTÁRIOS

A preferência pelo modo menos gravoso para o executado se dá em razão do princípio da preservação da dignidade da pessoa humana, que é um dos fundamentos da república brasileira, e será escolhido o menos gravoso mesmo que o exequente tenha indicado a forma mais onerosa, o que habilita o juiz a atuar de ofício.

A aplicação do dispositivo em comento faz presumir que existam várias técnicas processuais idôneas para a realização do direito do exequente. É claro que o juiz não poderá preferir a técnica processual inidônea, ou até a menos idônea quando houver outra disponível de caráter menos gravoso ao executado. Evidentemente, a execução se realiza no sentido e no interesse do exequente, que tem amplo direito à tutela jurisdicional adequada, efetiva e de duração razoável.

Apesar da indicação do dispositivo em comento, não pode desprezar o interesse do credor e a eficácia da prestação jurisdicional. Portanto, o executado tem o direito subjetivo à execução de forma menos gravosa.

Os princípios da máxima efetividade e da menor restrição possível são os que norteiam a atividade jurisdicional executiva, tanto na escolha das medidas executivas a serem realizadas, principalmente na escolha do meio mais idôneo ou de maior utilidade, ou do resultado e o da menor onerosidade.

Tais princípios não pertencem apenas à tutela executiva, podendo igualmente se revelar em todas as searas do direito. É certo afirmar que é na execução que as expectativas dos litigantes se encontram em maior crise, e o juiz não pode ficar alheio a esta tensão. Mas, o dispositivo em comento abriga o princípio da menor onerosidade cuja finalidade é assegurar a defesa do patrimônio do executado de boa-fé, possibilitando a satisfação do débito de forma menos gravosa, e *ipso facto*, mais justa.

Por essa razão, tem se entendido que a ordem de preferência para penhora é flexível e deve sujeitar-se às circunstâncias imperiosas dos fatos do processo, especialmente com vistas à eficácia e eficiência da prestação jurisdicional.

# CAPÍTULO II
## DA EXECUÇÃO PARA A ENTREGA DE COISA
### SEÇÃO I
### DA ENTREGA DE COISA CERTA

**Art. 806.** O devedor de obrigação de entrega de coisa certa, constante de título executivo extrajudicial, será citado para, em 15 (quinze) dias, satisfazer a obrigação.

§ 1º Ao despachar a inicial, o juiz poderá fixar multa por dia de atraso no cumprimento da obrigação, ficando o respectivo valor sujeito a alteração, caso se revele insuficiente ou excessivo.

§ 2º Do mandado de citação constará ordem para imissão na posse ou busca e apreensão, conforme se tratar de bem imóvel ou móvel, cujo cumprimento se dará de imediato, se o executado não satisfizer a obrigação no prazo que lhe foi designado.

## COMENTÁRIOS

Trata-se da execução para entrega de coisa fundada em título extrajudicial, incidindo supletivamente, as regras do art. 498 do CPC. É possível a obtenção de tutela jurisdicional para várias situações de direito material.

Apesar da referência expressa à obrigação de entrega de coisa, é equivocado supor que se destina a prestar a tutela apenas para as obrigações de entrega de coisa.

O dispositivo em comento visa viabilizar a tutela do direito à coisa. Propiciando uma série de tutelas jurisdicionais do direito em que se exige como situação final que determinada coisa esteja com o exequente.

Sendo possível postular e obter mediante o dispositivo o adimplemento de obrigação contratual de entrega de coisa; a tutela específica de entrega de coisa; a tutela específica de entrega de coisa em substituição à coisa defeituosa que ocasionou adimplemento imperfeito; a tutela de recuperação de coisa dependente de desconstituição de negócios e, por fim, a tutela ressarcitória na forma específica mediante a entrega de coisa.

A citação do executado dá-se para haver a entrega da coisa em 15 (quinze) dias ou para oposição de embargos à execução. Com a efetivação da entrega da coisa, extingue-se a execução.

Conta-se o prazo em dias úteis da data de juntada aos autos do mandado de citação. O prazo para os embargos à execução é independente do prazo para a entrega voluntária da coisa em juízo.

**Art. 807.** Se o executado entregar a coisa, será lavrado o termo respectivo e considerada satisfeita a obrigação, prosseguindo-se a execução para o pagamento de frutos ou o ressarcimento de prejuízos, se houver.

## COMENTÁRIOS

Sendo entregue e aceita a coisa, extingue-se a execução. Porém, frise-se, que a entrega da coisa só é hábil a extinguir o feito executivo quando o exequente concorda em recebê-la no estado em que se encontra, dando por satisfeita a obrigação.

A entrega da coisa não tem o condão de extinguir a execução, se o exequente tiver formulado pedido de pagamento de frutos ou ressarcimento de prejuízos. Nesse caso, a execução prosseguirá como se fosse execução por quantia certa.

Tendo a coisa se deteriorado por culpa do executado, tem o exequente o direito ao ressarcimento dos prejuízos experimentados. Porém, existindo disposição em sentido contrário no título executivo, tem o credor o direito de pleitear a condenação do devedor (executado) nos frutos.

Silente o título, consideram-se postos os frutos, sendo lícito ao credor proceder à liquidação da obrigação pelos frutos simultaneamente à execução para obtenção da coisa conforme o art. 513 e art. 809 do CPC.

**Art. 808.** Alienada a coisa quando já litigiosa, será expedido mandado contra o terceiro adquirente, que somente será ouvido após depositá-la.

## COMENTÁRIOS

Alienada a coisa litigiosa, poderá o exequente optar por reclamar a coisa do terceiro adquirente ou postular o valor da coisa acrescido de perdas e danos. Na primeira hipótese, se expedirá o mandado de imissão na posse ou de busca e apreensão contra o terceiro adquirente, que somente será ouvida na execução após depositá-la.

Tem-se assim que a execução para a entrega de coisa fundada em direito real ou pessoal, tanto no caso de execução decorrente da sentença (ver CPC, art. 498), quanto na execução baseada em título extrajudicial, a alienação da coisa litigiosa não impede a realização da execução.

Poderá o terceiro opor-se à ordem judicial através de embargos de terceiro. Não há necessidade de haver o prévio depósito do bem *sub judice* para a oposição de embargos de terceiro, na medida em que o pedido nessa demanda pode ser de manutenção de posse.

O dispositivo em comento condiciona a oitiva do terceiro na execução ao prévio depósito do bem, não atingindo processos diversos.

# CÓDIGO DE PROCESSO CIVIL COMENTADO • LEI 13.105, DE 16 DE MARÇO DE 2015

**Art. 809.** O exequente tem direito a receber, além de perdas e danos, o valor da coisa, quando essa se deteriorar, não lhe for entregue, não for encontrada ou não for reclamada do poder de terceiro adquirente.

§ 1º Não constando do título o valor da coisa e sendo impossível sua avaliação, o exequente apresentará estimativa, sujeitando-a ao arbitramento judicial.

§ 2º Serão apurados em liquidação o valor da coisa e os prejuízos.

## COMENTÁRIOS

O artigo em comento se refere à tutela ressarcitória e a tutela reparatória. Assim não sendo obtida a tutela específica da obrigação, o exequente tem direito à tutela ressarcitória do valor da coisa e à tutela reparatória por perdas e danos, caso a coisa não lhe tenha sido entregue ou tenha se deteriorado por culpa do executado (culpa *lato sensu*). Possui idêntico direito se optar por não reclamar a coisa de terceiro adquirente da coisa litigiosa.

Se não constar expresso no título executivo o valor da coisa, ou sendo impossível a sua avaliação, o exequente poderá fazer estimativa, sujeitando-se ao arbitramento judicial.

Será apurado em liquidação o respectivo valor da coisa e dos prejuízos. A prévia liquidação da obrigação constitui condição inarredável para a execução pelo valor da coisa e dos prejuízos.

**Art. 810.** Havendo benfeitorias indenizáveis feitas na coisa pelo executado ou por terceiros de cujo poder ela houver sido tirada, a liquidação prévia é obrigatória.

**Parágrafo único.** Havendo saldo:

I – em favor do executado ou de terceiros, o exequente o depositará ao requerer a entrega da coisa;

II – em favor do exequente, esse poderá cobrá-lo nos autos do mesmo processo.

## COMENTÁRIOS

O artigo em comento refere-se às benfeitorias indenizáveis estabelecendo que a liquidação prévia é obrigatória

Vale rememorar que o possuidor de boa-fé tem direito à indenização das benfeitorias necessárias e úteis, bem como, quanto às voluptuárias, se não lhe forem pagas, a levantá-las, quando o puder sem detrimento da coisa, e poderá exercer o direito de retenção pelo valor das benfeitorias necessárias e úteis.

Ressalte-se que ao possuidor de má-fé só serão ressarcidas apenas as benfeitorias necessárias, não lhe assistindo o direito de retenção pela importância destas, nem o de levantar as voluptuárias.

Já se decidiu que a liquidação prévia a que faz referência o art. 810 do CPC, pressupõe o reconhecimento no título executivo, das benfeitorias a serem indenizadas.

Não sendo liquidada a obrigação, ela é nula. E, se liquidada e não depositado o valor referente às benfeitorias indenizáveis, tem o executado ou terceiro de boa-fé o direito de reter a coisa, tendo o ônus de alegá-lo em sede de embargos de terceiro.

Nos embargos de retenção por benfeitorias, poderá o exequente requerer a compensação de seu valor com o dos frutos ou danos considerados devidos pelo executado ou pelo terceiro, cumprindo ao juiz, para a apuração dos respectivos valores, nomear perito, fixando-lhe breve prazo para entrega de laudo.

Havendo saldo em favor do devedor (executado), o credor o depositará ao requerer a entrega da coisa. A execução não prosseguirá sem o prévio depósito.

Havendo saldo em favor do credor poderá ser executado nos autos do mesmo processo em que se busca a entrega da coisa.

## SEÇÃO II
### DA ENTREGA DE COISA INCERTA

**Art. 811.** Quando a execução recair sobre coisa determinada pelo gênero e pela quantidade, o executado será citado para entregá-la individualizada, se lhe couber a escolha.

**Parágrafo único.** Se a escolha couber ao exequente, esse deverá indicá-la na petição inicial.

### COMENTÁRIOS

A coisa incerta é determinada pelo gênero e quantidade e normalmente o direito à determinação da coisa pertence ao devedor, se o contrário não for expresso no título da obrigação.

Tendo o direito à escolha, o devedor será citado para entregá-la já individualizada. Se a escolha couber ao credor, esse a indicará no bojo da petição inicial. Caso o exequente não exerça essa escolha, indicando a coisa, o direito de escolha se transfere automaticamente para o executado, que deverá entregar a coisa já individualizada, não podendo dar a coisa pior. E nem sendo exigível a coisa melhor.

Tendo o direito à determinação da coisa o executado, e não a entregando já devidamente individualizado no prazo legal, a possibilidade de escolha também se transfere automaticamente ao exequente, que não poderá exigir, no entanto, a coisa melhor.

# CÓDIGO DE PROCESSO CIVIL COMENTADO • LEI 13.105, DE 16 DE MARÇO DE 2015 — ART. 814

**Art. 812.** Qualquer das partes poderá, no prazo de 15 (quinze) dias, impugnar a escolha feita pela outra, e o juiz decidirá de plano ou, se necessário, ouvindo perito de sua nomeação.

## COMENTÁRIOS

Qualquer uma das partes poderá no prazo de 15 (quinze) dias impugnar a escolha feita pela outra parte. Os prazos doravante são fixados em dias úteis. O prazo para impugnação começa a fluir e a contar a partir do momento em que a parte toma ciência da escolha realizada pelo outro litigante. Para o executado, conta-se da citação; para o exequente conta-se do depósito da coisa feito pelo executado.

Ainda com relação ao dispositivo em comento é importante destacar a menção expressa de que o juiz, ao despachar a inicial e fixar a multa coercitiva, tomará como critério de aplicação o período de atraso da obrigação, revogando-se a redação anterior que cogitava de dias de atraso.

**Art. 813.** Aplicar-se-ão à execução para entrega de coisa incerta, no que couber, as disposições da Seção I deste Capítulo.

## COMENTÁRIOS

O art. 813 do CPC apenas informa que superada a fase importante de determinação da coisa a ser entregue, a execução seguirá o procedimento normal atinente a execução para entrega de coisa certa.

## CAPÍTULO III
## DA EXECUÇÃO DAS OBRIGAÇÕES DE FAZER OU DE NÃO FAZER
### SEÇÃO I
### DISPOSIÇÕES COMUNS

**Art. 814.** Na execução de obrigação de fazer ou de não fazer fundada em título extrajudicial, ao despachar a inicial, o juiz fixará multa por período de atraso no cumprimento da obrigação e a data a partir da qual será devida.

**Parágrafo único.** Se o valor da multa estiver previsto no título e for excessivo, o juiz poderá reduzi-lo.

## COMENTÁRIOS

O juiz poderá determinar a execução de obrigação de fazer e não fazer mediante a imposição de multa coercitiva, destinada a constranger e compelir a vontade do executado. A imposição da multa pode ser na forma fixa, periódica ou progressiva consoante às necessidades do caso concreto e conforme o direito material envolvido.

Há a possibilidade de imposição de multa por dia de atraso no cumprimento obrigacional. O que não impede que o julgador dimensione a multa em outros termos, principalmente, se entender por excessiva.

A multa para compelir o executado a não fazer, só pode ser fixa. Já aquela destinada a compelir o executado a fazer ou desfazer algo pode ser fixada de forma periódica ou de forma progressiva.

A multa progressiva ou periódica pode ser aplicada por qualquer unidade de tempo. Dependendo ainda das especificidades do caso concreto, a periodicidade por variar em segundos, minutos, horas, dias, semanas e etc.

De sorte que caso o legislador infraconstitucional venha outorgar proteção precária ou insuficiente, prevendo técnicas processuais inidôneas para tutela adequada e efetiva dos direitos, o juiz deverá suprir tais insuficiências e prover as técnicas processuais adequadas e efetivas para a tutela dos direitos. E, neste sentido, é que se justificam plenamente as cláusulas gerais processuais.

## SEÇÃO II
## DA OBRIGAÇÃO DE FAZER

**Art. 815.** Quando o objeto da execução for obrigação de fazer, o executado será citado para satisfazê-la no prazo que o juiz lhe designar, se outro não estiver determinado no título executivo.

## COMENTÁRIOS

O executado será citado para realização da obrigação de fazer dentro do prazo que o juiz fixar, se outro não estiver discriminado no título.

Independentemente da natureza do fazer, se fungível ou infungível, poderá o juiz ao determinar a citação do executado, impor a multa coercitiva a fim de constrangê-lo à realização da prestação.

Poderá fazê-lo de ofício ou a requerimento da parte. E, a fixação de astreintes pode ocorrer sob qualquer periodicidade e não estando obrigado a fixá-la necessariamente por dia de atraso.

**Art. 816.** Se o executado não satisfizer a obrigação no prazo designado, é lícito ao exequente, nos próprios autos do processo, requerer a satisfação da obrigação à custa do executado ou perdas e danos, hipótese em que se converterá em indenização.

**Parágrafo único.** O valor das perdas e danos será apurado em liquidação, seguindo-se a execução para cobrança de quantia certa.

# CÓDIGO DE PROCESSO CIVIL COMENTADO • LEI 13.105, DE 16 DE MARÇO DE 2015 — ART. 818

## COMENTÁRIOS

Inviável a tutela específica da obrigação de fazer ou não fazer poderá o exequente optar pela obtenção da tutela pelo equivalente monetário, pedindo a indenização por perdas e danos em face do inadimplemento.

O valor das perdas e danos deverá ser apurado em liquidação. E, após a liquidação prosseguirá a execução por quantia certa. A liquidação e a posterior execução correrão nos mesmos autos em que fora originariamente postulada a realização da prestação de fazer.

Se existir no título executivo a previsão de cláusula penal para o total inadimplemento da obrigação, dispensa-se a liquidação da obrigação, passando-se diretamente à execução por quantia certa.

> **Art. 817.** Se a obrigação puder ser satisfeita por terceiro, é lícito ao juiz autorizar, a requerimento do exequente, que aquele a satisfaça à custa do executado.
>
> **Parágrafo único.** O exequente adiantará as quantias previstas na proposta que, ouvidas as partes, o juiz houver aprovado.

## COMENTÁRIOS

Por ser fungível ou impessoal, a prestação de fazer poderá ser realizada por terceiro à custa do executado. O executado ao requerer a realização por terceiro à custa do executado, pode desde logo apresentar ao juízo propostas de terceiros aptos a concretizar a prestação.

Poderá ainda o juiz determinar a apresentação de proposta por terceiro de sua confiança. Nada impede que ainda o juiz determine que ambas as partes apresentem nos autos propostas de terceiros interessados e capazes a realizar a prestação exequenda.

Uma vez apresentadas as propostas, promovida a oitiva dos litigantes sobre todas as propostas constantes dos autos, o juiz decidirá qual é a melhor proposta.

Uma vez escolhido o terceiro para prestação do fato, o exequente deverá adiantar as quantias previstas e descritas na proposta aprovada e vencedora.

> **Art. 818.** Realizada a prestação, o juiz ouvirá as partes no prazo de 10 (dez) dias e, não havendo impugnação, considerará satisfeita a obrigação.
>
> **Parágrafo único.** Caso haja impugnação, o juiz a decidirá.

## COMENTÁRIOS

Uma vez prestado o fato, o juiz ouvirá os litigantes no prazo de 10 (dez) dias, quando poderão se insurgir contra a prestação realizada por terceiro. A impugnação de qualquer das partes pode se dar por meio de mero requerimento nos autos. O impugnante terá o ônus de indicar precisamente o motivo de sua insatisfação. Apresentada a impugnação, tem o juiz que ouvir a parte contrária e, decidir em seguida.

Não havendo nada para as partes opor-se quanto à prestação realizada pelo terceiro, o juiz considerará cumprida a obrigação.

Não ocorrerá a extinção da execução, pois poderá o exequente obter do executado, nos mesmos autos, o montante pecuniário adiantado para a concretização da proposta. E, a partir daí se converte a execução de obrigação de fazer em execução por quantia certa.

> **Art. 819.** Se o terceiro contratado não realizar a prestação no prazo ou se o fizer de modo incompleto ou defeituoso, poderá o exequente requerer ao juiz, no prazo de 15 (quinze) dias, que o autorize a concluí-la ou a repará-la à custa do contratante.
>
> **Parágrafo único.** Ouvido o contratante no prazo de 15 (quinze) dias, o juiz mandará avaliar o custo das despesas necessárias e o condenará a pagá-lo.

### COMENTÁRIOS

Ausente a prestação pelo terceiro, tem o exequente o prazo de 15 (quinze) dias úteis para requerer ao juiz que o autorize a realizar a prestação. O prazo tem seu início no momento em que chega aos autos a notícia da ausência da prestação pelo terceiro.

Tendo sido prestado o fato de maneira incompleta ou defeituosa, o prazo de 15 (quinze) dias para a manifestação das partes tem início a partir do momento em que for noticiada a realização da prestação nos autos.

Sendo incompleta ou defeituosa (comprovável por qualquer meio de prova disponível), poderá o exequente requerer ao juiz a autorização para repará-la por conta do terceiro.

A oitiva do terceiro se dará em 15 (quinze) dias. O terceiro através de seu advogado poderá defender a regularidade da prestação, hipótese em que poderá prová-la por qualquer meio de prova disponível. E, ainda, poderá se oferecer para repará-la ou apenas silenciar a respeito.

> **Art. 820.** Se o exequente quiser executar ou mandar executar, sob sua direção e vigilância, as obras e os trabalhos necessários à realização da prestação, terá preferência, em igualdade de condições de oferta, em relação ao terceiro.
>
> **Parágrafo único.** O direito de preferência deverá ser exercido no prazo de 5 (cinco) dias, após aprovada a proposta do terceiro.

### COMENTÁRIOS

Há a preferência do exequente, de modo se quiser realizar a prestação de fazer, ou mandar realizá-la sob sua direção e vigilância, o exequente prefere ao terceiro, desde que em igualdade de condições de oferta.

CÓDIGO DE PROCESSO CIVIL COMENTADO • LEI 13.105, DE 16 DE MARÇO DE 2015 **ART. 822**

Tal direito de preferência pode ser exercido em cinco dias, a contar a partir do primeiro dia útil subsequente à apresentação de proposta por terceiro. O prazo para o exercício de preferência tem seu início na intimação dos litigantes para que se manifestem a respeito da proposta lançada aos autos pelo terceiro. Não sendo observado o prazo, opera-se a extinção do direito de preferência.

**Art. 821.** Na obrigação de fazer, quando se convencionar que o executado a satisfaça pessoalmente, o exequente poderá requerer ao juiz que lhe assine prazo para cumpri-la.

**Parágrafo único.** Havendo recusa ou mora do executado, sua obrigação pessoal será convertida em perdas e danos, caso em que se observará o procedimento de execução por quantia certa.

### COMENTÁRIOS

Sendo obrigação de fazer infungível, ou personalíssima, poderá o exequente postular que o juiz estipule prazo para que o executado realize a prestação. Pode o juiz, ao determinar a citação do executado, impondo multa coercitiva. Poderá fazer tanto de ofício como a requerimento da parte interessada.

A fixação de astreintes pode ocorrer sob qualquer periodicidade e não estando o magistrado obrigado a estipular obrigatoriamente por dia de atraso. Havendo, no entanto, a recusa ou mora do executado em cumprir a obrigação infungível converte-se em perdas e danos que será apurada em liquidação, salvo se houver a previsão de cláusula penal no título executivo para o caso de total inadimplemento.

Sendo liquidada a obrigação, converte-se naturalmente em execução por quantia certa, que corre nos mesmos autos em que fora postulada originariamente a realização da obrigação de fazer.

### SEÇÃO III
### DA OBRIGAÇÃO DE NÃO FAZER

**Art. 822.** Se o executado praticou ato a cuja abstenção estava obrigado por lei ou por contrato, o exequente requererá ao juiz que assine prazo ao executado para desfazê-lo.

### COMENTÁRIOS

As obrigações de "não fazer" não se confundem com as imposições de desfazer. A imposição de abstenção pressupõe, para sua tutela adequada e efetiva, que o executado seja compelido a observar e cumprir a prestação negativa. Trata-se de tutela que se realiza mediante comportamento negativo do executado.

Por outro lado, a imposição de desfazer pressupõe que o executado tenha feito aquilo que antes estava obrigado a não fazer. A concretização da tutela do direito reclama a adoção de comportamento positivo do executado. Mas na imposição de desfazer, o juiz lhe assinará o prazo para desfazê-lo. Poderá o juiz, quando determinar a citação do executado, impor multa coercitiva para constrange-lo a desfazer. E, poderá atuar de ofício ou a requerimento da parte interessada. A fixação das astreintes pode ocorrer sob qualquer periodicidade, estando o juiz obrigado a fixá-la necessariamente por dia de atraso.

**Art. 823.** Havendo recusa ou mora do executado, o exequente requererá ao juiz que mande desfazer o ato à custa daquele, que responderá por perdas e danos.

**Parágrafo único.** Não sendo possível desfazer-se o ato, a obrigação resolve-se em perdas e danos, caso em que, após a liquidação, se observará o procedimento de execução por quantia certa.

## COMENTÁRIOS

Não ocorrendo o desfazimento, poderá o exequente requerer ao juiz que determine o desfazimento por conta do executado. E, também pode ser feito por terceiro, pelo próprio exequente ou sob sua direção e vigilância. Importante sublinhar que o desfazimento à custa do executado não impede que o exequente possa postular perdas e danos por eventuais prejuízos experimentados pela conduta indevida do executado.

Uma vez liquidado o dano, a execução prossegue sob o rito de execução por quantia certa que corre nos mesmos autos onde fora postulada originariamente a realização da obrigação de desfazer.

## CAPÍTULO IV
### DA EXECUÇÃO POR QUANTIA CERTA
#### SEÇÃO I
#### DISPOSIÇÕES GERAIS

**Art. 824.** A execução por quantia certa realiza-se pela expropriação de bens do executado, ressalvadas as execuções especiais.

## COMENTÁRIOS

A execução por quantia certa tem como finalidade alcançar a tutela pecuniária ao exequente, satisfazendo o seu direito de crédito que está documentado no título executivo. Opera mediante a técnica processual expropriatória, que enfatiza a responsabilidade patrimonial do devedor.

# Art. 825. A expropriação consiste em:

I – adjudicação;

II – alienação;

III – apropriação de frutos e rendimentos de empresa ou de estabelecimentos e de outros bens.

## COMENTÁRIOS

A expropriação visa a retirar do patrimônio do executado os valores que sirvam para satisfação do exequente. Com a expropriação, busca-se extrair do patrimônio do executado os bens para satisfação do direito do credor ao recebimento de quantia certa.

Na execução por quantia certa, num primeiro momento, deve realizar-se a penhora, ou seja, a definição judicial dos bens que serão submetidos aos atos executivos.

Já na fase posterior, autoriza-se a realização de atos de transferência forçada de tais bens, que, de acordo com o novo modelo adotado pelo CPC que poderá realizar-se das seguintes formas, a saber: a) transferência judicial do bem para o próprio exequente, denominada adjudicação; b) alienação por iniciativa particular; c) alienação em hasta pública; d) transferência judicial do direito de receber os frutos que o bem móvel ou imóvel produzir, através do usufruto.

A alienação em hasta pública pode ser mediante praça (bem imóvel) ou leilão (bem móvel). Tal distinção fora abolida pelo CPC, passando apenas se denominar como leilão que pode ser realizar de forma presencial ou de forma eletrônica.

O CPC estabelece a ordem dos atos executivos a serem realizados. A adjudicação e alienação por iniciativa particular, no entanto, dependem de requerimento do exequente, não podendo o juiz impor ao exequente que se realize por este ou aquele meio.

O usufruto do móvel ou imóvel está fora desta regra, uma vez que poderá ser concedido ao exequente quando reputar ser o menos gravoso para o executado e mais eficiente para o recebimento do crédito.

O objetivo da referida ordem de expropriação está em possibilitar às partes a tutela jurisdicional executiva mais eficiente e fidedigna, compondo assim um processo executivo mais justo.

A ordem de preferência para expropriação de bens do executado respeita e privilegia a adjudicação e, sucessivamente, a alienação particular, e alienação por hasta pública. O usufruto judicial aparece como alternativa que visa a realizar a maior eficiência para o exequente, e menor onerosidade para o executado.

O novo *codex* cogita em apropriação de frutos e rendimentos de empresa e estabelecimento de outros bens. É a figura equivalente ao usufruto judicial de bem móvel ou imóvel.

**Art. 826.** Antes de adjudicados ou alienados os bens, o executado pode, a todo tempo, remir a execução, pagando ou consignando a importância atualizada da dívida, acrescida de juros, custas e honorários advocatícios.

## COMENTÁRIOS

Remir a execução significa pagar ou consignar integralmente o crédito exequendo acrescido das despesas processuais executivas. Crédito exequendo é aquele expresso no pedido do exequente. Não interessa para fins de remição da execução, qualquer quantia alheia ao pedido do processo executivo. A remição importa na satisfação do exequente e *ipso facto* na extinção da execução.

O executado ou qualquer terceiro sendo interessado ou não poderá remir a execução antes da adjudicação ou alienação dos bens penhorados.

O exequente poderá obter certidão de que a execução foi admitida pelo juiz, com identificação das partes e do valor da causa, para fins de averbação no registro imobiliário, de veículos ou de outros bens sujeitos a penhora, arresto ou indisponibilidade.

## SEÇÃO II
### DA CITAÇÃO DO DEVEDOR E DO ARRESTO

**Art. 827.** Ao despachar a inicial, o juiz fixará, de plano, os honorários advocatícios de dez por cento, a serem pagos pelo executado.

§ 1º No caso de integral pagamento no prazo de 3 (três) dias, o valor dos honorários advocatícios será reduzido pela metade.

§ 2º O valor dos honorários poderá ser elevado até vinte por cento, quando rejeitados os embargos à execução, podendo a majoração, caso não opostos os embargos, ocorrer ao final do procedimento executivo, levando-se em conta o trabalho realizado pelo advogado do exequente.

## COMENTÁRIOS

Ao receber a petição inicial executiva o juiz manda expedir mandado de citação, penhora e avaliação de bens. Deve ser expedido em duas vias, com a primeira, cita-se o executado, e de sua volta aos autos passam a fluir os prazos para o executado.

Com a segunda via, verificado o não pagamento da dívida, deve o oficial de justiça, independentemente de novo despacho, proceder à penhora e avaliação de bens e valores do executado.

Poderá o exequente indicar no bojo da exordial os bens do executado à penhora. E, inclusive poderá requerer liminarmente a colaboração do juízo no sentido de identificar os bens do executado que servem à penhora. Tendo o juiz o dever de cooperação e auxílio

CÓDIGO DE PROCESSO CIVIL COMENTADO • LEI 13.105, DE 16 DE MARÇO DE 2015    ART. 828

para com as partes, próprio do processo civil contemporâneo. E, tendo do exequente o efetivo direito fundamental à tutela jurisdicional adequada e efetiva.

O exequente também poderá requerer a penhora *online* e requerer a expedição de ofícios aos entes e/ou serviços cadastrais a fim de individualizar e localizar bens do executado para atender a lide executiva.

De plano ao receber a inicial no processo de execução, o juiz fixará os honorários advocatícios a serem pagos pelo executado. O arbitramento da verba em questão independe de pedido do exequente. Não havendo pedido da parte autora, pode e deve o juiz atuar de ofício.

O CPC inova ao criar uma espécie de estímulo ao cumprimento espontâneo da obrigação, pois se o devedor o fizer no prazo de 3 (três) dias, o valor dos honorários advocatícios será reduzido pela metade.

Em contrapartida, se não o fizer o valor dos honorários poderá ser elevado até vinte por cento, quando rejeitados os embargos à execução, podendo a majoração, caso não opostos os embargos, ocorrer ao final do procedimento executivo, levando-se em conta o trabalho realizado pelo advogado do exequente.

**Art. 828.** O exequente poderá obter certidão de que a execução foi admitida pelo juiz, com identificação das partes e do valor da causa, para fins de averbação no registro de imóveis, de veículos ou de outros bens sujeitos a penhora, arresto ou indisponibilidade.

§ 1º No prazo de 10 (dez) dias de sua concretização, o exequente deverá comunicar ao juízo as averbações efetivadas.

§ 2º Formalizada penhora sobre bens suficientes para cobrir o valor da dívida, o exequente providenciará, no prazo de 10 (dez) dias, o cancelamento das averbações relativas àqueles não penhorados.

§ 3º O juiz determinará o cancelamento das averbações, de ofício ou a requerimento, caso o exequente não o faça no prazo.

§ 4º Presume-se em fraude à execução a alienação ou a oneração de bens efetuada após a averbação.

§ 5º O exequente que promover averbação manifestamente indevida ou não cancelar as averbações nos termos do § 2º indenizará a parte contrária, processando-se o incidente em autos apartados.

## COMENTÁRIOS

É possível proceder a averbação no registro de imóveis, no registro de veículos ou no registro de quaisquer outros bens sujeitos à penhora ou arresto e em face da propositura de ação cuja concessão da tutela do direito pode levar o demandado ao estado de insolvência, a fim de que se caracterize como fraude à execução a alienação ou oneração de bens posteriores à averbação. É ônus do exequente promover a referida averbação da

**529**

constrição judicial do bem. A finalidade do dispositivo é firmar o marco a partir do qual se configura a fraude à execução, impugnando-se às alienações e onerações realizadas pelo executado, fazendo-o coincidir com a data da averbação registral. É evidente que se faz imprescindível a citação do executado para a configuração de fraude à execução. O objetivo desse dispositivo é manter vinculado à tutela jurisdicional o patrimônio do executado, de modo que seja possível alcançá-lo para a atuação executiva em favor do exequente.

Também é possível a averbação da propositura de arresto que pode ocorrer a partir da verossimilhança do direito alegado e da urgência em prover, não estando vinculado, portanto, à possibilidade de imediata execução. Naturalmente, se compreende que o arresto resta vinculado à futura e eventual execução.

O exequente tem o ônus de comunicar ao juízo a averbação realizada e tem por fim possibilitar o controle a respeito da averbação e eventual responsabilização do demandante. Para tanto possui o prazo de 10 (dez) dias (prazo próprio) com o que a sua inobservância gera a preclusão temporal.

A falta de comunicação ao juízo a respeito da dita averbação gera ineficácia da mesma. Averbação não comunicada não tem o condão de caracterizar alienações e onerações posteriores como fraudulentas. A ausência de comunicação a respeito da averbação ao juízo autoriza o demandado a requerer o imediato cancelamento da anotação da propositura da ação ou do requerimento de cumprimento de sentença condenatória.

Destaque-se que a maior finalidade da dita averbação é a preservação do patrimônio do executado para imediata ou futura execução, de sorte que, formalizada a penhora ou o arresto sobre bens suficientes para cobrir a expressão pecuniária do direito do demandante, tem o juiz de determinar, de ofício ou a requerimento da parte interessada, o cancelamento das averbações sobressalentes.

A mera averbação em registros de bens superiores aos necessários para a satisfação do exequente, sem abuso do direito, não configura a responsabilização na forma do dispositivo em comento.

Somente a averbação manifestamente indevida submete o demandante à responsabilização pelos danos causados ao demandado. Trata-se de responsabilidade civil objetiva. A mera sucumbência na execução ou em demanda condenatória não constitui abuso do direito de averbar e, portanto, não submete o demandante à responsabilidade civil. Exceto no caso de lide temerária.

> **Art. 829.** O executado será citado para pagar a dívida no prazo de 3 (três) dias, contado da citação.
>
> § 1º Do mandado de citação constarão, também, a ordem de penhora e a avaliação a serem cumpridas pelo oficial de justiça tão logo verificado o não pagamento no prazo assinalado, de tudo lavrando-se auto, com intimação do executado.

# CÓDIGO DE PROCESSO CIVIL COMENTADO • LEI 13.105, DE 16 DE MARÇO DE 2015

## ART. 830

§ 2º A penhora recairá sobre os bens indicados pelo exequente, salvo se outros forem indicados pelo executado e aceitos pelo juiz, mediante demonstração de que a constrição proposta lhe será menos onerosa e não trará prejuízo ao exequente.

## COMENTÁRIOS

Diante da citação, poderá o executado efetuar pagamento da dívida, embargar a execução, ou requerer o parcelamento do valor em execução. A citação do executado serve para que efetue o pagamento da dívida no prazo de 3 (três) dias.

Frise-se que o executado não tem mais a prerrogativa de nomear bens à penhora, que nesse caso, constitui um dever. Aliás, o descumprimento desse dever corresponde ao ato atentatório a dignidade da justiça.

Da juntada aos autos do mandado de citação flui o prazo de 15 (quinze) dias para embargos à execução, ou para requerer o parcelamento.

**Art. 830.** Se o oficial de justiça não encontrar o executado, arrestar-lhe-á tantos bens quantos bastem para garantir a execução.

§ 1º Nos 10 (dez) dias seguintes à efetivação do arresto, o oficial de justiça procurará o executado 2 (duas) vezes em dias distintos e, havendo suspeita de ocultação, realizará a citação com hora certa, certificando pormenorizadamente o ocorrido.

§ 2º Incumbe ao exequente requerer a citação por edital, uma vez frustradas a pessoal e a com hora certa.

§ 3º Aperfeiçoada a citação e transcorrido o prazo de pagamento, o arresto converter-se-á em penhora, independentemente de termo.

## COMENTÁRIOS

Em não sendo encontrado o executado em seu domicílio, o oficial de justiça deverá arrestar-lhe tantos bens quanto bastam para garantir a execução. Refere-se a uma pré-penhora. Mas existem dois pressupostos para sua realização, a saber: a ausência do executado em seu domicílio e a existência visível de bens penhoráveis.

Depois de realizado o arresto, nos 10 (dez) dias subsequentes, o oficial de justiça procurará o executado por mais duas vezes em dias distintos. E, havendo a suspeita de ocultação ou malícia, realizará a citação por hora certa, certificando detalhadamente o ocorrido.

Caberá ao exequente requerer a citação editalícia uma vez haver contrafé do oficial de justiça onde se atesta a frustração da citação pessoal e com hora certa.

531

Ocorrendo a citação válida e regular e, transcorrido o prazo para o pagamento voluntário, o referido arresto se converterá em penhora, independente de termo específico para tanto.

## SEÇÃO III
### DA PENHORA, DO DEPÓSITO E DA AVALIAÇÃO
### SUBSEÇÃO I
### DO OBJETIVO DA PENHORA

**Art. 831.** A penhora deverá recair sobre tantos bens quantos bastem para o pagamento do principal atualizado, dos juros, das custas e dos honorários advocatícios.

### COMENTÁRIOS

A penhora serve para satisfação do crédito exequendo cujo montante deve ser devidamente atualizado, juros e despesas processuais (custas e honorários advocatícios). Por essa razão, há a expressão "tanto bens quantos bastem", pois deve satisfazer a execução como um todo.

Percebe-se, assim, que o legislador primou por aperfeiçoar o ato processual da penhora particularmente a penhora *online*.

Penhora é ato coercitivo com que se prepara a expropriação de bens do executado solvente, com que se lhe fixa e individualiza a responsabilidade processual e patrimonial. Ademais, a penhora é elemento de segurança da execução, uma vez que com a apreensão de bens do devedor, a tutela executiva encontra garantias para atingir seus objetivos.

**Art. 832.** Não estão sujeitos à execução os bens que a lei considera impenhoráveis ou inalienáveis.

### COMENTÁRIOS

A princípio, todo o patrimônio do executado estará sujeito à expropriação. E as exceções a essa norma ficam por conta das impenhorabilidades e inalienabilidades que limitam a responsabilidade patrimonial tornando alguns bens insuscetíveis de execução.

Por representarem limitações à obtenção da tutela jurisdicional executiva, as impenhorabilidades e as inalienabilidades devem estar expressamente previstas em lei tais como, por exemplo, os arts. 100, 1.711 e 1.911 do Código Civil; o bem de família da Lei 8.009/90; e, a proteção aos depósitos do FGTS constante da Lei 8.036/90. Portanto, as hipóteses de impenhorabilidade e inalienabilidade são típicas.

CÓDIGO DE PROCESSO CIVIL COMENTADO • LEI 13.105, DE 16 DE MARÇO DE 2015 **ART. 833**

Os bens inalienáveis são absolutamente impenhoráveis e não podem ser nomeados a penhora pelo devedor, pelo fato de se encontrarem fora do comércio e, portanto, serem indisponíveis.

Quando o CPC enumerou os bens impenhoráveis, eliminou do *caput* a expressão "absolutamente", o que reforça o entendimento de que mesmo os bens ali relacionados podem eventualmente ser objeto de constrição judicial.

**Art. 833.** São impenhoráveis:

I – os bens inalienáveis e os declarados, por ato voluntário, não sujeitos à execução;

II – os móveis, os pertences e as utilidades domésticas que guarnecem a residência do executado, salvo os de elevado valor ou os que ultrapassem as necessidades comuns correspondentes a um médio padrão de vida;

III – os vestuários, bem como os pertences de uso pessoal do executado, salvo se de elevado valor;

IV – os vencimentos, os subsídios, os soldos, os salários, as remunerações, os proventos de aposentadoria, as pensões, os pecúlios e os montepios, bem como as quantias recebidas por liberalidade de terceiro e destinadas ao sustento do devedor e de sua família, os ganhos de trabalhador autônomo e os honorários de profissional liberal, ressalvado o § 2º;

V – os livros, as máquinas, as ferramentas, os utensílios, os instrumentos ou outros bens móveis necessários ou úteis ao exercício da profissão do executado;

VI – o seguro de vida;

VII – os materiais necessários para obras em andamento, salvo se essas forem penhoradas;

VIII – a pequena propriedade rural, assim definida em lei, desde que trabalhada pela família;

IX – os recursos públicos recebidos por instituições privadas para aplicação compulsória em educação, saúde ou assistência social;

X – a quantia depositada em caderneta de poupança, até o limite de 40 (quarenta) salários-mínimos;

XI – os recursos públicos do fundo partidário recebidos por partido político, nos termos da lei;

XII – os créditos oriundos de alienação de unidades imobiliárias, sob regime de incorporação imobiliária, vinculados à execução da obra.

§ 1º A impenhorabilidade não é oponível à execução de dívida relativa ao próprio bem, inclusive àquela contraída para sua aquisição.

§ 2º O disposto nos incisos IV e X do *caput* não se aplica à hipótese de penhora para pagamento de prestação alimentícia, independentemente de sua origem, bem como às importâncias excedentes a 50 (cinquenta) salários--mínimos mensais, devendo a constrição observar o disposto no art. 528, § 8º, e no art. 529, § 3º.

533

§ 3º Incluem-se na impenhorabilidade prevista no inciso V do *caput* os equipamentos, os implementos e as máquinas agrícolas pertencentes a pessoa física ou a empresa individual produtora rural, exceto quando tais bens tenham sido objeto de financiamento e estejam vinculados em garantia a negócio jurídico ou quando respondam por dívida de natureza alimentar, trabalhista ou previdenciária.

## COMENTÁRIOS

Abrindo a exceção, o CPC estabelece a regra de que a proteção que recai sobre os valores provenientes de qualquer situação listada no quarto inciso que não persiste no caso de penhora para pagamento de pensão alimentícia. O novo CPC criou nova situação autorizativa de penhora, que poderá recair nos vencimentos, soldos, renumerações e nas outras origens.

Percebe-se que o legislador criou um sistema misto e, inicialmente, protege o executado, evitando que a penhora cause a sua ruína, preservando valores que são necessários para garantir a sua sobrevivência, provenientes da sua atuação profissional, estando ele na ativa ou já aposentado. Num segundo momento, a lei se preocupa com o credor, permitindo o aperfeiçoamento da penhora de soma em dinheiro proveniente da mesma fonte, quando excedente a cinquenta salários-mínimos mensais.

Agiu acertadamente o legislador, mas não dimensionou adequadamente a dose. Pois poucas pessoas no Brasil se adequam à faixa de remuneração e, sobretudo, de excesso, prevista na norma, o que pode determinar a sua pouca aplicabilidade.

As impenhorabilidades são erigidas como uma densificação infraconstitucional da dignidade da pessoa humana. São impenhoráveis os honorários de profissional liberal, em face de seu caráter alimentar. Também as comissões do leiloeiro. E os bens que sejam necessários ou úteis ao exercício de qualquer profissão.

Veja-se que nos termos como estatuído no inciso IV, do artigo em comento, são impenhoráveis os vencimentos, salários, remunerações, quantias destinadas ao sustento do devedor e de sua família, os ganhos de trabalhador autônomo e os honorários de profissional liberal, no todo ou parte deles, porém o Superior Tribunal de Justiça (STJ) tem mitigado essa regra, desde que o valor remanescente seja suficiente para garantir a dignidade do devedor e de sua família.[92]

Quer dizer, a impenhorabilidade de salários, vencimentos, proventos e outras remunerações tem por fundamento principal a proteção à dignidade do devedor, com a manutenção do mínimo existencial e de um padrão de vida digno em favor de si e de seus dependentes. Por outro lado, o credor tem direito ao recebimento de tutela

---

92. (STJ, EREsp 1582475/MG, Rel. Ministro Benedito Gonçalves, Corte Especial, julgado em 03/10/2018, DJe 16/10/2018).

jurisdicional capaz de dar efetividade, na medida do possível e do proporcional, a seus direitos materiais.

Nessa linha de proceder alguns tribunais tem fixado valores em salários mínimos para penhorar (ou não) o salário do devedor. A título de exemplo o Tribunal de Justiça do Distrito Federal (TJDF) adota o critério de que 5 (cinco) salários mínimos seria o patamar de hipossuficiência econômica. Quer dizer, alguém que esteja sendo executado e receba um valor abaixo de 5 (cinco) salários mínimo mensais, não poderá ter nenhum valor penhorado de seu salário porque qualquer percentual que seja penhorado irá comprometer a sua própria subsistência d de sua família.[93]

Além disso o Superior Tribunal de Justiça (STJ) tem relativizado a questão da impenhorabilidade, diante do confronto entre o princípio da máxima utilidade da execução com os princípios que protegem o executado, como o princípio da dignidade da pessoa humana e da menor onerosidade ao executado.

Só a título de informação, há um projeto de lei na Câmara dos Deputados, de autoria do Deputado Eduardo Bismarck, que visa inserir um parágrafo 4º ao art. 833 do nosso CPC, para tornar "absolutamente impenhoráveis" os vencimentos, os subsídios, os soldos, os salários, as remunerações, os proventos de aposentadoria, as pensões, os pecúlios e os montepios, o seguro de vida, a pequena propriedade rural e outros.

Ainda com relação à impenhorabilidade o mesmo Superior Tribunal de Justiça (STJ), ao analisar o Tema 1235, no qual era tratada a controvérsia no que diz respeito a impenhorabilidade de quantia inferior a 40 salários mínimos e se poderia ser reconhecida como matéria de ordem pública, podendo ser reconhecida de ofício pelo juiz, acabou fixando a seguinte tese: "A impenhorabilidade de quantia inferior a 40 salários--mínimos não é matéria de ordem pública e não pode ser reconhecida de ofício pelo juiz, devendo ser arguida pelo executado no primeiro momento em que lhe couber falar nos autos ou em sede de embargos à execução ou impugnação ao cumprimento de sentença sob pena de preclusão".[94]

No inciso X o legislador fez prever a proteção à poupança do devedor, limitada a 40 (quarenta) salários mínimos, porém essa regra recebeu uma interpretação ampliativa pelo STJ que entendeu que tal proteção se estende a quaisquer tipo de conta, seja corrente, de investimento ou mesmo de poupança, nos seguinte termos: "A jurisprudência do Superior Tribunal de Justiça manifesta-se no sentido de que todos os valores pertencentes ao devedor, até o limite de 40 (quarenta) salários mínimos, mantidos em conta-corrente, caderneta de poupança ou fundos de investimentos são impenhoráveis".[95]

---

93. (TJDF – Processo 07398877520238070000, Relatora: Fátima Rafael, 3ª Turma Cível, data de julgamento: 30/11/2023, publicado no PJe: 22/1/2024).

94. ( STJ, REsp 2.061.973 e REsp 2.066.882, Rel. Ministra Nancy Andrighi, Corte Especial, por unanimidade, julgado em 27/2/2024, DJe 8/3/2024. (Tema 1235).

95. AgInt no REsp 1914302/RS, relator o Ministro Marco Aurélio Bellizze, j. 14.03.2022.

Advirta-se, contudo, que alguns tribunais têm entendido que essa regra não é automática, devendo o devedor, seja ele pessoa física ou jurídica, comprovar nos autos, que os valores encontrados em suas contas bancárias possuíam caráter de reserva financeira destinada à sua subsistência, de sorte a justificar a impenhorabilidade. Ou seja, não basta a simples alegação de que os valores encontrados estão abaixo de 40 salários mínimos, pois isso não asseguraria a impenhorabilidade de forma automática.[96]

Dentre outros, também é impenhorável a pequena propriedade rural, ainda que seja para saldar dívida relativa ao financiamento agropecuário. Contudo, a impenhorabilidade não é oponível à execução do crédito concedido para aquisição do próprio bem (ver Lei 8.009/90).

> **Art. 834.** Podem ser penhorados, à falta de outros bens, os frutos e os rendimentos dos bens inalienáveis.

## COMENTÁRIOS

Inexistindo outros bens para penhora, os frutos e rendimentos de bens inalienáveis são penhoráveis. Frutos são utilidades que se retiram do bem principal periodicamente. Podem ser frutos civis, naturais ou industriais. Os frutos civis, os rendimentos são utilidades periódicas que constituem direitos oriundos da exploração civil da coisa (rendas, aluguéis, juros etc.).

Cessa a penhorabilidade dos frutos, à falta de outros bens, se o executado demonstrar que servem à satisfação de prestação alimentar. A alegação e a prova de que os frutos de bens inalienáveis se prestam à satisfação de alimentos compete ao executado.

> **Art. 835.** A penhora observará, preferencialmente, a seguinte ordem:
>
> I – dinheiro, em espécie ou em depósito ou aplicação em instituição financeira;
>
> II – títulos da dívida pública da União, dos Estados e do Distrito Federal com cotação em mercado;
>
> III – títulos e valores mobiliários com cotação em mercado;
>
> IV – veículos de via terrestre;
>
> V – bens imóveis;
>
> VI – bens móveis em geral;
>
> VII – semoventes;
>
> VIII – navios e aeronaves;
>
> IX – ações e quotas de sociedades simples e empresárias;

---

96.  (TJSP, Agravo de Instrumento nº 2137931-74.2024.8.26.0000, Rel. Des. César Zalaf, 14ª Câmara de Direito Privado, julgado em 6 de junho de 2024).

# CÓDIGO DE PROCESSO CIVIL COMENTADO • LEI 13.105, DE 16 DE MARÇO DE 2015

**ART. 835**

X – percentual do faturamento de empresa devedora;

XI – pedras e metais preciosos;

XII – direitos aquisitivos derivados de promessa de compra e venda e de alienação fiduciária em garantia;

XIII – outros direitos.

§ 1º É prioritária a penhora em dinheiro, podendo o juiz, nas demais hipóteses, alterar a ordem prevista no *caput* de acordo com as circunstâncias do caso concreto.

§ 2º Para fins de substituição da penhora, equiparam-se a dinheiro a fiança bancária e o seguro garantia judicial, desde que em valor não inferior ao do débito constante da inicial, acrescido de trinta por cento.

§ 3º Na execução de crédito com garantia real, a penhora recairá sobre a coisa dada em garantia, e, se a coisa pertencer a terceiro garantidor, este também será intimado da penhora.

## COMENTÁRIOS

Houve mudança na ordem preferencial para penhora: o dinheiro em espécie ou em depósito ou aplicação em instituição financeira continua em primeiro lugar; os títulos da dívida pública da União, Estados e o Distrito Federal com cotação em mercado estavam em nono na ordem e agora estão em segundo; títulos e valores mobiliários com cotação em mercado estavam em décimo e agora estão em terceiro; veículos de via terrestre caíram do segundo para o quarto lugar; os bens imóveis foram de quarto para o quinto; bens móveis em geral de terceiro para sexto; os bens semoventes que não constavam antes, aparecem em sétimo lugar na ordem; navios e aeronaves caíram do quinto para o oitavo lugar; ações e quotas de sociedades simples e empresárias foram do sexto para o nono lugar; o percentual de faturamento caiu do sétimo para o décimo; as pedras e os metais preciosos caíram do oitavo para o décimo primeiro lugar; os direitos aquisitivos derivados de promessa de compra e venda e de alienação fiduciária em garantia, aparecem na décima segunda posição; mantendo em último lugar outros direitos.

Assim, o CPC manteve a regra de que a ordem legal deve ser respeitada preferencialmente, o que permite sua excepcional alteração no caso concreto, devendo o juiz levar em consideração dois princípios aparentemente conflitantes: o da menor onerosidade do executado e a maior efetividade da execução.

Figura uma novidade relevante, pois a penhora em dinheiro é prioritária, podendo o juiz alterar a ordem de penhora nas demais hipóteses de acordo com as circunstâncias do caso concreto.

Cabe ressaltar que a regra presente no primeiro parágrafo do Novo CPC contraria posicionamento consagrado em enunciado de súmula do STJ que considera que na execução civil, a penhora de dinheiro na ordem de nomeação de bens não

537

tem caráter absoluto. Portanto a norma jurisprudencial fora vencida pela norma positivada.

Admite-se a substituição da penhora em dinheiro pela fiança bancária ou seguro garantia judicial em valor mínimo de 30% (trinta por cento) a mais do que o valor do débito constante na inicial. Não chega a ser novidade, pois antes já era admitida pela jurisprudência.

Mas o STJ exige para tal substituição a idoneidade da garantia e a da efetiva menor onerosidade para o executado. Apesar de que o dispositivo em comento não faz menção aos referidos requisitos, entendo que eles devam continuar a ser exigidos com base nos princípios da efetividade da tutela executiva e da menor onerosidade ao devedor.

**Art. 836.** Não se levará a efeito a penhora quando ficar evidente que o produto da execução dos bens encontrados será totalmente absorvido pelo pagamento das custas da execução.

§ 1º Quando não encontrar bens penhoráveis, independentemente de determinação judicial expressa, o oficial de justiça descreverá na certidão os bens que guarnecem a residência ou o estabelecimento do executado, quando este for pessoa jurídica.

§ 2º Elaborada a lista, o executado ou seu representante legal será nomeado depositário provisório de tais bens até ulterior determinação do juiz.

## COMENTÁRIOS

Não encontrando o oficial de justiça bens a penhorar, tem de descrever na certidão aqueles que guarnecem, a residência ou o estabelecimento do executado. A não realização da penhora ocorre aí por ausência de bens suscetíveis de penhora. Pode acontecer da penhora não se realizar ainda por ausência de adequação dos bens encontrados à finalidade da expropriação.

Não se procede à penhora, pois, quando evidente que o produto da execução dos bens encontrados será totalmente absorvido pelo pagamento das despesas da execução.

## SUBSEÇÃO II
### DA DOCUMENTAÇÃO DA PENHORA, DE SEU REGISTRO E DO DEPÓSITO

**Art. 837.** Obedecidas as normas de segurança instituídas sob critérios uniformes pelo Conselho Nacional de Justiça, a penhora de dinheiro e as averbações de penhoras de bens imóveis e móveis podem ser realizadas por meio eletrônico.

## COMENTÁRIOS

As normas de segurança que forem instituídas pelos Tribunais sob os critérios uniformais devem regulamentar a penhora de numerário e as averbações de penhoras de bens imóveis e móveis podem ser realizadas por meios eletrônicos.

Entre as mudanças do Bacen Jud 2.0, as mais significativas foram o prazo de 48 horas para todo o processamento das ordens judiciais e a automatização do cadastro de contas únicas, criando para evitar o bloqueio múltiplo.

O Bacen Jud é uma ferramenta segura, ágil e efetiva para a execução e penhora *online* de valores existentes nas contas correntes de devedores. A proposta do Bacen Jud 2.0 é aperfeiçoar os pedidos de informações, as ordens de bloqueio e desbloqueio, de modo que sejam feitos sem troca de ofícios escritos.

Com essas providências, é possível reduzir o prazo de processamento das ordens judiciais em busca de eficiência administrativa, possibilitando maior agilidade com a minimização máxima do trâmite de papeis.

Além disso, o Bacen Jud 2.0 possibilita que o controle das respostas das instituições financeiras seja feito pelo juiz solicitante e que os valores bloqueados sejam regularmente transferidos para contas judiciais.

A penhora de dinheiro *online* viabiliza e agiliza a entrega da prestação jurisdicional, pois acelera o processo de execução, dando à ordem judicial, rapidez e eficácia. A incorporação da penhora *online* na Reforma do Judiciário deve ser recebida como um instrumento valioso de eficácia da jurisdição.

**Art. 838.** A penhora será realizada mediante auto ou termo, que conterá:

I – a indicação do dia, do mês, do ano e do lugar em que foi feita;

II – os nomes do exequente e do executado;

III – a descrição dos bens penhorados, com as suas características;

IV – a nomeação do depositário dos bens.

## COMENTÁRIOS

O dispositivo arrola os requisitos de validade do auto de penhora. Deve haver a perfeita individualização do bem penhorado, bem como a especificação de data, os litigantes bem como a descrição dotada de característicos essenciais do bem penhorado.

Restando patente a invalidade do auto de penhora de bens fungíveis e consumíveis ou perecíveis, diante da impossibilidade da identificação correta e precisa do que foi efetivamente penhorado e confiado à guarda do depositário, impõe-se a anulação do auto de constrição, eis que descumprida a regra prevista no artigo em comento.

**Art. 839.** Considerar-se-á feita a penhora mediante a apreensão e o depósito dos bens, lavrando-se um só auto se as diligências forem concluídas no mesmo dia.

**Parágrafo único.** Havendo mais de uma penhora, serão lavrados autos individuais.

## COMENTÁRIOS

Não se confundem penhora e depósito. Considera-se realizada a penhora com a documentação da constrição. A finalidade da penhora é afetar o bem à atividade executiva.

O depósito, por sua vez, consiste em ato complementar à penhora e tem por fim conservar o bem penhorado. Daí a razão pela qual a recusa do executado em assinar o auto ou termo de penhora na condição de depositário, não invalida a penhora.

Nem a mera ausência de nomeação de depositário no auto também não invalida a constrição judicial, podendo o depositário ser nomeado sem prejuízo em ato processual posterior. Apesar de realizados simultaneamente são atos processuais distintos.

**Art. 840.** Serão preferencialmente depositados:

I – as quantias em dinheiro, os papéis de crédito e as pedras e os metais preciosos, no Banco do Brasil, na Caixa Econômica Federal ou em banco do qual o Estado ou o Distrito Federal possua mais da metade do capital social integralizado, ou, na falta desses estabelecimentos, em qualquer instituição de crédito designada pelo juiz;

II – os móveis, os semoventes, os imóveis urbanos e os direitos aquisitivos sobre imóveis urbanos, em poder do depositário judicial;

III – os imóveis rurais, os direitos aquisitivos sobre imóveis rurais, as máquinas, os utensílios e os instrumentos necessários ou úteis à atividade agrícola, mediante caução idônea, em poder do executado.

§ 1º No caso do inciso II do *caput*, se não houver depositário judicial, os bens ficarão em poder do exequente.

§ 2º Os bens poderão ser depositados em poder do executado nos casos de difícil remoção ou quando anuir o exequente.

§ 3º As joias, as pedras e os objetos preciosos deverão ser depositados com registro do valor estimado de resgate.

## COMENTÁRIOS

O auto de penhora deve conter a nomeação do depositário do bem penhorado e a sua respectiva assinatura. Pode o exequente recusar-se ao encargo de depositário, uma vez que ninguém está obrigado a fazer ou deixar de fazer alguma coisa ou função senão em virtude de lei.

Diante da recusa do exequente em ser o depositário, o juiz tem o dever de nomear outro depositário, em geral em pessoa de sua confiança.

Nesse dispositivo consta uma ordem preferencial de depósito, e só se cogita em não observá-la em casos excepcionais. A regra é o depósito em mãos de terceiros. Apenas excepcionalmente que o encargo de depositário recairá na pessoa do executado, ou quando houver expressa anuência do exequente ou nos casos de difícil remoção da coisa penhorada.

Uma outra possibilidade de nomear o devedor como depositário é aquela prevista no inciso III do artigo em comento, porém isso deverá ser feito mediante caução idônea. Caso não ofereça caução idônea o credor poderá ser nomeado como depositário e permanecer com a posse do bem constrito.

Cabe observar que o STJ, no julgamento da ADI nº 5492 julgou inconstitucional obrigatoriedade do depósito em banco público dos valores referidos no art. 840, inciso I, os quais não correspondem a "disponibilidades de caixa" (art. 164, § 3º, da CF/88). Os depósitos judiciais não são recursos públicos, não estão à disposição do Estado, sendo recursos pertencentes aos jurisdicionados.

**Art. 841.** Formalizada a penhora por qualquer dos meios legais, dela será imediatamente intimado o executado.

§ 1º A intimação da penhora será feita ao advogado do executado ou à sociedade de advogados a que aquele pertença.

§ 2º Se não houver constituído advogado nos autos, o executado será intimado pessoalmente, de preferência por via postal.

§ 3º O disposto no § 1º não se aplica aos casos de penhora realizada na presença do executado, que se reputa intimado.

§ 4º Considera-se realizada a intimação a que se refere o § 2º quando o executado houver mudado de endereço sem prévia comunicação ao juízo, observado o disposto no parágrafo único do art. 274.

### COMENTÁRIOS

Após a penhora, o executado deve ser intimado na pessoa do seu advogado. Mas pode ter seu termo averbado em cartório a fim de afastar eventual alegação de boa-fé de eventual comprador, conforme o enunciado da Súmula 375 do STJ.

A intimação do executado não precisa ser pessoal. Afinal, a intimação pessoal é a exceção no sistema processual.

Caso o executado não tenha advogado constituído nos autos, ou for representado pela Defensoria Pública, será intimado pessoalmente, preferencialmente pela via postal.

Evidentemente, dispensa-se a intimação pessoal no caso de ser a penhora realizada na presença do executado, quando se reputará ter sido intimado devidamente.

O parágrafo quarto traz uma novidade muito interessante, pois caso o executado tenha mudado de endereço sem proceder a prévia comunicação ao juízo, presumem-se válidas as intimações dirigidas ao endereço constante nos autos, ainda que não recebidas pessoalmente pelo interessado. Fluindo o prazo a partir da juntada aos autos do comprovante de entrega de correspondência enviado ao primitivo endereço.

> **Art. 842.** Recaindo a penhora sobre bem imóvel ou direito real sobre imóvel, será intimado também o cônjuge do executado, salvo se forem casados em regime de separação absoluta de bens.

### COMENTÁRIOS

O art. 842 do CPC prevê a necessidade de intimação do cônjuge do executado salvo se casado em regime de separação total de bens. Deveria a lei nova aludir também ao companheiro, visto que a união estável se aplica *in albis* o regime de comunhão parcial de bens.

Mesmo o bem indivisível pode ser penhorado e até alienado, servindo o produto de sua alienação em parte à satisfação do exequente, e a outra parte para a meação do cônjuge alheio à execução.

Há dupla legitimidade do cônjuge para embargar tendo em vista que poderá opor embargos do executado, para discutir a dívida e ainda os embargos de terceiro, a fim de defender a sua meação (ver Súmula 134 do STJ). Se bem que *a priori*, a oposição de embargos de terceiro pelo cônjuge com objetivo exclusivo de resguardar a sua meação é desnecessária, já que a meação do cônjuge recairá sobre o produto da alienação.

O legislador poderia ter sido mais atencioso e expressamente prever os efeitos da anuência do cônjuge, com a consequente realização de nova penhora sobre o imóvel indicado pelo executado. E tal ato de vontade não significa a renúncia tácita às possíveis defesas do cônjuge não devedor, podendo ingressar com os embargos de terceiro e embargos à execução (ou ainda, a impugnação no cumprimento da sentença).

> **Art. 843.** Tratando-se de penhora de bem indivisível, o equivalente à quota-parte do coproprietário ou do cônjuge alheio à execução recairá sobre o produto da alienação do bem.
>
> § 1º É reservada ao coproprietário ou ao cônjuge não executado a preferência na arrematação do bem em igualdade de condições.
>
> § 2º Não será levada a efeito expropriação por preço inferior ao da avaliação na qual o valor auferido seja incapaz de garantir, ao coproprietário ou ao

cônjuge alheio à execução, o correspondente à sua quota-parte calculado sobre o valor da avaliação.

## COMENTÁRIOS

Há outras hipóteses de bens indivisíveis que podem recair em penhora. Quando poderá ser igualmente penhorado e alienado, entregando-se o produto da alienação em parte ao exequente e em parte aos demais condôminos. A novidade fica por conta da previsão de preferência para o coproprietário ou ao cônjuge não executado no direito de arrematação do bem em igualdade de condições.

É também novidade a previsão contida no § 2º prevendo a hipótese de que não será levada a efeito expropriação por preço inferior ao da avaliação na qual o valor auferido seja incapaz de garantir, ao coproprietário ou ao cônjuge alheio à execução, o correspondente à sua quota-parte calculado sobre o valor da avaliação.

**Art. 844.** Para presunção absoluta de conhecimento por terceiros, cabe ao exequente providenciar a averbação do arresto ou da penhora no registro competente, mediante apresentação de cópia do auto ou do termo, independentemente de mandado judicial.

## COMENTÁRIOS

O registro da penhora, de acordo com a norma acima, cabe ao exequente. As despesas havidas com o registro são consideradas despesas processuais, devendo ser reembolsadas pelo executado.

Apesar de não existir regra específica a respeito, tem-se entendido que, para haver presunção absoluta de conhecimento por terceiros da ocorrência de penhora sobre veículo automotor, é indispensável à anotação do ato constritivo junto ao registro do veículo no Departamento de Trânsito competente.

## SUBSEÇÃO III
### DO LUGAR DE REALIZAÇÃO DA PENHORA

**Art. 845.** Efetuar-se-á a penhora onde se encontrem os bens, ainda que sob a posse, a detenção ou a guarda de terceiros.

§ 1º A penhora de imóveis, independentemente de onde se localizem, quando apresentada certidão da respectiva matrícula, e a penhora de veículos automotores, quando apresentada certidão que ateste a sua existência, serão realizadas por termo nos autos.

§ 2º Se o executado não tiver bens no foro do processo, não sendo possível a realização da penhora nos termos do § 1º, a execução será feita por carta, penhorando-se, avaliando-se e alienando-se os bens no foro da situação.

## COMENTÁRIOS

A penhora será realizada no local onde se encontrem os bens ainda que sob a posse, detenção ou guarda de terceiros, reafirmando a regra do art. 790 do CPC.

Havendo bens em comarca distinta da do foro da causa, deve-se realizar execução por carta. A penhora realizada por oficial de justiça é ato concreto que pressupõe que o oficial de justiça constate materialmente a existência do bem. As formalidades legais devem ser cumpridas de forma irrestrita pelo oficial de justiça, sob pena de invalidar os atos processuais que produziu.

É um trabalho que, indubitavelmente deve ser exercido *in loco*. As informações trazidas aos autos devem traduzir a pura realidade, revestindo-se de transparência e honestidade, sendo inadmissível que não correspondam aos acontecimentos que efetivamente ocorreram e aos bens existentes.

> **Art. 846.** Se o executado fechar as portas da casa a fim de obstar a penhora dos bens, o oficial de justiça comunicará o fato ao juiz, solicitando-lhe ordem de arrombamento.
>
> § 1º Deferido o pedido, 2 (dois) oficiais de justiça cumprirão o mandado, arrombando cômodos e móveis em que se presuma estarem os bens, e lavrarão de tudo auto circunstanciado, que será assinado por 2 (duas) testemunhas presentes à diligência.
>
> § 2º Sempre que necessário, o juiz requisitará força policial, a fim de auxiliar os oficiais de justiça na penhora dos bens.
>
> § 3º Os oficiais de justiça lavrarão em duplicata o auto da ocorrência, entregando uma via ao escrivão ou ao chefe de secretaria, para ser juntada aos autos, e a outra à autoridade policial a quem couber a apuração criminal dos eventuais delitos de desobediência ou de resistência.
>
> § 4º Do auto da ocorrência constará o rol de testemunhas, com a respectiva qualificação.

## COMENTÁRIOS

A casa é asilo inviolável do indivíduo. O espaço privado não aberto ao público onde o executado exerce profissão ou atividade profissional está incluído pelo conceito de casa. O ingresso de oficial de justiça nesses espaços está condicionado à prévia determinação judicial.

Resistindo o executado, porém, ao ingresso do oficial de justiça, esse comunicará o fato ao juiz, solicitando-lhe ordem de arrombamento. É ilegal o arrombamento realizado pelo oficial de justiça desmunido de mandado judicial que especificamente lhe autorize o arrombamento.

# CÓDIGO DE PROCESSO CIVIL COMENTADO • LEI 13.105, DE 16 DE MARÇO DE 2015 | ART. 847

Convém frisar que ao impedir a atividade do oficial de justiça, comete o executado, em tese, crime de resistência previsto no art. 329 do Código Penal.

## SUBSEÇÃO IV
## DAS MODIFICAÇÕES DA PENHORA

**Art. 847.** O executado pode, no prazo de 10 (dez) dias contado da intimação da penhora, requerer a substituição do bem penhorado, desde que comprove que lhe será menos onerosa e não trará prejuízo ao exequente.

§ 1º O juiz só autorizará a substituição se o executado:

I – comprovar as respectivas matrículas e os registros por certidão do correspondente ofício, quanto aos bens imóveis;

II – descrever os bens móveis, com todas as suas propriedades e características, bem como o estado deles e o lugar onde se encontram;

III – descrever os semoventes, com indicação de espécie, de número, de marca ou sinal e do local onde se encontram;

IV – identificar os créditos, indicando quem seja o devedor, qual a origem da dívida, o título que a representa e a data do vencimento; e

V – atribuir, em qualquer caso, valor aos bens indicados à penhora, além de especificar os ônus e os encargos a que estejam sujeitos.

§ 2º Requerida a substituição do bem penhorado, o executado deve indicar onde se encontram os bens sujeitos à execução, exibir a prova de sua propriedade e a certidão negativa ou positiva de ônus, bem como abster-se de qualquer atitude que dificulte ou embarace a realização da penhora.

§ 3º O executado somente poderá oferecer bem imóvel em substituição caso o requeira com a expressa anuência do cônjuge, salvo se o regime for o de separação absoluta de bens.

§ 4º O juiz intimará o exequente para manifestar-se sobre o requerimento de substituição do bem penhorado.

## COMENTÁRIOS

O executado pode postular a substituição do bem penhorado no prazo de 10 (dez) dias após a intimação da penhora. O deferimento da substituição resta condicionado à prova cabal de que a substituição não trará prejuízo algum ao exequente e será menos onerosa para o executado.

Provada a ausência de prejuízo para o exequente e a menor onerosidade para o executado, pouco interessa a concordância ou não do exequente com a substituição, tem o executado o direito à substituição do bem constrito. O executado que provoca o incidente de substituição da penhora sem preencher os requisitos que autorizam o seu

545

deferimento provoca incidente manifestamente infundado e opõe resistência injustificada ao andamento da execução, configurando o litigante de má-fé.

O executado deverá cumprir o ônus descrito no segundo parágrafo, no momento em que postular a substituição do bem penhorado. O não desempenho desse ônus acarreta preclusão da faculdade de postular a substituição do bem constrito.

A respeito do pedido de substituição do bem penhorado tem o exequente de ser intimado para, querendo, exercer o seu direito ao contraditório. Lembrando-se que o novo *codex* prestigia com vigor o contraditório participativo.

> **Art. 848.** As partes poderão requerer a substituição da penhora se:
>
> I – ela não obedecer à ordem legal;
>
> II – ela não incidir sobre os bens designados em lei, contrato ou ato judicial para o pagamento;
>
> III – havendo bens no foro da execução, outros tiverem sido penhorados;
>
> IV – havendo bens livres, ela tiver recaído sobre bens já penhorados ou objeto de gravame;
>
> V – ela incidir sobre bens de baixa liquidez;
>
> VI – fracassar a tentativa de alienação judicial do bem; ou
>
> VII – o executado não indicar o valor dos bens ou omitir qualquer das indicações previstas em lei.
>
> **Parágrafo único.** A penhora pode ser substituída por fiança bancária ou por seguro garantia judicial, em valor não inferior ao do débito constante da inicial, acrescido de trinta por cento.

## COMENTÁRIOS

A execução realiza-se no interesse do exequente e a ordem preferencial de penhora visa atender igualmente esse interesse. O exequente tem direito a requerer a substituição da penhora. De toda forma, o postulado impõe a execução pelo modo menos gravoso ao executado, não tendo o condão de afastar o direito do exequente à penhora em conformidade com a gradação legal.

A menor onerosidade da execução não se sobrepõe à necessidade de tutela jurisdicional adequada e efetiva ao exequente. O executado tem o dever no prazo assinado pelo juiz a indicar onde se encontram os bens sujeitos à execução, exibir a prova de sua propriedade e, se for o caso, certidão negativa de ônus, bem como abster-se de qualquer atitude que dificulte ou embarace a realização da penhora.

Nada impede que o juiz fixe multa coercitiva para constranger o executado a indicar bens à penhora. O descumprimento de dever de indicar bens à penhora importa aplicação de multa sancionatória por ato atentatório à dignidade da Justiça.

# CÓDIGO DE PROCESSO CIVIL COMENTADO • LEI 13.105, DE 16 DE MARÇO DE 2015 — ART. 851

O descumprimento do dever de abster-se de qualquer atitude que dificulte ou atrapalhe a realização da penhora significa ato atentatório ao exercício da jurisdição. O juiz tem o dever de sancionar o executado faltoso.

O fato da carta de fiança ou a apólice de seguro ter normalmente prazo fixo não a desmerece como garantia adequada à execução. Ocorrendo vencimento cumpre ao exequente requerer a substituição da penhora.

**Art. 849.** Sempre que ocorrer a substituição dos bens inicialmente penho-rados, será lavrado novo termo.

## COMENTÁRIOS

Evidentemente que concretizada a substituição da penhora, se lavrará novo termo, individuando e atendendo aos requisitos de validade e eficácia da penhora.

A oitiva da parte contrária se faz necessária, podendo o exequente recusar a substi-tuição do bem penhorado caso o bem ofertado em substituição apresente menor liquidez do que aquele já penhorado. Concordando, por outro lado, lavrar-se-á o respectivo termo. O juiz decidirá de plano quaisquer questões suscitadas.

**Art. 850.** Será admitida a redução ou a ampliação da penhora, bem como sua transferência para outros bens, se, no curso do processo, o valor de mercado dos bens penhorados sofrer alteração significativa.

## COMENTÁRIOS

O legislador consagrou o entendimento já consolidado na doutrina e na jurispru-dência ao prever que será possível a redução ou a majoração da penhora, bem como sua transferência para outros bens, se, no curso do processo, o valor de mercado dos bens penhorados sofrer alteração significativa.

**Art. 851.** Não se procede à segunda penhora, salvo se:

I – a primeira for anulada;

II – executados os bens, o produto da alienação não bastar para o paga-mento do exequente;

III – o exequente desistir da primeira penhora, por serem litigiosos os bens ou por estarem submetidos a constrição judicial.

## COMENTÁRIOS

O artigo em tela não traz em seu bojo nenhuma novidade regulando as hipóteses que autorizam a realização de uma segunda penhora.

547

Como regra, após o auto de penhora devidamente formalizado não se procede a nova penhora, ressalvados os motivos assinalados no presente artigo.

**Art. 852.** O juiz determinará a alienação antecipada dos bens penhorados quando:

I – se tratar de veículos automotores, de pedras e metais preciosos e de outros bens móveis sujeitos à depreciação ou à deterioração;

II – houver manifesta vantagem.

### COMENTÁRIOS

O artigo em comento trata da alienação antecipada que será admitida sempre que os bens penhorados estiverem sujeitos à deterioração ou depreciação e quando houver manifesta vantagem. Existe, entretanto, uma inovação, que é a previsão expressa de alienação de veículos automotores, de pedras e metais preciosos e de outros bens móveis sujeitos à depreciação ou à deterioração.

A primeira conclusão é que restam excluídos dessa hipótese os bens imóveis. A segunda é que os bens especificamente indicados devem ser alienados antecipadamente, independentemente de comprovação do perigo de deterioração ou depreciação no caso concreto.

Criou-se uma presunção absoluta para a alienação antecipada de tais bens, considerando abstratamente o perigo do tempo sobre eles, não interessando para tanto as circunstâncias do caso concreto.

**Art. 853.** Quando uma das partes requerer alguma das medidas previstas nesta Subseção, o juiz ouvirá sempre a outra, no prazo de 3 (três) dias, antes de decidir.

**Parágrafo único.** O juiz decidirá de plano qualquer questão suscitada.

### COMENTÁRIOS

Será indispensável a oitiva das partes antes, no prazo de 3 (três) dias, para decidir sobre as medidas executivas bem como a alienação antecipada dos bens penhorados, corroborando com o contraditório participativo e o dever do diálogo do juiz com as partes.

Qualquer decisão a respeito da modificação da penhora deve ser precedida de contraditório, sob pena de invalidade.

### SUBSEÇÃO V
### DA PENHORA DE DINHEIRO EM DEPÓSITO
### OU EM APLICAÇÃO FINANCEIRA

**Art. 854.** Para possibilitar a penhora de dinheiro em depósito ou em aplicação financeira, o juiz, a requerimento do exequente, sem dar ciência prévia

# CÓDIGO DE PROCESSO CIVIL COMENTADO • LEI 13.105, DE 16 DE MARÇO DE 2015 — ART. 854

do ato ao executado, determinará às instituições financeiras, por meio de sistema eletrônico gerido pela autoridade supervisora do sistema financeiro nacional, que torne indisponíveis ativos financeiros existentes em nome do executado, limitando-se a indisponibilidade ao valor indicado na execução.

§ 1º No prazo de 24 (vinte e quatro) horas a contar da resposta, de ofício, o juiz determinará o cancelamento de eventual indisponibilidade excessiva, o que deverá ser cumprido pela instituição financeira em igual prazo.

§ 2º Tornados indisponíveis os ativos financeiros do executado, este será intimado na pessoa de seu advogado ou, não o tendo, pessoalmente.

§ 3º Incumbe ao executado, no prazo de 5 (cinco) dias, comprovar que:

I – as quantias tornadas indisponíveis são impenhoráveis;

II – ainda remanesce indisponibilidade excessiva de ativos financeiros.

§ 4º Acolhida qualquer das arguições dos incisos I e II do § 3º, o juiz determinará o cancelamento de eventual indisponibilidade irregular ou excessiva, a ser cumprido pela instituição financeira em 24 (vinte e quatro) horas.

§ 5º Rejeitada ou não apresentada a manifestação do executado, converter-se-á a indisponibilidade em penhora, sem necessidade de lavratura de termo, devendo o juiz da execução determinar à instituição financeira depositária que, no prazo de 24 (vinte e quatro) horas, transfira o montante indisponível para conta vinculada ao juízo da execução.

§ 6º Realizado o pagamento da dívida por outro meio, o juiz determinará, imediatamente, por sistema eletrônico gerido pela autoridade supervisora do sistema financeiro nacional, a notificação da instituição financeira para que, em até 24 (vinte e quatro) horas, cancele a indisponibilidade.

§ 7º As transmissões das ordens de indisponibilidade, de seu cancelamento e de determinação de penhora previstas neste artigo far-se-ão por meio de sistema eletrônico gerido pela autoridade supervisora do sistema financeiro nacional.

§ 8º A instituição financeira será responsável pelos prejuízos causados ao executado em decorrência da indisponibilidade de ativos financeiros em valor superior ao indicado na execução ou pelo juiz, bem como na hipótese de não cancelamento da indisponibilidade no prazo de 24 (vinte e quatro) horas, quando assim determinar o juiz.

§ 9º Quando se tratar de execução contra partido político, o juiz, a requerimento do exequente, determinará às instituições financeiras, por meio de sistema eletrônico gerido por autoridade supervisora do sistema bancário, que tornem indisponíveis ativos financeiros somente em nome do órgão partidário que tenha contraído a dívida executada ou que tenha dado causa à violação de direito ou ao dano, ao qual cabe exclusivamente a responsabilidade pelos atos praticados, na forma da lei.

## COMENTÁRIOS

A penhora de dinheiro é a preferida para viabilizar a concretização do direito de crédito, já que dispensa todo o procedimento destinado a permitir justa e adequada transformação da penhora em dinheiro, eliminando-se a demora e o custo de atos como a avaliação e alienação do bem a terceiro.

Tal espécie de penhora dá ao exequente a oportunidade de penhorar a exata quantia necessária ao seu pagamento. Portanto, o dinheiro, em espécie ou em depósito ou aplicação em instituição financeira, tem a preferência legal na ordem da penhora.

O executado não tem mais o direito à nomeação de bens à penhora. Tem o dever de pagar. O exequente tem direito à penhora de quantia em dinheiro e para tanto pode requerê-la eletronicamente. Não se trata de solução secundária para a individualização dos bens a penhorar, aliás, o direito à penhora eletrônica prefere aos demais.

Para viabilizar a penhora eletrônica e viabilizar o acesso as informações o Superior Tribunal de Justiça, Tribunal Superior do Trabalho e o Conselho da Justiça Federal firmaram convênio com o Banco Central por meio do qual os juízes com senhas cadastradas têm acesso, através da internet, a um sistema de consultas desenvolvido pelo Banco Central do Brasil e denominado Bacenjud. Assim o juiz possui a possibilidade de obter as informações sobre depósitos bancários em conta corrente ou aplicação financeira do executado, realizados em qualquer instituição financeira e localidade do País. Com isso, o magistrado também fica com o poder de determinar o bloqueio do valor do crédito executado, concretizando o direito do exequente à penhora de dinheiro.

### SUBSEÇÃO VI
### DA PENHORA DE CRÉDITOS

**Art. 855.** Quando recair em crédito do executado, enquanto não ocorrer a hipótese prevista no art. 856, considerar-se-á feita a penhora pela intimação:

I – ao terceiro devedor para que não pague ao executado, seu credor;

II – ao executado, credor do terceiro, para que não pratique ato de disposição do crédito.

### COMENTÁRIOS

Geralmente considera-se realizada a penhora sobre créditos do executado pela intimação ao terceiro devedor para que não pague ao seu credor e ao credor do terceiro para que não pratique ato de disposição de crédito.

Se o terceiro devedor paga inadvertidamente ao credor-executado, nada obstante intimado, seu pagamento é ineficaz, ficando obrigado a pagar novamente ao exequente, ressalvado o seu direito de regresso contra aquele que recebeu o pagamento de maneira indevida.

# CÓDIGO DE PROCESSO CIVIL COMENTADO • LEI 13.105, DE 16 DE MARÇO DE 2015 | ART. 857

**Art. 856.** A penhora de crédito representado por letra de câmbio, nota promissória, duplicata, cheque ou outros títulos far-se-á pela apreensão do documento, esteja ou não este em poder do executado.

§ 1º Se o título não for apreendido, mas o terceiro confessar a dívida, será este tido como depositário da importância.

§ 2º O terceiro só se exonerará da obrigação depositando em juízo a importância da dívida.

§ 3º Se o terceiro negar o débito em conluio com o executado, a quitação que este lhe der caracterizará fraude à execução.

§ 4º A requerimento do exequente, o juiz determinará o comparecimento, em audiência especialmente designada, do executado e do terceiro, a fim de lhes tomar os depoimentos.

## COMENTÁRIOS

A penhora de crédito representado por título de crédito realiza-se pela apreensão do documento em que se consubstancia o crédito. Não importando se o título representa obrigação particular ou de ente que componha a Administração Pública – o procedimento para penhora é o mesmo.

Na impossibilidade de apreensão do título, a confissão do terceiro da dívida supre a sua ausência. Com a confissão, passa a ser depositário da importância, sujeitando-se à prisão civil por infidelidade.

O terceiro devedor só se libera da obrigação documentada no título ou confessada mediante o depósito em juízo da importância devida. Ciente da penhora, o terceiro que pagar ao credor-executado assumirá o risco do pagamento, podendo ser constrangido a pagar novamente ao exequente.

A lei exige expressamente o conluio entre o executado e o terceiro para configuração de fraude à execução. Comprovado o conluio, a quitação que o executado der ao terceiro considera-se em fraude à execução.

A requerimento do exequente ou de ofício, poderá o juiz determinar o comparecimento do terceiro e do executado em audiência, a fim de lhes tomar os depoimentos para esclarecimento.

**Art. 857.** Feita a penhora em direito e ação do executado, e não tendo ele oferecido embargos ou sendo estes rejeitados, o exequente ficará sub-rogado nos direitos do executado até a concorrência de seu crédito.

§ 1º O exequente pode preferir, em vez da sub-rogação, a alienação judicial do direito penhorado, caso em que declarará sua vontade no prazo de 10 (dez) dias contado da realização da penhora.

§ 2º A sub-rogação não impede o sub-rogado, se não receber o crédito do executado, de prosseguir na execução, nos mesmos autos, penhorando outros bens.

## COMENTÁRIOS

Realizada a penhora, independentemente de oferecimento ou de julgamento de embargos do executado já que esses não têm mais, como regra, efeito suspensivo, tem o exequente de optar pela sub-rogação no direito de crédito penhorado ou pela alienação por iniciativa particular ou judicial. O prazo para tanto é 10 (dez) dias úteis da realização da penhora.

Não tendo recebido o crédito do terceiro devedor, nada impede que o exequente tenha resolvido dar prosseguimento na execução a fim de alienar o crédito. Sendo, o caso, poderá inclusive penhorar outros bens do executado nos mesmos autos. O terceiro não poderá sofrer em seu patrimônio qualquer agressão posto que será indevida.

A opção que é oferecida ao exequente é entre a sub-rogação e a alienação. Sendo pacífica a jurisprudência: o crédito representado por precatório é bem penhorável, mesmo que a entidade dele devedora não seja a própria exequente.

O reconhecimento da penhorabilidade de precatório não significa reconhecimento da compensabilidade desse crédito, seja com a dívida com a execução, seja com qualquer outra.

O credor pode preferir, em vez da sub-rogação, a alienação judicial do direito penhorado, caso em que declarará a sua vontade no prazo de 10 (dez) dias contados da realização da penhora.

**Art. 858.** Quando a penhora recair sobre dívidas de dinheiro a juros, de direito a rendas ou de prestações periódicas, o exequente poderá levantar os juros, os rendimentos ou as prestações à medida que forem sendo depositados, abatendo-se do crédito as importâncias recebidas, conforme as regras de imputação do pagamento.

## COMENTÁRIOS

Recaindo a penhora sobre dívidas de dinheiro a juros, de direito a rendas ou de prestações periódicas, a penhora realiza-se com a intimação.

O exequente poderá imediatamente levantar os juros, os rendimentos e as prestações na medida em que depositadas, abatendo-se do crédito as importâncias devidas, conforme as normas de imputação em pagamento constante nos arts. 352 ao 355 do Código Civil.

**Art. 859.** Recaindo a penhora sobre direito a prestação ou a restituição de coisa determinada, o executado será intimado para, no vencimento, depositá-la, correndo sobre ela a execução.

### COMENTÁRIOS

A realização de penhora sobre prestação ou restituição de coisa determinada deve ocorre pela intimação do devedor, a fim de que o terceiro não entregue a coisa ao executado. O terceiro devedor deve ser intimado para, no vencimento, depositá-la em juízo, concentrando-se sobre ela a execução.

**Art. 860.** Quando o direito estiver sendo pleiteado em juízo, a penhora que recair sobre ele será averbada, com destaque, nos autos pertinentes ao direito e na ação correspondente à penhora, a fim de que esta seja efetivada nos bens que forem adjudicados ou que vierem a caber ao executado.

### COMENTÁRIOS

A penhora sobre direito litigioso far-se-á no rosto dos autos e efetivar-se-á nos bens que tocarem ao devedor no processo. No caso de inventário ou arrolamento, a penhora recairá sobre o direito a uma cota da herança, caso executado um dos herdeiros.

Se, todavia, a execução é por conta de obrigação contraída pelo próprio autor da herança, nada obsta que a penhora recaia sobre bem determinado do patrimônio que compõe o espólio.

É desnecessária a constituição de novo encargo de depositário a partir da penhora no rosto dos autos, caso já existente depositário no processo ciente dessa.

### SUBSEÇÃO VII
### DA PENHORA DAS QUOTAS OU DAS AÇÕES
### DE SOCIEDADE PERSONIFICADAS

**Art. 861.** Penhoradas as quotas ou as ações de sócio em sociedade simples ou empresária, o juiz assinará prazo razoável, não superior a 3 (três) meses, para que a sociedade:

I – apresente balanço especial, na forma da lei;

II – ofereça as quotas ou as ações aos demais sócios, observado o direito de preferência legal ou contratual;

III – não havendo interesse dos sócios na aquisição das ações, proceda à liquidação das quotas ou das ações, depositando em juízo o valor apurado, em dinheiro.

§ 1º Para evitar a liquidação das quotas ou das ações, a sociedade poderá adquiri-las sem redução do capital social e com utilização de reservas, para manutenção em tesouraria.

§ 2º O disposto no *caput* e no § 1º não se aplica à sociedade anônima de capital aberto, cujas ações serão adjudicadas ao exequente ou alienadas em bolsa de valores, conforme o caso.

§ 3º Para os fins da liquidação de que trata o inciso III do *caput*, o juiz poderá, a requerimento do exequente ou da sociedade, nomear administrador, que deverá submeter à aprovação judicial a forma de liquidação.

§ 4º O prazo previsto no *caput* poderá ser ampliado pelo juiz, se o pagamento das quotas ou das ações liquidadas:

I – superar o valor do saldo de lucros ou reservas, exceto a legal, e sem diminuição do capital social, ou por doação; ou

II – colocar em risco a estabilidade financeira da sociedade simples ou empresária.

§ 5º Caso não haja interesse dos demais sócios no exercício de direito de preferência, não ocorra a aquisição das quotas ou das ações pela sociedade e a liquidação do inciso III do *caput* seja excessivamente onerosa para a sociedade, o juiz poderá determinar o leilão judicial das quotas ou das ações.

## COMENTÁRIOS

As cotas sociais são penhoráveis, não se podendo criar hipótese de impenhorabilidade não prevista em lei, inclusive porque expressamente previstas como classe de bens penhoráveis.

É claro que a aquisição das cotas sociais por terceiro ou pelo próprio exequente não transfere a *affectio societatis*, sendo possível aos sócios remanescentes promover a dissolução e liquidação da sociedade.

Havendo a penhora de cotas ou ações de sócio em sociedade simples ou empresária, o juiz fixará um prazo não superior a 3 (três) meses, para que a sociedade apresente balanço especial na forma da lei, ofereça as quotas ou ações aos demais sócios, observados o direito de preferência legal ou contratual, e, não havendo interesse dos sócios na aquisição, proceda à liquidação das cotas ou ações, depositando em juízo e em dinheiro o valor apurado.

O prazo de 3 (três) meses poderá ser ampliado pelo juiz, se o pagamento das cotas ou das ações liquidadas superar o valor do saldo de lucros ou reservas, exceto a legal, e sem diminuição do capital social, ou por doação ou colocar em risco a estabilidade financeira da sociedade simples ou empresária. Se não houver interesse dos demais sócios no exercício de direito de preferência, não ocorra a aquisição das cotas ou das ações pela sociedade e a liquidação seja excessivamente onerosa para a sociedade, o juiz poderá determinar o leilão judicial das cotas ou das ações.

## SUBSEÇÃO VIII
### DA PENHORA DE EMPRESAS, DE OUTROS ESTABELECIMENTOS E DE SEMOVENTES

**Art. 862.** Quando a penhora recair em estabelecimento comercial, industrial ou agrícola, bem como em semoventes, plantações ou edifícios em construção, o juiz nomeará administrador-depositário, determinando-lhe que apresente em 10 (dez) dias o plano de administração.

§ 1º Ouvidas as partes, o juiz decidirá.

§ 2º É lícito às partes ajustar a forma de administração e escolher o depositário, hipótese em que o juiz homologará por despacho a indicação.

§ 3º Em relação aos edifícios em construção sob regime de incorporação imobiliária, a penhora somente poderá recair sobre as unidades imobiliárias ainda não comercializadas pelo incorporador.

§ 4º Sendo necessário afastar o incorporador da administração da incorporação, será ela exercida pela comissão de representantes dos adquirentes ou, se se tratar de construção financiada, por empresa ou profissional indicado pela instituição fornecedora dos recursos para a obra, devendo ser ouvida, neste último caso, a comissão de representantes dos adquirentes.

### COMENTÁRIOS

É imprescindível que a penhora sobre estabelecimento comercial, industrial ou agrícola, semoventes, plantações ou edifício em construção obedeça a uma forma de administração específica, devidamente apresentada pelo seu depositário-administrador e aprovada em juízo.

Eis a razão pela qual, por exemplo, a penhora sobre o faturamento diário de determinada empresa se mostra inviável, violando o dispositivo. A penhora sobre empresa não se confunde com a penhora sobre o seu estoque, que é obviamente possível e não se submete a ordem prevista.

O depositário-administrador será nomeado pelo juiz, ouvidas as partes a respeito do plano apresentado. As partes podem ajustar, de comum acordo, a forma de administração, escolhendo o depositário. *In casu*, tem o juiz de acolher a indicação, homologando-a. Ressalvado o depositário judicial, ninguém é obrigado a aceitar o encargo de depositário-administrador.

A jurisprudência pátria tem dado especial valor à continuidade da empresa em razão também de sua função social, sendo a penhora sobre percentual de faturamento de empresa medida excepcional para a satisfação do exequente.

**Art. 863.** A penhora de empresa que funcione mediante concessão ou autorização far-se-á, conforme o valor do crédito, sobre a renda, sobre determinados bens ou sobre todo o patrimônio, e o juiz nomeará como depositário, de preferência, um de seus diretores.

§ 1º Quando a penhora recair sobre a renda ou sobre determinados bens, o administrador-depositário apresentará a forma de administração e o esquema de pagamento, observando-se, quanto ao mais, o disposto em relação ao regime de penhora de frutos e rendimentos de coisa móvel e imóvel.

§ 2º Recaindo a penhora sobre todo o patrimônio, prosseguirá a execução em seus ulteriores termos, ouvindo-se, antes da arrematação ou da adjudicação, o ente público que houver outorgado a concessão.

## COMENTÁRIOS

É possível ser penhorada a renda e determinados bens ou todo o patrimônio da empresa. De preferência, tem de ser nomeado como depositário-administrador um de seus diretores.

A satisfação do exequente dar-se-á pela percepção, até o momento de seu crédito, de valores periódicos da empresa. Recaindo sobre toda empresa, sobre todo o seu patrimônio, prosseguirá a execução os seus ulteriores termos até a sua adjudicação ou alienação e conseguinte satisfação do exequente. Obviamente que nesse caso está o administrador dispensado de apresentar o esquema de pagamento ao exequente.

**Art. 864.** A penhora de navio ou de aeronave não obsta que continuem navegando ou operando até a alienação, mas o juiz, ao conceder a autorização para tanto, não permitirá que saiam do porto ou do aeroporto antes que o executado faça o seguro usual contra riscos.

## COMENTÁRIOS

Os navios e aeronaves de qualquer espécie estão incluídos no dispositivo em comento. A penhora não impede a navegação ou a operação até haver a adjudicação ou alienação, desde que, devidamente autorizado pelo juiz, o executado preste garantia idônea sobre os eventuais riscos oriundos da utilização do navio e aeronave.

Por "seguro usual contra riscos", mas é certo que se refere a qualquer garantia idônea serve para obtenção de autorização para navegação ou operação da coisa penhorada.

O executado é o depositário do navio ou aeronave e como tal responde por eventual infidelidade.

**Art. 865.** A penhora de que trata esta Subseção somente será determinada se não houver outro meio eficaz para a efetivação do crédito.

## COMENTÁRIOS

A penhora desta subseção só será efetivada se não houver outro meio mais eficaz para efetivação do crédito, respeitada a forma menos onerosa e mais eficaz para tutelar o direito de crédito do exequente.

### SUBSEÇÃO IX
### DA PENHORA DE PERCENTUAL DE FATURAMENTO DE EMPRESA

**Art. 866.** Se o executado não tiver outros bens penhoráveis ou se, tendo-os, esses forem de difícil alienação ou insuficientes para saldar o crédito executado, o juiz poderá ordenar a penhora de percentual de faturamento de empresa.

§ 1º O juiz fixará percentual que propicie a satisfação do crédito exequendo em tempo razoável, mas que não torne inviável o exercício da atividade empresarial.

§ 2º O juiz nomeará administrador-depositário, o qual submeterá à aprovação judicial a forma de sua atuação e prestará contas mensalmente, entregando em juízo as quantias recebidas, com os respectivos balancetes mensais, a fim de serem imputadas no pagamento da dívida.

§ 3º Na penhora de percentual de faturamento de empresa, observar-se-á, no que couber, o disposto quanto ao regime de penhora de frutos e rendimentos de coisa móvel e imóvel.

### COMENTÁRIOS

Reforça o artigo em comento que a penhora sobre o faturamento de empresa é a *ultima ratio*. O juiz estabelecerá o percentual cabal a satisfação do crédito exequendo em tempo razoável, tendo o cuidado de não inviabilizar o exercício da atividade empresarial.

Com isso, procura-se preservar a atividade empresarial por sua reconhecida função social.

O juiz nomeará administrador-depositário, que será submetido à aprovação judicial a sua atuação, devendo prestar mensalmente contas, e entregando em juízo as quantias recebidas, com apresentação dos respectivos balancetes mensais, para ser imputadas no pagamento do débito.

Na penhora sobre o percentual do faturamento empresarial, observar-se-á no que couber, o regime de penhora de frutos e rendimentos de coisa móvel e imóvel.

## SUBSEÇÃO X
## DA PENHORA DE FRUTOS E RENDIMENTOS
## DE COISA MÓVEL OU IMÓVEL

**Art. 867.** O juiz pode ordenar a penhora de frutos e rendimentos de coisa móvel ou imóvel quando a considerar mais eficiente para o recebimento do crédito e menos gravosa ao executado.

### COMENTÁRIOS

O usufruto é direito real limitado de fruir ou usar o bem móvel ou imóvel de coisa alheia. O usufruto judicial consiste em técnica expropriatória que visa a satisfazer o direito do exequente com os frutos e rendimentos advindos do bem.

Pode ser usado para obtenção da tutela do direito do exequente sempre que representar o meio menos gravoso ao executado. O usufruto só terá a preferência como meio executório quando não houver outro meio mais idôneo (ainda que mais gravoso ao executado) para a realização do direito do exequente.

O princípio da economicidade não poderá superar o princípio da maior utilidade da execução para o exequente, propiciando que a execução se realize por meios ineficientes à solução do crédito exequendo.

Ressalte-se que o exequente tem o direito fundamental à tutela jurisdicional adequada e efetiva e deve ser desenvolvida em razão de seu interesse.

**Art. 868.** Ordenada a penhora de frutos e rendimentos, o juiz nomeará administrador-depositário, que será investido de todos os poderes que concernem à administração do bem e à fruição de seus frutos e utilidades, perdendo o executado o direito de gozo do bem, até que o exequente seja pago do principal, dos juros, das custas e dos honorários advocatícios.

§ 1º A medida terá eficácia em relação a terceiros a partir da publicação da decisão que a conceda ou de sua averbação no ofício imobiliário, em caso de imóveis.

§ 2º O exequente providenciará a averbação no ofício imobiliário mediante a apresentação de certidão de inteiro teor do ato, independentemente de mandado judicial.

### COMENTÁRIOS

Uma vez decretado o usufruto perderá o executado o gozo e utilização do móvel ou imóvel até que o exequente esteja pago integralmente, o que inclui o valor principal do débito acrescido de juros, custas e honorários advocatícios.

Portanto, o valor necessário a plena satisfação do crédito exequendo será aquele que inclua o principal e os acessórios da dívida consolidada.

Consentindo o executado, terá o exequente direito à administração do bem, com o que será investido em todos os poderes que concernem ao usufrutuário.

**Art. 869.** O juiz poderá nomear administrador-depositário o exequente ou o executado, ouvida a parte contrária, e, não havendo acordo, nomeará profissional qualificado para o desempenho da função.

§ 1º O administrador submeterá à aprovação judicial a forma de administração e a de prestar contas periodicamente.

§ 2º Havendo discordância entre as partes ou entre essas e o administrador, o juiz decidirá a melhor forma de administração do bem.

§ 3º Se o imóvel estiver arrendado, o inquilino pagará o aluguel diretamente ao exequente, salvo se houver administrador.

§ 4º O exequente ou o administrador poderá celebrar locação do móvel ou do imóvel, ouvido o executado.

§ 5º As quantias recebidas pelo administrador serão entregues ao exequente, a fim de serem imputadas ao pagamento da dívida.

§ 6º O exequente dará ao executado, por termo nos autos, quitação das quantias recebidas.

### COMENTÁRIOS

Através da decisão interlocutória que concede o usufruto o juiz poderá nomear o administrador que deverá ser aprovado pelos litigantes. Não havendo acordo será nomeado então profissional qualificado da confiança do juízo para assumir o encargo. O administrador se submeterá normalmente a aprovação judicial tendo que periodicamente prestar contas.

O juiz terá, por assim dizer, o "voto de minerva" quando pender discordância sobre qual a melhor forma de administração entre as partes.

Se o imóvel estiver arrendado ou locado, o inquilino ou arrendatário pagará o aluguel ou renda diretamente ao exequente, exceto se houver administrador.

O exequente ou administrador poderá celebrar locação do móvel ou imóvel desde que ouvido o executado.

As quantias recebidas pelo administrador serão entregues ao exequente que funcionará como imputação ao pagamento do débito exequendo. Nos autos, o exequente dará a quitação das quantias recebidas.

### SUBSEÇÃO XI
### DA AVALIAÇÃO

**Art. 870.** A avaliação será feita pelo oficial de justiça.

**Parágrafo único.** Se forem necessários conhecimentos especializados e o valor da execução o comportar, o juiz nomeará avaliador, fixando-lhe prazo não superior a 10 (dez) dias para entrega do laudo.

## COMENTÁRIOS

A avaliação corresponde ao dimensionamento econômico-financeiro do bem penhorado. Trata-se de ato vinculado à penhora e à finalidade executiva. Posto que a extensão da constrição patrimonial e da expropriação do bem penhorado se guiará pela avaliação.

Tal avaliação é também uma atividade do oficial de justiça, ressalvando os casos em que a avaliação exigirá conhecimentos técnicos ou específicos, ou quando o exequente tenha aceitado a avaliação proposta pelo executado, ou quando o bem já tenha um meio seguro de se aquilatar seu valor econômico. Sendo necessário conhecimento técnico especializado, caberá ao juiz nomear avaliador, fixando-lhe prazo não acima de 10 (dez) dias para a entrega do respectivo laudo. O perito nomeado pelo juiz deverá ter suficiente conhecimento para dimensionar economicamente o bem, e para tanto poderão os litigantes solicitar comprovação documental de tal habilitação.

Há registro na jurisprudência pátria que para determinação do valor de determinado imóvel, não é obrigatória a nomeação de perito engenheiro, arquiteto ou agrônomo. Portanto, outros profissionais poderão fazê-lo como, por exemplo, corretor de imóveis, contador ou mesmo advogado. Isso porque a determinação de valor de um imóvel depende principalmente do conhecimento do mercado imobiliário local bem como das características do bem, estado de conservação e situação fiscal.

**Art. 871.** Não se procederá à avaliação quando:

I – uma das partes aceitar a estimativa feita pela outra;

II – se tratar de títulos ou de mercadorias que tenham cotação em bolsa, comprovada por certidão ou publicação no órgão oficial;

III – se tratar de títulos da dívida pública, de ações de sociedades e de títulos de crédito negociáveis em bolsa, cujo valor será o da cotação oficial do dia, comprovada por certidão ou publicação no órgão oficial;

IV – se tratar de veículos automotores ou de outros bens cujo preço médio de mercado possa ser conhecido por meio de pesquisas realizadas por órgãos oficiais ou de anúncios de venda divulgados em meios de comunicação, caso em que caberá a quem fizer a nomeação o encargo de comprovar a cotação de mercado.

**Parágrafo único.** Ocorrendo a hipótese do inciso I deste artigo, a avaliação poderá ser realizada quando houver fundada dúvida do juiz quanto ao real valor do bem.

## COMENTÁRIOS

A avaliação deverá ser submetida naturalmente ao contraditório, cuja fundamentalidade formal e material vincula imediatamente o órgão jurisdicional, permitindo-se a adequada participação dos litigantes para a atribuição do justo valor ao bem constrito.

É perfeitamente possível a nomeação de assistente técnico pela parte para influenciar o juízo no dimensionamento econômico do bem penhorado.

Não se procederá a avaliação nos casos da aceitação de estimativa feita pelo executado. Tal aceitação poderá ser tácita. A ausência de rejeição expressa nos autos pelo exequente em face da estimativa feita pelo executado resulta em aceitação tácita, tornando desnecessária a avaliação do bem penhorado. Sendo em títulos ou mercadorias com cotação em bolsa de valores, será comprovada o a cotação oficial do dia através de certidão ou publicação no órgão oficial.

**Art. 872.** A avaliação realizada pelo oficial de justiça constará de vistoria e de laudo anexados ao auto de penhora ou, em caso de perícia realizada por avaliador, de laudo apresentado no prazo fixado pelo juiz, devendo-se, em qualquer hipótese, especificar:

I – os bens, com as suas características, e o estado em que se encontram;

II – o valor dos bens.

§ 1º Quando o imóvel for suscetível de cômoda divisão, a avaliação, tendo em conta o crédito reclamado, será realizada em partes, sugerindo-se, com a apresentação de memorial descritivo, os possíveis desmembramentos para alienação.

§ 2º Realizada a avaliação e, sendo o caso, apresentada a proposta de desmembramento, as partes serão ouvidas no prazo de 5 (cinco) dias.

## COMENTÁRIOS

É obrigatória a apresentação de laudo de avaliação. Do contrário não haveria possibilidade de controle sobre a atividade executiva desempenhado pelo juízo.

O conteúdo do laudo terá que atender as exigências legais, e não as atendendo, e decorrendo prejuízo para os fins da justiça, o laudo é nulo e deve ser substituído por outro.

A decisão a respeito da validade ou invalidade do laudo pericial comportará agravo de instrumento conforme o parágrafo único do art. 1.015 do CPC.

**Art. 873.** É admitida nova avaliação quando:

I – qualquer das partes arguir, fundamentadamente, a ocorrência de erro na avaliação ou dolo do avaliador;

II – se verificar, posteriormente à avaliação, que houve majoração ou diminuição no valor do bem;

III – o juiz tiver fundada dúvida sobre o valor atribuído ao bem na primeira avaliação.

**Parágrafo único.** Aplica-se o art. 480 à nova avaliação prevista no inciso III do *caput* deste artigo.

## COMENTÁRIOS

A nova avaliação só é permitida em situações taxativamente arroladas. O juiz poderá determinar inclusive de ofício a nova avaliação posto que se trata de uma atividade preparatória para a satisfação do crédito exequendo.

A medida visa impedir o enriquecimento sem causa tanto do exequente como do adquirente do bem penhorado em detrimento do executado, evitando a expropriação por valor incompatível com o mercado.

Ratifique-se que o pedido de nova avaliação deve corresponder a um pedido sério e deve mesmo haver o erro na avaliação ou dolo do avaliador, tendo que existir fundada dúvida sobre o valor atribuído ao valor do bem pelo executado.

A prova documental, por exemplo, autoriza supor que se trata de pedido sério de nova avaliação. Sendo o caso, a alegação de oscilação no valor do bem já deve vir comprovada pelos indicativos financeiros que autorizam a assertiva da parte.

O litigante que postular nova avaliação sem fundamentação consistente opõe resistência injustificada ao andamento do processo e deve ser penalizada como litigante de má-fé.

**Art. 874.** Após a avaliação, o juiz poderá, a requerimento do interessado e ouvida a parte contrária, mandar:

I – reduzir a penhora aos bens suficientes ou transferi-la para outros, se o valor dos bens penhorados for consideravelmente superior ao crédito do exequente e dos acessórios;

II – ampliar a penhora ou transferi-la para outros bens mais valiosos, se o valor dos bens penhorados for inferior ao crédito do exequente.

## COMENTÁRIOS

A adequação da penhora em face da avaliação dependerá de requerimento da parte interessada e da realização de prévio contraditório. Todavia, havendo inadequação da penhora, deverá o juiz intimar a parte para adverti-la da inadequação e deve prestar auxílio às partes no sentido de obter processo justo.

No entanto, já se decidiu que não viola a regular avaliação prevista no artigo em comento, a avaliação feita pelo juiz, ainda que sumariamente, dos bens penhorados, antes de deferir a ampliação de penhora, servindo-se do seu prudente arbítrio.

Somente é cabível a adequação da penhora quando existir entre a avaliação do bem e o crédito exequendo uma significativa incompatibilidade, porquanto, dificilmente o bem é expropriado pelo preço da avaliação. Observando-se usualmente uma margem de variação entre o valor avaliado e aquele pelo qual se realizou a arrematação, forma mais comum de expropriação.

# CÓDIGO DE PROCESSO CIVIL COMENTADO • LEI 13.105, DE 16 DE MARÇO DE 2015

**Art. 875.** Realizadas a penhora e a avaliação, o juiz dará início aos atos de expropriação do bem.

## COMENTÁRIOS

Realizada a avaliação poderá o exequente requerer a adjudicação, ou outras formas expropriatórias do bem penhorado que atenda a menor gravosidade ao executado e atenda com maior eficácia ao interesse do exequente. Quer dizer, uma vez realizada a avaliação, poderá o exequente requerer a adjudicação dos bens penhorados, a venda por iniciativa particular ou alienação judicial.

## SEÇÃO IV
## DA EXPROPRIAÇÃO DE BENS
## SUBSEÇÃO I
## DA ADJUDICAÇÃO

**Art. 876.** É lícito ao exequente, oferecendo preço não inferior ao da avaliação, requerer que lhe sejam adjudicados os bens penhorados.

§ 1º Requerida a adjudicação, o executado será intimado do pedido:

I – pelo Diário da Justiça, na pessoa de seu advogado constituído nos autos;

II – por carta com aviso de recebimento, quando representado pela Defensoria Pública ou quando não tiver procurador constituído nos autos;

III – por meio eletrônico, quando, sendo o caso do § 1º do art. 246, não tiver procurador constituído nos autos.

§ 2º Considera-se realizada a intimação quando o executado houver mudado de endereço sem prévia comunicação ao juízo, observado o disposto no art. 274, parágrafo único.

§ 3º Se o executado, citado por edital, não tiver procurador constituído nos autos, é dispensável a intimação prevista no § 1º.

§ 4º Se o valor do crédito for:

I – inferior ao dos bens, o requerente da adjudicação depositará de imediato a diferença, que ficará à disposição do executado;

II – superior ao dos bens, a execução prosseguirá pelo saldo remanescente.

§ 5º Idêntico direito pode ser exercido por aqueles indicados no art. 889, incisos II a VIII, pelos credores concorrentes que hajam penhorado o mesmo bem, pelo cônjuge, pelo companheiro, pelos descendentes ou pelos ascendentes do executado.

§ 6º Se houver mais de um pretendente, proceder-se-á a licitação entre eles, tendo preferência, em caso de igualdade de oferta, o cônjuge, o companheiro, o descendente ou o ascendente, nessa ordem.

§ 7º No caso de penhora de quota social ou de ação de sociedade anônima fechada realizada em favor de exequente alheio à sociedade, esta será intimada, ficando responsável por informar aos sócios a ocorrência da penhora, assegurando-se a estes a preferência.

## COMENTÁRIOS

Pela adjudicação se realiza a transferência da propriedade do bem penhorado ao credor, para extinção do débito exequendo. A adjudicação como meio expropriatório é o preferencial pela sistemática adotada pelo CPC. Pode ser em objeto móvel ou imóvel. O direito à adjudicação também foi deferido ao credor hipotecário e aos credores concorrentes que hajam penhorado o mesmo bem. O mesmo direito fora atribuído ao cônjuge, companheiro, descendentes ou ascendentes do executado.

Sendo requerida a adjudicação o executado será intimado através do Diário de Justiça, na pessoa de seu advogado constituído nos autos, ou por carta com AR quando representado pela Defensoria Pública ou quando não houver procurador constituído nos autos. E, também poderá ser intimado por meio eletrônico no mesmo caso de não ter procurador constituído nos autos. Caso o executado tenha mudado de endereço sem prévia comunicação ao juízo, as intimações dirigidas ao endereço constante dos autos serão consideradas válidas (ver CPC, art. 274, parágrafo único).

Caso o executado tenha sido citado por edital e não tiver procurador constituído nos autos será dispensada a intimação.

Se o valor do crédito exequendo for inferior aos bens adjudicados, o exequente depositará imediatamente a diferença que ficará à disposição do executado. De outro lado, se o valor do crédito exequendo for superior aos bens, a execução prosseguirá pelo saldo remanescente.

Quando mais de um legitimado se apresentar, a adjudicação será deferida após prévia licitação entre eles e, em caso de igualdade de oferta terão preferência o cônjuge, companheiro, descendentes e ascendentes do devedor, nesta exata ordem.

No caso de adjudicação de cota social ou de ação de sociedade anônima fechada realizada em favor de exequente alheio à sociedade, esta será intimada, ficando responsável por informar aos sócios sobre a penhora e adjudicação, assegurando-se a este a preferência.

**Art. 877.** Transcorrido o prazo de 5 (cinco) dias, contado da última intimação, e decididas eventuais questões, o juiz ordenará a lavratura do auto de adjudicação.

§ 1º Considera-se perfeita e acabada a adjudicação com a lavratura e a assinatura do auto pelo juiz, pelo adjudicatário, pelo escrivão ou chefe de secretaria, e, se estiver presente, pelo executado, expedindo-se:

I – a carta de adjudicação e o mandado de imissão na posse, quando se tratar de bem imóvel;

# CÓDIGO DE PROCESSO CIVIL COMENTADO • LEI 13.105, DE 16 DE MARÇO DE 2015 — ART. 879

II – a ordem de entrega ao adjudicatário, quando se tratar de bem móvel.

§ 2º A carta de adjudicação conterá a descrição do imóvel, com remissão à sua matrícula e aos seus registros, a cópia do auto de adjudicação e a prova de quitação do imposto de transmissão.

§ 3º No caso de penhora de bem hipotecado, o executado poderá remi-lo até a assinatura do auto de adjudicação, oferecendo preço igual ao da avaliação, se não tiver havido licitantes, ou ao do maior lance oferecido.

§ 4º Na hipótese de falência ou de insolvência do devedor hipotecário, o direito de remição previsto no § 3º será deferido à massa ou aos credores em concurso, não podendo o exequente recusar o preço da avaliação do imóvel.

## COMENTÁRIOS

Considera-se perfeita e acabada a adjudicação com a final lavratura e a assinatura do auto pelo juiz, pelo adjudicante, pelo escrivão (ou diretor de secretaria) e, se presente, pelo próprio executado.

Em seguida, expede-se a carta de adjudicação, se bem imóvel, ou o mandado de entrega ao adjudicante, se bem móvel. Nem a carta e nem o mandado transferem o domínio; servem como título aquisitivo de propriedade. A carta somada à inscrição registral possibilita a transferência. O mandado autoriza a posse da coisa pelo adjudicante com justo título. A partir dele se dá a tradição (entrega).

Sendo bem imóvel, a carta de adjudicação conterá a descrição do imóvel, com remissão à sua matrícula e registros, a cópia do autor de adjudicação e a prova de quitação do imposto de transmissão. O contribuinte do imposto é qualquer dos figurantes na operação tributária, consoante dispuser a lei municipal.

**Art. 878.** Frustradas as tentativas de alienação do bem, será reaberta oportunidade para requerimento de adjudicação, caso em que também se poderá pleitear a realização de nova avaliação.

## COMENTÁRIOS

Se infrutíferas as tentativas de alienação do bem, será reaberta a oportunidade para requerimento de adjudicação, quando também se poderá pleitear a realização de nova avaliação. De qualquer modo, a nova avaliação só ocorre em situações excepcionais.

### SUBSEÇÃO II
### DA ALIENAÇÃO

**Art. 879.** A alienação far-se-á:

I – por iniciativa particular;

II – em leilão judicial eletrônico ou presencial.

## COMENTÁRIOS

A alienação por iniciativa particular se tornou o primeiro meio que dispõe o exequente para realizar a expropriação patrimonial do executado para obtenção da tutela de seu direito.

Trata-se de alienação realizada pelo próprio exequente ou por corretor credenciado perante a autoridade judiciária submetida, contudo, ao controle judicial. Os corretores admitidos a patrocinar a alienação particular devem estar em exercício profissional por tempo não inferior a três anos.

Também poderá a alienação ocorrer através de leilão judicial eletrônico ou presencial.

**Art. 880.** Não efetivada a adjudicação, o exequente poderá requerer a alienação por sua própria iniciativa ou por intermédio de corretor ou leiloeiro público credenciado perante o órgão judiciário.

§ 1º O juiz fixará o prazo em que a alienação deve ser efetivada, a forma de publicidade, o preço mínimo, as condições de pagamento, as garantias e, se for o caso, a comissão de corretagem.

§ 2º A alienação será formalizada por termo nos autos, com a assinatura do juiz, do exequente, do adquirente e, se estiver presente, do executado, expedindo-se:

I – a carta de alienação e o mandado de imissão na posse, quando se tratar de bem imóvel;

II – a ordem de entrega ao adquirente, quando se tratar de bem móvel.

§ 3º Os tribunais poderão editar disposições complementares sobre o procedimento da alienação prevista neste artigo, admitindo, quando for o caso, o concurso de meios eletrônicos, e dispor sobre o credenciamento dos corretores e leiloeiros públicos, os quais deverão estar em exercício profissional por não menos que 3 (três) anos.

§ 4º Nas localidades em que não houver corretor ou leiloeiro público credenciado nos termos do § 3º, a indicação será de livre escolha do exequente.

## COMENTÁRIOS

Não ocorrendo a adjudicação, o exequente poderá requerer a alienação por sua própria inciativa ou por meio de corretor ou leiloeiro público credenciado perante o órgão judiciário.

O juiz estabelecerá o prazo em que a alienação deve ser efetivada, a forma de publicidade, o preço mínimo, as condições de pagamento, as garantias e, se for o caso, a comissão de corretagem.

A alienação deverá ser formalizada por termo nos autos, com a assinatura do juiz, do exequente, do adquirente e, se estiver presente, do executado, expedindo-se: a carta de alienação e o mandado de imissão na posse, quando se tratar de bem imóvel ou a ordem de entrega ao adquirente quando se tratar de bem móvel.

Os tribunais poderão editar normas complementares a fim de organizar o procedimento da alienação prevista neste dispositivo, admitindo, se for o caso, o concurso de meios eletrônicos, e dispor sobre o credenciamento dos corretores e leiloeiros públicos, os quais deverão ter em exercício profissional por prazo não inferior a três anos. Não havendo corretor ou leiloeiro público credenciado na localidade, a indicação será da livre escolha do exequente.

**Art. 881.** A alienação far-se-á em leilão judicial se não efetivada a adjudicação ou a alienação por iniciativa particular.

§ 1º O leilão do bem penhorado será realizado por leiloeiro público.

§ 2º Ressalvados os casos de alienação a cargo de corretores de bolsa de valores, todos os demais bens serão alienados em leilão público.

### COMENTÁRIOS

Os bens imóveis são alienados judicialmente em leilão judicial, caso não efetivada a adjudicação ou a alienação por iniciativa particular. O leilão do bem penhorado será realizado por leiloeiro público.

Ressalvados os casos de alienação por corretores de bolsa de valores, todos os demais bens serão alienados em leilão público.

**Art. 882.** Não sendo possível a sua realização por meio eletrônico, o leilão será presencial.

§ 1º A alienação judicial por meio eletrônico será realizada, observando-se as garantias processuais das partes, de acordo com regulamentação específica do Conselho Nacional de Justiça.

§ 2º A alienação judicial por meio eletrônico deverá atender aos requisitos de ampla publicidade, autenticidade e segurança, com observância das regras estabelecidas na legislação sobre certificação digital.

§ 3º O leilão presencial será realizado no local designado pelo juiz.

### COMENTÁRIOS

Sendo inviável a realização do leilão eletrônico, se realizará de forma presencial e, nesse caso, será realizado no local designado pelo juiz.

Cumpre alertar que a alienação judicial por meio eletrônico também respeitará as garantias processuais das partes, e será realizado conforme a regulamentação específica do Conselho Nacional de Justiça. Ademais, deverá também atender aos requisitos de ampla publicidade, autenticidade e segurança com observância das regras atinentes a certificação digital.

Eliminou-se os embargos a arrematação ou adjudicação. Eventual ocorrência de vício deverá ser apontada por simples petição nos próprios autos e no prazo de 10 (dez) dias após o aperfeiçoamento da arrematação (o que se dá com a assinatura do auto). Se esta petição não tiver fundamento, este ato pode configurar-se como atentatório à dignidade da justiça, passível de multa não superior a 20% (vinte por cento) do valor dos bens em favor do exequente.

**Art. 883.** Caberá ao juiz a designação do leiloeiro público, que poderá ser indicado pelo exequente.

## COMENTÁRIOS

A comissão mínima do leiloeiro é de 5% (cinco por cento) sobre o valor pelo qual foi arrematado o bem.

O leiloeiro público poderá ser indicado pelo exequente, porém fica a critério do juiz a nomeação. Quer dizer, o exequente tem o direito de indicar e não propriamente de ver nomeado o leiloeiro por ele indicado.

O juiz pode exercer controle sobre a idoneidade da indicação do exequente para fins de realização da alienação judicial da maneira mais adequada e consentânea aos fins da tutela executiva e porque a ele compete a direção do processo.

**Art. 884.** Incumbe ao leiloeiro público:

I – publicar o edital, anunciando a alienação;

II – realizar o leilão onde se encontrem os bens ou no lugar designado pelo juiz;

III – expor aos pretendentes os bens ou as amostras das mercadorias;

IV – receber e depositar, dentro de 1 (um) dia, à ordem do juiz, o produto da alienação;

V – prestar contas nos 2 (dois) dias subsequentes ao depósito.

**Parágrafo único.** O leiloeiro tem o direito de receber do arrematante a comissão estabelecida em lei ou arbitrada pelo juiz.

## COMENTÁRIOS

O artigo enumera as atribuições do leiloeiro, estabelecendo que cabe a ele publicar o edital, anunciando a alienação; realizar o leilão onde se encontrem os bens ou no lugar designado pelo juiz; expor aos pretendentes os bens ou as amostras das mercadorias; receber e depositar, dentro de 1 (um) dia, à ordem do juiz, o produto da alienação; e, prestar contas nos 2 (dois) dias subsequentes ao depósito.

Por fim, cumpre ainda anotar que o leiloeiro tem o direito de receber do arrematante a comissão estabelecida em lei ou arbitrada pelo juiz. Nesse caso, não há limitação quanto ao percentual máximo a ser pago ao leiloeiro a título de comissão. Não se cogita

CÓDIGO DE PROCESSO CIVIL COMENTADO • LEI 13.105, DE 16 DE MARÇO DE 2015 ART. 886

na exigência de prévia negociação sobre a remuneração do leiloeiro, pois, com a publicação do edital, o arrematante teve ciência de todos os seus termos, oportunidade em que poderia ter impugnado o valor atinente à comissão

**Art. 885.** O juiz da execução estabelecerá o preço mínimo, as condições de pagamento e as garantias que poderão ser prestadas pelo arrematante.

## COMENTÁRIOS

O juiz da execução estabelecerá o preço mínimo, as condições de pagamento e as garantias que poderão ser prestadas pelo arrematante.

O presente artigo parece meio inócuo, tendo em vista que na arrematação, o pagamento deve ser realizado imediatamente por depósito judicial ou por meio eletrônico (ver CPC, art. 892, *caput*). Logo, não há falar-se em garantias, pois o pagamento é feito à vista e mediante depósito.

Quando for o caso do juiz autorizar o pagamento de forma diferente, parcelado, por exemplo, o previsto no art. 886, II, resolve a questão.

**Art. 886.** O leilão será precedido de publicação de edital, que conterá:

I – a descrição do bem penhorado, com suas características, e, tratando-se de imóvel, sua situação e suas divisas, com remissão à matrícula e aos registros;

II – o valor pelo qual o bem foi avaliado, o preço mínimo pelo qual poderá ser alienado, as condições de pagamento e, se for o caso, a comissão do leiloeiro designado;

III – o lugar onde estiverem os móveis, os veículos e os semoventes e, tratando-se de créditos ou direitos, a identificação dos autos do processo em que foram penhorados;

IV – o sítio, na rede mundial de computadores, e o período em que se realizará o leilão, salvo se este se der de modo presencial, hipótese em que serão indicados o local, o dia e a hora de sua realização;

V – a indicação de local, dia e hora de segundo leilão presencial, para a hipótese de não haver interessado no primeiro;

VI – menção da existência de ônus, recurso ou processo pendente sobre os bens a serem leiloados.

**Parágrafo único.** No caso de títulos da dívida pública e de títulos negociados em bolsa, constará do edital o valor da última cotação.

## COMENTÁRIOS

Sendo inviável a adjudicação e alienação particular e não sendo o caso de decretação de usufruto judicial, a expropriação dar-se-á por leilão. A alienação poderá ocorrer na forma presencial ou eletrônica.

569

O edital de leilão deve conter os requisitos postos nesse dispositivo em comento. Em se tratando de títulos ou de mercadorias que tenham cotação em bolsa, constará do edital o valor da última cotação anterior à expedição.

A ausência de qualquer destes requisitos não invalida, por si só, o edital e a eventual arrematação em leilão público. Nesse caso, é imprescindível para a decretação de nulidade a demonstração de efetivo prejuízo para os fins da justiça do processo oriundo dessa omissão.

O leilão se realizará no átrio do edifício do fórum, ou no local onde estiverem os bens, ou ainda, no lugar designado pelo juiz. Sobrevindo a noite, prosseguirá o leilão no dia útil imediato, à mesma hora em que teve início, independentemente de novo edital.

**Art. 887.** O leiloeiro público designado adotará providências para a ampla divulgação da alienação.

§ 1º A publicação do edital deverá ocorrer pelo menos 5 (cinco) dias antes da data marcada para o leilão.

§ 2º O edital será publicado na rede mundial de computadores, em sítio designado pelo juízo da execução, e conterá descrição detalhada e, sempre que possível, ilustrada dos bens, informando expressamente se o leilão se realizará de forma eletrônica ou presencial.

§ 3º Não sendo possível a publicação na rede mundial de computadores ou considerando o juiz, em atenção às condições da sede do juízo, que esse modo de divulgação é insuficiente ou inadequado, o edital será afixado em local de costume e publicado, em resumo, pelo menos uma vez em jornal de ampla circulação local.

§ 4º Atendendo ao valor dos bens e às condições da sede do juízo, o juiz poderá alterar a forma e a frequência da publicidade na imprensa, mandar publicar o edital em local de ampla circulação de pessoas e divulgar avisos em emissora de rádio ou televisão local, bem como em sítios distintos do indicado no § 2º.

§ 5º Os editais de leilão de imóveis e de veículos automotores serão publicados pela imprensa ou por outros meios de divulgação, preferencialmente na seção ou no local reservados à publicidade dos respectivos negócios.

§ 6º O juiz poderá determinar a reunião de publicações em listas referentes a mais de uma execução.

## COMENTÁRIOS

A fixação e a publicação do edital para alienação em leilão público se dão conforme a regra estampada no presente artigo. A finalidade é dar a maior publicidade possível com o menor custo.

CÓDIGO DE PROCESSO CIVIL COMENTADO • LEI 13.105, DE 16 DE MARÇO DE 2015 **ART. 889**

É imprescindível, sob pena de ineficácia do leilão, a cientificação do executado. Não sendo possível a publicação eletrônica do edital, o juiz se julgar insuficiente ou inadequado o meio de divulgação, ordenará a fixação do edital em local de costume e publicado, em resumo, pelo menos uma vez em jornal de ampla circulação local.

E de acordo com as condições da sede do juízo, o juiz poderá alterar a forma e a frequência da publicidade do edital em local de ampla circulação de pessoas e divulgar avisos em emissoras de rádio ou televisão local, bem como em sítios distintos da *internet*.

Os referidos editais de leilão de imóveis e de veículos automotores serão publicados pela imprensa ou por outros meios de divulgação, preferencialmente na seção ou no local reservados à publicidade dos respectivos negócios.

Poderá o juiz determinar a reunião de publicações em listas referentes a mais de uma execução.

**Art. 888.** Não se realizando o leilão por qualquer motivo, o juiz mandará publicar a transferência, observando-se o disposto no art. 887.

**Parágrafo único.** O escrivão, o chefe de secretaria ou o leiloeiro que culposamente der causa à transferência responde pelas despesas da nova publicação, podendo o juiz aplicar-lhe a pena de suspensão por 5 (cinco) dias a 3 (três) meses, em procedimento administrativo regular.

### COMENTÁRIOS

Não se realizando o leilão público por qualquer motivo, o juiz mandará publicar pela imprensa local e no órgão oficial a transferência.

Se o leilão público for transferido por culpa do escrivão, chefe de secretaria, porteiro ou leiloeiro, as despesas da nova publicação correrão por conta de quem tenha lhes dado causa.

O responsável poderá ainda ser penalizado com suspensão de 5 (cinco) dias a 3 (três) meses, cuja falta deverá ser apurada em procedimento administrativo regular.

**Art. 889.** Serão cientificados da alienação judicial, com pelo menos 5 (cinco) dias de antecedência:

I – o executado, por meio de seu advogado ou, se não tiver procurador constituído nos autos, por carta registrada, mandado, edital ou outro meio idôneo;

II – o coproprietário de bem indivisível do qual tenha sido penhorada fração ideal;

III – o titular de usufruto, uso, habitação, enfiteuse, direito de superfície, concessão de uso especial para fins de moradia ou concessão de direito real de uso, quando a penhora recair sobre bem gravado com tais direitos reais;

IV – o proprietário do terreno submetido ao regime de direito de superfície, enfiteuse, concessão de uso especial para fins de moradia ou concessão de direito real de uso, quando a penhora recair sobre tais direitos reais;

V – o credor pignoratício, hipotecário, anticrético, fiduciário ou com penhora anteriormente averbada, quando a penhora recair sobre bens com tais gravames, caso não seja o credor, de qualquer modo, parte na execução;

VI – o promitente comprador, quando a penhora recair sobre bem em relação ao qual haja promessa de compra e venda registrada;

VII – o promitente vendedor, quando a penhora recair sobre direito aquisitivo derivado de promessa de compra e venda registrada;

VIII – a União, o Estado e o Município, no caso de alienação de bem tombado.

**Parágrafo único.** Se o executado for revel e não tiver advogado constituído, não constando dos autos seu endereço atual ou, ainda, não sendo ele encontrado no endereço constante do processo, a intimação considerar-se-á feita por meio do próprio edital de leilão.

## COMENTÁRIOS

Deverão ser cientificados da alienação judicial com a antecedência mínima de 5 (cinco) dias: o executado, por meio de seu advogado ou, se não tiver procurador constituído nos autos, por carta registrada, mandado, edital ou outro meio idôneo.

Será intimado o coproprietário de bem indivisível do qual tenha sido penhorada fração ideal; igualmente será intimado o titular de usufruto, uso, habitação, enfiteuse, direito de superfície, concessão de uso especial para fins de moradia ou concessão de direito real de uso, quando a penhora recair sobre tais direitos reais.

Será também intimado o credor pignoratício, hipotecário, anticrético, fiduciário ou com penhora anteriormente averbada, quando a penhora recair sobre bens com tais gravames, caso não seja o credor, de qualquer modo, parte na execução.

Enfim, devem ser intimados todos os interessados, bem como a União e o Estado e o Município, no caso de alienação de bem tombado.

Sendo revel o executado e nem tiver advogado constituído, não constando dos autos seu atual endereço, ou ainda, não sendo ele encontrado no endereço constante do processo, a intimação considerar-se-á feita por meio do próprio leilão.

**Art. 890.** Pode oferecer lance quem estiver na livre administração de seus bens, com exceção:

I – dos tutores, dos curadores, dos testamenteiros, dos administradores ou dos liquidantes, quanto aos bens confiados à sua guarda e à sua responsabilidade;

II – dos mandatários, quanto aos bens de cuja administração ou alienação estejam encarregados;

III – do juiz, do membro do Ministério Público e da Defensoria Pública, do escrivão, do chefe de secretaria e dos demais servidores e auxiliares da justiça, em relação aos bens e direitos objeto de alienação na localidade onde servirem ou a que se estender a sua autoridade;

IV – dos servidores públicos em geral, quanto aos bens ou aos direitos da pessoa jurídica a que servirem ou que estejam sob sua administração direta ou indireta;

V – dos leiloeiros e seus prepostos, quanto aos bens de cuja venda estejam encarregados;

VI – dos advogados de qualquer das partes.

## COMENTÁRIOS

É admitido a lançar todo aquele que estiver na livre administração de seus bens. O exequente poderá lançar inclusive em segundo leilão, hipótese em que poderá arrematar o bem por preço inferior ao da avaliação.

Observa-se a ampla legitimação para o oferecimento do lance, mas há uma lista *numerus clausus* de exceções. A eventual arrematação por qualquer dessas pessoas indicadas nos incisos, é nula de pleno direito.

A proibição tem caráter nitidamente ético tendo em vista que as pessoas nomeadas não seriam, em tese, isentas para participar do leilão. Quer dizer, essas pessoas são, de alguma forma, direta ou indiretamente, interessadas na pessoa do titular, na coisa ou no processo, logo sem isenção para tanto.

**Art. 891.** Não será aceito lance que ofereça preço vil.

**Parágrafo único.** Considera-se vil o preço inferior ao mínimo estipulado pelo juiz e constante do edital, e, não tendo sido fixado preço mínimo, considera-se vil o preço inferior a cinquenta por cento do valor da avaliação.

## COMENTÁRIOS

O CPC enfim colocou uma generosa pá de cal sobre o impasse sobre a definição de preço vil, vindo a adotar o entendimento jurisprudencial dominante, situa-se o preço vil entre quarenta e cinquenta por cento do valor da avaliação, a depender das características do bem penhorado.

Também acertou o novo *codex* em predefinir um percentual abaixo do qual o preço deve ser considerado vil, conferindo ao juiz a prerrogativa de estipular o valor mínimo, o que é salutar, pois que a superação do preço de mercado pode torná-lo menos atrativo em termos de procura.

**Art. 892.** Salvo pronunciamento judicial em sentido diverso, o pagamento deverá ser realizado de imediato pelo arrematante, por depósito judicial ou por meio eletrônico.

§ 1º Se o exequente arrematar os bens e for o único credor, não estará obrigado a exibir o preço, mas, se o valor dos bens exceder ao seu crédito, depositará, dentro de 3 (três) dias, a diferença, sob pena de tornar-se sem efeito a arrematação, e, nesse caso, realizar-se-á novo leilão, à custa do exequente.

§ 2º Se houver mais de um pretendente, proceder-se-á entre eles à licitação, e, no caso de igualdade de oferta, terá preferência o cônjuge, o companheiro, o descendente ou o ascendente do executado, nessa ordem.

§ 3º No caso de leilão de bem tombado, a União, os Estados e os Municípios terão, nessa ordem, o direito de preferência na arrematação, em igualdade de oferta.

## COMENTÁRIOS

O artigo em comento trata do pagamento a ser realizado pelo arrematante, dizendo que o mesmo deve ser realizado imediatamente, por depósito judicial ou por meio eletrônico.

Se o exequente vier a arrematar os bens, e for o único arrematante, naturalmente não estará obrigado a realizar o deposito do preço, mas se o valor dos bens exceder ao seu crédito, depositará em 3 (três) dias, a diferença, sob pena de ser tornada sem efeito a arrematação. Nesse caso, os bens serão levados o novo leilão, à custa do exequente.

**Art. 893.** Se o leilão for de diversos bens e houver mais de um lançador, terá preferência aquele que se propuser a arrematá-los todos, em conjunto, oferecendo, para os bens que não tiverem lance, preço igual ao da avaliação e, para os demais, preço igual ao do maior lance que, na tentativa de arrematação individualizada, tenha sido oferecido para eles.

## COMENTÁRIOS

A preferência para arrematação de diversos bens, havendo mais de um lançador, é daquele que se propuser a arrematá-los como um todo, oferecendo para os que não tiverem licitante preço igual ao da avaliação e para os demais, o de maior lanço.

A redação foi aperfeiçoada excluindo-se o termo "englobadamente".

**Art. 894.** Quando o imóvel admitir cômoda divisão, o juiz, a requerimento do executado, ordenará a alienação judicial de parte dele, desde que suficiente para o pagamento do exequente e para a satisfação das despesas da execução.

§ 1º Não havendo lançador, far-se-á a alienação do imóvel em sua integridade.

§ 2º A alienação por partes deverá ser requerida a tempo de permitir a avaliação das glebas destacadas e sua inclusão no edital, e, nesse caso, caberá ao executado instruir o requerimento com planta e memorial descritivo subscritos por profissional habilitado.

## COMENTÁRIOS

Bens divisíveis são os que se podem fracionar sem alteração na substância, diminuição considerável de valor ou prejuízo do uso a que se destinam. Admitindo o imóvel uma cômoda divisão, o juiz, a requerimento do executado, ordenará a alienação judicial de parte dele, desde que seja suficiente para pagar o exequente.

O cônjuge do executado e o condômino possuem preferência para a aquisição do bem penhorado e devem ser intimados para exercer a prelação. Alienação sem a prévia intimação do cônjuge ou dos condôminos do executado será ineficaz perante eles.

**Art. 895.** O interessado em adquirir o bem penhorado em prestações poderá apresentar, por escrito:

I – até o início do primeiro leilão, proposta de aquisição do bem por valor não inferior ao da avaliação;

II – até o início do segundo leilão, proposta de aquisição do bem por valor que não seja considerado vil.

§ 1º A proposta conterá, em qualquer hipótese, oferta de pagamento de pelo menos vinte e cinco por cento do valor do lance à vista e o restante parcelado em até 30 (trinta) meses, garantido por caução idônea, quando se tratar de móveis, e por hipoteca do próprio bem, quando se tratar de imóveis.

§ 2º As propostas para aquisição em prestações indicarão o prazo, a modalidade, o indexador de correção monetária e as condições de pagamento do saldo.

§ 3º (Vetado).

§ 4º No caso de atraso no pagamento de qualquer das prestações, incidirá multa de dez por cento sobre a soma da parcela inadimplida com as parcelas vincendas.

§ 5º O inadimplemento autoriza o exequente a pedir a resolução da arrematação ou promover, em face do arrematante, a execução do valor devido, devendo ambos os pedidos ser formulados nos autos da execução em que se deu a arrematação.

§ 6º A apresentação da proposta prevista neste artigo não suspende o leilão.

§ 7º A proposta de pagamento do lance à vista sempre prevalecerá sobre as propostas de pagamento parcelado.

§ 8º Havendo mais de uma proposta de pagamento parcelado:

I – em diferentes condições, o juiz decidirá pela mais vantajosa, assim compreendida, sempre, a de maior valor;

II – em iguais condições, o juiz decidirá pela formulada em primeiro lugar.

§ 9º No caso de arrematação a prazo, os pagamentos feitos pelo arrematante pertencerão ao exequente até o limite de seu crédito, e os subsequentes, ao executado.

## COMENTÁRIOS

O interessado em adquirir o bem penhorado em prestações poderá apresentar antes do início do primeiro leilão, proposta de aquisição do bem em valor não inferior ao da avaliação. Ou até o início do segundo leilão, proposta de aquisição por valor que não seja abaixo de 40% (quarenta por cento) ou 50% (cinquenta por cento) do valor da avaliação.

A proposta terá que conter a oferta de pagamento na ordem de no mínimo 25% (vinte e cinco por cento) do valor do lance à vista, e o restante parcelado em 30 (trinta) meses, garantido por caução idônea, quando se tratar de móveis, e por hipoteca do próprio bem, quando se tratar de imóveis.

As propostas para aquisição em prestações deverão indicar o prazo, a modalidade, o indexador de correção monetária e as condições de pagamento do saldo.

No caso de atraso no pagamento de quaisquer das prestações, incidirá multa de 10% (dez por cento) sobre a soma da parcela não paga com as parcelas vincendas.

O inadimplemento autoriza o exequente a pedir a resolução da arrematação, ou promover, em face do arrematante, a execução do valor devido, devendo ambos os pedidos ser formulados nos autos da execução em que se deu a arrematação.

A apresentação da proposta prevista não suspenderá o leilão. A proposta de pagamento do lance à vista sempre prevalecerá sobre as propostas de pagamento parcelado.

Havendo mais de uma proposta de pagamento parcelado, o juiz decidirá pela mais vantajosa, compreendida sempre a de maior valor. Mas se for em iguais condições, o juiz decidirá pela proposta formulada em primeiro lugar.

No caso de arrematação a prazo, os pagamentos feitos pelo arrematante pertencerão ao exequente até o limite de seu crédito, e os subsequentes, ao executado.

> **Art. 896.** Quando o imóvel de incapaz não alcançar em leilão pelo menos oitenta por cento do valor da avaliação, o juiz o confiará à guarda e à administração de depositário idôneo, adiando a alienação por prazo não superior a 1 (um) ano.
>
> § 1º Se, durante o adiamento, algum pretendente assegurar, mediante caução idônea, o preço da avaliação, o juiz ordenará a alienação em leilão.
>
> § 2º Se o pretendente à arrematação se arrepender, o juiz impor-lhe-á multa de vinte por cento sobre o valor da avaliação, em benefício do incapaz, valendo a decisão como título executivo.
>
> § 3º Sem prejuízo do disposto nos §§ 1º e 2º, o juiz poderá autorizar a locação do imóvel no prazo do adiamento.
>
> § 4º Findo o prazo do adiamento, o imóvel será submetido a novo leilão.

## COMENTÁRIOS

Considera-se vil a alienação de imóvel de incapaz em leilão público por menos de 80% (oitenta por cento) do valor da avaliação. Durante o período de adiamento, poderá o juiz decretar o usufruto judicial do imóvel, restando os aluguéis a favor do exequente.

# CÓDIGO DE PROCESSO CIVIL COMENTADO • LEI 13.105, DE 16 DE MARÇO DE 2015 — ART. 900

Terminando o prazo de adiamento, o imóvel será levado novamente ao leilão. Será alienado pelo valor da avaliação ou pelo melhor lanço. Após o período de adiamento, o segundo leilão público pode ocorrer por valor inferior aos 80% (oitenta por cento) da avaliação. No segundo leilão, proíbe-se a alienação por preço vil, mas sem a prefixação da vileza.

Se houver arrependimento da arrematação, o juiz aplicará multa de 20% (vinte por cento) sobre a avaliação, em benefício do incapaz, valendo a decisão como título executivo.

**Art. 897.** Se o arrematante ou seu fiador não pagar o preço no prazo estabelecido, o juiz impor-lhe-á, em favor do exequente, a perda da caução, voltando os bens a novo leilão, do qual não serão admitidos a participar o arrematante e o fiador remissos.

## COMENTÁRIOS

O arrematante e o fiador remissos perdem em favor do exequente a caução prestada. É uma sanção aplicada aos remissos. O bem retorna ao leilão público, do qual não poderão participar o arrematante e o fiador inadimplentes.

**Art. 898.** O fiador do arrematante que pagar o valor do lance e a multa poderá requerer que a arrematação lhe seja transferida.

## COMENTÁRIOS

Se o fiador pagar o valor do lanço, poderá requerer que a arrematação lhe seja transferida. Dá-se a sub-rogação, ocupando o fiador a posição do arrematante.

**Art. 899.** Será suspensa a arrematação logo que o produto da alienação dos bens for suficiente para o pagamento do credor e para a satisfação das despesas da execução.

## COMENTÁRIOS

Suspensa será a arrematação se logo se perceber que o produto da alienação dos bens for suficiente para pagamento do credor e para a satisfação das despesas da execução.

O segundo leilão será suspenso logo que o produto da alienação dos bens bastar para o pagamento integral do exequente.

**Art. 900.** O leilão prosseguirá no dia útil imediato, à mesma hora em que teve início, independentemente de novo edital, se for ultrapassado o horário de expediente forense.

## COMENTÁRIOS

O prosseguimento do leilão interrompido pela superveniência da noite (ultrapassado o horário do expediente forense) independe de novo edital. O referido leilão prosseguirá no dia útil imediato, à mesma hora em que teve início.

577

**Art. 901.** A arrematação constará de auto que será lavrado de imediato e poderá abranger bens penhorados em mais de uma execução, nele mencionadas as condições nas quais foi alienado o bem.

§ 1º A ordem de entrega do bem móvel ou a carta de arrematação do bem imóvel, com o respectivo mandado de imissão na posse, será expedida depois de efetuado o depósito ou prestadas as garantias pelo arrematante, bem como realizado o pagamento da comissão do leiloeiro e das demais despesas da execução.

§ 2º A carta de arrematação conterá a descrição do imóvel, com remissão à sua matrícula ou individuação e aos seus registros, a cópia do auto de arrematação e a prova de pagamento do imposto de transmissão, além da indicação da existência de eventual ônus real ou gravame.

## COMENTÁRIOS

O auto de arrematação deve ser logo lavrado e nele mencionadas todas as condições pelas quais fora alienado o bem.

A arrematação é ato complexo, considerando-se perfeita, acabada e irretratável com a assinatura do auto pelo juiz, pelo arrematante e pelo serventuário da justiça ou leiloeiro.

A carta de arrematação ou a ordem de entrega será expedida depois de efetuado o depósito ou prestadas as garantias pelo arrematante.

Não existe a necessidade de observância de qualquer prazo de espera entre o depósito do preço ou a prestação das garantias e a expedição da carta de arrematação ou a ordem de entrega.

Nem a carta de arrematação e nem o mandado transferem o domínio, mas servem como título aquisitivo de propriedade.

A carta de arrematação conterá a descrição pormenorizada do imóvel, aludindo à sua matrícula imobiliária e seus registros, a cópia do auto de arrematação e a prova de pagamento do imposto de transmissão, além da indicação da existência de eventual ônus real ou gravame.

**Art. 902.** No caso de leilão de bem hipotecado, o executado poderá remi-lo até a assinatura do auto de arrematação, oferecendo preço igual ao do maior lance oferecido.

**Parágrafo único.** No caso de falência ou insolvência do devedor hipotecário, o direito de remição previsto no *caput* defere-se à massa ou aos credores em concurso, não podendo o exequente recusar o preço da avaliação do imóvel.

# CÓDIGO DE PROCESSO CIVIL COMENTADO • LEI 13.105, DE 16 DE MARÇO DE 2015 — ART. 903

## COMENTÁRIOS

No caso de leilão de bem hipotecado, o executado poderá remi-lo (pagando e resgatando) até a assinatura do auto de arrematação, oferecendo preço igual ao do maior lance oferecido.

Havendo falência ou insolvência do devedor hipotecário, o direito de remição previsto neste artigo defere-se à massa falida ou aos credores em concurso, não podendo o exequente recusar o preço da avaliação do imóvel.

**Art. 903.** Qualquer que seja a modalidade de leilão, assinado o auto pelo juiz, pelo arrematante e pelo leiloeiro, a arrematação será considerada perfeita, acabada e irretratável, ainda que venham a ser julgados procedentes os embargos do executado ou a ação autônoma de que trata o § 4º deste artigo, assegurada a possibilidade de reparação pelos prejuízos sofridos.

§ 1º Ressalvadas outras situações previstas neste Código, a arrematação poderá, no entanto, ser:

I – invalidada, quando realizada por preço vil ou com outro vício;

II – considerada ineficaz, se não observado o disposto no art. 804;

III – resolvida, se não for pago o preço ou se não for prestada a caução.

§ 2º O juiz decidirá acerca das situações referidas no § 1º, se for provocado em até 10 (dez) dias após o aperfeiçoamento da arrematação.

§ 3º Passado o prazo previsto no § 2º sem que tenha havido alegação de qualquer das situações previstas no § 1º, será expedida a carta de arrematação e, conforme o caso, a ordem de entrega ou mandado de imissão na posse.

§ 4º Após a expedição da carta de arrematação ou da ordem de entrega, a invalidação da arrematação poderá ser pleiteada por ação autônoma, em cujo processo o arrematante figurará como litisconsorte necessário.

§ 5º O arrematante poderá desistir da arrematação, sendo-lhe imediatamente devolvido o depósito que tiver feito:

I – se provar, nos 10 (dez) dias seguintes, a existência de ônus real ou gravame não mencionado no edital;

II – se, antes de expedida a carta de arrematação ou a ordem de entrega, o executado alegar alguma das situações previstas no § 1º;

III – uma vez citado para responder a ação autônoma de que trata o § 4º deste artigo, desde que apresente a desistência no prazo de que dispõe para responder a essa ação.

§ 6º Considera-se ato atentatório à dignidade da justiça a suscitação infundada de vício com o objetivo de ensejar a desistência do arrematante, devendo o suscitante ser condenado, sem prejuízo da responsabilidade por perdas e danos, ao pagamento de multa, a ser fixada pelo juiz e devida ao exequente, em montante não superior a vinte por cento do valor atualizado do bem.

## COMENTÁRIOS

A assinatura do auto de arrematação pelo juiz, pelo arrematante e pelo serventuário da justiça ou leiloeiro torna perfeita, acabada e irretratável a arrematação.

Em nome da proteção ao arrematante terceiro de boa-fé, ainda que os embargos do executado venham a ser julgados procedentes, a arrematação se mantém válida e eficaz.

## SEÇÃO V
## DA SATISFAÇÃO DO CRÉDITO

**Art. 904.** A satisfação do crédito exequendo far-se-á:

I – pela entrega do dinheiro;

II – pela adjudicação dos bens penhorados.

## COMENTÁRIOS

O pagamento ao exequente se realizará através da adjudicação do bem penhorado, pela entrega do numerário oriundo da alienação particular ou judicial ou pelo usufruto do bem constrito.

A simples possibilidade de pagamento ao exequente não configura caso de dano irreparável ou de difícil reparação suficiente para agregar efeito suspensivo.

O pagamento é o ato que consolida a satisfação do crédito exequendo e a realização da tutela do direito do exequente. Enfim, é ato do procedimento previsto, esperado para qual se orienta toda a expropriação e todo o curso processual executivo.

**Art. 905.** O juiz autorizará que o exequente levante, até a satisfação integral de seu crédito, o dinheiro depositado para segurar o juízo ou o produto dos bens alienados, bem como do faturamento de empresa ou de outros frutos e rendimentos de coisas ou empresas penhoradas, quando:

I – a execução for movida só a benefício do exequente singular, a quem, por força da penhora, cabe o direito de preferência sobre os bens penhorados e alienados;

II – não houver sobre os bens alienados outros privilégios ou preferências instituídos anteriormente à penhora.

**Parágrafo único.** Durante o plantão judiciário, veda-se a concessão de pedidos de levantamento de importância em dinheiro ou valores ou de liberação de bens apreendidos.

## COMENTÁRIOS

O levantamento do dinheiro depositado a título de penhora ou o produto da alienação do bem penhorado quando a execução for movida somente em benefício do

# CÓDIGO DE PROCESSO CIVIL COMENTADO • LEI 13.105, DE 16 DE MARÇO DE 2015 — ART. 908

exequente e não houver sobre os bens alienados qualquer outro privilégio ou preferência instituídos previamente à penhora.

Uma vez satisfeito o crédito exequendo ocorrerá a extinção da execução. E, não sendo o caso se procederá a segunda penhora.

O mandado de levantamento de quantia depositada será deferido ao exequente e se constitui um ato processual integrado ao processo de execução em derradeira fase.

A presente regra também é aplicável quando a execução envolver honorários advocatícios.

Segundo o Estatuto do OAB em seu art. 23, os honorários incluídos na condenação, por arbitramento ou sucumbência, pertencem ao advogado, tendo este direito autônomo para executar a sentença nesta parte, podendo requerer que o precatório, quando necessário, seja expedido em seu favor.

> **Art. 906.** Ao receber o mandado de levantamento, o exequente dará ao executado, por termo nos autos, quitação da quantia paga.
>
> **Parágrafo único.** A expedição de mandado de levantamento poderá ser substituída pela transferência eletrônica do valor depositado em conta vinculada ao juízo para outra indicada pelo exequente.

## COMENTÁRIOS

Naturalmente, ao receber o mandado de levantamento, o exequente emitirá nos autos termo de quitação referente à quantia paga. E tal mandado poderá ser substituído por comprovante de transferência eletrônica do valor depositado em conta vinculada ao juízo para outra indicada pelo exequente.

E, novamente, haverá comprovação e quitação sobre a quantia que pagou o crédito exequendo.

> **Art. 907.** Pago ao exequente o principal, os juros, as custas e os honorários, a importância que sobrar será restituída ao executado.

## COMENTÁRIOS

Com a satisfação do débito principal, juros e despesas inerentes à tutela executiva, a importância excedente será devolvida ao executado. Entregue o valor, a execução tem de ser extinta.

> **Art. 908.** Havendo pluralidade de credores ou exequentes, o dinheiro lhes será distribuído e entregue consoante a ordem das respectivas preferências.

§ 1º No caso de adjudicação ou alienação, os créditos que recaem sobre o bem, inclusive os de natureza *propter rem*, sub-rogam-se sobre o respectivo preço, observada a ordem de preferência.

§ 2º Não havendo título legal à preferência, o dinheiro será distribuído entre os concorrentes, observando-se a anterioridade de cada penhora.

## COMENTÁRIOS

Importante sublinhar que não se confunde o concurso singular de credores com o concurso universal de credor. No primeiro existem vários credores que buscam a satisfação de seus créditos perseguindo um bem específico do patrimônio do devedor.

Ao passo que, no segundo, a concorrência incidirá sobre todo o patrimônio do devedor (ora executado).

Os títulos legais de preferência correspondem aos privilégios e os direitos reais. É sabido que gozam de privilégio os créditos oriundos da legislação do trabalho limitados a cento e cinquenta salários mínimos por credor e, os decorrentes de acidentes de trabalho, os créditos tributários, os créditos com garantia real até o limite do valor do bem gravado e os créditos com privilégio especial e, os créditos com privilégio geral.

Importante registrar que existe jurisprudência que considera que o crédito condominial prefere ao crédito com garantia real.

Quando concorrerem aos mesmos bens, dois ou mais credores da mesma classe dos privilegiados, haverá o rateio proporcional ao valor dos respectivos créditos, se o produto não bastar para o pagamento integral de todos.

A satisfação do crédito tributário não é sujeita a concurso de credores ou habilitação em falência, recuperação judicial ou extrajudicial, inventário ou arrolamento.

Em caso de não existir título legal à preferência, o dinheiro será distribuído entre os concorrentes, observando-se naturalmente a anterioridade de cada penhora.

**Art. 909.** Os exequentes formularão as suas pretensões, que versarão unicamente sobre o direito de preferência e a anterioridade da penhora, e, apresentadas as razões, o juiz decidirá.

## COMENTÁRIOS

No concurso singular de credores, cada um formulará seu pedido, fundamentando-o e requerendo a produção de provas. Sendo necessárias, o juiz designará a audiência para colhê-las e analisá-las.

Em verdade o debate entre os credores restringe-se somente ao direito de preferência e quanto à anterioridade da penhora.

Portanto trata-se de cognição parcial e limitada à preferência e anterioridade da penhora, onde não haverá outra questão a ser decidida no incidente.

# CAPÍTULO V
## DA EXECUÇÃO CONTRA A FAZENDA PÚBLLICA

**Art. 910.** Na execução fundada em título extrajudicial, a Fazenda Pública será citada para opor embargos em 30 (trinta) dias.

§ 1º Não opostos embargos ou transitada em julgado a decisão que os rejeitar, expedir-se-á precatório ou requisição de pequeno valor em favor do exequente, observando-se o disposto no art. 100 da Constituição Federal.

§ 2º Nos embargos, a Fazenda Pública poderá alegar qualquer matéria que lhe seria lícito deduzir como defesa no processo de conhecimento.

§ 3º Aplica-se a este Capítulo, no que couber, o disposto nos artigos 534 e 535.

## COMENTÁRIOS

É sabido que a Execução contra Fazenda Pública é uma execução especial, pois que apresenta uma forma peculiar para o cumprimento de seus débitos pecuniários *ex vi* o art. 100 da CF/1988 na medida em que os bens públicos, porque se encontra relacionados com a finalidade pública, sendo inalienáveis, portanto, isentos de penhora.

Mesmo os bens públicos alienáveis como os bens públicos dominiais obedecem ao regime próprio para sua alienação, não sendo possível sua venda devido à execução forçada.

Consideram-se Fazenda Pública a União, os Estados, o Distrito Federal, os Municípios bem como suas autarquias e fundações públicas. Ressalve-se que as empresas públicas e as sociedades de economia mista não estão abarcadas no conceito de Fazenda Pública.

Se a execução contra a Fazenda Pública for baseada em título extrajudicial, será citada para opor embargos em trinta dias, prazo que já fora previsto pela Lei 9.494/97 pela MP 2.180-352/01.

Não havendo a oposição de embargos e transitando em julgado a decisão que os rejeitar, haverá a expedição de precatório ou requisição de pequeno valor em favor do exequente.

O conceito de pequeno valor é de até 40 (quarenta) salários mínimos perante a Fazenda dos Estados e do Distrito Federal e de 30 (trinta) salários mínimos perante a Fazenda dos Municípios, conforme observado pelo disposto no quarto parágrafo do art. 100 da Constituição Federal de 1988.

Poderá a Fazenda Pública alegar qualquer matéria que poderia arguir na defesa no processo de conhecimento. Aplicando-se no que couber as regras atinentes aos arts. 534 e 535 do presente diploma legal.

## CAPÍTULO VI
## DA EXECUÇÃO DE ALIMENTOS

**Art. 911.** Na execução fundada em título executivo extrajudicial que contenha obrigação alimentar, o juiz mandará citar o executado para, em 3 (três) dias, efetuar o pagamento das parcelas anteriores ao início da execução e das que se vencerem no seu curso, provar que o fez ou justificar a impossibilidade de fazê-lo.

**Parágrafo único.** Aplicam-se, no que couber, os §§ 2º a 7º do art. 528.

### COMENTÁRIOS

Embora não seja muito comum, nada obsta que a prestação alimentar seja estabelecida de comum acordo entre as partes e conste de algum documento público ou particular (ver CPC, art. 784, II). Quer dizer, o mais comum é a fixação de alimentos em processo judicial, mas existem situações em que isto pode ter sido estabelecido pelas partes sem a necessidade de intervenção do Poder Judiciário.

Além do mais, o acordo de alimentos pode ser resultado de uma transação que tenha sido referendada pelo Ministério Público, pela Defensoria Pública, pelos advogados das partes, ou ainda, por mediador ou conciliador credenciado pelo tribunal (ver CPC, art. 784 IV).

Nesse tipo de ação o executado é citado para, no prazo de 3 (três) dias, efetuar o pagamento voluntário (das parcelas vencidas e das que se vencerem no curso do processo), ou provar que já o realizara ou justificar a impossibilidade de fazê-lo.

Importante consignar que se o executado pretender se opor à determinação do pagamento não deverá fazer isso através de *habeas corpus*, isso porque não cabe, em tese, discussão concernente à capacidade econômica do executado, bem como a impossibilidade de arcar com a obrigação alimentar, mas tão somente análise da legalidade ou ilegalidade do decreto prisional.

Nesse sentido o STJ já consolidou o entendimento de que o desemprego, a constituição de nova família e o nascimento de outros filhos não são suficientes para justificar o inadimplemento da obrigação alimentar, devendo tais circunstâncias ser examinadas em ação revisional ou exoneratória, justamente em razão da estreita via do *habeas corpus*.[97]

Quer dizer, a prova de pagamento ou a justificação da impossibilidade de fazê-lo pode ser feita por simples requerimento nos autos.

---

97. (STJ, HC nº 515.362 – SP (2019/0168037-5), Relator Ministro Moura Ribeiro, Terceira Turma, julgamento em 20 de agosto de 2019).

CÓDIGO DE PROCESSO CIVIL COMENTADO • LEI 13.105, DE 16 DE MARÇO DE 2015 — **ART. 913**

**Art. 912.** Quando o executado for funcionário público, militar, diretor ou gerente de empresa, bem como empregado sujeito à legislação do trabalho, o exequente poderá requerer o desconto em folha de pagamento de pessoal da importância da prestação alimentícia.

§ 1º Ao despachar a inicial, o juiz oficiará à autoridade, à empresa ou ao empregador, determinando, sob pena de crime de desobediência, o desconto a partir da primeira remuneração posterior do executado, a contar do protocolo do ofício.

§ 2º O ofício conterá os nomes e o número de inscrição no Cadastro de Pessoas Físicas do exequente e do executado, a importância a ser descontada mensalmente, a conta na qual deve ser feito o depósito e, se for o caso, o tempo de sua duração.

### COMENTÁRIOS

O desconto em folha serve para a execução de direito aos alimentos não só quando o executado estiver arrolado no rol acima discriminado, mas sempre que o executado contar com fonte de renda estável e periódica.

Nada impede que os profissionais liberais sofram desconto de seus rendimentos, desde que estável e periódico o seu percebimento.

Não há óbice igualmente para o desconto em folha de beneficiário de pensão previdenciária conforme o art. 115, inciso IV, da Lei 8.213/91.

Terceiros possuem o dever de colaborar com o Judiciário no sentido de viabilizar o desconto em folha. A não observância da ordem judicial nesse sentido gera a possibilidade de aplicação de multa sancionatória e responsabilização penal.

**Art. 913.** Não requerida a execução nos termos deste Capítulo, observar-se-á o disposto no art. 824 e seguintes, com a ressalva de que, recaindo a penhora em dinheiro, a concessão de efeito suspensivo aos embargos à execução não obsta a que o exequente levante mensalmente a importância da prestação.

### COMENTÁRIOS

Caso a execução não for requerida nos termos deste capítulo, será aplicável os artigos 824 e seguintes (execução por quantia certa), ressalvando-se que recaindo a penhora em dinheiro, a concessão de efeito suspensivo aos embargos à execução não impede que o exequente levante mensalmente a importância referente a prestação.

# TÍTULO III
## DOS EMBARGOS À EXECUÇÃO

**Art. 914.** O executado, independentemente de penhora, depósito ou caução, poderá se opor à execução por meio de embargos.

§ 1º Os embargos à execução serão distribuídos por dependência, autuados em apartado e instruídos com cópias das peças processuais relevantes, que poderão ser declaradas autênticas pelo próprio advogado, sob sua responsabilidade pessoal.

§ 2º Na execução por carta, os embargos serão oferecidos no juízo deprecante ou no juízo deprecado, mas a competência para julgá-los é do juízo deprecante, salvo se versarem unicamente sobre vícios ou defeitos da penhora, da avaliação ou da alienação dos bens efetuadas no juízo deprecado.

## COMENTÁRIOS

Os embargos do executado constituem ação autônoma que objetiva impugnar a execução forçada. Sendo opostos os referidos embargos, ocorre a constituição de processo novo. E, os embargos do executado são cabíveis apenas nas execuções autônomas.

Incabíveis em face de cumprimento de sentença condenatória, mandamental e executiva.

Os embargos do executado independem de penhora, depósito ou caução para serem opostos. O simples oferecimento destes não suspende a execução. A suspensão da execução depende de penhora, depósito ou caução.

A distribuição dos embargos à execução é feita por dependência e sua autuação é feito em apartado e instruídos por cópias das principais peças processuais, que poderão ser declaradas autênticas pelo próprio advogado e sob sua responsabilidade pessoa.

Na execução por carta, os embargos serão oferecidos no juízo deprecante ou no juízo deprecado, mas a competência para julgá-los é do juiz deprecante, exceto se versarem apenas sobre os vícios ou defeitos da penhora, avaliação ou da alienação dos bens efetuadas no juízo deprecado.

**Art. 915.** Os embargos serão oferecidos no prazo de 15 (quinze) dias, contado, conforme o caso, na forma do art. 231 .

§ 1º Quando houver mais de um executado, o prazo para cada um deles embargar conta-se a partir da juntada do respectivo comprovante da citação, salvo no caso de cônjuges ou de companheiros, quando será contado a partir da juntada do último.

§ 2º Nas execuções por carta, o prazo para embargos será contado:

# CÓDIGO DE PROCESSO CIVIL COMENTADO • LEI 13.105, DE 16 DE MARÇO DE 2015 — ART. 916

I – da juntada, na carta, da certificação da citação, quando versarem unicamente sobre vícios ou defeitos da penhora, da avaliação ou da alienação dos bens;

II – da juntada, nos autos de origem, do comunicado de que trata o § 4º deste artigo ou, não havendo este, da juntada da carta devidamente cumprida, quando versarem sobre questões diversas da prevista no inciso I deste parágrafo.

§ 3º Em relação ao prazo para oferecimento dos embargos à execução, não se aplica o disposto no art. 229.

§ 4º Nos atos de comunicação por carta precatória, rogatória ou de ordem, a realização da citação será imediatamente informada, por meio eletrônico, pelo juiz deprecado ao juiz deprecante.

## COMENTÁRIOS

Os embargos devem ser oferecidos no prazo de 15 (quinze) dias úteis, contados a partir do primeiro útil subsequente à data de juntada aos autos do mandado de citação.

Não se aplica no prazo para propositura dos embargos à execução a dobra de prazo em face da presença de litisconsortes com procuradores diferentes. E, a razão é o fato de ser os embargos à execução uma ação autônoma.

Havendo mais de um executado, o prazo para oposição dos embargos flui a partir da juntada do respectivo mandado de citação. Conta-se a partir do primeiro dia útil subsequente.

A citação do executado será imediatamente comunicada pelo juiz deprecado ao juiz deprecante, inclusive por meios eletrônicos, fluindo o prazo para os embargos a partir da juntada aos autos de tal comunicação. Veja-se que não é necessária a juntada da carta precatória devidamente cumprida para que flua o prazo para opor os embargos.

A alusão aos meios eletrônicos é exemplificativa, e bastara haver a comunicação por qualquer outro meio idôneo, capaz de ser devidamente reduzido a termo e juntado aos autos.

**Art. 916.** No prazo para embargos, reconhecendo o crédito do exequente e comprovando o depósito de trinta por cento do valor em execução, acrescido de custas e de honorários de advogado, o executado poderá requerer que lhe seja permitido pagar o restante em até 6 (seis) parcelas mensais, acrescidas de correção monetária e de juros de um por cento ao mês.

§ 1º O exequente será intimado para manifestar-se sobre o preenchimento dos pressupostos do *caput*, e o juiz decidirá o requerimento em 5 (cinco) dias.

§ 2º Enquanto não apreciado o requerimento, o executado terá de depositar as parcelas vincendas, facultado ao exequente seu levantamento.

§ 3º Deferida a proposta, o exequente levantará a quantia depositada, e serão suspensos os atos executivos.

§ 4º Indeferida a proposta, seguir-se-ão os atos executivos, mantido o depósito, que será convertido em penhora.

§ 5º O não pagamento de qualquer das prestações acarretará cumulativamente:

I – o vencimento das prestações subsequentes e o prosseguimento do processo, com o imediato reinício dos atos executivos;

II – a imposição ao executado de multa de dez por cento sobre o valor das prestações não pagas.

§ 6º A opção pelo parcelamento de que trata este artigo importa renúncia ao direito de opor embargos

§ 7º O disposto neste artigo não se aplica ao cumprimento da sentença.

## COMENTÁRIOS

Nos 15 (quinze) dias úteis para oposição de embargos, reconhecendo o crédito do exequente e comprovado o depósito de 30% (trinta por cento) do valor total da execução (o que inclui as custas e honorários advocatícios), o executado poderá requerer parcelamento do restante, em 6 (seis) parcelas mensais iguais, acrescentando a correção monetária e os juros de 1% (um por cento) ao mês.

Intima-se o exequente para se manifestar sobre o preenchimento das exigências contidas no *caput* do dispositivo em comento. Enquanto não apreciado o requerimento, o executado deverá depositar as parcelas vincendas, sendo facultado ao exequente seu levantamento.

Uma vez deferida a proposta de parcelamento, o exequente levantará a quantia depositada e serão suspensos atos executivos. Porém sendo indeferida a proposta de parcelamento, prossegue-se com os atos executivos, sendo mantido o depósito que será convertido em penhora.

A inadimplência de qualquer das prestações será sancionada com o vencimento das prestações subsequentes e o prosseguimento do processo com o imediato reinício dos atos executivos; a incidência de multa de dez por cento sobre o valor prestações inadimplidas.

A opção e requerimento pelo parcelamento implicam necessariamente em renúncia ao direito de opor embargos. Tal dispositivo não se aplica ao cumprimento da sentença.

**Art. 917.** Nos embargos à execução, o executado poderá alegar:

I – inexequibilidade do título ou inexigibilidade da obrigação;

II – penhora incorreta ou avaliação errônea;

# CÓDIGO DE PROCESSO CIVIL COMENTADO • LEI 13.105, DE 16 DE MARÇO DE 2015 — ART. 917

III – excesso de execução ou cumulação indevida de execuções;

IV – retenção por benfeitorias necessárias ou úteis, nos casos de execução para entrega de coisa certa;

V – incompetência absoluta ou relativa do juízo da execução;

VI – qualquer matéria que lhe seria lícito deduzir como defesa em processo de conhecimento.

§ 1º A incorreção da penhora ou da avaliação poderá ser impugnada por simples petição, no prazo de 15 (quinze) dias, contado da ciência do ato.

§ 2º Há excesso de execução quando:

I – o exequente pleiteia quantia superior à do título;

II – ela recai sobre coisa diversa daquela declarada no título;

III – ela se processa de modo diferente do que foi determinado no título;

IV – o exequente, sem cumprir a prestação que lhe corresponde, exige o adimplemento da prestação do executado;

V – o exequente não prova que a condição se realizou.

§ 3º Quando alegar que o exequente, em excesso de execução, pleiteia quantia superior à do título, o embargante declarará na petição inicial o valor que entende correto, apresentando demonstrativo discriminado e atualizado de seu cálculo.

§ 4º Não apontado o valor correto ou não apresentado o demonstrativo, os embargos à execução:

I – serão liminarmente rejeitados, sem resolução de mérito, se o excesso de execução for o seu único fundamento;

II – serão processados, se houver outro fundamento, mas o juiz não examinará a alegação de excesso de execução.

§ 5º Nos embargos de retenção por benfeitorias, o exequente poderá requerer a compensação de seu valor com o dos frutos ou dos danos considerados devidos pelo executado, cumprindo ao juiz, para a apuração dos respectivos valores, nomear perito, observando-se, então, o art. 464.

§ 6º O exequente poderá a qualquer tempo ser imitido na posse da coisa, prestando caução ou depositando o valor devido pelas benfeitorias ou resultante da compensação.

§ 7º A arguição de impedimento e suspeição observará o disposto nos arts. 146 e 148.

## COMENTÁRIOS

Em regra, pode o executado alegar, em embargos qualquer matéria que seria lícito deduzir como defesa no processo de conhecimento. E, nesse caso a cognição é plena e sem limites. Mas, poderá existir cognição parcial toda vez que o direito material impedir o debate judicial de certas questões, como no caso dos títulos cambiais.

589

Haverá excesso de execução quando o exequente postular quantia superior a expressa no título, devendo declarar prontamente o valor correto que entende por crédito exequendo, sob pena de rejeição liminar dos embargos. Também deverá o executado apresentar a memória de cálculo, realizando a argumentação capaz de demonstrar o erro do exequente. A mera afirmação genérica de excesso de execução e nem mera a indicação formal do *quantum debeatur* não servem para fundamentar os embargos à execução.

Haverá também excesso de execução, nesse caso por expressa determinação legal, nos casos relacionado no § 2º e seus incisos.

Há outras formas de oposição à execução como, por exemplo, a exceção de pré-executividade, mas que a rigor é mesmo objeção de pré-executividade, exceção de incompetência, suspeição ou impedimento, embargos à adjudicação, alienação. Foram suprimidos os embargos à arrematação, ou então por ação impugnativa declaratória ou desconstitutiva autônoma.

> **Art. 918.** O juiz rejeitará liminarmente os embargos:
> I – quando intempestivos;
> II – nos casos de indeferimento da petição inicial e de improcedência liminar do pedido;
> III – manifestamente protelatórios.
> **Parágrafo único.** Considera-se conduta atentatória à dignidade da justiça o oferecimento de embargos manifestamente protelatórios.

### COMENTÁRIOS

A petição inicial dos embargos do executado poderá ser indeferida liminarmente quando os embargos forem intempestivos, manifestamente protelatórios ou quando inepta a petição inicial. Não impede que o juiz indefira a petição inicial dos embargos, igualmente, por ilegitimidade ad causam do embargante ou por ausência de interesse processual.

São intempestivos os embargos opostos fora do prazo processual legal. São protelatórios aqueles que demonstram fragilidade na argumentação do embargante, pode o juiz de plano identificar a manifesta improcedência do pedido neste contido. E que desafiam a multa sancionatória no percentual não superior a vinte por cento sobre o valor exequendo e em favor do exequente.

> **Art. 919.** Os embargos à execução não terão efeito suspensivo.
> § 1º O juiz poderá, a requerimento do embargante, atribuir efeito suspensivo aos embargos quando verificados os requisitos para a concessão da tutela provisória e desde que a execução já esteja garantida por penhora, depósito ou caução suficientes.

# CÓDIGO DE PROCESSO CIVIL COMENTADO • LEI 13.105, DE 16 DE MARÇO DE 2015 — ART. 920

§ 2º Cessando as circunstâncias que a motivaram, a decisão relativa aos efeitos dos embargos poderá, a requerimento da parte, ser modificada ou revogada a qualquer tempo, em decisão fundamentada.

§ 3º Quando o efeito suspensivo atribuído aos embargos disser respeito apenas a parte do objeto da execução, esta prosseguirá quanto à parte restante.

§ 4º A concessão de efeito suspensivo aos embargos oferecidos por um dos executados não suspenderá a execução contra os que não embargaram quando o respectivo fundamento disser respeito exclusivamente ao embargante.

§ 5º A concessão de efeito suspensivo não impedirá a efetivação dos atos de substituição, de reforço ou de redução da penhora e de avaliação dos bens.

## COMENTÁRIOS

A não atribuição de efeito suspensivo aos embargos é a regra. Excepcionalmente, no entanto, poderá ocorrer devidamente a requerimento do embargante estando presentes os requisitos para a concessão da tutela provisória e desde que a execução já esteja devidamente garantida pela penhora, depósito ou caução suficientes.

Não persistindo as circunstâncias como *periculum in mora* e *fumus boni iuris* que motivaram o efeito suspensivo, poderá o juiz, a requerimento do litigante, ser modificada ou revogada a qualquer tempo, em decisão devidamente fundamentada. Se a suspensão se referir apenas a parte do objeto da execução, a execução prosseguirá naturalmente quanto à parte restante. A concessão da suspensão dos embargos opostos por um dos executados não beneficiará os demais executados quando o respectivo motivo apenas for referente ao embargante requerente.

Mesmo ante a suspensão da execução, não se impede a efetivação dos atos executivos como substituição, de reforço ou de redução da penhora e de avaliação dos bens, impedindo apenas os atos de expropriação.

O efeito suspensivo pode ser modulado conforme as especificidades do caso concreto, o que visa dar ao exequente a tutela adequada e tempestiva ao seu direito de crédito.

**Art. 920.** Recebidos os embargos:

I – o exequente será ouvido no prazo de 15 (quinze) dias;

II – a seguir, o juiz julgará imediatamente o pedido ou designará audiência;

III – encerrada a instrução, o juiz proferirá sentença.

## COMENTÁRIOS

Recebidos os embargos, tem o embargado de ser intimado para respondê-los. A ausência de intimação do embargado representa a violação do contraditório e da ampla defesa. O embargado poderá contestar ou oferecer exceção de impedimento ou suspeição.

Se o embargado não contesta o pedido dos embargos, há revelia declaração obviamente do plano da existência. Se os efeitos materiais da revelia ocorrem ou não, esse é um problema do plano de eficácia.

Como do título executivo nasce a presunção de que a obrigação nele consubstanciada existe. Assim, se os embargos visam a atacar a existência do direito representado no título, e a simples ausência de resposta do embargado não gera presunção de veracidade das alegações do embargante.

Assim os recebidos os embargos, o exequente será ouvido em 15 (quinze) dias úteis, e em seguida o juiz julgará imediatamente o pedido ou então designará a audiência. Encerrada a instrução, o juiz prolatará a sentença.

Não sendo necessária prova diversa da já produzida e existente nos autos dos embargos à execução, tem o juiz o dever de julgar imediatamente o pedido do embargante.

Porém, caso seja necessária prova das alegações que seja diversa daquela já incorporada aos autos, deverá o juiz designar a audiência para sua devida produção e depois de realizada, segue-se prazo para proferir sentença. Da sentença que julga os embargos caberá apelação.

# TÍTULO IV
## DA SUSPENSÃO E DA EXTINÇÃO DO PROCESSO DE EXECUÇÃO
### CAPÍTULO I
### DA SUSPENSÃO DO PROCESSO DE EXECUÇÃO

**Art. 921.** Suspende-se a execução:

I – nas hipóteses dos arts. 313 e 315, no que couber;

II – no todo ou em parte, quando recebidos com efeito suspensivo os embargos à execução;

III – quando não for localizado o executado ou bens penhoráveis; (Redação dada pela Lei nº 14.195, de 2021)

IV – se a alienação dos bens penhorados não se realizar por falta de licitantes e o exequente, em 15 (quinze) dias, não requerer a adjudicação nem indicar outros bens penhoráveis;

V – quando concedido o parcelamento de que trata o art. 916.

§ 1º Na hipótese do inciso III, o juiz suspenderá a execução pelo prazo de 1 (um) ano, durante o qual se suspenderá a prescrição.

§ 2º Decorrido o prazo máximo de 1 (um) ano sem que seja localizado o executado ou que sejam encontrados bens penhoráveis, o juiz ordenará o arquivamento dos autos.

§ 3º Os autos serão desarquivados para prosseguimento da execução se a qualquer tempo forem encontrados bens penhoráveis.

# CÓDIGO DE PROCESSO CIVIL COMENTADO • LEI 13.105, DE 16 DE MARÇO DE 2015 — ART. 921

§ 4º O termo inicial da prescrição no curso do processo será a ciência da primeira tentativa infrutífera de localização do devedor ou de bens penhoráveis, e será suspensa, por uma única vez, pelo prazo máximo previsto no § 1º deste artigo. (Redação dada pela Lei nº 14.195, de 2021)

§ 4º-A A efetiva citação, intimação do devedor ou constrição de bens penhoráveis interrompe o prazo de prescrição, que não corre pelo tempo necessário à citação e à intimação do devedor, bem como para as formalidades da constrição patrimonial, se necessária, desde que o credor cumpra os prazos previstos na lei processual ou fixados pelo juiz. (Incluído pela Lei nº 14.195, de 2021)

§ 5º O juiz, depois de ouvidas as partes, no prazo de 15 (quinze) dias, poderá, de ofício, reconhecer a prescrição no curso do processo e extingui-lo, sem ônus para as partes. (Redação dada pela Lei nº 14.195, de 2021)

§ 6º A alegação de nulidade quanto ao procedimento previsto neste artigo somente será conhecida caso demonstrada a ocorrência de efetivo prejuízo, que será presumido apenas em caso de inexistência da intimação de que trata o § 4º deste artigo. (Incluído pela Lei nº 14.195, de 2021)

§ 7º Aplica-se o disposto neste artigo ao cumprimento de sentença de que trata o art. 523 deste Código. (Incluído pela Lei nº 14.195, de 2021)

## COMENTÁRIOS

O rol de hipóteses que autorizam a suspensão da execução não é taxativo, pois poderão surgir outras. Apesar de que a mera propositura de ação desconstitutiva do título executivo não acarrete automaticamente a suspensão da execução.

Mas obtida a tutela antecipada (ou tutela de evidência) e mesmo a tutela de urgência que venha controverter a existência da obrigação representada no título executivo, há de se viabilizar a suspensão da execução. Registra a jurisprudência pátria excepcionalmente a suspensão do feito executivo em razão de simples prejudicialidade externa entre demandas.

O prazo máximo para a suspensão da execução é de 1 (um) ano, o que também se aplica a prescrição intercorrente. Após este prazo (um ano), sem haver bens penhoráveis, se ordenará o arquivamento dos autos, mas isso não significa extinção do feito executivo.

Depois da oitiva dos litigantes, no prazo de 15 (quinze) dias úteis, de ofício, poderá o magistrado reconhecer a prescrição intercorrente e extinguir o processo. O que confirma o princípio do contraditório participativo.

Devemos registrar que a recente Lei 14.195/21 alterou diversos dispositivos do CPC, inclusive este artigo, cabendo destacar a nova redação do inciso III que acrescentou, dentre as causas de suspensão, a não localização do executado.

Outra importante alteração se deu com relação ao tempo que o processo de execução ficará suspenso, pois embora continue valendo as regras previstas no § 1º, § 2º e § 3° do art. 921 do CPC, ocorreram mudanças quanto ao termo inicial, que a partir de agora será da ciência da primeira tentativa infrutífera de localização do devedor ou de bens penhoráveis, e será suspensa, por uma única vez, pelo prazo máximo de 1 (um) ano.

Importante registar que antes da edição da Lei nº 14.195/21, não havia critérios muito claros sobre o início da prescrição intercorrente. O critério mais comum utilizado era a contagem do prazo após o processo ficar parado, sem impulso do seu interessado, pelo lapso de tempo igual à prescrição do direito discutido nos autos (ver CC, art. 202, parágrafo único, parte final).

Agora o texto ficou mais claro, pois não localizados o devedor ou seus bens passíveis de penhora, inicia-se o prazo de suspensão de 01 (um) ano, previsto no § 1º do art. 921 do CPC. Findo esse lapso, terá curso o início do prazo da prescrição intercorrente, durante o qual, na ausência de atos postulatórios de medidas constritivas exitosas, irá culminar com a extinção da execução na forma do art. 924, inciso V, do CPC.

Também houve alteração no tocante as hipóteses de interrupção do prazo de prescrição intercorrente, com a inclusão o § 4º-A prevendo hipóteses de interrupção do prazo de prescrição intercorrente;

Já o § 5º autoriza o juiz a decretar a prescrição intercorrente de ofício, porém antes de o fazê-lo, deverá o juiz intimar as partes para que se manifestem no prazo de 15 (quinze) dias;

Cabe ainda destacar que o § 6º trata da alegação de nulidade quanto ao procedimento da suspensão que somente será conhecida caso seja demonstrada a ocorrência de efetivo prejuízo, que será presumido apenas em caso de inexistência da intimação de que trata o § 4º deste artigo.

**Art. 922.** Convindo as partes, o juiz declarará suspensa a execução durante o prazo concedido pelo exequente para que o executado cumpra voluntariamente a obrigação.

**Parágrafo único.** Findo o prazo sem cumprimento da obrigação, o processo retomará o seu curso.

## COMENTÁRIOS

O dispositivo em comento trata da suspensão da execução de cunho convencional que também respeitará o prazo máximo de 1 (um) ano (entende a maioria dos doutrinadores).

Mas e importante registrar que existem alguns, que não enxergam a limitação temporal na suspensão convencional da execução.

Findo o prazo de suspensão convencional sem haver o cumprimento da obrigação, o processo de execução seguirá seu curso e retoma-se os atos executivos necessários.

# CÓDIGO DE PROCESSO CIVIL COMENTADO • LEI 13.105, DE 16 DE MARÇO DE 2015 — ART. 925

**Art. 923.** Suspensa a execução, não serão praticados atos processuais, podendo o juiz, entretanto, salvo no caso de arguição de impedimento ou de suspeição, ordenar providências urgentes.

## COMENTÁRIOS

Durante a suspensão do processo de execução, não são praticados os atos processuais.

Excepcionalmente, porém, poderá o juiz ordenar providências urgentes, exceto no caso de arguição de impedimento ou de suspeição.

## CAPÍTULO II
## DA EXTINÇÃO DO PROCESSO DE EXECUÇÃO

**Art. 924.** Extingue-se a execução quando:

I – a petição inicial for indeferida;

II – a obrigação for satisfeita;

III – o executado obtiver, por qualquer outro meio, a extinção total da dívida;

IV – o exequente renunciar ao crédito;

V – ocorrer a prescrição intercorrente.

## COMENTÁRIOS

A natural extinção da execução se dá quando há a satisfação da obrigação exequenda, quando o executado obtém, por transação ou por qualquer outro meio autocompositivo, a remissão total da dívida e quando o exequente renunciar ao crédito em questão.

Nesse caso, a sentença apenas homologa o ato dispositivo da parte ou de ambas as partes. Dessa sentença cabe apelação. Mas, transitada em julgada, a sentença homologatória poderá sofrer rescisória dentro do biênio decadencial. Nesse caso, a parte se volta contra o ato homologado e, não propriamente contra a sentença homologatória.

Importante a previsão de extinção da execução se ocorrer a prescrição intercorrente, porém ela deverá ocorrer após observados o procedimento e os prazos previstos nos parágrafos primeiro ao quinto do art. 921 do CPC.

Importante também destacar que não é só a prescrição intercorrente que pode fulminar o processo executivo, tendo em vista que a prescrição extintiva da obrigação ocorrida antes da propositura da ação executiva também poderá ser reconhecida pelo juiz da causa e, se isso acontecer, também acarretará a extinção do processo executivo.

**Art. 925.** A extinção só produz efeito quando declarada por sentença.

595

## COMENTÁRIOS

Uma vez expropriado o patrimônio do executado e havendo a entrega do dinheiro ao exequente, tem-se a extinção da execução. Intimado o exequente para se manifestar sobre a quantia depositada, seu silêncio importará em presunção de satisfação com o valor posto à disposição, o que determina também a extinção da execução.

Todas as hipóteses autorizativas de extinção da execução só produzem o efeito extintivo propriamente dito quando declaradas por sentença. Portanto, enquanto não proferida a sentença, o juiz conserva sua jurisdição sobre a causa e a execução não é finda.

**LIVRO III**
**DOS PROCESSOS NOS TRIBUNAIS**
**E DOS MEIOS DE IMPUGNAÇÃO DAS DECISÕES JUDICIAIS**
**TÍTULO I**
**DA ORDEM DOS PROCESSOS DE COMPETÊNCIA**
**ORIGINÁRIA DOS TRIBUNAIS**
**CAPÍTULO I**
**DISPOSIÇÕES GERAIS**

**Art. 926.** Os tribunais devem uniformizar sua jurisprudência e mantê-la estável, íntegra e coerente.

§ 1º Na forma estabelecida e segundo os pressupostos fixados no regimento interno, os tribunais editarão enunciados de súmula correspondentes a sua jurisprudência dominante.

§ 2º Ao editar enunciados de súmula, os tribunais devem ater-se às circunstâncias fáticas dos precedentes que motivaram sua criação.

## COMENTÁRIOS

Por primeiro, é importante destacar que, pela dicção do *novel codex*, os tribunais têm o dever de uniformizar sua jurisprudência e mantê-la estável, íntegra e coerente.

O CPC deixa ao cargo de cada tribunal fixar os pressupostos no regimento interno, que devem orientar a edição de enunciados de súmula correspondentes a sua jurisprudência dominante. Deverão ainda se ater às circunstâncias fáticas dos precedentes que motivaram sua criação.

As premissas se harmonizam com a nova orientação da lei processual brasileira em prestigiar a jurisprudência, através da consolidação de seus precedentes, desde que devidamente motivados.

**Art. 927.** Os juízes e os tribunais observarão:

I – as decisões do Supremo Tribunal Federal em controle concentrado de constitucionalidade;

II – os enunciados de súmula vinculante;

III – os acórdãos em incidente de assunção de competência ou de resolução de demandas repetitivas e em julgamento de recursos extraordinário e especial repetitivos;

IV – os enunciados das súmulas do Supremo Tribunal Federal em matéria constitucional e do Superior Tribunal de Justiça em matéria infraconstitucional;

V – a orientação do plenário ou do órgão especial aos quais estiverem vinculados.

§ 1º Os juízes e os tribunais observarão o disposto no art. 10 e no art. 489, § 1º, quando decidirem com fundamento neste artigo.

§ 2º A alteração de tese jurídica adotada em enunciado de súmula ou em julgamento de casos repetitivos poderá ser precedida de audiências públicas e da participação de pessoas, órgãos ou entidades que possam contribuir para a rediscussão da tese.

§ 3º Na hipótese de alteração de jurisprudência dominante do Supremo Tribunal Federal e dos tribunais superiores ou daquela oriunda de julgamento de casos repetitivos, pode haver modulação dos efeitos da alteração no interesse social e no da segurança jurídica.

§ 4º A modificação de enunciado de súmula, de jurisprudência pacificada ou de tese adotada em julgamento de casos repetitivos observará a necessidade de fundamentação adequada e específica, considerando os princípios da segurança jurídica, da proteção da confiança e da isonomia.

§ 5º Os tribunais darão publicidade a seus precedentes, organizando-os por questão jurídica decidida e divulgando-os, preferencialmente, na rede mundial de computadores.

## COMENTÁRIOS

Ainda na linha de uniformizar decisões, estabelece o art. 927 que os juízes e os tribunais deverão observar em suas decisões, as decisões do Supremo Tribunal Federal em controle concentrado de constitucionalidade; assim como os enunciados de súmula vinculante; os acórdãos proferidos em incidente de assunção de competência ou de resolução de demandas repetitivas e em julgamento de recursos extraordinário e especial repetitivos; os enunciados das súmulas do Supremo Tribunal Federal em matéria constitucional e do Superior Tribunal de Justiça em matéria infraconstitucional; além da orientação do plenário ou do órgão especial aos quais estiverem vinculados.

O fato de o CPC fixar a orientação constante no *caput* não exime o juiz de oportunizar às partes a manifestação prévia sobre pontos controvertidos, evitando assim as chamadas decisões "surpresas" (ver CPC, art. 10). Da mesma forma, o magistrado não está isento de fundamentar adequadamente suas decisões, sob pena de nulidade (ver CPC, art. 489).

Os parágrafos 2º ao 4º tratam das alterações de enunciados de súmulas, de jurisprudência dominante nos tribunais superiores, bem como das teses adotadas no julgamento de casos repetitivos, observando sempre a necessidade de fundamentação adequada e específica, considerando os princípios da segurança jurídica, da proteção, da confiança e da isonomia.

Finaliza o artigo em comento com a recomendação para que os tribunais deem a mais ampla publicidade a seus precedentes, organizando-os por questão jurídica decidida e divulgando-os, preferencialmente, na rede mundial de computadores.

> **Art. 928.** Para os fins deste Código, considera-se julgamento de casos repetitivos a decisão proferida em:
>
> I – incidente de resolução de demandas repetitivas;
>
> II – recursos especial e extraordinário repetitivos.
>
> **Parágrafo único.** O julgamento de casos repetitivos tem por objeto questão de direito material ou processual.

## COMENTÁRIOS

O art. 928 explicita o que significa "julgamento de casos repetitivos", para deixar claro que são as decisões proferidas em: incidente de resolução de demandas repetitivas e em recursos especial e extraordinário repetitivos. Adverte ainda em seu parágrafo único que o julgamento de casos repetitivos pode ter por objeto questão de direito material ou processual.

Devemos saudar a iniciativa do legislador em positivar essa matéria tendo em vista a importância do tema, especialmente por dar tratamento diferenciado à denominada litigiosidade de massa.

Esse tipo de julgamento sistêmico de demandas permite que uma única decisão possa ser utilizada para a resolução de todos os processos pendentes versando sobre a mesma matéria, seja individual ou coletivo, fornecendo ainda tese jurídica aplicável aos processos futuros que versarem sobre a mesma questão de direito.

É importante registar ainda que o atual CPC, em várias passagens, procura valorizar a jurisprudência pátria e o Incidente de Resolução de Demandas Repetitivas se insere perfeitamente neste contexto.

## CAPÍTULO II
### DA ORDEM DOS PROCESSOS NO TRIBUNAL

> **Art. 929.** Os autos serão registrados no protocolo do tribunal no dia de sua entrada, cabendo à secretaria ordená-los, com imediata distribuição.
>
> **Parágrafo único.** A critério do tribunal, os serviços de protocolo poderão ser descentralizados, mediante delegação a ofícios de justiça de primeiro grau.

## COMENTÁRIOS

O art. 929 limita-se a disciplinar o sistema de registro e protocolo dos recursos que poderão ser realizados pelo sistema de "protocolo integrando", segundo as normas de organização judiciária de cada tribunal.

**Art. 930.** Far-se-á a distribuição de acordo com o regimento interno do tribunal, observando-se a alternatividade, o sorteio eletrônico e a publicidade.

**Parágrafo único.** O primeiro recurso protocolado no tribunal tornará prevento o relator para eventual recurso subsequente interposto no mesmo processo ou em processo conexo.

## COMENTÁRIOS

O art. 930 no seu *caput* nada inova, porém o parágrafo único consagra aquilo que já acontece na prática judiciária, pois já consta em diversos regimentos internos de tribunais o sistema de prevenção que agora é positivado no CPC.

**Art. 931.** Distribuídos, os autos serão imediatamente conclusos ao relator, que, em 30 (trinta) dias, depois de elaborar o voto, restitui-los-á, com relatório, à secretaria.

## COMENTÁRIOS

O art. 931 explicita que, tão logo distribuído o recurso, os autos serão "imediatamente" conclusos ao relator, que, no prazo de 30 (trinta) dias, depois de elaborar o seu voto deverá devolvê-lo à secretaria, com relatório.

Devolver os autos à secretaria, com relatório, e no prazo de 30 (trinta) dias é daquelas previsões legislativas que vão ser difíceis de materializar, mas enfim, vamos esperar para ver.

**Art. 932.** Incumbe ao relator:

I – dirigir e ordenar o processo no tribunal, inclusive em relação à produção de prova, bem como, quando for o caso, homologar autocomposição das partes;

II – apreciar o pedido de tutela provisória nos recursos e nos processos de competência originária do tribunal;

III – não conhecer de recurso inadmissível, prejudicado ou que não tenha impugnado especificamente os fundamentos da decisão recorrida;

IV – negar provimento a recurso que for contrário a:

*a)* súmula do Supremo Tribunal Federal, do Superior Tribunal de Justiça ou do próprio tribunal;

*b)* acórdão proferido pelo Supremo Tribunal Federal ou pelo Superior Tribunal de Justiça em julgamento de recursos repetitivos;

*c)* entendimento firmado em incidente de resolução de demandas repetitivas ou de assunção de competência;

V – depois de facultada a apresentação de contrarrazões, dar provimento ao recurso se a decisão recorrida for contrária a:

*a)* súmula do Supremo Tribunal Federal, do Superior Tribunal de Justiça ou do próprio tribunal;

*b)* acórdão proferido pelo Supremo Tribunal Federal ou pelo Superior Tribunal de Justiça em julgamento de recursos repetitivos;

*c)* entendimento firmado em incidente de resolução de demandas repetitivas ou de assunção de competência;

VI – decidir o incidente de desconsideração da personalidade jurídica, quando este for instaurado originariamente perante o tribunal;

VII – determinar a intimação do Ministério Público, quando for o caso;

VIII – exercer outras atribuições estabelecidas no regimento interno do tribunal.

**Parágrafo único.** Antes de considerar inadmissível o recurso, o relator concederá o prazo de 5 (cinco) dias ao recorrente para que seja sanado vício ou complementada a documentação exigível.

## COMENTÁRIOS

O art. 932 trata das incumbências do relator nos processos perante aos tribunais estabelecendo que lhe cabe, além de dirigir e ordenar o processo, apreciar o pedido de tutela provisória nos recursos e nos processos de competência originária do tribunal, assim como decidir o incidente de desconsideração da personalidade jurídica, quando este for instaurado originariamente perante o tribunal.

Poderá ainda o relator negar provimento a recurso em que se defenda tese contraria à de súmula do STF ou STJ, ou ainda do próprio tribunal, bem como contrária à decisão proferida no julgamento de casos repetitivos, bem como de assunção de competência.

Ademais, os outros vários incisos regulam outras atribuições para o relator que não excluem a possibilidade de que os regimentos internos dos diversos tribunais possam fixar outras.

Merece destaque a previsão contida no parágrafo único que impõe ao relator o dever de, antes de considerar inadmissível o recurso, conceder prazo de 5 (cinco) dias pra que o recorrente possa sanar o vício ou completar a documentação exigível, em prestigio ao princípio do aproveitamento dos atos processuais.

**Art. 933.** Se o relator constatar a ocorrência de fato superveniente à decisão recorrida ou a existência de questão apreciável de ofício ainda não exa-

# CÓDIGO DE PROCESSO CIVIL COMENTADO • LEI 13.105, DE 16 DE MARÇO DE 2015

**ART. 935**

minada que devam ser considerados no julgamento do recurso, intimará as partes para que se manifestem no prazo de 5 (cinco) dias.

§ 1º Se a constatação ocorrer durante a sessão de julgamento, esse será imediatamente suspenso a fim de que as partes se manifestem especificamente.

§ 2º Se a constatação se der em vista dos autos, deverá o juiz que a solicitou encaminhá-los ao relator, que tomará as providências previstas no *caput* e, em seguida, solicitará a inclusão do feito em pauta para prosseguimento do julgamento, com submissão integral da nova questão aos julgadores.

## COMENTÁRIOS

O art. 933 reafirma, agora no âmbito dos tribunais, a proibição de "decisões surpresas", impondo ao relator a obrigação de intimar as partes para que se manifestem no prazo de 5 (cinco) dias, sobre fato superveniente à decisão recorrida ou a existência de questão apreciável de ofício ainda não examinada, mas que devam ser considerados no julgamento do recurso.

A preocupação do legislador foi tão grande que fez prever inclusive a hipótese de que a questão prejudicial possa vir à tona já quando do julgamento do processo quando então o julgamento deverá ser suspenso, afim de que as partes possam se manifestar especificamente sobre o tema novo.

**Art. 934.** Em seguida, os autos serão apresentados ao presidente, que designará dia para julgamento, ordenando, em todas as hipóteses previstas neste Livro, a publicação da pauta no órgão oficial.

## COMENTÁRIOS

Os autos que tenham tido seus julgamentos interrompidos, tão logo tenha sido regularizadas as providências determinadas, deverá voltar a pauta, impondo-se ao relator pedir pauta ao presidente, que designará dia para julgamento, ordenando, a publicação da pauta no órgão oficial.

Segundo enunciado 649 do Fórum Permanente de Processualistas Civis "A retomada do julgamento após devolução de pedido de vista depende de inclusão em nova pauta, a ser publicada com antecedência mínima de cinco dias, ressalvada a hipótese de o magistrado que requereu a vista declarar que levará o processo na sessão seguinte".

**Art. 935.** Entre a data de publicação da pauta e a da sessão de julgamento decorrerá, pelo menos, o prazo de 5 (cinco) dias, incluindo-se em nova pauta os processos que não tenham sido julgados, salvo aqueles cujo julgamento tiver sido expressamente adiado para a primeira sessão seguinte.

§ 1º Às partes será permitida vista dos autos em cartório após a publicação da pauta de julgamento.

§ 2º Afixar-se-á a pauta na entrada da sala em que se realizar a sessão de julgamento.

## COMENTÁRIOS

Importantíssima a novidade constante do *caput* art. 935 com o aumento do prazo que medeia a publicação da pauta e a data de julgamento que será de 5 (cinco) dias úteis.

De acordo com o artigo em comento, devem ser incluídos em nova pauta os processos que não tenham sido julgados, salvo aqueles cujo julgamento tiver sido expressamente adiado para a primeira sessão seguinte.

O parágrafo primeiro também é novidade ao prever que os autos ficarão em cartório à disposição das partes, depois da publicação da pauta.

As previsões do parágrafo segundo já constam de diversos regimentos de tribunais, mas foi oportuna a sua positivação, pois assim uniformiza procedimentos em todos os tribunais.

**Art. 936.** Ressalvadas as preferências legais e regimentais, os recursos, a remessa necessária e os processos de competência originária serão julgados na seguinte ordem:

I – aqueles nos quais houver sustentação oral, observada a ordem dos requerimentos;

II – os requerimentos de preferência apresentados até o início da sessão de julgamento;

III – aqueles cujo julgamento tenha iniciado em sessão anterior; e

IV – os demais casos.

## COMENTÁRIOS

Numa certa medida, os tribunais já atuam nos termos do que vem insculpido no art. 936, porém, deve ser saudada a iniciativa legislativa por uniformizar nacionalmente e em todos os tribunais, o procedimento quanto à ordem de julgamento dos processos nos tribunais.

Assim, ressalvadas as preferências legais e regimentais, os recursos, a remessa necessária e os processos de competência originária, serão julgados primeiro os processos cujos advogados tenham feito inscrição para sustentação oral, na ordem de inscrição. Depois serão julgados aqueles em que os interessados tenham pedido "preferência". Em seguida os processos cujo julgamento tenha iniciado em sessão anterior e, por fim, os demais casos.

**Art. 937.** Na sessão de julgamento, depois da exposição da causa pelo relator, o presidente dará a palavra, sucessivamente, ao recorrente, ao recorrido e, nos casos de sua intervenção, ao membro do Ministério Público, pelo prazo improrrogável de 15 (quinze) minutos para cada um, a fim de sustentarem suas razões, nas seguintes hipóteses, nos termos da parte final do *caput* do art. 1.021:

I – no recurso de apelação;

II – no recurso ordinário;

III – no recurso especial;

IV – no recurso extraordinário;

V – nos embargos de divergência;

VI – na ação rescisória, no mandado de segurança e na reclamação;

VII – (Vetado);

VIII – no agravo de instrumento interposto contra decisões interlocutórias que versem sobre tutelas provisórias de urgência ou da evidência;

IX – em outras hipóteses previstas em lei ou no regimento interno do tribunal.

§ 1º A sustentação oral no incidente de resolução de demandas repetitivas observará o disposto no art. 984, no que couber.

§ 2º O procurador que desejar proferir sustentação oral poderá requerer, até o início da sessão, que o processo seja julgado em primeiro lugar, sem prejuízo das preferências legais.

§ 3º Nos processos de competência originária previstos no inciso VI, caberá sustentação oral no agravo interno interposto contra decisão de relator que o extinga.

§ 4º É permitido ao advogado com domicílio profissional em cidade diversa daquela onde está sediado o tribunal realizar sustentação oral por meio de videoconferência ou outro recurso tecnológico de transmissão de sons e imagens em tempo real, desde que o requeira até o dia anterior ao da sessão.

## COMENTÁRIOS

O art. 937 fixa as regras procedimentais para a sustentação oral estabelecendo que cada parte e, eventualmente, o Ministério Público, terá direito a 15 (quinze) minutos, improrrogáveis, para a sua exposição.

Além disso o artigo em comento aborda detalhes sobre quais recursos se permite a sustentação, chegando até a prever a hipótese de realização da sustentação oral por meio de videoconferência ou outro recurso tecnológico de transmissão de sons e imagens em tempo real, desde que o requeira até o dia anterior ao da sessão.

Merece também destaque a previsão contida no inciso VIII, de permitir a sustentação oral no agravo de instrumento interposto contra decisões interlocutórias que versem sobre tutelas provisórias tanto nas de urgência quanto na de evidência.

**Art. 938.** A questão preliminar suscitada no julgamento será decidida antes do mérito, deste não se conhecendo caso seja incompatível com a decisão.

§ 1º Constatada a ocorrência de vício sanável, inclusive aquele que possa ser conhecido de ofício, o relator determinará a realização ou a renovação do ato processual, no próprio tribunal ou em primeiro grau de jurisdição, intimadas as partes.

§ 2º Cumprida a diligência de que trata o § 1º, o relator, sempre que possível, prosseguirá no julgamento do recurso.

§ 3º Reconhecida a necessidade de produção de prova, o relator converterá o julgamento em diligência, que se realizará no tribunal ou em primeiro grau de jurisdição, decidindo-se o recurso após a conclusão da instrução.

§ 4º Quando não determinadas pelo relator, as providências indicadas nos §§ 1º e 3º poderão ser determinadas pelo órgão competente para julgamento do recurso.

### COMENTÁRIOS

O art. 938 estabelece que a questão preliminar suscitada no julgamento será decidida antes do mérito, deste não se conhecendo caso seja incompatível com a decisão.

Ademais, contempla a hipótese de aproveitamento dos atos processuais permitindo ao relator do processo no tribunal determinar de ofício ou a requerimento da parte, a realização ou a renovação do ato processual, no próprio tribunal ou em primeiro grau de jurisdição, intimadas as partes.

Se for necessária a realização de provas, o relator converterá o julgamento em diligência, que se realizará no tribunal ou em primeiro grau de jurisdição, decidindo-se o recurso após a conclusão da instrução.

**Art. 939.** Se a preliminar for rejeitada ou se a apreciação do mérito for com ela compatível, seguir-se-ão a discussão e o julgamento da matéria principal, sobre a qual deverão se pronunciar os juízes vencidos na preliminar.

### COMENTÁRIOS

Rejeitada a preliminar ou saneado o vício, ou, ainda, não havendo óbice a que se examine o mérito por não serem as questões (preliminar e de mérito) incompatíveis, segue-se o julgamento da matéria principal, sobre a qual deverão se pronunciar os juízes vencidos na preliminar.

**Art. 940.** O relator ou outro juiz que não se considerar habilitado a proferir imediatamente seu voto poderá solicitar vista pelo prazo máximo de 10

CÓDIGO DE PROCESSO CIVIL COMENTADO • LEI 13.105, DE 16 DE MARÇO DE 2015 — ART. 941

(dez) dias, após o qual o recurso será reincluído em pauta para julgamento na sessão seguinte à data da devolução.

§ 1º Se os autos não forem devolvidos tempestivamente ou se não for solicitada pelo juiz prorrogação de prazo de no máximo mais 10 (dez) dias, o presidente do órgão fracionário os requisitará para julgamento do recurso na sessão ordinária subsequente, com publicação da pauta em que for incluído.

§ 2º Quando requisitar os autos na forma do § 1º, se aquele que fez o pedido de vista ainda não se sentir habilitado a votar, o presidente convocará substituto para proferir voto, na forma estabelecida no regimento interno do tribunal.

## COMENTÁRIOS

O art. 940 trata do disciplinamento do "pedido de vistas" que pode ser feito por qualquer dos integrantes do órgão julgador quando entender que melhor deva estudar o processo antes de proferir o seu voto.

É muito comum isto acontecer, principalmente quando há sustentação oral, tendo em vista que normalmente só o relator teve oportunidade de estudar minuciosamente o que consta dos autos. Dessa forma, os demais integrantes do órgão julgador podem não se sentir a preparados para proferir o voto, apresentando-se-lhes a oportunidade de pedido de retirada dos autos da pauta de julgamento, devendo trazê-lo de volta no prazo máximo de 10 (dez) dias, para reinclusão na pauta de julgamento.

**Art. 941.** Proferidos os votos, o presidente anunciará o resultado do julgamento, designando para redigir o acórdão o relator ou, se vencido este, o autor do primeiro voto vencedor.

§ 1º O voto poderá ser alterado até o momento da proclamação do resultado pelo presidente, salvo aquele já proferido por juiz afastado ou substituído.

§ 2º No julgamento de apelação ou de agravo de instrumento, a decisão será tomada, no órgão colegiado, pelo voto de 3 (três) juízes.

§ 3º O voto vencido será necessariamente declarado e considerado parte integrante do acórdão para todos os fins legais, inclusive de pré-questionamento.

## COMENTÁRIOS

Embora o artigo em comento não traga grandes novidades, é importante a previsão constante do § 1º de que o voto poderá ser alterado até o momento da proclamação do resultado pelo presidente, salvo aquele já proferido por juiz afastado ou substituído. Isso pode perfeitamente ocorrer em face da discussão em torno da tese jurídica sustentada pelas partes na sustentação oral ou quando um dos integrantes do colegiado pede vistas

605

e retorna com um voto divergente. Nada impede que aquele que já tenha proferido o voto antes, reveja sua posição e mude o seu voto.

Cabe também destacar a previsão contida no § 3º de obrigatoriedade de declaração de voto vencido que será considerado parte integrante do acórdão para todos os fins legais, inclusive podendo ser útil para fins de pré-questionamento.

**Art. 942.** Quando o resultado da apelação for não unânime, o julgamento terá prosseguimento em sessão a ser designada com a presença de outros julgadores, que serão convocados nos termos previamente definidos no regimento interno, em número suficiente para garantir a possibilidade de inversão do resultado inicial, assegurado às partes e a eventuais terceiros o direito de sustentar oralmente suas razões perante os novos julgadores.

§ 1º Sendo possível, o prosseguimento do julgamento dar-se-á na mesma sessão, colhendo-se os votos de outros julgadores que porventura componham o órgão colegiado.

§ 2º Os julgadores que já tiverem votado poderão rever seus votos por ocasião do prosseguimento do julgamento.

§ 3º A técnica de julgamento prevista neste artigo aplica-se, igualmente, ao julgamento não unânime proferido em:

I – ação rescisória, quando o resultado for a rescisão da sentença, devendo, nesse caso, seu prosseguimento ocorrer em órgão de maior composição previsto no regimento interno;

II – agravo de instrumento, quando houver reforma da decisão que julgar parcialmente o mérito.

§ 4º Não se aplica o disposto neste artigo ao julgamento:

I – do incidente de assunção de competência e ao de resolução de demandas repetitivas;

II – da remessa necessária;

III – não unânime proferido, nos tribunais, pelo plenário ou pela corte especial.

## COMENTÁRIOS

O art. 942 contém previsão que gerou as mais sérias controvérsias. Falou-se tanto no fim dos "embargos infringentes" e eles ganharam sobrevida com outro nome: agora poderão ser chamados de "embargos de prolongamento do julgamento não unânime" ou, quem sabe, de "julgamento ampliado de votação não unânime" ou talvez de "remessa necessária de votação não unânime", ou, como afirma o Desembargador João Carlos Saletti, trata-se de "julgamento estendido da apelação".

Alguns doutrinadores têm chamado o incidente de "colegialidade qualificada", conforme a ilustre doutora Gisele Leite.

Vale rememorar que existia no CPC/73 um recurso que era chamado de "embargos infringentes". O Novo CPC extinguiu essa figura, porém criou um mecanismo de ampliação do quórum do julgamento de determinados recursos, passando a impressão de que os embargos infringentes ganharam uma sobrevida.

Importante deixar claro que esse é apenas um incidente, isto é, não se trata de recurso, mas de mero prosseguimento de julgamento com ampliação do quórum de juízes que proferirão voto.

O ideal é o prosseguimento do julgamento na mesma sessão, tomando-se voto de outros componentes do órgão colegiado que estejam presentes. Contudo, se isso não for possível, o julgamento deverá prosseguir em nova sessão, convocando-se outros julgadores, devendo ser assegurado o direito a nova sustentação oral.

Alguns doutrinadores têm defendido o instituto afirmando que ele, a um só tempo, busca conciliar a celeridade processual, evitando a interposição de mais um recurso, com o duplo grau de jurisdição e a uniformidade e estabilidade da jurisprudência. Dessa forma, em julgamentos não unânimes, mesmo sem a previsão de interposição de embargos infringentes, as partes têm a garantia de que o voto divergente, bem como toda a matéria em discussão, será analisada de forma minudente por um órgão colegiado ampliado, que buscará aplicar a melhor solução ao caso concreto.[98]

**Art. 943.** Os votos, os acórdãos e os demais atos processuais podem ser registrados em documento eletrônico inviolável e assinados eletronicamente, na forma da lei, devendo ser impressos para juntada aos autos do processo quando este não for eletrônico.

§ 1º Todo acórdão conterá ementa.

§ 2º Lavrado o acórdão, sua ementa será publicada no órgão oficial no prazo de 10 (dez) dias.

### COMENTÁRIOS

O art. 943 cuida apenas do registro dos acórdãos e dos demais atos processuais que podem ser registrados em documento eletrônico inviolável e assinados eletronicamente, na forma da lei, devendo ser impressos para juntada aos autos do processo quando este não for eletrônico.

**Art. 944.** Não publicado o acórdão no prazo de 30 (trinta) dias, contado da data da sessão de julgamento, as notas taquigráficas o substituirão, para todos os fins legais, independentemente de revisão.

**Parágrafo único.** No caso do *caput*, o presidente do tribunal lavrará, de imediato, as conclusões e a ementa e mandará publicar o acórdão.

---

98. Dentre eles merece destaque Marcus Vinicius Furtado Coêlho.

## COMENTÁRIOS

O art. 944 apenas regula uma situação pouco usual na vida prática forense, qual seja, a não publicação de acórdão passados 30 (trinta) dias da sessão de julgamento.

De toda sorte, diz o artigo *sub oculum* que, depois de passado referido prazo e não tendo sido publicado o acórdão, o interessado, provando por qualquer meio, pode requerer providências ao presidente do tribunal que, por sua vez, lavrará de imediato as conclusões e a ementa e mandará publicar o acórdão.

**Art. 945.** (Revogado pela Lei 13.256/16).

**Art. 946.** O agravo de instrumento será julgado antes da apelação interposta no mesmo processo.

**Parágrafo único.** Se ambos os recursos de que trata o *caput* houverem de ser julgados na mesma sessão, terá precedência o agravo de instrumento.

## COMENTÁRIOS

O art. 946 trata da ordem de julgamento quando houver agravo de instrumento e apelação para serem julgados oriundos do mesmo processo.

A solução vem no parágrafo único que estabelece que terá precedência o agravo de instrumento em relação à apelação. Nada mais óbvio.

### CAPÍTULO III
### DO INCIDENTE DE ASSUNÇÃO DE COMPETÊNCIA

**Art. 947.** É admissível a assunção de competência quando o julgamento de recurso, de remessa necessária ou de processo de competência originária envolver relevante questão de direito, com grande repercussão social, sem repetição em múltiplos processos.

§ 1º Ocorrendo a hipótese de assunção de competência, o relator proporá, de ofício ou a requerimento da parte, do Ministério Público ou da Defensoria Pública, que seja o recurso, a remessa necessária ou o processo de competência originária julgado pelo órgão colegiado que o regimento indicar.

§ 2º O órgão colegiado julgará o recurso, a remessa necessária ou o processo de competência originária se reconhecer interesse público na assunção de competência.

§ 3º O acórdão proferido em assunção de competência vinculará todos os juízes e órgãos fracionários, exceto se houver revisão de tese.

§ 4º Aplica-se o disposto neste artigo quando ocorrer relevante questão de direito a respeito da qual seja conveniente a prevenção ou a composição de divergência entre câmaras ou turmas do tribunal.

## COMENTÁRIOS

Permite o art. 947 que o relator, de ofício ou a requerimento de quem seja interessado (partes, Ministério Público ou da Defensoria Pública) possa avocar o processo e determinar que o mesmo seja processado como "incidente de assunção de competência", quando o julgamento de recurso, de remessa necessária ou de processo de competência originária envolver relevante questão de direito, com grande repercussão social, sem repetição em múltiplos processos.

Se tal fato ocorrer, o processo será remetido para ser julgado pelo órgão colegiado que o regimento do tribunal indicar, de sorte a uniformizar a jurisprudência com relação à questão *sub judice*.

Nesse caso o acórdão proferido no julgamento terá efeito vinculante em relação a todos os juízes e órgãos fracionários, exceto se houver revisão de tese.

## CAPÍTULO IV
### DO INCIDENTE DE ARGUIÇÃO DE INCONSTITUCIONALIDADE

**Art. 948.** Arguida, em controle difuso, a inconstitucionalidade de lei ou de ato normativo do poder público, o relator, após ouvir o Ministério Público e as partes, submeterá a questão à turma ou à câmara à qual competir o conhecimento do processo.

## COMENTÁRIOS

Agora o legislador trata da arguição de inconstitucionalidade de lei ou de ato normativo do poder público, impondo ao relator o dever de ouvir o Ministério Público e as partes, para só depois, submeter a questão à turma ou à câmara à qual competir o conhecimento da matéria.

**Art. 949.** Se a arguição for:

I – rejeitada, prosseguirá o julgamento;

II – acolhida, a questão será submetida ao plenário do tribunal ou ao seu órgão especial, onde houver.

**Parágrafo único.** Os órgãos fracionários dos tribunais não submeterão ao plenário ou ao órgão especial a arguição de inconstitucionalidade quando já houver pronunciamento destes ou do plenário do Supremo Tribunal Federal sobre a questão.

## COMENTÁRIOS

Nenhuma novidade no art. 949 que apenas estabelece qual será o procedimento se for rejeitado ou acolhido o incidente.

Assim, se for rejeitada a arguição, prosseguirá o julgamento. De outro lado, se for acolhida a arguição, a questão será submetida ao plenário do tribunal ou ao seu órgão especial, onde houver.

Cabe ainda ressaltar a exceção às regras dos artigos anteriores, disposta pelo parágrafo único do artigo 949 do CPC, que afirma que quando já houver pronunciamento do plenário do Tribunal, seu órgão especial, ou do próprio plenário do Supremo Tribunal Federal sobre a questão, a turma ou câmara devem decidir seguindo o entendimento já firmado.

**Art. 950.** Remetida cópia do acórdão a todos os juízes, o presidente do tribunal designará a sessão de julgamento.

§ 1º As pessoas jurídicas de direito público responsáveis pela edição do ato questionado poderão manifestar-se no incidente de inconstitucionalidade se assim o requererem, observados os prazos e as condições previstos no regimento interno do tribunal.

§ 2º A parte legitimada à propositura das ações previstas no art. 103 da Constituição Federal poderá manifestar-se, por escrito, sobre a questão constitucional objeto de apreciação, no prazo previsto pelo regimento interno, sendo-lhe assegurado o direito de apresentar memoriais ou de requerer a juntada de documentos.

§ 3º Considerando a relevância da matéria e a representatividade dos postulantes, o relator poderá admitir, por despacho irrecorrível, a manifestação de outros órgãos ou entidades.

### COMENTÁRIOS

O art. 950 abre a possibilidade de participação de outros possíveis interessados na causa, além das partes e do Ministério Público, a exemplo do que ocorre no STF quando do julgamento de arguição de inconstitucionalidade.

Tendo em vista o interesse público, se o relator entender que a matéria é relevante, poderá provocar, por despacho irrecorrível, a manifestação de outros órgãos ou entidades da sociedade civil.

É a participação do *amicus Curie* em prestígio à democratização do acesso ao judiciário naquilo que for socialmente relevante.

### CAPÍTULO V
### DO CONFLITO DE COMPETÊNCIA

**Art. 951.** O conflito de competência pode ser suscitado por qualquer das partes, pelo Ministério Público ou pelo juiz.

**Parágrafo único.** O Ministério Público somente será ouvido nos conflitos de competência relativos aos processos previstos no art. 178, mas terá qualidade de parte nos conflitos que suscitar.

## COMENTÁRIOS

Pelo que consta do art. 951, podem suscitar o conflito de competência tanto as partes, quanto o Ministério Público ou mesmo o juiz.

Sendo suscitada a competência por um determinado juiz ou órgão jurisdicional, caberá a este último, caso não aceite a competência que lhe tenha sido imputada e não indique um terceiro juízo como competente, a suscitação do conflito de competência (ver CPC, art. 66, parágrafo único).

O Ministério Público não atuará como *custos legis*, pois somente atuará nos conflitos de competência relativos aos processos previstos no art. 178, mas terá qualidade de parte nos conflitos que suscitar.

**Art. 952.** Não pode suscitar conflito a parte que, no processo, arguiu incompetência relativa.

**Parágrafo único.** O conflito de competência não obsta, porém, a que a parte que não o arguiu suscite a incompetência.

## COMENTÁRIOS

O art. 952 estabelece que não pode suscitar conflito a parte que, no processo, arguiu incompetência relativa.

A lógica está em que, se a parte já arguiu a incompetência relativa, permitir que suscite o conflito de competência pautada nas mesmas razões, seria um verdadeiro *bis in idem*, razão pela qual se justifica essa vedação.

Ressalva o parágrafo único que o conflito de competência não obsta, porém, a que a parte que não o arguiu suscite a incompetência, se isso for possível.

**Art. 953.** O conflito será suscitado ao tribunal:

I – pelo juiz, por ofício;

II – pela parte e pelo Ministério Público, por petição.

**Parágrafo único.** O ofício e a petição serão instruídos com os documentos necessários à prova do conflito.

## COMENTÁRIOS

Nos termos do art. 953, qualquer dos legitimados suscitará o conflito diretamente ao tribunal competente, instruindo o pedido com os documentos necessários à prova do suposto conflito.

Embora possa parecer óbvio, cumpre esclarecer que o conflito for suscitado por órgão jurisdicional isso será feito através de ofício endereçado ao tribunal competente. Se de outro lado, for suscitado pelo Ministério Público ou pela parte, isto deverá ser feito por petição.

**Art. 954.** Após a distribuição, o relator determinará a oitiva dos juízes em conflito ou, se um deles for suscitante, apenas do suscitado.

**Parágrafo único.** No prazo designado pelo relator, incumbirá ao juiz ou aos juízes prestar as informações.

## COMENTÁRIOS

O art. 954 trata da distribuição e dos procedimentos que antecedem o julgamento do conflito de competência, cabendo apenas registrar que o relator determinará a oitiva dos juízes em conflito ou, se um deles for suscitante, apenas do suscitado para, no prazo assinalado, prestar as informações solicitadas.

**Art. 955.** O relator poderá, de ofício ou a requerimento de qualquer das partes, determinar, quando o conflito for positivo, o sobrestamento do processo e, nesse caso, bem como no de conflito negativo, designará um dos juízes para resolver, em caráter provisório, as medidas urgentes.

**Parágrafo único.** O relator poderá julgar de plano o conflito de competência quando sua decisão se fundar em:

I – súmula do Supremo Tribunal Federal, do Superior Tribunal de Justiça ou do próprio tribunal;

II – tese firmada em julgamento de casos repetitivos ou em incidente de assunção de competência.

## COMENTÁRIOS

Tendo em vista que suscitando o conflito de competência o processo fica sobrestado até final decisão do tribunal, permite o art. 955 que o relator possa, de ofício ou a requerimento de qualquer das partes, determinar, quando o conflito for positivo, o sobrestamento do processo e, nesse caso, bem como no de conflito negativo, designará um dos juízes para resolver, em caráter provisório, as medidas de urgência.

O parágrafo único autoriza o julgamento monocrático pelo relator quando sua decisão se fundar em súmula do Supremo Tribunal Federal, do Superior Tribunal de Justiça ou do próprio tribunal; ou em tese firmada em julgamento de casos repetitivos ou em incidente de assunção de competência.

# CÓDIGO DE PROCESSO CIVIL COMENTADO • LEI 13.105, DE 16 DE MARÇO DE 2015

**ART. 959**

**Art. 956.** Decorrido o prazo designado pelo relator, será ouvido o Ministério Público, no prazo de 5 (cinco) dias, ainda que as informações não tenham sido prestadas, e, em seguida, o conflito irá a julgamento.

## COMENTÁRIOS

Diz o art. 956 que após o prazo designado pelo relator para que os juízes prestem informações, será ouvido o Ministério Público como fiscal da ordem jurídica, no prazo de 5 (cinco) dias, ainda que as informações não tenham sido prestadas, e, em seguida, o conflito irá a julgamento.

**Art. 957.** Ao decidir o conflito, o tribunal declarará qual o juízo competente, pronunciando-se também sobre a validade dos atos do juízo incompetente. **Parágrafo único.** Os autos do processo em que se manifestou o conflito serão remetidos ao juiz declarado competente.

## COMENTÁRIOS

O art. 957 diz, acertadamente, que o tribunal ao decidir o conflito, declarará qual o "juízo competente", pronunciando-se também sobre a validade dos atos que foram proferidos pelo juízo incompetente.

Em seguida, os autos do processo serão remetidos ao "juiz" (deveria ser juízo) declarado competente para conhecimento da matéria, manifestando-se também sobre a validade dos atos eventualmente praticados pelo juízo incompetente.

**Art. 958.** No conflito que envolva órgãos fracionários dos tribunais, desembargadores e juízes em exercício no tribunal, observar-se-á o que dispuser o regimento interno do tribunal.

## COMENTÁRIOS

O art. 958 regula o procedimento quando o conflito envolver órgãos fracionários dos tribunais, desembargadores e juízes em exercício no tribunal e, nesse caso, deverá proceder conforme dispuser o regimento interno do tribunal.

**Art. 959.** O regimento interno do tribunal regulará o processo e o julgamento do conflito de atribuições entre autoridade judiciária e autoridade administrativa.

## COMENTÁRIOS

O art. 959 apenas remete ao regimento interno de cada tribunal a atribuição de regular o procedimento quando envolver conflito de atribuições entre autoridade judiciária e autoridade administrativa

Nesse caso não se trata de conflito de competência, mas sim de conflito de atribuições que poderá ocorrer entre o Poder Judiciário e o Poder Executivo, por exemplo. Nesses casos diz o artigo em comento que o conflito deverá ser resolvido conforme as normas do regimento interno do respectivo tribunal.

## CAPÍTULO VI
### DA HOMOLOGAÇÃO DE DECISÃO ESTRANGEIRA E DA CONCESSÃO DO EXEQUATUR À CARTA ROGATÓRIA

**Art. 960.** A homologação de decisão estrangeira será requerida por ação de homologação de decisão estrangeira, salvo disposição especial em sentido contrário prevista em tratado.

§ 1º A decisão interlocutória estrangeira poderá ser executada no Brasil por meio de carta rogatória.

§ 2º A homologação obedecerá ao que dispuserem os tratados em vigor no Brasil e o Regimento Interno do Superior Tribunal de Justiça.

§ 3º A homologação de decisão arbitral estrangeira obedecerá ao disposto em tratado e em lei, aplicando-se, subsidiariamente, as disposições deste Capítulo.

## COMENTÁRIOS

O art. 960 disciplina de maneira mais completa o procedimento para homologação de decisão estrangeira, estabelecendo que será requerida por "ação de homologação de decisão estrangeira", salvo disposição especial em sentido contrário prevista em tratado, devendo ainda obedecer o Regimento Interno do Superior Tribunal de Justiça.[99]

Também a decisão interlocutória estrangeira pode ser executada no Brasil por meio de carta rogatória.

Já a homologação de decisão arbitral estrangeira obedecerá ao disposto em tratado e em lei, aplicando-se, subsidiariamente, as disposições deste Capítulo.

Só a título de curiosidade, devemos rememorar que até o advento da Emenda Constitucional 45/2004, a competência para tramitação dos pleitos de homologação de sentenças estrangeiras era do Supremo Tribunal Federal.

---

99. Sugerimos a leitura da Emenda Regimental n. 18, de 17 de dezembro de 2014 – STJ.

# CÓDIGO DE PROCESSO CIVIL COMENTADO • LEI 13.105, DE 16 DE MARÇO DE 2015

**ART. 962**

**Art. 961.** A decisão estrangeira somente terá eficácia no Brasil após a homologação de sentença estrangeira ou a concessão do exequatur às cartas rogatórias, salvo disposição em sentido contrário de lei ou tratado.

§ 1º É passível de homologação a decisão judicial definitiva, bem como a decisão não judicial que, pela lei brasileira, teria natureza jurisdicional.

§ 2º A decisão estrangeira poderá ser homologada parcialmente.

§ 3º A autoridade judiciária brasileira poderá deferir pedidos de urgência e realizar atos de execução provisória no processo de homologação de decisão estrangeira.

§ 4º Haverá homologação de decisão estrangeira para fins de execução fiscal quando prevista em tratado ou em promessa de reciprocidade apresentada à autoridade brasileira.

§ 5º A sentença estrangeira de divórcio consensual produz efeitos no Brasil, independentemente de homologação pelo Superior Tribunal de Justiça.

§ 6º Na hipótese do § 5º, competirá a qualquer juiz examinar a validade da decisão, em caráter principal ou incidental, quando essa questão for suscitada em processo de sua competência.

## COMENTÁRIOS

O art. 961, reforçando as disposições contidas no artigo antecedente, estabelece que a decisão estrangeira somente terá eficácia no Brasil após a homologação de sentença estrangeira ou a concessão do *exequatur* às cartas rogatórias, salvo disposição em sentido contrário de lei ou tratado.

É de suma importância destacar a exceção constante do § 5º que dispensa a homologação pelo Superior Tribunal de Justiça da sentença estrangeira de divórcio consensual que terá plena eficácia sem esse requisito, sujeitando-se, porém, a que sua validade possa ser aferida por qualquer juiz, em caráter principal ou incidental, quando essa questão for suscitada em processo de sua competência.

**Art. 962.** É passível de execução a decisão estrangeira concessiva de medida de urgência.

§ 1º A execução no Brasil de decisão interlocutória estrangeira concessiva de medida de urgência dar-se-á por carta rogatória.

§ 2º A medida de urgência concedida sem audiência do réu poderá ser executada, desde que garantido o contraditório em momento posterior.

§ 3º O juízo sobre a urgência da medida compete exclusivamente à autoridade jurisdicional prolatora da decisão estrangeira.

§ 4º Quando dispensada a homologação para que a sentença estrangeira produza efeitos no Brasil, a decisão concessiva de medida de urgência dependerá, para produzir efeitos, de ter sua validade expressamente reconhe-

615

cida pelo juiz competente para dar-lhe cumprimento, dispensada a homologação pelo Superior Tribunal de Justiça.

## COMENTÁRIOS

Inova o art. 962 do Novo CPC ao prever a possibilidade de execução de decisão estrangeira concessiva de medida de urgência que deverá ser processada por carta rogatória.

A atuação do magistrado brasileiro deverá se limitar apenas à verificação das condições para homologação, não lhe cabendo adentrar no mérito da medida concessiva realizada no estrangeiro.

Por fim, o § 4º trata da hipótese de dispensa da homologação para que a sentença estrangeira produza efeitos no Brasil, porém a decisão concessiva de medida de urgência dependerá, para produzir efeitos, de ter sua validade expressamente reconhecida pelo juiz competente para dar-lhe cumprimento, dispensada a homologação pelo Superior Tribunal de Justiça.

**Art. 963.** Constituem requisitos indispensáveis à homologação da decisão:

I – ser proferida por autoridade competente;

II – ser precedida de citação regular, ainda que verificada a revelia;

III – ser eficaz no país em que foi proferida;

IV – não ofender a coisa julgada brasileira;

V – estar acompanhada de tradução oficial, salvo disposição que a dispense prevista em tratado;

VI – não conter manifesta ofensa à ordem pública.

**Parágrafo único.** Para a concessão do exequatur às cartas rogatórias, observar-se-ão os pressupostos previstos no *caput* deste artigo e no art. 962, § 2º.

## COMENTÁRIOS

O art. 963 trata dos requisitos indispensáveis à homologação da decisão, que caberá ao STJ verificar, que são: ser proferida por autoridade competente; ser precedida de citação regular, ainda que verificada a revelia; ser eficaz no país em que foi proferida; e, não ofender a coisa julgada brasileira; estar acompanhada de tradução oficial, salvo disposição que a dispense prevista em tratado e não conter manifesta ofensa à ordem pública.

**Art. 964.** Não será homologada a decisão estrangeira na hipótese de competência exclusiva da autoridade judiciária brasileira.

**Parágrafo único.** O dispositivo também se aplica à concessão do exequatur à carta rogatória.

## COMENTÁRIOS

Art. 964 diz que não será homologada a decisão estrangeira, nem concedida o *exequatur* à carta rogatória, quando a matéria ventilada for de exclusiva competência de autoridade judiciária brasileira.

Tal preceito se harmoniza com o disposto no art. 23 do presente Código, pois agir em contrário seria violar a soberania brasileira.

Devemos ainda alertar, conforme enunciado 86 da FPPC, "O art. 964 não se aplica à homologação da sentença arbitral estrangeira, que se sujeita aos tratados em vigor no País e à legislação aplicável, na forma do § 3º do art. 960."

**Art. 965.** O cumprimento de decisão estrangeira far-se-á perante o juízo federal competente, a requerimento da parte, conforme as normas estabelecidas para o cumprimento de decisão nacional.

**Parágrafo único.** O pedido de execução deverá ser instruído com cópia autenticada da decisão homologatória ou do exequatur, conforme o caso.

## COMENTÁRIOS

O art. 965 cuida do cumprimento de decisão estrangeira que, *in casu*, deverá ser processada perante o juízo federal competente, a requerimento da parte, conforme as normas estabelecidas para o cumprimento de decisão nacional, em perfeita sintonia com o previsto na Constituição Federal (ver art. 109, X). Além disso, o parágrafo único diz o que é óbvio, que o pedido de execução deverá ser instruído com cópia autenticada da decisão homologatória ou do *exequatur*, conforme o caso.

## CAPÍTULO VII
### DA AÇÃO RESCISÓRIA

**Art. 966.** A decisão de mérito, transitada em julgado, pode ser rescindida quando:

I – se verificar que foi proferida por força de prevaricação, concussão ou corrupção do juiz;

II – for proferida por juiz impedido ou por juízo absolutamente incompetente;

III – resultar de dolo ou coação da parte vencedora em detrimento da parte vencida ou, ainda, de simulação ou colusão entre as partes, a fim de fraudar a lei;

IV – ofender a coisa julgada;

V – violar manifestamente norma jurídica;

VI – for fundada em prova cuja falsidade tenha sido apurada em processo criminal ou venha a ser demonstrada na própria ação rescisória;

VII – obtiver o autor, posteriormente ao trânsito em julgado, prova nova cuja existência ignorava ou de que não pôde fazer uso, capaz, por si só, de lhe assegurar pronunciamento favorável;

VIII – for fundada em erro de fato verificável do exame dos autos.

§ 1º Há erro de fato quando a decisão rescindenda admitir fato inexistente ou quando considerar inexistente fato efetivamente ocorrido, sendo indispensável, em ambos os casos, que o fato não represente ponto controvertido sobre o qual o juiz deveria ter se pronunciado.

§ 2º Nas hipóteses previstas nos incisos do *caput*, será rescindível a decisão transitada em julgado que, embora não seja de mérito, impeça:

I – nova propositura da demanda; ou

II – admissibilidade do recurso correspondente.

§ 3º A ação rescisória pode ter por objeto apenas 1 (um) capítulo da decisão.

§ 4º Os atos de disposição de direitos, praticados pelas partes ou por outros participantes do processo e homologados pelo juízo, bem como os atos homologatórios praticados no curso da execução, estão sujeitos à anulação, nos termos da lei.

§ 5º Cabe ação rescisória, com fundamento no inciso V do *caput* deste artigo, contra decisão baseada em enunciado de súmula ou acórdão proferido em julgamento de casos repetitivos que não tenha considerado a existência de distinção entre a questão discutida no processo e o padrão decisório que lhe deu fundamento. (Incluído pela Lei nº 13.256, de 2016)

§ 6º Quando a ação rescisória fundar-se na hipótese do § 5º deste artigo, caberá ao autor, sob pena de inépcia, demonstrar, fundamentadamente, tratar-se de situação particularizada por hipótese fática distinta ou de questão jurídica não examinada, a impor outra solução jurídica. (Incluído pela Lei nº 13.256, de 2016)

## COMENTÁRIOS

Trata o art. 966 da ação rescisória que, pela sistemática adotada pelo Novo CPC, pode ser manejada contra qualquer decisão de mérito, transitada em julgado, seja sentença ou mesmo decisão interlocutória de mérito.

É importante rememorar que ação rescisória é uma ação autônoma que tem como escopo a finalidade de corrigir a eventual injustiça de uma sentença ou decisão já transitada em julgado, proferida com vício ou grau de imperfeição de tamanha grandeza, que justifique rever e modificar o julgado imperfeito ou viciado. A finalidade da ação rescisória é, em última análise, buscar a decretação da nulidade de uma decisão que, por ter passado em julgado, tornou-se irretratável e imutável, com graves danos para a coletividade ou para as partes, em virtude de sua nulidade.

# CÓDIGO DE PROCESSO CIVIL COMENTADO • LEI 13.105, DE 16 DE MARÇO DE 2015 — ART. 967

O CPC inova ao incluir no inciso III a possibilidade de rescisão em razão de coação da parte vencedora e de simulação entre as partes, a fim de fraudar a lei.

Também inova com o § 2º que admite também a ação rescisória para decisões transitada em julgado que, embora não seja de mérito, impeça nova propositura da demanda; ou a admissibilidade do recurso correspondente.

É também louvável a previsão legal de que é possível a ação rescisória de parte da decisão, isto é, que busque anular apenas um capítulo da decisão.

Deixa claro o § 4º que os atos de disposição de direitos, praticados pelas partes ou por outros participantes do processo e homologados pelo juízo, bem como os atos homologatórios praticados no curso da execução, estão sujeitos a ação anulatória e não rescisória.

Através da Lei 13.256/16 o legislador fez inserir dois novos parágrafos (§§ 5º e 6º) ao texto original para fazer constar que também cabe ação rescisória nos casos em que a decisão possa ter sido baseada em enunciado de súmula ou acórdão proferido em julgamento de casos repetitivos que não tenha considerado a existência de distinção entre a questão discutida no processo e o padrão decisório que lhe deu fundamento.

Nesse caso compete ao autor demonstrar de forma cabal que a situação discutida nos autos não se amolda aos casos paradigma, razão porque se justificaria outro julgamento.

**Art. 967.** Têm legitimidade para propor a ação rescisória:

I – quem foi parte no processo ou o seu sucessor a título universal ou singular;

II – o terceiro juridicamente interessado;

III – o Ministério Público:

*a)* se não foi ouvido no processo em que lhe era obrigatória a intervenção;

*b)* quando a decisão rescindenda é o efeito de simulação ou de colusão das partes, a fim de fraudar a lei;

*c)* em outros casos em que se imponha sua atuação;

IV – aquele que não foi ouvido no processo em que lhe era obrigatória a intervenção.

**Parágrafo único.** Nas hipóteses do art. 178, o Ministério Público será intimado para intervir como fiscal da ordem jurídica quando não for parte.

## COMENTÁRIOS

O art. 967 trata da legitimidade para propositura da ação rescisória, inovando em relação ao Código anterior ao prever a hipótese de legitimidade para aquele que não foi ouvido no processo em que era obrigatória a sua intervenção.

Também detalha melhor a possibilidade de atuação do Ministério Público para adequação à previsão do art. 966 com relação à simulação das partes, a fim de fraudar a lei; e, nas hipóteses do art. 178, quando então, será intimado para intervir como fiscal da ordem jurídica quando mesmo não sendo parte.

### Art. 968.
A petição inicial será elaborada com observância dos requisitos essenciais do art. 319 , devendo o autor:

I – cumular ao pedido de rescisão, se for o caso, o de novo julgamento do processo;

II – depositar a importância de cinco por cento sobre o valor da causa, que se converterá em multa caso a ação seja, por unanimidade de votos, declarada inadmissível ou improcedente.

§ 1º Não se aplica o disposto no inciso II à União, aos Estados, ao Distrito Federal, aos Municípios, às suas respectivas autarquias e fundações de direito público, ao Ministério Público, à Defensoria Pública e aos que tenham obtido o benefício de gratuidade da justiça.

§ 2º O depósito previsto no inciso II do *caput* deste artigo não será superior a 1.000 (mil) salários-mínimos.

§ 3º Além dos casos previstos no art. 330 , a petição inicial será indeferida quando não efetuado o depósito exigido pelo inciso II do *caput* deste artigo.

§ 4º Aplica-se à ação rescisória o disposto no art. 332.

§ 5º Reconhecida a incompetência do tribunal para julgar a ação rescisória, o autor será intimado para emendar a petição inicial, a fim de adequar o objeto da ação rescisória, quando a decisão apontada como rescindenda:

I – não tiver apreciado o mérito e não se enquadrar na situação prevista no § 2º do art. 966 ;

II – tiver sido substituída por decisão posterior.

§ 6º Na hipótese do § 5º, após a emenda da petição inicial, será permitido ao réu complementar os fundamentos de defesa, e, em seguida, os autos serão remetidos ao tribunal competente.

### COMENTÁRIOS

O art. 968 trata dos requisitos da petição inicial que deverá ser elaborada com observância dos requisitos essenciais do art. 319, devendo ainda o autor cumular ao pedido de rescisão, se for o caso, com o de novo julgamento do processo e depositar a importância de 5% (cinco por cento) sobre o valor da causa, limitado a 1.000 (mil) salários-mínimos, que se converterá em multa caso a ação seja, por unanimidade de votos, declarada inadmissível ou improcedente. A não realização do depósito prévio implica em indeferimento da petição inicial.

A exigência de depósito não se aplica à União, aos Estados, ao Distrito Federal, aos Municípios, às suas respectivas autarquias e fundações de direito público, ao Ministério Público, à Defensoria Pública e, por lógico, aos que tenham obtido o benefício de gratuidade da justiça.

Inova ainda o CPC ao prever a hipótese de emenda da petição inicial pelo autor da ação quando for reconhecida a incompetência do tribunal para julgar a ação rescisória, permitindo-se adequar o objeto da ação rescisória, quando a decisão apontada como rescindenda não tiver apreciado o mérito e não se enquadrar na situação prevista no § 2º do art. 966 e tiver sido substituída por decisão posterior.

Se houver a emenda da petição inicial, ao réu será garantido o direito ao contraditório, podendo complementar os fundamentos de defesa, e só depois disso é que os autos serão remetidos ao tribunal competente.

> **Art. 969.** A propositura da ação rescisória não impede o cumprimento da decisão rescindenda, ressalvada a concessão de tutela provisória.

## COMENTÁRIOS

O art. 969 não traz nenhuma novidade ao estabelecer que a propositura da ação rescisória não impede o cumprimento da decisão rescindenda, ressalvada a concessão de tutela provisória.

> **Art. 970.** O relator ordenará a citação do réu, designando-lhe prazo nunca inferior a 15 (quinze) dias nem superior a 30 (trinta) dias para, querendo, apresentar resposta, ao fim do qual, com ou sem contestação, observar-se-á, no que couber, o procedimento comum.

## COMENTÁRIOS

Se estiver presente todos os requisitos de admissibilidade da ação rescisória, e não sendo o caso de determinar sua emenda, o relator realizará juízo de admissibilidade positivo, determinando a citação do réu para, querendo, apresente sua contestação que, a critério do relator, será de 15 (quinze) a 30 (trinta) dias úteis, findo o qual, com ou sem contestação, observar-se-á, no que couber, o procedimento comum.

> **Art. 971.** Na ação rescisória, devolvidos os autos pelo relator, a secretaria do tribunal expedirá cópias do relatório e as distribuirá entre os juízes que compuserem o órgão competente para o julgamento.
>
> **Parágrafo único.** A escolha de relator recairá, sempre que possível, em juiz que não haja participado do julgamento rescindendo.

## COMENTÁRIOS

O art. 971 apenas estabelece as providências que a secretaria do tribunal deverá tomar tão logo receba os autos do relator.

Importante a previsão contida no parágrafo único de que a escolha de relator recairá, preferencialmente, em juiz que não haja participado do julgamento rescindendo.

**Art. 972.** Se os fatos alegados pelas partes dependerem de prova, o relator poderá delegar a competência ao órgão que proferiu a decisão rescindenda, fixando prazo de 1 (um) a 3 (três) meses para a devolução dos autos.

## COMENTÁRIOS

O art. 972 trata dos procedimentos quando a instrução depender de provas. Nesse caso o relator poderá delegar a competência ao órgão que proferiu a decisão rescindenda, fixando prazo de 1 (um) a 3 (três) meses para a devolução dos autos.

**Art. 973.** Concluída a instrução, será aberta vista ao autor e ao réu para razões finais, sucessivamente, pelo prazo de 10 (dez) dias.
**Parágrafo único.** Em seguida, os autos serão conclusos ao relator, procedendo-se ao julgamento pelo órgão competente.

## COMENTÁRIOS

Concluída a instrução, será aberta vista ao autor e ao réu, pelo prazo de 10 (dez) dias sucessivos, para apresentarem suas alegações finais e, em seguida, os autos serão conclusos ao relator, procedendo-se ao julgamento pelo órgão competente.

**Art. 974.** Julgando procedente o pedido, o tribunal rescindirá a decisão, proferirá, se for o caso, novo julgamento e determinará a restituição do depósito a que se refere o inciso II do art. 968.
**Parágrafo único.** Considerando, por unanimidade, inadmissível ou improcedente o pedido, o tribunal determinará a reversão, em favor do réu, da importância do depósito, sem prejuízo do disposto no § 2° do art. 82.

## COMENTÁRIOS

Embora o artigo em foco não tenha nenhuma novidade, cabe destacar que se a ação for considerando inadmissível ou improcedente, por votação unânime, o tribunal determinará a reversão, em favor do réu, da importância depositada, sem prejuízo das verbas sucumbenciais.

# CÓDIGO DE PROCESSO CIVIL COMENTADO • LEI 13.105, DE 16 DE MARÇO DE 2015 — ART. 976

**Art. 975.** O direito à rescisão se extingue em 2 (dois) anos contados do trânsito em julgado da última decisão proferida no processo.

§ 1º Prorroga-se até o primeiro dia útil imediatamente subsequente o prazo a que se refere o *caput*, quando expirar durante férias forenses, recesso, feriados ou em dia em que não houver expediente forense.

§ 2º Se fundada a ação no inciso VII do art. 966, o termo inicial do prazo será a data de descoberta da prova nova, observado o prazo máximo de 5 (cinco) anos, contado do trânsito em julgado da última decisão proferida no processo.

§ 3º Nas hipóteses de simulação ou de colusão das partes, o prazo começa a contar, para o terceiro prejudicado e para o Ministério Público, que não interveio no processo, a partir do momento em que têm ciência da simulação ou da colusão.

## COMENTÁRIOS

O art. 975 trata do prazo de decadência para a propositura da ação rescisória, fixando esse prazo em 2 (dois) anos contados do trânsito em julgado da última decisão proferida no processo, estabelecendo ainda que esse prazo será prorrogado para o primeiro dia útil imediatamente subsequente, quando expirar durante férias forenses, recesso, feriados ou em dia em que não houver expediente forense.

O § 2º trata de forma diferenciada para a contagem do prazo que será, quando a rescisória for fundada em prova nova, o prazo contar-se-á da data de descoberta da prova nova contudo, não podendo ultrapassar o prazo de 5 (cinco) anos, contado do trânsito em julgado da última decisão proferida no processo.

Também o § 3º é inovador ao prever que nas hipóteses de simulação ou de colusão das partes, o prazo só começa a contar, para o terceiro prejudicado e para o Ministério Público, que não interveio no processo, a partir do momento em que se teve ciência da simulação ou da colusão.

### CAPÍTULO VIII
### DO INCIDENTE DE RESOLUÇÃO DE DEMANDAS REPETITIVAS

**Art. 976.** É cabível a instauração do incidente de resolução de demandas repetitivas quando houver, simultaneamente:

I – efetiva repetição de processos que contenham controvérsia sobre a mesma questão unicamente de direito;

II – risco de ofensa à isonomia e à segurança jurídica.

§ 1º A desistência ou o abandono do processo não impede o exame de mérito do incidente.

§ 2º Se não for o requerente, o Ministério Público intervirá obrigatoriamente no incidente e deverá assumir sua titularidade em caso de desistência ou de abandono.

§ 3º A inadmissão do incidente de resolução de demandas repetitivas por ausência de qualquer de seus pressupostos de admissibilidade não impede que, uma vez satisfeito o requisito, seja o incidente novamente suscitado.

§ 4º É incabível o incidente de resolução de demandas repetitivas quando um dos tribunais superiores, no âmbito de sua respectiva competência, já tiver afetado recurso para definição de tese sobre questão de direito material ou processual repetitiva.

§ 5º Não serão exigidas custas processuais no incidente de resolução de demandas repetitivas.

## COMENTÁRIOS

O art. 976 trata de uma das inovações mais badaladas do Novo CPC: o incidente de resolução de demandas repetitivas (IRDR), a ser instaurado perante os tribunais estaduais e do distrito federal e junto aos tribunais regionais federais.

É um procedimento que em tudo se assemelha com os institutos da "repercussão geral" e do julgamento dos "recursos repetitivos" no âmbito do STJ (recurso especial) ou do STF (recurso extraordinário). Inclusive visam os mesmos objetivos quais sejam: evitar decisões díspares sobre o mesmo tema de direito (segurança jurídica e isonomia) e otimização de julgamento em face de mesmas questões de direito (economia e celeridade processual).

Para entender melhor o incidente, escolhe-se um processo que já esteja no tribunal em grau de recurso e estabelece-se que ele será utilizado como "modelo" ou "padrão" que resolvido, a mesma solução poderá ser aplicada aos demais casos iguais em tramitação em primeira e segunda instância.

Ocorre que para instauração do incidente é preciso que haja efetiva repetição de processos que contenham controvérsia sobre a mesma questão unicamente de direito; ou, risco de ofensa à isonomia e à segurança jurídica. Quer dizer, o incidente não pode se basear em hipótese, tem que ser lastreado em casos concreto e, pelo menos um dos processos, deve estar no tribunal em grau de recurso.

É interessante notar que, em face do interesse público que norteia a questão, a eventual desistência ou o abandono do processo, não impede o exame de mérito do incidente. Ademais, caso o incidente de resolução de demandas repetitivas seja inadmitido por ausência de qualquer de seus pressupostos de admissibilidade, isso não impede que, uma vez satisfeito o requisito, seja o incidente novamente suscitado.

Outra previsão que cabe destacar é que o Ministério Público intervirá obrigatoriamente no incidente, mesmo que não tenha provocado, e deverá assumir sua titularidade em caso de desistência ou de abandono.

Por questão de coerência e excesso de zelo o legislador do *novel codex* fez questão de deixar consignado que este incidente é incabível quando já houver afetação de recurso extraordinário ou especial repetitivo, versando sobre a mesma matéria, nos respectivos tribunais superiores. A questão é de lógica porque se os tribunais superiores firmarem uma determinada orientação, ela vinculará todos os demais tribunais e juízes.

Por fim, o § 5º dispensa a exigência das custas processuais no incidente de resolução de demandas repetitivas.

**Art. 977.** O pedido de instauração do incidente será dirigido ao presidente de tribunal:

I – pelo juiz ou relator, por ofício;

II – pelas partes, por petição;

III – pelo Ministério Público ou pela Defensoria Pública, por petição.

**Parágrafo único.** O ofício ou a petição será instruído com os documentos necessários à demonstração do preenchimento dos pressupostos para a instauração do incidente.

### COMENTÁRIOS

O art. 977 trata dos legitimados que podem provocar o incidente, que deverá ser dirigido ao presidente de tribunal respectivo, pelo juiz ou relator, de oficio ou a requerimento das partes, bem como pelo Ministério Público e pela Defensoria Pública.

O ofício (tratando-se de magistrados) ou a petição (tratando-se de partes, Ministério Público ou Defensoria Pública), deverá ser instruído com os documentos necessários à demonstração do preenchimento dos pressupostos para a instauração do incidente.

**Art. 978.** O julgamento do incidente caberá ao órgão indicado pelo regimento interno dentre aqueles responsáveis pela uniformização de jurisprudência do tribunal.

**Parágrafo único.** O órgão colegiado incumbido de julgar o incidente e de fixar a tese jurídica julgará igualmente o recurso, a remessa necessária ou o processo de competência originária de onde se originou o incidente.

### COMENTÁRIOS

Diz o art. 978 que o julgamento do incidente caberá ao órgão indicado pelo regimento interno dentre aqueles responsáveis pela uniformização de jurisprudência do tribunal.

Por uma questão de lógica e coerência, o parágrafo único estabelece que o órgão colegiado ao qual cabe julgar o incidente e fixar a tese jurídica, julgará também o recurso, a remessa necessária ou o processo de competência que deu origem ao IRDR.

**Art. 979.** A instauração e o julgamento do incidente serão sucedidos da mais ampla e específica divulgação e publicidade, por meio de registro eletrônico no Conselho Nacional de Justiça.

§ 1º Os tribunais manterão banco eletrônico de dados atualizados com informações específicas sobre questões de direito submetidas ao incidente, comunicando-o imediatamente ao Conselho Nacional de Justiça para inclusão no cadastro.

§ 2º Para possibilitar a identificação dos processos abrangidos pela decisão do incidente, o registro eletrônico das teses jurídicas constantes do cadastro conterá, no mínimo, os fundamentos determinantes da decisão e os dispositivos normativos a ela relacionados.

§ 3º Aplica-se o disposto neste artigo ao julgamento de recursos repetitivos e da repercussão geral em recurso extraordinário.

### COMENTÁRIOS

O art. 979 cria a obrigatoriedade de ampla divulgação e publicidade sobre a instauração e o julgamento do incidente, inclusive por meio de registro eletrônico no Conselho Nacional de Justiça.

Além disso, todos os tribunais deverão manter um "banco eletrônico de dados", atualizados com informações específicas sobre questões de direito submetidas ao incidente, comunicando-o imediatamente ao Conselho Nacional de Justiça para inclusão no cadastro nacional.

Estabelece ainda o § 2º que, para possibilitar a identificação dos processos abrangidos pela decisão do incidente, o registro eletrônico das teses jurídicas constantes do cadastro conterá, no mínimo, os fundamentos determinantes da decisão e os dispositivos normativos a ela relacionados.

E o § 3º manda aplicar, com justa razão, as exigências contidas neste artigo ao julgamento de recursos repetitivos e da repercussão geral em recurso extraordinário.

**Art. 980.** O incidente será julgado no prazo de 1 (um) ano e terá preferência sobre os demais feitos, ressalvados os que envolvam réu preso e os pedidos de *habeas corpus*.

**Parágrafo único.** Superado o prazo previsto no *caput*, cessa a suspensão dos processos prevista no art. 982, salvo decisão fundamentada do relator em sentido contrário.

### COMENTÁRIOS

O art. 980 fixa o prazo de 1 (um) ano para que o incidente seja julgado, dispondo ainda que o mesmo terá preferência sobre os demais feitos, ressalvados os que envolvam réu preso e os pedidos de *habeas corpus*.

CÓDIGO DE PROCESSO CIVIL COMENTADO • LEI 13.105, DE 16 DE MARÇO DE 2015 | ART. 982

O parágrafo único estabelece que se não for julgado o incidente no prazo de 1 (um) ano, todos os processos que ficaram suspensos esperando a solução do *lide case*, deverão voltar ao seu curso normal, a não ser que relator decida em sentido contrário fundamentadamente.

**Art. 981.** Após a distribuição, o órgão colegiado competente para julgar o incidente procederá ao seu juízo de admissibilidade, considerando a presença dos pressupostos do art. 976.

### COMENTÁRIOS

Na forma do art. 981 caberá ao órgão colegiado competente para julgamento do incidente, fazer a verificação do preenchimento dos pressupostos de admissibilidade, aferindo se o processo preenche todos os requisitos estabelecidos no art. 976.

**Art. 982.** Admitido o incidente, o relator:

I – suspenderá os processos pendentes, individuais ou coletivos, que tramitam no Estado ou na região, conforme o caso;

II – poderá requisitar informações a órgãos em cujo juízo tramita processo no qual se discute o objeto do incidente, que as prestarão no prazo de 15 (quinze) dias;

III – intimará o Ministério Público para, querendo, manifestar-se no prazo de 15 (quinze) dias.

§ 1º A suspensão será comunicada aos órgãos jurisdicionais competentes.

§ 2º Durante a suspensão, o pedido de tutela de urgência deverá ser dirigido ao juízo onde tramita o processo suspenso.

§ 3º Visando à garantia da segurança jurídica, qualquer legitimado mencionado no art. 977, incisos II e III, poderá requerer, ao tribunal competente para conhecer do recurso extraordinário ou especial, a suspensão de todos os processos individuais ou coletivos em curso no território nacional que versem sobre a questão objeto do incidente já instaurado.

§ 4º Independentemente dos limites da competência territorial, a parte no processo em curso no qual se discuta a mesma questão objeto do incidente é legitimada para requerer a providência prevista no § 3º deste artigo.

§ 5º Cessa a suspensão a que se refere o inciso I do *caput* deste artigo se não for interposto recurso especial ou recurso extraordinário contra a decisão proferida no incidente.

### COMENTÁRIOS

Agora o legislador fixou as regras procedimentais que ficarão a cargo do relator do incidente de resolução de demandas repetitivas tão logo tenha sido admitido.

A primeira providência é mandar suspender todos os processos pendentes, individuais ou coletivos, que tramitam no Estado (tribunais de justiça) ou na região (tribunais regionais federais), conforme o caso.

O relator também poderá requisitar informações aos órgãos em cujo juízo tramitam processos nos quais se discutem o objeto do incidente, que as prestarão no prazo de 15 (quinze) dias.

Deverá mandar intimar o Ministério Público para, querendo, manifestar-se no prazo de 15 (quinze) dias. Vale lembrar que o MP atuará como requerente ou como *custos legis*, sendo obrigatória a sua intervenção no incidente (ver CPC, art. 976, § 2º).

Se a parte, durante a suspensão do processo, requerer alguma tutela de urgência quem deverá decidir será o juízo da causa, não o relator do processo no tribunal.

Interessante destacar que qualquer dos legitimados do art. 977, II e III (partes, Ministério Público e Defensoria Pública), visando à garantia da segurança jurídica, poderá requerer mediante recurso extraordinário (STF) ou recurso especial (STJ), a suspensão de todos os processos individuais ou coletivos que estejam em curso no território nacional, versando sobre a mesma questão jurídica objeto do incidente já instaurado. Quanto às partes, estes estarão legitimados a peticionar de qualquer lugar do Brasil, independente dos limites de competência territorial. Isto é, pouco importa em qual tribunal a questão está sendo debatida, a parte independentemente de seu domicilio ser naquela unidade federativa ou não, estará legitimada a peticionar junto ao STJ (quando a questão for infraconstitucional) ou STF (se a questão versar sobre tema constitucional).

O § 5º expressamente diz que "cessa a suspensão a que se refere o inciso I do *caput* deste artigo se não for interposto recurso especial ou recurso extraordinário contra a decisão proferida no incidente".

> **Art. 983.** O relator ouvirá as partes e os demais interessados, inclusive pessoas, órgãos e entidades com interesse na controvérsia, que, no prazo comum de 15 (quinze) dias, poderão requerer a juntada de documentos, bem como as diligências necessárias para a elucidação da questão de direito controvertida, e, em seguida, manifestar-se-á o Ministério Público, no mesmo prazo.
>
> § 1º Para instruir o incidente, o relator poderá designar data para, em audiência pública, ouvir depoimentos de pessoas com experiência e conhecimento na matéria.
>
> § 2º Concluídas as diligências, o relator solicitará dia para o julgamento do incidente.

## COMENTÁRIOS

O art. 983 abre a oportunidade para que o relator possa ouvir, além das partes, todos os possíveis interessados, inclusive pessoas, órgãos e entidades da sociedade

# CÓDIGO DE PROCESSO CIVIL COMENTADO • LEI 13.105, DE 16 DE MARÇO DE 2015  ART. 984

civil que possam ter, de alguma forma, interesse na solução da controvérsia. É o caso de intervenção do *amicus curiae* (ver CPC, art. 138).

O prazo para manifestações é comum a todos os interessados e será de 15 (quinze) dias, e todos poderão requerer a juntada de documentos, bem como as diligências que entendam sejam necessárias para a elucidação da questão de direito controvertida. Depois desse prazo, com manifestações ou não, será aberto prazo de 15 (quinze) dias para que o Ministério Público possa se manifestar.

A critério do relator poderá ser designada data para, em audiência pública, ouvir depoimentos de pessoas com experiência e conhecimento na matéria.

Após concluídas as diligências, o relator solicitará dia para o julgamento do incidente.

**Art. 984.** No julgamento do incidente, observar-se-á a seguinte ordem:

I – o relator fará a exposição do objeto do incidente;

II – poderão sustentar suas razões, sucessivamente:

*a)* o autor e o réu do processo originário e o Ministério Público, pelo prazo de 30 (trinta) minutos;

*b)* os demais interessados, no prazo de 30 (trinta) minutos, divididos entre todos, sendo exigida inscrição com 2 (dois) dias de antecedência.

§ 1º Considerando o número de inscritos, o prazo poderá ser ampliado.

§ 2º O conteúdo do acórdão abrangerá a análise de todos os fundamentos suscitados concernentes à tese jurídica discutida, sejam favoráveis ou contrários.

## COMENTÁRIOS

O art. 984 fixa as regras a serem seguidas no julgamento do incidente de resolução de demandas repetitivas, vejamos.

Estatui os incisos, que o relator fará uma exposição do objeto do incidente e apresentará o relatório do seu voto e, em seguida, será aberta a palavra para sustentação oral dos interessados, na seguinte ordem: primeiro o autor e o réu do processo originário e, depois, o Ministério Público, pelo prazo de 30 (trinta) minutos cada um. se houver outros interessados, todos poderão se manifestar porém o tempo será de 30 (trinta) minutos, divididos entre todos, sendo exigida inscrição prévia com 2 (dois) dias de antecedência. Este último prazo poderá ser ampliado dependendo do número de inscritos.

O § 2º faz uma imposição ao relator: que o conteúdo do acórdão deverá abranger a análise de todos os fundamentos suscitados concernentes à tese jurídica discutida, independentemente de serem favoráveis ou contrários ao argumento por ele adotado como razão para decidir, reforçando a necessidade de fundamentação das decisões judiciais (ver CPC, art. 489, § 1º).

629

**Art. 985.** Julgado o incidente, a tese jurídica será aplicada:

I – a todos os processos individuais ou coletivos que versem sobre idêntica questão de direito e que tramitem na área de jurisdição do respectivo tribunal, inclusive àqueles que tramitem nos juizados especiais do respectivo Estado ou região;

II – aos casos futuros que versem idêntica questão de direito e que venham a tramitar no território de competência do tribunal, salvo revisão na forma do art. 986.

§ 1º Não observada a tese adotada no incidente, caberá reclamação.

§ 2º Se o incidente tiver por objeto questão relativa a prestação de serviço concedido, permitido ou autorizado, o resultado do julgamento será comunicado ao órgão, ao ente ou à agência reguladora competente para fiscalização da efetiva aplicação, por parte dos entes sujeitos a regulação, da tese adotada.

## COMENTÁRIOS

Decidido o mérito do incidente, a tese jurídica firmada no incidente terá força vinculante e obrigará todos os juízes que atuem na área de jurisdição do tribunal, inclusive os dos juizados especiais. Aliás, vinculará até mesmo o próprio tribunal que, nos casos presentes e futuros, deverá seguir a orientação exarada.

É importante esclarecer que, se algum magistrado se recusar a aplicar a orientação firmada pelo tribunal, caberá reclamação contra o mesmo (ver CPC, art. 988).

Já o § 2º contém importante previsão ao estabelecer que se o incidente tiver por objeto questão relativa à prestação de serviço concedido, permitido ou autorizado, o resultado do julgamento será comunicado ao órgão, ao ente ou à agência reguladora competente para fiscalização da efetiva aplicação, por parte dos entes sujeitos a regulação, da tese adotada, estabelecendo uma cooperação entre o órgão jurisdicional e o órgão administrativo respectivo.

**Art. 986.** A revisão da tese jurídica firmada no incidente far-se-á pelo mesmo tribunal, de ofício ou mediante requerimento dos legitimados mencionados no art. 977, inciso III.

## COMENTÁRIOS

Pelo art. 986 a tese jurídica firmada no incidente de resolução de demandas repetitivas poderá ser revista a qualquer tempo, pelo mesmo tribunal.

Nesse caso, o tribunal poderá iniciar o procedimento de revisão de ofício ou a requerimento do Ministério Público ou da Defensoria Pública.

# CÓDIGO DE PROCESSO CIVIL COMENTADO • LEI 13.105, DE 16 DE MARÇO DE 2015 — ART. 988

É importante destacar que, pelo expresso texto de lei, as partes originárias não têm legitimidade para provocar a revisão do entendimento firmado, assim como o magistrado oficiante em primeiro grau.

Contudo, há opiniões divergentes sobre esse tema. Segundo o enunciado 473 da FPPC, "A possibilidade de o tribunal revisar de ofício a tese jurídica do incidente de resolução de demandas repetitivas autoriza as partes a requerê-la".

**Art. 987.** Do julgamento do mérito do incidente caberá recurso extraordinário ou especial, conforme o caso.

§ 1º O recurso tem efeito suspensivo, presumindo-se a repercussão geral de questão constitucional eventualmente discutida.

§ 2º Apreciado o mérito do recurso, a tese jurídica adotada pelo Supremo Tribunal Federal ou pelo Superior Tribunal de Justiça será aplicada no território nacional a todos os processos individuais ou coletivos que versem sobre idêntica questão de direito.

## COMENTÁRIOS

O *caput* do art. 987 estabelece que, do julgamento do mérito do incidente, caberá recurso extraordinário ao STF (se a questão versada ferir a constituição) ou especial ao STJ (se a questão for infraconstitucional).

Excepcionalmente qualquer desses dois recursos terá efeito suspensivo *ope legis*, e quanto ao recurso extraordinário a repercussão geral de questão constitucional eventualmente discutida é presumida.

Apreciado o mérito do recurso, a tese jurídica adotada pelo Supremo Tribunal Federal ou pelo Superior Tribunal de Justiça, conforme o caso, terá efeito vinculante. Quer dizer, a tese adotada será aplicada em todos os processos em tramitação no território brasileiro, sejam individuais ou coletivos, que versem sobre idêntica questão de direito.

## CAPÍTULO IX
### DA RECLAMAÇÃO

**Art. 988.** Caberá reclamação da parte interessada ou do Ministério Público para:

I – preservar a competência do tribunal;

II – garantir a autoridade das decisões do tribunal;

III – garantir a observância de enunciado de súmula vinculante e de decisão do Supremo Tribunal Federal em controle concentrado de constitucionalidade; (Redação dada pela Lei nº 13.256, de 2016)

IV – garantir a observância de acórdão proferido em julgamento de incidente de resolução de demandas repetitivas ou de incidente de assunção de competência. (Redação dada pela Lei nº 13.256, de 2016)

§ 1º A reclamação pode ser proposta perante qualquer tribunal, e seu julgamento compete ao órgão jurisdicional cuja competência se busca preservar ou cuja autoridade se pretenda garantir.

§ 2º A reclamação deverá ser instruída com prova documental e dirigida ao presidente do tribunal.

§ 3º Assim que recebida, a reclamação será autuada e distribuída ao relator do processo principal, sempre que possível.

§ 4º As hipóteses dos incisos III e IV compreendem a aplicação indevida da tese jurídica e sua não aplicação aos casos que a ela correspondam.

§ 5º É inadmissível a reclamação: (Redação dada pela Lei nº 13.256, de 2016)

I – proposta após o trânsito em julgado da decisão reclamada; (Incluído pela Lei nº 13.256, de 2016)

II – proposta para garantir a observância de acórdão de recurso extraordinário com repercussão geral reconhecida ou de acórdão proferido em julgamento de recursos extraordinário ou especial repetitivos, quando não esgotadas as instâncias ordinárias. (Incluído pela Lei nº 13.256, de 2016)

§ 6º A inadmissibilidade ou o julgamento do recurso interposto contra a decisão proferida pelo órgão reclamado não prejudica a reclamação.

## COMENTÁRIOS

Importantíssima a regra contida no art. 988 que visa disciplinar o cabimento do instituto denominado "reclamação" que poderá ser manejada pela parte interessada ou pelo Ministério Público.

Cumpre salientar que antes do atual CPC a matéria constava da Lei 8.038/90 (arts. 13 a 18 que foram revogados com a entrada em vigor do Novo CPC) no que diz respeito aos tribunais superiores, bem como tem previsão constitucional no art. 102, I, alínea l; art. 103-A, § 3º; e, art. 105, I, alínea f.

Segundo o texto legal, caberá reclamação para preservar a competência do tribunal; para garantir a autoridade das decisões do tribunal; garantir a observância de decisão do Supremo Tribunal Federal em controle concentrado de constitucionalidade; ou, garantir a observância de enunciado de súmula vinculante e de precedente proferido em julgamento de casos repetitivos ou em incidente de assunção de competência.

É importante alertar que a reclamação não se presta à defesa dos interesses das partes, presta-se isso sim, à garantia do próprio sistema judicial e da efetividade das decisões emanadas dos tribunais.

## CÓDIGO DE PROCESSO CIVIL COMENTADO • LEI 13.105, DE 16 DE MARÇO DE 2015 — ART. 991

Cabe ainda anotar que não será admitida reclamação contra decisão que já tenha transitado em julgado, conforme preceitua o § 5º do artigo em comento, em perfeita consonância com o disposto na súmula 734, do STF.

Também não será admitida reclamação visando garantir a obediência de acórdão do STF, proferido em acórdão de recurso extraordinário proferido com base em repercussão geral ou mesmo de acórdão proferido em julgamento de recursos extraordinário ou especial repetitivos, quando não esgotadas ainda todas as instâncias ordinárias.

**Art. 989.** Ao despachar a reclamação, o relator:

I – requisitará informações da autoridade a quem for imputada a prática do ato impugnado, que as prestará no prazo de 10 (dez) dias;

II – se necessário, ordenará a suspensão do processo ou do ato impugnado para evitar dano irreparável;

III – determinará a citação do beneficiário da decisão impugnada, que terá prazo de 15 (quinze) dias para apresentar a sua contestação.

### COMENTÁRIOS

O art. 989 cuida dos procedimentos a ser adotado pelo relator tão logo tenha recebido a reclamação.

Recebida a petição pelo relator, lhe cabe requisitar informações da autoridade a quem for imputada a prática do ato impugnado, que as prestará no prazo de 10 (dez) dias. Deverá também, se necessário, determinar a suspensão do processo ou do ato impugnado para evitar dano irreparável.

Por fim, deverá determinar a citação do beneficiário da decisão impugnada, que terá prazo de 15 (quinze) dias para apresentar a sua contestação.

**Art. 990.** Qualquer interessado poderá impugnar o pedido do reclamante.

### COMENTÁRIOS

Diz no art. 990 que, além da própria parte beneficiária da decisão que se pretende impugnar, tem legitimidade para impugnar o pedido do reclamante qualquer pessoa interessada.

**Art. 991.** Na reclamação que não houver formulado, o Ministério Público terá vista do processo por 5 (cinco) dias, após o decurso do prazo para informações e para o oferecimento da contestação pelo beneficiário do ato impugnado.

## COMENTÁRIOS

O Ministério Público, mesmo que não seja o requerente, será chamado a atuar no processo como guardião da ordem jurídica e, nessa condição, terá vista do processo pelo prazo de 5 (cinco) dias úteis, após o decurso do prazo para informações e para o oferecimento da contestação pelo beneficiário do ato impugnado.

**Art. 992.** Julgando procedente a reclamação, o tribunal cassará a decisão exorbitante de seu julgado ou determinará medida adequada à solução da controvérsia.

## COMENTÁRIOS

Preceitua o art. 992 que se o tribunal julgar procedente a reclamação, determinará a cassação da decisão exorbitante de seu julgado ou determinará medida adequada à solução da controvérsia.

**Art. 993.** O presidente do tribunal determinará o imediato cumprimento da decisão, lavrando-se o acórdão posteriormente.

## COMENTÁRIOS

Finalizando o capítulo, o art. 993 atribui ao presidente do tribunal a incumbência de fazer valer o cumprimento imediato da decisão prolatada na reclamação, lavrando-se o acórdão posteriormente.

### TÍTULO II
### DOS RECURSOS
### CAPÍTULO I
### DISPOSIÇÕES GERAIS

**Art. 994.** São cabíveis os seguintes recursos:

I – apelação;

II – agravo de instrumento;

III – agravo interno;

IV – embargos de declaração;

V – recurso ordinário;

VI – recurso especial;

VII – recurso extraordinário;

VIII – agravo em recurso especial ou extraordinário;

IX – embargos de divergência.

CÓDIGO DE PROCESSO CIVIL COMENTADO • LEI 13.105, DE 16 DE MARÇO DE 2015 **ART. 995**

## COMENTÁRIOS

O art. 994 do CPC traz a lista dos recursos possíveis de serem manejados no sistema recursal brasileiro. Assim, o *novel codex* lista os seguintes recursos: apelação; agravo de instrumento; agravo interno; embargos de declaração; recurso ordinário; recurso especial; recurso extraordinário; agravo em recurso especial ou extraordinário; e, embargos de divergência.

A apelação é o recurso a ser interposto contra sentença (ver CPC, art. 1.009, *caput*). Quer dizer, a parte que não se conformar com a decisão ou com parte da decisão de primeira instância (ver CPC, arts. 485 e 487), poderá interpor recurso de apelação para a instância superior.

O recurso chamado agravo, possível de ser manejado contra as decisões interlocutórias de primeiro grau, agora só existe na modalidade de instrumento e assim mesmo somente naquelas situações que a legislação expressamente autorizar (ver CPC, art. 1.015).

Ainda com relação ao recurso denominado agravo, o CPC traz duas outras modalidades de agravo: o "agravo interno" possível de ser manejado contra decisões monocráticas nos tribunais (ver CPC, art. 1.021) e o "agravo em recurso especial ou extraordinário" que guarda alguma similaridade com o agravo previsto (ver comentários ao art. 1.042 do CPC).

Consta ainda na relação dos recursos os embargos de declaração que, por sinal, ganha nova roupagem (ver CPC, arts. 1.022 a 1.026); o recurso ordinário (ver CPC, arts. 1.027 e 1.028); especial e extraordinário (tratados nos arts. 1.029 a 1.041 do CPC) e finalmente os embargos de divergência fecha a lista (ver CPC, art. 1.043).

**Art. 995.** Os recursos não impedem a eficácia da decisão, salvo disposição legal ou decisão judicial em sentido diverso.

**Parágrafo único.** A eficácia da decisão recorrida poderá ser suspensa por decisão do relator, se da imediata produção de seus efeitos houver risco de dano grave, de difícil ou impossível reparação, e ficar demonstrada a probabilidade de provimento do recurso.

## COMENTÁRIOS

Pela dicção do art. 995 do CPC a regra é que os recursos não tenham efeitos suspensivos, podendo a decisão recorrida ser executada ainda quando pendente de julgamento a decisão recorrida.

Exceção deve ser feita ao recurso de apelação que deve ser, como regra, recebida com o duplo efeito: devolutivo e suspensivo (ver CPC, art. 1.012, *caput*).

Há ainda duas outras exceções: quando houver disposição legal em sentido contrário ou quando o relator atribuir efeito suspensivo em razão de risco de dano grave, de difícil ou impossível reparação, e ficar demonstrada a probabilidade de provimento do recurso.

635

**Art. 996.** O recurso pode ser interposto pela parte vencida, pelo terceiro prejudicado e pelo Ministério Público, como parte ou como fiscal da ordem jurídica.

**Parágrafo único.** Cumpre ao terceiro demonstrar a possibilidade de a decisão sobre a relação jurídica submetida à apreciação judicial atingir direito de que se afirme titular ou que possa discutir em juízo como substituto processual.

## COMENTÁRIOS

O art. 996 do CPC estabelece quais são os legitimados para interposição de recursos: parte vencida, terceiro prejudicado e Ministério Público, como parte ou como fiscal da ordem jurídica.

O terceiro prejudicado deverá demonstrar a possibilidade de que a decisão sobre a relação jurídica submetida à apreciação judicial possa, de alguma forma, atingir direito de que se afirme titular ou que possa discutir em juízo como substituto processual.

**Art. 997.** Cada parte interporá o recurso independentemente, no prazo e com observância das exigências legais.

§ 1º Sendo vencidos autor e réu, ao recurso interposto por qualquer deles poderá aderir o outro.

§ 2º O recurso adesivo fica subordinado ao recurso independente, sendo-lhe aplicáveis as mesmas regras deste quanto aos requisitos de admissibilidade e julgamento no tribunal, salvo disposição legal diversa, observado, ainda, o seguinte:

I – será dirigido ao órgão perante o qual o recurso independente fora interposto, no prazo de que a parte dispõe para responder;

II – será admissível na apelação, no recurso extraordinário e no recurso especial;

III – não será conhecido, se houver desistência do recurso principal ou se for ele considerado inadmissível.

## COMENTÁRIOS

O atual CPC mantém no nosso ordenamento jurídico a figura do "recurso adesivo" estabelecendo que "sendo vencidos autor e réu, ao recurso interposto por qualquer deles poderá aderir o outro".

O recurso adesivo é, podemos dizer, um tipo especial de recurso tendo em vista que só é cabível nos casos em que haja sucumbência recíproca, quando uma das partes, tendo se conformado com a decisão, deixa de interpor o recurso próprio no momento oportuno vindo a ser surpreendido pela parte contrária, que interpõe o seu próprio recurso no prazo que era comum a ambos. Tem cabimento na apelação, no recurso extraordinário e no recurso especial e do recurso principal será dependente. Quer dizer, o recurso adesivo. somente será conhecido se o recurso principal apresentar regularidade, logo, se o recurso principal não for conhecido (por deserção ou inadmissibilidade) ou se houver desistência, o adesivo não chegará a ser apreciado.

O momento de interposição é o mesmo da reposta do recorrido. Quer dizer, tendo a parte oposta apresentado seu recurso, no mesmo prazo e juntamente com as contrarrazões, a outra parte poderá interpor o recurso adesivo em peça autônoma, cujas regras seguem as mesmas do recurso principal no que diz respeito à admissibilidade, preparo e julgamento.

No tribunal, ambos os recursos serão julgados na mesma sessão, sendo apreciado primeiro o recurso principal e após o adesivo.

> **Art. 998.** O recorrente poderá, a qualquer tempo, sem a anuência do recorrido ou dos litisconsortes, desistir do recurso.
>
> **Parágrafo único.** A desistência do recurso não impede a análise de questão cuja repercussão geral já tenha sido reconhecida e daquela objeto de julgamento de recursos extraordinários ou especiais repetitivos.

### COMENTÁRIOS

O art. 998 do CPC, prevê a hipótese de desistência ao recurso interposto que, poderá ser manifestada a qualquer tempo e não depende da concordância da parte contrária, nem dos eventuais litisconsortes.

A novidade é o que consta no parágrafo único ao fixar a regra de que a desistência do recurso não impede a análise de questão cuja repercussão geral já tenha sido reconhecida e daquela objeto de julgamento de recursos extraordinários ou especiais repetitivos.

Nesse caso é o interesse público que deve prevalecer de sorte que se aquele recurso foi escolhido como paradigma para apreciação, cuja repercussão geral já tenha sido reconhecida ou tenha sido objeto de julgamento de recursos extraordinários ou especiais repetitivos, a desistência não impedirá o conhecimento do recurso para o fim de apreciação da questão jurídica posta *sub judice*.

> **Art. 999.** A renúncia ao direito de recorrer independe da aceitação da outra parte.

### COMENTÁRIOS

Agora o legislador faz prevê a hipótese de a parte renunciar ao direito subjetivo de recorrer da decisão que lhe foi contrária, fixando ainda a regra de que esse ato independe da aceitação da parte contrária.

Nesse caso a parte tem seu próprio prazo para interposição de recurso, mas abre mão de fazê-lo. É diferente da previsão anterior porque, naquele caso, exige-se a existência de recurso já interposto.

**Art. 1.000.** A parte que aceitar expressa ou tacitamente a decisão não poderá recorrer.

**Parágrafo único.** Considera-se aceitação tácita a prática, sem nenhuma reserva, de ato incompatível com a vontade de recorrer.

### COMENTÁRIOS

O previsto no art. 1.000 do CPC, proíbe por assim dizer, a parte de recorrer se, expressa ou tacitamente, à mesma manifestou sua vontade de não o fazer.

A manifestação será expressa quando a parte por petição deixou claro que aceita a decisão e que dela não vai recorrer. Será tácita a aceitação quando a parte prática ato incompatível com a vontade de recorrer.

A aceitação pode se dar mesmo após a interposição do recurso. Por exemplo: há aceitação tácita, se a parte realiza o pagamento espontâneo de débitos que ele impugnou mediante recurso contra a decisão que reconheceu aqueles débitos como legítimo, configurando-se a aceitação tácita da decisão recorrida.[100]

**Art. 1.001.** Dos despachos não cabe recurso.

### COMENTÁRIOS

Dos despachos não cabem recurso é uma regra bastante lógica e facilmente compreensível, senão vejamos.

Despachos são atos praticados pelos juízes (e alguns até pelos serventuários) que tem como finalidade impulsionar ou ordenar o processo. Não tem caráter decisório, servindo apenas para fazer com que o processo cumpra as suas etapas. São exemplos de despacho de mero expediente a intimação para que a parte tome ciência do documento juntado pela parte contrária ou tome conhecimento da certidão negativa de oficial de justiça.

Se não há decisão e o ato é apenas ordinatório, não há possibilidade de prejuízo para a parte, logo, não há interesse jurídico em modificar a determinação judicial.

**Art. 1.002.** A decisão pode ser impugnada no todo ou em parte.

### COMENTÁRIOS

O art. 1.002 do CPC, a rigor, seria dispensável na medida em que é perfeitamente possível haver contrariedade com o todo da decisão prolatada em determinado processo ou apenas com parte dela.

Assim, a parte pode impugnar a decisão como um todo ou pode recorrer especificamente de algum dos pontos da decisão proferida.

---

100. Nesse sentido ver: STJ, AgRg nos EDcl no REsp 1.220.327/MA, rel. Min. Mauro Campbell Marques, 2ª T., j. 16.08.2011.

# CÓDIGO DE PROCESSO CIVIL COMENTADO • LEI 13.105, DE 16 DE MARÇO DE 2015 — ART. 1.003

Importante destacar que exercido o direito de recorrer de parte da decisão, não mais poderá impugnar o restante da decisão porque terá ocorrido o fenômeno da preclusão consumativa, mesmo que o prazo não tenha escoado.

**Art. 1.003.** O prazo para interposição de recurso conta-se da data em que os advogados, a sociedade de advogados, a Advocacia Pública, a Defensoria Pública ou o Ministério Público são intimados da decisão.

§ 1º Os sujeitos previstos no *caput* considerar-se-ão intimados em audiência quando nesta for proferida a decisão.

§ 2º Aplica-se o disposto no art. 231, incisos I a VI, ao prazo de interposição de recurso pelo réu contra decisão proferida anteriormente à citação.

§ 3º No prazo para interposição de recurso, a petição será protocolada em cartório ou conforme as normas de organização judiciária, ressalvado o disposto em regra especial.

§ 4º Para aferição da tempestividade do recurso remetido pelo correio, será considerada como data de interposição a data de postagem.

§ 5º Excetuados os embargos de declaração, o prazo para interpor os recursos e para responder-lhes é de 15 (quinze) dias.

§ 6º O recorrente comprovará a ocorrência de feriado local no ato de interposição do recurso, e, se não o fizer, o tribunal determinará a correção do vício formal, ou poderá desconsiderá-lo caso a informação já conste do processo eletrônico. (Redação dada pela Lei nº 14.939, de 2024)

## COMENTÁRIOS

A primeira e importante inovação do art. 1.003 é a uniformização dos prazos tanto para recorrer quanto para responder os recursos que, doravante, será de 15 (quinze) dias úteis, excetuando-se os embargos de declaração.

Este prazo conta-se da data em que os advogados, a sociedade de advogados, a Advocacia Pública, a Defensoria Pública ou o Ministério Público são intimados da decisão, intimação esta que pode ocorrer até mesmo em audiência quando assim determinar o juiz.

Se a procuração foi outorgada a mais de um advogado, é possível requerer que as intimações sejam feitas em nome de um ou alguns desses advogados, sob pena de nulidade

A regra para contagem de prazos insculpida no art. 231, incisos I a VI, do CPC, aplica-se também à interposição de recurso pelo réu contra decisão proferida anteriormente à citação.

No prazo para interposição de recurso, a petição será protocolada em cartório ou conforme as normas de organização judiciária, ressalvado o disposto em lei especial. Se a interposição tiver sido realizada pelo correio, verifica-se a tempestividade pela data de postagem.

Se o começo ou fim do prazo coincide com feriado local e a parte deixa para o último dia a apresentação do seu recurso, deverá comprovar que na contagem do prazo deverá ser levada em consideração esta circunstância.

Caso o recorrente não comprove o feriado local, o § 6º do artigo em comento, que recebeu nova redação a partir da Lei nº 14.939/24, autoriza o tribunal a tomar duas possíveis opções: exigir a correção do vício formal ou desconsiderar a omissão, desde que a informação do feriado esteja disponível no processo eletrônico.

Acreditamos que essa nova redação tem como objetivo desburocratizar o tramite processual e, com isso, poder evitar atrasos e falhas processuais decorrentes da falta de comprovação de feriados locais.

> **Art. 1.004.** Se, durante o prazo para a interposição do recurso, sobrevier o falecimento da parte ou de seu advogado ou ocorrer motivo de força maior que suspenda o curso do processo, será tal prazo restituído em proveito da parte, do herdeiro ou do sucessor, contra quem começará a correr novamente depois da intimação.

### COMENTÁRIOS

O art. 1.004 trata da hipótese de, durante o prazo recursal, a parte ou seu patrono vier a falecer ou possa ocorrer motivo de força maior que possa fazer suspender o prazo.

Nesse caso, o prazo será reaberto a favor do interessado e começará a contar a partir da nova intimação.

> **Art. 1.005.** O recurso interposto por um dos litisconsortes a todos aproveita, salvo se distintos ou opostos os seus interesses.
>
> **Parágrafo único.** Havendo solidariedade passiva, o recurso interposto por um devedor aproveitará aos outros quando as defesas opostas ao credor lhes forem comuns.

### COMENTÁRIOS

O art. 1.005 trata do efeito expansivo dos recursos quando interposto por um dos litisconsortes, pois se houver provimento todos se beneficiarão da decisão, exceto se distintos ou opostos os seus interesses.

Quer dizer, o *caput* da norma em comento somente se aplica ao litisconsórcio unitário.

Diz ainda o parágrafo único que, havendo solidariedade passiva, o recurso interposto por um devedor aproveitará aos outros quando as defesas opostas ao credor lhes forem comuns.

# CÓDIGO DE PROCESSO CIVIL COMENTADO • LEI 13.105, DE 16 DE MARÇO DE 2015 — ART. 1.007

**Art. 1.006.** Certificado o trânsito em julgado, com menção expressa da data de sua ocorrência, o escrivão ou o chefe de secretaria, independentemente de despacho, providenciará a baixa dos autos ao juízo de origem, no prazo de 5 (cinco) dias.

## COMENTÁRIOS

Sem nenhuma novidade o art. 1.006 fixa a regra de certificação do trânsito em julgado da decisão do tribunal e da subsequente baixa dos autos à origem, fixando o prazo de 5 (cinco) dias para que essa providência seja tomada pela serventia.

Significa dizer que o escrivão ou chefe de secretaria tem a obrigação de baixar os autos ao juízo de origem, sob pena de falta funcional.

**Art. 1.007.** No ato de interposição do recurso, o recorrente comprovará, quando exigido pela legislação pertinente, o respectivo preparo, inclusive porte de remessa e de retorno, sob pena de deserção.

§ 1º São dispensados de preparo, inclusive porte de remessa e de retorno, os recursos interpostos pelo Ministério Público, pela União, pelo Distrito Federal, pelos Estados, pelos Municípios, e respectivas autarquias, e pelos que gozam de isenção legal.

§ 2º A insuficiência no valor do preparo, inclusive porte de remessa e de retorno, implicará deserção se o recorrente, intimado na pessoa de seu advogado, não vier a supri-lo no prazo de 5 (cinco) dias.

§ 3º É dispensado o recolhimento do porte de remessa e de retorno no processo em autos eletrônicos.

§ 4º O recorrente que não comprovar, no ato de interposição do recurso, o recolhimento do preparo, inclusive porte de remessa e de retorno, será intimado, na pessoa de seu advogado, para realizar o recolhimento em dobro, sob pena de deserção.

§ 5º É vedada a complementação se houver insuficiência parcial do preparo, inclusive porte de remessa e de retorno, no recolhimento realizado na forma do § 4º.

§ 6º Provando o recorrente justo impedimento, o relator relevará a pena de deserção, por decisão irrecorrível, fixando-lhe prazo de 5 (cinco) dias para efetuar o preparo.

§ 7º O equívoco no preenchimento da guia de custas não implicará a aplicação da pena de deserção, cabendo ao relator, na hipótese de dúvida quanto ao recolhimento, intimar o recorrente para sanar o vício no prazo de 5 (cinco) dias.

## COMENTÁRIOS

Agora o legislador procura regulamentar o chamado "preparo" dos recursos que deverá ser comprovado, como regra, no ato de interposição, inclusive o porte de remessa e de retorno (se existir), sob pena de deserção.

Cumpre esclarecer que o preparo é um dos requisitos extrínsecos do recurso e elemento indispensável sua admissibilidade.

O parágrafo primeiro do artigo em comento lista aqueles que são dispensados de realizar o preparo, inclusive porte de remessa e de retorno, que são: o Ministério Público, a União, o Distrito Federal, os Estados, os Municípios, e as respectivas autarquias.

Se a parte recolher as custas a menor, inclusive porte de remessa e de retorno, o órgão judiciário deverá intimar o advogado da parte para complementar o preparo, no prazo de 5 (cinco) dias, sob pena de deserção. Significa dizer que a deserção não é automática.

De outro lado, se a parte interpuser o recurso sem o recolhimento das custas e do porte de remessa e de retorno, deverá ser intimado na pessoa de seu advogado para, no prazo que o magistrado assinalar, providenciar o recolhimento em dobro, sob pena de deserção. Atente-se para o fato de que nesse caso não se trata de insuficiência, mas de ausência de recolhimento. Sendo assim, se houver recolhimento a menor, não é admissível a complementação, aplicando-se desde logo a pena de deserção.

Contudo, a pena de deserção, em qualquer caso, poderá ser relevada pelo relator se o recorrente provar justo impedimento. Nesse caso, o relator em decisão irrecorrível, relevará a deserção e fixará o prazo de 5 (cinco) dias para o devido recolhimento.

O § 7º traz uma importante novidade, pois permite que a parte corrija o equívoco no preenchimento da guia de custas, cabendo ao relator, na hipótese de dúvida quanto ao recolhimento, intimar o recorrente para sanar o vício no prazo de 5 (cinco) dias.

Por fim, nos cumpre anotar que nos termos do § 3º, dispensa-se o recolhimento do porte de remessa e de retorno no processo em autos eletrônicos. É uma disposição lógica porque inexistindo autos físico, não haverá despesas com a remessa e retorno dos autos. Contudo, é importante registrar que a dispensa é somente com relação às despesas de porte e retorno dos autos, não atingindo as custas.

**Art. 1.008.** O julgamento proferido pelo tribunal substituirá a decisão impugnada no que tiver sido objeto de recurso.

### COMENTÁRIOS

Nenhuma novidade no que vem insculpido no art. 1.008 do CPC que fixa a regra do "efeito substitutivo" para as decisões proferidas pelos tribunais que substituirá a decisão impugnada no que tiver sido objeto de recurso.

Essa substituição poderá ser total ou parcial, conforme seja a decisão do tribunal isso porque o efeito substitutivo irá atingir só a parte da decisão que foi modificada.

Embora possa parecer desnecessário nos cumpre informar que se o recurso não é conhecido, por conclusão lógica, não haverá efeito substitutivo, tendo em vista que a decisão recorrida irá prevalecer na sua íntegra.

## CAPÍTULO II
## DA APELAÇÃO

**Art. 1.009.** Da sentença cabe apelação.

§ 1º As questões resolvidas na fase de conhecimento, se a decisão a seu respeito não comportar agravo de instrumento, não são cobertas pela preclusão e devem ser suscitadas em preliminar de apelação, eventualmente interposta contra a decisão final, ou nas contrarrazões.

§ 2º Se as questões referidas no § 1º forem suscitadas em contrarrazões, o recorrente será intimado para, em 15 (quinze) dias, manifestar-se a respeito delas.

§ 3º O disposto no *caput* deste artigo aplica-se mesmo quando as questões mencionadas no art. 1.015 integrarem capítulo da sentença.

## COMENTÁRIOS

A apelação é o recurso adequado para impugnar a sentença proferida por juiz de primeiro grau, seja ela definitiva (que resolve o mérito, pois acolhe ou rejeita o pedido do autor, como disposto no art. 487 do CPC) ou terminativa (que extingue o processo sem resolução de mérito nas hipóteses elencadas no art. 485 do CPC) é o que prescreve expressamente o *caput* do art. 1.009, do CPC.

O novel *codex* traz importantes novidades, a começar pelo § 1º ao estabelecer que a parte deve suscitar em preliminar de apelação as matérias que no curso do processo lhes foram desfavoráveis e não comportavam ser atacadas por agravo de instrumento. Quer dizer, as questões resolvidas na fase de conhecimento que não comportavam impugnação por agravo de instrumento, não serão atingidas pela preclusão.

Isso também pode ser feito pela parte recorrida em suas contrarrazões e, se isso ocorrer, em nome do princípio do contraditório, o recorrente será intimado para no prazo de 15 (quinze) dias, manifestar-se a respeito delas.

O disposto no *caput* deste artigo aplica-se mesmo quando as questões mencionadas no art. 1.015 integrarem capítulo da sentença.

**Art. 1.010.** A apelação, interposta por petição dirigida ao juízo de primeiro grau, conterá:

I – os nomes e a qualificação das partes;

II – a exposição do fato e do direito;

III – as razões do pedido de reforma ou de decretação de nulidade;

IV – o pedido de nova decisão.

§ 1º O apelado será intimado para apresentar contrarrazões no prazo de 15 (quinze) dias.

§ 2º Se o apelado interpuser apelação adesiva, o juiz intimará o apelante para apresentar contrarrazões.

§ 3º Após as formalidades previstas nos §§ 1º e 2º, os autos serão remetidos ao tribunal pelo juiz, independentemente de juízo de admissibilidade.

## COMENTÁRIOS

Nos termos do art. 1.010 o recurso de apelação será interposto mediante petição dirigida ao juiz que julgou a causa, à qual será anexada as razões da apelação que conterá: os nomes e a qualificação das partes; os fundamentos de fato e de direito; as razões do pedido de reforma ou de decretação de nulidade; e, o pedido de nova decisão.

A parte contrária será intimada para apresentar suas contrarrazões cujo prazo é de 15 (quinze) dias úteis. Esse também é o prazo para o apelado interpor, juntamente com as contrarrazões, a sua "apelação adesiva", se for o caso, abrindo-se novo prazo, também de 15 (quinze) dias para que o apelante responda aos termos do recurso adesivo.

O Novo CPC acabou com o juízo de admissibilidade em primeiro grau de sorte que pela nova sistemática, após as formalidades previstas nos §§ 1º e 2º, caberá ao juiz tão somente mandar remeter os autos ao tribunal correspondente, cuja admissibilidade será feita pelo relator ao qual o recurso tenha sido distribuído.

**Art. 1.011.** Recebido o recurso de apelação no tribunal e distribuído imediatamente, o relator:

I – decidi-lo-á monocraticamente apenas nas hipóteses do art. 932, incisos III a V;

II – se não for o caso de decisão monocrática, elaborará seu voto para julgamento do recurso pelo órgão colegiado.

## COMENTÁRIOS

O art. 1.011 cuida das providências quanto ao recurso de apelação quando recebido no tribunal, estabelecendo que deverá ser distribuído imediatamente ao relator.

Recebido os autos o relator deverá verificar da regularidade do recurso e dos requisitos de admissibilidade e, se não estiver regular, rejeitá-lo em decisão monocrática na qual deverá especificar os fundamentos de sua decisão.

Caberá ainda ao relator verificar se o recurso de apelação não é contrário a súmula do STJ, do STF ou do próprio tribunal; ou contrário a acórdão proferido pelo STJ ou STF em julgamento de recurso repetitivo; e, também, se não está contrário a entendimento firmado em incidente de resolução de demanda repetitiva. Ocorrendo qualquer destas circunstâncias, o relator deverá negar seguimento ao recurso.

Embora não mencionado no artigo em comento, o relator pode tomar outras decisões monocraticamente como, por exemplo, resolver a pedido de tutela provisória.

CÓDIGO DE PROCESSO CIVIL COMENTADO • LEI 13.105, DE 16 DE MARÇO DE 2015 | **ART. 1.012**

De toda sorte, recebido o recurso e não sendo o caso de decisão monocrática, o relator deverá elaborar o seu voto e pedir pauta para o julgamento do recurso pelo órgão colegiado.

**Art. 1.012.** A apelação terá efeito suspensivo.

§ 1º Além de outras hipóteses previstas em lei, começa a produzir efeitos imediatamente após a sua publicação a sentença que:

I – homologa divisão ou demarcação de terras;

II – condena a pagar alimentos;

III – extingue sem resolução do mérito ou julga improcedentes os embargos do executado;

IV – julga procedente o pedido de instituição de arbitragem;

V – confirma, concede ou revoga tutela provisória;

VI – decreta a interdição.

§ 2º Nos casos do § 1º, o apelado poderá promover o pedido de cumprimento provisório depois de publicada a sentença.

§ 3º O pedido de concessão de efeito suspensivo nas hipóteses do § 1º poderá ser formulado por requerimento dirigido ao:

I – tribunal, no período compreendido entre a interposição da apelação e sua distribuição, ficando o relator designado para seu exame prevento para julgá-la;

II – relator, se já distribuída a apelação.

§ 4º Nas hipóteses do § 1º, a eficácia da sentença poderá ser suspensa pelo relator se o apelante demonstrar a probabilidade de provimento do recurso ou se, sendo relevante a fundamentação, houver risco de dano grave ou de difícil reparação.

## COMENTÁRIOS

Conforme estabelece o *caput* do art. 1.012, a apelação terá, como regra, efeito suspensivo.

Contudo esta regra é excepcionada pela previsão contida no § 1º que atribui efeito meramente devolutivo, quando a apelação for interposta de sentença que homologar a divisão ou a demarcação de terras; condenar à prestação de alimentos; extinguir sem resolução do mérito ou julgar improcedentes os embargos do executado; julgar procedente o pedido de instituição de arbitragem; confirmar, conceder ou revogar tutela provisória; e, decretar a interdição. Nesses casos o interessado poderá promover o pedido de cumprimento provisório da sentença depois de sua publicação.

É também perfeitamente possível que a parte interessada possa requerer ao relator que seja concedido efeito suspensivo nas hipóteses do § 1º, dirigido seu requerimento,

645

conforme o caso, ao tribunal, no período compreendido entre a interposição da apelação e sua distribuição, ficando o relator designado para seu exame prevento para julgá-la; ou, ao relator, se já distribuída a apelação.

Nesses casos, o relator poderá atribuir efeito suspensivo se o apelante demonstrar a probabilidade de provimento do recurso ou se, sendo relevante a fundamentação, houver risco de dano grave ou de difícil reparação.

> **Art. 1.013.** A apelação devolverá ao tribunal o conhecimento da matéria impugnada.
>
> § 1º Serão, porém, objeto de apreciação e julgamento pelo tribunal todas as questões suscitadas e discutidas no processo, ainda que não tenham sido solucionadas, desde que relativas ao capítulo impugnado.
>
> § 2º Quando o pedido ou a defesa tiver mais de um fundamento e o juiz acolher apenas um deles, a apelação devolverá ao tribunal o conhecimento dos demais.
>
> § 3º Se o processo estiver em condições de imediato julgamento, o tribunal deve decidir desde logo o mérito quando:
>
> I – reformar sentença fundada no art. 485;
>
> II – decretar a nulidade da sentença por não ser ela congruente com os limites do pedido ou da causa de pedir;
>
> III – constatar a omissão no exame de um dos pedidos, hipótese em que poderá julgá-lo;
>
> IV – decretar a nulidade de sentença por falta de fundamentação.
>
> § 4º Quando reformar sentença que reconheça a decadência ou a prescrição, o tribunal, se possível, julgará o mérito, examinando as demais questões, sem determinar o retorno do processo ao juízo de primeiro grau.
>
> § 5º O capítulo da sentença que confirma, concede ou revoga a tutela provisória é impugnável na apelação.

## COMENTÁRIOS

O *caput* do art. 1.013 reafirma o "efeito devolutivo" da apelação ao estabelecer que o recurso devolverá ao tribunal o conhecimento da matéria impugnada.

Também reafirma o "efeito translativo" da apelação ao estabelecer que serão objeto de apreciação e julgamento pelo tribunal todas as questões suscitadas e discutidas no processo, ainda que não tenham sido solucionadas, desde que relativas ao capítulo impugnado. Ademais, quando o pedido ou a defesa tiver mais de um fundamento e o juiz acolher apenas um deles, a apelação devolverá ao tribunal o conhecimento dos demais.

O § 3º cuida das hipóteses em que o processo pode ser julgado imediatamente pelo tribunal, isto é, sem a necessidade de devolução dos autos à primeira instância, que são:

# CÓDIGO DE PROCESSO CIVIL COMENTADO • LEI 13.105, DE 16 DE MARÇO DE 2015 — ART. 1.015

em qualquer das hipóteses em que o juiz não tenha apreciado o mérito (ver CPC, art. 485); quando decretar a nulidade da sentença por não ser ela congruente com os limites do pedido ou da causa de pedir; quando constatar a omissão no exame de um dos pedidos, hipótese em que poderá julgá-lo e, quando decretar a nulidade de sentença por falta de fundamentação. Esse fenômeno é conhecido como teoria da asserção, também conhecido como "teoria da causa madura".

O tribunal também julgará imediatamente o mérito da questão quando reformar sentença que se baseou no reconhecimento da prescrição ou da decadência. É evidente que procederá assim, se isto for possível, pois se houver necessidade, por exemplo, de produção de provas, deverá devolver os autos à origem.

Por fim, o § 5º deixa claro que o capítulo da sentença que confirma, concede ou revoga a tutela provisória deve ser impugnado através de apelação.

**Art. 1.014.** As questões de fato não propostas no juízo inferior poderão ser suscitadas na apelação, se a parte provar que deixou de fazê-lo por motivo de força maior.

## COMENTÁRIOS

Pela dicção do art. 1.014 as partes poderão suscitar na apelação as questões de fato e de direito que não tenham sido propostas em primeiro grau, porém deverá provar que deixou de fazê-lo no momento próprio por motivo de força maior.

Quer dizer, questões de fato que não foram possíveis de apresentar no juízo de primeiro grau, podem ser alegadas, pela primeira vez, no recurso de apelação, desde que a parte prove que não o fez em tempo hábil por um justo motivo.

Isso se justifica em face dos princípios da celeridade e da economia processual.

## CAPÍTULO III
## DO AGRAVO DE INSTRUMENTO

**Art. 1.015.** Cabe agravo de instrumento contra as decisões interlocutórias que versarem sobre:

I – tutelas provisórias;

II – mérito do processo;

III – rejeição da alegação de convenção de arbitragem;

IV – incidente de desconsideração da personalidade jurídica;

V – rejeição do pedido de gratuidade da justiça ou acolhimento do pedido de sua revogação;

VI – exibição ou posse de documento ou coisa;

VII – exclusão de litisconsorte;

VIII – rejeição do pedido de limitação do litisconsórcio;

IX – admissão ou inadmissão de intervenção de terceiros;

X – concessão, modificação ou revogação do efeito suspensivo aos embargos à execução;

XI – redistribuição do ônus da prova nos termos do art. 373, § 1º;

XII – (Vetado);

XIII – outros casos expressamente referidos em lei.

**Parágrafo único.** Também caberá agravo de instrumento contra decisões interlocutórias proferidas na fase de liquidação de sentença ou de cumprimento de sentença, no processo de execução e no processo de inventário.

## COMENTÁRIOS

Devemos esclarecer inicialmente que decisão interlocutória é a decisão judicial que resolve questão incidental dentro dos autos, sem colocar fim ao processo, conforme definição contida no art. 203 do CPC.

O agravo de instrumento é o recurso cabível contra decisões interlocutórias, isto é, contra decisões proferidas em primeiro grau de jurisdição, nas situações expressamente autorizada pelo artigo em comento.

Pela sistemática adotada pelo legislador do novel *codex*, qualquer decisão que seja prejudicial à parte e que não seja possível manejar agravo de instrumento, não sofrerá mais os efeitos da preclusão e poderá ser suscitada em preliminares da apelação ou mesmo nas contrarrazões (ver CPC, art. 1.009, § 1º).

É importante esclarecer que, embora o agravo de instrumento conste como cabível somente em situações muito especiais, conforme expressamente descrito, em *numerus clausus*, no art. 1.015 do Código de Processo Civil, o Superior Tribunal de Justiça (STJ) tem flexibilizado essa regra para admitir o agravo de instrumento, mesmo não previsto no rol do art. 1.015, em situações em que possa haver risco ou urgência, de sorte que esse rol pode ser ampliado, sendo aquilo que a doutrina chama de "taxatividade mitigada".

Em dezembro de 2018, ao concluir o julgamento do Recurso Especial 1.704.520, sob o rito dos recursos repetitivos (Tema Repetitivo 988), a Corte Especial do Superior Tribunal de Justiça (STJ) definiu o conceito de taxatividade mitigada do rol previsto no artigo 1.015 do Código de Processo Civil (CPC), abrindo caminho para a interposição do agravo de instrumento em diversas hipóteses além daquelas listadas expressamente no texto legal.[101]

Segundo a ministra Nancy Andrighi o rol do artigo 1.015 do CPC é de taxatividade mitigada, por isso admite a interposição de agravo de instrumento quando verificada a urgência decorrente da inutilidade do julgamento da questão no recurso de apelação e

---

101. STJ, REsp 1.704.520, Relatora Ministra Nancy Andrighi, julgado em 05.12.2018.

# CÓDIGO DE PROCESSO CIVIL COMENTADO • LEI 13.105, DE 16 DE MARÇO DE 2015 — ART. 1.017

podemos exemplificar com as seguintes situações: decisões interlocutórias proferidas em liquidação e cumprimento de sentença, no processo executivo e na ação de inventário; falência e recuperação judicial; guarda de criança; prescrição e a decadência, dentre outros.[102]

E tem razão de ser essa mitigação. Vamos imaginar que num determinado processo o juiz indefere a realização da prova pericial. Vamos ainda supor que o tempo pode se encarregar de fazer desaparecer os vestígios daquilo que se pretendia provar através da perícia. Pelo que consta do artigo em comento, esta decisão não está no rol daquelas que podem ser atacadas via agravo de instrumento. Assim, a parte somente poderá impugnar a decisão que negou a realização da prova pericial e eventualmente reformá-la, se reafirmar sua insatisfação com aquela decisão nas preliminares de sua apelação. Vamos ainda supor que o relator acolha a preliminar e determine a realização da prova pericial, pergunta-se: poderá ainda ser possível a realização daquela prova?

**Art. 1.016.** O agravo de instrumento será dirigido diretamente ao tribunal competente, por meio de petição com os seguintes requisitos:

I – os nomes das partes;

II – a exposição do fato e do direito;

III – as razões do pedido de reforma ou de invalidação da decisão e o próprio pedido;

IV – o nome e o endereço completo dos advogados constantes do processo.

## COMENTÁRIOS

O agravo de instrumento será dirigido diretamente ao tribunal competente por meio de petição que deverá conter, além dos nomes das partes, a exposição do fato e do direito no qual se baseia a irresignação do agravante, encerrando com o pedido de reforma ou de invalidação da decisão e o próprio pedido, além dos nomes e endereços dos advogados constantes do processo.

Caso o réu ainda não tenha sido citado, ou, citado, seja revel, o agravante estará dispensado da exigência contida no inciso IV do artigo em comento.

**Art. 1.017.** A petição de agravo de instrumento será instruída:

I – obrigatoriamente, com cópias da petição inicial, da contestação, da petição que ensejou a decisão agravada, da própria decisão agravada, da cer-

---

102. Ver outros casos da relatoria da ministra Nancy Andrighi: decisão interlocutória que versa sobre a inversão do ônus da prova em ações que tratam de relação de consumo (REsp 1.729.110), admissão de terceiro em ação judicial com o consequente deslocamento da competência para Justiça distinta (REsp 1.797.991), decisão sobre arguição de impossibilidade jurídica do pedido (REsp 1.757.123) e também no caso de decisão que aumenta multa em tutela provisória (REsp 1.827.553).

649

## ART. 1.017 — NEHEMIAS DOMINGOS DE MELO

tidão da respectiva intimação ou outro documento oficial que comprove a tempestividade e das procurações outorgadas aos advogados do agravante e do agravado;

II – com declaração de inexistência de qualquer dos documentos referidos no inciso I, feita pelo advogado do agravante, sob pena de sua responsabilidade pessoal;

III – facultativamente, com outras peças que o agravante reputar úteis.

§ 1º Acompanhará a petição o comprovante do pagamento das respectivas custas e do porte de retorno, quando devidos, conforme tabela publicada pelos tribunais.

§ 2º No prazo do recurso, o agravo será interposto por:

I – protocolo realizado diretamente no tribunal competente para julgá-lo;

II – protocolo realizado na própria comarca, seção ou subseção judiciárias;

III – postagem, sob registro, com aviso de recebimento;

IV – transmissão de dados tipo fac-símile, nos termos da lei;

V – outra forma prevista em lei.

§ 3º Na falta da cópia de qualquer peça ou no caso de algum outro vício que comprometa a admissibilidade do agravo de instrumento, deve o relator aplicar o disposto no art. 932, parágrafo único .

§ 4º Se o recurso for interposto por sistema de transmissão de dados tipo fac-símile ou similar, as peças devem ser juntadas no momento de protocolo da petição original.

§ 5º Sendo eletrônicos os autos do processo, dispensam-se as peças referidas nos incisos I e II do *caput*, facultando-se ao agravante anexar outros documentos que entender úteis para a compreensão da controvérsia.

### COMENTÁRIOS

O art. 1.017 estipula quais são as peças que deverão obrigatoriamente instruir a petição de agravo de instrumento. O recurso deverá ser instruído com cópias da petição inicial, da contestação, da petição que ensejou a decisão agravada, da própria decisão agravada, da certidão da respectiva intimação ou outro documento oficial que comprove a tempestividade e das procurações outorgadas aos advogados do agravante e do agravado, porém isso só se aplica no caso de autos físicos.

Além disso, deverá também juntar a comprovação do recolhimento das respectivas custas e do porte de retorno, quando devidos, conforme tabela publicada pelos tribunais.

Cumpre destacar que o inciso II traz uma importante inovação ao permitir que, na impossibilidade de instruir a petição do agravo de instrumento com os documentos necessários, possa o advogado da parte, sob as penas da lei, juntar a declaração de inexistência destes documentos.

Permite ainda artigo em comento que sejam juntadas ao recurso as peças ditas facultativas que, a critério do embargante, possam ser úteis à perfeita compreensão da questão.

Os demais parágrafos tratam da forma de interposição cabendo destacar o previsto no § 3º que permite ao relator, na falta da cópia de qualquer peça ou no caso de algum outro vício que comprometa a admissibilidade do agravo de instrumento, que determine a correção do vício, visando com isso o aproveitamento do ato processual, somente indeferindo o recurso se a parte não cumprir com essa determinação (ver CPC, art. 932, parágrafo único).

Por fim, no § 5º o legislador fez prever que o proponente está dispensado de juntar as peças ditas obrigatórias, mencionadas nos incisos I e II, sendo os autos eletrônicos. A lógica é que se o processo é digital o Magistrado relator, assim como os demais membros do tribunal, terão pleno acesso à integra do processo.

Contudo, o legislador fez uma ressalva para dizer que o agravante poderá juntar outros documentos que possam ser úteis a compreensão da controvérsia, sendo essa uma faculdade. Quer dizer, são aqueles documentos que embora não sejam obrigatórios, possam ser imprescindíveis para a solução da demanda.

> **Art. 1.018.** O agravante poderá requerer a juntada, aos autos do processo, de cópia da petição do agravo de instrumento, do comprovante de sua interposição e da relação dos documentos que instruíram o recurso.
>
> § 1º Se o juiz comunicar que reformou inteiramente a decisão, o relator considerará prejudicado o agravo de instrumento.
>
> § 2º Não sendo eletrônicos os autos, o agravante tomará a providência prevista no *caput*, no prazo de 3 (três) dias a contar da interposição do agravo de instrumento.
>
> § 3º O descumprimento da exigência de que trata o § 2º, desde que arguido e provado pelo agravado, importa inadmissibilidade do agravo de instrumento.

## COMENTÁRIOS

Pela redação do *caput* do art. 1.018 do CPC o agravante não teria mais a obrigatoriedade de peticionar ao juiz da causa e informar que ingressou com o recurso de agravo de instrumento. Pela dicção da nova lei, a parte "poderá" requerer a juntada, aos autos do processo, de cópia da petição do agravo de instrumento, do comprovante de sua interposição e da relação dos documentos que instruíram o recurso.

Ocorre que se verificarmos o que é tratado nos §§ 2º e 3º iremos constatar que a obrigatoriedade de comunicação ao juiz de primeira instância continua tendo em vista que se a parte não fizer a comunicação, no prazo de 3 (três) dias, a contar da interposição do recurso, poderá ter o seu recurso inadmitido, desde que arguido e provado pelo agravado o descumprimento dessa exigência.

Quer dizer, lendo o *caput* do artigo em comento você é levado a crer que a regra mudou, porém, quando se reporta aos §§ 2º e 3º constata que, em se tratando de autos físicos, nada mudou. Em síntese: interposto o agravo de instrumento em processo físico, o recorrente deve informar ao juiz da causa, no prazo de três dias, que interpôs tal recurso, juntando na sua petição a cópia do agravo, o comprovante de sua interposição e a relação dos documentos que instruíram o recurso.

A justificativa dessa comunicação é oportunizar ao juiz da causa a possibilidade de reforma da decisão. Se o juiz comunicar que reformou inteiramente a decisão, o relator considerará prejudicado o agravo de instrumento.

Em conclusão: com uma leitura mais atenta do contido no § 2º só se pode dizer que, se os autos forem físicos, a parte estará obrigada a fazer a comunicação; se os autos forem eletrônicos estará dispensada da comunicação que, *in casu*, será facultativa nos moldes do *caput*.

**Art. 1.019.** Recebido o agravo de instrumento no tribunal e distribuído imediatamente, se não for o caso de aplicação do art. 932, incisos III e IV , o relator, no prazo de 5 (cinco) dias:

I – poderá atribuir efeito suspensivo ao recurso ou deferir, em antecipação de tutela, total ou parcialmente, a pretensão recursal, comunicando ao juiz sua decisão;

II – ordenará a intimação do agravado pessoalmente, por carta com aviso de recebimento, quando não tiver procurador constituído, ou pelo Diário da Justiça ou por carta com aviso de recebimento dirigida ao seu advogado, para que responda no prazo de 15 (quinze) dias, facultando-lhe juntar a documentação que entender necessária ao julgamento do recurso;

III – determinará a intimação do Ministério Público, preferencialmente por meio eletrônico, quando for o caso de sua intervenção, para que se manifeste no prazo de 15 (quinze) dias.

## COMENTÁRIOS

Nos termos do *caput* do art. 1.019, recebido o agravo de instrumento no tribunal ele será imediatamente distribuído e, se não for o caso de rejeição liminar (ver CPC, art. 932, III e IV), o relator, no prazo de 5 (cinco) dias, poderá atribuir efeito suspensivo ao recurso ou deferir, em "antecipação de tutela", total ou parcialmente, a pretensão recursal, comunicando ao juiz sua decisão.

No mesmo prazo, o relator mandará intimar o agravado pelo Diário da Justiça ou por carta com aviso de recebimento dirigida ao seu advogado, para que responda no prazo de 15 (quinze) dias, facultando-lhe juntar a documentação que entender necessá-

# CÓDIGO DE PROCESSO CIVIL COMENTADO • LEI 13.105, DE 16 DE MARÇO DE 2015    ART. 1.021

ria ao julgamento do recurso. Se o agravado não tiver advogado constituído nos autos, deverá ser intimado pessoalmente, por carta com aviso de recebimento.

Ainda no mesmo despacho, o relator determinará a intimação do Ministério Público, preferencialmente por meio eletrônico, quando for o caso de sua intervenção, para que se manifeste no prazo de 15 (quinze) dias.

Cumpre destacar que o CPC não previu a irrecorribilidade da decisão liminar do relator (atribuindo efeito suspensivo ou concedendo a "tutela antecipada"), de sorte a afirmar que esta decisão poderá ser contestada via agravo interno.

**Art. 1.020.** O relator solicitará dia para julgamento em prazo não superior a 1 (um) mês da intimação do agravado.

## COMENTÁRIOS

O art. 1.020 limita-se a estabelecer o prazo de 1 (um) mês, contado da intimação do agravado, para que o relator peça para incluir o recurso na pauta de julgamento.

## CAPÍTULO IV
## DO AGRAVO INTERNO

**Art. 1.021.** Contra decisão proferida pelo relator caberá agravo interno para o respectivo órgão colegiado, observadas, quanto ao processamento, as regras do regimento interno do tribunal.

§ 1º Na petição de agravo interno, o recorrente impugnará especificada-mente os fundamentos da decisão agravada.

§ 2º O agravo será dirigido ao relator, que intimará o agravado para mani-festar-se sobre o recurso no prazo de 15 (quinze) dias, ao final do qual, não havendo retratação, o relator levá-lo-á a julgamento pelo órgão colegiado, com inclusão em pauta.

§ 3º É vedado ao relator limitar-se à reprodução dos fundamentos da decisão agravada para julgar improcedente o agravo interno.

§ 4º Quando o agravo interno for declarado manifestamente inadmissível ou improcedente em votação unânime, o órgão colegiado, em decisão funda-mentada, condenará o agravante a pagar ao agravado multa fixada entre um e cinco por cento do valor atualizado da causa.

§ 5º A interposição de qualquer outro recurso está condicionada ao depósito prévio do valor da multa prevista no § 4º, à exceção da Fazenda Pública e do beneficiário de gratuidade da justiça, que farão o pagamento ao final.

## COMENTÁRIOS

Contra toda e qualquer decisão monocrática proferida pelo relator do recurso, em qualquer tribunal, caberá agravo interno para o respectivo órgão colegiado, observa-

653

das, quanto ao processamento, as regras do regimento interno do respectivo tribunal. Embora o presente artigo seja silente, o prazo de interposição será de 15 (quinze) dias, conforme estabelecido no art. 1.070 do CPC.

É importantíssima essa previsão legal porque unifica o procedimento para que a parte que se sinta prejudicada pela decisão do relator possa contra ela se manifestar. Pela sistemática do *novel codex*, isso deverá ser feito sempre através do recurso denominado "agravo interno".

Quanto ao procedimento, o agravante deverá ter o cuidado de na sua peça impugnar de forma objetiva os fundamentos da decisão. O recurso deverá ser dirigido ao próprio relator que, tão logo receba, deverá intimar o agravado para responder aos termos do recurso no prazo de 15 (quinze) dias.

Depois do prazo para manifestação do agravado, o relator poderá rever sua decisão e, se não o fizer, deverá levar o recurso a julgamento pelo órgão colegiado, com inclusão em pauta.

É importante a previsão contida no § 3º que proíbe o relator de repetir no julgamento do agravo interno os mesmos argumentos que utilizou na fundamentação da decisão que foi agravada. Ou seja, o relator não pode negar provimento ao agravo interno repetindo, pura e simplesmente, a mesma argumentação utilizada anteriormente na decisão que foi agravada.

De outro lado, se o agravo interno for declarado manifestamente inadmissível ou improcedente em votação unânime, o órgão colegiado, em decisão fundamentada, condenará o agravante a pagar ao agravado multa fixada entre 1 (um) a 5% (cinco por cento) do valor atualizado da causa. Esta é a pena para o *improbus litigator* por abuso de direito.

Se houver a condenação por litigância de má-fé, a interposição de qualquer outro recurso estará sujeito a comprovação prévia de que foi realizado o depósito do valor da condenação, exceto se a parte for a Fazenda Pública ou beneficiário de gratuidade da justiça, que farão o pagamento ao final do processo.

A finalidade desta previsão legislativa deve ser aplaudida porque visa evitar que a parte interponha recurso tão somente com objetivo procrastinatório. De outro lado, colabora para a celeridade processual, obstando a interposição de recurso que somente serviria para retardar o regular andamento do processo.

Cumpre ainda esclarecer que essa multa somente se aplica se o recurso for "manifestamente inadmissível" ou "improcedente" e assim, seja considerado pela unanimidade dos julgadores. Significa dizer que o só fato de o recurso ser considerado inadmissível ou improcedente não justifica a aplicação da multa, já que ela não é automática.[103]

Excepcionalmente, cabe também agravo interno contra decisão monocrática proferida não pelo relator, mas pelo presidente ou vice-presidente de tribunais nas situações que são especificadas em lei (ver CPC, art. 1.030, § 2º e art. 1.035, § 7º).

---

103. Nesse sentido ver EREsp 1.120.356 (ST), relator Ministro Marco Aurélio Bellizze.

# CAPÍTULO V
## DOS EMBARGOS DE DECLARAÇÃO[104]

**Art. 1.022.** Cabem embargos de declaração contra qualquer decisão judicial para:

I – esclarecer obscuridade ou eliminar contradição;

II – suprir omissão de ponto ou questão sobre o qual devia se pronunciar o juiz de ofício ou a requerimento;

III – corrigir erro material.

**Parágrafo único.** Considera-se omissa a decisão que:

I – deixe de se manifestar sobre tese firmada em julgamento de casos repetitivos ou em incidente de assunção de competência aplicável ao caso sob julgamento;

II – incorra em qualquer das condutas descritas no art. 489, § 1º.

## COMENTÁRIOS

O recurso de embargos de declaração é um recurso cabível contra toda e qualquer decisão judicial, não havendo restrição quanto ao seu cabimento. É cabível de decisão interlocutória, sentença, acórdão, e até contra decisão monocrática proferida com base no art. 932 do *novel codex*.

Advirta-se, contudo, que os despachos não estão incluídos neste rol porque são irrecorríveis já que desprovidos de conteúdo decisório (ver CPC, art. 1.001).

O *caput* do art. 1.022 trouxe nova expressão técnica "qualquer decisão judicial" para demonstrar que não há restrição quanto ao cabimento do recurso de embargos de declaração, bastando para tanto que a decisão esteja eivada de vícios e erro.

A finalidade precípua deste recurso é o aprimoramento da prestação jurisdicional, esclarecendo obscuridade, eliminando contradição, suprimindo omissões e corrigindo erro material. A decisão judicial precisa ser límpida, clara, compreensível, completa. A ausência de clareza e de difícil compreensão na decisão gera obscuridade, que deve ser combatida por meio do recurso de embargos de declaração. O outro vício refere-se à contradição na própria decisão proferida pelo magistrado. Não se trata aqui de contradição entre decisões diferentes e diversas constantes no processo. O contrassenso e a incoerência acarretam decisões contraditórias, que dificultam até a execução da decisão judicial. Já com relação a omissão, considera-se omissa a decisão quando o juiz deixa de se pronunciar sobre ponto ou questão a requerimento ou *ex officio,* nos termos do inciso II. O acréscimo da expressão *ex officio* demonstra que o recurso de embargos de declaração também serve para arguir matérias de ordem pública, que não

---

104. Nos comentários aos arts. 1.022 a 1.026 contamos com a colaboração da Profa. Estefânia Viveiros.

foram apreciadas, embora se permita ao magistrado analisá-la de ofício. Por fim, o legislador incluiu a modalidade de erro material como requisito de mérito deste recurso, especificamente no inciso III. Cumpre esclarecer que o erro material ocorre quando, por exemplo, na sentença grafou-se o nome das partes erroneamente ou apresentou algum erro de cálculo.

No tocante ao vício da omissão, a inovação refere-se também ao parágrafo único, com a inclusão de dois novos incisos. Um deles prevê a hipótese da decisão judicial se omitir sobre o julgamento de recursos repetitivos, que neles estão inclusos o incidente de resolução de demanda repetitiva (ver CPC, art. 976 a 987) e os recursos especial e extraordinário repetitivos (ver CPC, art. 1.036 a 1.041) e o incidente de assunção de competência aplicável ao caso concreto (ver CPC, art. 947). Essas hipóteses – incidente de resolução de demanda repetitiva e incidente de assunção de competência – são inovações no atual CPC, com o objetivo primeiro de combater os processos em massificação, aplicando-se a atuação nos tribunais de segundo grau e o outro, assunção de competência, já se refere a importância da matéria de abrangência estadual e/ou nacional, com grande repercussão social, mas sem repetição em múltiplos processos.

O inciso segundo do parágrafo único refere-se à hipótese de defeito na fundamentação de qualquer decisão judicial, nos termos do parágrafo primeiro do art. 489 do CPC. A previsão desse novo inciso demonstra a necessidade de compatibilidade da legislação processual com a própria Constituição Federal, que prevê a obrigatoriedade da fundamentação das decisões judicial e administrativa, nos termos do art. 93, IX e X, da CF-88. A partir desta premissa, o legislador apontou no § 1º do art. 489, quando uma decisão judicial não será considerada adequadamente fundamentada, cuja completude da fundamentação pode ser realizada por meio de embargos de declaração.

Pode-se afirmar, portanto, que o novo *codex* aprimorou a redação do recurso de embargos de declaração, reconhecendo a amplitude do seu cabimento, inovando quanto as questões omissas requeridas e as de ofício, além de ter criado duas hipóteses de omissões no parágrafo único e, ainda, incluiu na lei, a hipótese de erro material, amplamente já admitida pela jurisprudência.

**Art. 1.023.** Os embargos serão opostos, no prazo de 5 (cinco) dias, em petição dirigida ao juiz, com indicação do erro, obscuridade, contradição ou omissão, e não se sujeitam a preparo.

§ 1º Aplica-se aos embargos de declaração o art. 229.

§ 2º O juiz intimará o embargado para, querendo, manifestar-se, no prazo de 5 (cinco) dias, sobre os embargos opostos, caso seu eventual acolhimento implique a modificação da decisão embargada.

# CÓDIGO DE PROCESSO CIVIL COMENTADO • LEI 13.105, DE 16 DE MARÇO DE 2015 — ART. 1.024

## COMENTÁRIOS

O prazo para interposição dos embargos de declaração será 5 (cinco) dias, contados da intimação da decisão, mas contados apenas em dias úteis, conforme determina o art. 219 do CPC.

Vale rememorar que o novo estatuto processual brasileiro uniformizou os prazos recursais para 15 (quinze) dias, com exceção do recurso de embargos de declaração (ver CPC, art. 1.003, § 5º), que permanece, conforme já referido, com o prazo de 5 (cinco) dias.

Esse prazo de 5 (cinco) dias, não se aplica à Defensoria Pública, ao Ministério Público e a Fazenda Pública, pois estes entes gozam de prazo em dobro.

Por ser recurso de natureza vinculada, o embargante deverá indicar de forma precisa na petição recursal o erro ou vício, conforme determina o próprio art. 1.023, sob pena de não conhecimento do recurso. Esses vícios e erros são considerados matéria de mérito do recurso, cuja ausência acarreta o desprovimento do recurso. Não se exige neste recurso o pagamento de preparo.

Por força do princípio do contraditório e da ampla defesa, o embargado terá a oportunidade, de impugnar os embargos no prazo de 5 (cinco) dias, desde que eventual provimento do recurso de embargos implique modificação da decisão embargada. É o conhecido efeito infringente oriundo do provimento do recurso.

O legislador apenas adequou essa regra já conhecida da doutrina e da jurisprudência, que determinava a intimação do embargado sob pena de violação ao princípio do contraditório. A verdade é que não pode a parte ser surpreendida com a alteração da decisão anterior, sem, contudo, ter a oportunidade de se manifestar.

**Art. 1.024.** O juiz julgará os embargos em 5 (cinco) dias.

§ 1º Nos tribunais, o relator apresentará os embargos em mesa na sessão subsequente, proferindo voto, e, não havendo julgamento nessa sessão, será o recurso incluído em pauta automaticamente.

§ 2º Quando os embargos de declaração forem opostos contra decisão de relator ou outra decisão unipessoal proferida em tribunal, o órgão prolator da decisão embargada decidi-los-á monocraticamente.

§ 3º O órgão julgador conhecerá dos embargos de declaração como agravo interno se entender ser este o recurso cabível, desde que determine previamente a intimação do recorrente para, no prazo de 5 (cinco) dias, complementar as razões recursais, de modo a ajustá-las às exigências do art. 1.021, § 1º.

§ 4º Caso o acolhimento dos embargos de declaração implique modificação da decisão embargada, o embargado que já tiver interposto outro recurso contra a decisão originária tem o direito de complementar ou alterar suas razões, nos exatos limites da modificação, no prazo de 15 (quinze) dias, contado da intimação da decisão dos embargos de declaração.

§ 5º Se os embargos de declaração forem rejeitados ou não alterarem a conclusão do julgamento anterior, o recurso interposto pela outra parte antes da publicação do julgamento dos embargos de declaração será processado e julgado independentemente de ratificação.

## COMENTÁRIOS

O prazo para julgamento dos embargos de declaração é de 5 (cinco) dias, embora se trate de prazo impróprio, já que dirigido ao magistrado. O descumprimento deste prazo não acarreta nenhuma consequência jurídica pela natureza do seu prazo. No tribunal, também o magistrado tem prazo de 5 (cinco) dias para levá-los em mesa na sessão logo subsequente. Ao não o fazer, a consequência jurídica é a inclusão em pauta do recurso de embargos de declaração, que poderá ser acompanhando pelas partes no dia da sessão. A inclusão em pauta dos embargos de declaração é uma vitória para os advogados e serventuários da justiça. Os advogados terão ciência do dia certo do julgamento deste recurso e o serventuário se desincumbirá da função de informação diária acerca do possível julgamento de todos os recursos de embargos de declaração.

O parágrafo segundo vem reforçar a tese de que a competência para julgar os embargos de declaração é do próprio magistrado por se tratar de decisão unipessoal, sendo, portanto, vedado julgá-los na composição da turma. De igual forma, os embargos opostos da decisão proferida pelo colegiado deve, obrigatoriamente, ser julgados pelo colegiado. Essa regra, embora básica, se torna importante para não prejudicar a parte que irá interpor novo recurso, até porque o julgamento dos embargos de declaração em colegiado de decisão monocrática retira a possibilidade, por exemplo, de a parte interpor agravo interno. Daí a necessidade de fixação da competência de qual magistrado deve julgar os embargos de declaração, como bem fez o parágrafo segundo do art. 1.024.

O novo parágrafo terceiro resolve importante questão jurídica ao prevê que, se o colegiado receber os embargos de declaração como agravo interno deverá intimar o embargante para adequar o recurso no prazo 5 (cinco) dias. Essa hipótese acontece com frequência no Supremo Tribunal Federal que, aqui e acolá, aplica o princípio da fungibilidade recursal pela dificuldade de receber os embargos de declaração opostos em face de decisão monocrática. Essa solução posta pelo legislador evita prejuízos ao jurisdicionado.

O novo parágrafo quarto também vem em boa hora. Explica o legislador que a oposição dos embargos de declaração em face de sentença, só permitirá aditar o recurso de apelação já interposto pela outra parte, no caso de sucumbência recíproca, no tocante a parte exata que houve alteração em decorrência do julgamento dos embargos de declaração. Isso significa que, não havendo alteração da decisão embargada, nada poderá a parte aditar o recurso de apelação já interposto. Isso significa dizer que o provimento

# CÓDIGO DE PROCESSO CIVIL COMENTADO • LEI 13.105, DE 16 DE MARÇO DE 2015 — ART. 1.025

dos embargos e qualquer alteração do julgado exigem que a parte que já recorreu seja intimada para aditá-lo, nos termos do inciso IV do mesmo artigo.

O parágrafo quinto também é muito bem-vindo, ao esclarecer que o desprovimento e a ausência de alteração no julgamento dos embargos de declaração dispensam a ratificação do recurso interposto pela parte contrária antes do julgamento do recurso de embargos de declaração.

**Art. 1.025.** Consideram-se incluídos no acórdão os elementos que o embargante suscitou, para fins de pré-questionamento, ainda que os embargos de declaração sejam inadmitidos ou rejeitados, caso o tribunal superior considere existentes erro, omissão, contradição ou obscuridade.

## COMENTÁRIOS

Esse dispositivo é inovador e traz consequências jurídicas importantes para interposição dos recursos aos Tribunais Superiores, tal como o recurso especial e o recurso extraordinário.

É sabido que os tribunais superiores exigem como requisito para interposição de recursos o prequestionamento da matéria, como preveem os arts. 105, III e 102, III, da Constituição Federal. O prequestionamento exige que a matéria tenha sido previamente debatida e decidida no tribunal recorrido. O recurso de embargos de declaração é um recurso que pode buscar o prequestionamento da matéria, desde que as partes tenham suscitado a matéria previamente no recurso que foi julgado pelos tribunais de segundo grau. Ao julgar o recurso especial, o Tribunal poderá dar provimento com base nesse artigo para anular o acórdão recorrido e, consequentemente, o tribunal de segundo grau julgar novamente o recurso de embargos de declaração esclarecendo a omissão apontada.

Esse dispositivo é extremamente inovador porque não haverá mais o primeiro juízo de admissibilidade realizado pelo Presidente ou Vice-Presidente do Tribunal de segundo grau, ou quem o regimento interno indicar. Essa norma fulmina com a bipartiraidade do juízo de admissibilidade, competindo apenas os tribunais superiores analisar os requisitos de admissibilidade do recurso.

Essas inovações, portanto, permitem adequar a norma dos embargos de declaração. Isso significa dizer que se os tribunais de segundo grau não admitirem ou rejeitarem os embargos de declaração poderão os tribunais superiores, ao enxergarem o vício apontado, considerar a matéria incluída no acórdão como devidamente prequestionada. Tal norma gera economicidade e porque não dizer redução de tempo ao evitar o retorno dos processos ao tribunal de segunda instancia para julgar novamente o recurso de embargos de declaração e, em razão de nova interposição de recurso especial, retornar para os tribunais superiores novamente. Neste caso, o vai e vem dos processos consome anos, a depender do Estado, prejudicando a duração razoável do processo prevista no art. 5º, inciso LXXVIII, da Constituição Federal.

**Art. 1.026.** Os embargos de declaração não possuem efeito suspensivo e interrompem o prazo para a interposição de recurso.

§ 1º A eficácia da decisão monocrática ou colegiada poderá ser suspensa pelo respectivo juiz ou relator se demonstrada a probabilidade de provimento do recurso ou, sendo relevante a fundamentação, se houver risco de dano grave ou de difícil reparação.

§ 2º Quando manifestamente protelatórios os embargos de declaração, o juiz ou o tribunal, em decisão fundamentada, condenará o embargante a pagar ao embargado multa não excedente a dois por cento sobre o valor atualizado da causa.

§ 3º Na reiteração de embargos de declaração manifestamente protelatórios, a multa será elevada a até dez por cento sobre o valor atualizado da causa, e a interposição de qualquer recurso ficará condicionada ao depósito prévio do valor da multa, à exceção da Fazenda Pública e do beneficiário de gratuidade da justiça, que a recolherão ao final.

§ 4º Não serão admitidos novos embargos de declaração se os 2 (dois) anteriores houverem sido considerados protelatórios.

## COMENTÁRIOS

O CPC jogou por terra uma antiga discussão sobre os efeitos produzidos pela oposição aos embargos de declaração. O art. 1.026 deixa claro que os embargos de declaração não possuem efeito suspensivo. Essa é a regra. Isso significa que mesmo que o recurso julgado anteriormente detenha efeito suspensivo, não há que se estender esse efeito para o julgamento de eventuais embargos de declaração. Por outro lado, o *caput* do referido artigo não veda a atribuição do efeito suspensivo na hipótese de se demonstrar a probabilidade de provimento do recurso, ou, como consta na redação do parágrafo primeiro "sendo relevante a fundamentação, se houver risco de dano grave ou de difícil reparação". Essa petição pode ser formulada a qualquer momento até o julgamento dos embargos de declaração e deve indicar com precisão os requisitos apontados no parágrafo primeiro do referido artigo.

Outro efeito produzido pela oposição dos embargos de declaração é o interruptivo para interposição de outros recursos e atinge todas as partes e eventuais terceiros. A interrupção e a suspensão dos prazos são distintas. Na interrupção, os prazos podem ser recontados a partir do primeiro dia após o término do efeito da interrupção, não computando os dias consumidos pela oposição dos declaratórios. A suspensão de prazos, diferentemente, cessa o prazo em curso e volta a contar apenas os dias que sobejar. No caso da interrupção, a regra é sempre interromper o prazo para todos que participam do processo, exceto no caso de intempestividade. Esse caso – intempestividade – seria a única exceção. Tal raciocínio não se estende as hipóteses diversas de não conhecimento do recurso, como equivocadamente se tem mostrado algumas parcas decisões.

# CÓDIGO DE PROCESSO CIVIL COMENTADO • LEI 13.105, DE 16 DE MARÇO DE 2015 — ART. 1.027

Os parágrafos segundo e terceiro cuidam dos embargos protelatórios, estipulando multa de 2% (dois por cento) do valor atualizado da causa até 10% (dez por cento), no caso de reiteração de embargos protelatórios. Os segundos embargos de declaração considerados protelatórios impõem o depósito do valor da multa, que incide ao valor atualizado, para interposição de novo recurso, sob pena de não conhecimento. É, portanto, o pagamento da multa condição de admissibilidade recursal. Observe-se que tal condição só ocorrerá nos segundos embargos de declaração, embora o pagamento deva ser efetuado referente ao total da multa que poderá alcançar o percentual de 12% (doze por cento) sobre o valor atualizado da causa, como prevê expressamente os referidos parágrafos. Observe-se, também, que o legislador determinou a necessidade de fundamentação da decisão que considerar o recurso de embargos de declaração protelatórios, sob pena obviamente de nulidade da decisão.

A outra novidade está no último e quarto parágrafo que delimita o cabimento do uso dos embargos de declaração, até porque é o único recurso que independe de sucumbência para se recorrer, ou seja, vencedor ou vencido podem recorrer, já que a sua finalidade precípua é o aprimoramento da prestação jurisdicional. Esse parágrafo também veda a oposição de terceiros embargos de declaração se antes tiverem sido considerados protelatórios os dois últimos embargos de declaração. A insistência na oposição dos terceiros embargos de declaração acarretará o não conhecimento do recurso.

## CAPÍTULO VI
### DOS RECURSOS PARA O SUPREMO TRIBUNAL FEDERAL E PARA O SUPERIOR TRIBUNAL DE JUSTIÇA
### SEÇÃO I
### DO RECURSO ORDINÁRIO

**Art. 1.027.** Serão julgados em recurso ordinário:

I – pelo Supremo Tribunal Federal, os mandados de segurança, os *habeas data* e os mandados de injunção decididos em única instância pelos tribunais superiores, quando denegatória a decisão;

II – pelo Superior Tribunal de Justiça:

*a)* os mandados de segurança decididos em única instância pelos tribunais regionais federais ou pelos tribunais de justiça dos Estados e do Distrito Federal e Territórios, quando denegatória a *decisão;*

*b)* os processos em que forem partes, de um lado, Estado estrangeiro ou organismo internacional e, de outro, Município ou pessoa residente ou domiciliada no País.

§ 1º Nos processos referidos no inciso II, alínea "b", contra as decisões interlocutórias caberá agravo de instrumento dirigido ao Superior Tribunal de Justiça, nas hipóteses do art. 1.015.

§ 2º Aplica-se ao recurso ordinário o disposto nos arts. 1.013, § 3º, e 1.029, § 5º.

661

## COMENTÁRIOS

Conforme dispõe o art. 1.027 do CPC, serão julgados em recurso ordinário, pelo Supremo Tribunal Federal, os mandados de segurança, os *habeas data* e os mandados de injunção decididos em única instância pelos Tribunais Superiores, quando denegatória a decisão; e pelo Superior Tribunal de Justiça, os mandados de segurança decididos em única instância pelos Tribunais Regionais Federais ou pelos Tribunais dos Estados e do Distrito Federal e Territórios, quando denegatória a decisão; e as causas em que forem partes, de um lado, Estado estrangeiro ou organismo internacional e, do outro lado, Município ou pessoa residente ou domiciliada no País.

A novidade fica por conta do § 2º que permite ao tribunal, no recurso ordinário, o julgamento imediato do mérito recursal (ver CPC, art. 1.013, § 3º), e a eventual concessão de efeito suspensivo ao recurso (ver CPC, art. 1.029, § 5º).

> **Art. 1.028.** Ao recurso mencionado no art. 1.027, inciso II, alínea "b", aplicam-se, quanto aos requisitos de admissibilidade e ao procedimento, as disposições relativas à apelação e o Regimento Interno do Superior Tribunal de Justiça.
>
> § 1º Na hipótese do art. 1.027, § 1º, aplicam-se as disposições relativas ao agravo de instrumento e o Regimento Interno do Superior Tribunal de Justiça.
>
> § 2º O recurso previsto no art. 1.027, incisos I e II, alínea "a", deve ser interposto perante o tribunal de origem, cabendo ao seu presidente ou vice--presidente determinar a intimação do recorrido para, em 15 (quinze) dias, apresentar as contrarrazões.
>
> § 3º Findo o prazo referido no § 2º, os autos serão remetidos ao respectivo tribunal superior, independentemente de juízo de admissibilidade.

## COMENTÁRIOS

Quanto aos requisitos de admissibilidade e ao procedimento no juízo de origem, aplica-se ao recurso ordinário o disposto nos recursos de Apelação, observando-se, no Supremo Tribunal Federal e no Superior Tribunal de Justiça, o disposto nos seus regimentos internos.

Assim, deve o Recurso Ordinário ser interposto por petição dirigida ao presidente do órgão que proferiu a decisão e conterá os nomes e a qualificação das partes, os fundamentos de fato e de direito e o pedido de nova decisão.

Recebido o recurso, deverá ser intimado o recorrido para apresentar suas contrarrazões. Findo esse prazo, com ou sem resposta, os autos serão remetidos ao respectivo tribunal, independentemente de juízo de admissibilidade.

# CÓDIGO DE PROCESSO CIVIL COMENTADO • LEI 13.105, DE 16 DE MARÇO DE 2015 — ART. 1.029

## SEÇÃO II
## DO RECURSO EXTRAORDINÁRIO E DO RECURSO ESPECIAL
### SUBSEÇÃO I
### DISPOSIÇÕES GERAIS

**Art. 1.029.** O recurso extraordinário e o recurso especial, nos casos previstos na Constituição Federal , serão interpostos perante o presidente ou o vice-presidente do tribunal recorrido, em petições distintas que conterão:

I – a exposição do fato e do direito;

II – a demonstração do cabimento do recurso interposto;

III – as razões do pedido de reforma ou de invalidação da decisão recorrida.

§ 1º Quando o recurso fundar-se em dissídio jurisprudencial, o recorrente fará a prova da divergência com a certidão, cópia ou citação do repositório de jurisprudência, oficial ou credenciado, inclusive em mídia eletrônica, em que houver sido publicado o acórdão divergente, ou ainda com a reprodução de julgado disponível na rede mundial de computadores, com indicação da respectiva fonte, devendo-se, em qualquer caso, mencionar as circunstâncias que identifiquem ou assemelhem os casos confrontados.

§ 2º (Revogado pela Lei 13.256/16).

§ 3º O Supremo Tribunal Federal ou o Superior Tribunal de Justiça poderá desconsiderar vício formal de recurso tempestivo ou determinar sua correção, desde que não o repute grave.

§ 4º Quando, por ocasião do processamento do incidente de resolução de demandas repetitivas, o presidente do Supremo Tribunal Federal ou do Superior Tribunal de Justiça receber requerimento de suspensão de processos em que se discuta questão federal constitucional ou infraconstitucional, poderá, considerando razões de segurança jurídica ou de excepcional interesse social, estender a suspensão a todo o território nacional, até ulterior decisão do recurso extraordinário ou do recurso especial a ser interposto.

§ 5º O pedido de concessão de efeito suspensivo a recurso extraordinário ou a recurso especial poderá ser formulado por requerimento dirigido:

I – ao tribunal superior respectivo, no período compreendido entre a publicação da decisão de admissão do recurso e sua distribuição, ficando o relator designado para seu exame prevento para julgá-lo; (Redação dada pela Lei nº 13.256, de 2016)

II – ao relator, se já distribuído o recurso;

III – ao presidente ou ao vice-presidente do tribunal recorrido, no período compreendido entre a interposição do recurso e a publicação da decisão de admissão do recurso, assim como no caso de o recurso ter sido sobrestado, nos termos do art. 1.037. (Redação dada pela Lei nº 13.256, de 2016)

663

## COMENTÁRIOS

O art. 1.029 do CPC trata conjuntamente do recurso extraordinário e do recurso especial, estabelecendo que nos casos permitidos na Constituição Federal, serão interpostos perante o presidente ou o vice-presidente do tribunal recorrido, em petições distintas que conterão: a exposição do fato e do direito; a demonstração do cabimento do recurso interposto; e, as razões do pedido de reforma ou de invalidação da decisão recorrida.

Conforme dispõe o art. 102, III, da Constituição Federal, é competente o Supremo Tribunal Federal, para julgar, em recurso extraordinário, as causas decididas em única ou última instância, quando a decisão recorrida: contrariar dispositivo da Constituição; declarar a inconstitucionalidade de tratado ou lei federal; ou, julgar válida lei ou ato de governo local contestado em face da Constituição.

Já o recurso especial, cuja competência para julgamento é do Superior Tribunal de Justiça, será cabível nas situações previstas no art. 105, III, que envolve as causas decididas, em única ou última instância, pelos Tribunais Regionais Federais ou pelos tribunais dos Estados, do Distrito Federal e Territórios, quando a decisão recorrida: Contrariar tratado ou lei federal, ou negar-lhes vigência; julgar válida lei ou ato do governo local contestado em face de lei federal; ou ainda, der a lei federal interpretação divergente da que lhe haja atribuído outro tribunal.

Com relação ao recurso especial cabe alertar que a promulgação da Emenda Constitucional 125, em 14 de julho de 2022, acrescentou dois parágrafos ao art. 105 da Constituição para constar que o recurso especial passa a contar com mais uma exigência de admissibilidade, por assim dizer, na exata medida em que o recorrente deverá demonstrar a relevância das questões de direito federal infraconstitucional, discutidas no caso concreto. Quer dizer, não demonstrada a relevância da questão sub judice, o recurso especial não será conhecido.

Alerta o § 1º que se recurso (especial ou extraordinário) fundar-se em dissídio jurisprudencial, o recorrente deverá fazer a prova da divergência com a certidão, cópia ou citação do repositório de jurisprudência, oficial ou credenciado, inclusive em mídia eletrônica, em que houver sido publicado o acórdão divergente, ou ainda com a reprodução de julgado disponível na rede mundial de computadores, com indicação da respectiva fonte, devendo-se, em qualquer caso, mencionar as circunstâncias que identifiquem ou assemelhem os casos confrontados. Não basta simplesmente juntar acórdãos paradigmas, necessário se faz indicar com clareza quais são os pontos que identificam.

Importante a previsão inovadora do § 3º ao permitir o aproveitamento dos atos processuais estabelecendo que os tribunais poderão desconsiderar vício formal de recurso tempestivo ou determinar sua correção, desde que não o repute grave.

A previsão contida no § 4º harmoniza-se com o previsto no art. 982, § 3º que permite aos legitimados requererem, conforme for o caso, ao STF ou ao STJ para estender a suspensão obtida no estado, a todo o território nacional. Nesse caso, a decisão compete ao presidente do Supremo Tribunal Federal ou do Superior Tribunal de Justiça que, após receber o requerimento de suspensão de processos em que se discuta questão federal constitucional ou infraconstitucional, poderá, considerando razões de segurança jurídica ou de excepcional interesse social, estender a suspensão a todo o território nacional, até ulterior decisão do recurso extraordinário ou do recurso especial a ser interposto.

Por fim, o § 5º trata da competência para a concessão do pedido de efeito suspensivo ao recurso extraordinário ou ao recurso especial.

**Art. 1.030.** Recebida a petição do recurso pela secretaria do tribunal, o recorrido será intimado para apresentar contrarrazões no prazo de 15 (quinze) dias, findo o qual os autos serão conclusos ao presidente ou ao vice-presidente do tribunal recorrido, que deverá: (Redação dada pela Lei nº 13.256, de 2016)

I – negar seguimento: (Incluído pela Lei nº 13.256, de 2016)

*a)* a recurso extraordinário que discuta questão constitucional à qual o Supremo Tribunal Federal não tenha reconhecido a existência de repercussão geral ou a recurso extraordinário interposto contra acórdão que esteja em conformidade com entendimento do Supremo Tribunal Federal exarado no regime de repercussão geral; (Incluída pela Lei nº 13.256, de 2016)

*b)* a recurso extraordinário ou a recurso especial interposto contra acórdão que esteja em conformidade com entendimento do Supremo Tribunal Federal ou do Superior Tribunal de Justiça, respectivamente, exarado no regime de julgamento de recursos repetitivos. (Incluída pela Lei nº 13.256, de 2016)

II – encaminhar o processo ao órgão julgador para realização do juízo de retratação, se o acórdão recorrido divergir do entendimento do Supremo Tribunal Federal ou do Superior Tribunal de Justiça exarado, conforme o caso, nos regimes de repercussão geral ou de recursos repetitivos; (Incluído pela Lei nº 13.256, de 2016)

III – sobrestar o recurso que versar sobre controvérsia de caráter repetitivo ainda não decidida pelo Supremo Tribunal Federal ou pelo Superior Tribunal de Justiça, conforme se trate de matéria constitucional ou infraconstitucional; (Incluído pela Lei nº 13.256, de 2016)

IV – selecionar o recurso como representativo de controvérsia constitucional ou infraconstitucional, nos termos do § 6º do art. 1.036; (Incluído pela Lei nº 13.256, de 2016)

V – realizar o juízo de admissibilidade e, se positivo, remeter o feito ao Supremo Tribunal Federal ou ao Superior Tribunal de Justiça, desde que: (Incluído pela Lei nº 13.256, de 2016)

*a)* o recurso ainda não tenha sido submetido ao regime de repercussão geral ou de julgamento de recursos repetitivos; (Incluída pela Lei nº 13.256, de 2016) *b)* o recurso tenha sido selecionado como representativo da controvérsia; ou (Incluída pela Lei nº 13.256, de 2016)

*c)* o tribunal recorrido tenha refutado o juízo de retratação. (Incluída pela Lei nº 13.256, de 2016)

§ 1º Da decisão de inadmissibilidade proferida com fundamento no inciso V caberá agravo ao tribunal superior, nos termos do art. 1.042. (Incluído pela Lei nº 13.256, de 2016)

§ 2º Da decisão proferida com fundamento nos incisos I e III caberá agravo interno, nos termos do art. 1.021. (Incluído pela Lei nº 13.256, de 2016)

## COMENTÁRIOS

A redação original deste artigo previa a dispensa do juízo de admissibilidade no tribunal *a quo*. Quer dizer, apresentado o recurso especial ou recurso extraordinário, o juízo de admissibilidade seria feito pelo relator no tribunal superior respectivo, isto é, no STJ ou STF conforme o caso.

Este foi um dos motivos de uma grande cruzada encetada pelo Ministro Gilmar Mendes ao argumento de que se a redação original prevalecesse iria inviabilizar a atuação dos tribunais superiores. O lobby do ilustre ministro surtiu efeito e o Congresso Nacional alterou a redação recriando o juízo de admissibilidade nos tribunais de origem, através da Lei 13.256/16.

Pelas novas regras, depois de recebido o recurso pela secretaria e após a manifestação do recorrido, os autos serão conclusos ao presidente ou vice presidente do tribunal recorrido que poderá negar seguimento ao recurso nos casos que estão elencados no inciso I; ou, encaminhará o processo ao órgão julgador para realização do juízo de retratação, se o acórdão recorrido divergir do entendimento do Supremo Tribunal Federal ou do Superior Tribunal de Justiça exarado, conforme o caso, nos regimes de repercussão geral ou de recursos repetitivos, como prevê o inciso II; ou ainda, sobrestar o recurso que versar sobre controvérsia de caráter repetitivo ainda não decidida pelo Supremo Tribunal Federal ou pelo Superior Tribunal de Justiça, conforme se trate de matéria constitucional ou infraconstitucional, nos termos do inciso III.

Ainda dentre as alterações promovidas, permite inciso IV que o recurso possa ser selecionado como representativo de controvérsia constitucional ou infraconstitucional, nos casos de recurso extraordinário ou especial repetitivos, nos moldes como previsto no § 6º do art. 1.036.

Ademais, permite a nova regra que seja realizado o juízo de admissibilidade e, se positivo, remeter o feito ao Supremo Tribunal Federal ou ao Superior Tribunal de Justiça. No caso de negativa de seguimento, caberá à parte agravo nos termos do art. 1.042.

Atenção: nos demais casos de inadmissão, caberá apenas agravo interno, nos termos do art. 1.021.

CÓDIGO DE PROCESSO CIVIL COMENTADO • LEI 13.105, DE 16 DE MARÇO DE 2015 ART. 1.032

**Art. 1.031.** Na hipótese de interposição conjunta de recurso extraordinário e recurso especial, os autos serão remetidos ao Superior Tribunal de Justiça.

§ 1º Concluído o julgamento do recurso especial, os autos serão remetidos ao Supremo Tribunal Federal para apreciação do recurso extraordinário, se este não estiver prejudicado.

§ 2º Se o relator do recurso especial considerar prejudicial o recurso extraordinário, em decisão irrecorrível, sobrestará o julgamento e remeterá os autos ao Supremo Tribunal Federal.

§ 3º Na hipótese do § 2º, se o relator do recurso extraordinário, em decisão irrecorrível, rejeitar a prejudicialidade, devolverá os autos ao Superior Tribunal de Justiça para o julgamento do recurso especial.

### COMENTÁRIOS

Na eventualidade de interposição simultânea de recurso extraordinário e recurso especial, estabelece o art. 1.031 que os autos serão remetidos ao Superior Tribunal de Justiça que, depois de concluído o julgamento do recurso especial, remeterá os autos ao Supremo Tribunal Federal para apreciação do recurso extraordinário, se este não estiver prejudicado.

Se o relator do recurso especial entender que primeiro deve ser julgado o recurso extraordinário, sobrestará o julgamento no Superior Tribunal de Justiça e remeterá os autos ao Supremo Tribunal Federal, em decisão da qual não cabe recurso. Nesse caso, o Supremo Tribunal Federal decide, de duas uma, ou julga o recurso ou devolve os autos ao Superior Tribunal de Justiça para o julgamento do recurso especial.

**Art. 1.032.** Se o relator, no Superior Tribunal de Justiça, entender que o recurso especial versa sobre questão constitucional, deverá conceder prazo de 15 (quinze) dias para que o recorrente demonstre a existência de repercussão geral e se manifeste sobre a questão constitucional.

**Parágrafo único.** Cumprida a diligência de que trata o *caput*, o relator remeterá o recurso ao Supremo Tribunal Federal, que, em juízo de admissibilidade, poderá devolvê-lo ao Superior Tribunal de Justiça.

### COMENTÁRIOS

O art. 1.032 é novidade e não se confunde com o tratado no artigo anterior, pois nesse caso o recurso é apenas o especial que pode, eventualmente está fundado em matéria constitucional, no entendimento do relator ao qual o recurso foi distribuído no Superior Tribunal de Justiça.

Nesse caso, o relator deverá conceder prazo de 15 (quinze) dias para que o recorrente demonstre a existência de repercussão geral e se manifeste sobre a questão constitucional.

Depois de o recorrente emendar o recurso, adaptando-o à questão constitucional, o relator remeterá o recurso ao Supremo Tribunal Federal, que fará o juízo de admissibilidade e poderá aceitar a provocação e proceder ao julgamento ou devolvê-lo ao Superior Tribunal de Justiça.

**Art. 1.033.** Se o Supremo Tribunal Federal considerar como reflexa a ofensa à Constituição afirmada no recurso extraordinário, por pressupor a revisão da interpretação de lei federal ou de tratado, remetê-lo-á ao Superior Tribunal de Justiça para julgamento como recurso especial.

## COMENTÁRIOS

Esse artigo prevê a hipótese de o Supremo Tribunal Federal considerar como reflexa a ofensa à Constituição afirmada no recurso extraordinário, por pressupor a revisão da interpretação de lei federal ou de tratado e, em sendo assim, remetê-lo-á ao Superior Tribunal de Justiça para julgamento como recurso especial.

Aqui o legislador trata da hipótese de interposição de recurso extraordinário por suposta ofensa à Constituição, permitindo ao relator no Supremo Tribunal Federal, em juízo de admissibilidade, apreciar se não seria o caso de recurso especial por ofensa reflexa. Se assim entender, remeterá os autos para o Superior Tribunal de Justiça que irá julgar como se fosse recurso especial.

**Art. 1.034.** Admitido o recurso extraordinário ou o recurso especial, o Supremo Tribunal Federal ou o Superior Tribunal de Justiça julgará o processo, aplicando o direito.

**Parágrafo único.** Admitido o recurso extraordinário ou o recurso especial por um fundamento, devolve-se ao tribunal superior o conhecimento dos demais fundamentos para a solução do capítulo impugnado.

## COMENTÁRIOS

O art. 1.034 absorve em seu conteúdo orientação jurisprudencial predominante no Supremo Tribunal Federal acerca do efeito devolutivo dos recursos, estabelecendo que admitido o recurso extraordinário ou o recurso especial, qualquer dos tribunais julgará o processo, aplicando o direito (súmula STF 456).[105]

No parágrafo único o legislador fez prevê que admitido o recurso extraordinário ou o recurso especial por um fundamento, devolve-se ao tribunal superior o conhe-

---

105. STF – Súmula 456: "O Supremo Tribunal Federal, conhecendo do recurso extraordinário, julgará a causa, aplicando o direito à espécie".

# CÓDIGO DE PROCESSO CIVIL COMENTADO • LEI 13.105, DE 16 DE MARÇO DE 2015 — ART. 1.035

cimento dos demais fundamentos para a solução do capítulo impugnado (súmula STF 292).[106]

**Art. 1.035.** O Supremo Tribunal Federal, em decisão irrecorrível, não conhecerá do recurso extraordinário quando a questão constitucional nele versada não tiver repercussão geral, nos termos deste artigo.

§ 1º Para efeito de repercussão geral, será considerada a existência ou não de questões relevantes do ponto de vista econômico, político, social ou jurídico que ultrapassem os interesses subjetivos do processo.

§ 2º O recorrente deverá demonstrar a existência de repercussão geral para apreciação exclusiva pelo Supremo Tribunal Federal.

§ 3º Haverá repercussão geral sempre que o recurso impugnar acórdão que:

I – contrarie súmula ou jurisprudência dominante do Supremo Tribunal Federal;

II – tenha sido proferido em julgamento de casos repetitivos;

II – (Revogado pela Lei 13.256/2016);

III – tenha reconhecido a inconstitucionalidade de tratado ou de lei federal, nos termos do art. 97 da Constituição Federal.

§ 4º O relator poderá admitir, na análise da repercussão geral, a manifestação de terceiros, subscrita por procurador habilitado, nos termos do Regimento Interno do Supremo Tribunal Federal.

§ 5º Reconhecida a repercussão geral, o relator no Supremo Tribunal Federal determinará a suspensão do processamento de todos os processos pendentes, individuais ou coletivos, que versem sobre a questão e tramitem no território nacional.

§ 6º O interessado pode requerer, ao presidente ou ao vice-presidente do tribunal de origem, que exclua da decisão de sobrestamento e inadmita o recurso extraordinário que tenha sido interposto intempestivamente, tendo o recorrente o prazo de 5 (cinco) dias para manifestar-se sobre esse requerimento.

§ 7º Da decisão que indeferir o requerimento referido no § 6º ou que aplicar entendimento firmado em regime de repercussão geral ou em julgamento de recursos repetitivos caberá agravo interno. (Redação dada pela Lei nº 13.256, de 2016)

§ 8º Negada a repercussão geral, o presidente ou o vice-presidente do tribunal de origem negará seguimento aos recursos extraordinários sobrestados na origem que versem sobre matéria idêntica.

---

106. STF – Súmula 292: "Interposto o recurso extraordinário por mais de um dos fundamentos indicados no art. 101, III, da constituição, a admissão apenas por um deles não prejudica o seu conhecimento por qualquer dos outros".

§ 9º O recurso que tiver a repercussão geral reconhecida deverá ser julgado no prazo de 1 (um) ano e terá preferência sobre os demais feitos, ressalvados os que envolvam réu preso e os pedidos de *habeas corpus*.

§ 10. Não ocorrendo o julgamento no prazo de 1 (um) ano a contar do reconhecimento da repercussão geral, cessa, em todo o território nacional, a suspensão dos processos, que retomarão seu curso normal.

§ 10. (Revogado pela Lei 13.256/2016).

§ 11. A súmula da decisão sobre a repercussão geral constará de ata, que será publicada no diário oficial e valerá como acórdão.

## COMENTÁRIOS

O art. 1.035 do CPC regula a admissibilidade do recurso extraordinário no Supremo Tribunal Federal, estabelecendo que o relator, em decisão irrecorrível, não conhecerá do recurso quando a questão constitucional nele versada não tiver repercussão geral. Dessa forma, é ônus do recorrente demonstrar de maneira convincente a existência de repercussão geral, sob pena de ver o seu recurso não ser admitido.

Apenas a título de curiosidade o instituto da repercussão geral foi criado pela Emenda Constitucional 45 de 2004, com o objetivo de delimitar a competência do STF.

Veja-se que o próprio artigo, em seu § 1º estabelece que para efeito de repercussão geral, será considerada a existência ou não de questões relevantes do ponto de vista econômico, político, social ou jurídico que ultrapassem os interesses subjetivos do processo. A questão de repercussão geral deve ser visto como uma espécie de filtro recursal com o claro objetivo de reduzir o número de processos encaminhados à Suprema Corte brasileira.

O § 3º estabelece algumas presunções de repercussão geral quando, por exemplo, o recurso impugnar decisão que tenha contrariado súmula dominante do STF, incluindo a afronta a decisão que tenha sido proferido em julgamento de casos repetitivos, bem como na decisão que tenha reconhecido a inconstitucionalidade de tratado ou de lei federal, nos termos do art. 97 da Constituição Federal.

O § 4º mantém o permissivo para atuação do *amicus curiae*, a critério do relator, que atuará segundo as regras constantes do Regimento Interno do Supremo Tribunal Federal.

Reconhecida a repercussão geral, o relator determinará a suspensão do processamento de todos os processos pendentes, individuais ou coletivos, que versem sobre a questão e esteja tramitando em todo o território nacional. O interessado pode requerer, ao presidente ou ao vice-presidente do tribunal de origem, que exclua da decisão de sobrestamento e inadmita o recurso extraordinário que tenha sido interposto intempestivamente, tendo o recorrente o prazo de 5 (cinco) dias para manifestar-se sobre esse requerimento.

Se for indeferido o pedido, cabe agravo, nos termos do art. 1.042, I.

CÓDIGO DE PROCESSO CIVIL COMENTADO • LEI 13.105, DE 16 DE MARÇO DE 2015   **ART. 1.036**

Importante destacar que o legislador fixou o prazo de 1 (um) ano para que o recurso que versasse sobre matéria com repercussão geral reconhecida seja julgado; e, também que o mesmo terá preferência sobre os demais feitos, ressalvados os que envolvesse réu preso e os pedidos de *habeas corpus*.

A decisão quanto ao reconhecimento ou não da repercussão geral e tomada por meio de deliberação do plenário virtual do STF.

## SUBSEÇÃO II
## DO JULGAMENTO DOS RECURSOS EXTRAORDINÁRIOS E ESPECIAL REPETITIVOS

**Art. 1.036.** Sempre que houver multiplicidade de recursos extraordinários ou especiais com fundamento em idêntica questão de direito, haverá afetação para julgamento de acordo com as disposições desta Subseção, observado o disposto no Regimento Interno do Supremo Tribunal Federal e no do Superior Tribunal de Justiça.

§ 1º O presidente ou o vice-presidente de tribunal de justiça ou de tribunal regional federal selecionará 2 (dois) ou mais recursos representativos da controvérsia, que serão encaminhados ao Supremo Tribunal Federal ou ao Superior Tribunal de Justiça para fins de afetação, determinando a suspensão do trâmite de todos os processos pendentes, individuais ou coletivos, que tramitem no Estado ou na região, conforme o caso.

§ 2º O interessado pode requerer, ao presidente ou ao vice-presidente, que exclua da decisão de sobrestamento e inadmita o recurso especial ou o recurso extraordinário que tenha sido interposto intempestivamente, tendo o recorrente o prazo de 5 (cinco) dias para manifestar-se sobre esse requerimento.

§ 3º Da decisão que indeferir o requerimento referido no § 2º caberá apenas agravo interno. (Redação dada pela Lei nº 13.256, de 2016)

§ 4º A escolha feita pelo presidente ou vice-presidente do tribunal de justiça ou do tribunal regional federal não vinculará o relator no tribunal superior, que poderá selecionar outros recursos representativos da controvérsia.

§ 5º O relator em tribunal superior também poderá selecionar 2 (dois) ou mais recursos representativos da controvérsia para julgamento da questão de direito independentemente da iniciativa do presidente ou do vice-presidente do tribunal de origem.

§ 6º Somente podem ser selecionados recursos admissíveis que contenham abrangente argumentação e discussão a respeito da questão a ser decidida.

## COMENTÁRIOS

O art. 1.036 cuida do cabimento dos recursos extraordinário e especial repetitivos, que será cabível sempre que houver multiplicidade de recursos extraordinários ou

671

especiais com fundamento em idêntica questão de direito. Nesse caso, haverá afetação para julgamento de acordo com as disposições desta Subseção, observado o disposto no Regimento Interno do Supremo Tribunal Federal e no do Superior Tribunal de Justiça.

O disciplinamento no CPC é ampliado e melhorado se compararmos com o que constava no antigo CPC. Aliás, as diferenças começam pelo fato de o novo CPC estender o regramento dos recursos repetitivos para os recursos extraordinários.

Essa inovação é importante porque cria, por assim dizer, o recurso extraordinário repetitivo.

**Art. 1.037.** Selecionados os recursos, o relator, no tribunal superior, constatando a presença do pressuposto do *caput* do art. 1.036, proferirá decisão de afetação, na qual:

I – identificará com precisão a questão a ser submetida a julgamento;

II – determinará a suspensão do processamento de todos os processos pendentes, individuais ou coletivos, que versem sobre a questão e tramitem no território nacional;

III – poderá requisitar aos presidentes ou aos vice-presidentes dos tribunais de justiça ou dos tribunais regionais federais a remessa de um recurso representativo da controvérsia.

§ 1º Se, após receber os recursos selecionados pelo presidente ou pelo vice-presidente de tribunal de justiça ou de tribunal regional federal, não se proceder à afetação, o relator, no tribunal superior, comunicará o fato ao presidente ou ao vice-presidente que os houver enviado, para que seja revogada a decisão de suspensão referida no art. 1.036, § 1º.

§ 2º (Revogado pela Lei 13.256/2016)

§ 3º Havendo mais de uma afetação, será prevento o relator que primeiro tiver proferido a decisão a que se refere o inciso I do *caput*.

§ 4º Os recursos afetados deverão ser julgados no prazo de 1 (um) ano e terão preferência sobre os demais feitos, ressalvados os que envolvam réu preso e os pedidos de *habeas corpus*.

§ 5º (Revogado pela Lei 13.256/2016)

§ 6º Ocorrendo a hipótese do § 5º, é permitido a outro relator do respectivo tribunal superior afetar 2 (dois) ou mais recursos representativos da controvérsia na forma do art. 1.036.

§ 7º Quando os recursos requisitados na forma do inciso III do *caput* contiverem outras questões além daquela que é objeto da afetação, caberá ao tribunal decidir esta em primeiro lugar e depois as demais, em acórdão específico para cada processo.

§ 8º As partes deverão ser intimadas da decisão de suspensão de seu processo, a ser proferida pelo respectivo juiz ou relator quando informado da decisão a que se refere o inciso II do *caput*.

CÓDIGO DE PROCESSO CIVIL COMENTADO • LEI 13.105, DE 16 DE MARÇO DE 2015  **ART. 1.037**

§ 9º Demonstrando distinção entre a questão a ser decidida no processo e aquela a ser julgada no recurso especial ou extraordinário afetado, a parte poderá requerer o prosseguimento do seu processo.

§ 10. O requerimento a que se refere o § 9º será dirigido:

I – ao juiz, se o processo sobrestado estiver em primeiro grau;

II – ao relator, se o processo sobrestado estiver no tribunal de origem;

III – ao relator do acórdão recorrido, se for sobrestado recurso especial ou recurso extraordinário no tribunal de origem;

IV – ao relator, no tribunal superior, de recurso especial ou de recurso extraordinário cujo processamento houver sido sobrestado.

§ 11. A outra parte deverá ser ouvida sobre o requerimento a que se refere o § 9º, no prazo de 5 (cinco) dias.

§ 12. Reconhecida a distinção no caso:

I – dos incisos I, II e IV do § 10, o próprio juiz ou relator dará prosseguimento ao processo;

II – do inciso III do § 10, o relator comunicará a decisão ao presidente ou ao vice-presidente que houver determinado o sobrestamento, para que o recurso especial ou o recurso extraordinário seja encaminhado ao respectivo tribunal superior, na forma do art. 1.030, parágrafo único.

§ 13. Da decisão que resolver o requerimento a que se refere o § 9º caberá:

I – agravo de instrumento, se o processo estiver em primeiro grau;

II – agravo interno, se a decisão for de relator.

## COMENTÁRIOS

Disciplinando o processamento dos recursos extraordinário e especial repetitivos, o art. 1.037 especifica que depois de selecionados os recursos, o relator, no tribunal superior, constatando que preenchem todos os requisitos legais, proferirá decisão de afetação, na qual, dentre outras medidas, identificará com precisão a questão a ser submetida a julgamento; determinará a suspensão do processamento de todos os processos pendentes, individuais ou coletivos, que versem sobre a questão e tramitem no território nacional e poderá requisitar aos presidentes ou aos vice-presidentes dos tribunais de justiça ou dos tribunais regionais federais a remessa de um recurso representativo da controvérsia.

Na eventualidade de haver mais de uma afetação, aquele que primeiro tiver proferido a decisão de afetação, será o prevento para o conhecimento das demais decisões de afetação.

É interessante destacar que as partes deverão ser intimadas da decisão de suspensão de seu processo, a ser proferida pelo respectivo juiz ou relator. Nesta oportunidade abre-se a oportunidade para que a parte possa peticionar procurando demonstrar a distinção existente entre a questão a ser decidida no seu processo e aquela que a será

673

julgada no recurso especial ou extraordinário afetado, requerendo ao final o prosseguimento regular do seu processo. Esse requerimento deverá ser dirigido, conforme o caso, ao juiz da causa, se o processo sobrestado estiver em primeiro grau; ao relator no tribunal de origem, se o processo sobrestado estiver em segundo grau; ou, ao relator do acórdão recorrido, se for sobrestado recurso especial ou recurso extraordinário no tribunal de origem; ou ainda, ao relator, no tribunal superior, de recurso especial ou de recurso extraordinário cujo processamento houver sido sobrestado.

Como garantia do contraditório, a outra parte deverá ser intimada a falar nos autos sobre o requerimento acima, no prazo de 5 (cinco) dias, seguindo depois para julgamento.

Da decisão proferida neste incidente cabe recurso de agravo de instrumento, se o processo estiver em primeiro grau; ou, agravo interno, se a decisão foi de relator de qualquer tribunal.

### Art. 1.038. O relator poderá:

I – solicitar ou admitir manifestação de pessoas, órgãos ou entidades com interesse na controvérsia, considerando a relevância da matéria e consoante dispuser o regimento interno;

II – fixar data para, em audiência pública, ouvir depoimentos de pessoas com experiência e conhecimento na matéria, com a finalidade de instruir o procedimento;

III – requisitar informações aos tribunais inferiores a respeito da controvérsia e, cumprida a diligência, intimará o Ministério Público para manifestar-se.

§ 1º No caso do inciso III, os prazos respectivos são de 15 (quinze) dias, e os atos serão praticados, sempre que possível, por meio eletrônico.

§ 2º Transcorrido o prazo para o Ministério Público e remetida cópia do relatório aos demais ministros, haverá inclusão em pauta, devendo ocorrer o julgamento com preferência sobre os demais feitos, ressalvados os que envolvam réu preso e os pedidos de *habeas corpus*.

§ 3º O conteúdo do acórdão abrangerá a análise dos fundamentos relevantes da tese jurídica discutida. (Redação dada pela Lei nº 13.256, de 2016)

### COMENTÁRIOS

Com o objetivo de ampliar o debate sobre as questões suscitadas no recurso repetitivo, prevê o art. 1.038 do Novo CPC que o relator poderá: solicitar ou admitir manifestação de pessoas, órgãos ou entidades com interesse na controvérsia, considerando a relevância da matéria e consoante dispuser o regimento interno; fixar data para, em audiência pública, ouvir depoimentos de pessoas com experiência e conhecimento na matéria, com a finalidade de instruir o procedimento; e ainda, requisitar informações

# CÓDIGO DE PROCESSO CIVIL COMENTADO • LEI 13.105, DE 16 DE MARÇO DE 2015 — ART. 1.040

aos tribunais inferiores a respeito da controvérsia, intimando depois o Ministério Público para manifestar-se.

Depois de cumpridas todas as diligências e transcorrido o prazo para o Ministério Público, será remetida pelo relator cópia do relatório aos demais ministros, pedindo a inclusão em pauta para julgamento, que terá preferência sobre os demais feitos, ressalvados os que envolvam réu preso e os pedidos de *habeas corpus*.

Na linha de reforçar a teoria dos precedentes o § 3º impõe ao relator a obrigatoriedade de manifestação no acórdão sobre os fundamentos relevantes da tese jurídica discutida.

> **Art. 1.039.** Decididos os recursos afetados, os órgãos colegiados declararão prejudicados os demais recursos versando sobre idêntica controvérsia ou os decidirão aplicando a tese firmada.
>
> **Parágrafo único.** Negada a existência de repercussão geral no recurso extraordinário afetado, serão considerados automaticamente inadmitidos os recursos extraordinários cujo processamento tenha sido sobrestado.

## COMENTÁRIOS

O art. 1.039 explicita que decididos os recursos afetados, os órgãos colegiados declararão prejudicados os demais recursos versando sobre idêntica controvérsia ou os decidirão aplicando a tese firmada.

Se for negada a existência de repercussão geral no recurso extraordinário afetado, consequentemente serão considerados automaticamente inadmitidos os recursos extraordinários cujo processamento tenha sido sobrestado.

> **Art. 1.040.** Publicado o acórdão paradigma:
>
> I – o presidente ou o vice-presidente do tribunal de origem negará seguimento aos recursos especiais ou extraordinários sobrestados na origem, se o acórdão recorrido coincidir com a orientação do tribunal superior;
>
> II – o órgão que proferiu o acórdão recorrido, na origem, reexaminará o processo de competência originária, a remessa necessária ou o recurso anteriormente julgado, se o acórdão recorrido contrariar a orientação do tribunal superior;
>
> III – os processos suspensos em primeiro e segundo graus de jurisdição retomarão o curso para julgamento e aplicação da tese firmada pelo tribunal superior;
>
> IV – se os recursos versarem sobre questão relativa a prestação de serviço público objeto de concessão, permissão ou autorização, o resultado do julgamento será comunicado ao órgão, ao ente ou à agência reguladora com-

petente para fiscalização da efetiva aplicação, por parte dos entes sujeitos a regulação, da tese adotada.

§ 1º A parte poderá desistir da ação em curso no primeiro grau de jurisdição, antes de proferida a sentença, se a questão nela discutida for idêntica à resolvida pelo recurso representativo da controvérsia.

§ 2º Se a desistência ocorrer antes de oferecida contestação, a parte ficará isenta do pagamento de custas e de honorários de sucumbência.

§ 3º A desistência apresentada nos termos do § 1º independe de consentimento do réu, ainda que apresentada contestação.

## COMENTÁRIOS

O art. 1.040 fixa a orientação a ser seguido depois de publicado o acórdão paradigma, resultante do julgamento do recurso repetitivo, estabelecendo algumas premissas.

Delega ao presidente ou o vice-presidente do tribunal de origem o poder de negar seguimento aos recursos especiais ou extraordinários sobrestados na origem, se o acórdão recorrido coincidir com a orientação do tribunal superior. O órgão que proferiu o acórdão recorrido, na origem, reexaminará o processo de competência originária, a remessa necessária ou o recurso anteriormente julgado, se o acórdão recorrido contrariar a orientação do tribunal superior.

Já os processos que ficaram suspensos em primeiro e segundo graus de jurisdição retomarão o curso para julgamento e aplicação da tese firmada pelo tribunal superior.

Ademais, se os recursos versarem sobre questão relativa à prestação de serviço público objeto de concessão, permissão ou autorização, o resultado do julgamento será comunicado ao órgão, ao ente ou à agência reguladora competente para fiscalização da efetiva aplicação, por parte dos entes sujeitos a regulação, da tese adotada.

É interessante destacar a previsão contida no § 1º que oportuniza a parte a possibilidade de desistir da ação em curso no primeiro grau de jurisdição, antes de proferida a sentença, se a questão nela discutida for idêntica à resolvida pelo recurso representativo da controvérsia. Nesse caso, a desistência independe de consentimento do réu e a parte ficará isenta do pagamento de custas e de honorários de sucumbência.

**Art. 1.041.** Mantido o acórdão divergente pelo tribunal de origem, o recurso especial ou extraordinário será remetido ao respectivo tribunal superior, na forma do art. 1.036, § 1º.

§ 1º Realizado o juízo de retratação, com alteração do acórdão divergente, o tribunal de origem, se for o caso, decidirá as demais questões ainda não decididas cujo enfrentamento se tornou necessário em decorrência da alteração.

§ 2º Quando ocorrer a hipótese do inciso II do *caput* do art. 1.040 e o recurso versar sobre outras questões, caberá ao presidente ou ao vice-presidente do

# CÓDIGO DE PROCESSO CIVIL COMENTADO • LEI 13.105, DE 16 DE MARÇO DE 2015 — ART. 1.042

tribunal recorrido, depois do reexame pelo órgão de origem e independentemente de ratificação do recurso, sendo positivo o juízo de admissibilidade, determinar a remessa do recurso ao tribunal superior para julgamento das demais questões. (Redação dada pela Lei nº 13.256, de 2016)

## COMENTÁRIOS

Reza o art. 1.041 que mantido o acórdão divergente pelo tribunal de origem, o recurso especial ou extraordinário será remetido ao respectivo tribunal superior, na forma do art. 1.036, § 1º.

Estabelece ainda o § 1º que realizado o juízo de retratação, com alteração do acórdão divergente, o tribunal de origem, se for o caso, decidirá as demais questões ainda não decididas cujo enfrentamento se tornou necessário em decorrência da alteração.

O § 2º complementa o que foi tratado acima, fixando a seguinte diretriz: quando ocorrer a hipótese do inciso II do *caput* do art. 1.040 e o recurso versar sobre outras questões, caberá ao presidente do tribunal, depois do reexame pelo órgão de origem e independentemente de ratificação do recurso, se o juízo de admissibilidade for positivo, determinar a remessa do recurso ao tribunal superior para julgamento das demais questões.

## SEÇÃO III
### DO AGRAVO EM RECURSO ESPECIAL E EM RECURSO EXTRAORDINÁRIO

**Art. 1.042.** Cabe agravo contra decisão do presidente ou do vice-presidente do tribunal recorrido que inadmitir recurso extraordinário ou recurso especial, salvo quando fundada na aplicação de entendimento firmado em regime de repercussão geral ou em julgamento de recursos repetitivos.

I – (Revogado pela Lei 1.256/2016)

II – (Revogado pela Lei 1.256/2016)

III – (Revogado pela Lei 1.256/2016)

§ 1º (Revogado pela Lei 1.256/2016)

I – (Revogado pela Lei 1.256/2016)

II – (Revogado pela Lei 1.256/2016)

a) (Revogada pela Lei 1.256/2016)

b) (Revogada pela Lei 1.256/2016)

§ 2º A petição de agravo será dirigida ao presidente ou ao vice-presidente do tribunal de origem e independe do pagamento de custas e despesas postais, aplicando-se a ela o regime de repercussão geral e de recursos repetitivos, inclusive quanto à possibilidade de sobrestamento e do juízo de retratação. (Redação dada pela Lei nº 13.256, de 2016)

§ 3º O agravado será intimado, de imediato, para oferecer resposta no prazo de 15 (quinze) dias.

677

§ 4º Após o prazo de resposta, não havendo retratação, o agravo será remetido ao tribunal superior competente.

§ 5º O agravo poderá ser julgado, conforme o caso, conjuntamente com o recurso especial ou extraordinário, assegurada, neste caso, sustentação oral, observando-se, ainda, o disposto no regimento interno do tribunal respectivo.

§ 6º Na hipótese de interposição conjunta de recursos extraordinário e especial, o agravante deverá interpor um agravo para cada recurso não admitido.

§ 7º Havendo apenas um agravo, o recurso será remetido ao tribunal competente, e, havendo interposição conjunta, os autos serão remetidos ao Superior Tribunal de Justiça.

§ 8º Concluído o julgamento do agravo pelo Superior Tribunal de Justiça e, se for o caso, do recurso especial, independentemente de pedido, os autos serão remetidos ao Supremo Tribunal Federal para apreciação do agravo a ele dirigido, salvo se estiver prejudicado.

## COMENTÁRIOS

Começa o art. 1.042 por dizer que cabe agravo contra decisão de presidente ou de vice-presidente do tribunal recorrido que indeferir o recurso extraordinário ou especial, salvo quando fundada na aplicação de entendimento firmado em regime de repercussão geral ou em julgamento de recursos repetitivos. Embora o retrocitado artigo não fale em prazo para interposição do agravo, devemos aplicar o prazo geral para os recursos que é de 15 (quinze) dias úteis (ver CPC, art. 1.003, § 5º).

A petição de agravo será dirigida ao presidente ou vice-presidente do tribunal de origem e independe do pagamento de custas e despesas postais. Tão logo recebido o recurso, a secretaria do tribunal providenciará a intimação do agravado para oferecer resposta no prazo de 15 (quinze) dias. Após esse prazo, com ou sem resposta, e não havendo retratação, o agravo será remetido ao tribunal superior competente.

Diz ainda o § 5º que o agravo poderá ser julgado, conforme o caso, conjuntamente com o recurso especial ou extraordinário, assegurada, neste caso, sustentação oral, observando-se, ainda, o disposto no regimento interno do tribunal respectivo.

Na hipótese de interposição conjunta de recursos extraordinário e especial, o agravante deverá interpor um agravo para cada recurso não admitido. Havendo apenas um agravo, o recurso será remetido ao tribunal competente e havendo interposição conjunta, os autos serão remetidos ao Superior Tribunal de Justiça.

Se havia sido interposto recurso extraordinário e recurso especial, depois de concluído o julgamento do agravo pelo Superior Tribunal de Justiça e, se for o caso, do recurso especial, independentemente de pedido, os autos serão remetidos ao Supremo Tribunal Federal para apreciação do agravo a ele dirigido, salvo se estiver prejudicado.

# SEÇÃO IV
## DOS EMBARGOS DE DIVERGÊNCIA[107]

**Art. 1.043.** É embargável o acórdão de órgão fracionário que:

I – em recurso extraordinário ou em recurso especial, divergir do julgamento de qualquer outro órgão do mesmo tribunal, sendo os acórdãos, embargado e paradigma, de mérito;

II – (Revogado pela Lei 13.256/2016)

III – em recurso extraordinário ou em recurso especial, divergir do julgamento de qualquer outro órgão do mesmo tribunal, sendo um acórdão de mérito e outro que não tenha conhecido do recurso, embora tenha apreciado a controvérsia;

IV (Revogado pela Lei 13.256/2016)

§ 1º Poderão ser confrontadas teses jurídicas contidas em julgamentos de recursos e de ações de competência originária.

§ 2º A divergência que autoriza a interposição de embargos de divergência pode verificar-se na aplicação do direito material ou do direito processual.

§ 3º Cabem embargos de divergência quando o acórdão paradigma for da mesma turma que proferiu a decisão embargada, desde que sua composição tenha sofrido alteração em mais da metade de seus membros.

§ 4º O recorrente provará a divergência com certidão, cópia ou citação de repositório oficial ou credenciado de jurisprudência, inclusive em mídia eletrônica, onde foi publicado o acórdão divergente, ou com a reprodução de julgado disponível na rede mundial de computadores, indicando a respectiva fonte, e mencionará as circunstâncias que identificam ou assemelham os casos confrontados.

§ 5º (Revogado pela Lei 13.256/2016)

## COMENTÁRIOS

O recurso de embargos de divergência é cabível apenas no Superior Tribunal de Justiça e no Supremo Tribunal Federal, restringindo-se o seu cabimento aos recursos especial e extraordinário. O objetivo precípuo deste recurso é uniformizar a jurisprudência, suplantando a divergência interna (= intramuros) nos referidos Tribunais Superiores, principalmente em obediência ao papel desenvolvido pelo Superior Tribunal de aplicar o direito federal de modo uniforme para todo o Brasil (CF, art. 105, II, c).

Com o Novo CPC, o legislador ampliou as hipóteses de cabimento dos embargos de divergência, diante da importância da estabilidade das decisões, que impõe

---

107. Nos comentários dessa seção conto com a colaboração da Profa. Estefânia Viveiros.

isonomia e segurança jurídica ao jurisdicionado. No entanto, a Lei 13.256/2016 voltou a restringir o cabimento dos embargos de divergência, ao revogar os incisos II e IV do art. 1.043. O inciso II trazia a possibilidade de interposição dos embargos de divergência nas questões relativas ao juízo de admissibilidade (ex: tempestividade; prequestionamento).

É verdade que o art. 546 do CPC/73 não fazia distinção sobre o cabimento do recurso de embargos de divergência, mas, aos poucos, o STJ decidiu pelo não cabimento do recurso de embargos de divergência quando a matéria versada se referisse ao juízo de admissibilidade do recurso especial (v.g.; prequestionamento e tempestividade). Tal limitação, ao meu sentir, está na contramão do escopo do próprio recurso. E não parou por aí. O mérito do recurso especial – que poderia ser objeto dos embargos de divergência – também sofreu limitações para a sua interposição. É que se o mérito do recurso for matéria processual também não caberia tal recurso. De igual forma, ainda quanto ao mérito, o Superior Tribunal de Justiça editou a súmula 420/STJ, que expressamente veda indistintamente o uso dos embargos de divergência para discutir valor das indenizações por dano moral, *verbis*: "incabível, em embargos de divergência, discutir o valor de indenização por danos morais".

Já quanto ao de mérito, o § 2º do art. 1.043, do novel *codex* assegura que "a divergência que autoriza a interposição de embargos de divergência pode verificar-se na aplicação do direito material ou do direito processual".

A outra inovação, que estava no inciso IV, prevendo o cabimento dos embargos de divergência "*nas causas de competência ordinária, divergir do julgamento de qualquer outro órgão do mesmo tribunal*" foi também revogada pela Lei 13.256/2016. No STJ, era o caso do mandado de segurança impetrado contra ato de Ministro de Estado (CF, art. 105, I, b) e da ação rescisória, cujo cabimento está atrelado a análise do mérito da causa pelo próprio STJ.

O parágrafo primeiro também ampliou as hipóteses de acórdãos paradigmas para confrontar a tese com o acórdão embargado, ao mencionar que julgamento de recursos, sem restringir a espécie de recurso, e incluir os acórdãos de ações de competência originária. A ausência de restrição ao uso do acórdão paradigma amplia as hipóteses de cabimento dos embargos de divergência e a eliminação de divergência no próprio órgão, fortalecendo o recurso como uniformizador da jurisprudência. De se notar que o importante é o conteúdo eventualmente divergente e não a espécie do recurso ou ação que foi julgado pelo próprio Tribunal.

Na mesma linha, tem-se o parágrafo terceiro, que permite o uso do paradigma da mesma turma que proferiu a decisão embargada, mas desde que a composição tenha sofrido alteração em mais da metade de seus membros.

Já o parágrafo quarto exige, como requisito formal do recurso, que o recorrente prove a divergência das teses entre os acórdãos paradigmas e o embargado, demonstrando as circunstâncias que identifiquem ou se assemelhem os casos postos em confronto. Na mesma linha, o Regimento Interno do STJ, no art. 255, parágrafo segundo, prevê que "em qualquer caso, o recorrente deverá transcrever os trechos dos acórdãos que configurem o dissídio, mencionando as circunstâncias que identifiquem ou assemelhem os casos confrontados". Daí a necessidade de se fazer o cotejo analítico para demonstrar a identidade do caso e a distinção do resultado dos julgamentos.

Ainda antes da vigência do novo CPC, a Lei 13.256/2016 alterou alguns dispositivos no CPC e, especificamente, no tocante aos embargos de divergência revogou o parágrafo quinto, que combatia as decisões genéricas proferidas e determinava que o magistrado ao, indeferir o processamento do recurso de embargos de divergência, indicasse, com precisão, quais os motivos que justificaram a não comprovação da divergência. A referida revogação é certamente uma grande perda para o jurisdicionado e até para o Superior Tribunal de Justiça, que tem este recurso com o objetivo único de uniformizar internamente a sua própria jurisprudência. A eliminação interna de eventuais divergências fortalece a jurisprudência, que deve se manter estável, íntegra e coerente, nos termos do art. 926 do CPC. De toda sorte, a imprescindibilidade da fundamentação das decisões está alçada no plano constitucional (art. 93, IX, CF/88) e, com o novo CPC, coaduna-se com a nova sistemática da fundamentação das decisões prevista no art. 489 do CPC. Da decisão que indefere o processamento dos embargos, ou não os conhece, cabe o recurso de agravo interno (CPC, art. 932, II), no prazo de 5 (cinco) dias, que permitirá ao magistrado reconsiderar a decisão ou julgar o recurso no colegiado.

Ainda sobre o assunto, o Superior Tribunal de Justiça apresenta várias súmulas que nutrem a finalidade específica do recurso de embargos de divergência. É o caso da súmula 158/STJ diz que "não se presta a justificar embargos de divergência o dissídio com acórdão de Turma ou Seção que não mais tenha competência na matéria neles versada". A interposição dos embargos de divergência nesse caso seria contraproducente, até porque o órgão fracionário não tem mais competência da matéria objeto do recurso, inclusive tornando os precedentes desatualizados. Também é o caso da súmula 168/STJ, que prevê que "não cabem embargos de divergência, quando a jurisprudência do Tribunal se firmou no mesmo sentido do acórdão embargado". Também aqui se tornaria desnecessária a interposição do recurso, até porque o objetivo do recurso está na contramão da jurisprudência atual do Superior Tribunal de Justiça.

> **Art. 1.044.** No recurso de embargos de divergência, será observado o procedimento estabelecido no regimento interno do respectivo tribunal superior.
>
> § 1º A interposição de embargos de divergência no Superior Tribunal de Justiça interrompe o prazo para interposição de recurso extraordinário por qualquer das partes.
>
> § 2º Se os embargos de divergência forem desprovidos ou não alterarem a conclusão do julgamento anterior, o recurso extraordinário interposto pela outra parte antes da publicação do julgamento dos embargos de divergência será processado e julgado independentemente de ratificação.

## COMENTÁRIOS

O art. 1.044, § 1º, do CPC traz outra inovação aos embargos de divergência: a interrupção do prazo para qualquer das partes para interposição de recurso extraordinário.

Advirta-se que na sistemática anterior, com a publicação do acórdão, que julgou o recurso especial, a parte recorrente deveria interpor simultaneamente o recurso de embargos de divergência (por força da controvérsia da jurisprudência interna sobre o tema) e o recurso extraordinário (da matéria constitucional porventura surgida no julgamento do especial), este sob pena de preclusão. O recurso extraordinário ficará sobrestado até o julgamento dos embargos de divergência para só então seguir o recurso extraordinário para o primeiro juízo de admissibilidade recursal no próprio Superior Tribunal de Justiça.

A alteração legislativa trouxe ganhos para os advogados, que irá elaborar apenas um recurso de cada vez no prazo de 15 (quinze) dias úteis e, na forma do procedimento elimina o comando que determinava a suspensão procedimental do extraordinário até o julgamento final dos embargos de divergência.

O legislador também enfrentou outra questão que atormentava o cotidiano dos advogados, que é a interposição de recurso considerado prematuro (antes da publicação) e a necessidade de ratificação após a publicação da decisão no órgão oficial, sob pena de intempestividade por precocidade. É o que prevê a Súmula 418/STJ, *verbis*: "É inadmissível o recurso especial interposto antes da publicação do acórdão dos embargos de declaração, sem posterior ratificação". Assim, o Novo CPC chega em boa hora para eliminar definitivamente a referida controvérsia que gerou, e ainda tem gerado, prejuízos à defesa do cidadão.

Por fim, o referido artigo remete-se ao regimento interno do STJ e do STF para seguir o procedimento do recurso de embargos de divergência. O embargante tem o prazo de 15 (quinze) dias úteis para interposição do recurso, que será distribuído para novo relator, que analisará o cabimento deste recurso, indeferindo-o ou processando para intimar o embargado para apresentar impugnação no idêntico prazo de 15 dias. Após, o relator poderá novamente proceder a análise dos requisitos de admissibilidade recursal e, preenchidos os requisitos, requerer inclusão em pauta para julgamento, cuja competência do órgão dependerá do paradigma juntado ao recurso, no caso do Superior Tribunal de justiça, que tem seis turmas, três sessões e a Corte Especial. Prevê o art. 266 do RI/STJ que (...) "que serão julgados pela Seção competente, quando as Turmas divergirem entre si ou de decisão da mesma Seção. Se a divergência for entre Turmas de Seções diversas, ou entre Turma e outra Seção ou com a Corte Especial, competirá a esta o julgamento dos embargos".

No Supremo, a competência é obrigatoriamente do Pleno em razão das duas turmas lá existentes. O advogado terá 15 (quinze)minutos para realização de sustentação oral e, na sequência, o órgão proferirá o resultado de julgamento para posterior publicação do acórdão. Dessa decisão, a parte poderá opor embargos de declaração e recurso extraordinário, cujo prazo foi interrompido quando da interposição dos embargos de divergência.

## LIVRO COMPLEMENTAR
## DISPOSIÇÕES FINAIS E TRANSITÓRIAS

**Art. 1.045.** Este Código entra em vigor após decorrido 1 (um) ano da data de sua publicação oficial.

### COMENTÁRIOS

O art. 1.045 cuida do *vacatio legis* estabelecendo que será de um ano esse período. Dessa forma, o Novo CPC foi sancionado em 16.03.2015, publicado no dia 17.03.2016 e entrou em vigor no dia 18.03.2016.

**Art. 1.046.** Ao entrar em vigor este Código, suas disposições se aplicarão desde logo aos processos pendentes, ficando revogada a Lei 5.869, de 11 de janeiro de 1973.

§ 1º As disposições da Lei 5.869, de 11 de janeiro de 1973, relativas ao procedimento sumário e aos procedimentos especiais que forem revogadas aplicar-se-ão às ações propostas e não sentenciadas até o início da vigência deste Código.

§ 2º Permanecem em vigor as disposições especiais dos procedimentos regulados em outras leis, aos quais se aplicará supletivamente este Código.

§ 3º Os processos mencionados no art. 1.218 da Lei 5.869, de 11 de janeiro de 1973 , cujo procedimento ainda não tenha sido incorporado por lei submetem-se ao procedimento comum previsto neste Código.

§ 4º As remissões a disposições do Código de Processo Civil revogado, existentes em outras leis, passam a referir-se às que lhes são correspondentes neste Código.

§ 5º A primeira lista de processos para julgamento em ordem cronológica observará a antiguidade da distribuição entre os já conclusos na data da entrada em vigor deste Código .

### COMENTÁRIOS

Pela regra do art. 1.046, com a entrada em vigor do Novo CPC, seu conjunto normativo passou a ser aplicado de imediato nos processos em andamento. Quer dizer, a partir de 18.03.2016 o processo que, por exemplo, já passou pela fase de contestação e réplica e agora encontra-se na fase do saneamento deverá ser saneado e seguir todos as demais fases futuras pelas novas regras em vigor. Vamos imaginar que no dia da entrada em vigor do Novo CPC saia publicada uma sentença e contra ela o perdedor pretenda se insurgir. Nesse caso, o recurso de apelação já deverá ser manejado de acordo com as novas regras do Novo CPC, inclusive no que diz respeito ao prazo.

O § 1º cria uma regra de transição que também é uma exceção, explica-se: tendo em vista que o Novo CPC eliminou o procedimento sumário e alguns procedimentos especiais, nos processos que eventualmente estejam tramitando por um desses ritos deverão continuar tramitando pelo mesmo procedimento e, como é natural, ainda sendo orientado pelas regras constantes do Código revogado. Depois de sentenciados, se continuarem a tramitar será pelas regras do Novo CPC.

O § 3º faz menção aos processos mencionados no art. 1.218 do CPC/73, deixando claro que aqueles que ainda não tenham sido regulados em leis especiais, deverão ser solucionados à luz do Novo CPC e pelo procedimento comum.

É interessante destacar que o § 5º estipula que a primeira lista de processos para julgamento em ordem cronológica, imposto aos juízos pelo art. 12 do Novo CPC, observará a antiguidade da distribuição entre os já conclusos na data da entrada em vigor deste Código.

**Art. 1.047.** As disposições de direito probatório adotadas neste Código aplicam-se apenas às provas requeridas ou determinadas de ofício a partir da data de início de sua vigência.

## COMENTÁRIOS

O Art. 1.047 é regra de direito intertemporal que visa garantir segurança jurídica na fase de transição do CPC/73 para o Novo CPC, tendo o cuidado de prever claramente que as provas já deferidas quando da entrada em vigor do novo Código, de ofício ou a requerimento das partes, serão realizadas ainda pelas regras do CPC/73.

Somente as provas que forem deferidas pelo juiz depois da entrada em vigor do Novo CPC e que serão realizadas segundo as regras do novo estatuto processual civil brasileiro.

**Art. 1.048.** Terão prioridade de tramitação, em qualquer juízo ou tribunal, os procedimentos judiciais:

I – em que figure como parte ou interessado pessoa com idade igual ou superior a 60 (sessenta) anos ou portadora de doença grave, assim compreendida qualquer das enumeradas no art. 6º, inciso XIV, da Lei 7.713, de 22 de dezembro de 1988;

II – regulados pela Lei 8.069, de 13 de julho de 1990 (Estatuto da Criança e do Adolescente);

III – em que figure como parte a vítima de violência doméstica e familiar, nos termos da Lei 11.340, de 7 de agosto de 2006 (Lei Maria da Penha). (Incluído pela Lei 13.894/2019)

# CÓDIGO DE PROCESSO CIVIL COMENTADO • LEI 13.105, DE 16 DE MARÇO DE 2015

**ART. 1.049**

IV – em que se discuta a aplicação do disposto nas normas gerais de licitação e contratação a que se refere o inciso XXVII do *caput* do art. 22 da Constituição Federal. (Incluído pela Lei 14.133/2021)

§ 1º A pessoa interessada na obtenção do benefício, juntando prova de sua condição, deverá requerê-lo à autoridade judiciária competente para decidir o feito, que determinará ao cartório do juízo as providências a serem cumpridas.

§ 2º Deferida a prioridade, os autos receberão identificação própria que evidencie o regime de tramitação prioritária.

§ 3º Concedida a prioridade, essa não cessará com a morte do beneficiado, estendendo-se em favor do cônjuge supérstite ou do companheiro em união estável.

§ 4º A tramitação prioritária independe de deferimento pelo órgão jurisdicional e deverá ser imediatamente concedida diante da prova da condição de beneficiário.

## COMENTÁRIOS

O art. 1.048 disciplina as chamadas "preferências legais", estabelecendo que terão prioridade as pessoas com mais de 60 (sessenta) anos e aquelas que sejam portadoras de doença grave, tomando como referência as isenções previstas na legislação do imposto de renda, nos termos do art. 6º, inciso XIV, da Lei 7.713/88.

Importante inovação é a inclusão das causas que tramitem com base no Estatuto da Criança e do Adolescente, Lei 8.069/90 que também gozarão de prioridade, bem como em que figure como parte a vítima de violência doméstica e familiar, nos termos da Lei da Maria da Penha.

Estabelece ainda os parágrafos do retro citado artigo que a pessoa que requerer o benefício, deverá juntar prova de sua condição e se tudo estiver em ordem, será automaticamente beneficiada com a prioritária legal, independentemente de deferimento pelo órgão jurisdicional, cabendo ao magistrado tão somente determinar ao cartório do juízo as providências a serem cumpridas.

Importante também destacar que depois de deferida a prioridade, os autos receberão identificação própria que evidencie o regime de tramitação prioritária que não cessará ainda que sobrevenha a morte do beneficiado, estendendo-se em favor do cônjuge supérstite ou do companheiro em união estável.

**Art. 1.049.** Sempre que a lei remeter a procedimento previsto na lei processual sem especificá-lo, será observado o procedimento comum previsto neste Código.

**Parágrafo único.** Na hipótese de a lei remeter ao procedimento sumário, será observado o procedimento comum previsto neste Código, com as modificações previstas na própria lei especial, se houver.

### COMENTÁRIOS

Em face do caráter subsidiário do Código de Processo Civil, o art. 1.049 prevê que sempre que as leis especiais remeterem a procedimento previsto na lei processual sem especificá-lo, será observado o procedimento comum. Da mesma forma e com mais razão, prevê o parágrafo único que na hipótese da lei remeter ao procedimento sumário, será observado o procedimento comum previsto neste Código, até porque o Novo CPC extinguiu com esse tipo de procedimento.

**Art. 1.050.** A União, os Estados, o Distrito Federal, os Municípios, suas respectivas entidades da administração indireta, o Ministério Público, a Defensoria Pública e a Advocacia Pública, no prazo de 30 (trinta) dias a contar da data da entrada em vigor deste Código, deverão se cadastrar perante a administração do tribunal no qual atuem para cumprimento do disposto nos arts. 246, § 2º, e 270, parágrafo único.

### COMENTÁRIOS

Para dar consequências práticas ao previsto no art. 246 (citação por meio eletrônico de órgãos público da administração direta e indireta) e no art. 270, parágrafo único (intimação por meio eletrônico do Ministério Público, Defensoria Pública e Advocacia Pública) o art. 1.050 determina que a União, os Estados, o Distrito Federal, os Municípios, suas respectivas entidades da administração indireta, assim como o Ministério Público, a Defensoria Pública e a Advocacia Pública, no prazo de 30 (trinta) dias, a contar da data da entrada em vigor deste Código, deverão se cadastrar perante a administração do tribunal no qual atuem.

**Art. 1.051.** As empresas públicas e privadas devem cumprir o disposto no art. 246, § 1º, no prazo de 30 (trinta) dias, a contar da data de inscrição do ato constitutivo da pessoa jurídica, perante o juízo onde tenham sede ou filial. Parágrafo único. O disposto no *caput* não se aplica às microempresas e às empresas de pequeno porte.

### COMENTÁRIOS

Se no artigo anterior o Novo CPC impôs a obrigação dos entes públicos de se cadastrarem perante aos tribunais nos quais atuem, agora o art. 1.051 impõe a mesma obrigação às empresas públicas e as empresas privadas.

# CÓDIGO DE PROCESSO CIVIL COMENTADO • LEI 13.105, DE 16 DE MARÇO DE 2015 — ART. 1.054

Embora a redação do artigo em comento fixe o prazo de 30 (trinta) dias, apenas para as empresas novas, entendemos que todas as empresas já constituídas quando da entrada em vigor deste Código têm o dever de se cadastrar no prazo estabelecido. As novas empresas que venham a ser constituídas, aí sim, terão o prazo de 30 (trinta) dias a contar da data de inscrição dos seus atos constitutivos no órgão competente.

Por coerência com o estabelecido no art. 246, § 1º, o parágrafo único exclui dessa exigência às microempresas e às empresas de pequeno porte.

> **Art. 1.052.** Até a edição de lei específica, as execuções contra devedor insolvente, em curso ou que venham a ser propostas, permanecem reguladas pelo Livro II, Título IV, da Lei 5.869, de 11 de janeiro de 1973.

## COMENTÁRIOS

Lamentavelmente, o Novo CPC, através do art. 1.052, vai manter em vigor o CPC/73 naquilo que regula as execuções contra devedor insolvente, tanto as ações que estiverem em curso quando da entrada em vigor do novo Código, como também aquelas que venham a ser propostas posteriormente. Quer dizer, enquanto não for promulgada lei especial regulando a matéria, iremos conviver com as regras do CPC/73, atinente ao Livro II, Título IV, da Lei 5.869, de 11 de janeiro de 1973, que estarão em pleno vigor.

> **Art. 1.053.** Os atos processuais praticados por meio eletrônico até a transição definitiva para certificação digital ficam convalidados, ainda que não tenham observado os requisitos mínimos estabelecidos por este Código, desde que tenham atingido sua finalidade e não tenha havido prejuízo à defesa de qualquer das partes.

## COMENTÁRIOS

O art. 1.053 busca estabelecer uma norma de transição entre o processo físico e o processo eletrônico prevendo que serão considerados válidos os atos, ainda que não tenham observado os requisitos mínimos estabelecidos por este Código, desde que tenham atingido sua finalidade e não tenha havido prejuízo à defesa de qualquer das partes.

É norma que vem em prestígio ao princípio do aproveitamento dos atos processuais.

> **Art. 1.054.** O disposto no art. 503, § 1º, somente se aplica aos processos iniciados após a vigência deste Código, aplicando-se aos anteriores o disposto nos arts. 5º, 325 e 470 da Lei 5.869, de 11 de janeiro de 1973.

687

## COMENTÁRIOS

Com a extinção da "ação declaratória incidental" foi preciso criar essa regra de transição que significa, em última análise, que o regramento novo, previsto no art. 503, § 1º, somente será aplicado nas ações que tenham sido propostas depois da entrada em vigor do Novo CPC.

Nos processos que estejam em andamento quando o Novo CPC entrar em vigor, deverá ser aplicado o disposto nos arts. 5º, 325 e 470 da Lei no 5.869, de 11 de janeiro de 1973 (CPC/73).

**Art. 1.055.** (Vetado).

### SEM COMENTÁRIOS

**Art. 1.056.** Considerar-se-á como termo inicial do prazo da prescrição prevista no art. 924, inciso V, inclusive para as execuções em curso, a data de vigência deste Código.

### COMENTÁRIOS

O art. 1.056 regula a prescrição intercorrente estabelecendo que considerar-se-á como termo inicial do prazo da prescrição, inclusive para as execuções em curso, a data de entrada em vigor do Novo Código.

**Art. 1.057.** O disposto no art. 525, §§ 14 e 15, e no art. 535, §§ 7º e 8º, aplica-se às decisões transitadas em julgado após a entrada em vigor deste Código, e, às decisões transitadas em julgado anteriormente, aplica-se o disposto no art. 475-L, § 1º, e no art. 741, parágrafo único, da Lei 5.869, de 11 de janeiro de 1973.

### COMENTÁRIOS

O art. 1.057 trata de mais um caso de regra de transição, neste caso aplicável ao cumprimento de sentença em geral (ver Novo CPC, art. 525, §§ 14 e 15), e também ao cumprimento de sentença contra a Fazenda Pública (ver Novo CPC, art. 535, §§ 7º e 8º), que somente serão aplicadas às decisões transitadas em julgado após a entrada em vigor deste Código.

As decisões transitadas em julgado anteriormente a entrada em vigor deste Código, aplica-se o disposto no art. 475-L, § 1º, e no art. 741, parágrafo único, do CPC/73.

**Art. 1.058.** Em todos os casos em que houver recolhimento de importância em dinheiro, esta será depositada em nome da parte ou do interessado,

# CÓDIGO DE PROCESSO CIVIL COMENTADO • LEI 13.105, DE 16 DE MARÇO DE 2015 — ART. 1.061

em conta especial movimentada por ordem do juiz, nos termos do art. 840, inciso I.

## COMENTÁRIOS

O art. 1.058 fixa a regra de que depósito em dinheiro, decorrente de processo, será depositado em nome da parte ou do interessado, em conta especial movimentada por ordem do juiz, a ser realizado preferencialmente no Banco do Brasil, na Caixa Econômica Federal, ou em bancos nos quais o Estado ou Distrito Federal tenha participação.

**Art. 1.059.** À tutela provisória requerida contra a Fazenda Pública aplica-se o disposto nos arts. 1º a 4º da Lei 8.437, de 30 de junho de 1992, e no art. 7º, § 2º, da Lei 12.016, de 7 de agosto de 2009.

## COMENTÁRIOS

O art. 1.059 manda aplicar o disposto nos arts. 1º a 4º da Lei 8.437/92 (trata de limitações à concessão de medidas cautelares contra atos do Poder Público), e no art. 7º, § 2º, da Lei no 12.016/09 (vedação de concessão de liminar em matéria tributária no mandado de segurança individual e coletivo), quando for requerida tutela provisória contra a Fazenda Pública.

Quer dizer, tratando-se da Fazenda Pública, os pedidos de tutela provisória (ver Novo CPC, arts. 294 a 311) sofrem as limitações impostas pelas leis acima mencionadas.

**Art. 1.060.** O inciso II do art. 14 da Lei 9.289, de 4 de julho de 1996, passa a vigorar com a seguinte redação:

"Art. 14. (...)

(...)

II – aquele que recorrer da sentença adiantará a outra metade das custas, comprovando o adiantamento no ato de interposição do recurso, sob pena de deserção, observado o disposto nos §§ 1º a 7º do art. 1.007 do Código de Processo Civil.

(...)"

## COMENTÁRIOS

O art. 1.060, modifica o inciso II do art. 14 da Lei 9.289/96, que trata das custas devidas à União, na Justiça Federal de primeiro e segundo graus.

**Art. 1.061.** O § 3º do art. 33 da Lei 9.307, de 23 de setembro de 1996 (Lei de Arbitragem), passa a vigorar com a seguinte redação:

"Art. 33. (...)

(...)

§ 3º A decretação da nulidade da sentença arbitral também poderá ser requerida na impugnação ao cumprimento da sentença, nos termos dos arts. 525 e seguintes do Código de Processo Civil, se houver execução judicial."

## COMENTÁRIOS

O art. 1.061, por sua vez, altera a redação do § 3º do art. 33 da Lei no 9.307/96 (Lei de Arbitragem), para permitir que seja requerida a decretação de nulidade da sentença arbitral na própria peça de impugnação ao cumprimento da sentença.

**Art. 1.062.** O incidente de desconsideração da personalidade jurídica aplica-se ao processo de competência dos juizados especiais.

## COMENTÁRIOS

O art. 1.062 manda aplicar o incidente de desconsideração da personalidade jurídica aos processos de competência dos juizados especiais.

**Art. 1.063.** Os juizados especiais cíveis previstos na Lei nº 9.099, de 26 de setembro de 1995, continuam competentes para o processamento e o julgamento das causas previstas no inciso II do art. 275 da Lei nº 5.869, de 11 de janeiro de 1973. (Redação dada pela Lei nº 14.976, de 2024)

## COMENTÁRIOS

Por sua vez, o art. 1.063 mantém a regra de que os juizados especiais são competentes, independente do valor da causa, para processar e julgar as causas que hoje estão elencadas no art. 275, inciso II, do CPC/73.[108]

---

108. CPC/73. Art. 275. Observar-se-á o procedimento sumário:
(omisis...).
II – nas causas, qualquer que seja o valor:
*a)* de arrendamento rural e de parceria agrícola;
*b)* de cobrança ao condômino de quaisquer quantias devidas ao condomínio;
*c)* de ressarcimento por danos em prédio urbano ou rústico;
*d)* de ressarcimento por danos causados em acidente de veículo de via terrestre;
*e)* de cobrança de seguro, relativamente aos danos causados em acidente de veículo, ressalvados os casos de processo de execução;
*f)* de cobrança de honorários dos profissionais liberais, ressalvado o disposto em legislação especial;
*g)* que versem sobre revogação de doação.

# CÓDIGO DE PROCESSO CIVIL COMENTADO • LEI 13.105, DE 16 DE MARÇO DE 2015    ART. 1.065

A entrada em vigor em 19 de setembro de 2024 da Lei 14.976, alterou a redação do artigo em comento, acabando com a necessidade de uma norma específica para regular as competências dos juizados de pequenas causas cíveis naquilo que diz respeito às causas elencadas no art. 275 do antigo CPC (Lei nº 5.869/73). Essa exigência estava prevista no texto original do atual Código de Processo Civil.

Lembrando que a regra geral dos Juizados Especiais regulados na Lei nº 9.099 é que eles podem julgar as ações cujas causas sejam de menor complexidade, como obrigações de fazer, não fazer ou dar, desde que não exijam perícia técnica complexa, bem como referidas demandas não excedam o valor de 40 (quarenta) salários mínimos.

A grande diferença é que nas ações que antes do CPC/2015 eram reguladas no procedimento sumário, pouco importa o valor da causa. Quer dizer, nestes casos o autor da ação não está limitado aos 40 (quarenta) salários mínimos.

> **Art. 1.064.** O *caput* do art. 48 da Lei 9.099, de 26 de setembro de 1995, passa a vigorar com a seguinte redação:
>
> "Art. 48. Caberão embargos de declaração contra sentença ou acórdão nos casos previstos no Código de Processo Civil."

### COMENTÁRIOS

Para que dúvidas mais não pairem, o art. 1.064 altera o *caput* do art. 48 da Lei 9.099/95, para deixar explícito que cabem embargos de declaração contra sentença ou acórdão nos casos previstos no Código de Processo Civil.

> **Art. 1.065.** O art. 50 da Lei 9.099, de 26 de setembro de 1995, passa a vigorar com a seguinte redação:
>
> "Art. 50. Os embargos de declaração interrompem o prazo para a interposição de recurso."

### COMENTÁRIOS

O art. 1.065 seria perfeitamente dispensável, tendo em vista que o artigo anterior, ao prever que cabem embargos de declaração nos JECs, leva a conclusão lógica de que a sua interposição interrompe o prazo para interposição de qualquer outro recurso (ver Novo CPC, art. 1.026).

De qualquer forma, fica consignado expressamente que embargos de declaração interrompem o prazo para a interposição de recurso.

691

**Art. 1.066.** O art. 83 da Lei 9.099, de 26 de setembro de 1995, passam a vigorar com a seguinte redação:

"Art. 83. Cabem embargos de declaração quando, em sentença ou acórdão, houver obscuridade, contradição ou omissão.

(...)

§ 2º Os embargos de declaração interrompem o prazo para a interposição de recurso.

(...)"

## COMENTÁRIOS

O art. 1.066 do Novo CPC também seria perfeitamente dispensável tendo em vista o que consta nos dois artigos anteriores.

**Art. 1.067.** O art. 275 da Lei 4.737, de 15 de julho de 1965 (Código Eleitoral), passa a vigorar com a seguinte redação:

"Art. 275. São admissíveis embargos de declaração nas hipóteses previstas no Código de Processo Civil.

§ 1º Os embargos de declaração serão opostos no prazo de 3 (três) dias, contado da data de publicação da decisão embargada, em petição dirigida ao juiz ou relator, com a indicação do ponto que lhes deu causa.

§ 2º Os embargos de declaração não estão sujeitos a preparo.

§ 3º O juiz julgará os embargos em 5 (cinco) dias.

§ 4º Nos tribunais:

I – o relator apresentará os embargos em mesa na sessão subsequente, proferindo voto;

II – não havendo julgamento na sessão referida no inciso I, será o recurso incluído em pauta;

III – vencido o relator, outro será designado para lavrar o acórdão.

§ 5º Os embargos de declaração interrompem o prazo para a interposição de recurso.

§ 6º Quando manifestamente protelatórios os embargos de declaração, o juiz ou o tribunal, em decisão fundamentada, condenará o embargante a pagar ao embargado multa não excedente a 2 (dois) salários-mínimos.

§ 7º Na reiteração de embargos de declaração manifestamente protelatórios, a multa será elevada a até 10 (dez) salários-mínimos."

## COMENTÁRIOS

O art. 1.067 altera a redação do art. 275 do Código Eleitoral (Lei 4.737/65), para regular os embargos de declaração naquela justiça especializada.

> **Art. 1.068.** O art. 274 e o *caput* do art. 2.027 da Lei 10.406, de 10 de janeiro de 2002 (Código Civil), passam a vigorar com a seguinte redação:
> "Art. 274. O julgamento contrário a um dos credores solidários não atinge os demais, mas o julgamento favorável aproveita-lhes, sem prejuízo de exceção pessoal que o devedor tenha direito de invocar em relação a qualquer deles."
> "Art. 2.027. A partilha é anulável pelos vícios e defeitos que invalidam, em geral, os negócios jurídicos."

## COMENTÁRIOS

O art. 1.068 do Novo CPC altera a redação do art. 274 e o art. 2.027, *caput*, ambos do Código Civil (Lei 10.406/2002).

> **Art. 1.069.** O Conselho Nacional de Justiça promoverá, periodicamente, pesquisas estatísticas para avaliação da efetividade das normas previstas neste Código.

## COMENTÁRIOS

O art. 1.069 estabelece que o Conselho Nacional de Justiça (CNJ) promoverá, periodicamente, pesquisas estatísticas para avaliação da efetividade das normas previstas neste Código.

> **Art. 1.070.** É de 15 (quinze) dias o prazo para a interposição de qualquer agravo, previsto em lei ou em regimento interno de tribunal, contra decisão de relator ou outra decisão unipessoal proferida em tribunal.

## COMENTÁRIOS

Este artigo seria perfeitamente dispensável já que a norma geral prevê que o prazo para interposição de qualquer recurso é de 15 (quinze) dias, excetuando-se apenas os embargos de declaração (ver Novo CPC, art. 1.003, § 5º). De toda sorte, o art. 1.070 uniformiza os prazos para interposição de qualquer tipo de agravo interno, em 15 (quinze) dias, de sorte que não prevalecerá mais o que estiver previsto nos regimentos dos diversos tribunais ou mesmo em leis especiais.

**Art. 1.071.** O Capítulo III do Título V da Lei 6.015, de 31 de dezembro de 1973 (Lei de Registros Públicos), passa a vigorar acrescida do seguinte art. 216-A:

"Art. 216-A. Sem prejuízo da via jurisdicional, é admitido o pedido de reconhecimento extrajudicial de usucapião, que será processado diretamente perante o cartório do registro de imóveis da comarca em que estiver situado o imóvel usucapiendo, a requerimento do interessado, representado por advogado, instruído com:

I – ata notarial lavrada pelo tabelião, atestando o tempo de posse do requerente e seus antecessores, conforme o caso e suas circunstâncias;

II – planta e memorial descritivo assinado por profissional legalmente habilitado, com prova de anotação de responsabilidade técnica no respectivo conselho de fiscalização profissional, e pelos titulares de direitos reais e de outros direitos registrados ou averbados na matrícula do imóvel usucapiendo e na matrícula dos imóveis confinantes;

III – certidões negativas dos distribuidores da comarca da situação do imóvel e do domicílio do requerente;

IV – justo título ou quaisquer outros documentos que demonstrem a origem, a continuidade, a natureza e o tempo da posse, tais como o pagamento dos impostos e das taxas que incidirem sobre o imóvel.

§ 1º O pedido será autuado pelo registrador, prorrogando-se o prazo da prenotação até o acolhimento ou a rejeição do pedido.

§ 2º Se a planta não contiver a assinatura de qualquer um dos titulares de direitos reais e de outros direitos registrados ou averbados na matrícula do imóvel usucapiendo e na matrícula dos imóveis confinantes, esse será notificado pelo registrador competente, pessoalmente ou pelo correio com aviso de recebimento, para manifestar seu consentimento expresso em 15 (quinze) dias, interpretado o seu silêncio como discordância.

§ 3º O oficial de registro de imóveis dará ciência à União, ao Estado, ao Distrito Federal e ao Município, pessoalmente, por intermédio do oficial de registro de títulos e documentos, ou pelo correio com aviso de recebimento, para que se manifestem, em 15 (quinze) dias, sobre o pedido.

§ 4º O oficial de registro de imóveis promoverá a publicação de edital em jornal de grande circulação, onde houver, para a ciência de terceiros eventualmente interessados, que poderão se manifestar em 15 (quinze) dias.

§ 5º Para a elucidação de qualquer ponto de dúvida, poderão ser solicitadas ou realizadas diligências pelo oficial de registro de imóveis.

§ 6º Transcorrido o prazo de que trata o § 4º deste artigo, sem pendência de diligências na forma do § 5º deste artigo e achando-se em ordem a documentação, com inclusão da concordância expressa dos titulares de direitos reais e de outros direitos registrados ou averbados na matrícula do imóvel usucapiendo e na matrícula dos imóveis confinantes, o oficial de registro de imóveis registrará a aquisição do imóvel com as descrições apresentadas, sendo permitida a abertura de matrícula, se for o caso.

§ 7º Em qualquer caso, é lícito ao interessado suscitar o procedimento de dúvida, nos termos desta Lei.

§ 8º Ao final das diligências, se a documentação não estiver em ordem, o oficial de registro de imóveis rejeitará o pedido.

§ 9º A rejeição do pedido extrajudicial não impede o ajuizamento de ação de usucapião.

§ 10. Em caso de impugnação do pedido de reconhecimento extrajudicial de usucapião, apresentada por qualquer um dos titulares de direito reais e de outros direitos registrados ou averbados na matrícula do imóvel usucapiendo e na matrícula dos imóveis confinantes, por algum dos entes públicos ou por algum terceiro interessado, o oficial de registro de imóveis remeterá os autos ao juízo competente da comarca da situação do imóvel, cabendo ao requerente emendar a petição inicial para adequá-la ao procedimento comum."

## COMENTÁRIOS

Para adequar a Lei dos Registros Públicos à nova sistemática da usucapião extrajudicial, o legislador do *novel codex* manda acrescer o art. 216-A, para disciplinar a concessão deste direito de propriedade através das serventias extrajudiciais.

**Art. 1.072.** Revogam-se:

I – o art. 22 do Decreto-Lei 25, de 30 de novembro de 1937;

II – os arts. 227, *caput*, 229 , 230, 456 , 1.482 , 1.483 e 1.768 a 1.773 da Lei 10.406, de 10 de janeiro de 2002 (Código Civil) ;

III – os arts. 2º , 3º , 4º , 6º , 7º , 11 , 12 e 17 da Lei 1.060, de 5 de fevereiro de 1950;

IV – os arts. 13 a 18 , 26 a 29 e 38 da Lei 8.038, de 28 de maio de 1990;

V – os arts. 16 a 18 da Lei 5.478, de 25 de julho de 1968; e

VI – o art. 98, § 4º, da Lei 12.529, de 30 de novembro de 2011.

## COMENTÁRIOS

O art. 1.072 revoga vários dispositivos que menciona, todos com a finalidade de adaptar as leis mencionadas às novas regras do Código de Processo Civil e evitar incompatibilidades.

# ÍNDICE ALFABÉTICO E REMISSIVO
# DO CPC 2015

## A

**- ABANDONO DA CAUSA**
Julgamento: art. 485, III e § 6°
Demandas Repetitivas: art. 976, § 2°

**- ABANDONO MATERIAL**
Alimentos – Consequências: art. 532

**- ABUSO DE DIREITO**
Tutela da Evidência: art. 311

**- AÇÃO**
Interesse na ação: art. 19
Legitimidade e legitimação: art. 17 e 18
Pedido genérico: art. 324, § 1°
Prestações sucessivas: art. 323
Propositura: art. 312
Substituição processual: art. 18 parágrafo único
Valor da causa: arts. 291 a 293

**- AÇÃO ACESSÓRIA: ART. 61**

**- AÇÃO ANULATÓRIA DE PARTILHA: ART. 657**

**- AÇÃO DE ALIMENTOS**
Cumprimento de sentença: arts. 528 a 533
Desconto em folha: arts. 529 e 912
Foro competente: art. 53, II
Prisão do devedor: art. 528, § 3°
Valor da causa: art. 292 III

**- AÇÃO DE CONSIGNAÇÃO EM PAGAMENTO: ARTS. 539 A 549**

**- AÇÃO DE DISSOLUÇÃO PARCIAL DE SOCIE-DADE: ARTS. 599 A 609**

**- AÇÃO DE DIVISÃO E DEMARCAÇÃO: ARTS. 569 A 598**

**- AÇÃO DE EXECUÇÃO**
Entrega da coisa: arts. 806 a 813
Fazer ou não fazer: arts. 814 a 823
Pagamento de quantia certa: arts. 824 a 830

**- AÇÃO DE EXIGIR CONTAS: ARTS. 550 A 553**

**- AÇÃO DE USUCAPIÃO**
Citação dos confinantes: art. 246, § 3°

Edital: art. 259, I
Extrajudicial: art. 1.071

**- AÇÃO MONITÓRIA: ARTS. 700 A 702**

**- AÇÃO DE REPARAÇÃO DE DANO**
Competência do lugar: art. 53, IV, a, e V

**- AÇÃO REGRESSIVA**
Do fiador: art. 794 § 2°
Do Sócio: art. 795 § 3°

**- AÇÃO RESCISÓRIA**
Admissão: art. 966
Citação do réu: art. 970
Decadência: art. 975
Justiça gratuita: art. 968, § 1°
Legitimidade ativa: art. 967
Petição inicial - requisitos: art. 968
Vista nos autos para razões finais: art. 973

**- ACAREAÇÃO**
De testemunha: art. 461 II
Videoconferência: art. 461, § 2°

**- AÇÕES DE FAMÍLIA: ARTS. 693 A 699**

**- AÇÕES IMOBILIÁRIAS**
Competência do Juiz brasileiro: art. 23
Consentimento do cônjuge: art. 73 e 74

**- AÇÕES POSSESSÓRIAS**
Ação de reintegração de posse: arts. 560 a 566
Caráter dúplice da ação - reconvenção: art. 556
Fungibilidade das ações possessórias: art. 554
Prazo de ano e dia: art. 558

**- ADJUDICAÇÃO**
De bens do devedor, em execução: art. 825 I
De bens penhorados, pagamento ao credor: art. 904 II
Lavratura do auto: art. 877
Pelo exequente: art. 876
Requerimento: art. 878
Satisfação do crédito: art. 904, II

**- ADMINISTRADOR**
Guarda e Conservação de bens: art. 159

# CÓDIGO DE PROCESSO CIVIL COMENTADO • LEI 13.105, DE 16 DE MARÇO DE 2015

De imóvel ou empresa em usufruto concedido em execução: art. 869

Do espólio: arts. 613 e 614

Prestação de contas, procedimento: art. 553

Responsabilidade: art. 161

## - ADVOCACIA PÚBLICA: ARTS.: 182 A 184

## - ADVOGADO

Direitos: art. 107

Falecimento, restituição de prazo para recurso: art. 1004

Férias: art. 220

Honorários de sucumbência: art. 85

Postulação em causa própria: art. 103, parágrafo único e 106

Procuração: arts. 104 e 105

Público; restituição dos autos; prazo: art. 234

Renúncia de mandado: art. 112

Representação em juízo: art. 103

Sustentação de recurso perante tribunal: art. 937

## - AERONAVE

Ação de reparação de dano, foro competente: art. 53 V

Penhora: art. 835, VIII

## - AGRAVO DE INSTRUMENTO

A quem será dirigido: art. 1016

Cabimento: arts. 1.015 e 1.027, § 1°

Comunicação ao juiz da causa: art. 1.018 e § 2°

Contrarrazões: art. 1.019, II

Custas - comprovante de pagamento: art. 1.017, § 1°

Decisão do relator: arts. 1.019 e 932 III

Efeito suspensivo e ativo: art. 1.019

Juízo de admissibilidade: art. 1.019

Peças facultativas: art. 1.017 III

Peças obrigatórias: arts. 1.016 e 1.017, I e II

Petição; Instrução: art. 1.017

Petição; será protocolada ou postada: art. 1.017 § 2°

Prejudicado: art. 1.018 § 1°

Recebido; manifestação do relator: art. 1.019

Requisitos: art. 1.016

Retratação: art. 1.018

## - AGRAVO EM RECURSO ESPECIAL E EXTRAORDINÁRIO

Cabimento: art. 1042

## - AGRAVO INTERNO

Cabimento: art. 994, III

Prazo para interposição: art. 1.003, § 5°

Resposta do agravado: art. 1.021, § 2°

## - ALIENAÇÃO PARENTAL

Depoimento do incapaz: art. 699

## - ALIENAÇÕES JUDICIAIS

Coisa comum: 725, V

Coisa litigiosa: 808

Herança jacente: 742

Leilão: art. 730

## - ALIMENTOS

Abandono material: art. 532

Cumprimento de sentença: art. 531

Constituição de capital: 533

Desconto em folha: art. 529

Execução: art. 911

Prisão civil: art. 528, § 3°

Protesto da decisão: art. 528, § 3°

## ALVARÁ JUDICIAL: ART. 725, VII

## - *AMICUS CURIAE*: ART. 138

## - APELAÇÃO

Admite recurso adesivo: art. 997, § 2°, II e 1.010, § 2°

De Sentença: art. 1.019

Efeito devolutivo: art. 1.013

Efeito Suspensivo: art. 1.012

Prazo para contrarrazoar: art. 1.010, § 1°

Preliminares da apelação ou contrarrazões: art. 1.009, § 1° e 2°

Qualificação das partes: art. 1.010, I

Questão de fato não proposta no juízo inferior: art. 1.014

Recebimento: art. 1.011

Requisitos da petição: art. 1.010

Resultado não unânime: art. 942

## - APLICAÇÃO DAS NORMAS PROCESSUAIS: ARTS. 13 A 15

## - ARBITRAGEM

Pedido de cooperação judicial: art. 69, § 1°

Segredo de justiça: art. 189, IV

Título judicial: art. 515, VII

## ARRECADAÇÃO DE BENS

Ausentes: arts. 744 e 745

Coisa vaga: art. 746

Herança Jacente: arts. 738 a 743

## - ARREMATAÇÃO

Auto de arrematação: arts. 901 a 903

Edital de leilão; que deve conter: art. 886

Falta de pagamento, por parte do arrematante e seu fiador, efeitos: art. 897

Invalidade: art. 903, § 1°

Pagamento; imediato ou mediante caução: art. 895 § 1°

Preço vil: art. 891

# ÍNDICE ALFABÉTICO E REMISSIVO DO CPC 2015

Preferência ao arrematante da totalidade dos bens: art. 893

Publicidade na imprensa: art. 887 § 4º

Suspensão: art. 899

- **ARRESTO: ARTS. 827 A 830**

- **ARROLAMENTO:**

Avaliação dos bens do espólio: art. 661

Credores do espólio e homologação da partilha ou da adjudicação: art. 663

Homologação da partilha amigável: art. 659

Imposto de transmissão; lançamento: art. 662, § 2º

Nomeação do inventariante: art. 660, I

Pedido de adjudicação: art. 659 e § 1º

Petição de inventário: art. 660

Taxas judiciárias: art. 662

- **ASSISTÊNCIA**

Admissibilidade: art. 119 parágrafo único.

Disposições comuns: arts. 119 e 120

Litisconsorcial: art. 124

Simples: arts. 121 a 123

Trânsito em julgado da sentença: art. 123

- **ASTREINTES**

Casos: art. 806 § 1º

- **ATA NOTARIAL: ART. 384**

- **ATOS ATENTÓRIOS**

À dignidade da justiça: arts. 772, II e 774

Audiência de conciliação: art. 334, § 8º

- **ATOS PROCESSUAIS**

Comunicação: arts. 236 a 275

Fixação de calendário: art. 191

Lugar: art. 217

Prática eletrônica: arts. 193 a 199

Prazos: arts. 218 a 235

Prioridade na tramitação: art. 1048

Publicidade: arts. 11 a 189

Tempo: arts. 212 a 216

- **AUDIÊNCIA**

De conciliação ou mediação: art. 334

De instrução e julgamento: arts. 358 a 368

De saneamento: art. 357, § 3º

Intimação, art. 334, § 3º

Publicidade: art. 368

Termo: art. 367

Una e contínua: art. 365

- **AUTENTICAÇÃO**

De reprodução de documentos: art. 423

Falsidade: art. 430

- **AUTOS**

Consulta: art. 189

Restauração: arts. 712 a 718

Retenção abusiva: art. 234

- **AUXILIARES DA JUSTIÇA: ARTS. 149 A 175**

- **AVALIAÇÃO**

De bens penhorados: arts. 870 a 875

Bens fora da comarca: art. 632

Por oficial de justiça; ressalva: arts. 154, V, 870 e 872

- **AVARIA GROSSA: ARTS. 707 A 711**

## B

- **BENFEITORIAS**

Ação de divisão: art. 593

Retenção: art. 917, IV

Indenização: art. 810

- **BENS**

Impenhoráveis: art. 833

Colações: arts. 639 a 641

De ausentes: arts. 744 e 745

Sonegados: art. 621

Sujeitos à execução: arts. 789 e 790

- **BOA-FÉ**

Dever das partes: art. 5º e 77

Litigante de má-fé: art. 79

- **BUSCA E APREENSÃO**

Execução para entrega de coisa: arts. 538 e 806, § 2º

Inventariante removido: art. 625

Mandado de busca e apreensão: art. 536

## C

- **CAPACIDADE PROCESSUAL**

Cônjuges: arts. 73 e 74

Incapacidade processual: art. 76

Para postular em juízo: art. 70

Postulatória: art. 103

- **CARTA**

Arbitral: art. 237, IV

De ordem: art. 237, I

Precatória: art. 237, III e 740, § 5º

Recusa no cumprimento: art. 267

Requisitos: art. 260

Rogatória: arts. 36 e 237 II

- **CASAMENTO**

Emancipação: art. 725, I

Regime de bens, alteração: art. 734

# CÓDIGO DE PROCESSO CIVIL COMENTADO • LEI 13.105, DE 16 DE MARÇO DE 2015

## - CAUÇÃO
Ação possessória: art. 539
Arrematação: art. 895
Cumprimento de sentença: art. 520, IV
Mandado liminar em embargos de terceiro: art. 678
Tutela de urgência: art. 300, § 1°

## - CHAMAMENTO AO PROCESSO: ARTS. 130 A 132

## - CHEQUE
Penhora de crédito: art. 856
Título executivo extrajudicial: art. 784, I

## - CITAÇÃO
Ação de oposição: art. 683 par. ún.
Comarcas contíguas: art. 255
Da fazenda pública, art. 242, § 3°
Do devedor de obrigação de entrega de coisa certa: art. 806
Edital: arts. 246, IV, 257, 258, 259 e 806
Execução por quantia certa: art. 829
Hora certa: art. 252
Meio eletrônicos: arts. 246, V e §§ 1° e 2°
Na pessoa do procurador ou representante: art. 242
Nulidade: art. 280
Oficial de justiça: arts. 246, III, 249 e 255
Por edital: arts. 256, 259 e 830, § 2°
Procedimento de jurisdição voluntária: art. 721
Regras gerais: arts. 238 a 259
Vedações: arts. 244 e 245

## - COAÇÃO
Confissão: art. 393
Partilha amigável: art. 657

## - COISA
Certa - Execução para entrega: arts. 806 a 810
Comum – alienação: art. 725, IV
Incerta - Execução para entrega: arts. 811 a 813
Julgada: arts. 502 a 508
Litigiosa: arts. 109 e 240
Vagas: art. 746

## - COMPETÊNCIA
Ação acessória: art. 61
Ação sobre bens imóveis: art. 47
Ação sobre bens móveis: art. 46
Ação de inventário e partilha: art. 48
Ações em que a União é autora: art. 51
Ações em que o Estado ou Distrito Federal são autores: art. 52
Alegação: art. 64
Conflito: art. 66
Continência: art. 56
Cumprimento de sentença: art. 516

Determinação: arts. 43 e 44
Em razão da matéria: art. 62
Em razão do incapaz: 50
Foro de eleição: art. 63
Incidente de assunção: art. 947
Modificação: arts. 54 a 63
Nas execuções: arts. 781 e 782
Perante a Justiça Federal: art. 45
Prorrogação: art. 65
Regra geral – domicílio do réu: art. 46
Relativa; modificação por conexão ou continência: art. 54
Relativa; prorrogação: art. 65
Segundo o foro: art. 53

## - CONCILIAÇÃO
Ação de família: art. 694
Audiência: art. 334
Dos conciliadores e mediadores: arts. 165 a 175
Impedimento: art. 170 e 172
Princípios: art. 166

## - CONEXÃO
Distribuição por dependência: art. 286, I
Litisconsórcio: art. 113, II
Modificação da competência: art. 54

## - CONFISSÃO
De dívida, título executivo: art. 784, II
Regras gerais: arts. 389 a 395

## - CONFLITO DE COMPETÊNCIA
Autoridade judiciária e autoridade administrativa: art. 959
Conflito negativo: art. 66, II
Conflito positivo: art. 66, I
Entre desembargadores e juízes em exercício no tribunal: art. 958
Incompetência relativa: art. 952
Ministério Público, prazo: art. 956
Onde será suscitado: art. 953
Procedimento: arts. 954 a 957
Quem pode suscitar: art. 951
Remessa dos autos ao juiz competente: art. 957 parágrafo único
Sobrestamento do processo: art. 955

## - CÔNJUGES
Confissão: art. 391, parágrafo único
Execução de bens: art. 790, IV
Intimação de penhora: art. 842
Interdição: art. 747
Necessidade de consentimento para propor ação: arts. 73 e 74

700

## ÍNDICE ALFABÉTICO E REMISSIVO DO CPC 2015

- **CONTESTAÇÃO**
  Alegação de toda a matéria de defesa: art. 336
  Fatos não impugnados: art. 341
  Ilegitimidade de parte: arts. 338 e 339
  Novas alegações: art. 342
  Prazo para oferecê-lo: art. 335
  Preliminares: art. 337
  Reconvenção: art. 343
  Regras gerais: arts. 335 a 342

- **CONTINÊNCIA**
  Ação proposta anteriormente: art. 57
  Distribuição por dependência: art. 286, I
  Modificação da competência: art. 5
  Quando ocorre: art. 56
  Reunião de processos: art. 56

- **COOPERAÇÃO**
  Jurídica internacional: arts. 26 a 41
  Jurídica nacional: arts. 67 a 69

- **CREDOR**
  A execução se faz no seu interesse: art. 797
  Com direito de retenção: art. 793
  Com garantia real, intimação de penhora: art. 799, I
  Com título executivo, legitimidade para a execução: art. 778, § 1º, II e III
  Execução, medidas acautelatórias: art. 799, VIII
  Inadimplente, excesso de execução: art. 917, § 2º, IV
  Preferência sobre bens penhorados: art. 797
  Sujeito a contraprestação, prova de adimplemento: art. 798, I, d

- **CUMPRIMENTO DE SENTENÇA**
  Entrega da coisa: art. 498
  Definitiva: arts. 513, § 1º, 523 a 526
  Fazer ou não fazer: art. 497
  Prisão do devedor: art. 528, § 1º
  Protesto: arts. 517 e 528, § 1º
  Provisório: arts. 513, § 1º, 520 a 522

- **CUMULAÇÃO DE PEDIDOS**
  Cumulação de inventário: art. 672
  Incompetência: art. 45, § 2º
  Valor da causa: art. 292, VI

- **CURADOR**
  Contestação do pedido de remoção e dispensa de tutor/curador: art. 761, parágrafo único
  Escusa do encargo: art. 760
  Especial; nomeação: art. 72
  Nomeação, compromisso: art. 759
  Prestação de contas, procedimento: art. 553
  Remoção, quem requer: art. 761

Requerimento de exoneração: art. 763
Suspensão, substituto interino: art. 762

- **CURATELA: ARTS. 759 A 763**

- **CURATELA DE INTERDITOS**
  Citação do interditando: art. 751
  Impugnação da pretensão: art. 752
  Legitimidade para propor: art. 747
  Perícia Médica: art. 753

## D

- **DECADÊNCIA**
  De ação rescisória: art. 975
  Citação: art. 240, § 4º
  Improcedência liminar do pedido: art. 332, § 1º

- **DECISÃO**
  Sem oitiva das partes: art. 9º
  Sem oportunidade de manifestação das partes: art. 10

- **DECISÃO INTERLOCUTÓRIA**
  Agravo de instrumento: art. 1.015
  Conceito: art. 203, § 2º
  Tutela de urgência: art. 300

- **DECLARAÇÃO DE INCONSTITUCIONALIDADE**
  Questão admitida, submissão ao tribunal pleno: art. 949
  Questão rejeitada; prosseguimento do julgamento: art. 949
  Submissão da questão à turma ou câmara, pelo relator: art. 948

- **DEFENSORIA PÚBLICA: ARTS. 185 A 187**

- **DENUNCIAÇÃO DA LIDE: ARTS. 125 A 129**

- **DEPOSITÁRIO**
  Guarda e conservação de bens penhorados, arrestados, sequestrados ou arrecadados: art. 159
  Prepostos: art. 160 parágrafo único
  Prestação de contas: art. 553
  Remuneração: art. 160
  Responsabilidade por danos: art. 161

- **DEPÓSITO**
  Da coisa litigiosa, em ação possessória: art. 559
  Da prestação, em execução dependente de contraprestação: art. 787
  De bens penhorados: arts. 838, I, 839 e 840
  De empresa penhorada: art. 851

- **DESISTÊNCIA**
  Da ação, extinção do processo: art. 485, VIII
  Da ação, depois de oferecida contestação: art. 485, § 4º

**701**

# CÓDIGO DE PROCESSO CIVIL COMENTADO • LEI 13.105, DE 16 DE MARÇO DE 2015

De ação, a assistência não a impede: art. 122

De ação, contra réu não citado: art. 335, § 2º

De execução, faculdade do credor: art. 775

De recurso: art. 998

Só produz efeito após homologação judicial: art. 200 parágrafo único

## - DESPACHO

Conceito: art. 203, § 3º

Embargos de declaração: art. 1022

Irrecorribilidade: art. 1.001

## - DESPESAS JUDICIAIS

Atos adiados ou repetidos, encargo daquele que deu causa: art. 93

Atos processuais praticados a requerimento da Fazenda Pública, do Ministério Público ou defensoria Pública: art. 91

Cartas precatórias, de ordem e rogatórias: arts. 266 e 268

Condenação em sentença: art. 82, § 2º

Distribuição proporcional: art. 86

Em caso de extinção do processo: art. 485, § 2º

Encargos das partes: art. 82

Honorários de advogado: art. 85, §§ 2º e 8º

Juízo divisório, rateio: art. 89

Justiça gratuita: art. 82

Pagamento, para renovar a ação: art. 486, § 2º

Procedimento de jurisdição voluntária, rateio: art. 88

Proporcionalidade entre diversos autores ou diversos réus vencidos: art. 87

Processuais: arts. 82 a 102

Reconvenção: art. 85 § 1º

Remuneração de perito e de assistente técnico: art. 95

Responsabilidade das partes por danos processuais: arts. 79 a 81

Responsabilidade de advogado que não exibe procuração: art. 104

## - DEVEDOR

Citação na obrigação de fazer: art. 815

Cumprimento da obrigação obsta a execução: art. 788

Embargos: art. 914

Insolvente: art. 680 I

Intimação pessoal da realização da praça ou leilão: art. 886

Responde com seus bens pelas obrigações: art. 789

Sucessores, legitimidade passiva em execução: art. 779

## - DIREITO DE RETENÇÃO

Impede execução sobre outros bens do devedor: art. 793

## - DISSÍDIO JURISPRUDENCIAL

Prova da divergência: art. 1029, § 1º

## - DISTRIBUIÇÃO

Anotação de intervenção de terceiro, reconvenção ou outra hipótese de ampliação objetiva do processo: art. 286, parágrafo único

Cancelamento de feito não preparado: art. 290

Considera-se proposta a ação: art. 312

De oposição, por dependência: art. 683, parágrafo único

De processo no tribunal: art. 930

De processo, onde houver mais de um juiz: art. 284

Erro, compensação: art. 288

Fiscalização pela parte, advogado, Ministério Público e Defensoria Pública: art. 289

Petição desacompanhada de procuração: art. 287, parágrafo único

Por dependência: art. 286

## - DOCUMENTO

Autenticidade; exame: art. 478, caput

Autêntico, quando se reputa: art. 411

Certidão textual, força probante: art. 425, I

Cópias reprográficas de peças do processo; força probante: art. 425, IV

Declaração de autenticidade ou falsidade: art. 19, II

Dever de exibição, compete a terceiros: art. 380, II

Em língua estrangeira, nomeação de intérprete ou tradutor: art. 162

Em língua estrangeira, só pode ser juntado com tradução: art. 192, parágrafo único

Entregue em cartório, recibo: art. 201

Entrelinha, emenda, borrão ou cancelamento: art. 426

Falsidade, cessa a fé: art. 427

Falsidade, perícia: arts. 430 e 432

Feito por oficial incompetente ou sem observância de formalidade, eficácia: art. 407

Força probante do documento público: art. 405

Indispensável, instrui a petição inicial: art. 320

Instrução da petição inicial e da resposta: art. 434

Instrumento público exigido por lei: art. 406

Juntada, deve ser ouvida a parte contrária: art. 437

Novo, juntada em qualquer tempo: art. 435

Obtenção após a sentença; ação rescisória: art. 966, VII

Particular, assinado em branco: art. 428, parágrafo único

Particular, autêntico, prova a declaração: art. 412

Particular, autoria: art. 410

Particular, declaração de ciência de determinado fato: art. 408, parágrafo único

Particular, declarações presumidas verdadeiras em relação ao signatário: art. 408

702

# ÍNDICE ALFABÉTICO E REMISSIVO DO CPC 2015

Particular, nota escrita pelo credor no título da obrigação: art. 416,

Particular, prova da data: art. 409

Particular, cessa a fé: art. 428

Particular, telegrama e radiograma, presumem-se conforme o original: art. 414

Particular, telegrama, radiograma: art. 413 e parágrafo único

Particular, título executivo extrajudicial: art. 784, II

Produção de prova documental: arts. 434 a 438

Reprodução autenticada: art. 425, III

Reprodução fotográfica, autenticada por escrivão: art. 423

Reprodução mecânica, cinematográfica e fonográfica: arts. 422 e 423

Reproduções digitalizadas: art. 425, VI

Translado, força probante: art. 425, II

## - DOLO

Das partes, ação rescisória: art. 966, III

De órgão do Ministério Público: art. 181

Por parte do juiz, responsabilidade civil: art. 143

Prova testemunhal: art. 446

## - DOMICÍLIO

Da mulher, competência para separação e conversão em divórcio, e anulação de casamento: art. 53 I

Do autor da herança, competência territorial: art. 48

Do autor, quando o réu não tiver domicílio no Brasil: art. 46, § 3º

Do réu, competência territorial: art. 46 e parágrafos

Inviolabilidade: art. 212, § 2º

## - DUPLO GRAU DE JURISDIÇÃO: ART. 496

## E

## - EDITAL

Arrematação; prazo para afixação: art. 887

De citação: arts. 256 e 257

De Leilão: art. 886

## - ELEIÇÃO DE FORO: ARTS. 62 E 63

## - EMBARGOS

Devedor de obrigação de entrega de coisa certa: art. 806

Na execução por carta; competência: art. 914, § 2º

## - EMBARGOS À EXECUÇÃO DE SENTENÇA

Contra a Fazenda Pública; matéria alegável: art. 535

Fundada em título extrajudicial; embargos, matéria alegável: art. 917

Sentença que rejeita, apelação meramente devolutiva: art. 1012, § 1º, III

## - EMBARGOS DE DECLARAÇÃO

Cabimento: art. 1.022

Esclarecer obscuridade ou eliminar contradição: art. 1.022, I

Interrupção para interposição de outros recursos: art. 1.026 e § 2º

Julgamento pelo juiz; prazo: art. 1.024

Manifestamente protelatórios; condenação do embargante: art. 1.026, § 2º

Prazo em que serão opostos: art. 1.023

Recurso cabível: art. 994, IV

## - EMBARGOS DE DIVERGÊNCIA: ARTS. 1043 E 1044

## - EMBARGOS DE TERCEIROS

Contestação: arts. 679 e 680

Constrição judicial indevida: art. 681

Distribuição por dependência: art. 676

Do possuidor direto, alegação de domínio alheio: art. 677, § 2º

Mandado liminar de manutenção na reintegração: art. 678

Não contestado: art. 679

Procedimento: art. 677

Processamento em autos distintos: art. 676

Quando podem ser opostos: art. 675

Quem pode oferecer: art. 674

## - EMBARGOS DO DEVEDOR

Distribuídos por dependência: art. 914, § 1º

Efeito suspensivo: art. 919

Prazo para oferecimento: art. 915

Procedimento: art. 920

Rejeição: art. 918 caput

## - ERRO

Prova testemunha: art. 446

Sentença fundada em erro, ação rescisória: art. 966, II e § 1º

## - ESCRITURA PÚBLICA

Divórcio, separação, inventário e partilha extrajudicial: arts. 610, 659 e 733

Título executivo extrajudicial: art. 784, II

## - ESCRIVÃO

Ad hoc, nomeado pelo juiz: art. 152, § 2º

Atribuições legais: art. 152

Autuação: art. 206

Certidões de atos e termos de processo: art. 152, V

Como são procedidos os seus atos: arts 206 a 211

Distribuição alternada de processos: art. 285

Impedimento, substituição: art. 152, § 2º

Juntada, vista e conclusão: art. 208

703

Numeração e rubrica das folhas: art. 207

Responsabilidade civil: art. 155

Responsabilidade pela guarda dos autos: art. 152, IV

Vide também: auxiliares da Justiça

## - ESPÓLIO

Representação pelo inventariante: art. 75, VII e § 1º e art. 618, I

Responde pelas dívidas do falecido: art. 796

Réu, competência territorial: art. 48

Substitui o morto nas ações em que for parte: art. 110

## - EXECUÇÃO

Aplicação das disposições do processo de conhecimento: art. 771, parágrafo único

Atos atentatórios à dignidade da justiça: art. 774

Base em obrigação líquida, certa e exigível: art. 783

Bens que ficam sujeitos: arts. 789 e 790

Certidão comprobatória do ajuizamento da: art. 828

Citação, interrompe a prescrição: art. 802

Citação irregular, nulidade: art. 803, II

Condição não verificada, nulidade: art. 803, III

Contra a Fazenda Pública: art. 535

Credor com título executivo: art. 778

Cumulação, condições exigidas: art. 780

Da decisão interlocutória estrangeira; carta rogatória: art. 960, § 1º

De dívida antes de cumprida a obrigação do credor: art. 787

De obrigação alternativa, exercício da opção e realização da prestação: art. 800

De prestação do devedor, antes de adimplida a prestação do credor: art. 917, § 2º, IV

De saldo apurado em prestação de contas: art. 552

Depósito de 30% do valor; restante pago até seis vezes: art. 916

Desistência; o que deve ser observado: art. 775, parágrafo único

De título extrajudicial: art. 781

Escolha de modo, quando por mais de um pode efetuar-se: art. 798, II, a

Excesso, quando ocorre: art. 917, § 2º

Extinção, casos, declaração por sentença: arts. 924 e 925

Extinção; efeitos: art. 925

Finda; entrega da coisa certa; termo: art. 807

Instauração; requisitos da obrigação: art. 786

Interesse do credor: art. 797

Intimação do credor pignoratício, hipotecário, anticrético, ou do usufrutuário, quando a penhora recair em bem gravado: art. 799 I

Menos gravosa: arts. 805 e 867

Ministério Público, legitimação ativa: art. 778, § 1º, I

Multa: art. 774, parágrafo único

Nulidade, quando ocorre: art. 803

O cumprimento da obrigação obsta a execução: art. 788

Para entrega de coisa certa; benfeitorias indenizáveis: art. 810

Para entrega de coisa certa; citação para satisfazer o julgado: art. 806

Para entrega de coisa certa; mandado contra terceiro adquirente: art. 808

Para entrega de coisa certa; responsabilidade por danos quando a coisa não for encontrada ou não for reclamada do terceiro adquirente: art. 809

Para entrega de coisa incerta: arts. 811 a 813

Partes: arts. 778 e 779

Petição inicial, documentos que instruem: art. 798, I

Petição inicial, indeferimento: art. 801

Requisição de força policial: art. 782, § 2º

Suspensão, casos: arts. 921 e 922

Termo não ocorrido, nulidade: art. 803, III

Vários meios, escolha do menos gravoso: art. 805

## - EXECUÇÃO DE OBRIGAÇÃO DE FAZER

Citação do executado para satisfazê-lo no prazo: art. 815

Conversão em perdas e danos: art. 816

Embargos do executado: arts.: 914 a 920

Exequível por terceiro, realização à custa do devedor: arts.: 817, 818 e 820

Obrigação a ser realizada pessoalmente pelo devedor: art. 821, parágrafo único

Obrigação executada à custa do devedor: art. 816

## - EXECUÇÃO DE OBRIGAÇÃO DE NÃO FAZER

Desfazimento à custa do executado: art. 823

Desfazimento impossível, conversão em perdas e danos: art. 823, parágrafo único

Prazo para desfazimento: art. 822

## - EXECUÇÃO POR QUANTIA CERTA

Adjudicação de bens penhorados: art. 904, II

Arresto de bens do devedor: art. 830

Citação do executado: art. 829

Concurso de credores: arts. 908 e 909

Contra a Fazenda Pública: art. 910

Dinheiro que sobrar: art. 907

Embargos do devedor: arts. 914 a 920

Em que consiste: art. 824

Entrega de dinheiro ao credor, autorização do juiz: art. 905

Expropriação de bens, em que consiste: art. 825

Pagamento ao credor, como é feito: art. 904

Penhora de tantos bens quanto bastem: art. 831

Rateio do dinheiro entre os vários credores: art. 908

Remissão de execução: art. 826

Usufruto de imóvel ou empresa: art. 867

## ÍNDICE ALFABÉTICO E REMISSIVO DO CPC 2015

**- EXEQUENTE**

A execução se faz no seu interesse: art. 797

Com direito de retenção: art. 793

Execução, medidas urgentes: art. 799 VIII

Inadimplente, excesso de execução: art. 917, § 2º, IV

Preferência sobre bens penhorados: art. 797

Sujeito a contraprestação, prova de adimplemento: art. 798, I, d

**- EXIBIÇÃO DE DOCUMENTO OU COISA**

Causas justificativas de recusas: art. 404

Determinação judicial: art. 396

Dever de terceiros: art. 380, II

Negativa de terceiro, audiência para depoimentos: art. 402

Negativa de terceiro, ausência de justo motivo, providências judiciais: art. 365

Parcial, se outra parte não puder ser exibida: art. 404, parágrafo único

Por terceiro, prazo para resposta: art. 401

Recusa, efeitos processuais: art. 400

Recusa, quando não será admitida: art. 399

Requisitos do pedido: art. 397

**- EXTINÇÃO DO PROCESSO**

Em razão de litispendência: art. 486, § 1º

Falta de citação do litisconsorte passivo necessário: art. 115, parágrafo único

Sem julgamento de mérito, casos: art. 485

Regras gerais: arts. 316 e 317

## F

**- FAZENDA PÚBLICA**

Ato processual efetuado a seu requerimento, despesas processuais: art. 91

Dispensa de preparo de recurso: art. 1007, § 1º

Execução contra - processamento: art. 910

Manifestação em inventário e partilha: art. 616, VIII

Ouvida em processo de jurisdição voluntária: art. 722

**- FERIADOS**

Não se aplicam atos processuais: art. 214

Quais são: art. 216

**- FÉRIAS**

Atos que ocorrem em férias: art. 215

Não se praticam atos processuais: art. 214

Suspensão de prazos: art. 220

**- FIADOR**

Chamamento ao processo: art. 130, I e II

Nomeação à penhora de bens do devedor: art. 794

Que paga a dívida; ação regressiva nos mesmos autos: art. 794, § 2º

Seus bens ficam sujeitos à execução: art. 794 § 1º

**- FORMA**

Erro de forma do processo, efeito: art. 283

Os atos e termos não dependem de forma especial senão quando a lei exigir: art. 188

Prescrita em lei, nulidade processual: art. 276

Validade de ato que por outra forma alcançou sua finalidade: art. 277

Validade quando o ato preencha a finalidade essencial: art. 188

**- FORMAL DE PARTILHA**

Instrumento: art. 655

Título executivo judicial: art. 515, IV

**- FOTOGRAFIA**

Admissível como prova: arts. 422 e 423

Eficácia probatória: arts. 423 e 424

Publicada em jornal ou revista: art. 422, § 2º

**- FRAUDE**

De órgão do Ministério Público: art. 181

Por parte do juiz, responsabilidade civil: art. 143, I

**- FRAUDE À EXECUÇÃO**

Ato atentatório à dignidade da justiça: art. 774, I

Quando ocorre: art. 792

Terceiro que nega a existência de débito em conluio com o devedor: art. 856, § 3º

**- FUNDAÇÕES**

Aprovação do estatuto: art. 764

Extinção, quem e por que promove: art. 765

Ministério Público, participa de sua instituição e vida social: art. 765

**- FUNGIBILIDADE**

Das possessórias: art. 554

Dos recursos: art. 994

## G

**- GRATUIDADE DA JUSTIÇA: ARTS. 98 A 102**

## H

**- HABITAÇÃO**

De sucessores, no processo: art. 687

Impugnado, pedido de habilitação: art. 691

Incidente nos autos principais e independentemente de sentença: art. 689

Quando tem lugar: art. 687

Quem pode requerer: art. 688

Processamento: art. 690

**705**

# CÓDIGO DE PROCESSO CIVIL COMENTADO • LEI 13.105, DE 16 DE MARÇO DE 2015

## - HERANÇA JACENTE
Alienação de bens: art. 742 e § 1º
Arrecadação, como se processa: art. 740
Arrecadação, pela autoridade policial: art. 740, § 1º
Arrecadação por carta precatória: art. 740, § 5º
Arrecadação suspensa se aparecer cônjuge, herdeiro ou testamenteiro: art. 740, § 6º
Conversão em inventário: art. 741, § 3º
Credores, habilitação de cobrança: art. 741, § 4º
Curador, atos que lhe incumbem: art. 739, § 1º
Curador para guarda, conservação e administração: art. 739
Declaração de vacância, efeitos: art. 743, § 2º
Expedição de edital de convocação de sucessores: art. 741
Inquirição sobre qualificação do falecido, paradeiro dos sucessores e existência de bens: art. 740, § 3º
Papéis, cartas e livros arrecadados: art. 740, § 4º

## - HIPOTECA
Cientificação do credor: art. 889, V
Ineficácia de alienação em execução relativamente ao credor não intimado: art.804
Título executivo: art. 784, V

## - HOMOLOGAÇÃO DE PENHORA LEGAL
Audiência preliminar: art. 705
Defesa: art. 704
Efeitos: art. 706
Negada: art. 706, § 1º
Requerimento: art. 703

## - HOMOLOGAÇÃO DE SENTENÇA ESTRANGEIRA
Competência exclusiva da autoridade judiciária brasileira: art. 964
Eficácia, no Brasil, de sentença estrangeira: arts. 960 e 961
Medida de urgência, execução: art. 962
Requisitos: art. 963

## - HONORÁRIOS
Na execução: art. 827
Pagamento em processo sem resolução do mérito: art. 92
Pagamento por desistência, renúncia ou reconhecimento do pedido: art. 90
Sentença condenatória: art. 85

## I

## - IMPEDIMENTO DO JUIZ: ART. 144

## - IMPENHORABILIDADE
Absoluta: art. 833
Relativa: art. 834

## - IMPULSO OFICIAL: ART. 2º

## - INCAPACIDADE
Processual; suspensão do processo: art. 76
Representação ou assistência do incapaz: art. 71

## - INCIDENTE DE RESOLUÇÃO DE DEMANDAS REPETITIVAS
*Amicus curiae;* recurso contra decisão: art. 138, § 3º
Cabimento: art. 976
Divulgação e publicidade do: art. 979
Improcedência liminar do pedido: art. 332, III
Pedido de instauração: art. 977
Prazo para julgamento: art. 980
Recurso cabível contra: art. 987
Relator; depoimento dos interessados: art. 983
Requisitos a serem observados no julgamento do: art. 984
Suspensão do processo: art. 313, IV
Tese jurídica; revisão: art. 986

## - INCOMPETÊNCIA: CONFLITOS: ARTS. 951 A 959

## - INÉPCIA DA PETIÇÃO INICIAL: ART. 330, § 1º

## - INSOLVÊNCIA
Concurso universal: art. 797
Do devedor hipotecário: arts. 877, § 4º e 902, parágrafo único
Requerida pelo inventariante: art. 618, VIII

## - INTERDIÇÃO
Advogado para defesa do interditando: art. 752, §§ 2º e 3º
Curador, autoridade: art. 757
Exame pessoal do interditando: art. 751
Impugnação do pedido pelo interditando: art. 752
Intervenção do Ministério público: art. 752, § 1º
Levantamento, providências: art. 756
Petição inicial: art. 749
Produção de prova pericial: art. 753
Quem pode promovê-la: arts. 747 e 748
Sentença: arts. 754 e 755

## - INTERESSE
Do autor; limitação à declaração: art. 19
Em postular; pressuposto: art. 17

## - INTÉRPRETE: ARTS. 162 A 164

## - INTERVENÇÃO DE TERCEIROS: ARTS. 119 A 138

## - INTIMAÇÃO: ARTS. 269 A 275

## - INVENTÁRIO
Adjudicação de bens para pagamento de dívida: art. 642, § 4º
Administrador provisório: arts. 613 e 614

706

## ÍNDICE ALFABÉTICO E REMISSIVO DO CPC 2015

Admissão de sucessor preterido: art. 628

Auto de orçamento da partilha: art. 653, I

Avaliação dos bens: arts. 630 a 636

Bens fora da comarca: art. 632

Cálculo dos impostos: arts. 637 e 638

Colação, conferência por termo: art. 639

Colação, oposição de herdeiros: art. 641

Colação pelo herdeiro renunciante ou excluído: art. 640

Credor de dívida certa, mas não vencida: art. 644

Cumulação de inventários para partilha: arts. 672 e 673

Curador especial: art. 671

Declaração de insolvência: art. 618, VIII

De comerciante: arts. 620, § 1º, e 630, par. ún.

Dívida impugnada, reserva de bens para pagamento: art. 643, parágrafo único

Emenda da partilha: art. .656

Esboço de partilha: art. 651

Escritura pública; interessados capazes e concordes: art. 610

Herdeiro ausente, curadoria: art. 671, I

Incapaz, colisão de interesses com o representante; curador especial: art. 671, II

Incidente de negativa de colação: art. 641

Incidente de remoção de inventariante: arts. 622 a 625

Inventariante, atribuições: arts. 618 e 619

Inventariante dativo: arts. 75, § 1º, 617, VIII, e 618, I

Inventariante, nomeação: art. 617

Inventariante, sonegação; quando pode ser argüida: art. 621

Julgamento da partilha: art. 654

Lançamento da partilha: art. 652

Laudo de avaliação, impugnações: art. 635

Legitimidade para requerer: art. 615

Nomeação de bens à penhora: art. 646

Pagamento das dívidas: art. 642

Pagamento de dívida, interesse de legatário: art. 645

Partilha amigável: art. 657

Partilha, deliberação: art. 647

Partilha, folha de pagamento: art. 653, II

Prazo para requerimento e conclusão: art. 611

Prestação de contas em autos apensados: art. 553

Primeiras declarações: art. 620

Procedimento judicial: art. 610

Questões que dependam de outras provas: art. 612

Sobrepartilha: arts. 669 e 670

Sonegação: art. 621

Tutela provisória; cessação da eficácia: art. 668

Últimas declarações: art. 637

Valor dos bens, informação da Fazenda Pública: art. 629

**- IRRETROATIVIDADE DA NORMA PROCESSUAL: ART. 14**

**- JUIZ**

Apreciação da prova pericial: art. 479

Decisões de mérito; limites: art. 141

Decisões em caso de litigância de má-fé: art. 142

Determinação de atos executivos: art. 782

Exercício da jurisdição: art. 16

Exercício do poder de polícia: art. 360

Extinção do processo sem resolução do mérito: art. 92

Impedimentos e suspeição: arts. 144 a 148

Incumbências: art. 139

Nomeação de curador: art. 72

Obrigatoriedade de decisão: art. 140

Prazos: art. 226

Prazos excedidos; possibilidade: art. 227

Pronunciamentos: arts. 203 a 205

Responsabilidade: art. 143

Sentença; ordem cronológica de conclusão: art. 12

## J

**- JULGAMENTO**

Antecipado do mérito: arts. 355 e 356

Audiência de instrução e julgamento: arts. 358 a 368

**- JULGAMENTO ANTECIPADO**

Do mérito: art. 355

Parcial do mérito: art. 356

**- JUROS LEGAIS**

Cumprimento de sentença: 524, II e III

Implícitos no pedido: art. 322, § 1º

Nos honorários: art. 85, § 16

**- JURISDIÇÃO**

Civil; regulamentação: art. 13

Exercício: art. 16

Nacional - limites: arts. 21 a 25

**- JURISDIÇÃO VOLUNTÁRIA**

Citação de todos os interessados: art. 721

Decisão pela solução mais conveniente ou oportuna: art. 723, parágrafo único

Decisão, prazo: art. 723

Disposições gerais: arts. 719 a 725

Iniciativa do procedimento: art. 720

Sentença, recurso de apelação: art. 724

## L

**- LEGITIMIDADE**

Ativa, para execução: art. 778, § 1º

Para postular; pressuposto: art. 17

Passiva, para a execução: art. 779

# CÓDIGO DE PROCESSO CIVIL COMENTADO • LEI 13.105, DE 16 DE MARÇO DE 2015

## - LEILÃO

Adiamento: art. 888

Atribuições do leiloeiro: art. 884

De bem hipotecado: art. 902

De bem penhorado: art. 881, § 1º

Diversos bens: art. 893

Edital: art. 886

Eletrônico: art. 882

Quem não pode lançar: art. 890

Sobrevindo a noite; prosseguimento no dia imediato: art. 900

Transferência culposa; sanção contra o responsável: art. 888, parágrafo único

## - LIQUIDAÇÃO DE SENTENÇA: ARTS. 509 A 512

## - LITIGÂNCIA DE MÁ-FÉ

Condenação: art. 81

Considera-se litigante de má-fé: art. 80

Responsabilidade por perdas e danos: art. 79

Valor das sanções impostas: art. 96

## - LITISCONSÓRCIO

Admissibilidade de assistência: art. 124

Litisconsortes com procuradores diferentes: art. 229

Recurso interposto por litisconsorte aproveita a todos: art. 1.005

Regras gerais: arts. 113 a 118

Substituição processual: art. 18, parágrafo único

## - LITISPENDÊNCIA

Acolhimento; extinção do processo: art. 485, V

Conhecimento de ofício: art. 485, § 3º

Efeito da citação válida: art. 240

Não a induz a ação intentada no estrangeiro: art. 24

Quando ocorre: art. 337, §§ 1º a 3º

## M

## - MANDADO

Citação; requisitos: art. 250

De injunção: art. 1.027, I

De segurança: art. 1027, I e II

## - MANDATO

Renúncia do advogado: art. 112

Revogação: art. 111

## -MINISTÉRIO PÚBLICO

Conflito de competência: art. 951

Contagem de prazo, início: art. 230

Demandas Repetitivas: 976 § 2º

Dispensa de preparo de recurso: art. 1007, § 1º

Iniciativa de procedimento de jurisdição voluntária: art. 720

Interesses de incapaz, ações de família: art. 698

Intimação: art. 178

Intimação; ausência; nulidade do processo: art. 279

Inventário, citação: art. 626

Inventário, interessado incapaz: art. 665

Legitimidade ativa para ação rescisória: art. 967, III

Legitimidade para recorrer: art. 996

Legitimidade para requerer inventário e partilha: art. 616, VII

Ouvido em conflito de competência: art. 956

Regras gerais: 176 a 181

Representação contra juiz ou relator, excesso de prazo: art. 235

Requerimento de interdição: arts. 747, IV, e 748

Requerimento de remoção de tutor ou curador: art. 761

Restituição dos autos; prazo: art. 234

## - MULTA

Ação rescisória inadmissível ou improcedente: art. 968, II

Ao Arrematante que não paga o preço da arrematação: art. 897

Arrematação de bem imóvel de incapaz; arrependimento: art. 896, § 2º

Embargos manifestamente protelatórios: art. 1.026, § 2º

Fixação pelo juiz em caso de atentado à dignidade da justiça: art. 774, parágrafo único

Insuficiente ou excessiva; alteração: art. 537, § 1º, I

## N

## - NAVIO

Nomeação de bens: art. 835, VIII

Penhora, efeitos: art. 864

## - NOTIFICAÇÃO E INTERPELAÇÃO: ARTS. 726 A 729

## - NULIDADE

De arrematação: art. 903, § 1º, I

Regras gerais: arts. 276 a 283

Vício sanável: art. 938, § 1º

## O

## - OBRIGAÇÃO

Alternativa: art. 800

De fazer, de não fazer e de entregar coisa: arts. 497 a 501

De pagar quantia certa: arts. 520 a 522

## - OFICIAL DE JUSTIÇA

Citação: art. 249

Cumprimento de mandado executivo: art. 782

Incumbências; citação: arts. 251 a 254

708

# ÍNDICE ALFABÉTICO E REMISSIVO DO CPC 2015

Realização de intimação: art. 275

Realização de penhora: art. 846

**- ÔNUS DA PROVA**

Em matéria de falsidade de documento: art. 429

Incumbência: art. 373

**- OPOSIÇÃO**

Distribuição, citação, contestação: art. 683, parágrafo único

Oferecida após o início da audiência: art. 685, parágrafo único

Quem pode oferecer: art. 682

Reconhecimento da procedência por um só dos opostos: at. 684

Seu julgamento prefere o de ação originária: art. 686

Tramitação simultânea com a ação originária: art. 685

## P

**- PARTE**

Atos: arts. 200 a 202

Comparecimento ordenado pelo juiz, na execução: art. 772, I

Da execução: art. 778

Igualdade de tratamento: art. 7º

Decisão sem oitiva: art. 9º

Deveres: art. 77

Falecimento, restituição de prazo para recurso: art. 1004

Morte; sucessão pelo espólio: art. 110

Prioridade na tramitação de procedimentos judiciais: art. 1048

Sucessão de procuradores e partes: arts. 108 a 112

Vencida, interposição de recurso: art. 996

**- PARTILHA**

Amigável: art. 657

Auto de orçamento: art. 653, I

Bens insuscetíveis de divisão cômoda: art. 649

Esboço, elaboração: art. 651

Escritura Pública; interessados capazes e concordes: art. 610

Folha de Pagamento: art. 653, II

Julgamento por sentença: art. 654

Nascituro; quinhão do: art. 650

Pedidos de quinhões e deliberação da: art. 647

Regras a serem observadas: art. 648

Rescisão: art. 658

**- PEDIDO: ARTS. 322 A 329**

**- PENHORA**

Alienação antecipada dos bens penhorados: arts. 852 e 853

Alienação dos bens penhorados em leilão judicial: art. 881

Alienação dos bens penhorados por iniciativa particular: art. 880

Ampliação ou transferência por outros bens: art. 874, II

Arrematação: art. 895

Auto em conjunto com o auto de depósito: art. 839

Auto, o que conterá: art. 838

Avaliação de imóvel divisível: art. 872, § 1º

Avaliação, oficial de justiça: art. 870

Avaliação, prazo e conteúdo do laudo: art. 872

Avaliação, quando não se procede à: art. 871

Avaliação, quando pode ser repetida: art. 873

Averbada nos autos: art. 860

De ações de sociedades: art. 861

De aplicação financeira: art. 854

De bem indivisível: art. 843

De créditos: arts. 855 a 860

De créditos, depoimentos do devedor e de terceiro: art. 856, § 4º

De dinheiro em depósitos: art. 854

De direito real sobre imóvel: art. 842

De empresa concessionária: art. 863

De estabelecimento: art. 862

De frutos e rendimentos de coisa móvel ou imóvel: arts. 867 a 869

De letra de câmbio: art. 856

De percentual de faturamento de empresa: art. 866

Depositário, quem deve ser: art. 840

Depósito: art. 839

Em bens gravados, intimação do credor pignoratício, hipotecário ou anticrético, e do usufrutuário: art. 799, I

Em direito e ação, sub-rogação do credor: art. 857

Execução, alienação ineficaz em relação ao credor não intimado: art. 804

Incidência: art. 831

Lavratura de novo termo: substituição dos bens: art. 849

Lugar de realização: arts. 845 e 846

Mais de uma, vários credores, concurso de preferência: art. 908

Modificações: arts. 847 a 853

Nomeação de bens pelo inventariante: art. 646

Objeto: art. 831

Ordem a ser obedecida: art. 835

Ordem de arrombamento: art. 846

Por meios eletrônicos: art. 837

Por meios legais, intimação imediata do executado: art. 841

Preferência do credor pelo bem penhorado: art. 797

Quando se considera feita: art. 839

# CÓDIGO DE PROCESSO CIVIL COMENTADO • LEI 13.105, DE 16 DE MARÇO DE 2015

Quotas ou ações de sócio em sociedade simples ou empresária: art. 861

Redução aos bens suficientes: art. 874, I

Redução ou ampliação: art. 850

Resistência, auto: art. 846 §§ 3º e 4º

Resistência, requisição de força: art. 846, § 2º

Segunda penhora, quando se procede: art. 851

Sobre aeronave: art. 864

Sobre direito: art. 859

Sobre dívida de dinheiro a juros: art. 858

Sobre navio: art. 864

Substituição; hipótese: arts. 847, §§ 2º e 3º, e 848

Substituição por fiança bancária ou seguro garantia judicial: art. 835, § 2º

Título executivo extrajudicial: art. 784

## - PERDAS E DANOS

Litigância de má-fé; responsabilidade: arts. 79 a 81

Obrigação; conversão em: art. 499

Responsabilidade do juiz: art. 143

## - PEREMPÇÃO

Alegação; réu: art. 337, V

Conhecimento de ofício: art. 485, V e § 3º

## - PERITO

Nomeação: art. 465

Regras gerais: arts. 156 a 158

Substituição: art. 468

## - PETIÇÃO INICIAL

Ação de consignação em pagamento: art. 542

Ação de divisão: art. 588

Apresentada com a procuração: art. 287

De ação demarcatória: art. 574

De ação rescisória: art. 968

De execução, indeferimento: art. 801

De interdição: art. 749

Embargos de terceiro: art. 677

Em execução, documentos que instruem: art. 798, I

Indeferimento: arts 330 e 331

Oposição, requisitos: art. 683

Protocolo; início da ação: art. 312

Requisitos: arts. 319 a 321

Requerimento de execução, pedido de citação do devedor; instrução da: art. 798

Restauração de autos: art. 713

## - POSTULAÇÃO EM JUÍZO

Atuação em causa própria: art. 106

De direito alheio em nome próprio: art. 18

Interesse e legitimidade: art. 17

## - PRÁTICA ELETRÔNICA DOS ATOS PROCESSUAIS: ARTS. 193 A 199

## - PRAZO

Agravo das decisões interlocutórias: arts. 1.019 e 1.020

Contagem: art. 219

De recursos: art. 1.003

Dia do começo: art. 231

Dos atos processuais: arts. 218 a 235

Excedidos pelo juiz, possibilidade: art. 227

Início e vencimento: art. 224

Para afixação do edital em caso de arrematação: art. 887

Para apresentação de contrarrazões no RE e REsp: art. 1.030

Para requerer juntada de cópia da petição do agravo de instrumento e do comprovante da interposição: art. 1.018

Para oferecimento de embargos à execução: art. 915

Para o juiz: art. 226

Para os litisconsortes: art. 229

Para proposição da ação de consignação: art. 539, §§ 3º e 4º

Renúncia: art. 225

Suspensão; férias: art. 220

Suspensão, obstáculo criado em detrimento da parte: art. 221

## - PRESCRIÇÃO

Apelação, art. 1.013, § 4º

Extinção do processo: art. 487, parágrafo único

Interrupção, citação para execução: art. 802

## - PRESTAÇÃO ALIMENTÍCIA

Desconto em folha de pagamento: art. 912

Levantamento mensal, penhora recaindo em dinheiro: art. 913

## - PREVENÇÃO

Do foro; imóvel situado em mais de uma comarca: art. 60

Quando ocorre: arts. 58 e 59

## - PRINCÍPIOS

Aplicação ao ordenamento jurídico: art. 8º

Da boa-fé: art. 5º

Da inércia do judiciário: art. 2º

Da isonomia: art. 7º

Duração razoável do processo: art. 4º

Inafastabilidade da jurisdição: art. 3º

## - PROCESSO CIVIL

Distribuição e registro: arts. 284 a 290

Extinção: arts. 316 e 317

Início: art. 2º

Normas fundamentais: arts. 1º a 12

Ordenação, disciplina e interpelação: art. º

# ÍNDICE ALFABÉTICO E REMISSIVO DO CPC 2015

Prioridade na tramitação: art. 1.048

Suspensão: arts. 313 a 315

**- PROCESSO NOS TRIBUNAIS**

Acórdão não publicado, prazo: art. 944

Concluso com o relator: art. 931

Dia para julgamento: art. 934

Distribuição, alternatividade, sorteio e publicidade: art. 930

Julgamento, anúncio do resultado: art. 941

Julgamento do mérito: arts. 938 e 939

Ordem de julgamento: art. 936

Pauta de julgamento: arts. 934 e 935

Protocolo e registro: art. 929

Questão preliminar, decisão antes do mérito: art. 938

Relatório: art. 931

Sustentação do recurso: art. 937

Sustentação oral, requerimento de preferência: art. 937, § 2º

Uniformização da jurisprudência: art. 926

**- PROCURADORES**

Procuração, obrigatoriedade para postular: art. 104

Regras gerais: arts. 103 a 107

Sucessão de procuradores e partes: arts 108 a 112

**- PROTESTO MARÍTIMO**

Diário da navegação: arts. 766 e s.

Distribuição com urgência, petição inicial: art. 768

Petição inicial: art. 767

Ratificação judicial, prazo: art. 766

**- PROVAS**

Documental: arts 405 a 438

Documentos eletrônicos: arts. 439 a 441

Ônus: art. 373

Pericial: arts. 464 a 480

Produção antecipada: arts. 381 a 383

Produção de prova documental: arts. 434 a 438

Regras gerais: arts. 369 a 484

Repetição, em restauração de autos: art. 715

Testemunhal: arts. 442 a 463

**- PUBLICIDADE**

Edital de leilão: art. 887

Dos atos processuais: art. 10

Dos julgamentos: art. 11

# R

**- RECLAMAÇÃO**

Cabimento: art. 988

Cumprimento de decisão: art. 993

Da parte interessada: art. 988

Despacho: art. 989

Do Ministério Público: art. 988

Impugnação: art. 990

Lavratura do acórdão: art. 993

Ministério Público, vista do processo: art. 991

Procedência da: art. 992

**- RECONVENÇÃO**

Cabimento: art. 343

Causa de pedir: Art. 329

Honorários: art. 85, § 1º

Na ação monitória: art. 702, § 6º

Pedido: art. 324

Valor da causa: art. 292

**- RECURSO**

Adesivo: art. 997, §§ 1º e 2º

Baixa dos autos ao juízo de origem: art. 1.006

Desistência a qualquer tempo: art. 998

Dispensa de preparo, casos: art. 1.007 § 1º

Especial: arts. 1.029 a 1.042

Extraordinário: arts. 1.029 a 1.042

Impugnação da sentença no todo ou em parte: art. 1.002

Legitimidade para interposição: art. 996

Litisconsorte, aproveita aos demais: art. 1005

Ordinário: arts. 1.027 e 1.028

Prazo, quando se restitui: art. 1.004

Quais os cabíveis: art. 994

Preferência para julgamento: art. 936

Renúncia do direito de recorrer: art. 999

Seguimento prejudicado; casos: art. 932, III

Solidariedade passiva, litisconsorte: art. 1.005

Sustentação perante tribunal: art. 937

**- RECURSO ESPECIAL**

Agravo em recurso especial: art. 1.042

Admite recurso adesivo: art. 997, § 2º, Iii

Conclusão; remessa dos autos ao STF: art. 1.031, § 1º

Decisão de instância superior durante suspensão do processo: art. 1.041

Disposições gerais: arts. 1.029 a 1.035

Embargos de divergência: art. 1.043

Interposição: art. 1.029

Interposição conjunta de recurso extraordinário: art. 1.031

Julgamento de mérito, incidente de resolução: art. 987

Multiplicidade com fundamento em idêntica questão de direito: art. 1.036

Não impede a eficácia da decisão: art. 995

Prazo para interpor e para responder: art. 1002, V 5º

Publicação de acórdão paradigma: art. 1040

Questão constitucional, prazo: art. 1032

# CÓDIGO DE PROCESSO CIVIL COMENTADO • LEI 13.105, DE 16 DE MARÇO DE 2015

Recebido; prazo para apresentação de contrarrazões: art. 1030

Recebimento pelo Tribunal e intimação do recorrido: art. 1030

Repercussão geral: art. 1032

Repetitivo; julgamento: arts. 1036 a 1041

Requisição de informações aos tribunais inferiores: art. 1038

## - RECURSO EXTRAORDINÁRIO

Admite recurso adesivo: art. 997, §, 2º, II

Agravo em: art. 1.042

Apreciação em caso de conclusão do julgamento do recurso especial: art. 1.031, § 1º

Decisão de instância superior durante suspensão do processo: art. 1.041

Disposições gerais: arts. 1.029 a 1.035

Embargos de divergência: art. 1.043

Interposição: art. 1.029

Interposição conjunta de recurso especial: art. 1.031

Julgamento de mérito, incidente de resolução: art. 987

Não impede a eficácia da sentença: art. 995

Prazo para interpor e para responder: at. 1003 § 5º

Prejudicial: art. 1.031, §§ 2º e 3º

Publicação de acórdão paradigma: art. 1.040

Questão constitucional; prazo: art. 1.032

Recebido. Prazo apresentação de contrarrazões: art. 1.030

Recebimento pelo Tribunal e intimação do recorrido: art. 1.030

Repercussão geral: art. 1.035

Repetitivo; julgamento: arts 1.036 a 1.041

Requisição de informações aos tribunais inferiores: art. 1.038

Questão constitucional, prazo: art. 1.032

## - RECURSO ORDINÁRIO

Julgamento pelo STJ: art. 1.027, II

Julgamento pelo STF: art. 1.027, I

Prazo para interpor e para responder: art. 1.003, § 5º

## - RECURSOS REPETITIVOS: ARTS. 1.036 A 1.041

## - REGIMENTOS INTERNOS DOS TRIBUNAIS

Conflito de competência com autoridade administrativa: art. 959

Conflito de competência nos tribunais: art. 958

Disposição sobre distribuição de processos: art. 930

Incidente de resolução de demandas repetitivas; julgamento: art. 982

## - RELATOR

Redação de acórdão: art. 941

Restauração de autos desaparecidos: art. 717

## - REMIÇÃO

Ação rescisória: art. 966, § 4º

Antes de adjudicados ou alienados os bens: art. 826

## -REMISSÃO: ART. 924

## - RENÚNCIA: ART. 999

## - REPERCUSSÃO GERAL

Julgamento dos recursos extraordinários e especial repetitivos: arts. 1.036 a 1.041

Multiplicidade de recursos: art. 1.036

Recurso extraordinário; não conhecimento; ausência de: art. 1.035

## RESTAURAÇÃO DE AUTOS

Aparecimento dos autos originais: art. 716, parágrafo único

Cópia de sentença: art. 715, § 5º

Desaparecimento de autos: art. 712

Havendo autos suplementares: art. 712, parágrafo único

Inquirição de serventuários e auxiliares de justiça: art. 715, § 4º

Manifestação da parte contrária: art. 714

Nos tribunais: art. 717

Petição inicial: art. 713

Repetição das provas: art. 715

## - RÉU

Alegações: arts. 351 a 353

Citação: arts. 238 e 239

Ônus da prova, art. 373, II

## - REVELIA

Ação rescisória: art. 970

Não incidência: art. 345

Ocorrência: art. 344

## S

## - SANEAMENTO DO PROCESSO: ARTS. 347 A 353

## - SATISFAÇÃO DO CRÉDITO: ARTS. 904 A 909

## - SEGREDO DE JUSTIÇA: ART. 189

## - SENTENÇA

Aceitação tácita ou expressa: art. 1.000

Condenação ao pagamento de honorários: art. 85

Cumprimento: arts. 513 a 519

Cumprimento; prestação de alimentos: arts. 528 a 533

Cumprimento nas obrigações de fazer e de não fazer: arts. 536 e 537

## ÍNDICE ALFABÉTICO E REMISSIVO DO CPC 2015

Cumprimento definitivo; obrigação de pagar quantia certa: arts. 523 a 527

Cumprimento provisório; obrigação de pagar quantia certa: arts. 520 a 522

De extinção de execução: art. 925

Em ação demarcatória: art. 581

Entrega da coisa; descumprimento do prazo da obrigação: art. 538

Estrangeira; eficácia: art. 961

Intimação; prazo para interposição de recurso: art. 1003

Liquidação: arts. 509 a 512

Procedimento de jurisdição voluntária: art. 723

Trânsito em julgado; assistência: art. 123

### - SEQUESTRO
Da coisa litigiosa em ações possessórias: art. 559

De bem confiado a guarda do administrador: art. 55

### - SÓCIO
Bens sujeitos à execução: art. 790, II

Execução sobre bens dos sócios: art. 795

### - SOLIDARIEDADE PASSIVA
Interposição de recurso por um dos devedores: art. 1.004 parágrafo único

Despesas processuais: 87, par. ún.

### - SUB-ROGAÇÃO
Competência: art. 725, II

Penhora em direito e ação do devedor: art. 797

Penhora de crédito: art. 857

Procedimento de jurisdição voluntária: art. 725, II

### - SUCESSOR
Advogado: art. 111 e 112

Bens sujeitos à execução: art. 790, I

Causa mortis: art. 110

Responsabilidade patrimonial: art. 796

### - SÚMULA
Recurso contrário a: art. 932, IV

Vinculante: arts. 332, I, 927, 966, V

### - SUPERIOR TRIBUNAL DE JUSTIÇA
Agravo em Recurso Especial: art. 1.042

Competência: art. 1.027, II

Dos recursos para o: arts. 1.027 a 1.044

### - SUPREMO TRIBUNAL FEDERAL
Agravo em Recurso Extraordinário: art. 1.042

Competência: art. 1.027, I

Recursos para o STF: arts. 1.027 a 1.044

Repercussão geral: art. 1.035, § 3°

### - SUSPEIÇÃO
A quem se aplica: art. 148

Do juiz: art. 145

Prazo para alegação: art. 146

### - SUSPENSÃO
Da execução: arts. 921 a 923

Do processo: arts. 313 a 315

Prazo para sanar o vício: art. 76

### - SUJEITOS PROCESSUAIS: ARTS 70 A 76

## T

### - TEMPO
Dos atos processuais: arts. 212 a 216

Férias forenses: art. 214 e 215

Horário para a prática do ato: art. 212

Prática eletrônica do ato: art. 213

### - TERCEIROS
Bens do devedor em poder de: art. 790, III

Interessado, legitimidade ativa para ação rescisória: art. 967, II

Mandado executivo contra terceiro adquirente de coisa litigiosa: art. 808

Penhora de crédito: art. 856

Prejudicado, Interposição de recurso: art. 996

### - TERMO
Não ocorrido, nulidade de execução: art. 803, III

Prova de que ocorreu, para o início da execução: art. 798, I

### - TESTAMENTO
Testamento cerrado, abertura: art. 735

Testamento particular, publicação: art. 737

Testamento público, cumprimento: art. 736

Translado: art. 736

### - TÍTULO
De crédito, penhora sobre: art. 856

De obrigação certa, líquida e exigível; base da execução: art. 783

Executivo por força da lei: art. 784, XII

### - TÍTULO EXECUTIVO EXTRAJUDICIAL
Enumeração: art. 784

Execução: art. 781

Execução contra a Fazenda Pública: art. 910

713

# CÓDIGO DE PROCESSO CIVIL COMENTADO • LEI 13.105, DE 16 DE MARÇO DE 2015

Legitimidade do credor para a execução: art. 778

Nulidade: art. 803

## - TÍTULO EXECUTIVO JUDICIAL

Ação monitória: art. 702, § 7°

## - TRADUTOR: ARTS. 162 A 164

## - TRANSAÇÃO

Homologação: art. 487, III, b

Pelo inventariante: art. 619, II

## - TUTELAS PROVISÓRIAS

Antecipada: arts. 303 e 304

Cautelar: arts. 305 a 310

Da evidência: art. 311

De urgência: arts. 300 a 302

Disposições comuns com a curatela: arts. 759 a 762

Disposições gerais: arts. 294 a 299

Estabilização: art. 304

Requerida em caráter antecedente: arts. 303 e 305

## U

## - UNIFORMIZAÇÃO DE JURISPRUDÊNCIA: ART. 926

## - USUFRUTO

Alienação do bem; ineficácia: art. 804, § 6°

Ciência da alienação judicial; prazo: art. 889, III

Eficácia: art. 868, § 1°

Extinção, procedimento de jurisdição voluntária: art. 725, VI

Ineficácia de alienação: art. 804, § 6°

## V

## - VALOR DA CAUSA

Controle pelo juiz: art. 292, § 3°

Fixação dos honorários advocatícios: art. 85, § 2°

Impugnação: art. 293

Regras gerais: arts. 291 a 293

# BIBLIOGRAFIA

ALVIM, Arruda. *Manual de Direito Processual Civil*, 11ª ed. São Paulo: Revista dos Tribunais, 2007.

ALVIM, Arruda; ALVIM, Eduardo Arruda; ASSIS, Araken. *Comentários ao código de processo civil*. Rio de Janeiro: GZ ed. 2012, p. 1260.

ALVIM, Eduardo Arruda. *Antecipação da tutela*. Curitiba: Juruá. 2008.

ALVIM, José Eduardo Carreira. *Código de Processo Civil Reformado*. 5ª ed. Rio de Janeiro: Forense, 2003.

BUENO, Cassio Scarpinella. *Novo código de Processo Civil Anotado*. São Paulo: Saraiva, 2015.

_____. *Manual de Direito Processual Civil*, 2ª ed. São Paulo: Saraiva, 2016.

CÂMARA, Alexandre Freitas. *O novo processo civil brasileiro*, 4ª ed. São Paulo: Atlas-Gen, 2018.

CARNEIRO, Athos Gusmão. *Da antecipação de tutela – exposição didática*. 7ª ed. Rio de Janeiro: Forense. 2010.

CINTRA, Antonio Carlos de Araújo; GRINOVER, Ada Pellegrini; DINAMARCO, Cândido Rangel. *Teoria Geral do Processo*. 21ª ed. São Paulo: Malheiros, 2004.

COELHO, Fábio Ulhoa. *Curso de Direito Comercial*. 5ª ed. São Paulo: Saraiva, 2002, v. 2.

COÊLHO, Marcus Vinicius Furtado. *Art. 942 – Técnica de Ampliação do Colegiado*. Disponível em <https://www.migalhas.com.br/CPCMarcado/128,MI296489,91041-Art+942+do+CP-C+Tecnica+de+ampliacao+do+colegiado>, acesso em 14.11.22.

COSTA MACHADO, Antonio Claudio da. *Código de processo civil interpretado*, 12 ed. Barueri: Monole, 2013.

DE PINHO, Humberto Dalla Bernardina. *Direito Processual Civil Contemporâneo – Teoria Geral do Processo*, 4ª ed. São Paulo: Saraiva, 2012, v. 1.

DIDIER JR., Fredie. *Curso de Direito Processual Civil*. 17ª ed. Salvador: Jus Podivm, 2015.

DIDIER JUNIOR, Fredie; BRAGA, Paulo Sarno; OLIVEIRA, Rafael Alexandria de. *Estabilização da tutela provisória satisfativa e honorários advocatícios*. Revista do Advogado, nº 126, maio 2015.

DINAMARCO, Cândido Rangel. *Instituições de Direito Processual Civil*, 4ª ed. São Paulo: Malheiros, 2004, v. 1 e 2.

DONIZETTI, Elpídio. *Curso Didático de Direito Processual Civil*, 20ª ed. São Paulo: Atlas-Gen, 2017.

FUX, Luiz (Coord.). *O Novo Processo Civil Brasileiro Direito em Expectativa* (Reflexões sobre o Projeto do novo CPC). Rio de Janeiro, Forense, 2011.

_____. *Teoria Geral do processo civil*. Rio de Janeiro: Forense, 2014.

GONÇALVES, Marcus Vinicius Rios. *Novo curso de direito processual civil*, 9ª ed. São Paulo: Saraiva, 2012, v. 1.

HARTMANN, Rodolfo Kronemberg. *Curso Completo de Processo Civil*. Niterói: Impetus, 2014.

LEITE, Gisele; HEUSELER, Denise. *O Direito Processual Civil. Processo do Conhecimento*. São Paulo: LP Books, 2013.

MARINONI, Luiz Guilherme; MITIDIERO, Daniel. *Código de Processo Civil. Comentado artigo por artigo*, 4ª ed. São Paulo: Revista dos Tribunais, 2012.

_____. *Novo Curso de Processo Civil, Teoria do Processo Civil*. São Paulo: Revista dos Tribunais, 2015, v. 1.

MARINONI, Luiz Guilherme; ARENHART, Sergio; MITIDIERO, Daniel. *Curso de Processo Civil. Execução*. São Paulo: Revista dos Tribunais, 2007, v. 3.

_____. *Novo Curso de Processo Civil:* tutela dos direitos mediante procedimento comum. São Paulo: Revista dos Tribunais, 2015, v. 2.

MELLO, Marco Aurélio Mendes de Farias. O judiciário e a litigância de má-fé. *Revista Emerj*, v. 4, p. 41, 2001.

MELO, Nehemias Domingos de. *Lições de Processo Civil*, 4ª ed. Indaiatuba: Foco, 2025, v. 1, 2 e 3.

_____. *Lições de direito civil – família e sucessões*, 6ª. ed. Indaiatuba: Foco, 2025, v. 5.

_____. *Lição de Direito Civil – pessoas e bens*, 6ª ed. Indaiatuba: Foco, 2025, v. 1.

MONTENEGRO FILHO, Misael. *Novo Código de Processo Civil*. Modificações Substanciais. São Paulo: Atlas, 2015.

NERY JÚNIOR, Nelson. *Princípios do processo civil na Constituição Federal*. 8ª ed. São Paulo: Revista dos Tribunais, 2004.

NEVES, Daniel Amorim Assumpção. *Manual de Direito Processual Civil*, 7ª ed. São Paulo: Método, 2015.

_____. *Novo Código de Processo Civil comentado, artigo por artigo*, 2ª ed. Salvador: JusPodivm, 2017.

SANTOS, Ernane Fidélis dos. *Manual de Direito Processual Civil – Processo de Conhecimento*. São Paulo: Saraiva, 2003, v. 1.

SANTOS, Moacyr Amaral. *Prova judiciaria no cível e commercial*. São Paulo: Saraiva, 1983.

SHENK, Leonardo Faria. In.: WAMBIER, Teresa Arruda Alvim et al. *Breves Comentários ao novo Código de Processo Civil*. São Paulo: Editora Revista dos Tribunais, 2015, p. 104.

SICA, Heitor Vitor Mendonça. Primeiras impressões sobre a "estabilização da tutela antecipada" IN: *Revista do Advogado*, n.126, maio 2015, p. 120.

TARTUCE, Flavio. *Do julgamento antecipado parcial de mérito (art. 356 do Novo CPC) e sua aplicação às ações de Direito de Família*. Disponível no site do Jusbrasil.

THEODORO JÚNIOR, Humberto. *Curso de direito processual civil*, 57ª ed. Rio de Janeiro: Forense, 2016, v. 1.

_____. *Terras particulares. Demarcação*, Divisão, Tapumes. 4ª ed. São Paulo: Saraiva, 1999.

WAMBIER, Luiz Rodrigues; TALAMINI, Eduardo. *Curso Avançado de Processo Civil*. 12ª ed. São Paulo: Revista dos Tribunais, 2011, v. 1 e 2.

WATANABE, Kazuo. *Da cognição do processo civil*. São Paulo: Revista dos Tribunais, 1987.

ZAVASCKI, Teori Albino. *Antecipação da Tutela*. 6ª ed. São Paulo: Saraiva, 2008.

# ANOTAÇÕES

# ANOTAÇÕES